JN493010

나날이 발전하는
프로그래밍 실력

C 언어 일취월장

2판

지은이 **신윤환(Dr. Eric Shin)** cskisa@gmail.com

〈Big Data 환경에서 Needle Points 선정을 위한 생체 데이터의 패턴 분석〉으로 이학박사 학위를 취득하였고 중소벤처기업부 정보화융합기술 전문위원과 중소기업기술정보진흥원, 정보통신기획평가원, 기상청, 한국콘텐츠진흥원에서 연구개발지원사업 평가위원으로 활동하고 있습니다. 주요 저서로는 《Linux & Unix 정복하기》, 《프로그램 개발을 위한 첫 걸음 C Programming 정복하기》, 《Apache+PHP+MySQL로 웹 데이터베이스를 구축하는 PHP Programming 정복하기》, 《CentOS7으로 쉽게 터득하는 Linux 시스템 구축 실무 테크닉》, 《XAMPP에서 쉽게 연출하는 PHP7 웹 프로그래밍 실무 테크닉》, 《소프트웨어 창의력 향상을 위한 Python3 START-UP》, 《PHP EXPRESS》, 《CentOS 8 LINUX EXPRESS》, 《입문자도 쉽게 배우는 우분투 리눅스 EXPRESS》 등이 있습니다.

C 언어 일취월장 2판

초판발행 2021년 2월 24일
2쇄발행 2021년 9월 17일

지은이 신윤환 / **펴낸이** 전태호
펴낸곳 한빛아카데미(주) / **주소** 서울시 서대문구 연희로2길 62 한빛아카데미(주) 2층
전화 02-336-7112 / **팩스** 02-336-7199
등록 2013년 1월 14일 제2017-000063호 / **ISBN** 979-11-5664-531-3 93000

책임편집 김성무 / **기획** 김미정 / **편집** 변소현 / **진행** 김예원
디자인 이아란 / **전산편집** 이소연 / **삽화** 이혜연 / **제작** 박성우, 김정우
영업 이윤형, 길진철, 김태진, 김성삼, 이정훈, 임현기, 이성훈, 김주성 / **영업기획** 김호철, 주희

이 책에 대한 의견이나 오탈자 및 잘못된 내용에 대한 수정 정보는 아래 이메일로 알려주십시오.
잘못된 책은 구입하신 서점에서 교환해 드립니다. 책값은 뒤표지에 표시되어 있습니다.
홈페이지 www.hanbit.co.kr / 이메일 question@hanbit.co.kr

Published by HANBIT Academy, Inc. Printed in Korea

C 언어 일취월장 2판

신윤환 지음

한빛아카데미
Hanbit Academy, Inc.

다양한 예제와 문제 풀이로 나날이 발전하는 프로그래밍 실력!

프로그램이란 컴퓨터를 실행시키기 위해 작성된 명령어의 모음입니다. 우리는 이 책을 통해 C 언어로 프로그램을 만드는 방법을 살펴볼 것입니다. 그런데 우리가 원하는 대로 컴퓨터를 실행시키려면 프로그램을 어떻게 만들어야 할까요? 우리가 생각한 '사고'를 어떻게 '연출'해서 컴퓨터에게 전달해야 할까요? 바로 이 부분 때문에 컴퓨터 프로그래밍을 어렵게 느낍니다.

이 책에서는 다양한 예제를 실습하고 많은 문제를 풀어보면서 해답을 찾고자 합니다. C 언어의 기본 원리를 확실히 알면 원하는 대로 응용하고 활용할 수 있기 때문이죠. 이제 막 C 언어 학습을 시작했다면 나의 생각을 컴퓨터에게 전달하는 과정이 무척 생소할 것입니다. 하지만 예제를 차근차근 하나씩 실습하다 보면 기본 원리를 익혀 스스로 C 프로그래밍을 할 수 있습니다. 프로그래밍은 눈으로 보고 이해하는 데 그쳐서는 안 됩니다. 나의 생각을 컴퓨터에게 전달하기 위해 실제로 소스 코드를 작성하고 컴파일 과정을 거쳐 실행 결과를 확인해야 합니다. 그래서 실습이 중요합니다.

효과적인 C 언어 학습을 위한 이 책의 구성

이 책에서는 C 언어를 효과적으로 배울 수 있도록 다음과 같은 3단계 학습법을 제공합니다.

1단계: 워밍업

각 장에서 배울 내용을 키워드로 뽑아 간단한 문제 형식으로 만든 'SELF CHECK' 코너로 학습을 시작합니다. 아직 배우지 않았지만 키워드 중심으로 앞으로 학습할 내용을 살펴보며 워밍업 할 수 있습니다.

2단계: 본 학습

그림과 함께 꼼꼼한 설명으로 C 프로그래밍 이론을 학습한 후 233개 예제를 실습하면서 프로그램의 동작 원리를 배웁니다. 'QUIZ'로 배운 내용을 바로 점검하고, '도전문제'와 '핵심점검'으로 각 장에서 배운 개념을 전체적으로 정리하면서 실력을 키울 수 있습니다.

3단계: 시험 대비 워크북

교재로 개발된 이 책의 특성을 반영하여 중간고사와 기말고사를 대비할 수 있는 문제를 제공합니다. 워크북 문제까지 차근차근 학습한다면 이 책의 제목처럼 C 언어 실력이 일취월장 늘어날 것이고 C 프로그래밍에 대한 자신감을 얻을 수 있을 것입니다.

좋은 C 프로그램을 위한 학습

좋은 프로그램이란 사람이 생각하는 것을 반영하여 원하는 결과를 보여주는 것입니다. 그렇게 하기 위해서는 문제를 정확하게 분석한 뒤 작업 순서가 명확하게 보이도록 알고리즘과 순서도를 만들 줄 알아야 합니다. 그리고 컴퓨터와 상호 작용을 고려하여 철저한 학습과 실습으로 다양한 상황을 대비할 수 있어야 합니다.

이 책이 나오기까지 여러모로 지원해 주신 변소현 팀장님, 김미정 차장님, 김현용 부장님 외 한빛아카데미㈜의 모든 분께 감사드립니다. 학생들의 학업 증진에 도움이 되는 좋은 강의를 위해 조언과 격려를 아낌없이 베풀어 주시는 주위의 교수님들께도 깊은 감사의 말씀을 드립니다. 항상 진지한 열의와 젊음의 패기를 가지고 열심히 들어주는 학생들에게도 감사를 전하며 희망의 기쁨으로 가득 찬 미래 비전을 전하고 싶습니다.

이 책이 완성되기까지 깊은 사랑으로 믿고 의지하며 알뜰살뜰 보필해 준 아내 김경미에게 기쁜 마음과 희망찬 미래를 가득 담은 내일을 고이 접어 드립니다.

오늘은 어제보다 반드시 좋은 날이 될 것입니다.

저자 신윤환(Dr. Eric Shin)

3단계 학습 구성

1단계 워밍업

SELF CHECK 각 장에서 배울 내용을 키워드로 뽑은 간단한 문제입니다. 아직 배우지 않았지만 앞으로 학습할 내용을 살펴보며 워밍업 할 수 있습니다.

2단계 본 학습

본문 다양한 그림과 쉬운 설명으로 C 프로그래밍 이론을 소개합니다.

예제+실행 결과 233개 예제의 소스 코드와 실행 결과를 보여줍니다.

TIP/여기서 잠깐 본문 학습과 관련하여 알아두면 도움이 될 내용을 담았습니다.

퀴즈 학습 중간에 배운 내용을 점검할 수 있는 간단한 문제입니다.

도전문제 각 장을 제대로 이해했는지 점검하는 문제로 힌트를 함께 제공합니다.

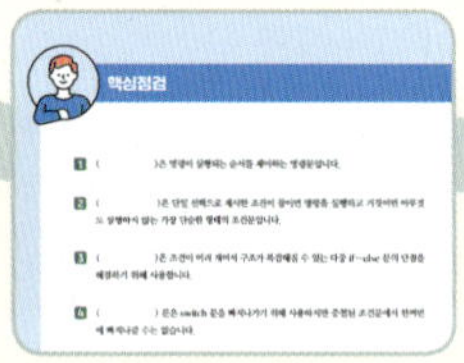

핵심점검 배운 내용을 요약해서 개념을 확인하는 문제입니다.

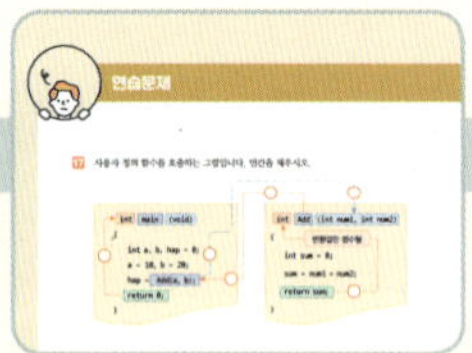

연습문제 다양한 형식의 문제를 풀어보면서 배운 내용을 총정리합니다.

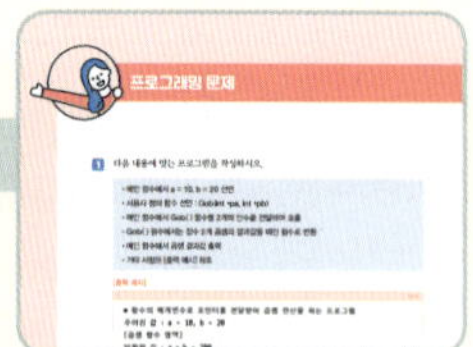

프로그래밍 문제 출력 예시와 조건에 맞는 다양한 프로그램을 만들어봅니다.

3단계 시험 대비 워크북

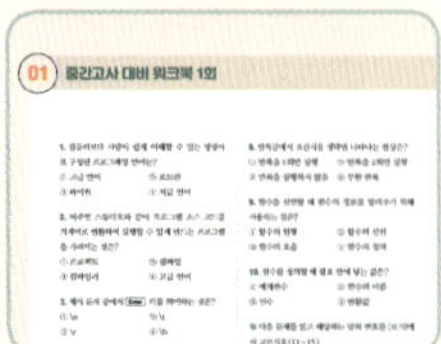

중간고사 대비 3회차 1~8장 내용으로 만든 3회차 워크북으로 중간고사를 대비할 수 있습니다.

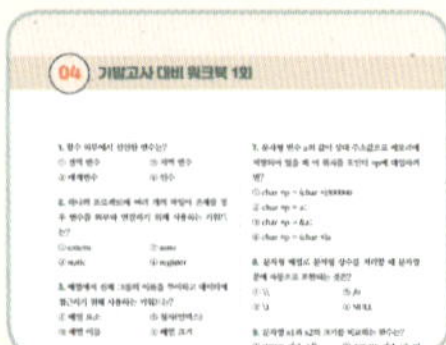

기말고사 대비 3회차 9~17장 내용으로 만든 3회차 워크북으로 기말고사를 대비할 수 있습니다.

학습 보조 자료

학습에 필요한 자료는 아래 주소에서 내려받을 수 있습니다.

http://www.hanbit.co.kr/src/4531

연습문제 해답 안내

이 책은 대학 강의용 교재로 개발되었으므로 연습문제와 프로그래밍 문제의 해답을 제공하지 않습니다. 하지만 혼자 학습에 도움을 주기 위해 다양한 문제를 정답과 함께 제공하고 있으니 적극 활용하세요.

[정답 제공]

- SELF CHECK
- 핵심점검
- 퀴즈
- 시험 대비 워크북
- 도전문제

[정답 미제공]

- 연습문제
- 프로그래밍 문제

강의 보조 자료

한빛아카데미 홈페이지에서 '교수회원'으로 가입하신 분은 인증 후 교수용 강의 보조 자료를 제공받을 수 있습니다. 한빛아카데미 홈페이지 상단의 [교수전용공간] 메뉴를 클릭하세요.

http://www.hanbit.co.kr/academy

본문 구성 요약

이 책에서 소개하는 C 언어의 내용은 기초와 심화로 나눌 수 있습니다. C 언어를 통해 프로그래밍의 기본 원리를 이해하려면 1~8장까지 학습하면 됩니다. 하지만 C 언어를 활용해 프로그램을 본격적으로 만들고자 한다면 9~17장까지 모두 학습하길 권합니다.

C 언어 기초(1~8장)

C 언어의 기본 프로그래밍 원리와 핵심 개념을 소개합니다. C 언어가 무엇이며, C 언어로 프로그램을 만들고 실행하는 방법부터 차근차근 설명합니다. 표준 입출력 함수, 변수와 자료형, 연산자, 조건문, 반복문, 함수까지 C 프로그래밍의 핵심 문법을 이해한 후 다양한 예제를 반복해서 실습하고 문제를 풀다 보면 따로 외우지 않아도 C 언어의 기본 학습을 완료할 수 있습니다.

C 언어 심화(9~17장)

C 언어다운 프로그램을 만드는 데 필요한 내용을 배웁니다. 함수와 변수, 배열, 포인터, 문자와 문자열, 구조체, 스트림과 파일 입출력, 동적 메모리와 연결 리스트, 선행처리기와 다중 소스 파일 등을 학습합니다.

차례

CHAPTER 01

C 언어의 개요

CHAPTER 02

C 프로그램 작성과 실행

CHAPTER 03

표준 입출력 함수

CHAPTER 04

변수와 자료형

CHAPTER 05

연산자

CHAPTER 06

조건문

CHAPTER 07

반복문

CHAPTER 08

함수

CHAPTER 09

함수와 변수

차례

CHAPTER 10

배열

CHAPTER 11

포인터 기초

CHAPTER 12

포인터 활용

CHAPTER 13

문자와 문자열

차례

CHAPTER 14

구조체

차례

CHAPTER 15

스트림과 파일 입출력

차례

CHAPTER 16

동적 메모리와 연결 리스트

CHAPTER 17

선행처리기와 다중 소스 파일

부록

시험 대비 워크북

학 | 습 | 목 | 표

- 프로그램과 프로그래밍 언어의 개념을 이해합니다.
- 프로그래밍 언어의 종류를 알아봅니다.
- C 언어의 유래와 특징을 알아봅니다.
- C 프로그램의 개발 과정을 알아봅니다.

Chapter 01
C 언어의 개요

SELF CHECK

1 프로그램이란 컴퓨터를 실행하기 위해 (차례대로, 마음대로) 작성한 명령어의 모음입니다.

2 C 프로그래밍 언어가 꾸준히 선택받는 가장 큰 이유는 (호환성, 제한성) 때문입니다.

3 고급 언어란 인간이 이해하기 쉽게 자연어에 가까운 (암호, 명령어)을/를 제공하는 프로그래밍 언어입니다.

4 프로그램을 개발하기 위해서는 가장 먼저 무엇을 만들 것인지 생각하고 (수익, 요구 사항)에 대한 분석을 수행해야 합니다.

5 알고리즘은 요리의 (레시피, 조미료)와/과 같은 역할을 하는 것으로 분석된 요구 사항이 모두 반영될 수 있게 프로그램을 수행하는 일련의 과정을 기술한 것입니다.

정답

1 차례대로 **2** 호환성 **3** 명령어 **4** 요구 사항 **5** 레시피

SECTION 01

사용자와 프로그램

1 프로그램이란?

프로그램이란 컴퓨터를 실행하기 위해 차례대로 작성한 명령어의 모음입니다. 수십 쪽에 달하는 보고서를 작성하거나 동영상, 사진을 편집하는 작업을 손으로 직접 하기는 쉽지 않습니다. 이렇듯 사람이 직접 하기 힘든 작업을 효율적으로 수행하는 가장 좋은 방법은 컴퓨터 프로그램을 이용하는 것입니다.

컴퓨터만 있다고 해서 필요한 작업을 수행할 수는 없습니다. 일단 컴퓨터라는 하드웨어를 사용할 수 있도록 구동시켜 주는 운영체제(윈도우, 리눅스, 유닉스 등)가 먼저 설치되어 있어야 합니다. 그리고 보고서를 작성하거나 동영상, 사진 편집 등에 필요한 응용 프로그램이 설치되어 있어야만 필요한 작업을 수행할 수 있습니다. 이러한 프로그램은 프로그래밍을 통해 만들 수 있습니다.

Tip

프로그램 컴퓨터에서 어떤 문제를 해결하기 위해 처리 방법과 순서를 기술한 명령문의 집합체를 말합니다.

Tip

프로그래밍 프로그래밍 언어를 이용하여 컴퓨터가 작업을 처리하도록 프로그램을 만드는 과정을 말합니다.

2 프로그래밍 언어란?

컴퓨터를 사용하여 원하는 작업을 수행하는 데 필요한 프로그램을 개발하기 위해서는 컴퓨터가 이해할 수 있는 언어로 명령해야 합니다. 이때 사용하는 언어를 프로그래밍 언어라고 합니다. 사람들 간에 원활한 의사소통이 이루어지려면 같은 언어를 사용해야 하듯이, 프로그램이 특정 명령을 수행하도록 하려면 그에 맞는 언어를 사용해서 만들어야 합니다.

프로그래머는 프로그래밍 언어를 통해 컴퓨터에게 명령, 즉 메시지를 전달합니다. 이때 컴퓨팅 환경과 개발하고자 하는 프로그램의 용도와 목적에 따라 그에 맞는 프로그래밍 언어를 선택해야 합니다. 예를 들어, 자율 주행 자동차에 사용할 프로그램인지 검색 엔진과 연동해 사용할 웹 프로그램인지에 따라 프로그래밍 언어가 달라집니다.

프로그램 개발자(프로그래머)에게 중요한 것은 바로 자신에게 가장 잘 맞는 프로그래밍 언어를 선택하여 능숙하게 사용할 수 있도록 숙달하는 것입니다. 숙달되지 않은 프로그래밍 언어로 프로그램을 개발하다 보면 어느 순간 한계에 부딪혀 목표한 프로그램을 작성하지 못하게 됩니다.

그림 1-1 다양한 프로그래밍 언어

3 프로그래밍 언어의 종류

프로그래밍 언어는 저급 언어와 고급 언어로 구분됩니다. 저급 언어는 컴퓨터가 쉽게 해석할 수 있는 명령어로 구성된 것이고, 고급 언어는 사람이 쉽게 해석할 수 있는 명령어로 구성된 것입니다.

저급 언어에는 기계어와 어셈블리어가 있습니다.

- **기계어** : 이진수 0과 1로 명령어를 표현한 언어이며 컴퓨터 하드웨어를 설계할 때 주로 사용합니다.
- **어셈블리어** : 기계어가 사용하기 어렵고 오류가 자주 발생하는 등의 불편함을 개선하기 위해 개발한 프로그래밍 언어입니다.

고급 언어에는 포트란(Fortran), 코볼(Cobol), C/C++, 파스칼(Pascal), 베이직(Basic), 파이썬(Python), 리스프(Lisp) 등이 있습니다.

- **포트란** : 과학용 수치 계산에 적합한 프로그래밍 언어입니다.
- **코볼** : 사무용 작업을 수행하기 위해 개발한 프로그래밍 언어로, 프로그램을 개발할 때 구어체 문장으로 명령어를 기술합니다.

- **C 언어** : 명령어를 차례대로 수행하는 순차적 프로그래밍 언어입니다.
- **파스칼** : 교육용 언어로 개발한 프로그래밍 언어입니다.
- **베이직** : 기억하기 쉬운 회화형으로 이루어진 PC용 프로그램 개발 언어입니다.
- **파이썬** : 문법이 간결하고 표현 구조가 인간의 사고 체계와 닮아 초보자도 쉽게 배울 수 있는 언어입니다. 웹뿐만 아니라 데이터 분석, 머신 러닝, 그래픽 등 여러 분야에서 활용할 수 있어 생산성이 높습니다.
- **리스프** : 함수에 의해서만 기능을 수행하는 프로그래밍 언어입니다.

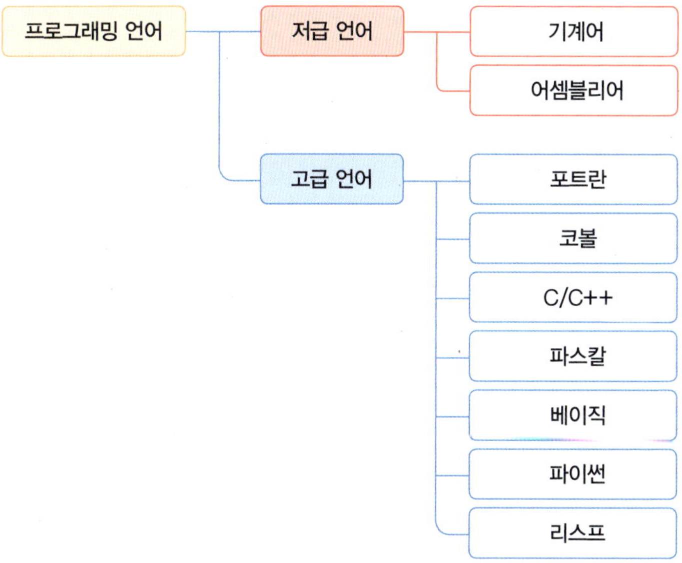

그림 1-2 **프로그래밍 언어의 종류**

: QUIZ

프로그래밍 언어는 컴퓨터가 쉽게 해석할 수 있는 명령어로 구성된 (   )와/과, 인간이 쉽게 해석할 수 있는 명령어로 구성된 (   )(으)로 구분할 수 있습니다.

정답

저급 언어, 고급 언어

SECTION 02 C 언어를 배우는 이유

1 C 언어의 유래

C 언어는 1970년대 초 AT&T의 벨(Bell) 연구소에서 유닉스(UNIX) 운영체제를 만들기 위해 고안한 것으로, 1972년부터 데니스 리치(Dennis Ritchie)와 켄 톰슨(Ken Thompson)이 B 언어를 개선하여 만들었습니다. C 언어는 B 언어보다 기능이 많이 추가되었고 그 결과 B 언어보다 한 단계 발전하였다는 의미로 C 언어라 명명하게 되었습니다.

Tip

B 언어는 C 언어로 흡수되어 현재 거의 사라졌습니다.

이렇게 개발된 C 언어는 유닉스 운영체제와 함께 제공되는 소프트웨어 개발의 90% 이상을 담당하게 되면서 프로그래머가 가장 많이 사용하는 언어가 되었습니다. 특히 미국표준협회(ANSI: American National Standards Institute)에서 ANSI C라는 C 언어 표준을 제정함으로써 다양한 컴파일러를 선보였고, 이를 계기로 일반 PC에서도 C 언어를 많이 사용하게 되었습니다.

2 C 언어의 특징

고급 언어인 C 언어는 인간이 쉽게 이해할 수 있는 자연어에 가까운 명령어를 제공합니다. 1972년에 개발된 후 현재까지 50여 년이라는 긴 세월 동안 꾸준히 사용되고 있는데, 그 이유는 다음과 같은 장점 때문입니다.

- 범용 프로그래밍 언어의 기능 수행
- 기계 지향적인 저급 언어와 문제 지향적인 고급 언어의 장점만 반영
- 다양한 자료형과 연산자로 간결한 표현 가능
- 프로그램을 함수의 집합으로 구성할 수 있어 모듈화 용이
- 이식성이 좋음
- 모든 함수가 순환 구조 허용
- 자료의 주소를 자유롭게 조작할 수 있는 포인터 제공
- 자체 입출력 기능 없이 라이브러리 함수로 입출력 명령 수행

• 하드웨어와 관련된 장치를 제어하기 쉬움
• 구문이 간결하여 배우기 쉬움

C 언어가 지금도 꾸준히 사용되는 이유는 이러한 여러 장점 중에서 특히 호환성이 좋기 때문입니다. 호환성이 좋으면 내가 만든 프로그램을 다른 사람이 사용할 수 있고, 다른 사람이 만든 것을 내가 가져와 쉽게 사용할 수 있습니다.

: QUIZ

C 언어는 기계 지향적인 (   )와/과 문제 지향적인 (   )의 장점만을 반영한 언어입니다.

정답

저급 언어, 고급 언어

SECTION 03 C 프로그램의 개발 과정

1 요구 사항 분석

프로그램을 개발할 때 가장 먼저 수행해야 할 단계는 요구 사항(needs) 분석입니다. 프로그래머는 프로그램을 만들고자 하는 목적이 반영된 요구 사항을 분석하여 명확하게 수행할 수 있도록 해야 합니다. 예를 들어, 비행기에 사용할 프로그램을 만들어 달라는 의뢰를 받았는데 자동차에 사용하는 프로그램을 만들어서 제공한다면 날지 못하는 비행기가 될 것입니다. 이와 같이 프로그램을 만들기 위해서는 요구 사항을 철저히 분석하는 것이 무엇보다 중요합니다.

그림 1-3 **프로그램 개발 첫 단계인 요구 사항 분석**

2 알고리즘 설계

알고리즘(algorithm)이란 문제를 해결하기 위한 과정을 순서대로 설명하거나 표현하는 것을 말합니다.

예를 들어 학사 일정 관리 프로그램의 알고리즘은 다음과 같이 나타낼 수 있습니다.

학사 일정 관리 알고리즘

시작 :

1. **월은 1부터 12까지의 숫자만 허용한다.**
   1.1 월의 구분은 〈알고리즘_1〉을 적용한다.
   1.2 월별 스케줄은 〈명세서_1〉을 적용한다.
   1.3 유효 범위를 초과하는 숫자에 대해서는 에러 메시지를 출력한다.
   1.4 허용되지 않는 값을 입력했을 경우에는 월을 다시 입력하도록 한다.
2. **요일은 일요일부터 순서대로 적용한다.**
   2.1 요일의 구분은〈알고리즘_2〉를 적용한다.
   2.2 요일별 스케줄은 〈명세서_2〉를 적용한다.
   2.3 유효 범위를 초과하는 숫자에 대해서는 에러 메시지를 출력한다.
   2.4 허용되지 않는 값을 입력했을 경우에는 요일을 다시 입력하도록 한다.
3. **수업 유무는 2항의 요건에 따라 각각의 스케줄을 적용한다.**
   3.1 스케줄 적용은 〈알고리즘_3〉을 적용한다.
   3.2 시간대별 스케줄은 〈명세서_3〉과 〈명세서_4〉를 적용한다.
   3.3 허용되지 않는 값을 입력했을 경우에는 시간을 다시 입력하도록 한다.

끝 :

그림 1-4 **학사 일정 관리 프로그램의 알고리즘**

3 명세서 작성

명세서(statement)란 알고리즘에 필요한 내용을 특정 기준이나 목록으로 구분하여 표 형태로 기록한 것입니다. 학사 일정 관리 프로그램의 알고리즘은 다음과 같은 명세서로 나타낼 수 있습니다.

> **Tip**
> 명세서를 작성해 놓으면 프로그램을 만들 때 무엇을 할지 명확하게 이해하며 소스 코드를 작성할 수 있습니다.

요일별 스케줄

요일	코드	1학기 수업	코드	하계 학기	코드	2학기 수업	코드	동계 학기
일	211	1학기-없음	231	하계-없음	221	2학기-없음	241	동계-없음
월	212	1학기-월	232	하계-월	222	2학기-월	242	동계-월
화	213	1학기-화	233	하계-화	223	2학기-화	243	동계-화
수	214	1학기-수	234	하계-수	224	2학기-수	244	동계-수
목	215	1학기-목	235	하계-목	225	2학기-목	245	동계-목
금	216	1학기-금	236	하계-없음	226	2학기-금	246	동계-없음
토	217	1학기-없음	237	하계-없음	227	2학기-없음	247	동계-없음

그림 1-5 **학사 일정 관리 프로그램의 명세서**

프로그램을 개발할 때 명세서가 필요한 이유는 프로그램에 적용할 기본 규칙이나 기준을 제시하는 역할을 하기 때문입니다. 예를 들어, 점수 등급을 A부터 F까지로 나타내려면 어떤 점수 구간에 A학점을 부여하고 어떤 구간에 B학점을 부여할지 기준이 있어야 하는데, 그 기준을 명세서로 작성할 수 있습니다.

4 순서도 작성

순서도(flowchart)란 서술형으로 기술된 알고리즘을 한눈에 파악할 수 있도록 그림으로 표현한 것으로, 프로그램이 순서대로 수행되도록 도형과 화살표로 전체 흐름을 나타냅니다. 학사 일정 관리 프로그램을 개발할 때 필요한 순서도는 다음과 같이 나타낼 수 있습니다.

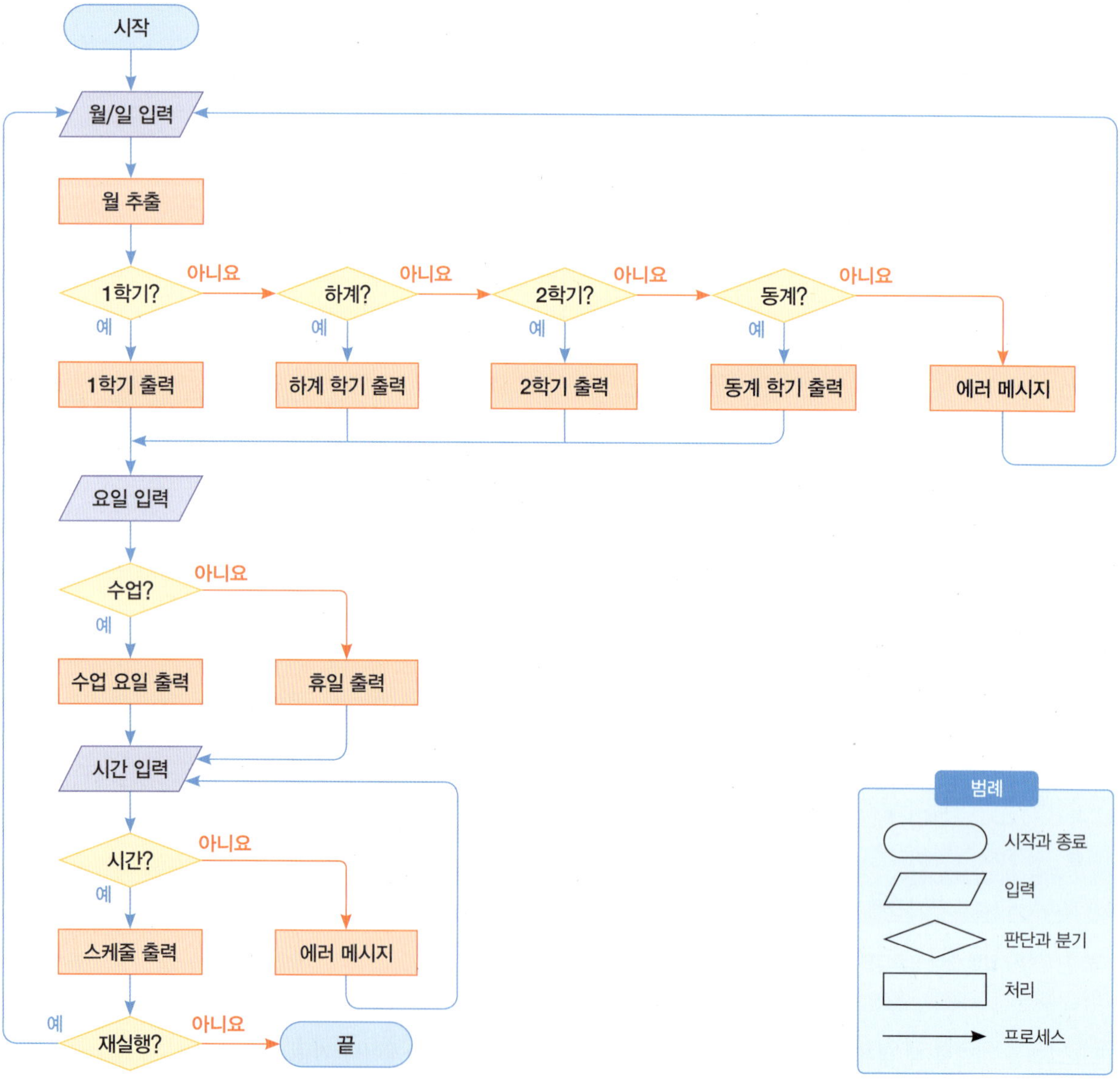

그림 1-6 학사 일정 관리 프로그램의 순서도

개발하는 프로그램의 규모가 작다면 알고리즘과 순서도 작성 과정을 생략하고 소스 코드를 바로 작성하기도 합니다. 하지만 규모가 큰 프로젝트에서는 알고리즘과 함께 순서도를 작성하는 과정은 반드시 필요한 작업입니다. 복잡한 프로그램일수록 순서도가 소스 코드를 명확하게 작성할 수 있게 도와주는 나침반 역할을 하기 때문입니다.

5 소스 코드 작성

소스 코드(source code)란 프로그래밍 언어로 알고리즘을 표현한 것입니다. 사람은 언어를 사용하여 의사소통을 하지만 컴퓨터는 사람이 사용하는 언어로는 의사소통을 할 수 없습니다. 그러므로 사람과 컴퓨터 사이에는 의사소통을 할 수 있는 수단이 필요합니다. 인간과 컴퓨터가 소통할 수 있는 수단이 바로 프로그래밍 언어이고, 프로그래밍 언어로 작성한 명령어의 모임이 소스 코드입니다.

Tip
소스 코드 작성을 프로그래밍 또는 코딩(coding)이라고도 합니다.

소스 코드는 알고리즘과 순서도를 기준으로 비주얼 스튜디오와 같은 컴파일러를 통해 작성합니다. 명령어로 구성된 소스 코드는 컴퓨터가 이해할 수 있는 기계어로 번역된 후 실행됩니다.

```
test.c
Project1          (전역 범위)          main(void)
/*  c 언어 소스 코드
    작성 날짜 : 2022년 12월 25일
    작성자 : 아무개
    연락처 : 핸드폰과 이메일 주소 기입    */

# include <stdio.h>
int main(void)
{
    printf("학사 일정 관리 프로그램");
    printf("이 프로그램은 다음과 같은 순서로 실행됩니다.\n");
    printf("1. 요일 입력 : \n");
    printf("2. 코드 입력 : \n");
    printf("3. 학기 입력 : \n");
    printf("4. 수업 여부 입력 : \n");
    printf("5. 계절 입력 : \n");
    printf("6. 입력한 내용에 대한 학사 일정은 다음과 같습니다.\n");
    return 0;
}
```

그림 1-7 학사 일정 관리 프로그램의 소스 코드

6 컴파일과 링크

컴파일(compile)이란 인간이 이해하는 명령어로 작성된 소스 코드를 컴퓨터가 이해하는 기계어(0과 1)로 번역하는 과정입니다. 컴파일러(compiler)란 이러한 컴파일을 수행하기 위해 사용하는 번역 프로그램입니다. 프로그램을 개발하기 위해 작성한 소스 코드는 컴파일 과정을 통해 오브젝트 파일이 됩니다.

Tip
컴파일러에 대한 자세한 설명은 53쪽을 참고하세요.

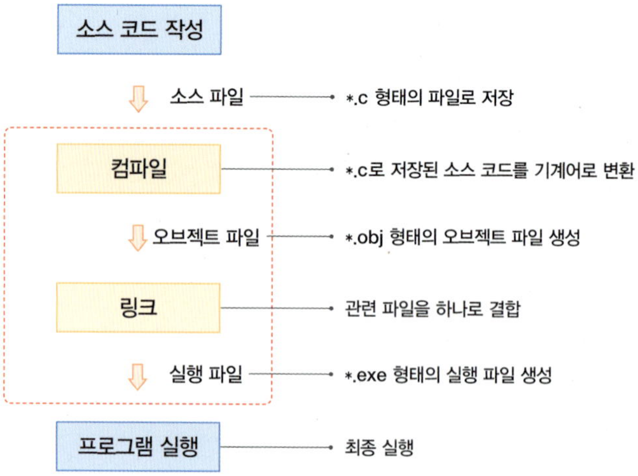

그림 1-8 **C 프로그램 작성과 실행 순서**

Tip

RTL은 컴퓨터에서 사용하는 기본 회로의 하나이며 저항과 트랜지스터로 구성됩니다.

오브젝트(object) 파일은 기계어 혹은 그에 준하는 RTL(Registor Transistor Logic)과 같은 이진 코드로 이루어져 있으며, 확장자는 obj입니다. 오브젝트 파일이 성공적으로 생성되면 오브젝트 파일과 라이브러리를 연결하여 실행 파일을 만들기 위한 링크 과정을 거칩니다. 링크 과정을 마치면 오브젝트 파일을 실행할 수 있도록 *.exe 형식의 실행 파일이 생성됩니다.

정리하면, C 언어로 작성된 소스 코드 *.c 파일은 오브젝트 파일인 *.obj로 생성된 다음 컴퓨터가 명령을 실행할 수 있는 기계어로 완벽하게 번역된 실행 파일인 *.exe로 생성됩니다. 우리는 이 실행 파일을 통해 컴퓨터에서 명령을 실행한 결과를 확인할 수 있습니다.

7 프로그램 실행과 디버깅

컴파일러에서 소스 코드에 대한 컴파일과 링크 과정을 모두 성공적으로 수행했다면 프로그램을 실행할 수 있는 *.exe 파일이 생성됩니다. 컴파일러는 *.exe 파일을 통해 실행 명령을 수행합니다. 이때 소스 코드에 문법 오류 또는 논리 오류가 있는지 미리 확인하고 오류가 있다면 수정해야 하는데 이 과정을 디버깅이라고 합니다.

디버깅 작업을 거쳤는데도 실행 파일이 정상적으로 생성되지 않으면 앞에서 작성한 순서도의 프로세스를 따라가며 전체 프로그램을 다시 살펴봐야 합니다.

프로그래밍을 처음 시작한다면 자신이 작성한 소스 코드를 디버깅하고 오류를 수정하는 과정을 반복함으로써 코드 작성에 대한 자신감을 가질 수 있습니다.

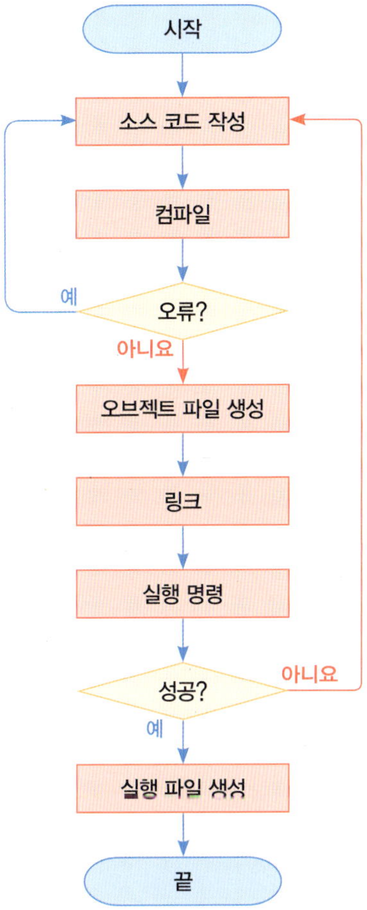

그림 1-9 **프로그램 실행과 디버깅 프로세스**

: QUIZ

( )은/는 프로그램 소스 코드를 작성하고 실행하는 과정에서 발생하는 오류를 수정하는 작업을 의미합니다.

정답

디버깅

8 프로그램 유지·보수

프로그램을 작성하고 실행 결과가 정상적으로 나타나는지 확인하는 과정을 마쳤다고 해서 프로그램 개발이 끝난 것은 아닙니다. 가장 중요한 작업이 남아 있는데 바로 개발한 프로그램을 지속적으로 유지하고 보수하는 작업입니다.

시대의 흐름과 환경의 변화, 요구 사항의 변동, 소프트웨어 호환성 등의 문제가 발생할 수 있으니 프로그램을 유지·보수하는 작업은 매우 중요합니다. 큰 프로젝트에서 프로그램의 유지·보수는 소프트웨어의 경쟁력을 의미하는 만큼 중요하게 생각해야 하는 작업입니다.

정답	: QUIZ
유지·보수	시대의 흐름과 환경의 변화, 요구 사항의 변동, 소프트웨어 호환성 등의 문제가 발생할 수 있으므로 프로그램에 대한 ( ) 작업은 매우 중요합니다.

핵심점검

1 프로그래밍 언어는 컴퓨터가 쉽게 해석할 수 있는 명령어로 구성된 (　　　　　　　　)와/과, 사람이 쉽게 해석할 수 있는 명령어로 구성된 (　　　　　　　　)(으)로 구분됩니다.

2 (　　　　　　　　)(이)란 문제를 해결하기 위한 과정을 순서대로 기술해놓은 것을 말합니다.

3 (　　　　　　　　)(이)란 알고리즘에 필요한 내용을 특정 기준이나 목록으로 구분하여 표 형태로 기록한 것입니다.

4 (　　　　　　　　)(이)란 프로그램이 순서대로 수행되도록 도형과 화살표로 전체 흐름을 나타낸 것입니다.

5 (　　　　　　　　)(이)란 프로그래밍 언어로 작성한 명령어의 모임입니다.

6 (　　　　　　　　)(이)란 인간이 작성한 명령어를 컴퓨터가 이해하는 기계어로 번역하는 과정을 말합니다.

정답 **1** 저급 언어, 고급 언어 **2** 알고리즘 **3** 명세서 **4** 순서도 **5** 소스 코드 **6** 컴파일

연습문제

1 프로그래밍 언어에 대한 설명으로 옳지 <u>않은</u> 것은?

① 저급 언어는 컴퓨터가 쉽게 해석할 수 있는 명령어로 구성된 것이다.

② 기계어는 명령어를 0과 1로 표현하며, 고급 언어이다.

③ C 언어는 명령어를 차례대로 수행하는 순차적 프로그래밍 언어이다.

④ 파이썬은 데이터 분석, 머신 러닝 등 여러 분야에서 활용할 수 있어 생산성이 높다.

2 순서도의 기호와 설명이 옳지 <u>않은</u> 것은?

①  : 입력

②  : 판단

③  : 처리

④  : 프로세스(흐름)

3 다음 중 파일과 확장자가 바르게 연결된 것은?

① C 소스 파일 : *.exe

② 오브젝트 파일 : *.c

③ 실행 파일 : *.obj

④ 실행 파일 : *.exe

4 C 언어의 탄생과 관련이 <u>없는</u> 것은?

① B 언어 ② 데니스 리치

③ 켄 톰슨 ④ 윈도우

5 다음 용어의 의미를 간단하게 서술하시오.

① 컴파일 :

② 컴파일러 :

③ 디버깅 :

④ 유지·보수 :

6 C 언어의 장점을 5가지 이상 서술하시오.

7 프로그래밍 언어의 종류를 간단하게 나타낸 것이다. 빈칸을 채워 완성하시오.

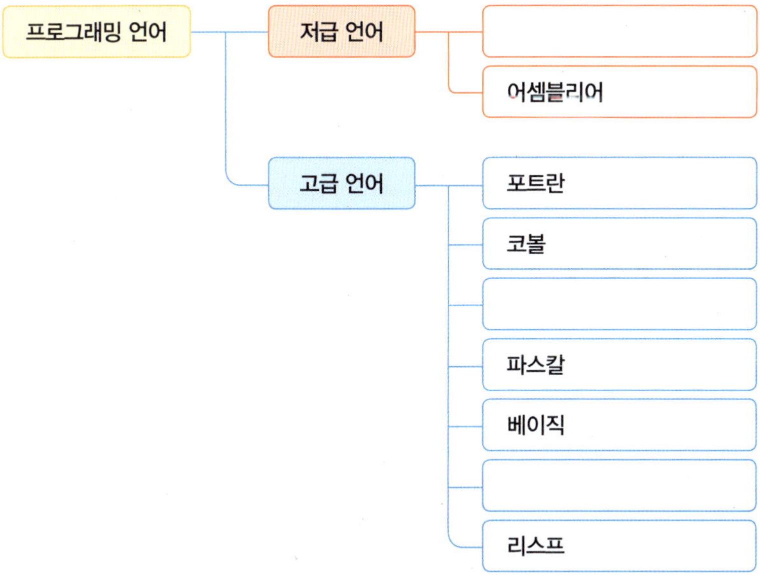

8 C 프로그램 개발 과정이다. 빈칸을 채워 완성하시오.

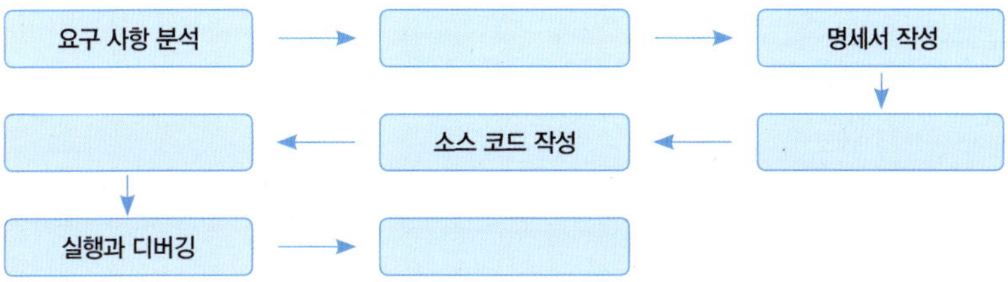

연습문제

9 프로그램 실행과 디버깅 과정을 보여주는 순서도이다. 빈칸을 채워 완성하시오.

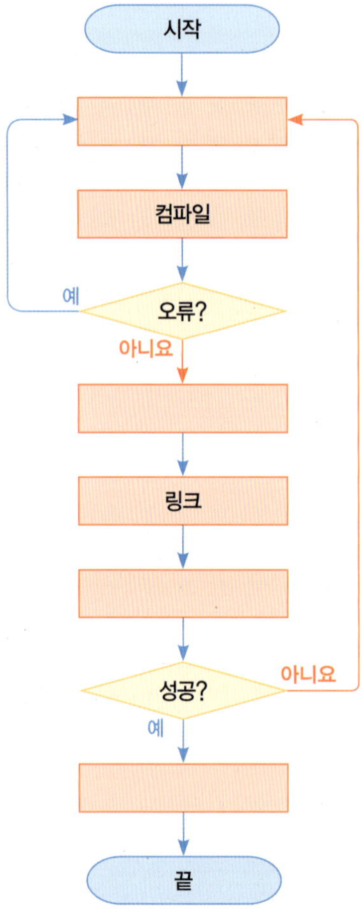

학 | 습 | 목 | 표

- C 프로그램의 개발 환경을 구축합니다.
- C 프로그램의 작성 과정을 알아봅니다.
- C 프로그램의 구성 요소를 알아봅니다.
- 오류의 종류와 처리 방법을 알아봅니다.

Chapter 02
C 프로그램 작성과 실행

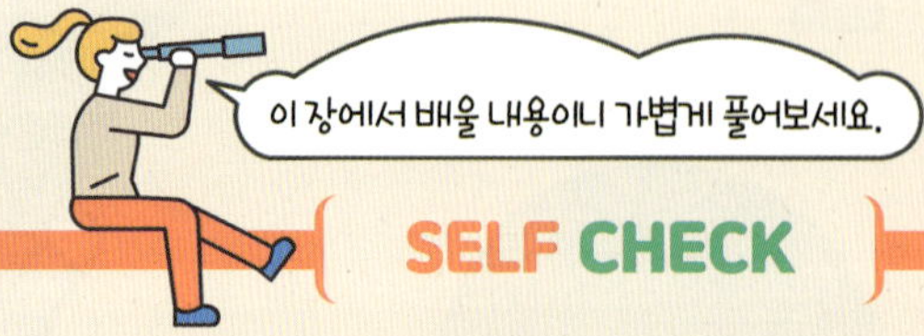

SELF CHECK

1 컴파일러란 프로그래밍 언어로 작성한 소스 코드를 (영어, 기계어)(으)로 변환하여 실행할 수 있도록 만들어 주는 프로그램입니다.

2 디버깅은 프로그램 소스 코드를 실행하기 전에 문법 오류나 논리 오류가 있는지 확인 · 점검하고 오류를 (수정하는, 확인하는) 과정을 의미합니다.

3 선행처리 지시자를 의미하는 #은 프로그램에서 가장 먼저 수행할 명령을 (사용자, 컴파일러)에게 전달하는 역할을 합니다.

4 헤더 파일은 특정 작업을 수행하기 위한 (주석, 함수) 목록을 의미합니다.

5 main( ) 함수는 반드시 선언해야 하는 중요한 함수로, 단 (열 개, 하나)만 존재해야 한다는 유일성을 확보해 주어야 합니다.

6 컴파일 오류는 심각한 오류를 나타내는 '에러'와 컴파일과 링크는 가능하지만 (잠재적인, 의미 없는) 문제점을 안고 있는 경미한 오류를 나타내는 '경고'로 구분할 수 있습니다.

7 프로그램 소스 코드를 컴파일하는 과정에서 발생하는 문법 오류를 컴파일 (시간, 과정) 오류라고 합니다.

8 논리 오류는 프로그래머의 (실수, 계산)(으)로 의도하지 않은 실행 결과가 출력되는 오류입니다.

정답

1 기계어 **2** 수정하는 **3** 컴파일러 **4** 함수 **5** 하나 **6** 잠재적인 **7** 시간 **8** 실수

SECTION 01

C 프로그램의 개발 환경 구축

1 컴파일러의 개념과 종류

컴파일러(compiler)란 프로그래밍 언어로 작성한 소스 코드를 기계어(0과 1)로 변환하는 번역 프로그램이며, 이러한 과정을 컴파일(compile)이라고 합니다. C 프로그램을 작성하려면 반드시 C 언어를 위한 컴파일러가 존재해야 합니다.

그림 2-1 **컴파일의 개념**

C 언어의 컴파일러로 사용할 수 있는 프로그램에는 Turbo-C, GCC, G++, Borland-C++, Dev-C++, eclipse, Visual Studio C++ 등 여러 가지가 있습니다. 이 중에서 많이 사용하는 몇 가지만 알아보겠습니다.

Dev-C++

Dev-C++는 C와 C++ 프로그래밍 언어를 작성하기 위한 통합 개발 환경을 제공하는 컴파일러입니다. Dev-C++는 무료로 제공되는 오픈 소스로 윈도우뿐만 아니라 유닉스 환경에서도 사용할 수 있습니다. 다음 사이트에서 Dev-C++를 다운로드할 수 있습니다.

Tip
Dev-C++ 컴파일러는 델파이로 작성된 오픈 소스입니다.

http://www.bloodshed.net

Tip
이클립스는 자바(Java) 프로그램을 다루어 본 독자에게는 친숙한 컴파일러입니다.

Tip
솔라리스는 선 마이크로시스템즈에서 개발한 운영체제입니다.

eclipse

이클립스(eclipse)는 GNU의 GCC 공개 컴파일러를 사용합니다. 이클립스는 윈도우 운영체제뿐만 아니라 리눅스와 솔라리스 등에서도 사용할 수 있으며 다음 사이트에서 다운로드할 수 있습니다.

http://www.eclipse.org

Tip
비주얼 스튜디오 커뮤니티 버전의 사용 기한은 30일입니다. 기한 없이 사용하려면 마이크로소프트 계정에 접속하여 라이선스를 받아야 합니다. 기업이나 관공서 등 상업용으로 프로그램을 개발할 때는 프로페셔널 버전을 구입해서 사용해야 합니다.
마이크로소프트 계정에 등록하는 방법은 61쪽 〈여기서 잠깐!〉을 참고하세요.

Visual Studio

비주얼 스튜디오(Visual Studio)는 현재 가장 많이 사용하는 C 언어의 컴파일러입니다. 마이크로소프트의 윈도우 운영체제에서 프로젝트를 쉽게 개발할 수 있습니다. 몇 년 전까지만 해도 무료 라이선스는 1개월 또는 3개월로 제한을 두었고 기간을 초과해서 사용하려면 유료로 라이선스를 등록해야 했습니다. 그러나 지금은 학생은 물론 일반인도 마이크로소프트에 계정을 등록하면 기간 제한 없이 커뮤니티 버전을 사용할 수 있습니다. 다음 사이트를 방문하여 비주얼 스튜디오를 다운로드할 수 있습니다.

http://www.visualstudio.com/ko

비주얼 스튜디오는 C++ 언어뿐만 아니라 C 언어도 모두 사용할 수 있도록 지원합니다. 참고로 C++ 언어는 C 언어에 객체 지향 기능이 추가된 것이며, 더 진보한 객체 지향 프로그래밍 언어로는 C#이 있습니다.

컴파일러는 주로 운영체제에 따라 선택합니다. 현재 유닉스 환경에서는 GCC 컴파일러를 주로 사용하고 윈도우 계열에서는 비주얼 스튜디오를 많이 사용합니다.

2 비주얼 스튜디오 설치

Tip
'비주얼 스튜디오 커뮤니티 2019'는 줄여서 '비주얼 스튜디오'로 사용하겠습니다.

이 책에서는 가장 많이 사용하는 C 언어 컴파일러이자 무료로 사용할 수 있는 Visual Studio Community 2019 프로그램을 설치하겠습니다. 개인이 무료로 사용할 수 있는 커뮤니티 버전은 유료로 제공되는 프로페셔널 버전의 기능과 크게 다르지 않아 학습하는 데 전혀 부족함이 없습니다. 비주얼 스튜디오 커뮤니티 버전은 다음과 같은 순서로 설치하면 됩니다.

01 비주얼 스튜디오 다운로드 http://www.visualstudio.com/ko에 접속한 뒤 다음 그림과 같이 [Community 2019]를 클릭합니다.

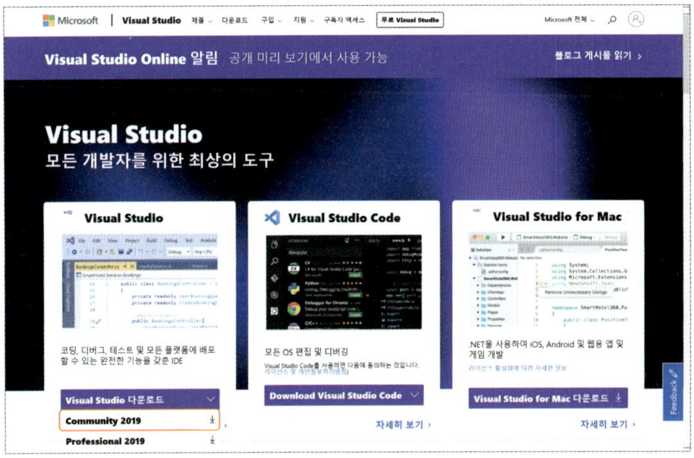

Tip

다운로드하는 시기에 따라 화면이 조금씩 다를 수 있습니다.

02 화면 하단에 나타난 메시지 박스에서 〈실행〉 버튼을 눌러 비주얼 스튜디오 커뮤니티 2019를 내 컴퓨터에 설치합니다.

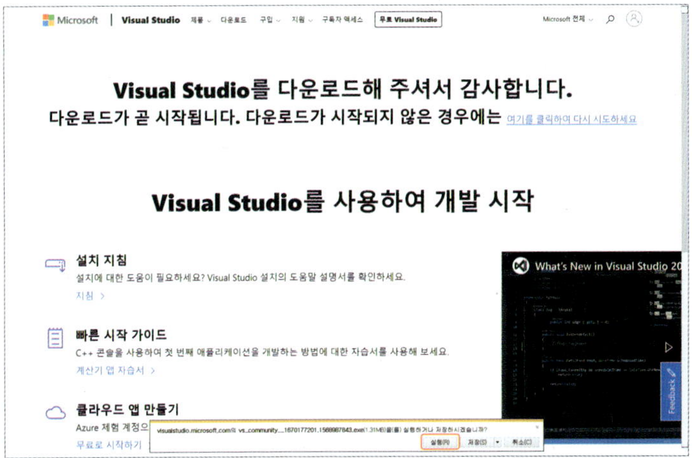

03 비주얼 스튜디오 설치 다음과 같은 화면이 나타나면 마이크로소프트의 소프트웨어 사용 조건에 동의한다는 의미로 〈계속〉 버튼을 클릭하고 설치를 진행합니다.

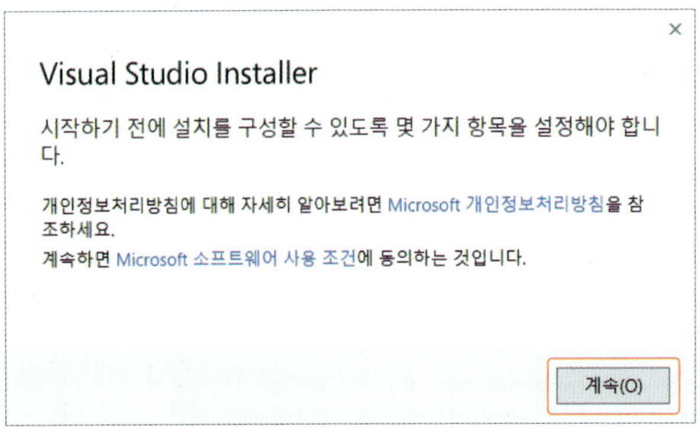

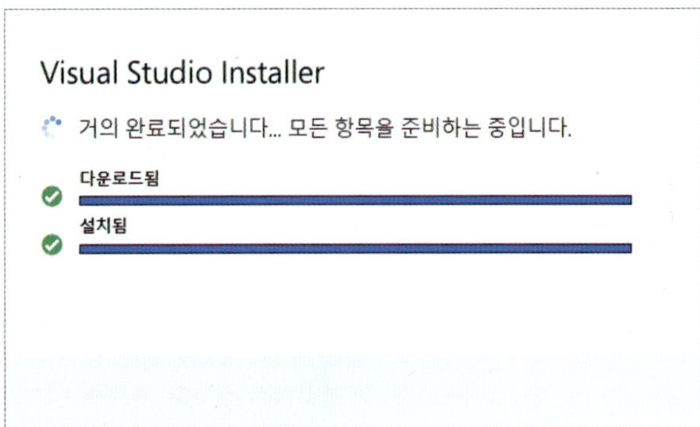

04 설치 옵션 화면이 나타나면 [워크로드] 탭-[C++를 사용한 데스크톱 개발]을 클릭하여 체크합니다. 관련된 설치 세부 정보가 화면 오른쪽에 나타납니다.

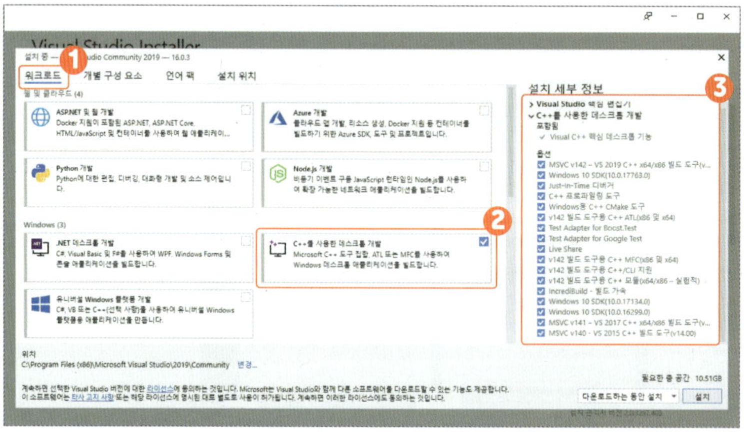

05 [개별 구성 요소] 탭을 눌러 나타난 화면에서 스크롤을 아래로 이동하여 [코드 도구] 항목을 찾습니다. [도움말 뷰어]를 클릭하여 체크합니다.

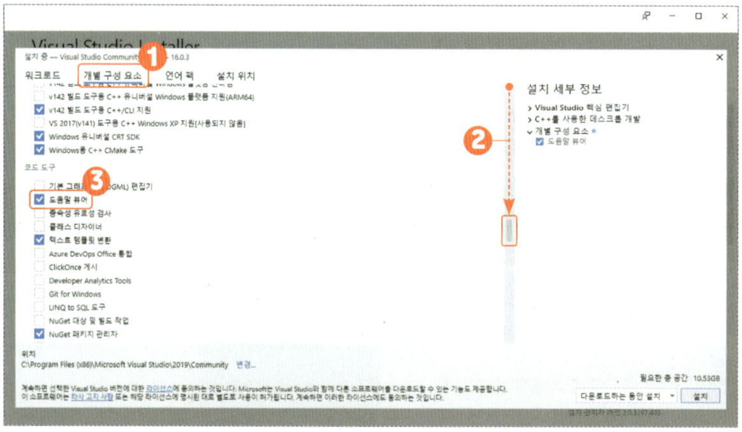

06 영어로 된 도움말도 사용하기 위해 [언어 팩] 탭에서 [영어]를 클릭하여 선택합니다. 화면 오른쪽 아래의 〈설치〉 버튼을 클릭합니다.

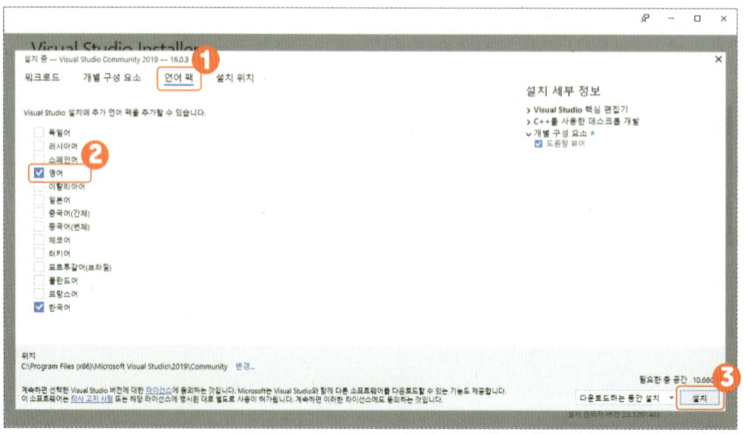

07 비주얼 스튜디오 커뮤니티 2019 프로그램 설치가 본격적으로 수행됩니다. 이 과정은 컴퓨터 시스템 사양이나 네트워크 속도에 따라 다소 시간이 걸릴 수도 있습니다.

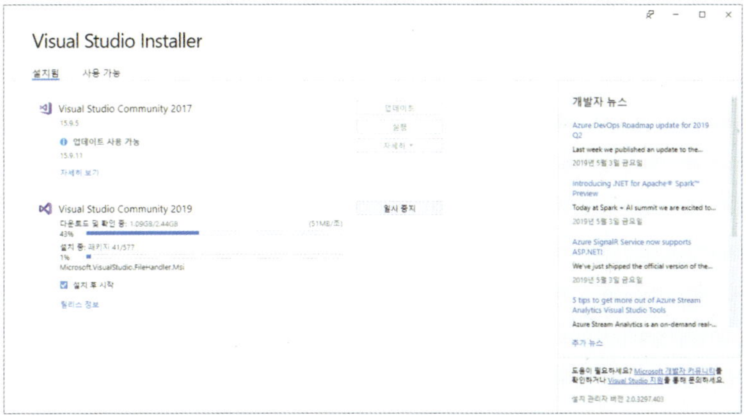

> **Tip**
> 로그인하지 않은 상태에서는 커뮤니티 버전을 30일만 사용할 수 있습니다. 기간 제한 없이 사용하려면 로그인을 해야 합니다.

08 로그인 화면이 나오면 아래쪽의 [나중에 로그인]을 클릭합니다. 새로운 창이 열리면 [개발 설정]을 'Visual C++'로 선택하고 원하는 색 테마를 선택한 뒤 〈Visual Studio 시작〉 버튼을 클릭합니다.

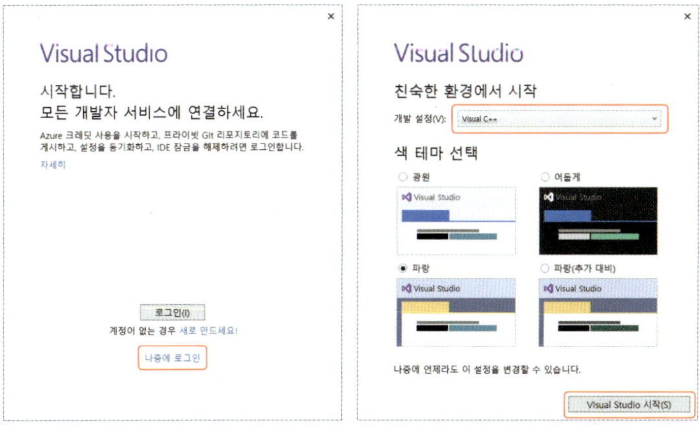

> **Tip**
> 비주얼 스튜디오에서 C 언어로 소스 코드를 작성하려면 먼저 프로젝트를 생성해야 합니다.

09 새 프로젝트 만들기 비주얼 스튜디오 설치가 모두 완료되고 새로운 화면이 나타납니다. [새 프로젝트 만들기]를 클릭합니다.

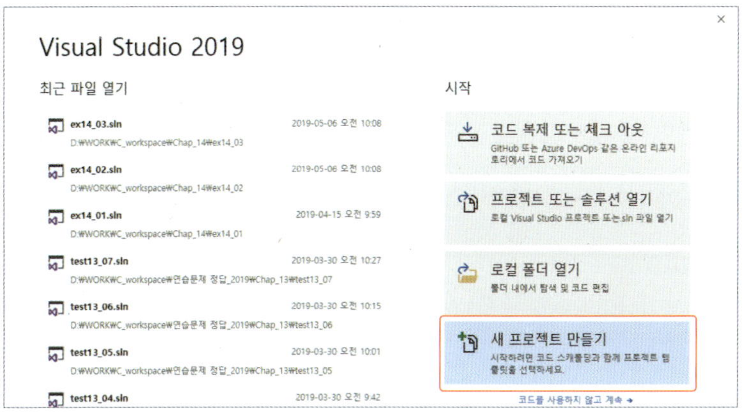

10 [Windows 데스크톱 마법사]를 선택하고 〈다음〉을 클릭합니다.

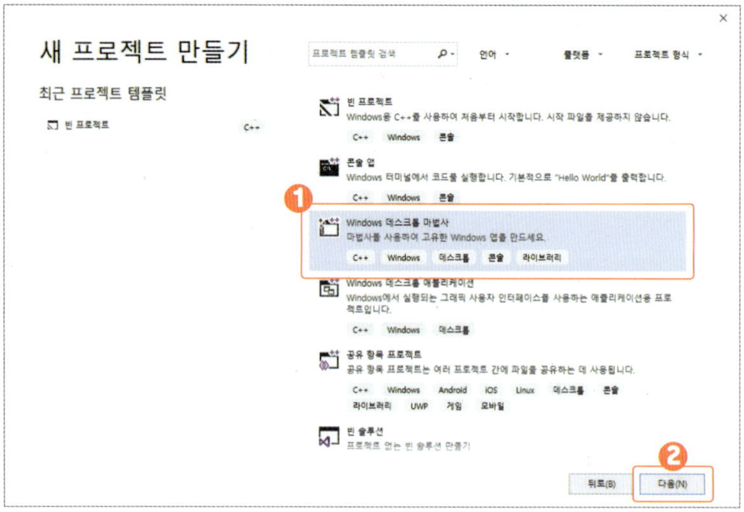

Tip

프로젝트 이름은 이 책과 동일하게 지정해도 되고 임의로 지정해도 됩니다. 저장 위치는 별도 폴더를 만든 뒤 실습과 관련된 프로젝트와 파일을 한꺼번에 모아두도록 합니다.

11 새 프로젝트의 이름과 위치를 지정한 다음 〈만들기〉를 클릭합니다.

12 [애플리케이션 종류]는 '콘솔 애플리케이션(.exe)'을 선택하고 [추가 옵션]에서 '빈 프로젝트'를 클릭하여 체크한 후 〈확인〉을 클릭합니다.

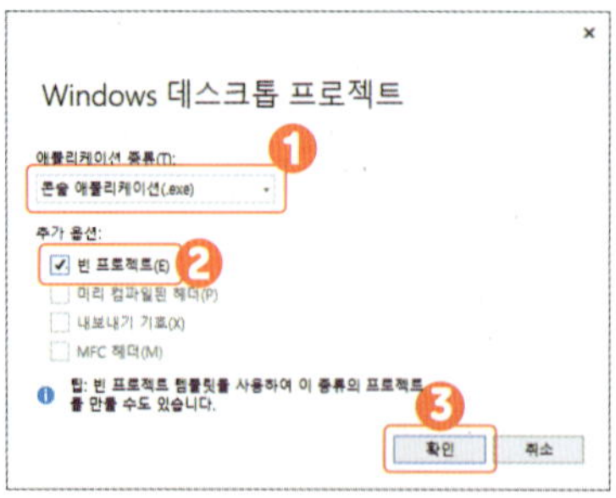

13 소스 파일 만들기 작업 창이 화면에 나타납니다. 프로젝트에 소스 파일을 생성하기 위해 [솔루션 탐색기]의 [소스 파일] 항목을 마우스 오른쪽 버튼으로 클릭하여 메뉴가 나타나면 [추가]-[새 항목]을 클릭합니다.

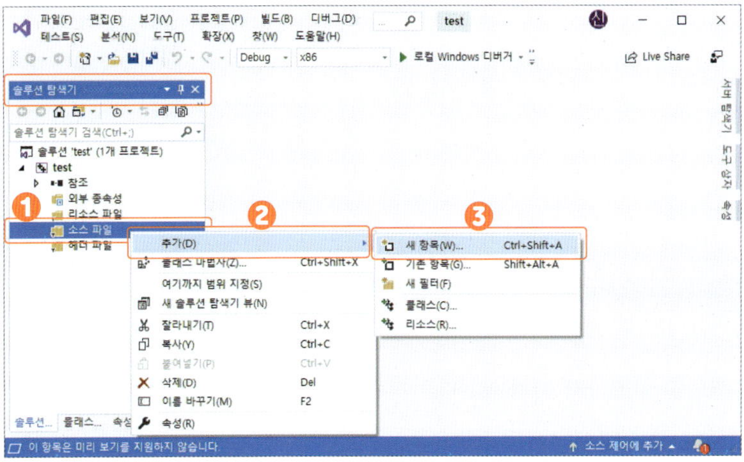

14 창이 나타나면 [Visual C++]-[C++파일(.cpp)]을 선택합니다. 파일 이름을 test.c로 입력한 다음 〈추가〉를 클릭합니다.

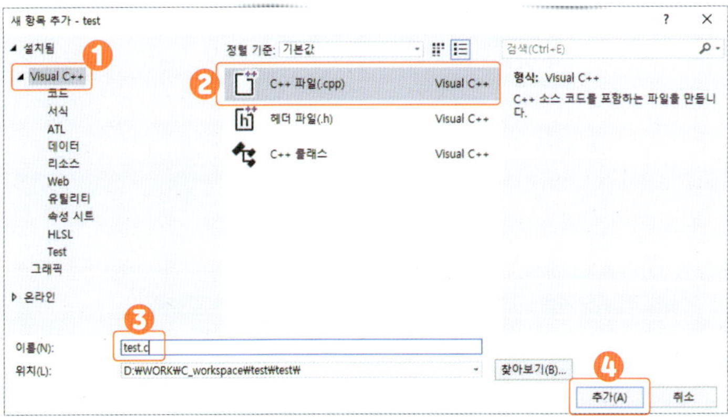

15 소스 코드 입력 [텍스트 입력기]가 나타납니다. 실습을 위해 간단한 소스 코드를 입력해 보겠습니다.

```
#include <stdio.h>
int main(void)
{
    printf("C 언어와 첫 만남입니다.");
}
```

줄 번호입니다. 입력하지 마세요.

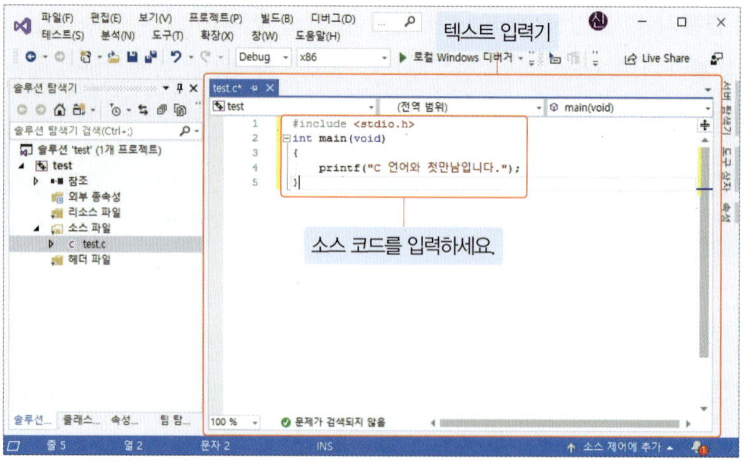

16 실행 프로젝트를 실행하기 위해 메뉴에서 [디버그]−[디버그하지 않고 시작]을 클릭하거나 Ctrl + F5 를 누릅니다.

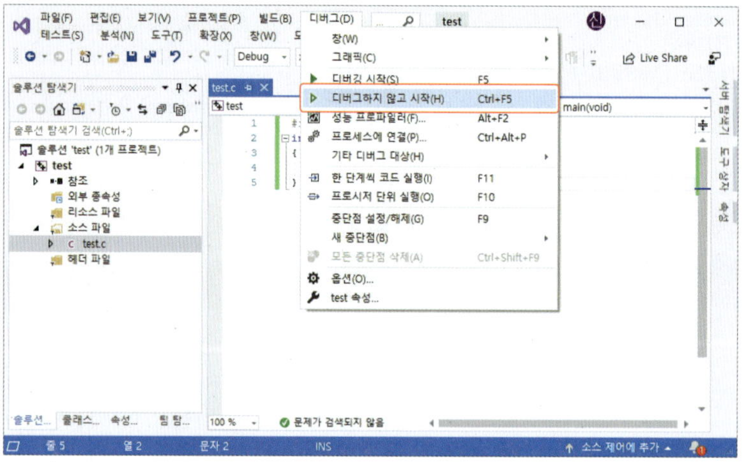

17 실행 결과가 콘솔 창에 나타납니다.

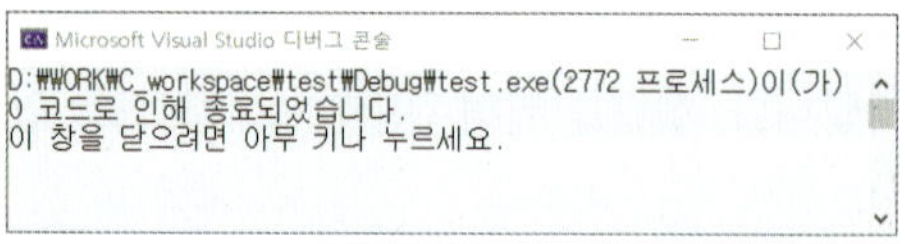

Tip

콘솔(console)

표준 입력 장치인 키보드와 표준 출력 장치인 모니터를 통틀어서 콘솔이라 하고, 표준 입출력 함수를 사용하여 작성한 프로그램을 콘솔 응용 프로그램이라고 합니다.

18 디버깅이 중지되면 자동으로 콘솔 창을 닫게 설정해 보겠습니다. 메뉴에서 [도구]-[옵션]을 누릅니다. [옵션] 대화상자가 나타나면 [디버깅]-[일반]-[디버깅이 중지되면 자동으로 콘솔 닫기]를 클릭하여 체크한 뒤 〈확인〉을 클릭합니다.

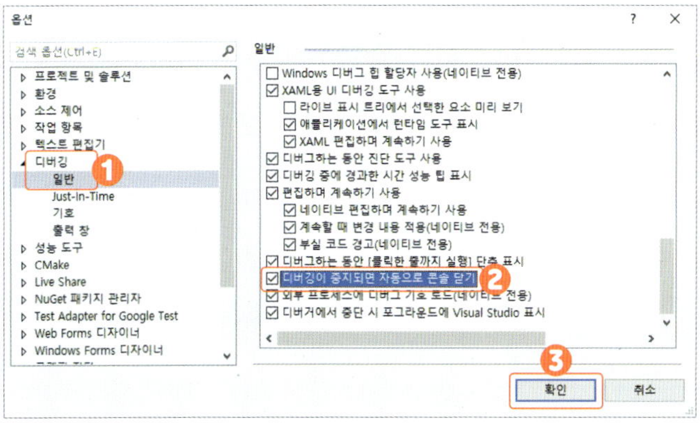

19 Ctrl+F5를 눌러 프로젝트를 다시 실행합니다. 이번에는 명령 프롬프트 창이 나타나면서 실행 결과를 보여 줍니다.

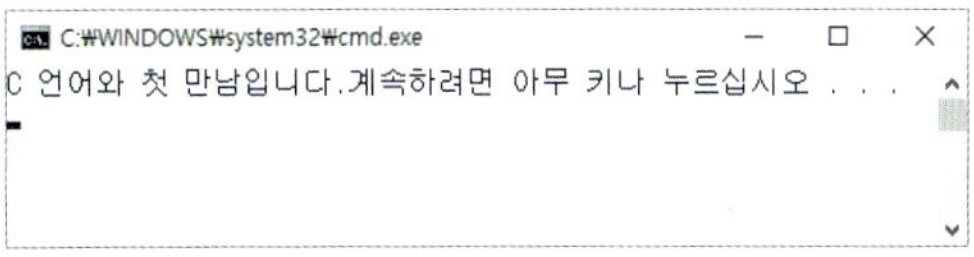

Tip

실행 결과를 콘솔 창에서 확인할 때는 '프로세스가 0코드로 인해 종료되었습니다.'라는 메시지가 계속 출력됩니다. 실행 결과를 프롬프트 창에서 나타내도록 변경하면 이러한 메시지 없이 실행 결과만 확인할 수 있습니다.

마이크로소프트 계정 등록 — 여기서 잠깐!

비주얼 스튜디오 커뮤니티 2019를 기간 제한 없이 무료로 사용하려면 마이크로소프트에 계정을 등록해야 합니다.

❶ 메뉴에서 [도움말]-[제품 등록]을 클릭하여 선택합니다.

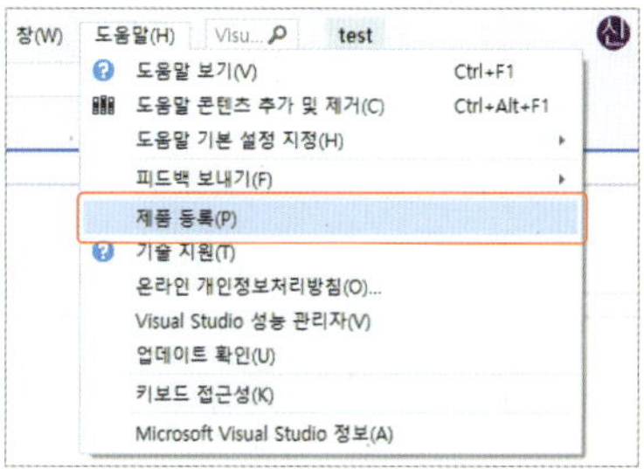

❷ 마이크로소프트 계정이 있다면 바로 로그인을 하면 되고, 없다면 [새로 만드세요!]를 눌러 계정을 새로 만든 뒤 로그인을 합니다. 로그인을 하면 평가판이 아닌 정식 버전으로 라이선스를 등록할 수 있습니다.

3 비주얼 스튜디오 환경 설정

비주얼 스튜디오를 좀 더 사용하기 편하게 환경 설정을 해보겠습니다.

01 프로젝트 저장 위치 설정 메뉴에서 [도구]-[옵션]을 누릅니다.

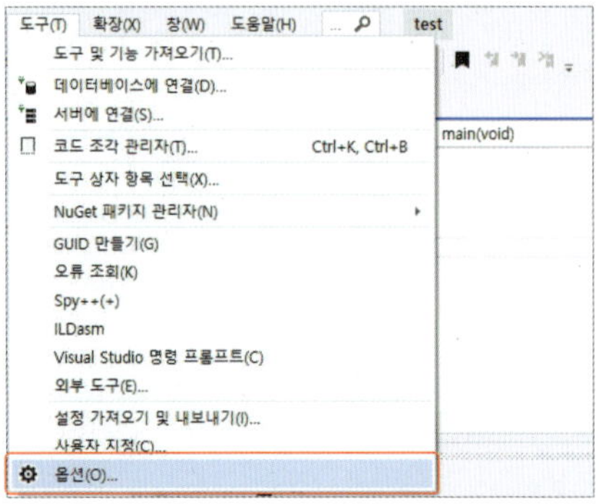

02 [옵션] 대화상자가 나타나면 [프로젝트 및 솔루션]-[위치]-[프로젝트 위치]에 프로젝트를 저장할 위치를 설정합니다. 각자 원하는 위치로 설정해도 되고 다음 그림을 참고하여 이 책과 동일하게 설정해도 됩니다.

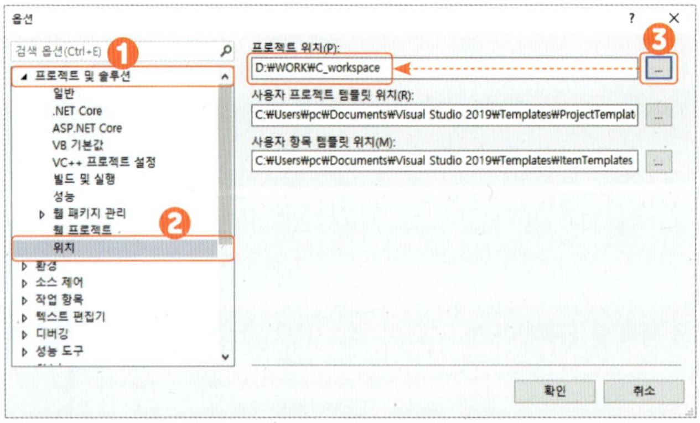

Tip

[색 테마] 항목을 번갈아 적용해 본 뒤 원하는 효과를 선택하면 됩니다.

03 화면 효과 설정 [옵션] 대화상자에서 [환경]-[일반]-[시각적 효과] 아래의 [색 테마] 항목에서 원하는 효과를 설정할 수 있습니다.

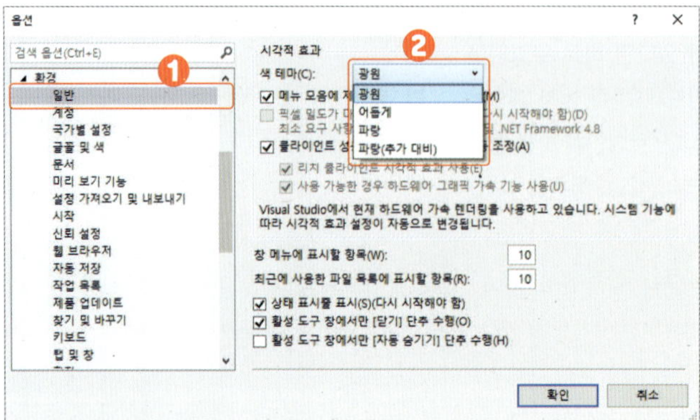

04 [환경]–[글꼴 및 색]–[표시 항목]에서 '일반 텍스트'를 선택한 다음 글꼴, 색상, 크기 등을 변경할 수 있습니다.

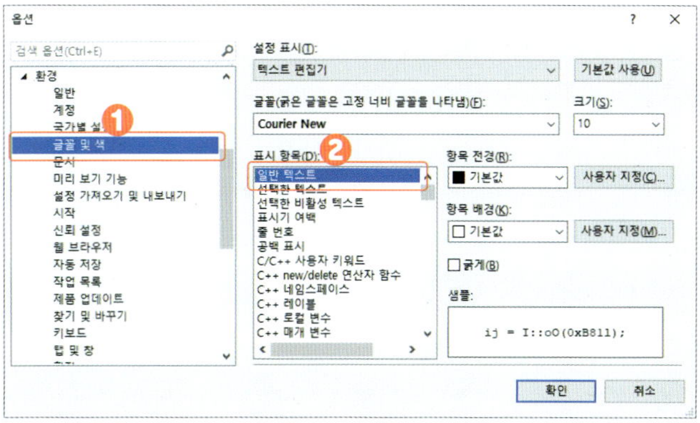

05 소스 코드 왼쪽에 행마다 줄 번호가 나타나게 하려면 [텍스트 편집기]–[C/C++]–[일반]을 선택한 다음 [설정]에서 '줄 번호'를 클릭하여 체크합니다.

Tip

줄 번호를 없애려면 다시 '줄 번호'를 클릭하여 체크 표시를 삭제해야 합니다.

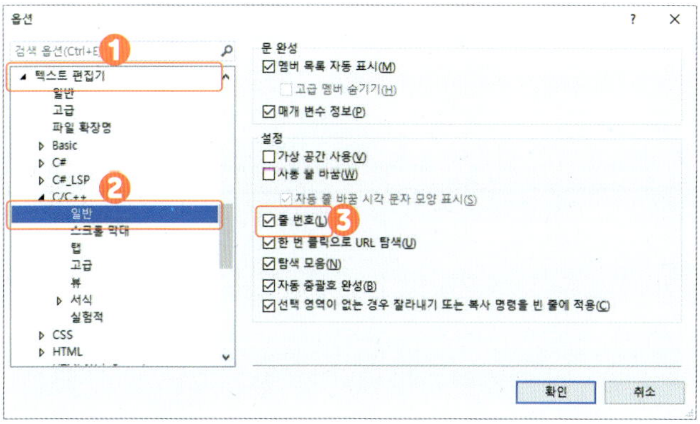

: QUIZ

표준 입력 장치인 키보드와 표준 출력 장치인 모니터를 통틀어서 (   )(이)라고 합니다.

정답

콘솔

SECTION 02

C 프로그램의 작성 과정 맛보기

1 프로젝트 생성

우리는 아직 C 언어 프로그램의 문법 구조에 대해 아무것도 배우지 않았습니다. 여기서는 먼저 비주얼 스튜디오를 사용하여 프로젝트를 만들고 다루는 방법을 살펴보겠습니다.

본격적인 작업에 들어가기 전에 우리가 만들 프로젝트와 소스 파일의 이름을 무엇으로 정할지 기준을 세우는 게 좋습니다. 여러 프로젝트를 만들 때 정확하게 구분하기 위해서입니다.

이 책에서는 프로젝트를 저장할 폴더의 위치와 프로젝트 이름, 소스 파일의 이름을 다음과 같이 설정합니다. 편의상 프로젝트와 소스 파일 이름을 동일하게 작성했지만 다르게 설정해도 문제는 없습니다.

Tip

프로젝트 저장 폴더, 프로젝트 이름, 소스 파일 이름은 이 책과 동일하게 지정하지 않아도 됩니다. 하지만 자신만의 기준을 세워 정리해야 파일 관리의 효율성을 높일 수 있습니다.

프로젝트 저장 폴더	D:\WORK\C_workspace\Chap_02, Chap_03, …
프로젝트 이름	ex02_01, ex02_02, … ex03_01, ex03_02, …
소스 파일 이름	ex02_01.c, ex02_02.c, … ex03_01.c, ex03_02.c, …

57~59쪽의 09~14 과정을 참고하여 다음과 같이 새 프로젝트를 생성하고 소스 파일을 추가합니다.

그림 2-2 새 프로젝트 생성

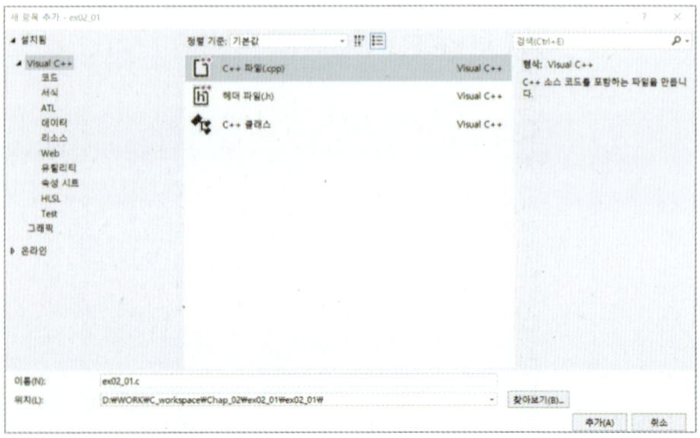

그림 2-3 소스 파일 추가

2 소스 코드 작성

[텍스트 입력기]가 나타나면 소스 코드를 입력합니다.

예제 2-1 처음 만드는 C 언어 프로그램 ex02_01.c

```c
#include <stdio.h>

int main(void)
{
    printf("안녕하세요.\n");
    return 0;
}
```

이 예제는 인사말을 출력하는 간단한 프로그램입니다. 비주얼 스튜디오 사용법을 알아보는 과정이므로 C 프로그래밍의 복잡한 문법은 사용하지 않고 기본 문법 구조를 사용합니다. 소스 코드를 입력한 화면은 다음과 같습니다.

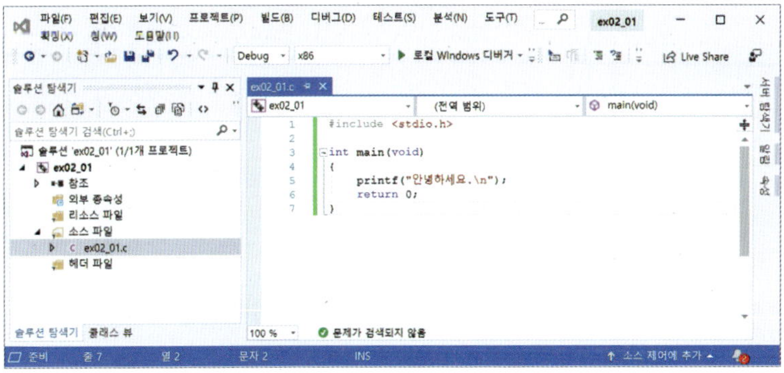

그림 2-4 **소스 코드 입력**

소스 코드를 입력할 때 중괄호({})나 세미콜론(;) 등의 기호 중 어느 하나라도 빠뜨리면 프로그램이 제대로 실행되지 않을 수 있으니 주의해야 합니다.

3 디버깅과 실행

새로 생성한 ex02_01 프로젝트의 소스 코드를 작성했으니 프로그램을 실행해 볼 차례입니다. 그런데 프로그램을 실행하기 전에 소스 코드에 문법 오류나 논리 오류가 있는지 확인해 봐야 합니다. 이처럼 프로그램을 실행하기 전에 오류가 있는지 확인·점검하고 수정하는 과정을 디버깅(debugging)이라 합니다.

비주얼 스튜디오 컴파일러에서 디버깅을 한 후 실행하는 과정을 함께 살펴보겠습니다.

01 프로젝트 ex02_01의 소스 코드에 대한 디버깅 과정을 수행하기 위해 메뉴에서 [빌드]-[ex02_01 빌드]를 클릭하여 문법 오류 검사를 수행합니다.

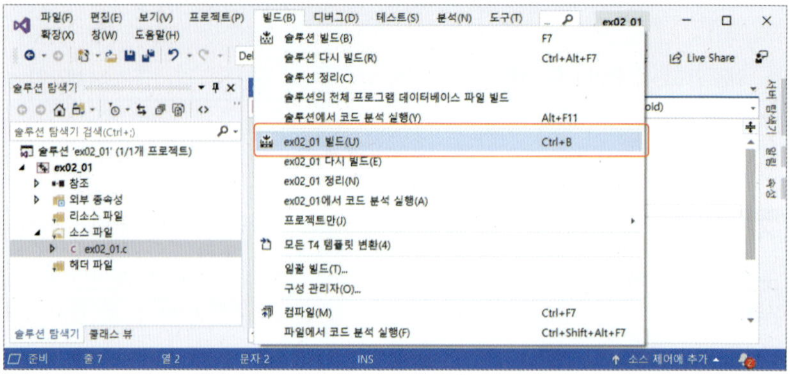

02 빌드를 실행한 결과가 [출력 창]에 나타납니다. '빌드 : 성공 1, 실패 0, 최신 0, 생략 0'은 문법 오류가 없다는 의미입니다.

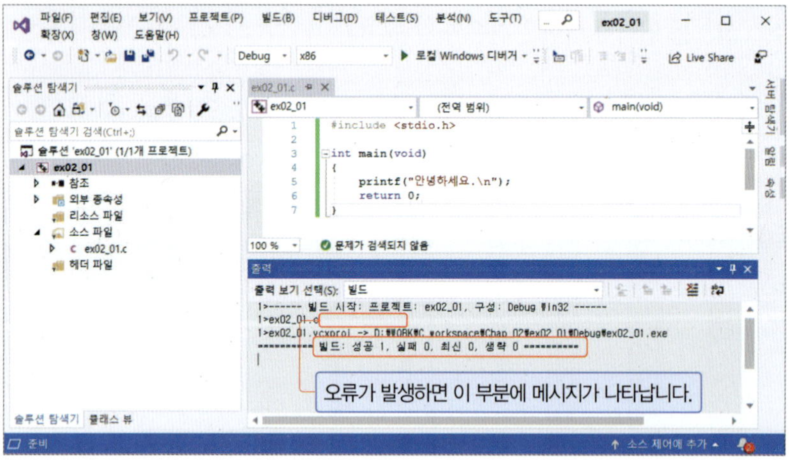

03 프로젝트를 실행하기 위해 메뉴에서 [디버그]-[디버그하지 않고 시작]을 클릭하거나 단축키 Ctrl+F5를 누릅니다.

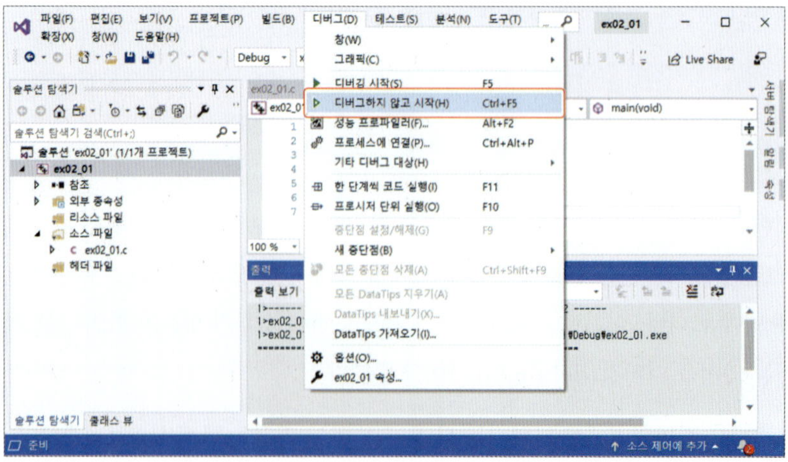

04 명령 프롬프트 창에 프로젝트 ex02_01의 실행 결과가 출력됩니다.

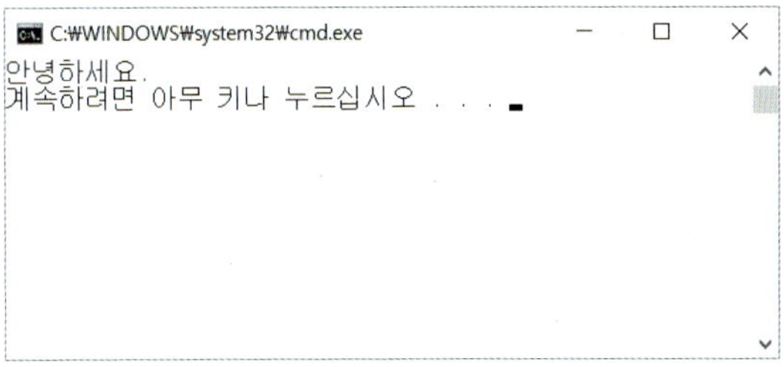

QUIZ

디버깅이란 프로그램을 실행하기 전에 소스 코드에 (   ) 오류나 (   ) 오류가 있는지 확인·점검하고 수정하는 과정을 의미합니다.

정답

문법, 논리

4 솔루션 닫기

프로젝트를 종료하지 않은 상태에서 또 다른 프로젝트를 수행하면 컴파일 과정에서 예기치 못한 에러가 발생할 수 있으니 작업이 끝나면 프로젝트를 닫아야 합니다.

메뉴에서 [파일]-[솔루션 닫기]를 눌러 작업하던 솔루션을 닫습니다.

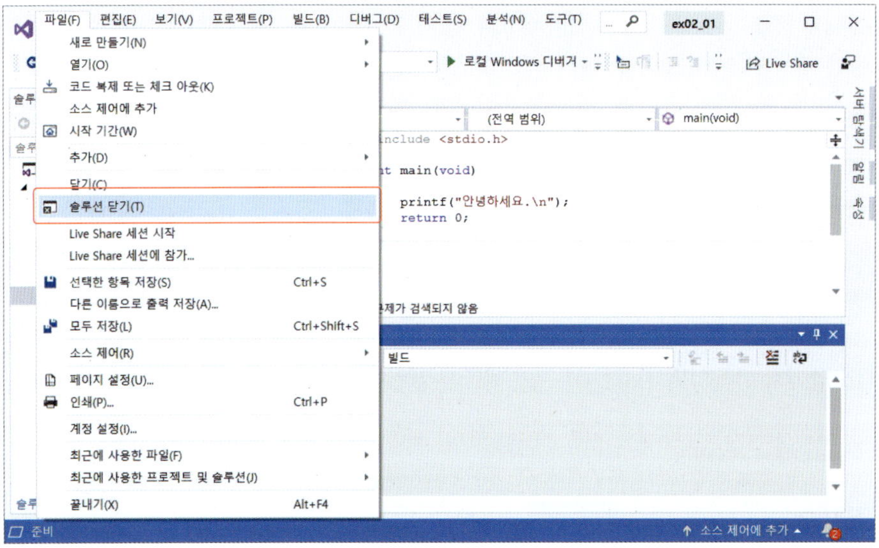

Tip

솔루션은 여러 개의 프로젝트가 포함된 커다란 모듈이라고 할 수 있습니다. 우리는 프로젝트 단위에서 소스 코드를 작성하고 실행 결과를 확인하는 과정까지 학습합니다. 솔루션 과정을 다룰 기회는 거의 없을 것이니 개념 정도만 이해하고 넘어가길 바랍니다.

5 프로젝트 불러오기

기존에 작업한 프로젝트를 불러오는 방법을 알아보겠습니다.

01 비주얼 스튜디오 초기 화면에서 [프로젝트 또는 솔루션 열기]를 선택하거나 작업 창 메뉴에서 [파일]-[열기]-[프로젝트/솔루션]을 클릭합니다.

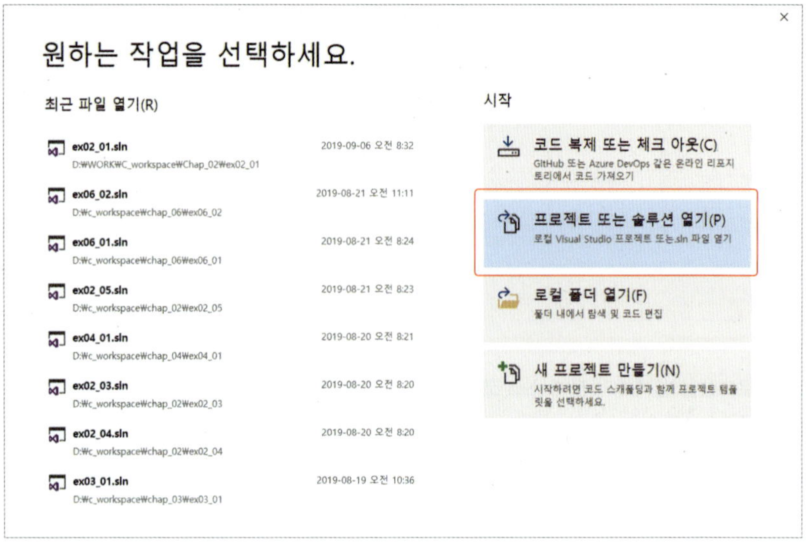

Tip

이전에 만들었던 C 소스 코드를 불러오려면 프로젝트 폴더 안의 .sln 파일을 선택하면 됩니다.

02 [프로젝트/솔루션 열기] 창이 나타나면 ex02_01 폴더 안의 ex02_01.sln 파일을 선택하고 〈열기〉를 클릭합니다.

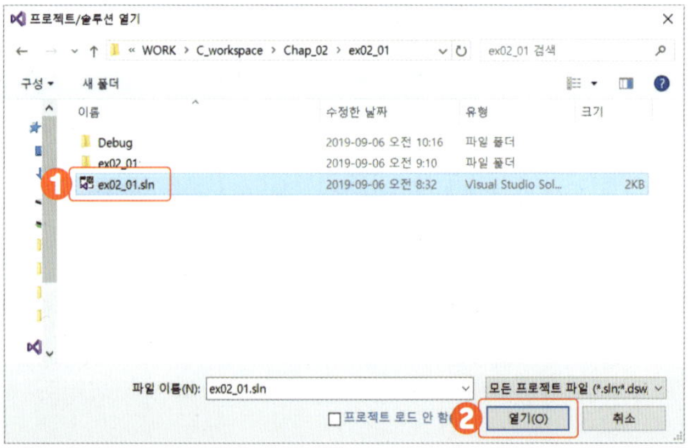

03 앞에서 만들었던 ex02_01 프로젝트가 열립니다.

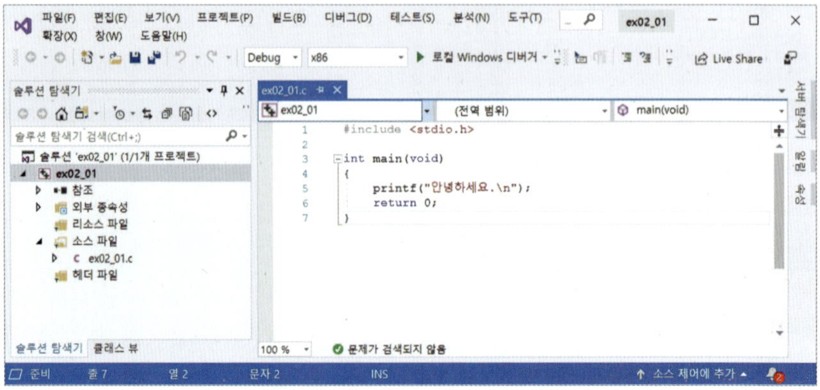

SECTION 03 C 프로그램의 구성 요소

1 C 프로그램의 기본 구조

C 언어로 프로그램을 만들기 위해서는 다양한 구성 요소가 필요합니다. C 프로그램의 기본 구조를 통해 어떠한 구성 요소가 있는지 간단히 살펴보겠습니다.

```
01 /* 간단한 인사말 출력 프로그램
02    작성일자 : 2030. 12. 25
03    프로그래머 : 본인 이름 */
04
05 #include <stdio.h>
06 int main(void)
07 {
08     printf("안녕하세요.\n");
09     printf("정말 반갑습니다.\n");
10     return 0;
11 }
```

Tip
전용 에디터를 사용해 소스 코드를 작성하면 구문에 따라 코드 색상을 다르게 표시합니다. 이 책에서는 비주얼 스튜디오를 기준으로 구문 색상을 표시합니다.

1. #: 가장 먼저 수행할 명령을 지시하는 선행처리 지시자
2. include: 헤더 파일을 불러오는 선행처리 명령어
3. stdio.h: 표준 입출력 함수를 사용하기 위한 헤더 파일
4. int: 메인 함수의 반환값을 정수형으로 설정한다는 의미
5. main(void): 메인 함수 선언, 괄호 안의 void는 형식 매개 변수를 생략한다는 의미
6. printf(" "): 큰따옴표 안에 있는 문자열을 화면에 출력해 주는 표준 출력 함수
7. { 명령문 }: 메인 함수의 명령 구간을 중괄호로 나타낸 코드 블록
8. \n: 강제로 줄을 바꿔주는 명령(강제 개행 제어 문자)
9. ;(세미콜론): 해당 명령문의 끝을 의미

Tip
stdio는 standard input output을 줄인 말로 표준 입출력을 뜻합니다.

Tip
\(역슬래시)를 입력하려면 키보드의 [₩]를 누르면 됩니다.

소스 코드 왼쪽에 있는 일련번호는 줄 번호입니다. 비주얼 스튜디오에서 컴파일과 디버깅 작업을 할 때 오류가 발생하면 해당 줄 번호를 알려줍니다. 줄 번호가 나타나도록 환경을 설정해 두면 디버깅 작업 시 오류가 발생한 코드를 쉽게 찾아갈 수 있습니다.

Tip
줄 번호를 설정하는 방법은 63쪽 05 과정에 있습니다.

2 주석문

주석문(comment)은 소스 코드에 설명을 부여하는 것으로 프로그램을 유지·보수하는 차원에서 많은 도움을 줍니다. 예를 들어, 변수를 선언하고 해당 변수를 어떤 목적으로 사용하는지 설명하는 문장을 코드 옆에 주석으로 적어두면 나중에 프로그램을 업데이트하거나 다른 프로그래머가 소스 코드를 볼 때 쉽게 이해할 수 있습니다.

C 언어에서 주석문은 다음과 같이 두 가지(/* */, //)로 표현할 수 있습니다.

```
/* 주석문을 여러 줄로 사용하려면
   이와 같은 방법을 사용해야 합니다. */
```

```
// 주석문을 한 줄로 사용하려면 겹슬래시를 사용합니다.
```

3 선행처리기

Tip
선행처리기 명령은 컴파일러가 소스 코드를 기계어 코드로 번역하기 전에 수행합니다.

선행처리기(preprocessor)란 각종 매크로와 외부 파일에 대한 명령이 들어 있는 헤더 파일을 프로그램에서 사용하도록 호출하여 연결해 주는 것을 말합니다. 선행처리기 명령은 컴파일하기 전에 미리 처리되며, 대표적인 명령으로는 다른 파일을 포함하는 #include 문, 매크로 기능을 수행하는 #define 문 등이 있습니다.

Tip
선행처리기는 전처리기라고도 합니다.

보통 컴파일러는 텍스트로 이루어진 명령어를 기계어 코드로 변환하는데, 이와 달리 선행처리기는 텍스트를 텍스트로 변환합니다. 이렇게 텍스트로 변환된 결과를 소스 코드에 추가한 뒤 프로그램을 실행합니다.

선행처리 지시자

선행처리 지시자는 선행처리기 명령을 구분하기 위해 사용하는 문자로, C 언어에서는 #으로 표기합니다. 예를 들어, #include를 사용하여 선행처리 지시자임을 나타내면 프로그램 소스 코드를 컴파일할 때 반드시 이 부분을 가장 먼저 처리합니다.

선행처리기 명령 사용시 주의점

선행처리기 명령을 사용할 때는 다음 사항을 주의해야 합니다.

- 항상 선행처리 지시자인 #으로 시작합니다.
- 명령문 끝에 ;(세미콜론)을 붙이지 않습니다.

- 한 행에 하나의 명령만 사용합니다.
- 소스 코드의 맨 앞에 선언합니다.

선행처리기 명령의 길이가 한 행을 초과한 경우 행의 끝에 ₩(원) 또는 \(역슬래시)를 사용하여 다음 행으로 이어짐을 표시해야 합니다.

선행처리기 명령의 장점

선행처리기 명령을 사용하면 다음과 같은 장점이 있습니다.

- 프로그램 소스 코드를 이해하기 쉽습니다.
- 프로그램 소스 코드를 수정하기 쉽습니다.
- 프로그램을 간편하게 이식할 수 있습니다.
- 프로그램을 작성하기 쉽습니다.

선행처리기 명령의 종류

선행처리기 명령은 수행하는 작업에 맞게 선택해서 사용합니다. C 언어에서 사용하는 선행처리기 명령의 종류는 다음과 같습니다.

표 2-1 선행처리기 명령의 종류

종류	설명
#include	헤더 파일 등 외부 파일을 불러옴
#define, #undef	상수 치환과 매크로 함수 정의 및 취소
#if, #ifdef, #ifndef, #else, #elif, #endif	제시한 조건에 따른 컴파일
#error, #line, #pragma	컴파일과 관련된 정보 제공

이 중에서 #include 명령은 외부 파일을 소스 코드에 포함시키기 위해 사용합니다.

```
#include <stdio.h>
```

위 명령은 scanf_s( ) 함수와 printf( ) 함수를 사용하기 위해 선언한 것입니다. scanf_s( ) 함수와 printf( ) 함수는 stdio.h라는 헤더 파일에 들어 있기 때문에 프로그램을 작성하기 전에 먼저 사용하겠다는 의미로 선행처리기 명령인 #include로 선언합니다.

헤더 파일은 C 언어 컴파일러에서 제공하는 것을 사용할 수도 있지만, 사용자(또는 프로그래머)가 직접 정의해서 사용할 수도 있습니다. 컴파일러가 제공하는 헤더 파일은 〈 〉를 사용하여 불러오고, 사용자 또는 프로그래머가 정의한 헤더 파일은 " "(큰따옴표)를 사용하여 불러옵니다.

: QUIZ

① 주석문을 한 줄로 나타낼 때는 (   ) 기호를 사용하고, 여러 줄로 나타낼 때는 (   ) 기호로 시작해서 (   ) 기호로 끝냅니다.

② 프로그램의 명령어 텍스트를 기계어 코드로 변환하는 컴파일러와 달리 선행처리기는 텍스트를 (   )(으)로 변환합니다.

③ C 언어에서 선행처리 지시자는 (   )(으)로 표기합니다. (   )은/는 소스 코드를 실행하기 전에 반드시 먼저 수행할 명령임을 나타냅니다.

④ 선행처리기는 각종 매크로와 외부 파일에 대한 명령이 들어 있는 (   )을/를 프로그램에서 사용할 수 있도록 호출하여 연결해 주는 기능을 수행합니다.

⑤ 외부 파일을 소스 코드에 포함시킬 때 사용하는 선행처리기 명령은 (   )입니다.

⑥ 선행처리기 명령의 길이가 1행을 초과할 경우 행의 끝에는 (   ) 또는 (   )을/를 사용하여 다음 행으로 이어짐을 표시합니다.

정답

① //, /*, */
② 텍스트
③ #, #
④ 헤더 파일
⑤ #include
⑥ ₩(원), \(역슬래시)

4 헤더 파일

헤더 파일은 특정 작업을 수행하기 위한 함수 목록을 의미합니다. 표준 입출력 함수와 관련된 라이브러리 함수는 stdio.h 헤더 파일에 존재하고, 수학과 관련된 함수는 math.h 헤더 파일에 존재합니다. 시간과 관련된 함수는 time.h 헤더 파일에서 제공하는 등 비주얼 스튜디오 컴파일러에서는 다양한 헤더 파일을 제공합니다.

Tip 헤더 파일은 컴파일러의 종류와 버전에 따라 조금씩 다릅니다.

C 언어에서 제공하는 표준 라이브러리 함수는 보통 헤더 파일 안에 선언되어 있습니다. 사용자가 API(application programming interface) 수준에서 인지한 함수를 사용하려면 헤더 파일을 호출하면 됩니다.

Tip API란 라이브러리에 접근하기 위한 규칙을 정의한 것입니다.

헤더 파일은 컴파일러가 제공하는 것 외에도 프로그래머가 직접 정의하여 사용할 수도 있습니다.

#include 〈헤더 파일 이름〉 ← 컴파일러에서 기본으로 제공하는 헤더 파일

#include "헤더 파일 이름" ← 프로그래머가 직접 정의한 헤더 파일

프로그래머가 직접 정의한 헤더 파일을 불러오려면 헤더 파일 이름을 큰따옴표로 묶어줘야 합니다. 이때 헤더 파일과 소스 코드가 같은 폴더에 있으면 헤더 파일 이름만 적어주면 되고, 다른 폴더에 있으면 경로를 함께 적어줘야 합니다.

```
#include "c:\work\header\myst.h"
```

← 프로그래머가 정의한 헤더 파일의 경로

헤더 파일의 종류

C 언어에서 제공하는 헤더 파일에는 다양한 매크로와 상수, 라이브러리 함수의 원형 등이 정의되어 있습니다. 컴파일러마다 조금씩 차이가 있지만 주요 헤더 파일을 정리하면 다음과 같습니다.

표 2-2 C 언어에서 제공하는 헤더 파일의 종류

종류	설명
malloc.h	메모리의 동적 할당 함수 선언
conio.h	직접 입출력 함수 선언
ctype.h	문자 검사와 관련된 함수 선언
direct.h	디렉터리를 제어하는 함수 선언
dos.h	MS-DOS를 제어하는 데 필요한 함수 선언
errno.h	시스템의 오류 번호 지정
io.h	저수준의 파일 입출력 함수 선언
math.h	수학 함수 선언
process.h	프로세스를 제어하는 함수 선언
stdio.h	표준 입출력 및 파일 입출력 함수 선언
stdlib.h	문자열 변환과 기억 공간 할당 함수 선언
strlib.h	수치 변환이나 난수 관련 함수 선언
string.h	문자열 처리 함수 선언
time.h	시간 관련 함수 선언
windows.h	윈도우 운영체제의 API 제공

: QUIZ

① 헤더 파일은 특정 작업을 수행하기 위한 (　　　) 목록입니다.

② 프로그래머가 직접 정의한 헤더 파일을 경로명 없이 사용하려면 헤더 파일이 (　　　)와/과 같은 폴더에 있어야 합니다.

③ scanf_s( ) 함수와 printf( ) 함수를 사용하려면 (　　　) 헤더 파일을 불러와야 합니다.

정답

① 함수
② 소스 코드
③ stdio.h

5 main( ) 함수

C 언어에서는 다양한 라이브러리 함수를 제공합니다. 그중에서 main( ) 함수는 C 프로그램의 시작을 알립니다. C 프로그램을 작성하다 보면 다양한 함수를 사용하게 되는데 컴파일러는 여러 함수 중에서 main( ) 함수를 가장 먼저 찾아서 수행합니다. 그러므로 main( ) 함수는 반드시 선언해야 하는 중요한 함수이고 단 하나만 존재해야 한다는 유일성을 확보해 주어야 합니다.

int형 main(void) 함수

main( ) 함수명 앞에 int형으로 반환값의 타입을 선언하면 함수 실행 결과 정수 값을 반환합니다. 즉, int형 main(void) 함수는 반환값이 정수형인 main( ) 함수입니다. 이 함수의 반환값 명령은 return 0과 같이 선언합니다. return 0은 프로그램을 종료하라는 의미입니다.

Tip
main( ) 함수의 괄호 안에 선언한 void는 인수를 생략한다는 의미입니다.

```
int main(void)
{
    수행할 명령문;
    return 0;              // 프로그램을 종료하라는 의미
}
```

수행 중인 프로그램을 특정 위치에서 종료하고 싶을 때는 그 위치에 return 0을 선언하면 됩니다.

void형 main( ) 함수

Tip
void main( )형은 컴파일러에 따라 오류가 발생할 수도 있습니다.

main( ) 함수 앞에 붙은 void는 main( ) 함수의 반환값을 생략한다는 의미입니다. 즉 void main( )과 같이 선언하면 return 0을 생략한다는 것입니다.

```
void main()
{
     수행할 명령문;
}
```

QUIZ

① main( ) 함수는 프로그램을 실행할 때마다 (   )이/가 가장 먼저 찾는 함수로, 반드시 1개만 존재해야 하며 2개 이상 선언할 경우 오류가 발생합니다.

② 자료형을 int형으로 선언한 main( ) 함수에서는 (   )의 값을 반환하면 프로그램이 종료됩니다.

정답

① 컴파일러
② 0

6 표준 입출력 함수

표준 입출력(standard input output)이란 외부로부터 데이터를 받아들이는 표준 입력 형식과 외부로 데이터를 내보내는 표준 출력 형식을 의미합니다. 표준 입출력 함수는 키보드로 데이터를 받아들이는 입력(input)과, 데이터를 화면에 보여주는 출력(output)을 수행하기 위해 사용합니다.

C 언어에서 사용하는 대표적인 표준 입출력 함수에는 화면에 문장을 출력하는 printf( ) 함수와, 키보드로 입력한 값을 컴퓨터에 전달할 때 사용하는 scanf_s( ) 함수가 있습니다.

```
#include <stdio.h>
...
    printf("성명 입력 : ");                  // 출력 함수
    scanf_s("% s", &name, sizeof(변수명));   // 키보드로 입력값을 받아 전달
```

표준 입출력 함수를 사용하려면 선행처리기 명령으로 stdio.h 헤더 파일을 불러와야 합니다.

7 코드 블록

코드 블록이란 왼쪽 중괄호인 {로 시작해서 오른쪽 중괄호인 }로 끝나는 소스 코드의 명령 구간을 의미합니다. 소스 코드에서 중괄호의 역할은 main( ) 함수의 명령 구간을 나타냅니다. 코드 블록을 사용할 때는 반드시 괄호가 쌍으로 대칭되도록 해야 합니다.

다음은 main( ) 함수의 명령 구간이 어디서부터 어디까지인지를 나타내기 위해 중괄호로 코드 블록 구간을 설정한 것입니다.

Tip

중괄호가 쌍으로 대칭되지 않고 하나가 더 많거나 적으면 컴파일 과정에서 문법 오류가 발생합니다.

```
int main(void)
{
    printf("안녕하세요.\n"); // 모니터에 문자열을 출력하기 위해 표준 출력 함수 사용
    return 0;
}
```

중괄호는 함수를 정의할 때뿐만 아니라 6장의 조건문과 7장의 반복문에서도 사용합니다. 중괄호를 잘못 묶으면 문법 오류가 발생할 확률이 높으므로 주의 깊게 살펴봐야 합니다.

8 강제 개행

Tip

₩n은 글꼴이나 문자 체계에 따라 \n으로 입력되기도 합니다. 둘 다 똑같은 것이니 어느 것을 쓰든지 상관없습니다.

강제 개행(line feed)이란 출력하고자 하는 문자열에 강제로 줄 바꿈을 해주는 명령입니다. 다음 소스 코드를 보면 printf( ) 함수 안의 문자열 맨 끝에 강제 개행 문자인 \n을 선언하였습니다.

```
printf("안녕하세요.\n");
```

출력 함수인 printf( ) 함수의 큰따옴표 안에 \n을 선언하면 문자열을 출력할 때 \n 위치가 있는 곳을 기준으로 다음 행으로 강제로 줄을 바꿉니다.

: QUIZ

소스 코드에서 명령 구간을 나타낼 때는 (   )을/를 사용하여 코드 블록을 설정하고, 강제로 줄을 바꿀 때는 제어 문자인 (   )을/를 사용합니다.

정답

중괄호({ }), \n(또는 ₩n)

9 ;(세미콜론)

C 언어로 소스 코드를 작성할 때 명령문의 끝을 표현하기 위해 ;(세미콜론)을 사용합니다. 명령문 끝에 세미콜론을 생략하면 컴파일 과정에서 문법 오류가 발생합니다. 세미콜론을 2개 선언해도 오류가 발생할 수 있으므로 명령문 끝에는 반드시 세미콜론을 1개만 사용해야 합니다. 예를 들어, 표준 출력 함수인 printf( ) 함수 다음에는 세미콜론을 붙여야 하는데 다음과 같이 생략할 경우에는 오류 메시지가 출력됩니다.

```
printf("안녕하세요.\n")
```

세미콜론(;) 누락

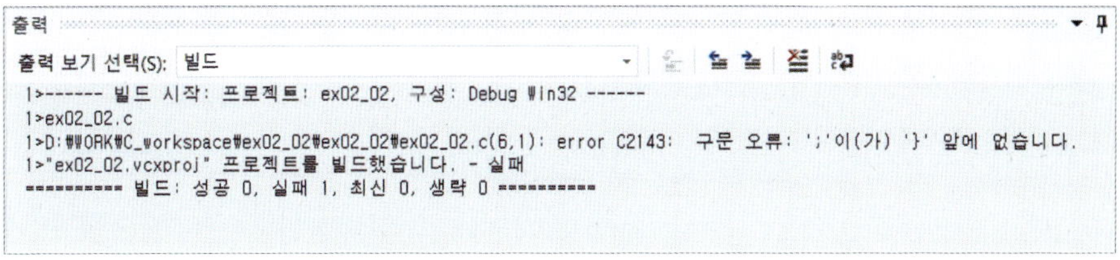

그림 2-5 **세미콜론 누락에 따른 컴파일 오류**

세미콜론을 누락하면 명령문이 아직 끝나지 않은 것으로 이해하여 문법 오류에 의한 구문 오류 메시지를 출력합니다.

단, 명령문 끝에 세미콜론을 무조건 사용해야 하는 것은 아닙니다. 선행처리기 명령이나 조건문, 반복문 등의 끝에 세미콜론을 붙이면 문법 오류가 발생합니다.

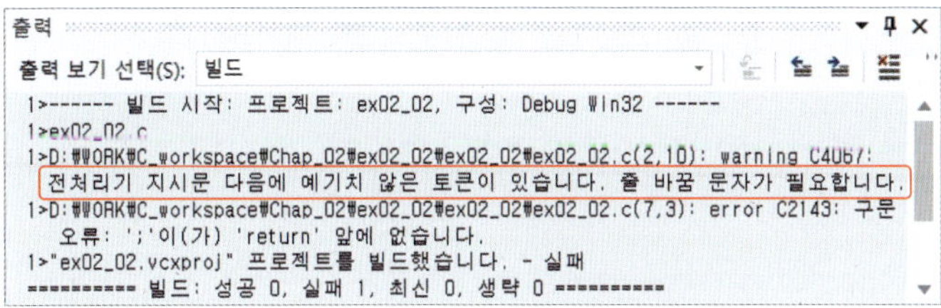

그림 2-6 **선행처리기 명령 끝에 세미콜론을 붙여 발생한 컴파일 오류**

SECTION

04 오류 처리

> **Tip**
>
> 오류는 컴파일 과정에서 발생하지 않는다고 방심하면 안 됩니다. 실행 과정에서 의도한 것과 다른 실행 결과를 보여주는 논리 오류가 발생할 수도 있기 때문입니다.

1 컴파일 오류

프로그램 소스 코드를 작성하였다면 컴파일 과정에서 오류가 발생하지 않는지 살펴봐야 합니다. 컴파일 오류는 심각한 오류를 나타내는 '에러'와, 컴파일과 링크는 가능하지만 잠재적인 문제점을 안고 있는 경미한 오류를 나타내는 '경고'로 구분할 수 있습니다. 경고 메시지가 나타났는데도 컴파일과 링크가 된다 하여 소스 코드를 수정하지 않으면 나중에 원인을 알 수 없는 어려운 오류가 발생할 수도 있으니 주의해야 합니다.

2 문법 오류

프로그램을 작성하면서 문법 오류가 발생하는 경우가 종종 있습니다. 특히 소스 코드를 컴파일하는 과정에서 발생하는 문법 오류를 '컴파일 시간 오류'라고 합니다. 문법 오류는 어떤 경우에 발생하는지 살펴보겠습니다.

세미콜론(;) 누락

다음 예제를 통해 세미콜론 누락하면 어떤 오류 메시지가 출력되는지 살펴보겠습니다.

예제 2-2 세미콜론 누락 – 문법 오류 ex02_02.c

```
/* 문법 오류 첫 번째 프로그램 */
#include <stdio.h>

int main(void)
{
    printf("문법 오류 : 첫 번째 테스트\n")    ← 세미콜론(;) 누락
    return 0;
}
```

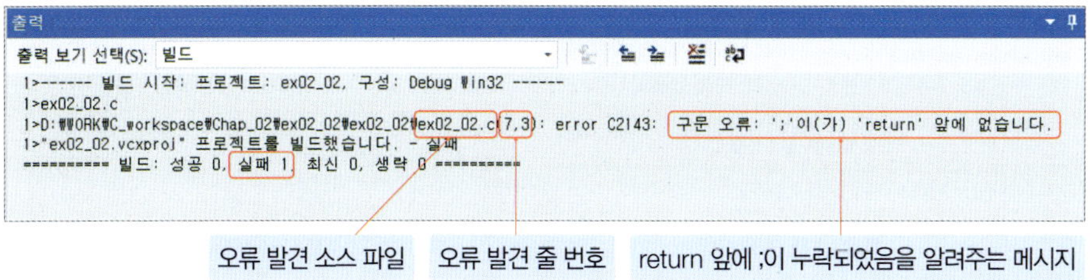

비주얼 스튜디오를 사용할 경우 오류 메시지는 화면 아래 출력 창에 나타납니다. 오류가 발견된 파일명과 소스 코드 줄 번호, 발견된 오류 내용 등이 출력됩니다. 오류 메시지를 더블클릭하면 오류가 발생한 소스 코드 줄로 커서가 이동하므로 오류를 확인한 후 수정하면 됩니다. 이 예제의 경우 오류 메시지를 더블클릭하면 커서가 7행으로 이동합니다. 하지만 7행에는 오류가 없습니다. 이럴 경우 이전과 이후 코드를 함께 살펴봐야 합니다. 이전의 6행을 보면 세미콜론이 누락되었습니다. 누락된 세미콜론을 추가한 뒤 다시 빌드하면 오류가 사라집니다.

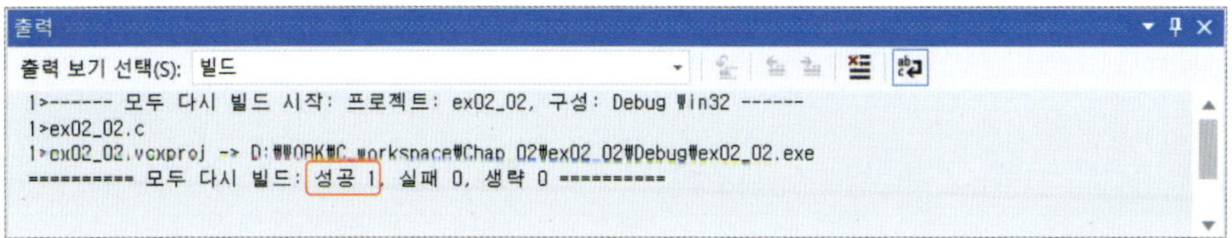

하지만 이렇게 해당 줄의 코드를 수정해도 오류가 해결되지 않으면 이전과 이후 코드도 잘 살펴본 뒤 오류를 해결해야 합니다.

주석문 형식 오류

주석문은 프로그램을 설명하는 글로 프로그램 수행에는 아무 영향을 주지 않습니다. 하지만 주석문을 형식에 맞지 않게 사용하면 문법 오류가 발생합니다.

예제 2-3 형식에 맞지 않는 주석문 사용 – 문법 오류 ex02_03.c

```
/* 문법 오류 두 번째 프로그램 /*        ← 주석문 형식 오류
#include <stdio.h>

int main(void)
{
    printf("문법 오류 : 두 번째 테스트\n");
    return 0;
}
```

Tip

전체 소스 코드가 주석문을 나타내는 색상으로 표시되었습니다. 이것은 주석문을 끝내는 형식이 틀려 소스 코드 전체를 주석문으로 인식했기 때문입니다.

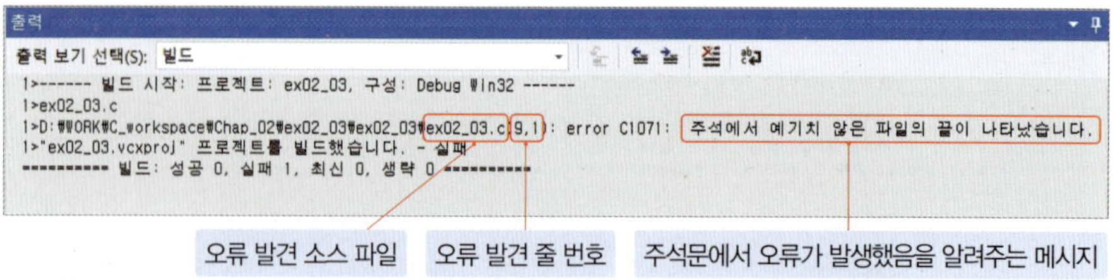

출력 창의 오류 메시지를 더블클릭하면 입력한 소스 코드의 1행으로 이동합니다. 주석문은 /*로 시작해서 */로 끝내야 하는데 /*로 잘못 입력했습니다. 오류를 수정한 후 다시 빌드하면 오류 메시지가 사라집니다.

함수 이름 오류

소스 코드를 실행하다 보면 링크 과정에서 오류가 발생하는 경우도 있습니다. 예를 들어, C 언어 입문자인 경우에 출력 함수인 printf( )의 f를 입력하지 않고 print( )로 컴파일을 수행하는 사례가 종종 있습니다. 다음은 출력 함수를 printf( )가 아닌 print( )로 선언하여 오류가 발생한 예입니다.

예제 2-4 틀린 소스 코드 입력—문법 오류 ex02_04.c

```c
/* 문법 오류 세 번째 프로그램 */
#include <stdio.h>

int main(void)
{
    print("문법 오류 : 세 번째 테스트\n");
    return 0;
}
```

printf( )를 사용해야 함

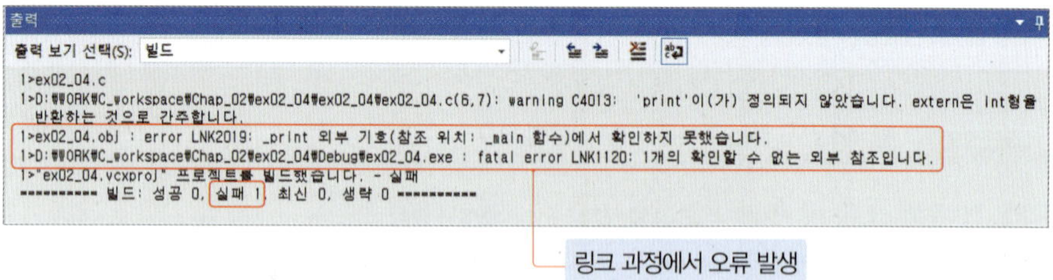

표준 출력 함수인 printf( )를 print( )로 잘못 입력하고 빌드를 실행하면 링크 과정에서 오류가 발생했다는 메시지가 출력 창에 나타납니다. 링크 과정이란 C 언어로 작성한 프로그램 소스 코드를 기계어로 번역하기 위해 여러 파일 목록을 연결해 주는 것을 말합니다. 이 경우 C 언어에서 제공하는 표준 출력 함수인 printf( )를 사용하지 않아 링크 과정에서 오류가 발생하였습니다.

3 논리 오류

논리 오류는 프로그램 소스 코드를 작성하는 프로그래머의 실수로 의도하지 않은 실행 결과가 출력되는 경우입니다.

예를 들어, 문자열을 2행으로 출력해야 하는데 개행 문자를 선언하지 않으면 문자열이 1행으로 출력됩니다. 다음 예제를 통해 논리 오류에 대해 살펴보겠습니다.

예제 2-5 개행 문자 누락 – 논리 오류 ex02_05.c

```c
01 /* 논리 오류 프로그램 */
02 #include <stdio.h>
03
04 int main(void)
05 {
06     printf("논리 오류 발생");
07     printf("소스 코드 확인");
08     return 0;
09 }
```

\n을 선언해야 함

```
논리 오류 발생소스 코드 확인
```

프로그래머는 문자열을 2행으로 출력할 생각이었으나 소스 코드를 작성하면서 개행 문자를 선언하지 않아 결과가 다른 형태로 출력되었습니다. 6행과 7행 끝에 개행 문자 \n을 선언하면 다음과 같이 프로그래머가 의도한 실행 결과가 나타납니다.

프로그래머가 의도한 실행 결과

```
논리 오류 발생
소스 코드 확인
```

복잡한 프로그램을 작성하다 보면 의도하지 않게 논리 오류가 발생할 수 있습니다. 논리 오류는 프로그램을 실행한 결과를 보고 처음 의도한 대로 출력되었는지를 살펴보며 오류의 원인을 찾아야 합니다. 프로그램을 개발할 때는 이러한 논리 오류가 발생하지 않도록 원칙에 따라 소스 코드를 작성해야 합니다.

Tip
논리 오류 발생을 줄이려면 알고리즘과 순서도를 작성한 후에 소스 코드를 작성하는 것이 좋습니다.

논리 오류를 찾는 디버깅

컴파일 과정에서 발견되는 오류는 수정하면 되지만 논리 오류는 찾는 것 자체가 쉽지 않습니다. 논리 오류를 효과적으로 찾기 위해서는 컴파일러에서 제공하는 디버그 기능을 활용할 수 있습니다. [예제 2-5] 프로그램을 사용해 디버그 기능을 살펴보겠습니다.

01 비주얼 스튜디오에서 디버그 기능을 사용하려면 메뉴에서 [빌드]-[솔루션 빌드]를 클릭하여 실행 단계를 먼저 수행합니다.

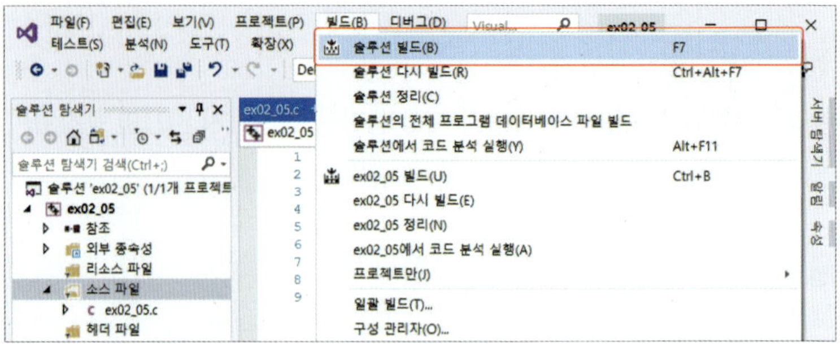

Tip

논리 오류는 쉽게 찾을 수 없으므로 소스 코드를 한 문장씩 디버깅 하는 것이 좋습니다.

02 [디버그]-[프로시저 단위 실행]을 클릭하거나 F10을 눌러 소스 코드를 한 문장씩 디버깅합니다.

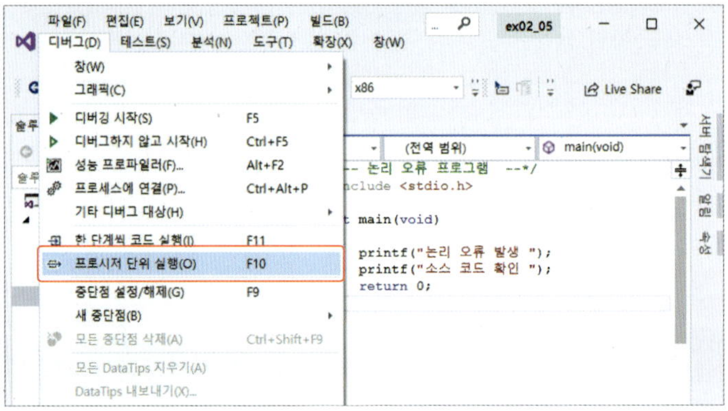

03 프로시저 단위로 실행하다가 main( ) 함수를 모두 수행하면 디버깅은 종료됩니다. 만약 중간에 디버깅을 종료하려면 [디버그]-[디버깅 중지]를 클릭하면 수행하던 디버깅 작업을 멈출 수 있습니다.

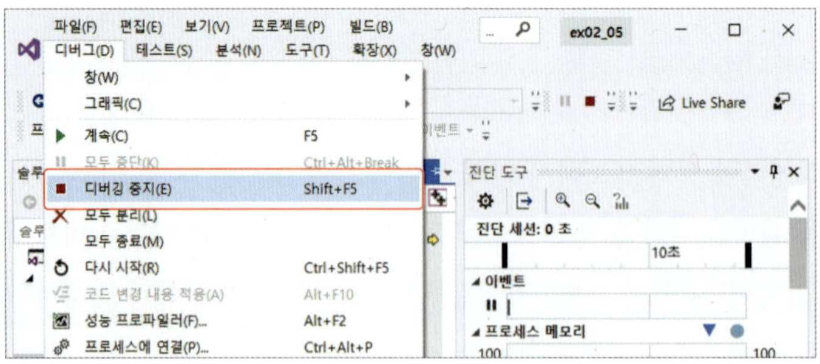

: QUIZ

프로그래머의 실수로 의도하지 않은 실행 결과가 출력되는 오류를 (   )(이)라고 합니다.

정답

논리 오류

도전문제 C 프로그램의 구조와 구성 요소 익히기

01 프로그램 소스 코드를 보고 잘못된 부분을 수정하시오.

```
#include <studio.h>

int main(void)
{
    print("반갑습니다.");
    return 0;
}
```

Hint : 소스 코드를 빌드하면 '포함 파일을 열 수 없습니다. 'studio.h': No such file or directory'라는 메시지가 나타납니다. 헤더 파일의 이름을 제대로 입력했는지 확인해 봅시다.
소스 코드 중에서 잘못된 부분을 수정한 후 다시 빌드하면 "'print'이(가) 정의되지 않았습니다.'라는 메시지가 나타납니다. 함수 이름이 정확한지 확인해 봅시다.

정답

```
#include <stdio.h>

int main(void)
{
    printf("반갑습니다.");
    return 0;
}
```

⟨studio.h⟩를 ⟨stdio.h⟩로 수정합니다.

print를 printf로 수정합니다.

02 프로그래머가 의도한 실행 결과와 실제 실행 결과를 보고 논리 오류가 발생한 부분을 찾아 수정하시오.

```
#include <stdio.h>

int main(void)
{
    printf("안녕하세요.");
    printf("오늘도 즐거운 하루 보내세요.");
    return 0;
}
```

Hint : 소스 코드를 빌드한 후 실행하면 다음과 같은 실행 결과를 확인할 수 있습니다.

프로그래머가 의도한 실행 결과

```
안녕하세요.
오늘도 즐거운 하루 보내세요.
```

실제 실행 결과

```
안녕하세요.오늘도 즐거운 하루 보내세요.
```

소스 코드에서 2행으로 입력하면 컴파일러도 2행으로 출력할 것으로 생각한 프로그래머의 실수입니다. 컴파일러는 약속한 대로만 실행됩니다. 개행 문자 \n이 없으면 절대 줄바꿈을 하지 않습니다.

정답

```c
#include <stdio.h>

int main(void)
{
    printf("안녕하세요.\n");
    printf("오늘도 즐거운 하루 보내세요.");
    return 0;
}
```

개행 문자 \n을 추가함

03 다음 소스 코드에서 잘못된 부분을 찾아 수정하시오.

```c
#include <stdio.h>

int void(main)
{
    printf("오늘은 좋은 날!")
    return 0;
}
```

Hint : 프로그램을 시작하는 함수의 형태와 명령문 끝을 확인해 봅시다.

정답

```c
#include <stdio.h>

int main(void)
{
    printf("오늘은 좋은 날!");
    return 0;
}
```

void(main)을 main(void)로 수정합니다.

;(세미콜론)을 추가합니다.

핵심점검

1 (   )(이)란 프로그래밍 언어로 작성한 소스 코드를 기계어로 변환하는 번역 프로그램을 의미하며, 이러한 과정을 (   )(이)라고 합니다.

2 (   )은/는 프로그램을 실행하기 전에 오류가 있는지 확인·점검한 뒤 수정하는 과정을 말합니다.

3 (   )은/는 소스 코드에 설명을 부여하는 것으로 프로그램을 유지·보수하는 차원에서 많은 도움을 줍니다.

4 (   )은/는 프로그램에서 가장 먼저 수행해야 할 작업을 나타내는 것으로, 이렇게 제시한 명령은 컴파일하기 전에 미리 처리됩니다.

5 (   ) 함수는 C 프로그램의 시작을 알리는 것으로, 프로그램에서 반드시 선언해야 하는 중요한 함수이고 단 하나만 존재해야 합니다.

6 (   )은/는 왼쪽 중괄호인 { 로 시작해서 오른쪽 중괄호인 } 로 끝나는 소스 코드의 명령 구간을 의미하며, 반드시 괄호가 쌍으로 대칭되도록 입력해야 합니다.

7 (   )은/는 심각한 오류인 '에러'와, 컴파일과 링크는 가능하지만 잠재적인 문제점을 안고 있는 경미한 오류인 '경고'로 구분할 수 있습니다.

8 (   )은/는 소스 코드를 작성하는 프로그래머의 실수로 의도하지 않은 실행 결과가 출력되는 경우입니다.

정답 **1** 컴파일러, 컴파일 **2** 디버깅 **3** 주석문 **4** 선행처리기 명령 **5** main( ) **6** 코드 블록 **7** 컴파일 오류 **8** 논리 오류

연습문제

1 C 프로그램의 구성 요소에 대한 설명으로 옳지 않은 것은?

① #: 가장 먼저 수행할 명령을 지시하는 선행처리 지시자

② include: 헤더 파일을 불러오는 선행처리기 명령

③ stdio.h: 표준 입출력 함수를 사용하기 위한 헤더 파일

④ \n: 해당 명령문의 끝을 의미

2 선행처리기 명령 사용 시 주의점으로 옳지 않은 것은?

① 선행처리 지시자인 %로 시작한다.

② 명령문 끝에 ;(세미콜론)을 붙이지 않는다.

③ 가급적 한 행에 하나의 명령만 사용한다.

④ 소스 코드의 맨 앞에 선언한다.

3 표준 입력 장치인 키보드와 표준 출력 장치인 모니터를 통틀어서 일컫는 용어는?

① 콘솔　　② 디버거

③ 모듈　　④ 함수

4 프로그램 소스 코드에서 가장 먼저 수행해야 한다는 의미를 지닌 선행처리 지시자는?

① %　　② &

③ #　　④ ->

5 표준 입출력 함수인 scanf_s( ) 함수와 printf( ) 함수의 원형이 들어 있는 헤더 파일은?

① process.h　　② string.h

③ stdlib.h　　④ stdio.h

6 소스 코드에서 명령문 구간을 정의할 때 사용하는 기호는?

① [ ]　　② { }

③ ( )　　④ < >

7 용어의 의미를 간단하게 서술하시오.

① 컴파일 시간 오류:

② 논리 오류:

8 C 프로그램의 기본 구조이다. 각 명령의 의미를 쓰시오.

```
#include <stdio.h>

int main(void)
{
    printf("안녕하세요.\n");
    printf("정말 반갑습니다.\n");
    return 0;
}
```

① #:

② include:

③ stdio.h:

④ int:

⑤ main(void):

⑥ printf(" "):

⑦ { 명령문 }:

⑧ \n:

⑨ ;(세미콜론):

연습문제

9 다음 프로그램의 실행 과정을 보고 빈칸에 들어갈 오류의 종류를 쓰시오.

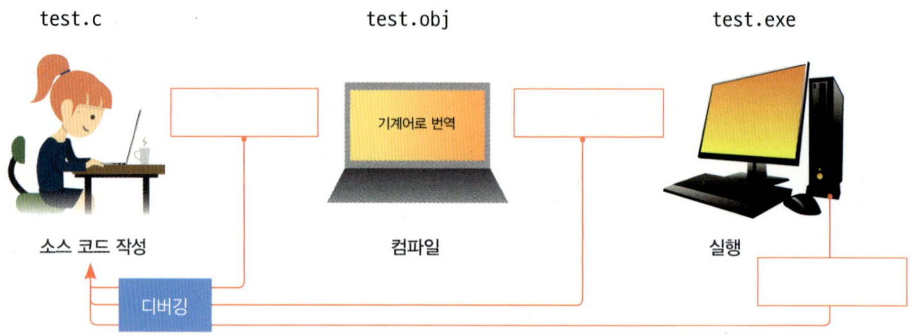

학 | 습 | 목 | 표

- C 언어에서 사용하는 표준 출력 함수를 알아봅니다.
- C 언어에서 사용하는 표준 입력 함수를 알아봅니다.
- C 언어에서 사용하는 문자 코드를 알아봅니다.

Chapter 03
표준 입출력 함수

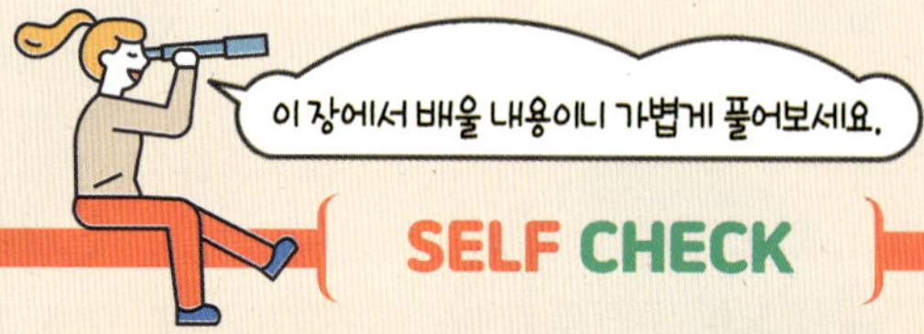

SELF CHECK

1. C 언어에서 사용하는 표준 출력 함수인 printf( )는 큰따옴표(" ") 안에 있는 내용을 (화면에 출력, 종이에 인쇄)할 때 사용하는 함수입니다.

2. 제어 문자는 문자열을 출력할 때 행을 강제로 바꾸거나 따옴표 또는 특정 문자를 (출력, 입력)하기 위해 제공되는 문자입니다.

3. 데이터를 입력할 때 사용하는 scanf_s( ) 함수는 (버퍼 메모리, 스트림)를 사용하는 함수입니다.

4. 표준 입력 형식 지정자는 변수의 (개수, 자료형)에 맞게 지정된 것을 사용해야 합니다.

5. 아스키코드는 문자를 (글자, 숫자)로 표현하기 위해 미국표준협회(ANSI)에서 표준으로 제정한 코드 체계입니다.

6. C 언어에서 사용할 수 있는 아스키코드는 0부터 (9999, 127)까지입니다.

정답

1 화면에 출력 2 출력 3 버퍼 메모리 4 자료형 5 숫자 6 127

SECTION

01 표준 출력 함수

1 printf( ) 기본 사용법

C 언어에서 printf( ) 함수는 큰따옴표(" ") 안에 있는 내용을 화면에 출력할 때 사용합니다. printf( ) 함수는 stdio(standard input output) 헤더 파일에 존재하므로 이 함수를 사용하려면 #include 명령으로 stdio.h 헤더 파일을 불러와야 합니다.

printf( )의 기본적인 사용법은 다음과 같습니다.

```
printf("반갑습니다.");
```

그림 3-1 printf( ) 출력 함수를 사용한 문자열 출력

다음 행으로 강제로 줄을 바꿔주는 개행 문자인 \n을 이용하여 문자열을 두 줄로 출력할 수도 있습니다.

```
printf("123\n");
printf("456789\n");
```

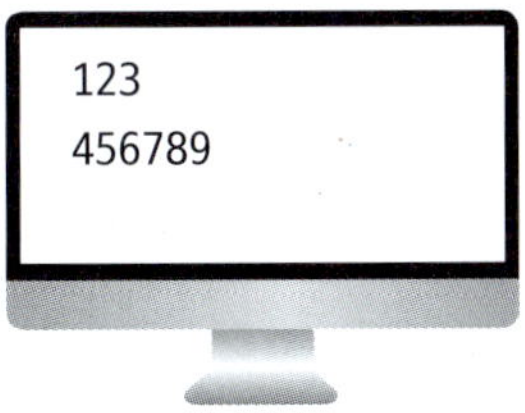

그림 3-2 강제 개행 문자를 사용한 문자열 출력

다음과 같이 printf( ) 함수를 한 번만 선언하고 큰따옴표 안의 문자열 중간에 강제 개행 문자 \n을 사용해도 됩니다.

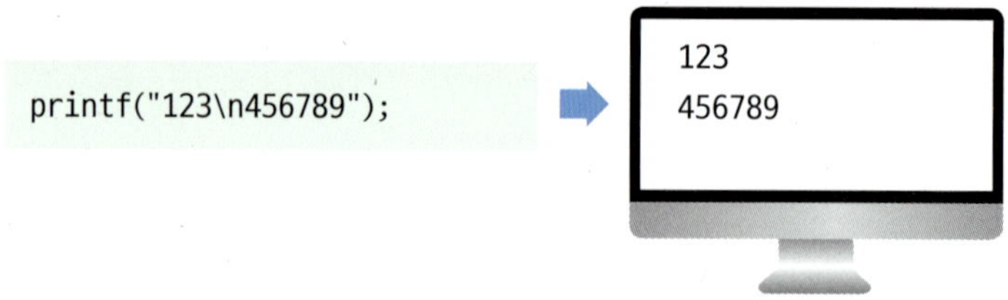

그림 3-3 **문자열 중간에 강제 개행 문자를 사용한 출력**

printf( )를 사용하여 문자열을 출력하는 과정을 살펴보겠습니다. 이 프로그램에서 주의 깊게 살펴볼 부분은 강제 개행 문자를 어디에 사용하느냐입니다. 강제 개행 문자를 문장 끝에 사용한 것과 문장 중간에 사용한 것을 비교해 보기 바랍니다.

예제 3-1 printf( )로 문자열 출력 ex03_01.c

```
01 #include <stdio.h>
02
03 int main(void)
04 {
05     printf("반갑습니다.");          // 문자열 출력
06     printf("123\n");               // 문장 끝에 강제 개행 문자 사용
07     printf("456789\n");            // 문장 끝에 강제 개행 문자 사용
08     printf("123\n456789");         // 문장 중간에 강제 개행 문자 사용
09     return 0;                      // 프로그램 종료
10 }
```

```
반갑습니다.123
456789
123
456789계속하려면 아무 키나 누르십시오...
```

코드 05행에서는 문자열 끝에 강제 개행을 의미하는 제어 문자 \n을 입력하지 않았기 때문에 06행의 문자열과 붙어서 '반갑습니다.123'과 같이 출력됩니다. 08행과 같이 강제 개행 문자를 문자열 중간에 입력해도 줄을 바꿀 수 있습니다.

Tip
강제 개행 문자는 문자열의 행을 어디서 바꿀 것인지 잘 파악해서 사용해야 원하는 출력 결과를 얻을 수 있습니다.

실행 결과 맨끝의 '계속하려면 아무 키나 누르십시오...'라는 문자열은 프로그램을 실행할 때마다 출력되는 문장입니다. 이 문장이 08행 문자열과 붙어서 보기 싫다면 08행의 문자열 끝에 제어 문자 \n을 추가하면 됩니다.

printf( ) 함수로 문자열을 출력할 때 주의할 것이 있습니다. [예제 3-1]에서 출력한 숫자는 문자열입니다. printf( ) 함수 안에 큰따옴표로 묶인 내용은 모두 문자열로 취급되기 때문입니다. 문자열로 취급된 숫자는 연산을 수행할 수 없습니다.

예제 3-2 숫자를 문자열로 출력 ex03_02.c

```c
01 #include <stdio.h>
02
03 int main(void)
04 {
05     printf("123 + 456789\n");          // 숫자와 덧셈 연산자 사용
06     return 0;
07 }
```

```
123 + 456789
계속하려면 아무 키나 누르십시오...
```

코드 05행의 '123 + 456789'는 printf( ) 출력 함수의 큰따옴표 안에 선언되었기 때문에 숫자가 아닌 문자열로 취급되어 출력됩니다. 문자열로 취급되지 않고 고유의 숫자로 출력하려면 표준 출력 형식 지정자를 사용하면 됩니다. 표준 출력 형식 지정자의 사용 방법은 제어 문자 설명 후 바로 알아보겠습니다.

: QUIZ

① standard input optput을 뜻하는 표준 입출력 헤더 파일은 (   )입니다.

② printf( ) 함수의 괄호 안에 큰따옴표로 묶어 선언한 숫자를 문자열이 아닌 숫자 고유의 값으로 처리하려면 (   )을/를 사용하면 됩니다.

정답

① stdio.h
② 표준 출력 형식 지정자

2 제어 문자를 이용한 출력

앞의 실습 예제에서 사용한 강제 개행 문자 \n을 제어 문자라고 합니다. 제어 문자는 문자열을 출력할 때 행을 강제로 바꾸거나 따옴표 또는 특정 문자를 출력하기 위해 사용합니다. C 언어에서 제공하는 제어 문자는 printf( ) 함수에서만 사용할 수 있습니다. 주로 사용하는 제어 문자를 정리하면 다음 [표 3-1]과 같습니다.

표 3-1 C 언어에서 사용하는 제어 문자의 종류

제어 문자	명칭	설명
\a	bell	삑~ 소리를 냄
\b	back space	왼쪽으로 한 칸 이동
\f	form feed	프린터에서 한 페이지 이동
\n	line feed	줄을 바꿈
\r	carriage return	커서를 1열로 이동하여 덮어씌움
\t	tab	Tab 키와 동일한 기능
\\	back slash	역슬래시(\) 출력
\'	apostrophe	작은따옴표(') 출력
\"	quote	큰따옴표(") 출력

Tip
제어 문자는 사용하려는 문자 앞에 \(역슬래시)를 붙여서 사용합니다. 제어 문자는 이스케이프(escape) 문자 또는 탈출 문자라고도 합니다.

제어 문자는 printf( ) 함수에서 사용자가 원하는 스타일로 출력할 때 주로 사용합니다. 예를 들어, printf( ) 함수 안에서는 문자열을 큰따옴표로 묶어줍니다. 그런데 "노력"과 같이 문자열 자체에 큰따옴표를 붙이고 싶다면 제어 문자 \"를 사용하여 \"노력\"으로 표기하면 됩니다.

C 언어에서 자주 사용하는 제어 문자는 기억해 두면 편합니다. 특히 강제 개행을 나타내는 \n, Tab 키를 나타내는 \t, 큰따옴표를 나타내는 \", 작은따옴표를 나타내는 \' 등을 많이 사용합니다.

다음 예제는 제어 문자를 사용하여 여러 문장을 출력하는 프로그램입니다. 어떤 경우에 제어 문자를 사용하는 것이 출력문의 가독성을 높일 수 있는지 알아두기 바랍니다.

예제 3-3 제어 문자 출력 ex03_03.c

```
#include <stdio.h>

int main(void)
{
    printf("삑~삑~삑 소리 세 번 : \a\a\a ♬~♬~♬\n");
    printf("테스트 글자\r 앞에 있는 글을 덮어씁니다.\n");
    printf("[Tab] 키 사용 \t 일정한 간격 \t 좋습니다.\n");
    printf("컴퓨터를 \"사랑\"합니다. 큰따옴표 출력\n");
    return 0;
}
```

```
삑~삑~삑 소리 세 번 : ♬~♬~♬
 앞에 있는 글을 덮어씁니다.
[Tab] 키 사용       일정한 간격       좋습니다.
컴퓨터를 "사랑"합니다. 큰따옴표 출력
```

Tip
실행 결과 화면 끝에 나타나는 '계속하려면 아무 키나 누르십시오...'라는 문장은 앞으로 편의상 화면에서 삭제하겠습니다.

코드 라인 05행의 ♬ 기호는 'ㅁ'을 입력하고 [한자] 키를 누른 다음 방향키로 선택하면 됩니다. 06행에서 사용한 제어 문자 \r은 앞에 있는 문자열인 '테스트 글자'를 덮어쓰는 역할을 하여 '앞에 있는 글을 덮어씁니다.'만 출력되었습니다. 07행의 \t는 일정한 간격을 띄울 때 사용하는 [Tab] 키와 같은 역할을 하고, 08행의 \"는 큰따옴표를 출력하기 위해 \와 "를 같이 사용한 것입니다.

: QUIZ

모니터 화면에 \(역슬래시)가 출력되게 하려면 (   )와/과 같이 제어 문자를 선언하면 됩니다.

정답

\\(또는 ₩₩)

3 표준 출력 형식 지정자를 이용한 출력

printf( ) 출력 함수에서는 큰따옴표 안에 숫자를 입력하더라도 일반 문자열로 취급되어 연산을 수행할 수 없습니다. printf( ) 함수 안에 숫자를 문자열이 아닌 숫자로 인식하게 하려면 '표준 출력 형식 지정자'를 사용해야 합니다.

표준 출력 형식 지정자는 printf( ) 함수를 사용할 때 숫자를 문자열이 아닌 숫자 고유의 기능을 수행하도록 취급합니다. 숫자가 위치할 곳에 표준 출력 형식 지정자를 선언하고 숫자를 선언한 형식 지정자와 일대일로 대응하게 매칭합니다.

```
printf("표준 출력 형식 지정자", 변수명 또는 숫자);
```

Tip

출력 형식 지정자와 숫자가 일대일로 대응하지 않으면 엉뚱한 쓰레기값이 출력되거나 아예 값이 출력되지 않을 수 있습니다.

예를 들어, 정수형은 %d, 실수형은 %f와 같이 출력 형식을 지정하면 원하는 결과값을 출력할 수 있습니다.

```
printf("%d", 5);
printf("%f", 7.2);
```

printf( ) 함수에서 자료형에 따라 사용하는 표준 출력 형식 지정자를 정리하면 [표 3-2]와 같습니다.

Tip

표준 입출력 형식 지정자 중에서 %d와 %u는 변수의 크기를 4바이트로 변환해서 값을 출력하므로 long int형 데이터로 변수를 선언할 경우 입력과 출력 형식 지정자를 모두 %d로 사용해도 됩니다.

표 3-2 표준 출력 형식 지정자의 종류

종류		자료형	지정자	설명
정수	10진수	signed int	%d	부호 있는 정수 출력(4바이트 크기)
		signed long int	%ld	부호 있는 long형 정수 출력(4바이트 크기)
		unsigned int	%u	부호 없는 정수 출력(4바이트 크기)
	8진수	unsigned int	%o	8진수 정수 출력
		unsigned long int	%lo	long형 8진수 정수 출력
	16진수	unsigned int	%x	16진수 소문자 출력
		unsigned long int	%lx	long형 16진수 소문자 출력
		unsigned int	%X	16진수 대문자 출력
		unsigned long int	%lX	long형 16진수 대문자 출력
실수		float	%f	10진수 실수 출력(4바이트 크기)
		float, double	%e	부동 소수점 e(소문자) 형식의 실수 출력
		float, double	%E	부동 소수점 E(대문자) 형식의 실수 출력
		float, double	%g	%e와 %g 중에서 길이가 짧은 쪽 출력
		float, double	%G	%e와 %g 중에서 길이가 긴 쪽 출력
문자		char	%c	문자 데이터 출력
문자열		char*, char[ ]	%s	문자열 데이터 출력
포인터		void*	%p	포인터 주소값 출력

출력 형식 지정자의 올바른 사용 – 숫자와 일대일 대응

Tip

출력 형식 지정자는 처리하려는 값의 자리를 확보하는 것이라 할 수 있습니다.

표준 출력 형식 지정자는 출력하고자 하는 숫자의 개수와 일대일로 대응시켜야 합니다. 다음은 숫자 2개에 형식 지정자 2개를 선언한 올바른 사용 예입니다.

예제 3-4 출력 형식 지정자 사용 ex03_04.c

```
#include <stdio.h>

int main(void)
{
    printf("%d %d\n", 123, 456789);          // 출력 형식 지정자 선언
    return 0;
}
```

```
123 456789
```

소스 코드 05행의 printf("%d %d\n", 123, 456789)를 보면 10진 정수형 형식 지정자인 %d를 2개 선언하고 숫자 123과 456789를 입력하여 숫자가 제대로 출력되었습니다. 이때 출력 형식 지정자 사이에 공백이 존재하면 화면에도 공백이 적용되어 출력됩니다.

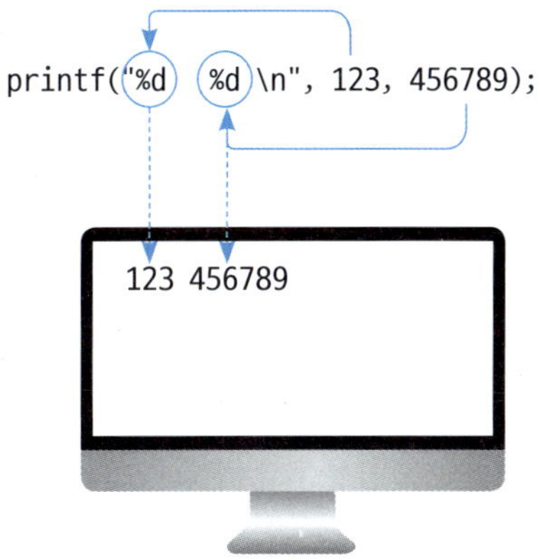

그림 3-4 **출력 형식 지정자의 올바른 사용 – 숫자와 형식 지정자를 2:2로 매칭한 예**

출력 형식 지정자의 잘못된 사용 1 – 숫자보다 지정자가 적은 경우

printf( ) 함수에서 숫자를 출력할 때 숫자보다 지정자 개수를 적게 선언하면 잘못된 결과가 나타납니다. 다음 예제를 통해 살펴보겠습니다.

예제 3-5 출력 형식 지정자를 적게 선언 – 출력값 오류 ex03_05.c

```
01 #include <stdio.h>
02
03 int main(void)
04 {
05     printf("%d\n", 123, 456789);     // 출력 형식 지정자를 숫자보다 적게 선언
06     return 0;
07 }
```

```
123
```

소스 코드 05행에서 출력 형식 지정자 %d는 1개만 선언하고 숫자는 2개(123과 456789)를 선언했더니 123은 출력되었지만 456789는 출력되지 않았습니다.

지정자를 숫자의 개수보다 더 적게 선언하면 지정자를 선언하지 않은 숫자는 출력되지 않습니다.

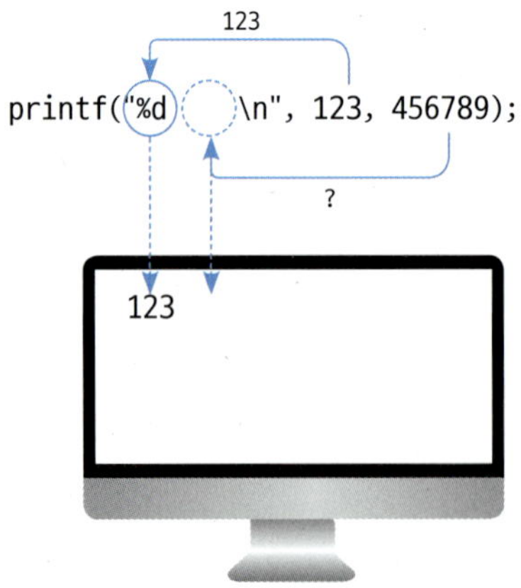

그림 3-5 **출력 형식 지정자의 잘못된 사용 1—숫자보다 형식 지정자를 적게 매칭한 예**

출력 형식 지정자의 잘못된 사용 2 – 숫자보다 지정자가 많은 경우

printf( ) 함수에서 숫자를 출력할 때 숫자보다 지정자 개수가 많으면 쓰레기값이 출력됩니다.

예제 3-6 출력 형식 지정자를 많게 선언 – 쓰레기값 출력 ex03_06.c

```
01 #include <stdio.h>
02
03 int main(void)
04 {
05     printf("%d + %d = %d\n", 123, 456789);
06     return 0;
07 }
```

```
123 + 456789 = 19140678
```

소스 코드 05행을 보면 %d는 3개를 선언하였지만 숫자는 123과 456789와 같이 2개만 선언하였습니다. 그 결과 2개의 형식 지정자 자리에는 숫자 2개가 제대로 출력되었지만 세 번째 형식 지정자 자리인 = 뒤에는 123+456789의 덧셈 연산 결과인 456912가 아니라 19140678이라는 엉뚱한 숫자가 출력되었습니다.

이렇게 출력된 엉뚱한 값을 가비지(garbage)값이라고 합니다. 메모리는 전원이 공급되는 동안 처리했던 값을 모두 간직하는데, 이처럼 프로그램을 실행하다가 메모리에 남겨진 쓰레기값을 가비지값이라고 합니다.

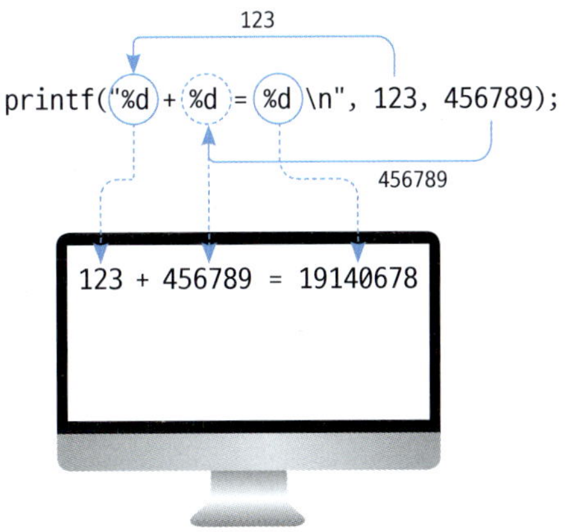

그림 3-6 **출력 형식 지정자의 잘못된 사용 2 - 숫자보다 형식 지정자를 많게 매칭한 예**

가비지값은 시스템 환경에 따라 다르게 출력될 수도 있고 동일한 시스템 환경에서도 프로그램을 실행할 때마다 다르게 나타날 수 있습니다.

: QUIZ

printf("123+456789")로 선언해도 덧셈 연산이 수행되지 않는 이유는 printf( ) 함수 안에 선언된 숫자가 모두 (   )(으)로 취급되기 때문입니다.

정답

문자열

4 자릿수 지정 출력

데이터 출력 형식의 종류

데이터 출력 형식은 printf( ) 함수에서 표준 출력 형식 지정자와 함께 사용합니다. 사용할 수 있는 데이터 출력 형식의 종류는 다음 표와 같습니다.

표 3-3 데이터 출력 형식의 종류

종류	설명
-	데이터를 왼쪽으로 정렬하여 출력(지정하지 않으면 오른쪽으로 정렬하여 출력됨)
+	숫자에 + 또는 - 부호를 붙여서 출력
0	출력할 데이터보다 길이를 크게 지정하면 빈칸을 0으로 채움

정수형 데이터의 자릿수 지정

정수형 데이터를 출력할 때 자릿수를 얼마나 확보해서 출력할 것인지, 빈칸을 0으로 채울 것인지 등을 설정하는 방법은 다음과 같습니다. 예를 들어, 전체 5개의 자리에 빈칸을 0으로 채워서 결과값을 출력하려면 %05d로 선언합니다.

[전체 자릿수 지정]	[빈칸을 0으로 채운 전체 자릿수 지정]
%(전체 자릿수)d	%0(전체 자릿수)d

정수형 데이터의 자릿수를 지정하는 출력 형식은 다음과 같이 나타낼 수 있습니다.

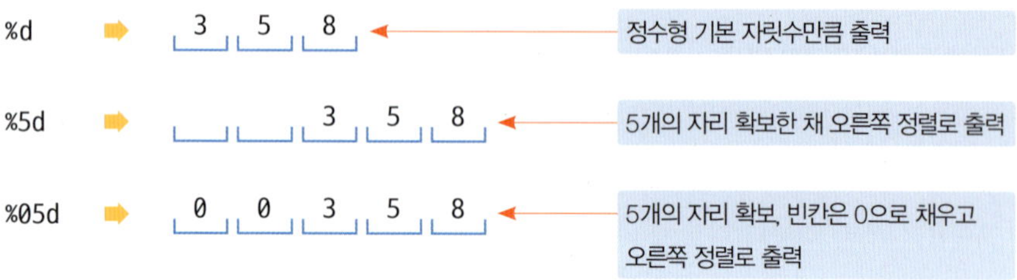

그림 3-7 **정수형 데이터의 자릿수 지정**

다음은 정수형 데이터의 자릿수를 지정하여 출력하는 프로그램입니다.

예제 3-7 정수형 데이터의 자릿수를 지정하여 출력 ex03_07.c

```
01 #include <stdio.h>
02 #include <stdlib.h>
03
04 int main(void)
05 {
06     system("title 정수형 데이터의 자릿수 지정 형식");
07
08     printf("|%d|", 358);
09     printf(": 정수형 기본 자릿수\n");
10
11     printf("|%5d|", 358);
12     printf(": 전체 자릿수 5개\n");
13
14     printf("|%05d|", 358);
15     printf(": 전체 자릿수는 5개이고 빈칸은 0으로 채움\n");
16     return 0;
17 }
```

```
|358|:정수형 기본 자릿수
|  358|:전체 자릿수 5개
|00358|:전체 자릿수는 5개이고 빈칸은 0으로 채움
```

Tip
08행에서 |%d|와 같이 출력 형식 지정자를 |(파이프) 기호로 감싼 것은 공백을 포함한 전체 자릿수가 잘 보이게 하기 위함입니다. 이 역시 필요 없으면 삭제해도 됩니다.

02행의 #include 〈stdlib.h〉는 06행의 system("title 타이틀 설정") 함수를 사용하기 위해 헤더 파일을 선언한 것입니다.

명령 프롬프트 창의 타이틀 설정 **여기서 잠깐!**

system( ) 함수는 비주얼 스튜디오에서 프로그램을 실행하면 나타나는 명령 프롬프트 창의 타이틀을 설정하는 것입니다. system( ) 함수를 사용하려면 〈stdlib.h〉 헤더 파일을 불러와야 합니다. 실행 결과는 다음과 같은 형태로 나타납니다.

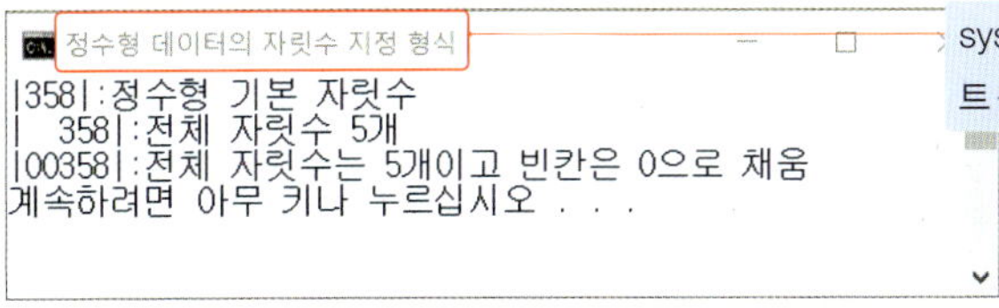

system( ) 함수를 사용하면 명령 프롬프트 창의 타이틀을 설정할 수 있음

08행에서 선언한 %d는 정수형이 정하는 자릿수만큼 출력하고, 11행의 %5d는 전체 자릿수를 5개 확보하여 출력하라는 뜻입니다. 14행의 %05d는 전체 자릿수를 5개 확보하고 데이터가 채워지지 않는 부분은 숫자 0으로 채워서 출력하라는 뜻입니다.

실수형 데이터의 자릿수 지정

실수형 데이터를 출력할 때 자릿수를 지정하는 방법은 다음과 같습니다.

[소수점 포함 전체 자릿수 지정]

```
%(전체 자릿수).(소수점 이하 자릿수)f
```

[왼쪽 정렬+소수점 포함 전체 자릿수 지정]

```
%-(전체 자릿수).(소수점 이하 자릿수)f
```

[소수점 이하 자릿수 지정]

```
%.(소수점 이하 자릿수)f
```

Tip

자릿수를 지정할 때 소수점 자리도 전체 자릿수에 포함됩니다. 실수형 값을 출력하기 위해서는 전체 자릿수에 소수점을 포함하여 계산해야 합니다.

예를 들어, 실수형 결과값에 대한 출력 형식을 %6.1f로 지정하면 출력되는 값은 소수점을 포함한 전체 자릿수는 6개이고 소수점 아래는 한 자리만 차지하도록 출력합니다.

실수형 데이터의 자릿수를 지정하는 출력 형식은 다음과 같이 나타낼 수 있습니다.

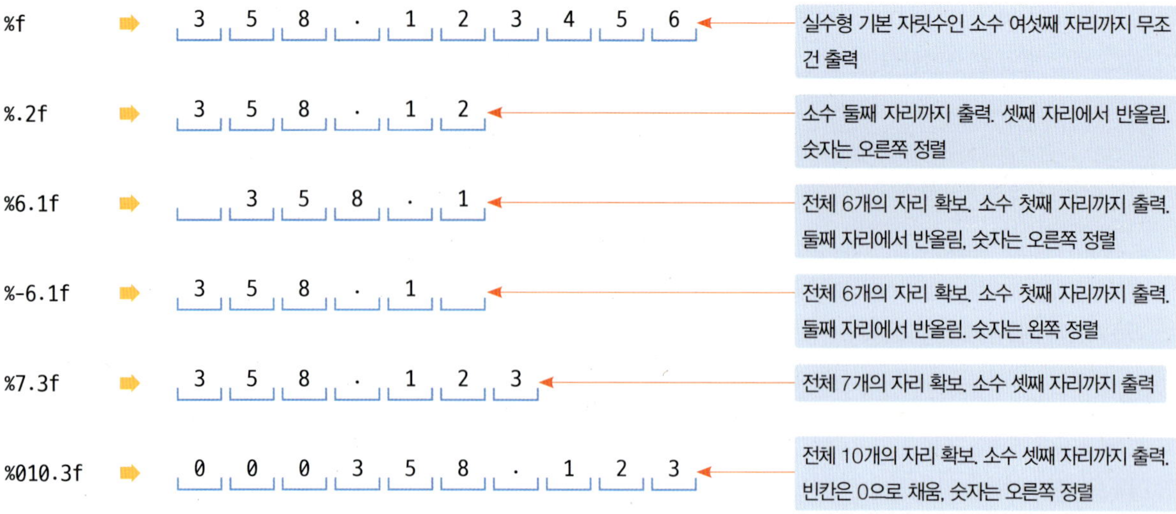

그림 3-8 실수형 데이터의 자릿수 지정

다음 예제는 실수형 데이터의 자릿수를 지정하여 출력하는 프로그램입니다.

예제 3-8 실수형 데이터의 자릿수를 지정하여 출력 ex03_08.c

```
#include <stdio.h>
#include <stdlib.h>

int main(void)
{
    system("title 실수형 데이터의 자릿수 지정 형식");

    printf("|%f|", 358.123456);
    printf(":실수형 기본 자릿수\n");

    printf("|%.2f|", 358.123456);
    printf(":소수 둘째 자리까지 출력\n");

    printf("|%6.1f|", 358.123456);
    printf(":전체 6자리, 소수 첫째 자리까지 출력\n");

    printf("|%-6.1f|", 358.123456);
    printf(":전체 6자리, 왼쪽 정렬, 소수 첫째 자리까지 출력\n");

    printf("|%7.3f|", 358.123456);
    printf(":전체 7자리, 소수 셋째 자리까지 출력\n");

    printf("|%010.3f|", 358.123456);
    printf(":전체 10자리, 빈칸은 0으로 채움, 소수 셋째 자리까지 출력\n");
    return 0;
}
```

```
|358.123456|:실수형 기본 자릿수
|358.12|:소수 둘째 자리까지 출력
| 358.1|:전체 6자리, 소수 첫째 자리까지 출력
|358.1 |:전체 6자리, 왼쪽 정렬, 소수 첫째 자리까지 출력
|358.123|:전체 7자리, 소수 셋째 자리까지 출력
|000358.123|:전체 10자리, 빈칸은 0으로 채움, 소수 셋째 자리까지 출력
```

08행의 %f는 실수형이 정하는 자릿수만큼 출력합니다. 11행의 %.2f는 소수 둘째 자리까지 출력하라는 명령이고, 14행의 %6.1f는 전체 자릿수를 6자리 확보하고 소수 첫째 자리까지 출력하는 명령입니다. 실수형의 자릿수에는 소수점 자리까지 포함해야 한다는 점을 주의해야 합니다.

17행의 %-6.1f는 데이터를 왼쪽으로 정렬하라는 의미의 -(마이너스) 형식을 적용하여 전체 자릿수를 6자리 확보하고 소수 첫째 자리까지 출력합니다. 20행의 %7.3f는 소수점 자리까지 포함하여 전체 7자리를 확보하고 소수 셋째 자리까지 출력합니다. 23행은 빈자리를 0으로 채우는 전체 10자리를 확보하고 소수 셋째 자리까지 출력하라는 의미입니다.

문자열형 데이터의 자릿수 지정

C 언어에서는 문자열의 자료형을 제공하지 않으므로 배열이나 포인터 변수를 사용해야 합니다. 포인터 변수는 메모리의 주소를 이용하여 문자열을 처리하는 방법입니다.

Tip 배열과 포인터는 각각 10장과 11장에서 자세히 다룹니다.

[전체 자릿수 지정]	**[왼쪽 정렬과 전체 자릿수 지정]**
%(전체 자릿수)s	%-(전체 자릿수)s

Tip -(마이너스) 부호를 출력 형식 지정자 앞에 %-s처럼 선언하면 문자열은 기본값인 오른쪽 정렬이 아니라 왼쪽 정렬로 출력됩니다.

문자열형 데이터의 자릿수를 지정하는 출력 형식은 다음과 같이 나타낼 수 있습니다.

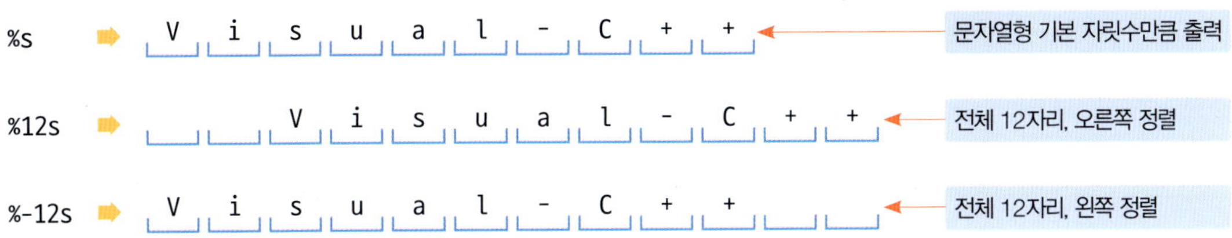

그림 3-9 **문자열형 데이터의 자릿수 지정**

다음 예제는 문자열형 데이터의 자릿수를 지정하여 출력하는 프로그램입니다.

예제 3-9 문자열형 데이터의 자릿수를 지정하여 출력 ex03_09.c

```
01 #include <stdio.h>
02 #include <stdlib.h>
03
04 int main(void)
05 {
06     system("title 문자열형 데이터의 자릿수 지정 형식");
07
08     printf("|%s|", "Visual-C++");
09     printf(":문자열형 기본 자릿수\n");
10
11     printf("|%12s|", "Visual-C++");
12     printf(":전체 12자리, 오른쪽 정렬\n");
13
14     printf("|%-12s|", "Visual-C++");
15     printf(":전체 12자리, 왼쪽 정렬\n");
16     return 0;
17 }
```

```
|Visual-C++|:문자열형 기본 자릿수
|  Visual-C++|:전체 12자리, 오른쪽 정렬
|Visual-C++  |:전체 12자리, 왼쪽 정렬
```

Tip

컴파일러에 따라 문자열 정렬의 기본값이 왼쪽 정렬인 경우도 있습니다.

08행의 %s는 문자열형 데이터를 기본 자릿수만큼 출력합니다. 11행의 %12s는 문자열 정렬의 기본값인 오른쪽 정렬에 전체 12자리로 출력하고, 14행의 %-12s는 왼쪽 정렬에 전체 12자리로 출력합니다.

: QUIZ

실수형 데이터인 358.123456을 출력 형식 지정자 %010.5f로 선언하면 (   )(으)로 출력됩니다.

정답

0358.12346

SECTION 02

표준 입력 함수

1 scanf_s( ) 기본 사용법

C 언어에서 scanf_s( ) 함수는 데이터를 입력받을 때 사용합니다. C 언어에서 제공하는 표준 입력 함수이므로 #include를 사용해 stdio.h 헤더 파일을 불러와야 합니다.

scanf_s( ) 함수를 사용하기 전에는 scanf( ) 함수를 사용했습니다. 그러나 마이크로소프트에서는 비주얼 스튜디오 2013 버전부터 보안성이 취약한 scanf( ) 함수를 보완하기 위해 SDL(Security Development Lifecycle) 검사를 추가 옵션으로 지정하고 표준 입력 함수로 scanf_s( )를 사용하도록 권고하고 있습니다.

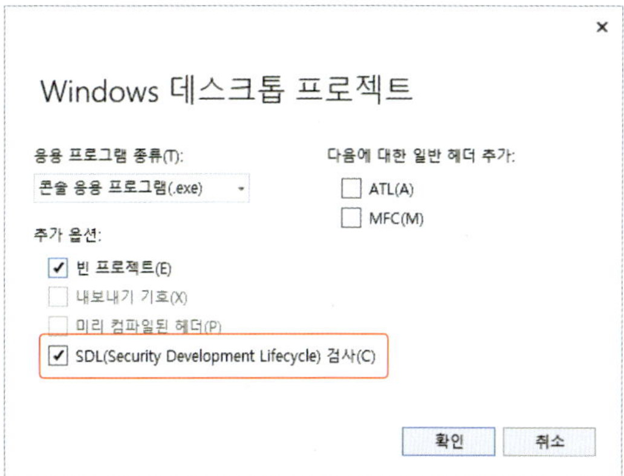

그림 3-10 SDL 검사 기능 추가

프로젝트를 생성할 때 나타나는 응용 프로그램 설정 마법사 화면에 'SDL(Security Development Lifecycle) 검사'가 추가 옵션 항목으로 들어 있습니다. 체크 표시를 하여 이 옵션을 선택하면 scanf_s( )를 표준 입력 함수로 사용해야 하고, 체크 표시를 해제하면 scanf( ) 함수도 사용할 수 있습니다.

Tip
비주얼 스튜디오 2019 버전에서는 SDL 검사 기능이 기본으로 탑재되어 있어 옵션을 선택하는 창이 나타나지 않습니다.

이 책에서 사용하는 비주얼 스튜디오 2019 버전에서는 SDL 검사 기능이 기본으로 탑재되어 표준 입력 함수로 scanf_s( )를 사용해야 합니다.

① 정수형 또는 실수형 값 입력

정수형 또는 실수형 값을 입력받기 위한 scanf_s( ) 함수는 다음과 같이 선언하여 사용합니다.

```
scanf_s("표준 입력 형식 지정자", &변수명);
```

② 문자 또는 문자열 값 입력

문자 또는 문자열을 입력받기 위한 scanf_s( ) 함수의 사용 형식은 다음과 같습니다. 이때 형식 지정자인 %c와 %s를 사용하면 반드시 뒤에 길이를 넣어줘야 합니다. 그렇지 않으면 구문 오류가 발생합니다.

Tip
변수명 앞 &는 주소 참조 연산자로 해당 변수가 위치한 메모리의 주소를 나타냅니다.

```
scanf_s("표준 입력 형식 지정자", &변수명, sizeof(변수명 또는 자료형));
```

형식 지정자는 변수를 선언할 때 지정한 자료형과 밀접한 관계가 있습니다. 정수형 변수는 %d, 실수형 변수는 %f, 문자형 변수는 %c, 문자열형 변수는 %s를 사용합니다. 이때 형식 지정자 %c와 %s는 길이를 계산해 주는 sizeof(변수명)을 반드시 넣어줘야 합니다.

③ 변수를 2개 사용하여 값 입력

Tip
sizeof(변수명) 대신 자료형의 크기를 사용하려면 각 자료형의 메모리 공간을 기억하고 있어야 합니다. 일일이 기억하기 번거로우니 sizeof(변수명)으로 선언하는 방법을 권장합니다.

변수를 2개 사용하여 값을 입력받을 때 scanf_s( ) 함수의 사용 형식은 다음과 같습니다. 입력하는 값이 문자 또는 문자열이 아니면 sizeof(변수명)은 생략할 수 있습니다.

```
int 변수명1, 변수명2;
scanf_s("%d %d", &변수명1, &변수명2, sizeof(변수명1), sizeof(변수명2));
```

이때 sizeof(변수명) 대신 자료형의 크기를 선언하여 사용할 수도 있습니다. int형 자료형은 4바이트의 메모리 저장 공간을 확보해 주므로 sizeof(변수명) 대신 다음과 같이 선언할 수도 있습니다.

```
int 변수명1, 변수명2;
scanf_s("%d %d", &변수명1, &변수명2, 4, 4);
```

메모리 공간을 직접 입력

④ 배열을 사용하여 문자열 입력

배열을 사용하여 문자열을 입력받을 때 scanf_s( ) 함수의 사용 형식은 다음과 같습니다.

```
char 배열명[ ];
scanf_s("표준 입력 형식 지정자", 배열명, sizeof(배열명));
```

scanf( ) 함수 사용하기 — 여기서 잠깐!

비주얼 스튜디오 2019 이전 버전에서는 SDL 옵션을 선택할 수 있으므로 표준 입력 함수를 scanf( )로 사용할 수 있습니다.

❶ 기본 형식

scanf( ) 함수의 기본 사용 형식은 다음과 같습니다.

```
scanf("표준 입력 형식 지정자", &변수명);
```

❷ 변수를 2개 사용하여 값 입력

변수를 2개 사용하여 값을 입력받을 때 scanf( ) 함수의 사용 형식은 다음과 같습니다.

```
int 변수명1, 변수명2;
scanf("%d %d", &변수명1, &변수명2);
```

❸ 배열을 사용하여 문자열 입력

배열을 사용하여 문자열을 입력받을 때 scanf( ) 함수의 사용 형식은 다음과 같습니다.

```
char 배열명[ ];
scanf("표준 입력 형식 지정자", 배열명);
```

Tip

이 책에서는 취약한 보안성을 고려하여 scanf_s( )를 표준 입력 함수로 사용합니다.

2 표준 입력 형식 지정자

앞에서 설명했듯이 scanf_s( ) 함수 안에서 사용하는 표준 입력 형식 지정자는 변수의 자료형에 맞게 지정된 것을 사용해야 합니다. 변수의 자료형에 맞지 않는 형식 지정자를 사용하면 컴파일 과정에서 문법 오류가 발생합니다.

scanf_s( ) 함수에서 괄호 안의 매개인수는 3개를 선언하길 권장합니다. scanf_s(형식 지정자, &변수명)과 같이 인수를 2개만 선언해도 프로그램은 실행되지만 프로그램 호환성과 유지·보수 차원에서 scanf_s(형식 지정자, &변수명, sizeof(변수명))과 같이 매개 인수 3개를 사용하는 것이 좋습니다.

scanf_s( ) 함수에서 자료형에 따라 사용하는 표준 입력 형식 지정자를 정리하면 다음 [표 3-4]와 같습니다.

표 3-4 표준 입력 형식 지정자의 종류

종류		자료형	지정자	설명
정수	10진수	signed short	%hi	부호 있는 정수 입력(2byte)
		unsigned short	%hu	부호 없는 정수 입력(2byte)
		signed int	%d	부호 있는 정수 입력(보통 4byte)
		unsigned int	%u	부호 없는 정수 입력(보통 4byte)
		signed long	%li	부호 있는 long형 정수 입력(4byte)
		unsigned long	%lu	부호 없는 long형 정수 입력(4byte)
		signed long long	%lli	부호 있는 long long형 정수 입력(8byte)
		unsigned long long	%llu	부호 없는 long long형 정수 입력(8byte)
	8진수	signed short	%ho	8진수 정수 입력(2byte)
		unsigned int	%o	8진수 정수 입력(4byte)
	16진수	signed short	%hx	16진수 정수 소문자 입력(2byte)
		unsigned int	%x	16진수 정수 소문자 입력(4byte)
		signed short	%hX	16진수 정수 대문자 입력(2byte)
		unsigned int	%X	16진수 정수 대문자 입력(4byte)
실수		float	%f	10진수 실수 입력(4byte)
		double	%lf	10진수 double형 실수 입력(8byte)
		long double	%llf	10진수 long double형 실수 입력(12byte)
		float, double	%e	부동 소수점 e(소문자) 형식의 실수 입력
		float, double	%E	부동 소수점 E(대문자) 형식의 실수 입력
		float, double	%g	%e와 %g 중에서 길이가 짧은 쪽을 입력
		float, double	%G	%e와 %g 중에서 길이가 긴 쪽을 입력
문자		char	%c	문자 데이터 입력
문자열		char*, char[ ]	%s	문자열 데이터 입력
포인터		void*	%p	포인터 주소값 입력

정수 입력받아 출력하기

변수는 프로그램에서 사용하는 데이터를 잠시 보관하기 위해 선언하는 메모리 공간을 의미합니다. 변수는 자료형에 따라 용도가 달라지므로 사용 목적에 따라 자료형을 정하여 선언합니다.

변수에 대한 자세한 내용은 다시 다룰 예정입니다. 여기서는 표준 입력 함수에서 변수를 사용하는 방법 정도만 알아두기 바랍니다.

다음 예제는 scanf_s( ) 함수를 사용하여 정수 데이터 1개를 입력받아 변수 num에 대입하는 프로그램입니다. 변수 num에 대입된 데이터는 printf( ) 함수로 화면에 출력합니다.

예제 3-10 정수 데이터 1개를 입력받아 출력 ex03_10.c

```
01 #include <stdio.h>
02 #include <stdlib.h>
03
04 int main(void)
05 {
06     system("title 정수 1개 입력 후 출력");
07
08     int num;                  // 정수형 변수 선언
09     printf("1.정수 입력:");   // 화면에 문장 출력
10     scanf_s("%d", &num);      // 입력받은 값을 메모리 주소에 저장
11     printf("2.키보드로 입력받은 값은 %d입니다.\n", num);
12     return 0;
13 }
```

변수명 앞 &는 주소 참조 연산자로 num 변수가 생성된 메모리 주소에 입력받은 값을 저장하라는 의미입니다.

```
1.정수 입력:23
2.키보드로 입력받은 값은 23입니다.
```

키보드로 원하는 정수를 입력하세요.

08행에서 정수형 변수 num을 선언하고 10행에서 키보드로부터 입력받은 정수형 데이터를 변수 num에 대입합니다. 이때 &(앰퍼샌드)는 메모리에 데이터를 저장하는 명령을 수행합니다.

메모리 주소는 누가 지정할까? **여기서 잠깐!**

프로그램을 만들 때 메모리 주소를 지정하지 않아도 컴파일러가 알아서 저장합니다. 프로그래머는 데이터가 대입된 변수 이름만 명확하게 알고 있으면 됩니다. 변수에 대입된 값이 메모리 주소 어디에 저장되어 있는지 확인하고 싶다면 주소 참조 연산자인 &를 변수명 앞에 붙여 printf("%d", &변수명)으로 선언하면 변수값이 저장된 메모리 주소를 정수형값으로 출력할 수 있습니다.

정수 2개를 입력받아 덧셈 연산 출력하기

메인 메모리는 키보드로 입력한 값을 저장하고 있다가 덧셈 연산을 수행하라는 명령이 입력되면 저장하고 있던 데이터와 연산자를 CPU에게 전달합니다. CPU는 전달받은 데이터와 연산자로 연산을 수행한 결과값을 메모리 공간에 저장합니다. 컴파일러는 메모리에 저장된 연산 결과값을 화면에 출력합니다.

정수형 변수 2개를 선언하고 여기에 키보드로 입력받은 정수형 데이터를 저장한 뒤 덧셈 연산을 수행하고 결과값을 출력하는 과정을 그림으로 나타내면 다음과 같습니다.

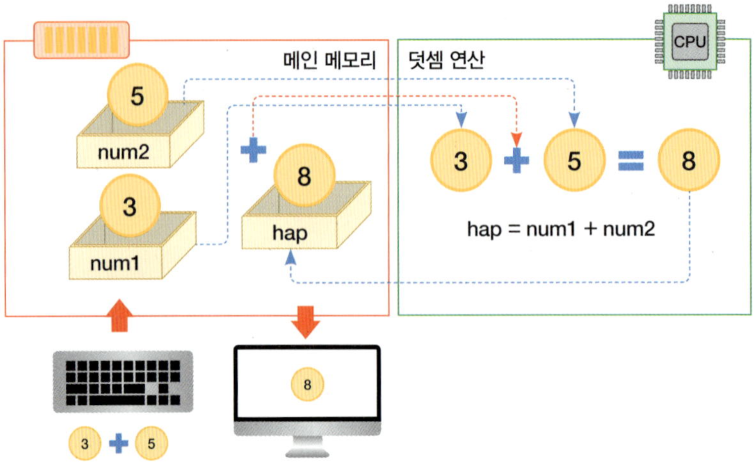

그림 3-11 **변수 선언에 대한 메인 메모리와 CPU의 역할**

여기서 잠깐! 정수형 변수를 선언할 때 확보되는 메모리 크기

int형으로 변수를 선언하면 메모리에 4바이트 크기의 저장 공간이 확보됩니다. 프로그래머는 메모리에 저장되어 있는 데이터 주소를 알 필요가 없습니다. 선언했던 변수의 이름만 기억하고 있다가 필요할 때 사용하면 컴파일러가 메모리 저장 공간에서 데이터를 알아서 가져옵니다.

다음 예제는 키보드로 정수 2개를 입력받아 변수에 각각 대입한 다음 덧셈 연산을 수행하고 결과값을 화면에 출력하는 프로그램입니다.

Tip

변수의 자료형을 int형으로 선언하면 정수를 대입할 수 있는 변수가 생성됩니다. int형으로 선언한 자료형은 long int형에서 long이 생략된 형태이므로 int형과 long int형은 같은 자료형으로 취급됩니다.

예제 3-11 입력받은 정수 데이터 2개로 덧셈 연산을 하는 프로그램 ex03_11.c

```
#include <stdio.h>
#include <stdlib.h>

int main(void)
{
    system("title 정수 2개 입력받아 덧셈 연산");

    int num1, num2, hap;              // 정수형 변수 3개 선언

    printf("1.첫 번째 정수 입력 : ");  // 화면에 문장 출력
    scanf_s("%d", &num1);             // 첫 번째 정수 입력

    printf("2.두 번째 정수 입력 : ");  // 화면에 문장 출력
    scanf_s("%d", &num2);             // 두 번째 정수 입력

```

```
16     hap = num1 + num2;                  // 덧셈 연산
17     printf("3.덧셈 결과 : %d + %d = %d\n", num1, num2, hap);
18     return 0;
19 }
```

```
1.첫 번째 정수 입력 : 123
2.두 번째 정수 입력 : 200
3.덧셈 결과 : 123 + 200 = 323
```

키보드로 첫 번째 정수를 입력한 뒤 Enter 를 누릅니다.

키보드로 두 번째 정수를 입력한 뒤 Enter 를 누릅니다.

다음은 소스 코드 17행을 그림으로 자세히 설명한 것입니다.

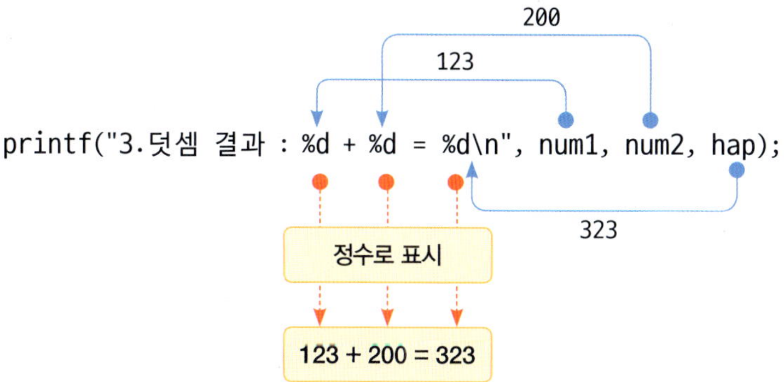

그림 3-12 **정수형 데이터와 출력 형식 지정자의 대응 관계**

scanf_s( ) 함수도 printf( ) 함수와 마찬가지로 형식 지정자와 변수의 개수가 일대일 대응 관계가 되도록 선언해야 합니다. 그렇지 않으면 컴파일 과정에서 문법 오류가 발생하여 프로그램을 제대로 수행하기 어렵습니다.

입력 함수에는 사용할 수 없는 제어 문자 — **여기서 잠깐!**

입력 함수인 scanf_s( )에는 \n이나 \r 등과 같은 제어 문자를 사용할 수 없습니다. 제어 문자는 printf( ) 함수를 위한 출력 형식이기 때문입니다. scanf_s( ) 함수에는 %d, %f, %c, %s와 같은 표준 입력 형식 지정자만 사용할 수 있습니다.

QUIZ

① **표준 입력 형식 지정자에서 정수형은 (   ), 실수형은 (   ), 문자형은 (   ), 문자열형은 (   )처럼 자료형에 따라 구분해서 사용해야 합니다.**

② **키보드로 입력한 데이터는 컴퓨터 하드웨어 중에서 (   )에 저장되어 CPU에게 전달됩니다.**

정답

① %d, %f, %c, %s

② 메인 메모리

Tip

구분자는 여러 개의 값을 입력할 때 먼저 입력하는 것과 나중에 입력하는 것을 구분하기 위해 선언합니다.

Tip

그림에서 ␣ 기호는 한 칸 공백을 표시하기 위해 사용한 것입니다.

3 구분자를 이용한 데이터 입력

C 언어에서 주로 사용하는 구분자로는 Space Bar, Enter, Tab 키가 있습니다. 키보드로 데이터를 1개 입력할 때는 데이터를 입력한 후 Enter 키를 누르지만, 데이터를 2개 입력할 때는 첫 번째 데이터를 입력한 후 Space Bar, Enter, Tab 키 중에서 하나를 누르고 두 번째 데이터를 입력하면 됩니다. 데이터를 2개 이상 입력할 때 가장 많이 사용하는 구분자는 Space Bar 입니다.

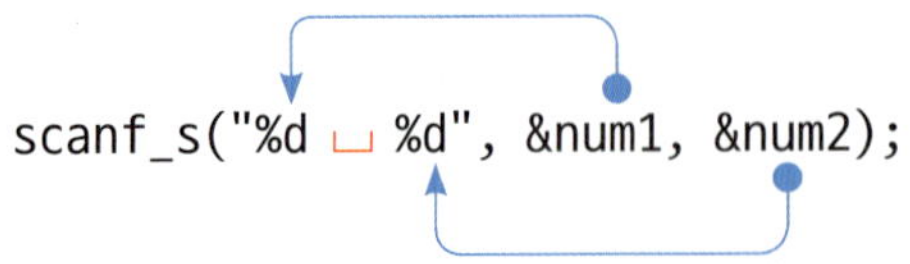

그림 3-13 **입력할 데이터가 2개일 경우 구분자를 공백으로 정의**

다음 예제는 정수 2개를 키보드로 입력받아 뺄셈 연산을 수행하는 프로그램입니다. 이 프로그램을 통해 구분자의 역할을 자세히 살펴보겠습니다.

예제 3-12 구분자로 정수 2개를 입력받고 뺄셈 연산 ex03_12.c

```
01 #include <stdio.h>
02 #include <stdlib.h>
03
04 int main(void)
05 {
06     system("title 정수 2개 입력받아 뺄셈 연산");
07
08     int num1, num2, cha;              // 정수형 변수 3개 선언
09
10     printf("1.두 개의 정수 입력 :");
11     scanf_s("%d %d", &num1, &num2);
12
13     cha = num1 - num2;                // 뺄셈 연산의 결과값을 cha 변수에 대입
14     printf("2.뺄셈 결과 : %d - %d = %d\n", num1, num2, cha);
15     return 0;
16 }
```

```
1.두 개의 정수 입력 :300 20
2.뺄셈 결과 : 300 - 20 = 280
```

키보드로 첫 번째 정수를 입력하고 구분자로 Space Bar 를 누른 뒤 두 번째 정수를 입력하고 Enter 를 누릅니다.

08행에서 정수형 변수를 선언하였으므로 11행의 scanf_s( ) 함수에서는 표준 입력 형식 지정자를 %d로 선언합니다. 이때 2개의 형식 지정자인 %d와 %d 사이에는 한 칸

의 공백을 여유로 둡니다. 그 이유는 2개의 정수에 대해 300␣20과 같이 입력할 때 구분자로 Space Bar를 사용하여 한 칸 띄워가며 입력하기 위해서 입니다.

4 배열을 이용한 문자열 입력

C 언어에서는 문자열을 위한 자료형을 제공하지 않으므로 문자열을 입력하려면 배열이나 포인터 변수를 사용해야 합니다. 자료형과 배열은 10장에서 다루기로 하고, 여기서는 키보드로 문자열을 입력할 때 배열을 사용하는 방법만 간단히 살펴보겠습니다.

Tip

자료형, 배열, 포인터 변수는 아직 배우지 않았지만 문자열 입력에서 중요한 개념입니다. 나중에 자세히 배우겠지만 지금 언급하는 정도는 꼭 알아두도록 하세요.

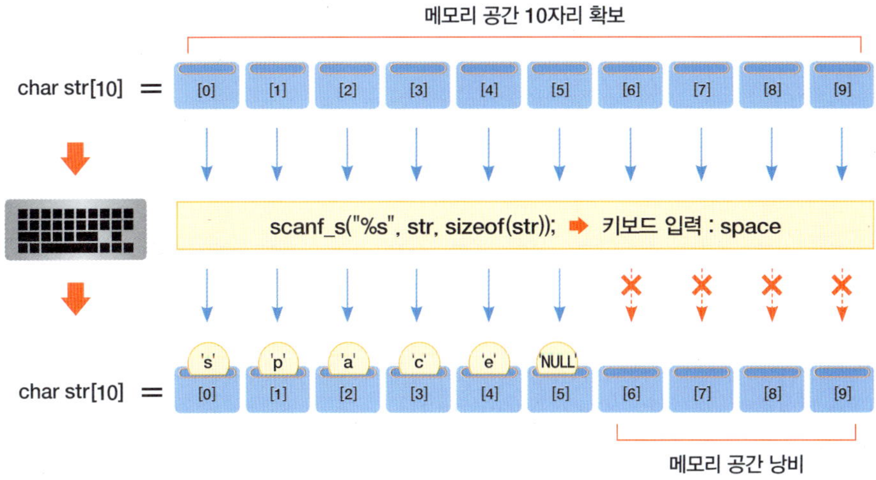

그림 3-14 **배열을 이용한 문자열 입력**

배열을 이용하여 문자열을 입력받으려면 scanf_s( ) 함수의 괄호 안 변수명 앞에 선언했던 주소 연산자 &를 생략합니다. 왜냐하면 배열 그 자체가 메모리 주소를 알아서 설정해 주기 때문입니다.

Tip

정수형 변수를 사용할 경우 &num과 같이 변수명 앞에 &를 선언하여 입력되는 데이터를 메모리에 저장하고, 저장된 주소를 기억하고 있다가 변수가 호출되면 그 값을 반환합니다.

문자열 끝에는 항상 NULL('\0') 값이 자동으로 추가되므로 문자열을 처리하기 위해 배열을 사용할 때는 반드시 문자열의 크기보다 하나 더 크게, 즉 [문자열+1]과 같이 선언해야 합니다.

다음 예제는 문자열을 입력받아 출력하기 위해 배열을 사용한 프로그램입니다. 이를 통해 문자열을 키보드로 입력받기 위한 배열의 사용 방법을 알아두기 바랍니다.

예제 3-13 배열을 이용하여 문자열 처리 ex03_13.c

```
#include <stdio.h>
#include <stdlib.h>

int main(void)
```

```
05 {
06     system("title 배열로 문자열 처리");
07
08     char ch;                        // 문자형 변수 선언
09     char str[10];                   // 배열을 이용한 문자열형 변수 선언
10
11     printf("1.문자 입력:");
12     scanf_s("%c", &ch, sizeof(ch)); // 입력한 문자 변수를 메모리 주소에 저장
13
14     printf("2.문자열 입력:");
15     scanf_s("%s", str, sizeof(str)); // 배열로 문자열을 입력받을 때는 & 생략
16
17     printf("입력한 문자 출력:%c\n", ch);
18     printf("입력한 문자열 출력:%s\n", str);
19     return 0;
20 }
```

```
1.문자 입력:A
2.문자열 입력:Spacezone
입력한 문자 출력:A
입력한 문자열 출력:Spacezone
```

15행의 scanf_s( ) 함수를 보면 배열 변수명 str 앞에 주소 참조 연산자 &가 생략되어 있습니다. 변수를 배열로 선언하면 배열 그 자체가 메모리 주소를 알아서 기억하기 때문에 &는 생략합니다.

정답

메모리 주소

: QUIZ

배열을 이용하여 문자형 변수를 문자열형으로 선언하면 scanf_s( ) 함수의 괄호 안에 있는 배열 변수명 앞에 있는 &는 생략해야 합니다. 그 이유는 배열 그 자체가 (   )을/를 알아서 기억하기 때문입니다.

5 버퍼형 표준 입출력 함수

Tip

여기에서는 직접형 표준 입출력 함수의 개념 정도만 알아두고 자세한 내용은 13장에서 다루겠습니다.

C 프로그래밍에서는 키보드로 데이터를 입력한 다음 Enter 키를 눌러야 값이 전달되는 버퍼형 표준 입출력 함수와, 키보드로 데이터를 입력한 다음 Enter를 누르지 않아도 값이 전달되는 직접형 표준 입출력 함수를 제공합니다.

버퍼형 표준 입출력 함수는 키보드로 입력되는 값을 임시 기억 장소인 버퍼 메모리에 보관하였다가 Enter를 누르면 데이터를 전달하는 방식입니다. 반면에 직접형 표준 입출력 함수는 스트림을 통해 값을 직접 전달하므로 Enter를 누르지 않아도 됩니다.

표준 입력 함수인 scanf_s( )는 키보드로 데이터를 입력한 후 반드시 Enter 키를 눌러야 다음 명령을 수행하는 버퍼형 표준 입력 함수식입니다. 직접형 표준 입력 함수인 getch( )는 키보드로 데이터를 입력한 후 Enter 키를 누르지 않아도 됩니다. scanf_s( )와 getch( ) 함수 방식의 가장 큰 차이점은 버퍼 메모리를 사용하느냐 사용하지 않느냐입니다.

scanf_s( ) 함수를 연속해서 선언하기

버퍼형 표준 입력 함수인 scanf_s( )를 연속해서 선언하면 첫 번째로 입력한 데이터를 처리하기 위해 누른 Enter 키값이 임시 기억 장소인 버퍼 메모리에 남아 있습니다. 버퍼 메모리에 Enter 키값이 남아 있으면 다음 데이터를 입력하기도 전에 Enter 키를 누른 것처럼 프로그램이 수행됩니다. 다음 예제를 통해 이러한 현상을 직접 확인할 수 있습니다.

예제 3-14 버퍼 메모리를 비우지 않고 scanf_s( ) 함수를 연속 사용 – 오류 발생 ex03_14.c

```
#include <stdio.h>
#include <stdlib.h>

int main(void)
{
    system("title 표준 입력 함수 연속 선언");

    char op1, op2;

    printf("문자 2개를 연속해서 입력하세요.\n");
    printf("1.첫 번째 문자 입력 : ");
    scanf_s("%c", &op1, sizeof(op1));
    printf("2.두 번째 문자 입력 : ");
    scanf_s("%c", &op2, sizeof(op2));

    printf("\n");
    printf("첫 번째 문자 출력 : %c\n", op1);
    printf("두 번째 문자 출력 : %c\n", op2);
    return 0;
}
```

```
문자 2개를 연속해서 입력하세요.
1.첫 번째 문자 입력 : a
2.두 번째 문자 입력 :
첫 번째 문자 출력 : a
두 번째 문자 출력 :
```

첫 번째 문자를 입력한 뒤 Enter를 누르자 두 번째 문자를 입력하기도 전에 프로그램이 종료됩니다.

프로그램을 실행한 결과 첫 번째 문자 a를 입력한 후 Enter 키를 눌렀더니 두 번째 문자를 입력하지 않은 상태에서 프로그램이 종료됩니다. 이와 같은 현상은 코드 12행과 14행에서 입력 함수인 scanf_s( ) 함수를 연속해서 사용했기 때문입니다. 이러한 현상을 해결하려면 버퍼 메모리에 저장된 Enter 키값을 제거해야 하며, 이때 사용하는 것이 버퍼 메모리를 비워주는 getchar( ) 함수입니다.

다음 예제는 Enter 키값 문제를 해결하기 위해 버퍼 메모리를 비워주는 getchar( ) 함수를 사용하는 프로그램입니다.

예제 3-15 버퍼 메모리를 비우고 scanf_s( ) 함수를 연속 사용 – 오류 해결 ex03_15.c

```
01 #include <stdio.h>
02 #include <stdlib.h>
03
04 int main(void)
05 {
06     system("title 버퍼 메모리 비우기");
07
08     char op1, op2;
09
10     printf("문자 2개를 연속해서 입력하세요.\n");
11     printf("1.첫 번째 문자 입력 : ");
12     scanf_s("%c", &op1, sizeof(op1));
13
14     getchar();
15     printf("2.두 번째 문자 입력 : ");
16     scanf_s("%c", &op2, sizeof(op2));
17
18     printf("첫 번째 문자 출력 : %c\n", op1);
19     printf("두 번째 문자 출력 : %c\n", op2);
20     return 0;
21 }
```

```
문자 2개를 연속해서 입력하세요.
1.첫 번째 문자 입력 : a
2.두 번째 문자 입력 : b
첫 번째 문자 출력 : a
두 번째 문자 출력 : b
```

14행에서 getchar( ) 함수를 선언하여 버퍼 메모리에 남아 있던 Enter 키값을 비웠더니 scanf_s( ) 입력 함수를 연속해서 사용해도 문제 없이 정상 출력되었습니다.

: QUIZ

① C 언어에서는 키보드로 데이터를 입력한 다음 Enter 키를 눌러야 값이 전달되는 (   )와/과 키보드로 데이터를 입력한 다음 Enter를 누르지 않아도 값이 전달되는 (   )을/를 제공합니다.

② 버퍼 메모리에 저장된 Enter 키값을 제거하려면 버퍼 메모리를 비워주는 (   ) 함수를 사용하면 됩니다.

정답

① 버퍼형 표준 입출력 함수, 직접형 표준 입출력 함수

② getchar( )

SECTION

03 문자 코드

1 아스키코드 소개

아스키(ASCII, American Standard Code for Information Interchange)코드란 미국표준협회(ANSI)에서 제시한 표준 코드 체계를 의미합니다. C 언어에서는 아스키코드를 사용하여 문자를 숫자로 표현합니다. 아스키코드를 사용하면 알파벳과 숫자, 제어 문자(+, −, *, /, =, !, #, $, % 등), 화이트 스페이스(blank, newline, tab, carriage−return, form−feed 등) 모두 숫자로 표현할 수 있습니다. C 언어 프로그램에서 알파벳은 대문자와 소문자를 전혀 다른 것으로 취급합니다.

Tip
화이트 스페이스란 화면에 아무것도 표시되지 않는 문자입니다.

아스키코드는 키보드에 있는 문자 등을 컴퓨터에서 표현하기 위해 0~127까지 숫자에 문자를 하나씩 대응시킵니다.

Tip
특별한 경우를 제외하고, C 언어로 프로그램 소스 코드를 작성할 때는 알파벳 소문자를 사용하는 것이 관례입니다.

표 3-5 아스키코드 예시

문자	10진수(DEC)	16진수(HEX)	8진수(OCT)
0 ~ 9	48 ~ 57	0x30 ~ 0x39	060 ~ 071
A ~ Z	65 ~ 90	0x41 ~ 0x5A	101 ~ 132
a ~ z	97 ~ 122	0x61 ~ 0x7A	141 ~ 172

Tip
예를 들어, 숫자 0은 48, 알파벳 대문자 A는 65, 소문자 a는 97입니다. 이 정도는 외워두면 프로그램을 작성할 때 편합니다.

아스키코드를 모두 외울 수는 없지만 C 프로그래밍에서 많이 사용하는 몇 가지는 외워두는 것이 좋습니다. 알파벳 소문자와 대문자, 숫자 0~9에 해당하는 아스키코드값 정도는 기본적으로 알아두면 프로그램을 작성할 때 편리합니다.

여기서 잠깐! 아스키코드는 왜 사용할까?

printf( ) 함수에서 알파벳 문자를 문자로 출력하려면 출력 형식 지정자를 %c로 선언하고, 10진수 정수형 숫자로 출력하려면 %d로 선언합니다. 하지만 아스키코드를 이용하면 알파벳 대문자와 소문자, 숫자에 고유의 숫자값을 정해두었으므로 문자를 숫자로 편리하게 변환하여 사용할 수 있습니다.

2 아스키코드의 종류

아스키코드는 1967년에 미국에서 표준으로 제정되어 128개를 제공하였으며 1986년에는 확장된 128개를 더 제정하여 총 256개로 개정되었습니다. 하지만 C 언어에서는 초창기에 표준으로 제정되어 지금까지 제공되는 0~127까지 128개만 사용할 수 있습니다.

아스키코드는 ANSI에서 표준화한 정보 교환용 7비트 부호 체계로 구성되어 있습니다. C 언어에서 사용할 수 있는 0~127까지의 아스키코드를 다음 표로 정리하였습니다.

표 3-6 초창기부터 제공되는 아스키코드

10진수	16진수	문자	10진수	16진수	문자	10진수	16진수	문자	10진수	16진수	문자
0	0x00	NULL	32	0x20	Space-Bar	64	0x40	@	96	0x60	.
1	0x01	Start Of Heading	33	0x21	!	65	0x41	A	97	0x61	a
2	0x02	Start Of Text	34	0x22	"	66	0x42	B	98	0x62	b
3	0x03	End Of Text	35	0x23	#	67	0x43	C	99	0x63	c
4	0x04	End Of Transmit	36	0x24	$	68	0x44	D	100	0x64	d
5	0x05	Enquiry	37	0x25	%	69	0x45	E	101	0x65	e
6	0x06	Acknowledge	38	0x26	&	70	0x46	F	102	0x66	f
7	0x07	Audible Bell	39	0x27	'	71	0x47	G	103	0x67	g
8	0x08	Back-Space	40	0x28	(	72	0x48	H	104	0x68	h
9	0x09	Horizontal Tab	41	0x29	)	73	0x49	I	105	0x69	i
10	0x0A	Lind Feed	42	0x2A	*	74	0x4A	J	106	0x6A	j
11	0x0B	Vertical Tab	43	0x2B	+	75	0x4B	K	107	0x6B	k
12	0x0C	Form Feed	44	0x2C	`	76	0x4C	L	108	0x6C	l
13	0x0D	Carriage Return	45	0x2D	-	77	0x4D	M	109	0x6D	m
14	0x0E	Shift Out	46	0x2E	,	78	0x4E	N	110	0x6E	n
15	0x0F	Shift In	47	0x2F	/	79	0x4F	O	111	0x6F	o
16	0x10	Data Link Escape	48	0x30	0	80	0x50	P	112	0x70	p
17	0x11	Device Control1	49	0x31	1	81	0x51	Q	113	0x71	q
18	0x12	Device Control2	50	0x32	2	82	0x52	R	114	0x72	r
19	0x13	Device Control3	51	0x33	3	83	0x53	S	115	0x73	s
20	0x14	Device Control4	52	0x34	4	84	0x54	T	116	0x74	t
21	0x15	Neg. Ack	53	0x35	5	85	0x55	U	117	0x75	u
22	0x16	Synchronous Idle	54	0x36	6	86	0x56	V	118	0x76	v
23	0x17	End Tras. Block	55	0x37	7	87	0x57	W	119	0x77	w
24	0x18	Cancel	56	0x38	8	88	0x58	X	120	0x78	x
25	0x19	End of Medium	57	0x39	9	89	0x59	Y	121	0x79	y
26	0x1A	Substitution	58	0x3A	:	90	0x5A	Z	122	0x7A	z
27	0x1B	Escape	59	0x3B	;	91	0x5B	[	123	0x7B	{
28	0x1C	File Separator	60	0x3C	<	92	0x5C	\	124	0x7C	|
29	0x1D	Group Separator	61	0x3D	=	93	0x5D	]	125	0x7D	}
30	0x1E	Record Separator	62	0x3E	>	94	0x5E	^	126	0x7E	~
31	0x1F	Unit Separator	63	0x3F	?	95	0x5F	_	127	0x7F	DEL

확장된 아스키코드 128개는 선 그리기나 그래픽을 지원하기 위해 제공된 것입니다. 컴퓨터의 성능이 발달하고 처리하는 정보의 단위도 늘어남에 따라 좀 더 다양한 표현이 필요하여 컴퓨터에서 8비트 인코딩을 사용하도록 확장됨에 따라 아스키코드도 256개로 확장된 것입니다.

확장된 256개의 아스키코드는 아쉽게도 C 언어에서 지원되지 않으므로 어떤 종류가 있는지만 살펴보겠습니다.

표 3-7 확장 아스키코드

10진수	16진수	문자	10진수	16진수	문자	10진수	16진수	문자	10진수	16진수	문자
128	0x80	Ç	160	0xA0	á	192	0xC0	└	224	0xE0	α
129	0x81	ü	161	0xA1	í	193	0xC1	┴	225	0xE1	β
130	0x82	è	162	0xA2	ó	194	0xC2	┬	226	0xE2	Γ
131	0x83	â	163	0xA3	ú	195	0xC3	├	227	0xE3	π
132	0x84	ä	164	0xA4	ñ	196	0xC4	─	228	0xE4	Σ
133	0x85	à	165	0xA5	Ñ	197	0xC5	┼	229	0xE5	σ
134	0x86	å	166	0xA6	ª	198	0xC6	╞	230	0xE6	µ
135	0x87	ç	167	0xA7	º	199	0xC7	╟	231	0xE7	τ
136	0x88	ê	168	0xA8	¿	200	0xC8	╚	232	0xE8	Φ
137	0x89	ë	169	0xA9	⌐	201	0xC9	╔	233	0xE9	Θ
138	0x8A	é	170	0xAA	¬	202	0xCA	╩	234	0xEA	Ω
139	0x8B	ï	171	0xAB	½	203	0xCB	╦	235	0xEB	δ
140	0x8C	î	172	0xAC	¼	204	0xCC	╠	236	0xEC	∞
141	0x8D	ì	173	0xAD	¡	205	0xCD	═	237	0xED	ϕ
142	0x8E	Ä	174	0xAE	«	206	0xCE	╬	238	0xEE	ε
143	0x8F	Å	175	0xAF	»	207	0xCF	╧	239	0xEF	∩
144	0x90	É	176	0xB0	░	208	0xD0	╨	240	0xF0	≡
145	0x91	æ	177	0xB1	▒	209	0xD1	╤	241	0xF1	±
146	0x92	Æ	178	0xB2	▓	210	0xD2	╥	242	0xF2	≥
147	0x93	ô	179	0xB3	│	211	0xD3	╙	243	0xF3	≤
148	0x94	ö	180	0xB4	┤	212	0xD4	╘	244	0xF4	⌠
149	0x95	ò	181	0xB5	╡	213	0xD5	╒	245	0xF5	⌡
150	0x96	û	182	0xB6	╢	214	0xD6	╓	246	0xF6	÷
151	0x97	ù	183	0xB7	╖	215	0xD7	╫	247	0xF7	≈
152	0x98	ÿ	184	0xB8	╕	216	0xD8	╪	248	0xF8	°
153	0x99	Ö	185	0xB9	╣	217	0xD9	┘	249	0xF9	·
154	0x9A	Ü	186	0xBA	║	218	0xDA	┌	250	0xFA	•
155	0x9B	¢	187	0xBB	╗	219	0xDB	█	251	0xFB	√
156	0x9C	£	188	0xBC	╝	220	0xDC	▄	252	0xFC	^{n}
157	0x9D	¥	189	0xBD	╜	221	0xDD	▌	253	0xFD	^{2}
158	0x9E	Pts	190	0xBE	╛	222	0xDE	▐	254	0xFE	■
159	0x9F	ƒ	191	0xBF	┐	223	0xDF	▀	255	0xFF	NBSP

아스키코드는 부호를 고려하지 않기 때문에 1바이트 메모리에 저장하는 것이 효율적이며 프로그램에서는 문자를 숫자로 출력할 때 주로 사용합니다.

다음 예제는 반복문인 for 문으로 알파벳 대문자를 출력하는 프로그램입니다. 아직 반복문을 배우지 않아 생소하겠지만 여기서는 아스키코드를 사용하여 알파벳 대문자를 출력하는 과정만 살펴보겠습니다.

Tip

반복문은 7장에서 자세히 설명합니다.

예제 3-16 아스키코드로 알파벳 대문자 출력 ex03_16.c

```
01 #include <stdio.h>
02 #include <stdlib.h>
03
04 int main(void)
05 {
06     system("title for 문으로 알파벳 대문자 출력");
07
08     int cnt;                    // 반복문에서 사용할 카운트 변수
09
10     printf("알파벳 대문자가 출력됩니다.\n");
11
12     for (cnt = 65; cnt <= 90; cnt++)
13       printf(" %c", cnt);
14
15     return 0;
16 }
```

```
알파벳 대문자가 출력됩니다.
 A B C D E F G H I J K L M N O P Q R S T U V W X Y Z
```

알파벳 대문자 A에 해당하는 아스키코드값은 65이고 Z에 해당하는 값은 90입니다. 반복문이 정수값 65부터 시작해 90까지 1씩 증가하면서 13행의 출력 형식 지정자인 %c에 의해 알파벳 대문자 A ~ Z까지 출력합니다.

: QUIZ

① C 언어에서 사용할 수 있는 아스키코드값의 유효 범위는 (   )까지입니다.

② 알파벳 대문자 A의 아스키코드값은 (   )(이)고, 소문자 z의 아스키코드값은 (   )입니다.

정답

① 0 ~ 127

② 65, 122

도전문제 제어 문자 활용 및 출력 형식 지정자로 자릿수 지정하기

01 프로그램 실행 결과에 맞게 소스 코드의 빈칸을 채워 완성하시오.

```
아이디(최대 7자리) : space__
패스워드(최대 9자리) : 123456___
입력한 아이디는 space, 패스워드는 123456입니다.
```

```c
#include <stdio.h>

int main(void)
{
    char id[8];
    char pw[10];

    printf("아이디(최대 7자리) : _______[                ]");
    scanf_s("%s", id, sizeof(id));

    printf("패스워드(최대 9자리) : _________[                ]");
    scanf_s("%s", pw, sizeof(pw));

    printf("\n입력한 아이디는 %s, 패스워드는 %s입니다.\n", id, pw);
    return 0;
}
```

Tip

아이디와 패스워드를 저장할 배열은 최대 자리수+1 크기로 선언합니다.

Hint : 왼쪽으로 한 칸 이동하는 제어 문자 \b를 자릿수만큼 선언합니다.

정답

```c
#include <stdio.h>

int main(void)
{
    char id[8];
    char pw[10];

    printf("아이디(최대 7자리) : _______\b\b\b\b\b\b\b");
    scanf_s("%s", id, sizeof(id));

    printf("패스워드(최대 9자리) : _________\b\b\b\b\b\b\b\b\b");
    scanf_s("%s", pw, sizeof(pw));

    printf("\n입력한 아이디는 %s, 패스워드는 %s입니다.\n", id, pw);
    return 0;
}
```

02 프로그램 실행 결과에 맞게 소스 코드의 빈칸을 채워 완성하시오.

```
소수 여섯째 자리까지 실수 입력 : 123.456789
소수 둘째 자리까지 출력 : 123.46
전체 자릿수 6자리, 소수 첫째 자리까지 출력 : 0123.5
```

```
#include <stdio.h>

int main(void)
{
    float su;

    printf("소수 여섯째 자리까지 실수 입력 : ");
    scanf_s("________", &su);

    printf("소수 둘째 자리까지 출력 : ________\n", su);
    printf("전체 자릿수 6자리, 소수 첫째 자리까지 출력 : ________\n", su);

    return 0;
}
```

Hint : 실수형 표준 출력 형식 지정자인 %f로 자릿수를 지정합니다.

정답

```
#include <stdio.h>

int main(void)
{
    float su;

    printf("소수 여섯째 자리까지 실수 입력 : ");
    scanf_s("%f", &su);

    printf("소수 둘째 자리까지 출력 : %.2f\n", su);
    printf("전체 자릿수 6자리, 소수 첫째 자리까지 출력 : %06.1f\n", su);

    return 0;
}
```

핵심점검

1 (　　　　　　　)은/는 큰따옴표(" ") 안에 있는 내용을 화면에 출력할 때 사용하는 표준 출력 함수로, 이 함수를 사용하려면 #include로 〈stdio.h〉 헤더 파일을 불러와야 합니다.

2 (　　　　　　　)은/는 문자열을 출력할 때 행을 강제로 바꾸거나 따옴표 또는 특정 문자를 출력하기 위해 C 언어에서 제공하는 문자입니다. 이 문자는 printf( ) 함수에서만 사용할 수 있습니다.

3 (　　　　　　　)은/는 표준 출력 함수인 printf( )를 사용할 때 숫자를 문자열이 아닌 숫자 고유의 기능을 수행하도록 해줍니다. 숫자가 위치할 곳에 이것을 선언하고, 숫자를 일대일로 매칭합니다.

4 (　　　　　　　)은/는 프로그램을 실행하다가 메모리에 남은 쓰레기값을 말합니다.

5 (　　　　　　　) 함수는 데이터를 입력받을 때 사용하는 것으로, printf( ) 함수와 마찬가지로 #include를 사용해 stdio.h 헤더 파일을 불러와야 합니다.

6 (　　　　　　　)은/는 프로그램에서 사용하는 데이터를 잠시 보관하기 위해 선언하는 메모리 공간을 의미하는 것으로, 자료형에 따라 용도가 달라지므로 사용 목적에 따라 자료형을 정하여 선언합니다.

7 (　　　　　　　)은/는 키보드로 입력되는 값을 임시 기억 장소인 버퍼 메모리에 보관하였다가 Enter 를 눌러 전달하는 방식이고, (　　　　　　　)은/는 임시 기억 장소인 버퍼 메모리를 사용하지 않고 스트림을 통해 값을 직접 전달하는 방식입니다.

8 (　　　　　　　)은/는 키보드에 있는 문자 등을 컴퓨터에서 표현하기 위해 0~127까지 숫자에 문자를 하나씩 대응시킨 문자 코드입니다.

정답 **1** printf( ) **2** 제어 문자 **3** 표준 출력 형식 지정자 **4** 가비지(garbage)값 **5** scanf_s( ) **6** 변수 **7** 버퍼형 표준 입출력 함수, 직접형 표준 입출력 함수 **8** 아스키코드

연습문제

1 왼쪽으로 한 칸 이동을 나타내는 제어 문자는?

① \n ② \t

③ \r ④ \b

2 printf( ) 함수에서 10진수 실수를 출력할 때 사용하는 출력 형식 지정자는?

① %e ② %d

③ %f ④ %s

3 데이터를 입력할 때 구분자로 사용할 수 <u>없는</u> 것은?

① Enter ② Back Space

③ Space Bar ④ Tap

4 a = 8.123456일 때 출력문에서 %05.2f로 선언하여 출력할 경우 결과값은?

① 8.1234 ② 8.12

③ 08.123 ④ 08.12

5 int a = 5로 선언할 때 변수 a에 할당되는 메모리의 크기는?

① 2바이트 ② 4바이트

③ 8바이트 ④ 16바이트

6 scanf_s( ) 함수를 연속해서 사용할 때 버퍼 메모리를 비워주는 역할을 하는 함수는?

① sizeof( ) ② main( )

③ getchar( ) ④ printf( )

연습문제

7 다음 용어의 의미를 간단하게 서술하시오.

① 제어 문자:

② 가비지값:

③ 표준 입출력 형식 지정자:

④ 데이터 출력 형식:

⑤ 구분자:

⑥ 버퍼형 표준 입출력 함수:

⑦ 직접형 표준 입출력 함수:

⑧ 아스키코드:

8 소스 코드의 실행 결과값을 적어보시오.

```
int a = 123;
printf("%05d", a);
```

9 소스 코드의 실행 결과값을 적어보시오.

```
float b = 35.885;
printf("%.2f", b);
```

10 소스 코드의 실행 결과값을 적어보시오.

```
char c = 'A';
printf("%d", c);
```

11 제어 문자의 종류를 정리한 표이다. 빈칸을 채워 완성하시오.

제어 문자	명칭	설명
\a	bell	삑~ 소리를 냄
	back space	왼쪽으로 한 칸 이동
\f	form feed	
	line feed	줄을 바꿈
\r	carriage return	
	tab	[Tab] 키와 동일한 기능
\\	back slash	역슬래시(\) 출력
\'	apostrophe	작은따옴표(') 출력
\"	quote	큰따옴표(") 출력

12 오른쪽에 적힌 설명에 해당하는 표준 출력 형식 지정자를 괄호 안에 적으시오.

① (   ) ➡ 부호 있는 10진수 출력

② (   ) ➡ 10진수 실수 출력

③ (   ) ➡ 문자 데이터 출력

④ (   ) ➡ 문자열 데이터 출력

⑤ (   ) ➡ 16진수 대문자 출력

13 오른쪽에 적힌 설명에 해당하는 표준 입력 형식 지정자를 괄호 안에 적으시오.

① (   ) ➡ 8진수 정수 입력

② (   ) ➡ 16진수 정수 대문자 입력

③ (   ) ➡ 부동 소수점 e 형식의 실수 입력

④ (   ) ➡ 문자열 데이터 입력

⑤ (   ) ➡ 포인터 주소값 입력

연습문제

14 출력 형식 지정자를 사용한 소스 코드와 이의 대응 관계를 그림으로 나타낸 것이다. 소스 코드를 보고 괄호와 빈칸을 채워 그림을 완성하시오.

```
int num1, num2, hap;
num1 = 123;
num2 = 200;
hap = num1 + num2;
```

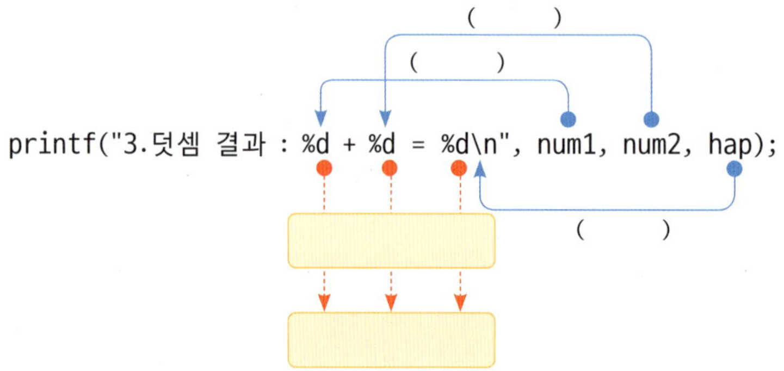

15 프로그램 실행 결과에 맞게 소스 코드의 빈칸을 채워 완성하시오.

```
학과 : 빅데이터분석학과
학번 : 203012345
성명 : 홍길동 - "남"
```

```
[          ]

int main(void)
{
    printf("학과 : 빅데이터분석학과\n");
    printf("학번 : 203012345\n");
    printf([          ]);

    [          ]
}
```

프로그래밍 문제

1 다음 내용에 맞는 프로그램을 작성하시오.

- 국어, 영어, 수학 점수를 각각 키보드로 입력
- 3과목 총점과 평균 점수 산출
- 출력 전체 자릿수는 총점은 6자리, 평균은 7자리로 설정
- 평균은 소수 둘째 자리까지 산출
- 평균 산출 시 3 대신 3.0으로 나누기
- 기타 사항은 [출력 예시] 참조

[출력 예시]

```
1.국어 점수 : 88
2.영어 점수 : 99
3.수학 점수 : 88
총 점 : 275
평균 점수 : 91.67
```

2 다음 내용에 맞는 프로그램을 작성하시오.

- 문자 입력 변수 선언: char op;
- 문자열 입력 변수 선언: char str[12];
- 문자열의 전체 출력 자릿수는 12자리로 설정
- scanf_s( ) 중복 사용에 따른 문제가 발생할 경우 getchar( ) 함수 사용
- 문자와 문자열 출력 형식에는 제어 문자 \t를 사용하여 정렬
- 문자열의 왼쪽과 오른쪽 경계에는 파이프(|) 기호 출력
- 문자열은 왼쪽 정렬 형태로 출력
- 기타 사항은 [출력 예시] 참조

[출력 예시]

```
1.문자 입력 : A
2.문자열 입력 : Spacezone
문자 출력 : A
문자열 출력 : |Spacezone   |
```

프로그래밍 문제

3 다음 내용에 맞는 프로그램을 작성하시오.

- 정수형 변수 3개 선언: int num1, num2, triple
- 실수형 변수 1개 선언: float division
- 키보드로 정수값 2개 입력: [Space Bar] 구분자 사용
- 첫 번째 정수에 대한 세제곱 연산식: triple = num1 * num1 * num1
- 첫 번째 정수를 두 번째 정수로 나누는 연산식: division = (float)num1 / num2
- 세제곱과 나눗셈 연산 결과값의 출력 자릿수: 전체 8자리(빈자리는 0으로 채움)
- 나눗셈 연산 결과값의 소수점 이하 출력: 소수 셋째 자리까지
- 기타 사항은 [출력 예시] 참조

[출력 예시]

```
정수값 2개 입력 : 8 3
세제곱 연산 결과 : 8 * 8 * 8 = 00000512
나눗셈 연산 결과 : 8 / 3 = 0002.667
```

4 다음 내용에 맞는 프로그램을 작성하시오.

- 문자형 변수 1개 선언
- 키보드로 알파벳 입력
- 입력한 알파벳에 문자 출력 형식 지정자 사용
- 입력한 알파벳에 해당하는 아스키코드값을 10진 정수로 출력
- 입력한 알파벳을 기준으로 8번째에 해당하는 알파벳 출력
- 기타 사항은 [출력 예시] 참조

[출력 예시]

```
알파벳 입력 : K
입력한 알파벳 : K
알파벳 아스키코드값 : 75
입력한 알파벳 + 8 : S
프로그램을 종료합니다.
```

학 | 습 | 목 | 표

- C 언어에서 사용하는 식별자와 예약어를 알아봅니다.
- 자료형의 종류를 알아봅니다.
- 프로그램에서 사용하는 변수와 상수를 알아봅니다.
- 자료형 변환을 이해합니다.

Chapter 04
변수와 자료형

SELF CHECK

1 자료형이란 데이터를 저장하기 위한 공간인 변수를 선언할 때 (컴퓨터, 메모리)의 크기를 지정하는 단위를 의미합니다.

2 C 언어에서 사용하는 세 가지 자료형은 (정수형, 예약어), 실수형, 문자형입니다.

3 변수를 선언한다는 것은 프로그램에서 사용할 변수에 대해 (컴파일러, 사용자)에게 미리 알리는 것을 의미합니다.

4 변수를 선언할 때는 변수에 대입할 수 있는 데이터의 (모양, 유효 범위)을/를 파악하여 자료형을 지정해야 합니다.

5 상수란 (컴파일러, 변수)에 대입되는 값으로 프로그램 수행 중에는 값이 변하지 않는 데이터를 의미합니다.

6 C 언어에서 제공하는 상수에는 정수형 상수, 실수형 상수, 문자형 상수, (알파벳 상수, 문자열 상수)이/가 있습니다.

7 C 언어에서 제공하는 자료형 변환 방법에는 (자동 자료형 변환 방법, 자동 변수 변환 방법)와/과 강제 자료형 변환 방법이 있습니다.

정답

1 메모리 **2** 정수형 **3** 컴파일러 **4** 유효 범위 **5** 변수 **6** 문자열 상수 **7** 자동 자료형 변환 방법

SECTION 01

변수의 기초

1 식별자와 예약어

변수의 개념을 알아보기 전에 식별자와 예약어에 대해 살펴보겠습니다.

식별자(identifier)는 프로그램 라이브러리에서 제공하는 명령어 이외에 프로그래머가 필요에 따라 선언하는 변수의 이름 또는 사용자 정의 함수 등을 의미합니다. 또한 특정 목적을 수행하는 독립적인 존재로, 다른 명령어와 구별하여 명령을 수행합니다. 식별자의 이름은 프로그래머가 알파벳과 숫자를 조합하여 임의로 선언할 수 있지만, C 언어의 예약어는 사용할 수 없으므로 피해야 합니다.

식별자를 선언할 때 지켜야 할 규칙을 정리하면 다음과 같습니다.

- 알파벳(대소문자), 숫자, '_'(언더바)를 사용할 수 있음
- 알파벳 대문자와 소문자를 구분해서 사용해야 함
- 알파벳 또는 '_'로 시작해야 함
- 숫자로 시작해서는 안 됨
- 단어 중간에 공백은 허용하지 않음
- 한글은 사용할 수 없음
- 예약어는 사용할 수 없음

Tip
식별자를 중복해서 사용하면 앞에서 선언한 식별자의 의미는 없어지고 나중에 선언한 의미만 남습니다. 따라서 식별자는 각각 다르게 선언해야 합니다.

예약어(reserved word)는 컴파일러가 특정 목적의 프로그램을 수행하기 위해 사전에 예약해 놓은 명령어를 의미합니다. 예약어는 고유의 명령을 수행하는 명령어이므로 변수나 함수의 이름으로 사용할 수 없습니다.

Tip
예약어는 키워드(keyword)라고도 합니다.

C 언어에서 자주 사용하는 예약어는 다음과 같습니다.

• auto	• break	• case	• char	• const	• continue
• default	• do	• double	• else	• enum	• extern
• float	• for	• goto	• if	• int	• long
• register	• return	• short	• signed	• sizeof	• static
• struct	• switch	• typedef	• union	• unsigned	• void
• vol					

정답

예약어

: QUIZ

(   )은/는 컴파일러가 특정 목적의 프로그램을 수행하기 위해 사전에 예약해 놓은 명령어를 의미합니다.

2 변수의 개념

변수(variables)란 계속해서 변하는 값으로 프로그램이 실행되는 동안 수시로 데이터 값이 변하는 정보를 보유하고 있는 식별자를 의미합니다. 변수를 선언하면 컴파일러는 자료형의 크기에 따라 메모리 공간을 확보합니다.

프로그래머로부터 데이터를 입력받거나 연산을 수행하면 그 결과를 저장할 공간이 필요합니다. 이와 같은 저장 공간을 가리키는 것을 변수라고 합니다. 변수는 상수 또는 문자와 문자열 등을 대입하기 위한 저장 공간으로 사용됩니다.

Tip

상수란 변하지 않고 항상 같은 값을 가지는 수를 의미합니다.

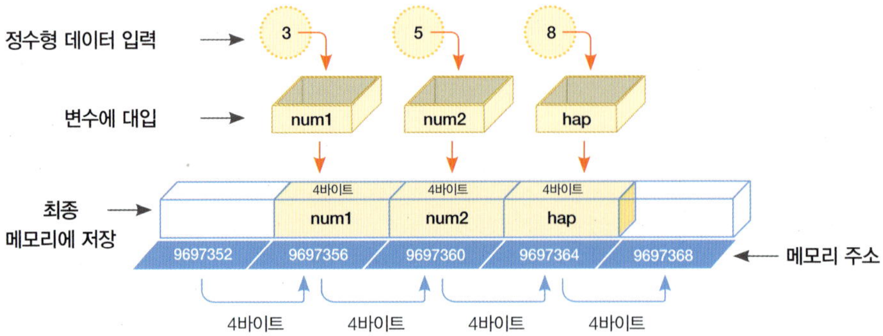

그림 4-1 **변수를 선언하면 변수의 이름이 붙은 메모리 공간이 확보됨**

Tip

RAM은 컴퓨터 전원이 켜진 상태에서는 메모리 공간에 데이터를 저장해 두지만 전원이 꺼지면 저장되어 있던 데이터가 모두 사라집니다.

변수를 선언하면 자료형의 크기만큼 메인 메모리인 RAM(random access memory)에 공간이 확보되고, 변수에 값을 대입하면 확보한 메모리 공간에 값이 저장됩니다. 다음 그림은 정수형으로 선언한 변수에 값을 대입하고 덧셈 연산식을 수행하는 과정입니다.

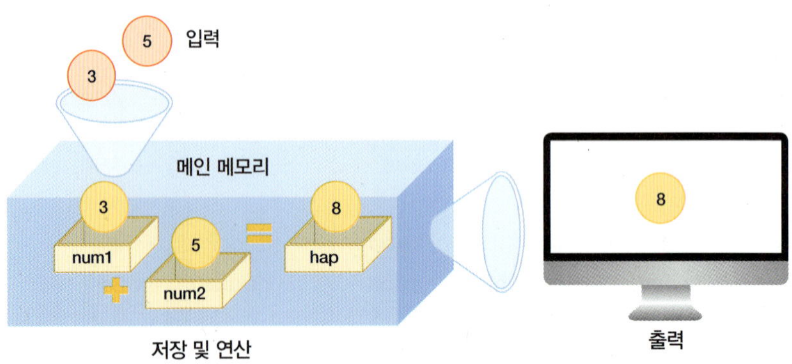

그림 4-2 **변수에 값을 대입하고 덧셈 연산식을 수행하는 과정**

3 변수 이름 표기법

변수 이름은 알파벳 a~z, A~Z, 숫자 0~9 그리고 _(언더바)를 조합하여 구성할 수 있습니다. 이때 숫자가 맨 앞에 와서는 안 됩니다. 컴파일러가 변수와 상수를 확실하게 구분하기 위함입니다.

변수는 용도에 맞는 이름으로 선언하는 것이 가장 좋습니다. 특히 대입하고자 하는 데이터의 성격을 쉽게 파악할 수 있는 단어를 이름에 사용하는 것이 좋습니다. a, b, c처럼 아무 의미 없이 단순한 알파벳을 변수로 사용할 경우 변수가 한두 개라면 별 문제가 없지만 여러 개를 사용하면 각 변수를 어떤 용도로 사용하려고 선언했는지 찾기 힘듭니다. 예를 들어, 정수형 데이터를 사용할 변수라면 숫자를 나타내는 number의 의미로 num1, num2와 같이 사용하는 것을 권장합니다.

```
count, student_name, _test, Data_8, TIME_zone, …  // 올바른 변수 선언 (○)
5_data, 8888, space  zone, …                      // 잘못된 변수 선언 (×)
```

C 언어에서는 알파벳 대소문자를 엄격하게 구별하기 때문에 같은 철자의 알파벳이라 할지라도 대문자와 소문자는 전혀 다른 변수로 취급합니다.

```
Count,  count, COUNT, counT                        // 모두 다른 변수로 인식
```

Tip

프로그래머는 변수에 대입된 데이터가 메모리 몇 번지에 저장되었는지 알 필요가 없습니다. 프로그래머는 데이터가 대입된 변수의 이름만 기억하면 되고 메모리에 저장되는 주소는 컴파일러와 운영체제가 알아서 기억해 줍니다. 때로는 특정 장소를 지정하여 데이터를 저장할 때도 있지만 변수를 사용하면 대부분 프로그래머가 일일이 관리하지 않아도 됩니다.

Tip

2바이트로 구성된 한글은 변수명으로 사용할 수 없습니다.

: QUIZ

① 정수형 변수를 int형으로 선언하면 (　　　) 바이트의 메모리 저장 공간이 확보됩니다.

② 변수 이름을 선언할 때는 알파벳, (　　　), (　　　)의 조합을 사용합니다.

정답

① 4

② 숫자, _(언더바)

변수 이름은 가독성 높게 표기하는 것이 좋습니다. 이름만 보더라도 어떤 용도로 사용할 변수인지를 인지할 수 있기 때문입니다. C 언어에서 변수 이름을 표기할 때 가장 많이 사용하는 방법은 카멜 표기법과 스네이크 표기법입니다.

카멜 표기법

카멜 표기법(camel notation)은 myCount와 같이 단어 2개를 연결할 때 뒤에 오는 단어의 첫 글자를 알파벳 대문자로 표기하는 방법입니다.

```
myCount,  startTime, studyGroup, forSum
```

Tip

연결되는 단어의 첫 글자를 대문자로 표기한 것이 낙타의 등과 비슷하다는 의미에서 카멜 표기법이라고 합니다.

스네이크 표기법

단어 2개 이상을 언더바(_)로 이어서 작성하는 표기법입니다. 예를 들어, input_num과 같이 알파벳으로 이루어진 두 단어를 _(언더바)로 연결해 하나의 변수 이름으로 사용합니다. 언더바는 _input과 같이 변수의 맨 앞에 선언해도 됩니다.

```
int_num, circle_radius, member_count
```

4 변수를 사용하는 이유

변수를 사용하는 이유는 사용하지 않을 경우와 비교했을 때 프로그램 유지·보수 차원에서 효율성 차이가 크기 때문입니다. 변수를 사용하면 이미 작성해 놓은 프로그램의 소스 코드를 수정하거나 업데이트를 해야 할 때 변수에 대입되는 데이터값만 수정하면 됩니다.

예를 들어, 변수를 사용하지 않고 정수형 상수로 덧셈 연산식을 한다면 상수가 바뀌면 상수를 사용한 곳을 일일이 찾아서 모두 수정해야 합니다. 하지만 다음과 같이 변수를 사용하면 a와 b의 값을 초기화한 부분만 찾아서 수정해 주면 됩니다.

```
int a, b, sum;
a = 10;
b = 20;
sum = a + b;
```

변수는 변할 수 있는 값을 대입하기 위해 선언하고 사용하는 것입니다. 그렇기 때문에 변수에 저장할 데이터의 크기와 자료형은 신중하게 결정해야 합니다. 예를 들어, 작은 상자에 코끼리를 담을 수 없듯이 변수 선언 또한 마찬가지입니다. 자료형에 대해서는 다음 절에서 자세히 살펴보겠습니다.

: QUIZ

① 변수 이름을 표기하는 두 가지 방법에는 (　　　)와/과 (　　　)이/가 있습니다.

② 변수를 선언할 때 메모리 저장 공간의 크기를 결정해 주는 것은 변수명 앞에 선언하는 (　　　)입니다.

정답

① 카멜 표기법, 스네이크 표기법
② 자료형

데이터
나한테 맞는 걸 줘야지!
자료형

SECTION
02 자료형

> **Tip**
> 자료형은 데이터 타입 또는 데이터형이라고도 합니다.

1 자료형의 개념

자료형(data type)이란 데이터를 저장하기 위한 공간인 변수를 선언할 때 메모리의 크기를 지정하는 단위를 의미합니다. 자료형을 선언한다는 것은 프로그램을 수행하면서 사용할 메모리 공간을 지정한다는 뜻입니다.

컴퓨터 메모리가 1바이트 크기 단위로 구분되어 있다고 해서 데이터를 저장할 때도 1바이트 단위로 사용해야 하는 것은 아닙니다. 사용할 데이터의 크기에 맞게 변수의 자료형을 선언하면 그에 따라 메모리의 저장 공간이 할당됩니다.

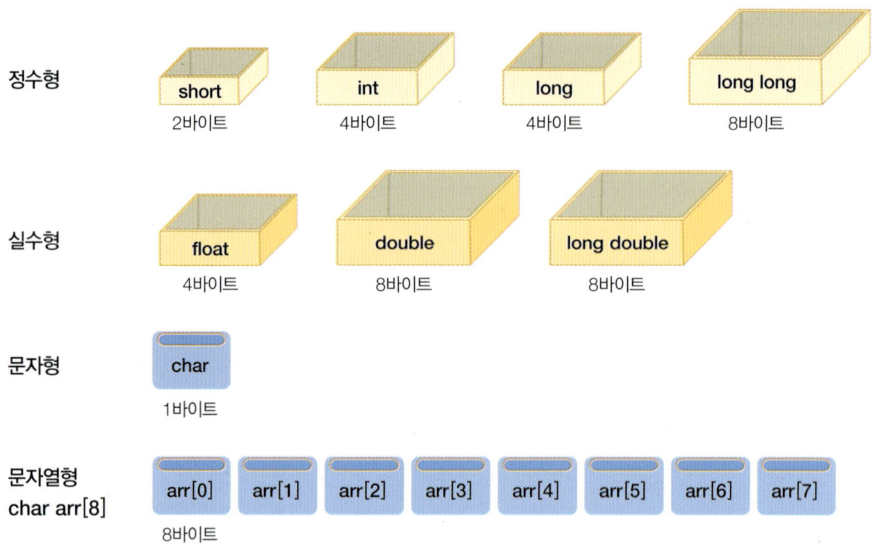

그림 4-3 자료형별 바이트 단위의 크기 비교

자료형은 변수를 선언할 때 프로그램에서 처리할 데이터의 크기와 입출력 데이터의 유형에 따라 선택합니다. 예를 들어 1부터 100까지 합은 5,050입니다. 이 값을 구하는 변수는 소수점이 필요하지 않으므로 정수형 자료형으로 선언하면 됩니다. 정수형 자료형에도 종류가 많은데 필요 이상으로 큰 자료형을 사용하면 메모리 낭비를 초래합니다. 그러므로 변수가 처리하고자 하는 데이터의 크기에 따라 자료형을 적절하게 지정해 주면 메모리를 효율적으로 사용할 수 있습니다.

2 자료형의 종류

C 언어에서는 정수형, 실수형, 문자형의 세 가지 자료형을 제공합니다.

Tip

문자형은 아스키코드값과 매칭되어 있으므로 문자형도 정수형 자료형에 속한다고 볼 수 있습니다.

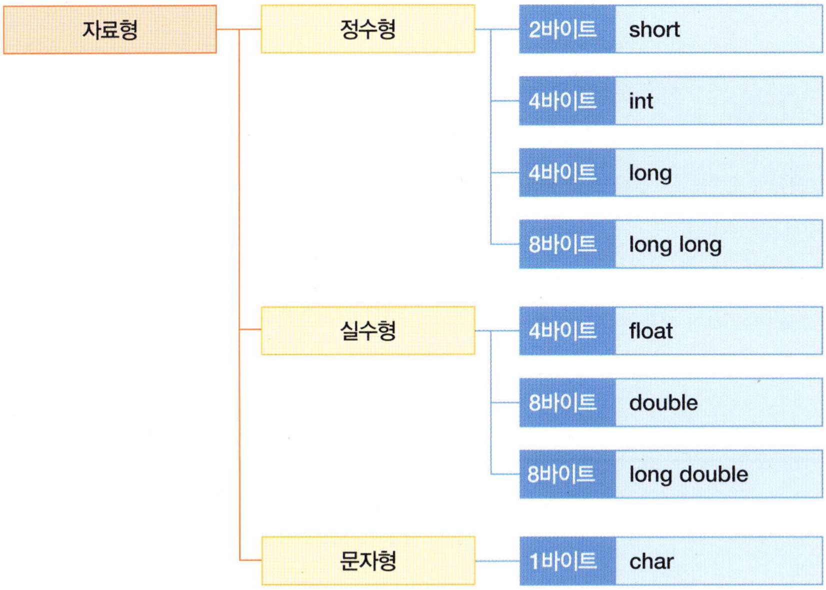

그림 4-4 C 언어에서 제공하는 자료형의 종류

Tip

컴파일러에 따라 long double에 10바이트나 16바이트를 할당하는 경우도 있습니다.

메모리 저장 공간을 살펴보면 정수형 자료형은 2바이트, 4바이트, 8바이트를, 실수형 자료형은 4바이트, 8바이트를, 문자형 자료형은 1바이트를 차지합니다. 만약 메모리 공간을 무조건 크게 차지하는 자료형을 사용하면 쓸데없이 메모리 공간만 차지하고 사용하지 않는 공간이 남아 메모리 낭비가 발생합니다. 따라서 자료형은 변수의 용도에 맞게 선언하여 사용해야 합니다.

자료형은 변수에 대입할 값의 크기를 결정하므로 신중하게 지정해야 합니다. 그렇지 않으면 오버플로(overflow)와 언더플로(underflow)가 발생할 수도 있습니다. 오버플로는 자료형이 처리할 수 있는 유효 범위의 최댓값을 초과하는 경우에 발생하고, 언더플로는 유효 범위의 최솟값보다 작은 데이터를 처리할 때 발생합니다. 따라서 자료형은 반드시 처리하고자 하는 데이터의 크기를 고려해서 지정해야 합니다.

3 변수와 자료형의 관계

변수는 데이터를 입력하기 위해 선언하는 식별자로서 메모리에 할당된 공간을 사용합니다. int a;와 같이 변수를 선언하면 int형 자료형이 4바이트 크기로 메모리에 확보됩니다. 또한 double b;와 같이 선언하면 소수점을 포함한 숫자를 처리한다는 의미이며 8바이트의 메모리 공간이 확보됩니다. 숫자를 처리하기 위한 변수를 선언할 때는 소수점 이하 자릿수를 처리할 것인지, 소수점이 없는 숫자를 처리할 것인지에 따라 자료형의 종류가 결정됩니다.

: QUIZ

① 자료형을 선언한다는 것은 프로그램을 수행하면서 사용할 (   ) 공간을 지정한다는 의미입니다.

② 변수를 선언할 때 지정한 자료형의 최대 유효 범위를 초과하는 경우를 (   )(이)라고 하고, 자료형의 최소 유효 범위보다 작은 값이 발생하는 경우를 (   )(이)라고 합니다.

정답

① 메모리
② 오버플로, 언더플로

SECTION 03

변수의 사용

1 변수 선언과 초기화

변수 이름 앞에 자료형을 선언하여 그 변수가 어떤 데이터값을 저장할 것인지 컴파일러에게 미리 알리는 것을 '변수 선언'이라고 합니다. 변수 선언을 할 때는 사용 목적과 유효 범위에 따라 가장 적합한 자료형을 지정해야 프로그램을 효율적으로 실행할 수 있습니다.

변수 선언

예를 들어, 다음과 같이 변수를 선언하면 각 변수에는 정수형 데이터를 대입할 수 있는 메모리 공간이 확보되고 변수 이름이 메모리 공간에 붙여집니다.

```
int a;
int b;
int sum;
```

> **Tip**
> 변수를 선언한 명령문의 끝에는 반드시 세미콜론(;)을 붙여야 합니다. 세미콜론을 누락하면 문법 오류로 컴파일 과정에서 에러가 발생합니다. 다만, 여러 개의 변수를 한 행에 선언할 때는 int a, b, sum;과 같이 변수와 변수 사이에 콤마를 사용하고 명령문의 맨 끝에만 세미콜론을 붙입니다.

int형 변수의 크기는 4바이트이므로 메모리 주소도 4씩 증가합니다. 변수는 지정한 자료형에 따라 메모리 공간이 확보되므로 변수를 선언할 때는 대입할 데이터가 어떤 자료형인지 주의 깊게 살펴봐야 합니다. 예를 들어 소수점이 없는 데이터라면 int형의 변수를 선언하면 되고, 소수점이 있는 데이터라면 float형의 변수를 선언하면 됩니다. 즉 정수형, 실수형, 문자형 등으로 구분해서 변수를 선언하면 됩니다.

> **Tip**
> 유효 범위란 변수가 저장할 수 있는 숫자의 범위를 말합니다.

변수 초기화

변수를 선언하면서 초깃값을 변수에 대입하는 것을 '변수 초기화'라고 합니다. 변수는 데이터를 메모리에 저장하기 위해 선언하는데 이 컴퓨터 메모리는 여러 종류의 프로그

> **Tip**
> 변수를 초기화하지 않으면 쓰레기값이 들어갈 수도 있습니다.

램이 공유해서 사용하는 공간입니다. 메모리 공간에서 이전에 어떤 프로그램을 사용했는지, 어떤 값이 들어 있는지 모르기 때문에 메모리에는 정리되지 않은 가비지값(쓰레기값)이 항상 존재합니다.

변수 초기화를 하면 메모리에 남아 있는 값 대신에 자신이 사용하고 싶은 값이 메모리에 저장됩니다. 예를 들어, int형으로 변수를 선언하면 4바이트 메모리 공간을 할당받습니다. 이 메모리에 알 수 없는 가비지값이 있을 수 있으니 변수를 선언함과 동시에 다음과 같이 초기화를 수행합니다.

```
int num = 0;              // 4바이트 크기의 int형 변수값을 0으로 초기화
```

: QUIZ

① 변수 이름 앞에 자료형을 선언하여 그 변수가 어떤 데이터값을 대입하고 저장할 것인지를 컴파일러에게 미리 알리는 것을 (   )(이)라고 합니다.

② 자료형이란 변수가 처리하려는 데이터의 (   )을/를 지정하기 위해 선언합니다.

③ 컴퓨터 메모리에 남아 있는 값 대신에 자신이 사용하고 싶은 값을 메모리에 저장하는 과정을 변수의 (   )(이)라고 합니다.

정답

① 변수 선언
② 유효 범위
③ 변수 초기화

2 정수형 변수

정수형 변수는 소수점이 없는 정수 데이터를 처리하기 위한 변수입니다.

정수형 자료형의 종류

정수형 자료형은 양의 정수와 음의 정수를 다룰 때 사용합니다. 정수형 변수를 선언할 때는 변수에 대입하려는 값의 최댓값과 최솟값을 저장할 수 있는 자료형으로 선언해야 합니다.

C 언어에서 제공하는 정수형 자료형의 종류와 유효 범위는 다음 그림과 같습니다.

Tip

정수형 자료형으로 선언한 변수에 실수형 데이터값을 대입하면 정수형 데이터값으로 인식되어 처리됩니다. 소수점이 있는 실수형 데이터를 처리하려면 반드시 실수형 자료형으로 변수를 선언해야 합니다.

크기	자료형	세부 자료형	범위
2바이트	short	signed short	−32,768~32,767
		unsigned short	0~65,535
4바이트	int	signed int	−2,147,483,648~2,147,483,647
		unsigned int	0~4,294,987,295
4바이트	long	signed long	−2,147,483,648~2,147,483,647
		unsigned long	0~4,294,967,295
8바이트	long long	signed long long	−9,223,372,036,854,775,808~9,223,372,036,854,775,807
		unsigned long long	0~18,446,744,073,709,551,615

그림 4-5 **정수형 자료형의 종류와 유효 범위**

> **Tip**
> signed는 부호를 의미합니다.

정수형 자료형에서 short형은 크기가 2바이트(16비트), int형과 long형은 4바이트(32비트), long long형은 8바이트(64비트)입니다.

> **Tip**
> 운영체제와 컴파일러의 종류에 따라 지원되는 자료형이 다를 수 있습니다.

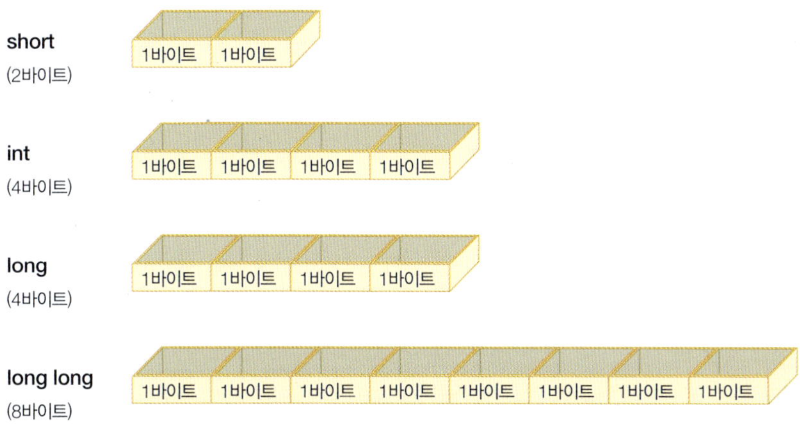

그림 4-6 **정수형 자료형의 크기 비교**

정수형으로 변수를 선언할 때 메모리 저장 공간을 얼마나 할당해 주는지 확인할 수 있습니다. 이때 자료형의 크기를 바이트 단위로 출력하는 sizeof( ) 함수를 사용합니다.

다음 예제는 sizeof( ) 함수를 사용하여 정수형 변수에 할당된 메모리 크기를 바이트(byte)와 비트(bit) 단위로 출력하는 프로그램입니다.

Tip

변수명 앞에 선언하는 자료형은 메모리 공간의 크기를 확보하는 기준이 됩니다.

예제 4-1 정수형 자료형의 크기 출력 ex04_01.c

```
01 #include <stdio.h>
02
03 int main(void)
04 {
05     short num1;              // short 정수형 변수
06     int num2;                // int 정수형 변수
07     long long num3;          // long long 정수형 변수
08
09     printf("자료형의 크기를 구하는 함수 : sizeof( ) 함수\n");
10     printf("1.short형 변수 : %d바이트\n", sizeof(num1));
11     printf("2.int형 변수 : %d바이트\n", sizeof(num2));
12     printf("3.long long형 변수 : %d바이트\n", sizeof(num3));
13     printf("1바이트는 8비트입니다.\n");
14     printf("4.short형 변수 : %d비트\n", sizeof(num1) * 8);
15     printf("5.int형 변수 : %d비트\n", sizeof(num2) * 8);
16     printf("6.long long형 변수 : %d비트\n", sizeof(num3) * 8);
17     return 0;
18 }
```

```
자료형의 크기를 구하는 함수 : sizeof( ) 함수
1.short형 변수 : 2바이트
2.int형 변수 : 4바이트
3.long long형 변수 : 8바이트
1바이트는 8비트입니다.
4.short형 변수 : 16비트
5.int형 변수 : 32비트
6.long long형 변수 : 64비트
```

05행에서는 short형을 사용하여 정수형 변수 num1을 선언하였습니다. 06행에서는 int형을 사용하여 정수형 변수 num2를 선언하였고, 07행에서는 long long형을 사용하여 정수형 변수 num3을 선언하였습니다.

: QUIZ

① 정수형 변수는 (   )이/가 없는 정수형 데이터를 처리하기 위한 변수입니다.

② 변수를 long형으로 선언하면 메모리 공간이 (   )바이트 크기로 확보됩니다.

정답

① 소수점
② 4

정수형 자료형의 부호

2바이트(16비트) 정수형 자료형의 변수를 선언할 때 부호를 생략할 것인지 아니면 표

현할 것인지를 결정해야 합니다. 정수형 변수를 short형으로 선언하면 저장 공간 16비트 중에서 맨 앞의 1비트는 부호 비트를 나타내는 공간으로 사용됩니다. 부호가 양수이면 0, 부호가 음수이면 1로 나타냅니다.

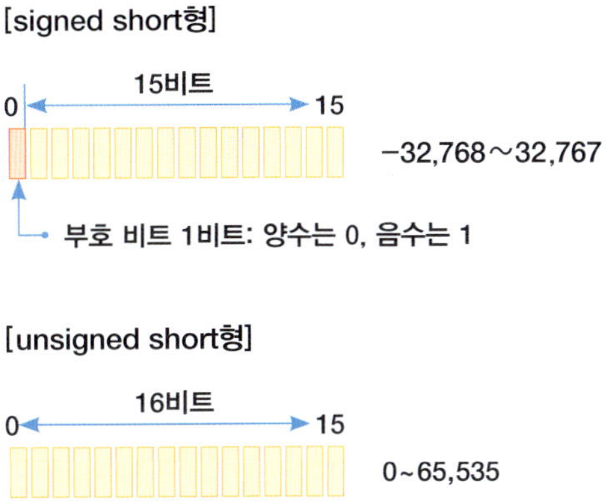

그림 4-7 **부호 표시 여부에 따라 달라지는 2바이트 정수형 자료형의 표현**

부호가 있는 short형으로 정수형 변수를 선언했을 때 대입할 수 있는 값의 유효 범위는 -32,768~32,767입니다. 예를 들어, signed short score;로 선언한 변수에 score = 32,768과 같이 유효 범위의 최댓값을 대입하면 오버플로가 발생합니다. 반대로 score = −32,769와 같이 유효 범위의 최솟값보다 작은 값을 대입하면 언더플로가 발생합니다.

부호가 없는 정수형 변수를 선언하려면 unsigned short형을 사용합니다. 이 경우에 부호를 나타내는 1비트의 부호 비트 공간을 확보하지 않아도 되므로 2바이트(16비트) 전체를 저장 공간으로 활용할 수 있습니다.

오버플로 발생

오버플로(overflow)란 변수에 선언한 자료형이 정상적으로 처리하는 유효 범위의 최댓값보다 더 큰 값이 대입되어 오히려 유효 범위의 최솟값으로 실행 결과가 출력되는 현상입니다. 오버플로가 발생하면 자료형의 유효 범위 최솟값부터 다시 시작하여 연산을 한 후 그 결과값을 출력합니다.

오버플로가 발생하면 마치 프로그램을 정상적으로 수행한 것처럼 결과를 보여줍니다. 에러 메시지를 보여주지도 않고 전혀 엉뚱한 값을 정상적인 연산 결과인 것처럼 출력합니다. 이처럼 오버플로가 발생한 상황은 능숙한 프로그래머도 자세히 살펴보지 않으면 모르고 지나쳐 버릴 수도 있으니 주의해야 합니다.

다음 예제는 부호가 있는 short형 변수를 선언하고 이 변수에 대입할 수 있는 2바이트 크기 값의 유효 범위인 -32,768~32,767을 초과하는 데이터를 대입하여 오버플로가 발생한 프로그램입니다. 오버플로가 발생하면 반환되는 값이 어떻게 출력되는지 살펴보기 바랍니다.

예제 4-2 자료형의 유효 범위 초과 – 오버플로 발생 ex04_02.c

```
01 #include <stdio.h>
02
03 int main(void)
04 {
05     signed short num1, num2; // 부호가 있는 2바이트 정수형 변수
06     num1 = 32767;
07     num2 = 32767 + 8;
08
09     printf("signed short형 유효 범위 : -32768 ~ 32767\n");
10     printf("1.변수 num1 = 32767은 정상 출력 : %7d\n", num1);
11     printf("2.변수 num2 = 32767 + 8은 오버플로 : %7d\n", num2);
12     return 0;
13 }
```

Tip

출력 형식을 %7d로 지정하여 7자리를 확보한 채 오른쪽 정렬로 출력합니다. 실행 결과를 보면 변수 num1은 5자리이므로 공백 2칸, 변수 num2는 부호까지 6자리이므로 공백 1칸이 더 추가되어 나타납니다.

```
signed short형 유효 범위 : -32768 ~ 32767
1.변수 num1 = 32767은 정상 출력 :   32767
2.변수 num2 = 32767 + 8은 오버플로 :  -32761
```

부호가 있는 2바이트 정수형인 short의 유효 범위는 -32,768~32,767이므로 06행에서 num1 변수에 대입한 값은 유효 범위에 해당합니다. 하지만 07행의 num2 변수에는 유효 범위의 최댓값인 32,767을 초과한 32,767 + 8(=32,775)의 값을 대입하여 오버플로가 발생해 -32,761이 값으로 출력됩니다.

이때 결과값이 음의 정수인 이유는 무엇일까요? 오버플로가 발생하면 다음 그림과 같이 자료형에서 허용하는 유효 범위의 최솟값으로 돌아가서 다시 연산을 수행하기 때문입니다.

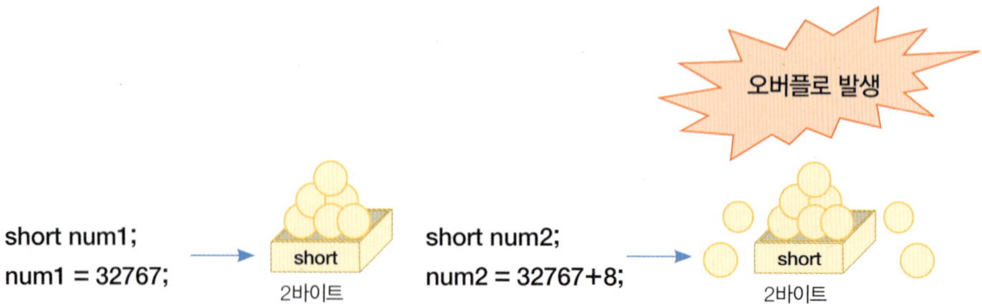

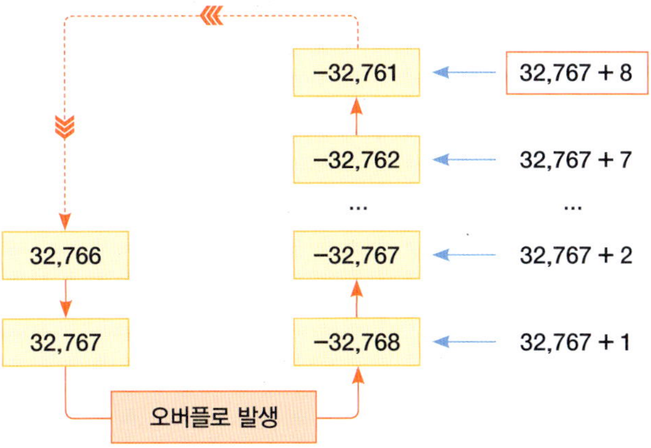

그림 4-8 **부호가 있는 오버플로 출력값**

오버플로는 담을 수 있는 양이 정해진 상자에 더 많은 양을 담으려고 할 때 발생합니다. 그렇다면 오버플로는 어떻게 해결할까요? 바로 더 많은 양을 담을 수 있는 더 큰 상자를 사용하면 됩니다.

: QUIZ

① 오버플로란 선언한 변수의 유효 범위 중에서 (   )을/를 초과한 값을 대입할 경우에 발생합니다.

② 오버플로를 해결하기 위해서는 오버플로가 발생하는 변수의 (   )을/를 더 큰 형태로 다시 선언하면 됩니다.

③ 오버플로가 발생하면 자료형에서 허용하는 유효 범위의 (   )(으)로 돌아가서 다시 연산을 수행합니다.

정답

① 최댓값
② 자료형
③ 최솟값

오버플로 해결

오버플로를 해결하는 가장 효과적인 방법은 오버플로가 발생하는 변수를 크기가 더 큰 자료형으로 다시 선언하는 것입니다.

다음 예제는 오버플로가 발생했던 [예제 4-2]에서 num2 변수의 자료형을 int형으로 선언하여 오버플로가 발생하지 않도록 수정한 프로그램입니다.

예제 4-3 크기에 맞는 자료형 사용 – 오버플로 해결 ex04_03.c

```
#include <stdio.h>

int main(void)
{
    signed short num1;        // 부호가 있는 2바이트 정수형 변수
    int num2;                 // 변수 num2를 int형으로 선언
```

```

    num1 = 32767;
    num2 = 32767 + 8;

    printf("signed short형 유효 범위 : -32768 ~ 32767\n");
    printf("1.변수 short num1 = 32767은 정상 출력 : %7d\n", num1);
    printf("2.변수 int num2 = 32767 + 8은 정상 출력 : %7d\n", num2);
    return 0;
}
```

```
signed short형 유효 범위 : -32768 ~ 32767
1.변수 short num1 = 32767은 정상 출력 :   32767
2.변수 int num2 = 32767 + 8은 정상 출력 :   32775
```

4바이트 정수형 자료형의 표현

부호가 있는 4바이트 정수형 변수를 선언하려면 int형 또는 long형으로 선언하면 되고, 부호가 없는 4바이트 정수형 변수를 선언하려면 unsigned int형 또는 unsigned long형으로 선언하면 됩니다.

4바이트(32비트) 정수형 자료형을 부호가 있는 자료형 또는 부호가 없는 자료형으로 선언할 때 차이점은 다음과 같습니다.

[int, long]

[unsigned int, unsigned long]

그림 4-9 부호 표시 여부에 따라 달라지는 4바이트 정수형 자료형의 표현

부호가 없는 4바이트 정수형 변수를 선언하면 부호 비트가 필요 없으므로 4바이트(32비트) 전체를 저장 공간으로 활용할 수 있습니다. 부호 없는 4바이트 정수형 변수에는 0~4,294,967,295의 정수값을 저장할 수 있습니다.

다음 예제는 부호가 없는 4바이트 long형 자료형으로 변수를 선언하고 키보드로 데이터를 입력받아 출력하는 프로그램입니다. 부호가 없는 4바이트 정수형 데이터를 어떻게 처리하는지 자세히 살펴보기 바랍니다.

예제 4-4 부호가 없는 4바이트 정수형 변수 사용 ex04_04.c

```
#include <stdio.h>

int main(void)
{
    unsigned long money;     // 부호가 없는 4바이트 정수형 변수

    printf("unsigned long형 유효 범위 : 0 ~ 4,294,967,295\n");

    printf("1.보유 현금 입력 : ");
    scanf_s("%d", &money);

    printf("2.입력 현금 출력 : %d\n", money);
    return 0;
}
```

```
unsigned long형 유효 범위 : 0 ~ 4,294,967,295
1.보유 현금 입력 : 1234567890
2.입력 현금 출력 : 1234567890
```

입력한 숫자가 money 변수의 유효 범위 내에 있으므로 정상적으로 출력됩니다.

언더플로 발생

언더플로(underflow)란 변수에 선언한 자료형이 정상적으로 처리하는 유효 범위의 최솟값보다 더 작은 값이 대입되어 오히려 유효 범위의 최댓값으로 실행 결과가 출력되는 현상입니다.

정수형 자료형 중에서 short형으로 선언한 변수는 -32,768~32,767의 유효 범위를 가지므로 이 변수에 대입할 수 있는 값의 최솟값은 -32,768입니다. 이보다 작은 -40,000을 값으로 대입하면 언더플로가 발생합니다.

unsigned short형 자료형으로 부호가 없는 2바이트 정수형 변수를 선언할 때 대입할 수 있는 값의 유효 범위는 0~65,535입니다. 최솟값인 0보다 작은 -8을 값으로 대입하면 마찬가지로 언더플로가 발생합니다.

언더플로가 발생하면 자료형 유효 범위의 최댓값으로 돌아가서 처음부터 다시 연산한 결과값을 출력합니다.

다음 예제는 부호가 없는 2바이트 자료형인 short형으로 변수를 선언하고 이 자료형 유효 범위(0~65,535)의 최솟값인 0보다 작은 값을 변수에 대입하여 언더플로가 발생한 프로그램입니다. 언더플로가 발생하면 어떤 결과값이 출력되는지 자세히 살펴보기 바랍니다.

예제 4-5 자료형의 유효 범위보다 작은 값 대입 – 언더플로 발생 ex04_05.c

```c
#include <stdio.h>

int main(void)
{
    unsigned short a, b, result;     // 부호가 없는 2바이트 정수형 변수

    printf("unsigned short형 유효 범위 : 0 ~ 65,535\n");
    printf("1.첫 번째 정수 입력 : ");
    scanf_s("%hu", &a);
    printf("2.두 번째 정수 입력 : ");
    scanf_s("%hu", &b);

    result = a - b;
    printf("빼셈 연산 : %hu - %hu = %hu\n", a, b, result);
    return 0;
}
```

Tip

%hu는 unsigned short형을 입력받기 위한 입력 형식 지정자입니다.

```
unsigned short형 유효 범위 : 0 ~ 65,535
1.첫 번째 정수 입력 : 5
2.두 번째 정수 입력 : 8
빼셈 연산 : 5 - 8 = 65533
```

빼셈 연산 결과값이 음수가 되도록 첫 번째와 두 번째 정수를 입력합니다.

Tip

키보드로 첫 번째 정수를 입력한 뒤 Enter를 눌러도 되고 구분자로 Space Bar를 눌러도 됩니다. 두 번째 정수를 입력한 뒤에는 Enter를 누릅니다.

첫 번째 정수값으로 5, 두 번째 정수값으로 8을 입력하여 빼셈 연산 결과값이 5 – 8 = –3이 되기를 기대했으나 65533이 출력되었습니다. 언더플로가 발생하면 자료형에서 허용하는 유효 범위의 최댓값으로 돌아가서 다시 연산을 수행하기 때문입니다.

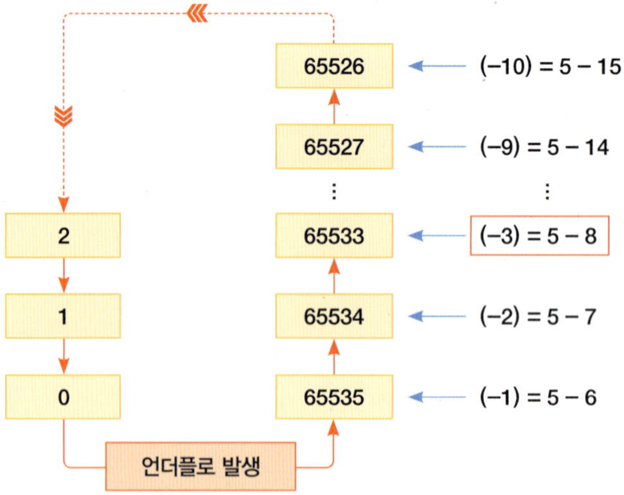

그림 4-10 부호가 없는 언더플로 출력값

프로그램을 코딩하다 보면 의도치 않게 오버플로나 언더플로가 발생할 수 있으므로 예외 상황을 위한 대비 방안을 세워두는 것이 좋습니다. 예를 들어, 7장에서 배울 분기문인 if~else 문을 사용하여 0보다 작은 값을 변수에 대입하면 처리할 수 없다는 메시지를 출력하도록 소스 코드를 작성할 수 있습니다.

[예제 4-5]의 05행에서 부호가 없는 2바이트 정수형으로 변수를 선언했기 때문에 9행과 11행에서 표준 입력 형식 지정자 %hu를 선언했습니다. 만약, 표준 입력 형식 지정자를 %d로 선언하면 스택(stack) 메모리에 정상적으로 활용되고 있지 않다는 에러 메시지가 나타납니다.

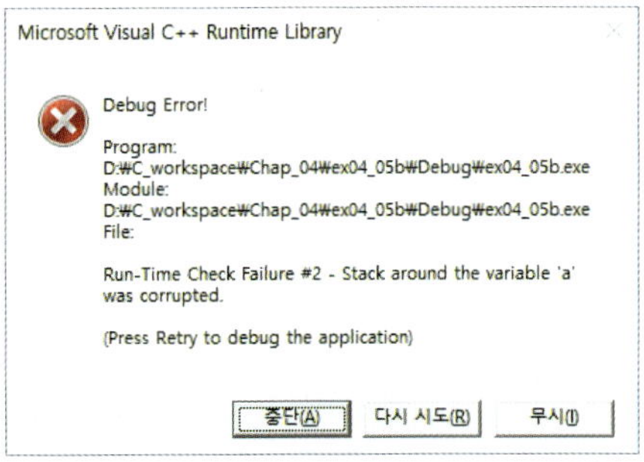

그림 4-11 **표준 입력 형식 지정자를 잘못 선언하여 디버그 에러 발생**

스택 메모리 구조란

여기서 잠깐!

스택(stack)은 컴퓨터에서 사용하는 메모리의 기본 데이터 구조 중 하나로 메모리에 먼저 삽입된 데이터가 가장 나중에 삭제되는 후입선출(LIFO) 구조입니다. 스택은 제한된 용량을 가지도록 구현되므로 스택이 가득 찼을 때 삽입 연산으로 새로운 요소를 추가하면 오버플로 상태로 간주합니다. 그리고 제거 연산이 스택의 맨 위 요소를 제거하면 그 아래에 있던 요소가 맨 위로 이동합니다. 스택 메모리가 비어 있는 상태가 되면 언더플로가 됩니다.

Tip

LIFO는 Last In First Out을 줄인 말입니다.

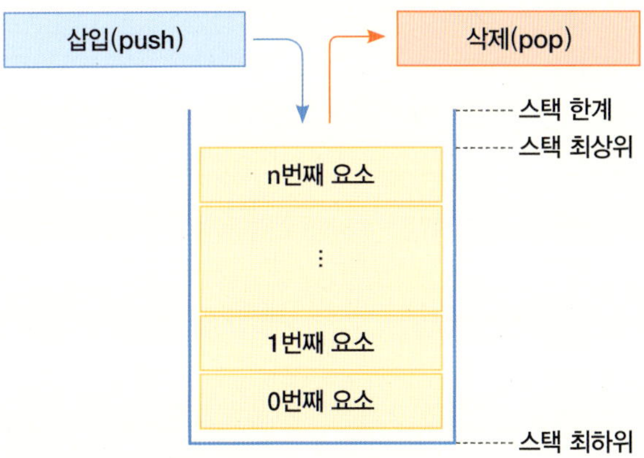

▲ **스택 메모리의 구조**

다음 예제는 부호가 있는 2바이트 정수형 변수 2개를 선언하여 뺄셈 연산을 수행할 때 언더플로가 발생하는 것을 보여주는 프로그램입니다.

예제 4-6 연산 결과가 자료형의 유효 범위보다 작음 – 언더플로 발생 ex04_06.c

```
#include <stdio.h>

int main(void)
{
    short min_su, input, result;     // 부호가 있는 2바이트 정수형 변수
    min_su = -32768;

    printf("short형 유효 범위 : -32,768 ~ 32,767\n");
    printf("min_su = -32,768일 때\n");
    printf("뺄셈 연산을 수행할 정수 입력 : ");
    scanf_s("%hi", &input);

    result = min_su - input;
    printf("뺄셈 연산 : %hi - %hi = %hi\n", min_su, input, result);
    return 0;
}
```

```
short형 유효 범위 : -32,768 ~ 32,767
min_su = -32,768일 때
뺄셈 연산을 수행할 정수 입력 : 10
뺄셈 연산 : -32768 - 10 = 32758
```

실행 결과를 보면 언더플로가 발생하여 -32768-10의 결과값이 -32778이 아니라 32758로 출력되었습니다. 언더플로가 발생하면 자료형에서 허용하는 유효 범위의 최댓값으로 돌아가서 다시 연산을 수행하기 때문입니다.

: QUIZ

언더플로가 발생하면 자료형에서 허용하는 유효 범위의 (   )(으)로 돌아가서 다시 연산을 수행합니다.

정답

최댓값

3 실수형 변수

실수형 변수는 소수점을 포함하는 데이터를 처리하기 위한 저장 공간입니다. 컴퓨터에서는 소수점이 특정 위치에 고정되어 있지 않고 소수점 위치를 따로 지정하여 나타내는 부동 소수점(floating-point) 방식으로 실수를 표현합니다.

실수형 자료형의 종류

실수형 자료형은 수학이나 과학기술 계산용으로 주로 정밀도가 높은 연산에서 많이 사용합니다. 실수형 자료형의 종류는 다음과 같습니다.

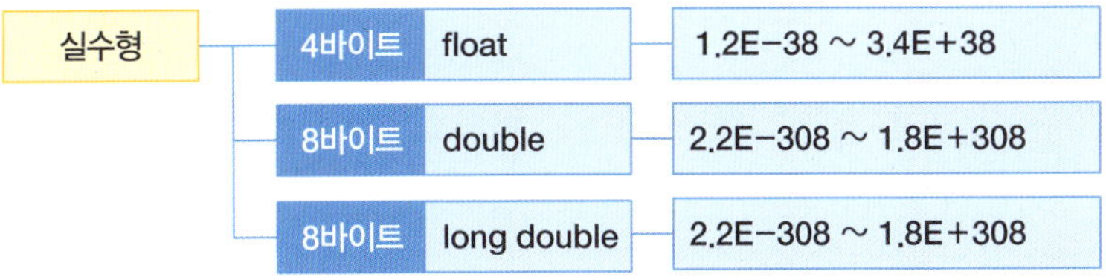

그림 4-12 **실수형 자료형의 종류와 유효 범위**

실수형 변수에 저장할 수 있는 값의 유효 범위는 변수를 선언할 때 지정하는 자료형에 따라 결정되고 그에 따라 메모리 공간의 크기도 결정됩니다.

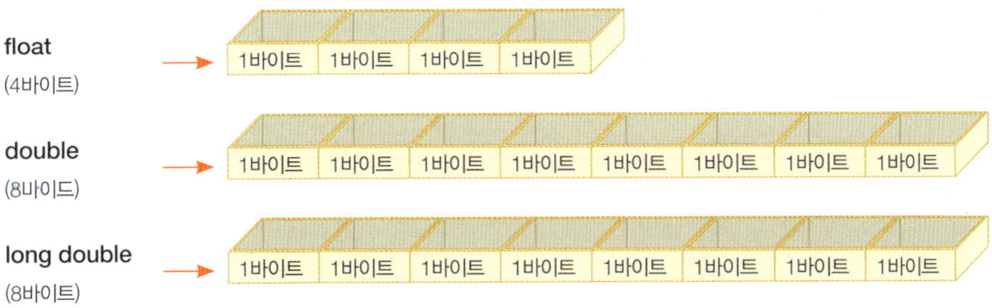

그림 4-13 **실수형 자료형의 크기 비교**

4바이트 실수형 자료형 – float

float형으로 선언한 실수형 변수는 소수 여섯째 자리까지만 유효한 값을 출력합니다. 예를 들어, 실수 3.12345678901234의 출력 결과는 소수 일곱째 자리에서 반올림이 된 3.123457이 됩니다.

```
printf("float형 출력 = %f", 3.12345678901234);
```

출력 결과

```
float형 출력 = 3.123457
```

만약 소수 둘째 자리까지만 출력하려면 출력 형식 지정자를 %.2f로 선언하면 됩니다. 실수형 변수에 저장된 값을 출력하기 위한 형식 지정자 설정은 다음 예제를 통해 자세하게 살펴보겠습니다.

실수형 자료형 변수를 선언하여 키(cm)와 체중(kg)을 입력받은 뒤 체질량 지수인 BMI를 산출하는 프로그램을 만들어봅시다. BMI 산출 공식은 다음과 같습니다.

```
BMI = 체중(kg) ÷ (키(m) × 키(m))    // 키의 단위는 센티미터(cm)가 아닌 미터(m)임을 주의
```

키는 센티미터(cm) 단위로, 체중은 킬로그램(kg) 단위로 소수 둘째 자리까지 입력하면 센티미터를 미터(m) 단위로 환산하여 BMI를 산출하는 프로그램입니다.

예제 4-7 실수형 데이터로 연산한 결과값을 실수형으로 출력 ex04_07.c

```c
#include <stdio.h>

int main(void)
{
    float height, weight, swap, bmi;   // 4바이트 실수형 자료형 변수

    printf("키와 체중은 소수 둘째 자리까지 입력\n");

    printf("키 입력(cm) : ");
    scanf_s("%f", &height);
    printf("체중 입력(kg) : ");
    scanf_s("%f", &weight);

    swap = height / 100;
    bmi = weight / (swap * swap);
    printf("BMI = 체중(kg) / (키(m) x 키(m))\n");
    printf("센티미터로 입력한 키를 미터로 환산해서 사용\n");
    printf("BMI = %.2f\n", bmi);
    return 0;
}
```

```
키와 체중은 소수 둘째 자리까지 입력
키 입력(cm) : 185.65
체중 입력(kg) : 83.38
BMI = 체중(kg) / (키(m) x 키(m))
센티미터로 입력한 키를 미터로 환산해서 사용
BMI = 24.19
```

: QUIZ

① 실수형 변수는 (   )이/가 있는 실수 데이터를 처리하는 변수입니다.

② float형으로 선언한 변수는 기본적으로 소수 (   ) 자리까지 데이터를 출력합니다.

정답

① 소수점
② 여섯째

소수점 이하 값이 모두 0으로 출력되는 경우

정수와 정수의 나눗셈 연산 결과값이 실수가 되는 경우가 있습니다. 예를 들어, 5를 3으로 나눈 결과값은 1.666666…입니다. 이를 나타내기 위해 결과값을 실수형 변수로 선언해도 C 언어에서는 정수와 정수의 연산 결과값으로 실수를 출력할 수 없습니다.

예제 4-8 정수형 데이터로 연산한 실수형 결과값을 정수형으로 출력 ex04_08.c

```c
#include <stdio.h>

int main(void)
{
    int num1, num2;    // 4바이트 정수형 변수 선언
    float result;      // 4바이트 실수형 변수 선언

    printf("정수 2개를 입력하세요.\n");
    printf("첫 번째 정수 num1 = ");
    scanf_s("%d", &num1);
    printf("두 번째 정수 num2 = ");
    scanf_s("%d", &num2);

    result = num1 / num2;
    printf("나눗셈 연산 = num1 / num2 = %d / %d = %f\n", num1, num2, result);
    return 0;
}
```

```
정수 2개를 입력하세요.
첫 번째 정수 num1 =  5
두 번째 정수 num2 =  3
나눗셈 연산 = num1 /num2 = 5 / 3 = 1.000000
```

나눗셈 연산을 수행한 결과값이 실수형으로 출력되었지만 1.66666…이 아니라 소수점 이하의 값이 모두 0인 1.000000으로 표시되었습니다. 정수와 정수의 나눗셈 연산이 먼저 수행되어 결과값이 1이 된 뒤 이 값을 실수형 변수에 대입하기 때문입니다.

캐스트 연산자로 자료형 변환

캐스트 연산자는 자료형을 강제로 변환하는 연산자입니다. 예를 들어, 정수형 자료형으로 선언한 변수를 실수형으로 강제 변환할 때 사용합니다. 변수의 자료형을 변경하지 않고 특정 부분, 예를 들어 연산식에서만 실수형의 값이 산출되게 할 때 사용하는 것입니다.

> **Tip**
> 자료형 변환의 종류에는 자동 자료형 변환과 강제 자료형 변환이 있습니다.

강제 자료형 변환은 뒤에서 다룰 것이므로 여기에서는 캐스트 연산자(cast)를 사용하

면 정수형 자료형으로 선언한 변수를 실수형으로 강제 변환하여 소수점 이하의 값이 제대로 출력되도록 할 수 있다는 것만 알고 넘어가세요.

캐스트 연산자는 다음과 같이 변수명 앞에 변환하고자 하는 자료형을 선언하는 형식으로 사용합니다.

"(자료형)변수명"

다음 예제는 나눗셈 연산을 수행할 때 소수점 이하의 값이 모두 0으로 출력되는 문제를 캐스트 연산자를 사용하여 해결하는 프로그램입니다.

예제 4-9 캐스트 연산자로 강제 자료형 변환 ex04_09.c

```c
#include <stdio.h>

int main(void)
{
    int num1, num2;                    // 4바이트 정수형 변수 선언
    float result;                      // 4바이트 실수형 변수 선언

    printf("정수 2개를 입력하세요.\n");
    printf("첫 번째 정수 num1 = ");
    scanf_s("%d", &num1);
    printf("두 번째 정수 num2 = ");
    scanf_s("%d", &num2);

    result = (float)num1 / num2;       // 캐스트 연산자로 자료형 강제 변환
    printf("나눗셈 연산 = (float)num1 / num2 = %d / %d = %f\n", num1, num2, result);
    return 0;
}
```

```
정수 2개를 입력하세요.
첫 번째 정수 num1 = 5
두 번째 정수 num2 = 3
나눗셈 연산 = (float)num1 / num2 = 5 / 3 = 1.666667
```

[예제 4-8]에서 5/3의 결과값이 1.000000으로 출력되었는데 위 예제에서는 5/3 = 1.666667로 바르게 출력되었습니다. 이와 같이 캐스트 연산자를 사용하여 자료형을 변환하는 것을 강제 자료형 변환, 또는 명시적 자료형 변환이라고 합니다.

정수형 변수와 실수형 변수가 만나서 연산을 수행한 결과값은 무조건 실수값을 반환합니다. 그 이유는 정수형 변수보다 실수형 변수가 더 큰 자료형이기 때문입니다. 이와 같이 정수형 변수와 실수형 변수가 만나서 연산을 수행할 때 결과값으로 실수형이 반환되는 과정을 자동 자료형 변환이라고 합니다.

: QUIZ

① 이미 선언한 변수의 자료형을 강제로 변환할 때 사용하는 연산자를 (   )(이)라고 합니다.

② 캐스트 연산자로 자료형을 변환하는 과정을 (   ) 또는 (   )(이)라고 합니다.

정답

① 캐스트 연산자
② 강제 자료형 변환, 명시적 자료형 변환

8바이트 실수형 자료형 – double

double형으로 선언한 변수에 대입한 값은 소수 16째 자리까지만 유효한 값으로 출력됩니다.

```
printf("double형 출력 = %.16f", 3.123456789012345678);
```

출력 결과

```
double형 출력 = 3.1234567890123457
```

소수 16째 자리까지 산출하는 double형 자료형은 정밀한 수치가 요구되는 프로그램에서 주로 사용합니다. 같은 실수형 자료형일지라도 float형과 double형은 차지하는 메모리 공간 크기와 반환하는 값의 소수점 이하 자릿수가 크게 다릅니다. float형 변수는 기본적으로 소수 6째 자리까지만 값을 반환하지만 double형은 소수 16째 자리까지 값을 반환합니다.

Tip
PC에서는 long double형과 double형이 같으므로 double형만 살펴보겠습니다

Tip
printf 문에서 float형과 double형은 출력 형식 지정자로 %f를 사용합니다. 따라서 double형으로 소수 16째 자리까지 출력하려면 %.16f와 같이 소수 이하 자릿수를 표기해야 합니다.

float형과 double형으로 삼각형의 넓이 구하기

다음 예제는 삼각형의 밑변과 높이를 float형으로 선언한 뒤 키보드로부터 데이터를 입력받아 삼각형의 넓이를 구하고 double형으로 선언한 변수에 대입하는 프로그램입니다.

예제 4-10 실수형 자료형인 float형과 double형 사용 ex04_10.c

```c
#include <stdio.h>

int main(void)
{
    float base, height;      // 4바이트 float 실수형 변수 선언
```

```
    double result;           // 8바이트 double 실수형 변수 선언

    printf("밑변과 높이에 소수 둘째 자리까지 데이터 입력\n");
    printf("밑변 입력(cm) : ");
    scanf_s("%f", &base);
    printf("높이 입력(cm) : ");
    scanf_s("%f", &height);

    result = (base * height) / 2;

    printf("삼각형 넓이(소수 6째 자리까지) 출력 : %f\n", result);
    printf("삼각형 넓이(소수 15째 자리까지) 출력 : %.15f\n", result);
    printf("삼각형 넓이(소수 16째 자리까지) 출력 : %.16f\n", result);
    printf("삼각형 넓이(소수 17째 자리까지) 출력 : %.17f\n", result);
    printf("삼각형 넓이(소수 18째 자리까지) 출력 : %.18f\n", result);
    return 0;
}
```

```
밑변과 높이에 소수 둘째 자리까지 데이터 입력
밑변 입력(cm) : 12.87
높이 입력(cm) : 33.98
삼각형 넓이(소수 6째 자리까지) 출력 : 218.661301
삼각형 넓이(소수 15째 자리까지) 출력 : 218.661300659179688
삼각형 넓이(소수 16째 자리까지) 출력 : 218.6613006591796875
삼각형 넓이(소수 17째 자리까지) 출력 : 218.66130065917968750
삼각형 넓이(소수 18째 자리까지) 출력 : 218.661300659179687500
```

소수 6째 자리까지 출력할 경우 반올림을 수행한 후 출력되고 17째 자리부터 18째 자리까지는 모두 0으로 채워지는 것을 확인할 수 있습니다.

실수형 자료형을 사용할 때 float형 변수는 소수 6째 자리까지 유효한 값을 출력하고, double형 변수는 소수 16째 자리까지 유효한 값을 출력합니다. 정밀한 수치를 중요하게 다루는 프로그램에서는 이 정도 차이도 무시할 수 없습니다.

실수형 자료형으로 변수를 선언할 때는 처리하고자 하는 데이터의 정밀도를 어디까지 산출할 것인지 주의 깊게 살펴봐야 합니다. 그렇다고 해서 실수형 자료형의 변수를 무조건 double형으로 선언한다면 필요 이상의 메모리 낭비가 발생할 수 있으니 사용 목적에 맞게 변수를 사용하는 것이 좋습니다.

: QUIZ

double형으로 선언한 변수는 메모리 공간을 (   ) 바이트 확보하고, 소수점 이하 (   )까지 유효한 값을 출력합니다.

정답

8, 16째 자리

4 문자형 변수

문자형으로 선언한 변수는 알파벳 문자 1개당 1바이트로 처리하고 모든 문자는 아스키코드로 표현됩니다. 문자형 변수는 char형으로 선언하는데, 문자뿐만 아니라 1바이트 크기의 정수 데이터를 처리할 수도 있어 산술 연산 또한 가능합니다. 이러한 측면에서 볼 때 char형은 정수형의 성격도 포함되어 있음을 알 수 있습니다.

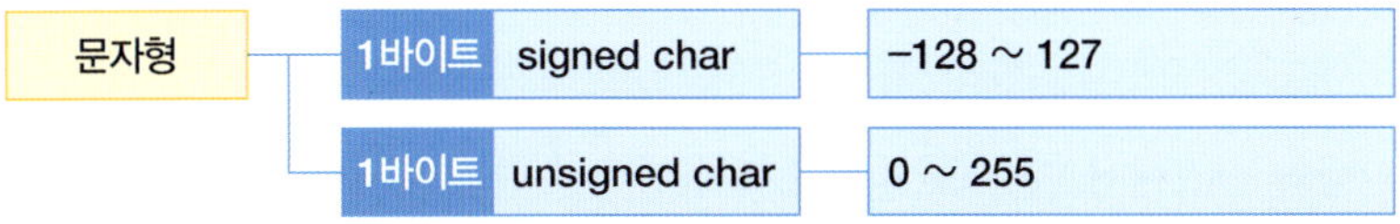

그림 4-14 **문자형 자료형의 종류와 유효 범위**

문자형 변수를 선언할 때는 일반적으로 부호가 있는 signed char 자료형을 선언하지만 통상 signed는 생략하고 char만 선언합니다. 따라서 char형과 signed char형은 동일하게 처리됩니다. 이때 unsigned char형으로 선언하면 부호 비트도 저장 공간으로 사용되므로 변수에 대입할 수 있는 값의 유효 범위는 0~255로 두 배로 넓게 사용할 수 있습니다.

문자형 변수를 선언하고 변수에 문자를 대입할 때는 반드시 작은따옴표로 감싸야 합니다.

Tip

문자 하나를 큰따옴표로 감싸면 문자가 아닌 문자열로 취급됩니다.

```
char alphabet;
alphabet = 'A';
```

알파벳에 해당하는 아스키코드값 출력

다음 예제는 문자형 변수를 선언하고 그 변수에 알파벳 대문자 A를 대입한 다음 그에 해당하는 아스키코드값을 출력하는 프로그램입니다.

예제 4-11 알파벳 대문자를 아스키코드값으로 출력 ex04_11.c

```
#include <stdio.h>

int main(void)
{
    char alphabet;        // 1바이트 문자형 변수 선언
    alphabet = 'A';       // 문자는 반드시 작은따옴표로 감싸야 함

    printf("알파벳 대문자를 문자형 변수에 대입 : alphabet = \'A\'\n");
```

```
09     printf("알파벳 출력 : %c\n", alphabet);
10     printf("아스키코드값 출력 : %d\n", alphabet);
11     return 0;
12 }
```

```
알파벳 대문자를 문자형 변수에 대입 : alphabet = 'A'
알파벳 출력 : A
아스키코드값 출력 : 65
```

소스 코드 08행의 \'A\'에서 \'는 작은따옴표를 화면에 출력하는 제어 문자입니다. 09행에서는 출력 형식 지정자를 %c로 선언하여 알파벳 A가 출력되고, 10행에서는 출력 형식 지정자를 %d로 선언하여 알파벳 대문자 A에 해당하는 아스키코드값 65가 출력됩니다. 문자형 변수는 문자 상수라고도 하며 정수형 자료형으로 분류할 수도 있습니다.

Tip

문자형 변수는 정수형 자료형으로도 취급되므로 출력 형식 지정자에 따라 문자로 출력할 수도 있고 10진수, 8진수, 16진수 정수값으로 출력할 수도 있습니다.

문자형 변수를 정수형처럼 사용

다음 예제는 앞에서 실습했던 소스 코드에 연산식을 추가해서 처음에 대입한 문자형 변수의 알파벳에 숫자 5를 더해 어떤 알파벳이 출력되는지 확인하고, 그 알파벳에 해당하는 아스키코드값을 출력하는 프로그램입니다.

예제 4-12 문자형 변수에 숫자를 더한 후 알파벳으로 출력 ex04_12.c

```
#include <stdio.h>

int main(void)
{
    char alphabet, add;      // 1바이트 문자형 변수 선언
    alphabet = 'A';          // 문자는 반드시 작은따옴표로 감싸야 함
    add = alphabet + 5;      // 문자형 변수에 5를 더하는 연산

    printf("알파벳 대문자를 문자형 변수에 대입 : alphabet = \'A\'\n");
    printf("처음 대입한 알파벳 출력 : %c\n", alphabet);
    printf("처음 알파벳에 5를 더한 알파벳 : %c\n", add);
    printf("변경된 알파벳의 아스키코드값 : %d\n", add);
    return 0;
}
```

Tip

모든 알파벳은 아스키코드값으로 매칭이 되어 있으므로 알파벳과 정수 연산이 가능합니다.

```
알파벳 대문자를 문자형 변수에 대입 : alphabet = 'A'
처음 대입한 알파벳 출력 : A
처음 알파벳에 5를 더한 알파벳 : F
변경된 알파벳의 아스키코드값 : 70
```

입력한 문자에 해당하는 아스키코드값 출력

다음 예제는 키보드로 입력한 알파벳과 그에 해당하는 아스키코드값을 출력하는 프로그램입니다. 문자형 변수를 사용하여 키보드로부터 문자를 입력받으려면 scanf_s("%c", &변수명, sizeof(변수명))과 같이 선언해야 컴파일 오류를 예방할 수 있습니다.

예제 4-13 입력한 알파벳을 아스키코드값으로 출력 ex04_13.c

```
01 #include <stdio.h>
02
03 int main(void)
04 {
05     char input_alpha;          // 1바이트 문자형 변수 선언
06
07     printf("알파벳 입력 : ");
08     scanf_s("%c", &input_alpha, sizeof(input_alpha));
09
10     printf("입력한 알파벳 출력 : %c\n", input_alpha);
11     printf("입력한 알파벳의 아스키코드값 : %d\n", input_alpha);
12     return 0;
13 }
```

```
알파벳 입력 : a
입력한 알파벳 출력 : a
입력한 알파벳의 아스키코드값 : 97
```

소스 코드 10행에서는 키보드로 입력한 알파벳을 출력 형식 지정자 %c로 지정하여 소문자가 출력되도록 선언하였고, 11행에서는 키보드로 입력한 문자에 해당하는 아스키코드값을 정수로 출력하기 위해 출력 형식 지정자를 %d로 지정하였습니다.

: QUIZ

문자형 변수에 저장된 값을 출력할 때 출력 형식 지정자를 (   )(으)로 지정하면 문자로 출력되고, (   )(으)로 지정하면 정수로 출력됩니다.

정답

%c, %d

SECTION 04 상수

1 상수의 개념

상수(constant)란 변수에 대입되는 값으로 프로그램 수행 중에는 값이 변하지 않는 데이터를 의미합니다. C 언어에서는 정수형 상수, 실수형 상수, 문자형 상수, 문자열 상수, 기호 상수를 제공합니다. 상수의 종류는 대입되는 변수의 자료형과 초기화 방법에 따라 결정됩니다.

문자를 작은따옴표(' ')로 묶어주면 문자형 상수가 되고, 큰따옴표(" ")로 묶어주면 하나의 문자라도 문자열 상수가 됩니다.

2 정수형 상수

정수형 상수는 소수점 없이 정수형 자료형으로 선언한 변수에 대입되는 값을 의미합니다. 모든 정수형 상수 앞에는 + 또는 – 부호를 붙일 수 있습니다. 정수형 상수 앞에 부호를 생략하면 무조건 양의 정수로 취급합니다. 정수형 상수는 진법에 따라 10진(decimal), 8진(octal), 16진(hexa) 상수가 있으며, 숫자 뒤에 알파벳 대문자 L 또는 소문자 l을 붙여주면 long형 상수로도 정의할 수 있습니다.

표 4-1 정수형 상수를 나타내는 접미사

자료형	접미사	사용 예
unsigned int	U 또는 u	123U 또는 123u
long	L 또는 l	456L 또는 456l
unsigned long	UL 또는 ul	789UL 또는 789ul

정수형 상수로 사용하는 숫자는 10진수에 대한 2진수, 8진수, 16진수로 구분합니다.

표 4-2 10진수에 대한 2진수, 8진수, 16진수 표현

10진수	2진수	8진수	16진수
0	0000 0000 0000 0000	00	0x0
1	0000 0000 0000 0001	01	0x1
2	0000 0000 0000 0010	02	0x2
3	0000 0000 0000 0011	03	0x3
4	0000 0000 0000 0100	04	0x4
5	0000 0000 0000 0101	05	0x5
6	0000 0000 0000 0110	06	0x6
7	0000 0000 0000 0111	07	0x7
8	0000 0000 0000 1000	010	0x8
9	0000 0000 0000 1001	011	0x9
10	0000 0000 0000 1010	012	0xA
11	0000 0000 0000 1011	013	0xB
12	0000 0000 0000 1100	014	0xC
13	0000 0000 0000 1101	015	0xD
14	0000 0000 0000 1110	016	0xE
15	0000 0000 0000 1111	017	0xF
16	0000 0000 0001 0000	020	0x10
17	0000 0000 0001 0001	021	0x11
18	0000 0000 0001 0010	022	0x12
19	0000 0000 0001 0011	023	0x13
20	0000 0000 0001 0100	024	0x14

2진수는 0과 1만 사용하여 표현하고, 8진수는 0~7까지 8개 숫자를 사용하여 표현합니다. 16진수는 0~9까지 숫자와 알파벳 대문자 A~F 또는 알파벳 소문자 a~f를 빌려서 표현합니다.

또 헷갈리지 않게 8진수는 상수 앞에 숫자 0을 붙여서 8진수 숫자임을 표현하고, 16진수는 숫자 앞에 0X 또는 0x를 붙여 16진수 숫자임을 표현합니다. 예를 들어 정수형 변수에 8진수 값 123을 대입하려면 0123과 같이 쓰고, 16진수 3AF7을 대입하려면 0X3AF7 또는 0x3af7과 같이 씁니다.

10진수 → 2진수 변환

short형 자료형은 메모리 공간을 2바이트 크기로 확보합니다. 즉, 16개 비트를 사용하여 10진수를 2진수로 표현합니다.

$0_{10} = 0000\ 0000\ 0000\ 0000_2$
$1_{10} = 0000\ 0000\ 0000\ 0001_2$
$2_{10} = 0000\ 0000\ 0000\ 0010_2$
… …
$10_{10} = 0000\ 0000\ 0000\ 1010_2$
… …
$35_{10} = 0000\ 0000\ 0010\ 0011_2$

10진수를 2진수로 변환하려면 10진수를 2로 나누어 산출된 나머지 값을 아래부터 오른쪽 위의 순서로 나열하면 됩니다. 또한 2진수를 10진수로 변환하려면 2진수의 맨 오른쪽 끝자리부터 2^0, 2^1, 2^2, 2^3,…과 같이 2진수의 숫자 자리에 따라 곱한 다음 더해주면 됩니다.

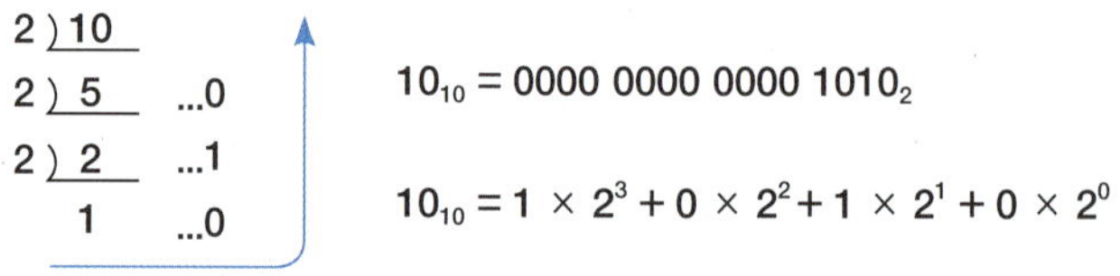

그림 4-15 2진수와 10진수의 진법 변환

2진수 → 10진수 변환

그런데 2진수를 10진수로 변환하기 위해 2진수의 맨 오른쪽 끝자리부터 2^0, 2^1, 2^2, 2^3,…과 같이 곱해준 다음 더하는 과정은 다소 번거롭습니다. 2진수를 10진수로 변환할 때 8421 값을 이용하면 진법 변환을 빠르게 할 수 있습니다. 방법은 2진수의 자리값에 따라 1, 2, 4, 8, 16, 32, 64, …, 16384, 32768을 더하면 됩니다.

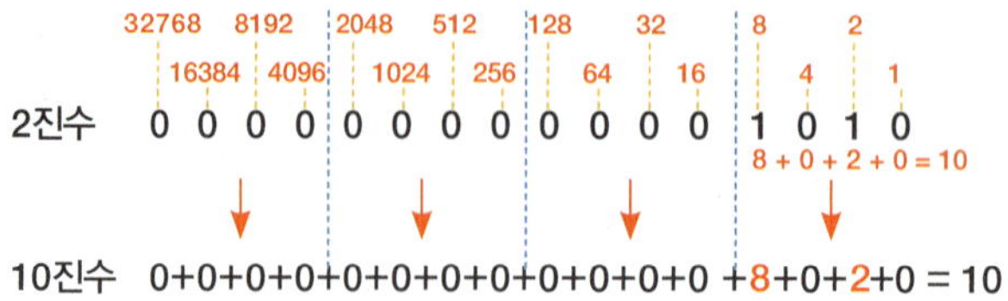

그림 4-16 8421 값으로 2진수와 10진수의 진법 변환

8진수 → 10진수/2진수 변환

8진수는 0부터 7까지 숫자를 사용하는 것으로 8진수 013을 10진수로 변환하면 11이 됩니다. 8진수를 10진수로 변환할 때는 8진수 자릿수를 계산하여 8의 거듭제곱을 곱한 다음 더해주면 됩니다.

$013_8 = 1 \times 8^1 + 3 \times 8^0 \quad \rightarrow \quad 013_8 = 11_{10}$

8진수 한 자리는 2진수 세 자리로 표현합니다. 따라서 8진수 013을 2진수로 변환하면 001 011이 됩니다.

$013_8 = 001\ 011_2$

printf( ) 출력 함수를 사용하여 013과 같이 8진수 숫자 앞에 0을 붙여서 출력하려면 %#o를 사용합니다.

```
printf("%#o", 013);  →  8진수 013으로 출력
```

8진수는 숫자 한 자를 6비트로 표현하는 캐릭터 머신(내부 처리를 캐릭터로 취급하는 컴퓨터)의 비트 상태를 나타낼 때 주로 사용합니다. 예를 들어, 110101을 2진수로 취급하면 불편하므로 110101을 3비트씩 나누어 110과 101 형태로 계산합니다.

16진수 → 10진수/2진수 변환

16진수는 0부터 9까지 숫자와 A부터 F까지 또는 a부터 f까지 알파벳을 조합하여 숫자를 표현합니다. 16진수에서 알파벳은 엄격하게 구분하지 않으므로 0xA와 0xa는 같은 의미를 가집니다. 0부터 9까지는 10진수와 같이 사용하고 10~15까지는 알파벳 대문자 A~F 또는 알파벳 소문자 a~f를 사용합니다. 예를 들어, 10진수 15를 16진수로 나타내면 F 또는 f가 됩니다.

컴퓨터 프로그래밍에서는 데이터를 처리할 때 보통 2진수를 이용하는데 자릿수가 지나치게 커져서 처리하기가 불편할 경우 2진수를 네 자리씩 묶어 16진수로 표기합니다. 16진수는 메모리 주소값을 표현할 때 사용하며 웹 페이지에서 색상을 표현할 때도 FFAACC와 같이 16진수 색상 코드를 사용합니다.

16진수 0xB를 10진수로 변환하면 11이 됩니다.

$$0xB_{16} = 11 \times 16^{0} \quad \rightarrow \quad 0xB_{16} = 11_{10}$$

16진수 0xB를 2진수로 변환하면 1011이 됩니다.

$$0xB_{16} = 1011_{2}$$

printf( ) 함수를 사용하여 0xB와 같이 16진수 숫자 앞에 0x를 붙여 출력하려면 %#x를 선언하여 사용합니다.

```
printf("%#x", 0xB);   →   16진수 0xB로 출력
```

2진수 → 8진수/16진수 변환

2진수는 오른쪽 끝자리부터 차례대로 세 자리씩 묶으면 8진수로, 네 자리씩 묶으면 16진수로 변환할 수 있습니다.

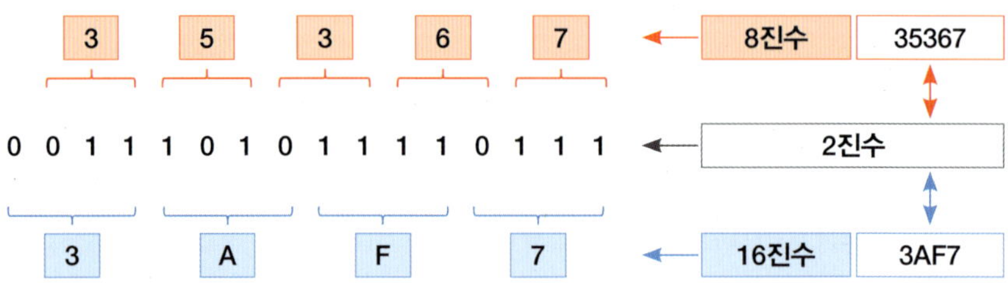

그림 4-17 2진수를 8진수와 16진수로 변환하는 방법

2진수 0011 1010 1111 0111는 8진수 35367로 변환되고, 16진수로는 3AF7 또는 3af7로 변환됩니다.

정수형 상수를 10진수, 8진수, 16진수로 출력

다음 예제는 3개의 정수형 변수에 대입한 상수를 표준 출력 형식 지정자를 사용하여 10진수, 8진수, 16진수로 출력하는 프로그램입니다.

예제 4-14 정수형 상수를 10진수, 8진수, 16진수로 출력 ex04_14.c

```c
#include <stdio.h>

int main(void)
{
    int dc_num = 123;        // 10진수 상수 대입
```

```c
    int oc_num = 0123;        // 8진수 상수 대입
    int hx_num = 0x123;       // 16진수 상수 대입

    printf("10진수 상수 : %d\n", dc_num);
    printf("8진수 상수 : %#o\n", oc_num);
    printf("16진수 상수 : %#x\n", hx_num);
    printf("10진수 123을 10진수로 출력 : %d\n", dc_num);
    printf("8진수 0123을 10진수로 출력 : %d\n", oc_num);
    printf("16진수 0x123을 10진수로 출력 : %d\n", hx_num);
    printf("10진수 123을 8진수로 출력 : %o\n", dc_num);
    printf("8진수 0123을 8진수로 출력 : %o\n", oc_num);
    printf("16진수 0x123을 8진수로 출력 : %o\n", hx_num);
    printf("10진수 123을 16진수로 출력 : %x\n", dc_num);
    printf("8진수 0123을 16진수로 출력 : %x\n", oc_num);
    printf("16진수 0x123을 16진수로 출력 : %x\n", hx_num);
    return 0;
}
```

```
10진수 상수 : 123
8진수 상수 : 0123
16진수 상수 : 0x123
10진수 123을 10진수로 출력 : 123
8진수 0123을 10진수로 출력 :  83
16진수 0x123을 10진수로 출력 : 291
10진수 123을 8진수로 출력 : 173
8진수 0123을 8진수로 출력 : 123
16진수 0x123을 8진수로 출력 : 443
10진수 123을 16진수로 출력 : 7b
8진수 0123을 16진수로 출력 : 53
16진수 0x123을 16진수로 출력 : 123
```

부호가 없는 상수와 long형 상수를 대입하여 출력

다음 예제는 부호가 없는 정수형 변수와 long형 변수를 각각 선언하여 값을 대입한 다음 출력하는 프로그램입니다.

예제 4-15 부호가 없는 상수와 long형 상수 출력 ex04_15.c

```c
#include <stdio.h>

int main(void)
{
    unsigned int un_num = 12345U;    // 부호가 없는 10진수 상수값 대입
    long lg_num = 1234567890L;       // long형 10진수 상수값 대입

```

```c
    printf("부호가 없는 10진수 상수값 대입 : 12345U\n");
    printf("long형 10진수 상수값 대입 : 1234567890L\n");
    printf("부호가 없는 상수값을 10진수로 출력 : %u\n", un_num);
    printf("long형 상수값을 10진수로 출력 : %ld\n", lg_num);
    printf("부호가 없는 상수값을 8진수로 출력 : %o\n", un_num);
    printf("long형 상수값을 8진수로 출력 : %o\n", lg_num);
    printf("부호가 없는 상수값을 16진수로 출력: %X\n", un_num);
    printf("long형 상수값을 16진수로 출력 : %X\n", lg_num);
    return 0;
}
```

```
부호가 없는 10진수 상수값 대입 : 12345U
long형 10진수 상수값 대입 : 1234567890L
부호가 없는 상수값을 10진수로 출력 : 12345
long형 상수값을 10진수로 출력 : 1234567890
부호가 없는 상수값을 8진수로 출력 : 30071
long형 상수값을 8진수로 출력 : 11145401322
부호가 없는 상수값을 16진수로 출력 : 3039
long형 상수값을 16진수로 출력 : 499602D2
```

입력받은 정수형 상수를 10진수, 8진수, 16진수로 출력

다음 예제는 키보드로 입력한 정수형 상수를 10진수, 8진수, 16진수로 출력하는 프로그램입니다. 16진수로 출력하기 위해 선언한 %x와 %X 형식 지정자의 사용 방법을 알 수 있습니다.

예제 4-16 입력한 정수형 상수를 10진수, 8진수, 16진수로 출력 ex04_16.c

```c
#include <stdio.h>

int main(void)
{
    int input_num;                    // 4바이트 정수형 변수 선언

    printf("정수 입력 : ");
    scanf_s("%d", &input_num);

    printf("10진수로 출력 : %d\n", input_num);
    printf("8진수로 출력 : %o\n", input_num);
    printf("16진수로 출력 : %X\n", input_num);
    printf("입력한 정수에 해당하는 문자 : %c\n", input_num);
    return 0;
}
```

```
정수 입력 : 998
10진수로 출력 : 998
8진수로 출력 : 1746
16진수로 출력 : 3E6
입력한 정수에 해당하는 문자 : ?
```

C 언어에서 지원하는 아스키코드값은 0~127까지이므로 128부터는 ?가 출력됩니다.

: QUIZ

① 10진수 13을 2진수로 변환하면 (   )입니다.

② 2진수 0101 0001을 10진수로 변환하면 (   )입니다.

정답

① 1101
② 81

3 실수형 상수

실수형 상수는 float형 또는 double형으로 선언한 변수에 대입하는 상수입니다. 실수형 상수는 소수점 위치가 고정되어 있지 않고 상수에 따라 변한다는 의미로 부동(floating) 소수점 상수라고도 합니다.

지수 형식

실수형 상수는 지수 형식으로 나타낼 수 있습니다. 지수 형식은 알파벳 소문자 e 또는 대문자 E를 사용하여 숫자를 나타내는 가수부와 지수를 나타내는 지수부를 분리해서 표현합니다.

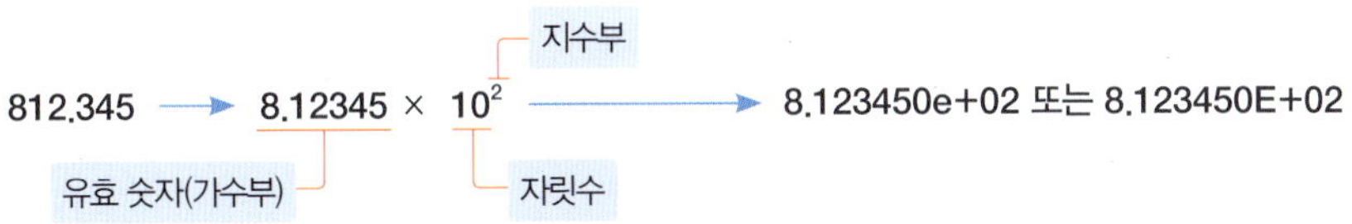

그림 4-18 실수형 상수를 지수 형식으로 나타내는 방법

지수 형식에서 3.4E+38, 1.8E+308과 같이 지수의 + 기호를 생략하여 3.4E38, 1.8E308로 나타낼 수도 있고 소문자 e를 사용하여 3.4e38, 1.8e308과 같이 표현할 수도 있습니다.

float형 실수형 상수

실수형 상수에서 float형 상수는 다음과 같이 표현합니다.

Tip

float형 변수를 선언하고 실수값을 대입할 때 숫자 뒤의 f나 F는 생략해도 됩니다.

```
float f_num;
f_num = 812.345F;
```

float형 변수를 선언하면 메모리에는 32비트 구조로 저장됩니다. 이 32비트는 부호 비트 1비트, 지수부 8비트, 가수부 23비트로 구성됩니다. 다음 그림은 float형 자료형에 대한 부호 비트, 지수부, 가수부를 나타냅니다.

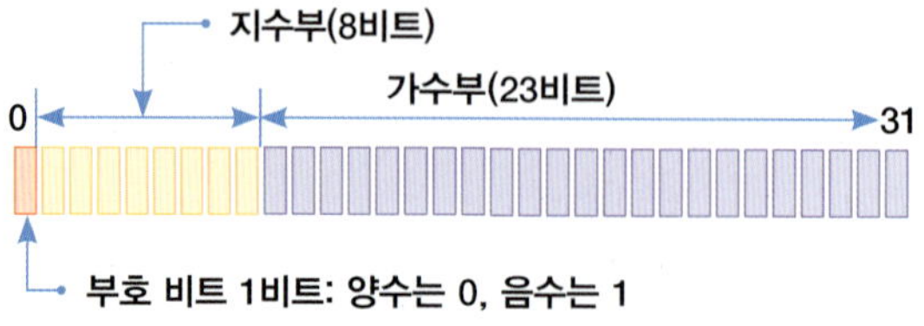

그림 4-19 **float형 자료형 표현**

다음 예제는 float형 상수를 선언하고 표준 출력 형식 지정자를 사용하여 출력하는 프로그램입니다.

예제 4-17 출력 형식 지정자를 사용하여 float형 상수 출력 ex04_17.c

```c
#include <stdio.h>

int main(void)
{
    float f_num;              // 4바이트 실수형 변수 선언
    f_num = 812.345F;         // float형 상수 대입

    printf("float형 상수 출력 : 812.345F\n");
    printf("e 지수형으로 출력 : %e\n", f_num);
    printf("E 지수형으로 출력 : %E\n", f_num);
    return 0;
}
```

```
float형 상수 출력 : 812.345F
e 지수형으로 출력 : 8.123450e+02
E 지수형으로 출력 : 8.123450E+02
```

double형 실수형 상수

실수형 자료형인 double형으로 선언한 실수형 변수는 메모리 공간을 가수부와 지수부로 구분하여 실수 형태의 데이터를 저장합니다. double형 변수를 선언하면 메모리에는 64비트 구조로 저장되고 부호 비트 1비트, 지수부 11비트, 가수부 52비트로 구

성됩니다. 이 변수에 저장할 수 있는 값의 범위는 2.2E−308~1.8E+308입니다. 다음 그림은 double형 자료형에 대한 부호 비트, 지수부, 가수부를 나타냅니다.

Tip

2.2E−308은 2^{-1022} 값을 반올림한 것이고 1.8E+308은 2^{1024} 값을 반올림한 것입니다.

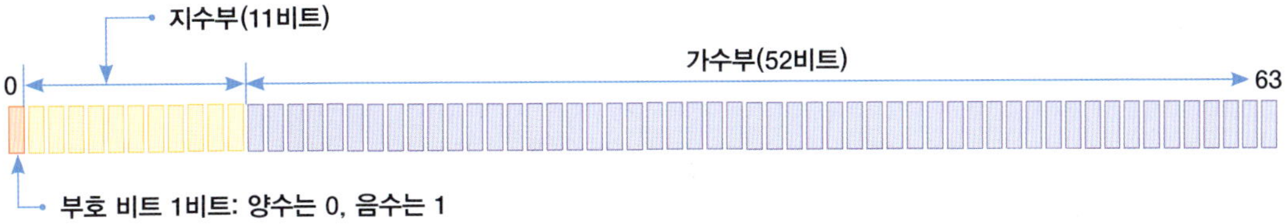

그림 4-20 double형 자료형 표현

실수형 상수를 입력받아 출력하는 프로그램

다음 예제는 double형 변수를 선언하고 실수형 상수를 키보드로 입력받은 뒤 표준 출력 형식 지정자인 %f, %e, %E를 사용하여 출력하는 프로그램입니다. 표준 출력 형식 지정자에 따라 실수형 상수가 어떻게 출력되는지 자세히 살펴보기 바랍니다.

예제 4-18 출력 형식 지정자를 사용하여 double형 상수 출력 ex04_18.c

```c
#include <stdio.h>

int main(void)
{
    double d_num;            // 8바이트 실수형 변수 선언

    printf("실수형 상수 입력 : ");
    scanf_s("%lf", &d_num);

    printf("float형 출력 : %f\n", d_num);
    printf("e 지수형 출력 : %e\n", d_num);
    printf("E 지수형 출력 : %E\n", d_num);
    return 0;
}
```

Tip

scanf_s 문에서 float형 실수는 %f, double형 실수는 %lf로 입력받습니다.

```
실수형 상수 입력 : -123.456789
float형 출력 : -123.456789
e 지수형 출력 : -1.234568e+02
E 지수형 출력 : -1.234568E+02
```

```
실수형 상수 입력 : 876.54321F
float형 출력 : 876.543210
e 지수형 출력 : 8.765432e+02
E 지수형 출력 : 8.765432E+02
```

프로그램을 실행하여 키보드로 -123.456789와 876.54321F를 입력하고 출력된 결과를 확인했습니다. 키보드로 실수형 상수를 입력할 때는 숫자 뒤에 알파벳 F 또는 f를 생략하고 입력해도 표준 입력 형식 지정자에 의해 실수형 상수로 취급됩니다.

4 문자형 상수

문자형 상수는 메모리에 저장될 때 아스키코드값을 이용해서 문자를 처리합니다. 문자형 상수는 하나의 문자에 대한 값을 의미하며 문자형 상수를 변수에 대입할 때는 반드시 작은따옴표로 묶어야 합니다. 작은따옴표로 묶지 않으면 문법 오류가 발생하고, 작은따옴표가 아닌 큰따옴표로 묶으면 문자형 상수가 아닌 문자열 상수가 되므로 주의해야 합니다.

다음 예제는 1바이트 문자형 변수 2개를 선언하여 알파벳 대문자 S와 정수형 상수 75를 대입한 다음 변수에 대입된 알파벳과 아스키코드값을 출력하는 프로그램입니다.

예제 4-19 문자형 상수를 아스키코드와 알파벳으로 출력 ex04_19.c

```
#include <stdio.h>

int main(void)
{
    char munja, ascii;       // 1바이트 문자형 변수 선언
    munja = 'S';
    ascii = 75;

    printf("munja : %c\n", munja);
    printf("ascii : %d\n", ascii);
    printf("알파벳 S의 아스키코드값 : %d\n", munja);
    printf("상수 75에 대한 알파벳 : %c\n", ascii);
    return 0;
}
```

```
munja = S
ascii = 75
알파벳 S의 아스키코드값 = 83
상수 75에 대한 알파벳 = K
```

5 문자열 상수

C 언어에서는 문자열 자료형을 지원하지 않으므로 문자형 변수를 배열로 선언하거나 포인터 변수를 사용해야 합니다. 문자열은 반드시 큰따옴표로 묶어야 하며 작은따옴표로 묶으면 문자열 상수가 아닌 문자형 상수로 취급되므로 주의해야 합니다.

Tip
배열은 10장에서 자세히 다룰 예정이니 여기에서는 이 정도만 알아둡시다.

배열은 동일한 자료형의 변수 여러 개를 합쳐 하나로 관리하기 위해 사용합니다. 문자열을 처리할 때는 배열의 자료형을 char형으로 선언하고 변수 이름 뒤에 [배열 개수]를 선언합니다.

배열로 문자열 상수 처리

문자열 자료형을 사용하기 위해 배열을 선언하면 한글 기준으로 8자까지 입력받아 출력할 수 있습니다.

```
char name[16];
printf("성명 : ");
scanf_s("%s", name, sizeof(name));
printf("입력한 성명 : %s\n", name);
```

배열로 선언된 name[16]에서 대괄호 안 숫자 16은 배열의 첨자를 의미하며 인덱스라고도 합니다. 배열의 첨자는 1이 아닌 0부터 시작하며 name[0], name[1], name[2], …, name[15]와 같이 취급됩니다. 첨자는 메모리 공간의 주소를 의미하며 배열을 선언하면 첨자는 자동으로 0부터 배열의 크기만큼 부여됩니다.

다음은 배열을 사용하여 문자열을 메모리에 저장하는 모습입니다.

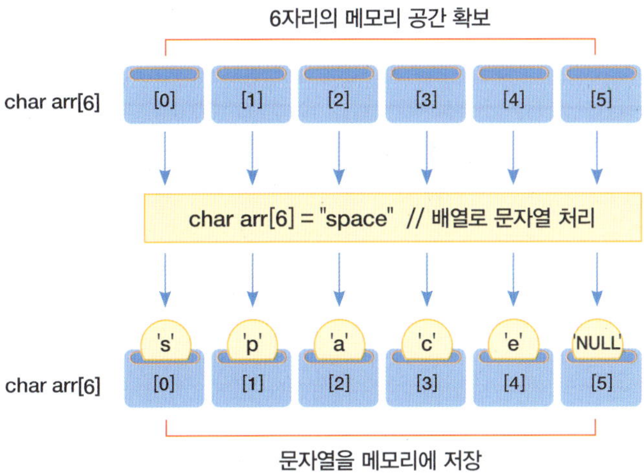

그림 4-21 배열을 사용한 문자열 상수 입력

배열의 크기는 문자열 길이에 +1을 해야 합니다. 문자열 끝에 NULL('\0') 값이 존재하기 때문입니다. '문자열+1' 크기만큼 배열로 선언하지 않으면 문자열 맨 끝에 있는 글자가 깨지거나 올바르지 않은 값으로 출력됩니다.

다음 예제는 배열을 사용하여 문자열 상수를 처리하는 프로그램입니다.

예제 4-20 배열을 사용하여 문자열 상수 출력 ex04_20.c

```c
#include <stdio.h>

int main(void)
{
    char arr[6] = "space";      // 문자열 상수 대입
    char input[13];             // 키보드로 입력받을 문자열형 변수 선언

    printf("arr[6] = \"space\"\n");
    printf("문자열 상수 출력: %s\n", arr);

    printf("문자열 입력 : ");
    scanf_s("%s", input, sizeof(input));

    printf("제시한 문자열 상수 + 입력한 문자열 = %s%s\n", arr, input);
    return 0;
}
```

```
arr[6] = "space"
문자열 상수 출력 : space
문자열 입력 : zone
제시한 문자열 상수 + 입력한 문자열 = spacezone
```

프로그램 실행 시 주의해야 할 점은 문자열을 입력할 때 문자열 사이에 공백이 존재해서는 안 된다는 것입니다. 만약 공백이 존재하면 공백 이전 문자열까지만 출력되고 공백 이후에 입력된 문자는 출력되지 않습니다.

배열로 선언한 문자열형 변수의 경우 scanf_s(%s, input, sizeof(input))와 같이 배열로 선언한 변수명 앞에는 주소 참조 연산자인 &가 생략되었다는 점을 유념해야 합니다. 배열로 변수를 선언할 경우 배열 이름 자체가 메모리 주소를 자동으로 설정해 주기 때문에 배열로 선언한 변수명 앞에는 &를 생략합니다. 문자형 상수는 입출력 형식 지정자인 %c를 사용하고, 문자열 상수는 %s를 사용합니다.

포인터 변수로 문자열 상수 처리

포인터 변수란 '주소를 갖고 있는 변수'라고 생각하면 됩니다. 포인터 변수는 일반 변수를 선언할 때와 달리 변수명 앞에 *를 붙여서 선언합니다. 포인터를 사용하여 대입한 문자열 상수는 다른 상수와 달리 메모리에 보관되므로 해당 문자열이 저장된 메모리 주소를 갖게 됩니다. 즉 문자열 상수를 처리할 때에는 메모리 주소를 포인터 변수에 대입해야 합니다.

예를 들어, 포인터 변수를 char *pot = "hello"와 같이 선언하면 변수 pot에 hello가 저장되어 있는 주소를 대입하라는 의미입니다. 즉 hello가 메모리 공간에 저장될 때의 시작 주소를 문자열 포인터 변수 pot에 대입합니다. 예를 들어, 문자열 상수가 임의의 주소인 1004번지에 저장된다고 가정할 때 포인터 변수 pot은 주소값인 1004를 가지게 됩니다.

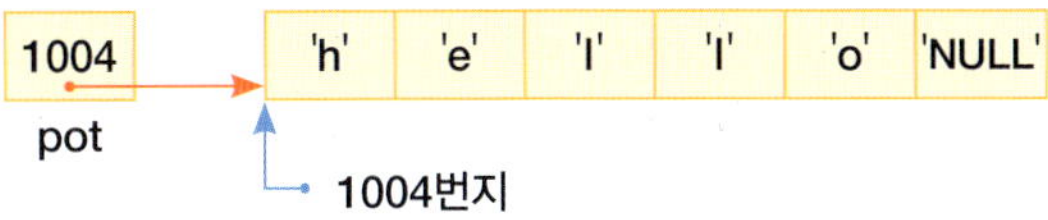

다음 예제는 포인터 변수를 사용하여 문자열을 처리하는 프로그램입니다.

예제 4-21 포인터 변수로 문자열 상수 출력 ex04_21.c

```c
#include <stdio.h>

int main(void)
{
    char *pot = "hello";     // 포인터 변수로 문자열 상수 대입
    printf("포인터 문자열 상수 출력 : %s\n", pot);
    return 0;
}
```

```
포인터 문자열 상수 출력 : hello
```

: QUIZ

① 문자형 상수는 (   )(으)로 묶어야 하고, 문자열 상수는 (   )(으)로 묶어야 합니다.

② 문자열을 처리하기 위한 배열을 선언할 경우 배열의 크기를 (   )(으)로 확보해야 합니다.

정답

① 작은따옴표, 큰따옴표
② 문자열 + 1

6 기호 상수

기호 상수(symbolic constant)는 숫자 대신 특정 문자를 사용하는 것을 말하는데, 보통 상수에 이름을 붙여야 할 때 사용합니다. 기호 상수는 상수를 대신해서 사용할 기호 또는 변수 이름을 상수 앞에 선언한다는 점에서 리터럴 상수(literal constant)와는 차이가 있습니다.

소스 코드를 작성할 때 상수로만 코딩하면 나중에 소스 코드를 수정할 때 상수로 코딩된 부분을 모두 찾아서 수정해야 합니다. 하지만 기호 상수를 사용하면 기호 상수의 정의 부분만 간단하게 수정할 수 있어 편리합니다.

#define 명령으로 기호 상수 선언

기호 상수의 선언은 #define 명령을 사용합니다. 예를 들어, #define PI 3.141592와 같이 선언하면 선행처리기는 소스 코드에서 기호 상수 PI를 찾아서 모두 3.141592로 대체합니다. #define 명령으로 기호 상수를 선언하면 메모리 할당 없이 선행처리 지시자 #에 의해 컴파일하기 전에 대체하여 사용할 수 있습니다. #은 앞에서도 살펴보았듯이 다른 명령보다 우선하여 수행하라는 의미를 지닌 선행처리 지시자입니다.

Tip

기호 상수를 선언하는 #define 명령은 main( ) 함수 외부에 선언해야 한다는 것과 #define 명령문 끝에는 ;(세미콜론)을 선언하지 않는다는 것을 틀리는 경우가 많으니 잘 기억해 두도록 합니다.

#define 명령은 main( ) 함수 외부에서 선언해야 합니다. 이는 외부에서도 참조할 수 있도록 하기 위해서입니다. 그리고 #define 명령문 끝에는 ;(세미콜론)은 붙이지 않습니다.

```
#include <stdio.h>
#define PI 3.141592          // 기호 상수 PI를 선언하여 3.141592 상수로 대체

int main(void) {
    ...
    area = PI * 5 * 5;       // 기호 상수와 반지름의 제곱으로 원의 넓이 산출
    ...
}
```

다음 예제는 #define 명령으로 파이(π) 값인 3.141592를 기호 상수 PI로 선언한 다음 반지름의 길이를 키보드로 입력받아 원의 넓이를 산출하는 프로그램입니다. 원의 넓이를 나타낼 때 사용하는 단위인 cm^2는 ㄹ+한자를 눌러 선택하면 됩니다.

예제 4-22 #define 명령으로 기호 상수 선언 ex04_22.c

```c
#include <stdio.h>
#define PI 3.141592          // 기호 상수 선언

int main(void)
{
    float r, area = 0;       // 실수형 변수 선언

    printf("기호 상수 PI : 3.141592\n");
    printf("원의 넓이 = π * 반지름 * 반지름\n");

    printf("반지름 입력(cm) : ");
    scanf_s("%f", &r);
    area = PI * r * r;       // 원의 넓이 계산

    printf("반지름 %fcm인 원의 넓이는 %f㎠\n", r, area);
    return 0;
}
```

```
기호 상수 PI : 3.141592
원의 넓이 = π * 반지름 * 반지름
반지름 입력(cm) : 5.235
반지름 5.235000cm인 원의 넓이는 86.096039㎠
```

const 키워드로 기호 상수 선언

변수명 앞에 const를 선언하면 변수에 대입되는 값을 상수로 처리하며 프로그램이 종료될 때까지 값이 변하지 않습니다. 즉, const 키워드가 붙은 변수는 상수로 취급됩니다.

```c
#include <stdio.h>

int main(void) {
    const float M = 3.305785;     // const 키워드로 기호 상수 선언
    ...
    area = flat * M;              // 기호 상수를 연산식에 사용
    ...
}
```

const 키워드로 기호 상수를 선언하는 것은 main( ) 함수 안에서 이루어져야 하며 기호 상수를 선언할 때 맨 끝에 ;(세미콜론)을 반드시 붙여야 합니다. const 키워드는 값이 변하는 것을 방지하기 위해 사용하므로 특정 단위에 대한 환산을 수행하거나 파이 값 3.141592처럼 불변의 값을 상수로 활용할 때 쓰입니다.

기호 상수를 const 키워드로 선언하면 메모리를 할당하여 const로 선언된 변수에 대입된 값을 상수로 처리합니다. #define 명령과 달리 const 키워드로 기호 상수를 선언하면 자료형을 지정할 수 있으므로 문법 오류가 발생할 경우에 디버깅을 쉽게 수행할 수 있습니다.

다음 예제는 const 키워드를 사용하여 평(坪)을 평방미터(㎡)로 환산하는 프로그램입니다. 예제를 통해 const 키워드로 상수를 정의하는 방법을 익히기 바랍니다.

예제 4-23 const 키워드로 기호 상수 선언 ex04_23.c

```c
#include <stdio.h>

int main(void)
{
    const float M = 3.305785;        // 기호 상수 선언
    float flat, area = 0;            // 실수형 변수 선언

    printf("기호 상수 M : 3.305785\n");
    printf("평방미터(㎡) = 평 * 3.305785\n");

    printf("평 입력 : ");
    scanf_s("%f", &flat);
    area = flat * M;                 // 평을 평방미터로 환산

    printf("입력한 %f평은 %f㎡\n", flat, area);
    return 0;
}
```

```
기호 상수 M : 3.305785
평방미터(㎡) = 평 * 3.305785
평 입력 : 35.857
입력한 35.856998평은 118.535522㎡
```

#define 명령과 const 키워드를 함께 사용

기호 상수를 선언할 때 #define 명령과 const 키워드를 함께 사용할 수도 있습니다. 다음 예제는 한화(₩)를 달러($)로 환전할 때 금액과 환전 수수료가 얼마인지 계산하는 프로그램입니다.

예제 4-24 #define과 const를 함께 사용하여 기호 상수 선언 ex04_24.c

```c
#include <stdio.h>
#define US 1129.50                    // 1달러에 대한 한화 금액

int main(void)
{
    const float FEES = 0.0175;        // 달러 현찰 구입시 수수료율
    int chsh;                         // 현금액 입력 변수 선언
    float dollar = 0, fees_chsh;      // 달러 환율과 수수료 금액 변수 선언

    printf("달러 환율 US = 1129.50\n");
    printf("달러 구매 수수료율 FEES = 0.0175\n");

    printf("환전할 금액(한화) : ");
    scanf_s("%d", &chsh);
    dollar = chsh / US;               // 달러를 원화로 환전 계산식
    fees_chsh = chsh * FEES;          // 환전 수수료 계산식

    printf("환전 후 달러 금액 : $ %.2f\n", dollar);
    printf("환전 수수료 : ₩ %.2f\n", fees_chsh);
    return 0;
}
```

```
달러 환율 US = 1129.50
달러 구매 수수료율 FEES = 0.0175
환전할 금액(한화) : 500000
환전 후 달러 금액 : $ 442.67
환전 수수료 : ₩ 8750.00
```

: QUIZ

#define 명령과 달리 const 키워드로 기호 상수를 선언하면 (   )을/를 지정할 수 있어 문법 오류가 발생했을 때 디버깅을 쉽게 수행할 수 있습니다.

정답

자료형

SECTION 05 자료형 변환

1 자료형 변환의 개념

자료형 변환이란 변수명 앞에 선언해 놓은 기존 자료형을 다른 자료형으로 재정의하는 것을 의미합니다. C 언어에서 변수를 선언할 때는 사용 목적에 따라 가장 합리적인 자료형으로 선언하는 것이 좋습니다. 하지만 프로그램을 수행하다 보면 의도치 않은 결과값이 산출되는 경우가 발생합니다. 예를 들어, 정수와 정수의 연산 결과를 실수형 변수에 대입하여 출력하기도 합니다.

- 정수형 변수 a = 3
- 정수형 변수 b = 2
- 실수형 변수 result
- result = a / b → result = 1.000000

정수형 변수 2개를 선언하고 실수형 변수 1개를 선언한 것은 나눗셈을 수행할 경우 실수값이 출력될 수도 있음을 고려한 것입니다. 하지만 실제로 실수형 변수에 저장된 값은 소수점 이하 숫자가 모두 0인 result = 1.000000입니다.

C 언어에서는 자료형 변환을 위해 두 가지 방법을 제공합니다. 첫 번째는 자동 자료형 변환 방법이고, 두 번째는 프로그래머가 강제로 자료형을 변환하는 방법입니다. 두 가지 자료형 변환 방법은 다음 그림과 같이 나타낼 수 있습니다.

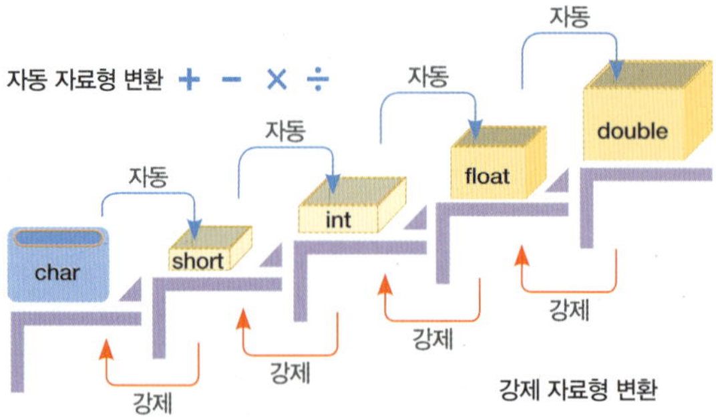

그림 4-22 자동 자료형 변환과 강제 자료형 변환

2 자동 자료형 변환

자동 자료형 변환은 C 컴파일러에서 미리 정해놓은 규칙에 따라 자동으로 자료형 변환이 이루어지는 것을 의미합니다. 보통 작은 자료형과 큰 자료형의 변수가 만나서 연산을 수행하면 작은 자료형의 변수가 큰 자료형의 변수로 자동 변환됩니다. 예를 들어, 큰 자료형인 실수형 변수와 작은 자료형인 정수형 변수의 연산을 수행하면 작은 자료형인 정수형 변수가 큰 자료형인 실수형 변수로 자동 변환됩니다.

char → short → int → float → double

그림 4-23 **자동 자료형 변환의 과정**

C 언어에서 자동 자료형 변환은 컴파일러 제작 회사가 정한 규칙을 따릅니다. 비주얼 스튜디오에서 적용되는 자동 자료형 변환 규칙은 다음 표와 같습니다.

표 4-3 비주얼 스튜디오에서 적용되는 자동 자료형 변환 규칙

유형	설명
자료형	char → short → int → unsigned int → long → unsigned long → float → double → long double
수식	• char형과 short형은 int형으로 변환 • int형과 float형 연산은 float형으로 변환 • 수식의 모든 float형은 double형으로 변환되어 연산 • 피연산자 둘 중 하나라도 double형이면 다른 연산자와 결과값도 double형으로 변환 • 피연산자 둘 중 하나라도 unsigned형이면 다른 연산자와 결과값도 unsigned형으로 변환
대입문	• 모든 문자형 상수는 int형으로 변환되어 저장 • 오른쪽 값이 왼쪽 자료형으로 변환되어 저장 • 실수형이 정수형으로 변환될 때 소수점 이하는 버린 후 저장

자동 자료형 변환 기능이 있지만 변수에 대해 자동 자료형 변환이 제대로 수행되지 않는다면 반환되는 결과값이 생각했던 것과 전혀 다를 수 있습니다. 그러므로 변수를 선언할 때는 자료형 변환이 필요하지 않도록 사용하고자 하는 용도와 목적에 따라 자료형을 지정해 주는 것이 좋습니다.

다음 예제는 문자형 변수, 정수형 변수, 실수형 변수를 선언하고 덧셈과 나눗셈 연산을 수행한 결과를 출력하는 프로그램입니다. 이미 선언한 변수의 자료형이 자동으로 변환되는 과정을 살펴보기 바랍니다.

예제 4-25 변수의 자료형을 자동으로 변환 ex04_25.c

```
01 #include <stdio.h>
02 
03 int main(void)
04 {
05     char ch;          // 문자형 변수 선언
06     int num1;         // 정수형 변수 선언
07     float num2;       // 실수형 변수 선언
08 
09     ch = 'A' + 5;     // 문자형 변수는 정수형으로 자동 변환
10     num1 = 3 + 7.8; // 정수형과 실수형 연산이지만 값은 정수형으로 대입
11     num2 = 5 / 3.0; // 정수와 실수 연산은 실수형으로 자료형 자동 변환
12 
13     printf("char ch = \'A\' + 5\n");
14     printf("덧셈 연산 결과(문자) : %c\n", ch);
15     printf("덧셈 연산 결과(정수형) : %d\n", ch);
16     printf("int num1 = 3 + 7.8\n");
17     printf("덧셈 연산 결과 : %d\n", num1);
18     printf("float num2 = 5 / 3.0\n");
19     printf("나눗셈 연산 결과 : %f\n", num2);
20     return 0;
21 }
```

```
char ch = 'A' + 5
덧셈 연산 결과(문자) : F
덧셈 연산 결과(정수형) : 70
int num1 = 3 + 7.8
덧셈 연산 결과 : 10
float num2 = 5 / 3.0
나눗셈 연산 결과 : 1.666667
```

소스 코드 11행의 나눗셈 연산 결과로 1.666667이 출력됩니다. 그 이유는 정수와 실수에 대한 나눗셈 연산으로 자료형이 자동으로 실수형으로 변환되었고 결과값을 대입하는 변수 num2 또한 실수형으로 선언되었기 때문입니다. 이때 상수에 대한 연산에서 자료형이 자동으로 변환되더라도 대입되는 변수의 자료형에 종속됩니다. 즉 최종 자료형은 변수를 선언한 자료형에 의해 결정됩니다.

: QUIZ

(   )은/는 C 컴파일러에서 미리 정해놓은 규칙에 따라 자동으로 자료형 변환이 이루어지는 것을 의미합니다.

정답

자동 자료형 변환

3 강제 자료형 변환

자료형을 강제로 변환하는 방법을 알아보겠습니다. [예제 4-25]에서 int num1 = 3 + 7.8의 연산 결과값이 10으로 출력되었습니다. 그 이유는 정수형 상수와 실수형 상수의 덧셈 연산에서 실수형 상수로 자료형이 자동 변환되었지만 실제로 덧셈 연산 결과값을 저장할 변수는 정수형 변수였기 때문입니다.

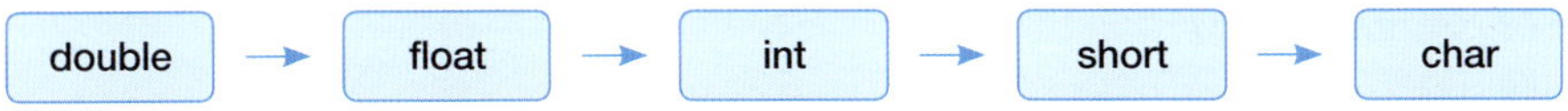

그림 4-24 **강제 자료형 변환의 과정**

강제 자료형 변환은 캐스트 연산자를 사용해 큰 자료형을 작은 자료형으로 변환하는 것입니다. 다음 예제는 정수와 정수의 연산에서 실수의 결과값이 출력될 수 있도록 정수형 데이터를 실수형 데이터로 자료형을 강제 변환하는 프로그램입니다. 예제를 통해 이미 선언되어 있는 변수의 자료형을 어떻게 강제로 변환하는지 살펴보기 바랍니다.

예제 4-26 변수의 자료형을 강제로 변환 ex04_26.c

```
01 #include <stdio.h>
02
03 int main(void)
04 {
05     int num1 = 5, num2 = 3;            // 정수형 변수 선언
06     float result;                      // 실수형 변수 선언
07
08     printf("int num1 = 5, num2 = 3;\n");
09
10     result = num1 / num2;              // 강제 자료형 변환 전 연산
11     printf("float result = num1 / num2 = %f\n", result);
12
13     result = (float)num1 / num2;       // 강제 자료형 변환 후 연산
14     printf("result = (float)num1 / num2 = %f\n", result);
15     return 0;
16 }
```

```
int num1 = 5, num2 = 3;
float result = num1 / num2 = 1.000000
result = (float)num1 / num2 = 1.666667
```

13행을 보면 강제로 변환하려는 자료형을 변수명 앞에 캐스트 연산자로 선언하였습니다. 이 경우 두 정수 중 하나만 캐스트 연산자를 사용하면 됩니다. 캐스트 연산자를 사용하면 이미 선언한 변수의 자료형을 다시 정의하지 않아도 됩니다.

도전문제 올바른 자료형 선언과 강제 자료형 변환 익히기

01 오버플로와 언더플로가 발생하지 않게 소스 코드를 수정하시오.

```
#include <stdio.h>

int main(void)
{
    signed short int of, df;

    of = 32767 + 10;
    df = -32768 - 10;

    printf("오버플로 발생 : %d\n", of);
    printf("언더플로 발생 : %d\n", df);

    return 0;
}
```

Hint : 오버플로와 언더플로는 변수를 선언할 때 지정하는 자료형의 영향으로 발생합니다.

정답

```
#include <stdio.h>

int main(void)
{
    int of, df;

    of = 32767 + 10;
    df = -32768 - 10;

    printf("오버플로 해결 : %d\n", of);
    printf("언더플로 해결 : %d\n", df);

    return 0;
}
```

02 프로그램 실행 결과에 맞게 소스 코드의 빈칸을 채워 완성하시오.

```
문자열 입력 : apple
입력한 문자열 출력 : apple
문자열 상수가 저장된 주소 : 20379916
```

```c
#include <stdio.h>

int main(void)
{
    char input[10];

    printf("문자열 입력 : ");
    scanf_s("%s", input, __________);

    printf("입력한 문자열 출력 : __________\n", input);
    printf("문자열 상수가 저장된 주소 : __________\n", &input);

    return 0;
}
```

Hint : 배열을 사용할 경우에 scanf_s( )에는 sizeof( )를 사용해야 합니다.

정답

```c
#include <stdio.h>

int main(void)
{
    char input[10];

    printf("문자열 입력 : ");
    scanf_s("%s", input, sizeof(input));

    printf("입력한 문자열 출력 : %s\n", input);
    printf("문자열 상수가 저장된 주소 : %d\n", &input);

    return 0;
}
```

03 연산 결과값이 제대로 출력되도록 프로그램을 수정하시오.

```
a = 7, b = 3일 때 a / b는 2.000000
```

```c
#include <stdio.h>

int main(void)
{
    int a = 7, b = 3;
    float result;

    result = a / b;

    printf("a = 7, b = 3일 때 a / b는 %f\n", result);

    return 0;
}
```

Hint : 이미 선언한 변수의 자료형은 캐스트 연산자로 강제 변환할 수 있습니다.

정답

```c
#include <stdio.h>

int main(void)
{
    int a = 7, b = 3;
    float result;

    result = (float)a / b;

    printf("a = 7, b = 3일 때 a / b는 %f\n", result);

    return 0;
}
```

```
a = 7, b = 3일 때 a / b는 2.333333
```

int형에서
float형으로 변신!
크아아~
또 바뀌는 거야?

핵심점검

1 (   )은/는 프로그래머가 필요에 따라 선언하는 변수의 이름 또는 사용자 정의 함수 등을 의미합니다.

2 (   )은/는 컴파일러가 특정 목적의 프로그램을 수행하기 위해 사전에 예약해 놓은 명령어로 키워드라고도 합니다.

3 (   )은/는 프로그래머로부터 데이터를 입력받거나 연산을 수행한 결과를 저장하는 메모리 공간입니다.

4 변수 이름을 표기하는 방법에는 (   )와/과 (   )있습니다.

5 (   )(이)란 데이터를 저장하기 위한 공간인 변수를 선언할 때 메모리의 크기를 지정하는 단위를 의미합니다.

6 (   )은/는 자료형이 처리할 수 있는 유효 범위의 최댓값을 초과하는 경우에 발생하고, (   )은/는 유효 범위의 최솟값보다 작은 데이터를 처리할 때 발생합니다.

7 (   )은/는 변수명 앞에 선언된 자료형을 다른 자료형으로 강제 변환할 때 사용합니다.

정답 **1** 식별자 **2** 예약어 **3** 변수 **4** 카멜 표기법, 스네이크 표기법 **5** 자료형 **6** 오버플로, 언더플로 **7** 캐스트 연산자

연습문제

1 프로그래머가 필요에 따라 선언하는 변수의 이름 또는 사용자 정의 함수를 의미하는 용어는?

① 예약어 ② 식별자
③ 명령어 ④ 모듈

2 다음 중 식별자로 사용할 수 <u>없는</u> 것은?

① 알파벳 ② 언더바
③ 예약어 ④ 영단어

3 컴파일러가 특정 목적을 수행하기 위해 사전에 예약해 놓은 명령어는?

① 식별자 ② 주석문
③ 조건문 ④ 예약어

4 프로그램이 실행되는 동안 수시로 값이 변하는 정보를 보유하고 있는 식별자는?

① 변수 ② 상수
③ 예약어 ④ 조건문

5 메모리 주소를 참조하는 연산자는?

① # ② %
③ \ ④ &

6 변수 이름을 올바르게 선언한 것은?

① 5_data ② _8num
③ s zone ④ 3on

7 myCount와 같이 변수를 표기하는 방식은?

① 스네이크 표기법 ② 미국 표기법
③ 카멜 표기법 ④ ANSI

연습문제

8 변수는 데이터를 저장하기 위한 메모리 공간의 이름을 의미한다. 이때 메모리 공간의 크기를 지정하는 단위는?

① 자료형　　② 컴파일러
③ 전역 변수　　④ 지역 변수

9 변수를 선언할 때 제시한 자료형으로 확보한 메모리 공간의 크기보다 더 큰 값이 대입되는 경우에 발생하는 증상은?

① 언더플로　　② 오버플로
③ 문법 오류　　④ 시스템 중지

10 언더플로가 발생하면 자료형에서 허용하는 유효 범위 중에서 연산을 수행하는 값은?

① 평균값　　② 중간값
③ 최솟값　　④ 최댓값

11 문자형으로 변수를 선언하고 그 변수에 문자를 대입할 때 감싸주는 기호는?

① 중괄호　　② 작은따옴표
③ 큰따옴표　　④ 겹슬래시

12 변수에 대입되는 값으로 프로그램 수행 중에는 그 값이 변하지 않는 데이터는?

① 정수　　② 실수
③ 상수　　④ 아스키코드

13 문자열 상수를 사용할 때 묶어주는 기호는?

① 중괄호　　② 작은따옴표
③ 큰따옴표　　④ 겹슬래시

14 상수에 이름을 붙여서 사용하는 방법은?

① 매크로 ② 기호 상수
③ 문자 상수 ④ 문자열 상수

15 기호 상수를 선언할 때 사용하는 명령은?

① #include ② #define
③ #if ④ #else

16 변수에 대입되는 값을 상수로 처리하고 프로그램이 종료될 때까지 불변의 값을 지니게 하는 키워드는?

① include ② define
③ cast ④ const

17 다음 중에서 올바르게 선언한 변수의 이름을 <u>모두</u> 고르시오.

① 5_data ② count ③ student_name
④ space zone ⑤ _test ⑥ 5335_cha
⑦ 값1 ⑧ 합계 ⑨ Data_8
⑩ TIME_zone ⑪ 8888 ⑫ 7dbstar

18 강제 자료형 변환이 이루어지는 과정을 나타낸 그림이다. 빈칸을 채우시오.

double → [   ] → int → [   ] → char

19 식별자를 선언할 때 반드시 지켜야 할 규칙을 5가지 이상 서술하시오.

연습문제

20 프로그램을 보고 출력 결과값을 쓰시오.

① 오버플로 발생

```
short num1 = 32769;
printf("num1 = %d", num1);
```

② 언더플로 발생

```
short num2 = -32769;
printf("num2 = %d", num2);
```

③ 아스키코드값

```
har alpha = 'A';
printf("ASCII = %d", alpha);
```

④ 연산 결과값

```
char ch;
ch = 'J' + 3;
printf("ch = %d", ch);
```

프로그래밍 문제

1 다음 내용에 맞는 프로그램을 작성하시오.

- 기호 상수 #define 사용(1inch = 2.54cm)
- 키보드로 인치(inch)를 소수 둘째 자리까지 입력
- 입력한 인치를 센티미터(cm)로 환산
- 입력한 인치와 환산된 센티미터 출력
- 인치와 센티미터는 모두 소수 둘째 자리까지만 출력
- 기타 사항은 [출력 예시] 참조

[출력 예시]

```
■ 인치를 센티미터로 환산하는 프로그램
인치 입력(소수 둘째 자리) : 126.00
126.00인치는 320.04cm입니다.
```

2 다음 내용에 맞는 프로그램을 작성하시오.

- 기호 상수 const 사용(1mile = 1.61km)
- 키보드로 마일(mile)을 소수 둘째 자리까지 입력
- 입력한 마일을 킬로미터(km)로 환산
- 입력한 마일과 환산된 킬로미터 출력
- 마일과 킬로미터는 모두 소수 둘째 자리까지만 출력
- 기타 사항은 [출력 예시] 참조

[출력 예시]

```
■ 마일을 킬로미터로 환산하는 프로그램
마일 입력(소수 둘째 자리) : 500
500.00마일은 805.00km입니다.
```

프로그래밍 문제

3 다음 내용에 맞는 프로그램을 작성하시오.

- 배열 변수 1개 선언
- 키보드로 "Happiness" 문자열 입력
- 입력한 문자열에 출력 형식 지정자 %s 사용
- 입력한 문자열이 큰따옴표로 묶인 형태로 출력되도록 형식 지정
- 기타 사항은 [출력 예시] 참조

[출력 예시]

```
■ 배열을 사용하여 문자열을 출력하는 프로그램
문자열 입력 : Happiness
문자열 출력 : "Happiness"
```

학 | 습 | 목 | 표

- 수식과 연산자의 의미와 종류를 알아봅니다.
- 산술 연산자와 대입 연산자의 종류 및 사용법을 알아봅니다.
- 증감 연산자와 관계 연산자의 종류 및 사용법을 알아봅니다.
- 논리 연산자와 조건 연산자의 종류 및 사용법을 알아봅니다.
- 비트 연산자와 주소 참조 연산자의 종류 및 사용법을 알아봅니다.
- 기타 연산자를 알아봅니다.

Chapter 05 연산자

SELF CHECK

1 연산은 연산자의 (난이도, 우선순위)에 따라서 최우선 순위의 것부터 실행됩니다.

2 연산식에서 가장 많이 사용하는 대입 연산자는 오른쪽에 있는 값을 왼쪽에 대입하는 연산자로 (=(등호), ←(화살표)) 기호를 사용합니다.

3 증감 연산자는 변수의 값을 1 증가시킬 때 (⇑, ++) 기호를 사용하고, 1 감소시킬 때 (⇓, --) 기호를 사용합니다.

4 관계 연산자는 연산자를 기준으로 왼쪽과 오른쪽에 있는 2개의 피연산자를 비교한 결과를 (참과 거짓, 양수와 음수)(으)로 표현합니다.

5 논리 연산자는 2개 또는 여러 개의 피연산자를 대상으로 AND(&&), OR(||), NOT(!)의 (논리 연산, 추리 연산)을 통하여 참과 거짓의 결과값을 출력합니다.

6 비트 연산자는 데이터를 (기가 바이트, 비트) 단위로 처리합니다.

7 주소 참조 연산자는 포인터 자료형을 사용하여 메모리 공간의 (이름, 주소)를 처리합니다.

8 이미 선언된 변수의 자료형을 변환할 때는 (캐스트 연산자, 치환법)을/를 사용합니다.

정답

1 우선순위 2 =(등호) 3 ++, -- 4 참과 거짓 5 논리 연산 6 비트 7 주소 8 캐스트 연산자

SECTION 01

수식과 연산자

1 수식

수식(expression)이란 계산에 필요한 피연산자와 연산자가 결합된 식을 말합니다. 즉 계산 방법과 규칙을 문자나 기호를 사용하여 표현한 것입니다. 피연산자(operand)는 연산을 수행할 때 대상이 되는 숫자나 문자를 의미하고, 연산자(operator)는 +, −, *, /, %와 같이 피연산자 사이에서 계산을 수행하는 부호를 의미합니다.

Tip
숫자 하나만으로도 수식이라고 할 수 있습니다.

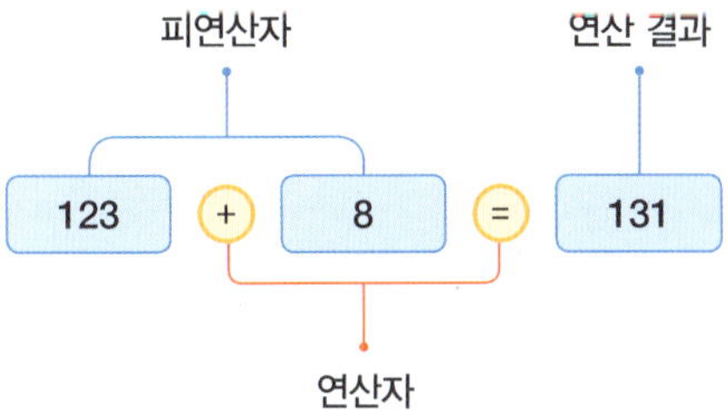

그림 5-1 **연산자와 피연산자로 이루어진 수식**

위 그림에서 숫자 123과 8은 피연산자이고 숫자와 숫자 사이에 위치한 +는 두 수를 더하는 연산자입니다. 모든 수식은 연산의 결과값을 가지게 되며, 상수 또는 변수를 이용하여 연산을 처리합니다.

처음에 등장한 컴퓨터는 단순 수치 계산을 할 때 사용하였으나, 지금은 모든 산업 분야에서 정밀한 수치가 필요한 계산에 다양하게 활용됩니다. 우주선 발사 각도나 미사일 이동 거리를 정확하게 계산하기 위해 사람들은 컴퓨터로 계산하고 시뮬레이션을 하여 오차 범위를 좁히고 실패 확률을 낮춥니다.

C 언어에서는 수식을 위한 다양한 연산자를 제공하므로 사칙연산뿐만 아니라 논리적인 판단이 필요한 논리 연산과 값을 비교하는 관계 연산 등에 활용합니다.

2 연산자

C 언어에서는 산술, 대입, 증감, 관계, 논리, 조건, 비트, 주소 참조 등의 연산자를 제공합니다. 연산식의 결과값은 연산 순서에 따라 다르게 나타납니다. 연산자를 동시에 여러 개 선언했을 경우 어떤 것을 먼저 계산해야 하는지는 이미 결정되어 있습니다. 이렇게 정해진 순서를 '연산자 우선순위(priority of operation)'라고 합니다.

연산은 연산자 우선순위에 따라서 최우선 순위의 것부터 실행됩니다. 그리고 연산자의 종류에 따라 왼쪽에서 오른쪽 또는 오른쪽에서 왼쪽으로 연산 방향이 결정됩니다. 다음은 C 언어에서 사용하는 연산자 우선순위와 연산 방향을 정리한 것입니다.

표 5-1 연산자 우선순위와 연산 방향

순위	종류	설명	연산 방향
1	( )	함수 호출	왼쪽 → 오른쪽
	[ ]	배열 인덱스	
	->	간접 지정자	
	.	직접 지정자	
	++, --	증감 기호	
2	~, !	부정(NOT)	왼쪽 ← 오른쪽
	+, -	양수와 음수 부호	
	&, *	주소 참조 연산자와 포인터 지정자	
3	(data type)	캐스트 연산자(자료형 변환)	왼쪽 ← 오른쪽
4	*, /, %	산술 연산자	왼쪽 → 오른쪽
5	+, -	산술 연산자	왼쪽 → 오른쪽
6	<<, >>	시프트 연산자	왼쪽 → 오른쪽
7	<, >, <=, >=	비교 연산자	왼쪽 → 오른쪽
8	==, !=	비트 연산자	왼쪽 → 오른쪽
9	&	비트 연산자(AND)	왼쪽 → 오른쪽
10	^	비트 연산자(XOR)	왼쪽 → 오른쪽
11	|	비트 연산자(OR)	왼쪽 → 오른쪽
12	&&	논리 연산자(AND)	왼쪽 → 오른쪽
13	||	논리 연산자(OR)	왼쪽 → 오른쪽
14	?:	조건 연산자(삼항 연산자)	왼쪽 ← 오른쪽
15	=, +=, -=, *=, /=, <<=, >>=	대입 연산자와 혼합 대입 연산자	왼쪽 ← 오른쪽
16	,	콤마 연산자	왼쪽 → 오른쪽

연산자는 피연산자의 개수에 따라 단항, 이항, 삼항 연산자로 분류할 수 있습니다. 단항 연산자는 피연산자가 하나인 연산자로 부호를 의미하는 +와 -, 증감을 의미하는 ++(increment)와 --(decrement)가 있습니다. 이항 연산자는 왼쪽과 오른쪽에 각 하나씩 두 개의 피연산자가 있는 연산자이며, 삼항 연산자는 '(조건)? 참:거짓'의

형태로 제시한 조건이 '참'이면 참에 해당하는 항목을 출력하고 '거짓'이면 거짓에 해당하는 항목을 출력하는 연산자입니다. 삼항 연산자는 조건 연산자라고도 합니다.

: QUIZ

① 수식은 계산에 필요한 (   )와/과 (   )이/가 결합된 식을 말합니다.

② 연산식의 결과값은 연산자의 (   )에 따라 다르게 나타납니다.

정답

① 피연산자, 연산자

② 우선순위

SECTION 02

산술 연산자와 대입 연산자

1 산술 연산자

산술 연산자는 가장 기본적인 계산을 위한 것으로 덧셈(+), 뺄셈(−), 곱셈(*), 나눗셈(/)과 나머지(%) 연산자를 사용합니다. 나눗셈 연산에서 정수형 데이터는 소수점 이하의 값이 제거되며, 숫자 0으로 나누면 실행 오류가 발생합니다. 나머지를 계산하는 % 연산자는 정수형에서만 사용할 수 있고 실수형에서는 사용할 수 없습니다.

다음 예제는 제시한 정수 2개를 대상으로 사칙연산과 나머지 연산을 수행하여 결과값을 출력하는 프로그램입니다.

예제 5-1 두 정수의 사칙연산과 나머지 연산 프로그램 ex05_01.c

```
#include <stdio.h>

int main(void)
{
    int num1, num2, hap, cha, gob, div, nam;
    num1 = 25;
    num2 = 2;

    hap = num1 + num2;
    cha = num1 - num2;
    gob = num1 * num2;
    div = num1 / num2;
    nam = num1 % num2;        // 나머지값 산출

    printf("1.덧셈 : 25 + 2 = %d\n", hap);
    printf("2.뺄셈 : 25 - 2 = %d\n", cha);
    printf("3.곱셈 : 25 * 2 = %d\n", gob);
    printf("4.나눗셈 : 25 / 2 = %d\n", div);
    printf("5.나머지값 : 25 %% 2 = %d\n", nam);
    return 0;
}
```

```
1.덧셈 : 25 + 2 = 27
2.뺄셈 : 25 - 2 = 23
3.곱셈 : 25 * 2 = 50
4.나눗셈 : 25 / 2 = 12
5.나머지값 : 25 % 2 = 1
```

정수와 정수의 나눗셈 연산에서는 실수형 데이터가 출력될 수 없습니다. 예를 들어, 나눗셈 연산인 25 / 2를 수행하면 결과값이 12.5가 아닌 12가 출력됩니다. 25 / 2의 결과값을 12.5로 출력하려면 두 정수 중에서 하나를 캐스트 연산자를 사용하여 실수형으로 강제 자료형 변환을 하고, 연산 결과를 저장할 변수도 실수형 변수로 변환해야 합니다.

정수와 정수의 연산 결과는 항상 정수값으로 출력되고 실수와 실수의 연산 결과는 항상 실수값으로 출력됩니다.

그림 5-2 자료형이 같은 경우의 연산 결과

정수와 실수, 또는 실수와 정수가 같이 존재하는 연산식에서는 항상 실수값으로 출력됩니다.

그림 5-3 자료형이 다른 경우의 연산 결과

나머지 연산자 – %

나머지 연산자는 나눗셈 연산에서 몫이 아닌 나머지값을 구할 때 사용합니다. 나머지 연산자는 홀수와 짝수를 판별하거나 배수를 판별할 때 많이 사용합니다. 어떤 수를 2로 나누어 나머지가 0이면 짝수, 0이 아니면 홀수입니다. 배수 판별은 어떤 수를 3으로 나누어 나머지가 0이면 3의 배수, 5로 나누어 나머지가 0이면 5의 배수입니다.

다음 예제는 기호 상수를 사용하여 시간을 초로 입력하면 분과 초 단위로 환산하는 프로그램입니다. 나머지 연산자인 %를 화면에 출력하려면 출력 함수 안에서 %%와 같이 선언해야 합니다. 예를 들어, 25%2를 출력하려면 printf("25%%2");와 같이 선언하면 됩니다.

예제 5-2 나머지 연산자 사용 ex05_02.c

```c
#include <stdio.h>
#define TM 60                              // 1분은 60초

int main(void)
{
    int input, m, s;

    printf("숫자 입력 : ____ \b\b\b\b\b");  // 입력할 부분에 언더바 표시
    scanf_s("%d", &input);

    m = input / TM;
    s = input % TM;

    printf(" 1.입력한 숫자 : %d\n", input);
    printf(" 2.분, 초 단위 : %d분 %d초\n", m, s);
    return 0;
}
```

```
숫자 입력 : 2000
1.입력한 숫자 : 2000
2.분, 초 단위 : 33분 20초
```

정답

%%

: QUIZ

모니터 화면에 % 표시를 출력하려면 (   )와/과 같이 선언하면 됩니다.

2 대입 연산자

대입 연산자는 연산식에서 가장 많이 사용하는 것으로 오른쪽에 있는 값을 왼쪽에 대입하는 역할을 하며, 등호(=)를 사용합니다. 수학에서는 왼쪽과 오른쪽이 같다는 의미로 사용하지만 C 언어에서는 대입하라는 의미로 사용합니다.

대입 연산자를 사용할 때 주의할 사항은 등호(=)를 기준으로 왼쪽에는 반드시 변수만 올 수 있다는 것입니다. hap = 5 + 8은 대입 연산자를 올바르게 사용한 것이지만 13 = 5 + 8은 잘못 사용한 것입니다. 등호 오른쪽에는 어떠한 수식이 와도 되지만 등호 왼쪽에는 반드시 변수가 자리해야 합니다. 대입 연산자는 배정 연산자 또는 할당 연산자라고도 합니다.

- hap = 5 + 8　　○
- 13 = 5 + 8　　×

대입 연산자의 우선순위

대입 연산자는 다음과 같이 하나의 문장에 여러 개를 사용할 수 있습니다.

> **Tip**
> 대입 연산자는 오른쪽에서 왼쪽으로 우선순위가 정해집니다.

```
a = b = c = 500;
```

이와 같은 표현은 여러 개의 변수를 모두 같은 값으로 초기화할 때 사용하며, 연산자 우선순위는 오른쪽에서 왼쪽으로 수행됩니다.

[변수 선언]

```
int a, b, c;
```

→

[초기화 우선순위]

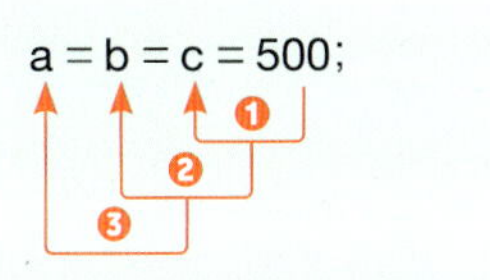

→

[변수에 저장된 값]

```
a = 500;
b = 500;
c = 500;
```

복합 대입 연산자

복합 대입 연산자는 '연산자='의 형식으로 사용합니다. 예를 들어 a = a * 5는 a *= 5와 같은 의미입니다.

표 5-2 복합 대입 연산자의 종류

종류	의미	종류	의미
sum += cnt	sum = sum + cnt	sum &= cnt	sum = sum & cnt
sum -= cnt	sum = sum - cnt	sum |= cnt	sum = sum | cnt
sum *= cnt	sum = sum * cnt	sum ^= cnt	sum = sum ^ cnt
sum /= cnt	sum = sum / cnt	sum <<= cnt	sum = sum << cnt
sum %= cnt	sum = sum % cnt	sum >>= cnt	sum = sum >> cnt

a = a * (b − c)와 같은 수식도 a *= b − c와 같이 복합 대입 연산자를 사용하여 간결하게 나타낼 수 있습니다.

a = a * (b − c);	=	a *= b − c;

다음 예제는 복합 대입 연산자를 사용하여 결과값을 출력하는 프로그램입니다.

예제 5-3 복합 대입 연산자 사용 ex05_03.c

```
#include <stdio.h>

int main(void)
{
    int result = 10, num = 20;

    result *= num - 5;        // result = result * (num - 5)

    printf("문> result *= num - 5\n");
    printf("답> %d\n", result);
    return 0;
}
```

```
문> result *= num - 5
답> 150
```

복합 대입 연산자는 다른 연산자에 비해 우선순위가 낮으므로 다른 연산자를 먼저 처리하고 난 다음에 수행됩니다.

프로그래밍 초보자에게 복합 대입 연산자는 다소 생소하겠지만 잘 활용하면 프로그램 코딩 라인을 효과적으로 줄일 수 있으므로 잘 알아두기 바랍니다.

SECTION 03

증감 연산자와 관계 연산자

1 증감 연산자

증감 연산자는 변수의 값을 1 증가시킬 때 ++(increment)를 사용하고, 1 감소시킬 때 --(decrement)를 사용하는 단항 연산자입니다. 증감 연산자를 사용하면 수식 표현이 훨씬 간결해져 기계어 코드의 길이도 줄일 수 있습니다. 종류에는 증감 연산자를 변수의 앞에 선언하는(++a 또는 --a) 전위형(prefix) 방식과, 변수의 뒤에 선언하는 (a++ 또는 a--) 후위형(postfix) 방식이 있습니다.

전위형 증감 연산자

전위형 증감 연산자는 제시한 값에 먼저 증감 연산을 수행한 후 그 결과값을 변수에 대입합니다. 그 이유는 대입 연산자인 등호(=)보다 증감 연산자가 먼저 수행되기 때문입니다.

```
a = 8;
val = ++a;
```

❶ a의 값을 1 증가시켜 a = 9
❷ 1 증가된 a 값을 val에 대입하여 val = 9

```
a = 8;
val = --a;
```

❶ a의 값을 1 감소시켜 a = 7
❷ 1 감소된 a 값을 val에 대입하여 val = 7

후위형 증감 연산자

후위형 증감 연산자는 제시한 값을 먼저 변수에 대입한 다음 증감 연산을 수행합니다. 그 이유는 대입 연산자인 등호(=)보다 증감 연산자가 나중에 수행되기 때문입니다.

```
a = 8;
val = a++;
```

❶ 1 증가되기 전의 a 값을 val에 대입하여 val = 8
❷ a의 값을 1 증가시켜 a = 9

```
a = 8;
val = a--;
```

❶ 1 감소되기 전의 a 값을 val에 대입하여 val = 8
❷ a의 값을 1 감소시켜 a = 7

증감 연산자는 a++ 또는 ++a와 같이 단독으로 사용하면 값을 1 증감하는 의미를 가지지만, 대입 연산자를 만나면 연산자 우선순위에 따라 대입되는 값이 달라질 수 있으니 주의해야 합니다.

피연산자 a를 대상으로 a = 8일 때 증감 연산자를 사용한 결과를 정리하면 다음과 같습니다.

표 5-3 증감 연산 수행 결과 예시(a = 8일 때)

증감 연산자	수행 결과	설명
a = 8, val = ++a	val = 9, a = 9	a가 1 증가된 값을 val에 대입(전위형 방식)
a = 8, val = a++	val = 8, a = 9	a가 1 증가되기 전의 값을 val에 대입(후위형 방식)
a = 8, val = --a	val = 7, a = 7	a가 1 감소된 값을 val에 대입(전위형 방식)
a = 8, val = a--	val = 8, a = 7	a가 1 감소되기 전의 값을 val에 대입(후위형 방식)

다음 예제는 증감 연산자를 사용하였을 때 변수 값의 변화를 살펴보는 프로그램입니다.

예제 5-4 증감 연산자 사용 ex05_04.c

```c
#include <stdio.h>

int main(void)
{
    int val, a;

    a = 8;
    val = ++a;

    printf(" a = 8일 때 \n");
    printf("1.val = ++a이면 val = %d, a = %d\n", val, a);

    a = 8;
    val = a++;
    printf("2.val = a++이면 val = %d, a = %d\n", val, a);

    a = 8;
    val = --a;
    printf("3.val = --a이면 val = %d, a = %d\n", val, a);

    a = 8;
    val = a--;
    printf("4.val = a--이면 val = %d, a = %d\n", val, a);
    return 0;
}
```

```
a = 8 일 때
1.val = ++a이면 val = 9, a = 9
2.val = a++이면 val = 8, a = 9
3.val = --a이면 val = 7, a = 7
4.val = a--이면 val = 8, a = 7
```

Tip

증감 연산자는 잘못 사용하면 엉뚱한 결과가 나올 수도 있으니 주의해서 사용해야 합니다.

이항 연산자와 함께 사용하는 증감 연산자

덧셈과 뺄셈을 나타내는 이항 연산자에 증감 연산자를 함께 사용할 경우 연산자 우선순위를 잘 알고 있어야 합니다.

다음 예제는 이항 연산자에 증감 연산자를 사용하여 변수에 대입되는 값을 출력하는 프로그램입니다.

예제 5-5 이항 연산자에 증감 연산자 사용 ex05_05.c

```c
#include <stdio.h>

int main(void)
{
    int val_1, val_2, a, b;

    printf("a = 10, b = 15일 때\n");

    a = 10;
    b = 15;
    val_1 = ++a + b--;

    printf("1.val_1 = ++a + b-- = %d, a = %d, b = %d\n", val_1, a, b);

    a = 10;
    b = 15;
    val_2 = a++ + --b;

    printf("2.val_2 = a++ + --b = %d, a = %d, b = %d\n", val_2, a, b);
    return 0;
}
```

```
a = 10, b = 15일 때
1.val_1 = ++a + b-- = 26, a = 11, b = 14
2.val_2 = a++ + --b = 24, a = 11, b = 14
```

2 관계 연산자

관계 연산자는 연산자를 기준으로 왼쪽과 오른쪽에 있는 두 개의 피연산자를 비교하여 참(true)과 거짓(false)으로 결과를 표현합니다. 결과가 참이면 1, 거짓이면 0을 출력하여 참과 거짓을 판별합니다. 관계 연산자는 모든 연산에서 사용하지는 않으며 산술형 자료나 수식에서만 사용할 수 있습니다.

연산자의 왼쪽과 오른쪽에 있는 피연산자가 같을 경우 a == b로 표현하고, 같지 않을 경우 a != b와 같이 표현합니다. 이때 =와 ==를 혼동하지 않도록 주의해야 합니다. 예를 들어 a = b의 경우 b의 값을 a에 대입하라는 의미이고, a == b의 경우에는 a의 값과 b의 값이 같다는 표현입니다.

그림 5-4 == 관계 연산자의 연산 결과

주로 사용하는 관계 연산자의 종류는 다음과 같습니다.

표 5-4 관계 연산자의 종류(a = 5, b = 8일 때)

종류	사용 예	설명	연산 결과 예시	결과값
==	a == b	a와 b는 같음	5 == 8	0
!=	a != b	a와 b는 같지 않음	5 != 8	1
>	a > b	a는 b보다 큼	5 > 8	0
<	a < b	a는 b보다 작음	5 < 8	1
>=	a >= b	a는 b보다 크거나 같음	5 >= 8	0
<=	a <= b	a는 b보다 작거나 같음	5 <= 8	1

다음 예제는 관계 연산자를 사용하여 참은 1, 거짓은 0을 결과값으로 출력하는 프로그램입니다.

예제 5-6 관계 연산자 사용 ex05_06.c

```
#include <stdio.h>

int main(void)
{
    int a, b;

    printf("첫 번째 정수 입력 : ");
```

```
    scanf_s("%d", &a);
    printf("두 번째 정수 입력 : ");
    scanf_s("%d", &b);

    printf("a == b : %d\n", a == b);
    printf("a != b : %d\n", a != b);
    printf("a > b : %d\n", a > b);
    printf("a < b : %d\n", a < b);
    printf("a >= b : %d\n", a >= b);
    printf("a <= b : %d\n", a <= b);
    printf("a == 5 : %d\n", a == 5);
    printf("5 == a : %d\n", 5 == a);
    return 0;
}
```

```
첫 번째 정수 입력 : 5
두 번째 정수 입력 : 8
a == b : 0
a != b : 1
a > b : 0
a < b : 1
a >= b : 0
a <= b : 1
a == 5 : 1
5 == a : 1
```

관계 연산자를 사용할 때 몇 가지 주의할 사항이 있습니다. 변수 a와 상수 5에 관계 연산자를 사용하려면 a == 5 또는 5 == a가 가능합니다. 이때 실수로 5 = a와 같이 대입 연산자를 사용하면 컴파일 오류가 발생하니 주의해야 합니다. 그리고 a 〉= b와 같이 관계 연산자를 사용해야 하는데 a =〉 b와 같이 순서를 바꿔서 사용하거나 a 〈 = b와 같이 중간에 공백이 있으면 역시 오류가 발생하니 주의해야 합니다.

: QUIZ

관계 연산자를 사용한 (5 〈= 8) + 7의 연산 결과값은 (   )입니다.

정답

8

SECTION 04

논리 연산자와 조건 연산자

1 논리 연산자

논리 연산자는 연산식에서 2개 또는 여러 개의 피연산자를 대상으로 AND(&&), OR(||), NOT(!)의 논리 연산을 하여 참(true)이면 1, 거짓(false)이면 0을 결과값으로 출력합니다. 논리 연산자의 우선순위는 NOT 〉 AND 〉 OR의 순서입니다. 논리 연산자의 종류는 다음과 같습니다.

표 5-5 논리 연산자의 종류

종류	사용 예	설명
!(NOT)	!a	a가 참이면 거짓, a가 거짓이면 참
&&(AND)	a && b	a와 b가 모두 참일 경우 참, 하나라도 거짓이면 거짓
||(OR)	a || b	a와 b 중에서 하나라도 참이면 참, 모두 거짓이면 거짓

NOT 연산자 – !

NOT 연산자는 부정의 의미로, 참은 거짓으로 거짓은 참으로 변환하는 역할을 합니다. 예를 들어, 숫자 0 앞에 ! 연산자를 붙여 !0으로 정의하면 결과값으로 1(참)이 출력됩니다. 숫자 0 이외의 모든 숫자 앞에 ! 연산자를 붙이면 결과값으로 모두 0(거짓)이 출력됩니다.

AND 연산자 – &&

AND 연산자인 &&는 논리곱(곱셈의 형태)으로, 2개 이상의 피연산자가 모두 참일 경우에만 참의 값으로 1을 출력하고 피연산자 중에서 어느 하나라도 거짓이면 0을 출력합니다. AND 연산자는 두 가지 조건을 모두 충족하고자 할 때 주로 사용합니다.

OR 연산자 – ||

Tip
||는 키보드에서 Shift + ₩(원 표시)를 눌러서 사용합니다.

OR 연산자인 ||는 논리합(덧셈의 형태)으로, 2 개 이상의 피연산자 중에서 어느 하나라도 참이면 연산 결과가 참이 되어 1을 출력하고, 모두 거짓이면 0을 출력합니다.

2개의 피연산자 a, b를 대상으로 논리 연산자를 사용한 결과 예시는 다음과 같습니다.

표 5-6 논리 연산자의 수행 결과 예시

a	b	a && b	a || b	!a	!b
0	0	0	0	1	1
1	0	0	1	0	1
0	1	0	1	1	0
1	1	1	1	0	0

다음 예제는 논리 연산자를 사용하여 참과 거짓에 따라 결과값을 0 또는 1로 출력하는 프로그램입니다.

예제 5-7 논리 연산자 사용 ex05_07.c

```
#include <stdio.h>

int main(void)
{
    int a, b, c, val1, val2, val3, val4, val5;
    a = 0, b = 5, c = 8;

    val1 = a && b;              // 거짓이므로 0 출력
    val2 = a || c;              // 참이므로 1 출력
    val3 = (a > b) && (a < c);  // 왼쪽이 거짓이므로 단축 논리 연산
    val4 = !val3;               // 0이 아닌 1 출력
    val5 = b && c;              // 0이 아닌 값의 연산으로 1 출력

    printf("a = 0, b = 5, c = 8일 때\n");
    printf("1. a && b : %d\n", val1);
    printf("2. a || c : %d\n", val2);
    printf("3. (a > b) && (a < c) : %d\n", val3);
    printf("4. (3)번 값 !val3 : %d\n", val4);
    printf("5. b && c : %d\n", val5);
    return 0;
}
```

```
a = 0, b = 5, c = 8일 때
1. a && b : 0
2. a || c : 1
3. (a > b) && (a < c) : 0
4. (3)번 값 !val3 : 1
5. b && c : 1
```

논리 연산에서 논리곱은 피연산자 중에서 어느 하나라도 0의 값을 가지면 0을 출력하고 모두 1의 값을 가져야만 1을 출력합니다. 논리합은 피연산자 중에서 어느 하나라도 1의 값을 가지면 결과값으로 1을 출력합니다.

Tip

단축 논리 연산을 제공하는 이유는 프로그램을 좀 더 빠르게 실행하기 위해서입니다.

2가지 이상의 피연산자를 대상으로 논리 연산자를 수행할 때 C 언어에서는 단축 논리 연산을 수행합니다. 논리곱을 의미하는 && 연산자를 정의한 연산식에서 맨 앞에 있는 피연산자가 거짓이면 나머지 피연산자의 && 연산을 수행하지 않아도 모두 거짓이 되므로 나머지 피연산자를 계산하지 않습니다.

여러 개의 피연산자를 대상으로 논리합을 의미하는 || 연산자를 정의한 연산식에서도 맨 앞에 있는 피연산자가 참이면 나머지 피연산자를 계산하지 않고 참으로 간주하여 프로그램을 실행합니다.

다음 예제는 논리 연산자를 사용하여 윤년을 판별하는 프로그램으로, 제시한 조건에 따라 참과 거짓이 판별되고 결과값으로 0 또는 1이 출력됩니다. 이때 윤년이면 결과값으로 1을 출력하고 평년이면 0을 출력합니다. 윤년을 판별하기 위해서는 다음과 같은 조건을 모두 만족해야 합니다.

- 윤년의 연도는 4의 배수
- 100으로 나눈 나머지가 0인 연도는 제외
- 윤년은 400으로 나눈 나머지가 0인 연도

윤년에 해당하기 위한 세 가지 조건을 모두 만족할 수 있도록 논리 연산자를 사용하여 다음과 같이 프로그램을 작성합니다.

예제 5-8 논리 연산자 사용 – 윤년 판별 ex05_08.c

```
#include <stdio.h>

int main(void)
{
    int input, year;

    printf("윤년이면 1, 평년이면 0 출력\n");

    printf("연도 입력 : ____ \b\b\b\b\b");
    scanf_s("%d", &input);

    year = ((input % 4 == 0) && !(input % 100 == 0)) || (input % 400 == 0);

    printf("입력한 %d년은 %d에 해당합니다.\n ", input, year);
    return 0;
}
```

```
윤년이면 1, 평년이면 0 출력
연도 입력 : 2020
입력한 2020년은 1에 해당합니다.
```

```
윤년이면 1, 평년이면 0 출력
연도 입력 : 2035
입력한 2035년은 0에 해당합니다.
```

: QUIZ

0을 제외한 모든 숫자에 부정을 의미하는 논리 연산자(!)를 사용하면 결과값이 거짓이 되어 정수 (   )을/를 출력합니다.

정답

0

2 조건 연산자

조건 연산자는 3개의 피연산자를 사용하여 삼항 연산자라고도 합니다. '(조건식) ? 식1 : 식2;'와 같이 조건식에 따라 참이면 '식1'을 수행하고 거짓이면 '식2'를 수행합니다.

Tip

조건 연산자는 최댓값 또는 최솟값을 판별할 때 주로 사용합니다.

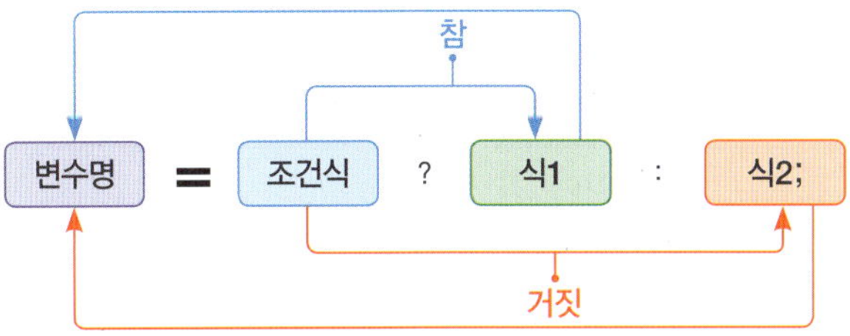

그림 5-5 **조건 연산자의 문법 구조**

다음 예제는 키보드로 정수값 2개를 입력받은 뒤 조건 연산자로 큰 수와 작은 수를 판별하여 출력하는 프로그램입니다.

예제 5-9 조건 연산자 사용 ex05_09.c

```
#include <stdio.h>

int main(void)
{
    int num1, num2, max, min;

    printf("정수 2개를 차례로 입력\n");

    printf("첫 번째 정수 : ____ \b\b\b\b\b");
    scanf_s("%d", &num1);

    printf("두 번째 정수 : ____ \b\b\b\b\b");
    scanf_s("%d", &num2);
```

```c

    max = (num1 > num2) ? num1 : num2;
    min = (num1 < num2) ? num1 : num2;

    printf("둘 중 큰 수 : %d\n", max);
    printf("둘 중 작은 수 : %d\n", min);
    return 0;
}
```

```
정수 2개를 차례로 입력
첫 번째 정수 : 1234
두 번째 정수 : 5678
둘 중 큰 수 : 5678
둘 중 작은 수 : 1234
```

: QUIZ

a = 5, b = 8일 때 둘 중 큰 값을 c에 대입하기 위한 조건 연산식은 (   )입니다.

정답

c = (a > b) ? a : b;

SECTION 05

비트 연산자와 주소 참조 연산자

1 비트 연산자

비트 연산자는 데이터를 비트(bit) 단위로 처리하는 연산자를 의미하며, 비트 논리 연산자와 시프트(shift) 연산자로 구분됩니다. C 언어는 하드웨어를 제어할 수 있는 시스템 프로그래밍이 가능하여 데이터를 비트 단위로 처리할 수 있습니다.

Tip 컴퓨터가 비트 연산을 지원하는 이유는 일반 연산보다 처리 속도가 훨씬 빠르기 때문입니다.

32개 비트로 구성된 int형 변수를 예로 들어 살펴보겠습니다.

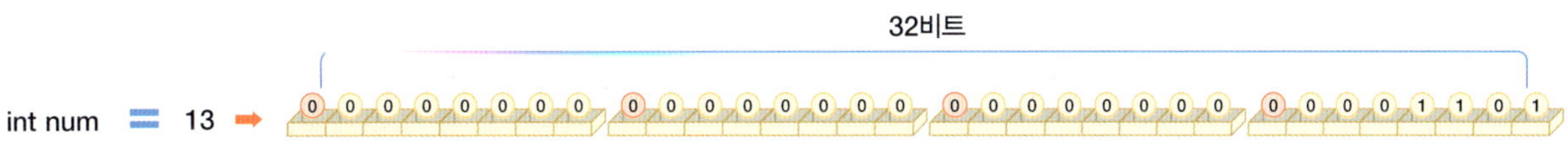

그림 5-6 int형 정수 13에 대한 비트 구성

비트 논리 연산자에는 &(AND), |(OR), ^(XOR), ~(NOT)이 있고, 시프트 연산자에는 왼쪽 시프트 연산자 《와 오른쪽 시프트 연산자 》가 있습니다.

표 5-7 비트 연산자의 종류

종류		의미	사용 예	설명
논리 연산자	&	AND	a & b	a, b 비트가 모두 1이면 1, 아니면 0
	|	OR	a | b	a, b 비트 중 어느 하나라도 1이면 1, 둘 다 0이면 0
	^	XOR	a ^ b	a, b 비트값이 서로 다르면 1, 같으면 0
	~	NOT	~a	a 값이 1이면 0, 0이면 1
시프트 연산자	《	LEFT SHIFT	a 《 b	a 값을 b만큼 왼쪽으로 비트 이동
	》	RIGHT SHIFT	a 》 b	a 값을 b만큼 오른쪽으로 비트 이동

비트 AND – &

비트 AND 연산은 곱셈과 의미가 같습니다. 비트에 0을 곱하면 0이 되고, 1을 곱하면 피연산자가 1인 경우에만 1을 반환합니다. 예를 들어 a = 5, b = 3으로 비트 AND 연산을 수행하면 result = 1이 반환됩니다.

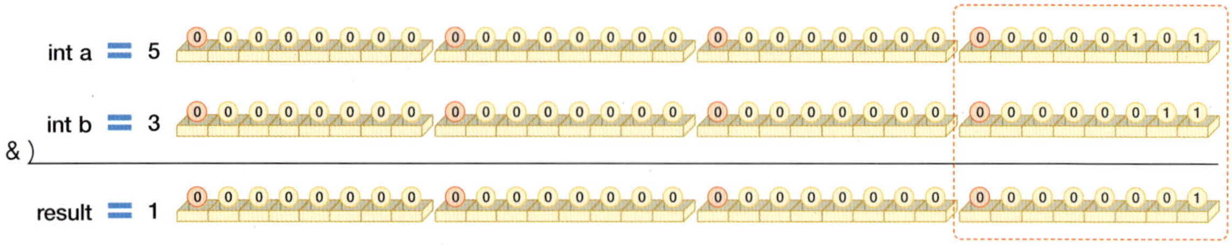

그림 5-7 a = 5, b = 3일 때 비트 AND 연산 수행 결과

이와 같이 피연산자 중에서 어느 하나라도 0의 값을 가지면 AND 연산 결과로 0의 값을 반환합니다. 그리고 피연산자가 모두 1의 값을 가질 경우에만 1을 반환합니다.

비트 OR – |

비트 OR 연산은 덧셈과 의미가 같습니다. 피연산자 중에서 어느 하나라도 1인 값의 비트를 가지면 1이 되고, 피연산자의 모든 비트가 0의 값을 가지면 0을 반환합니다. 예를 들어 a = 5, b = 3으로 비트 OR 연산을 수행하면 result = 7이 반환됩니다.

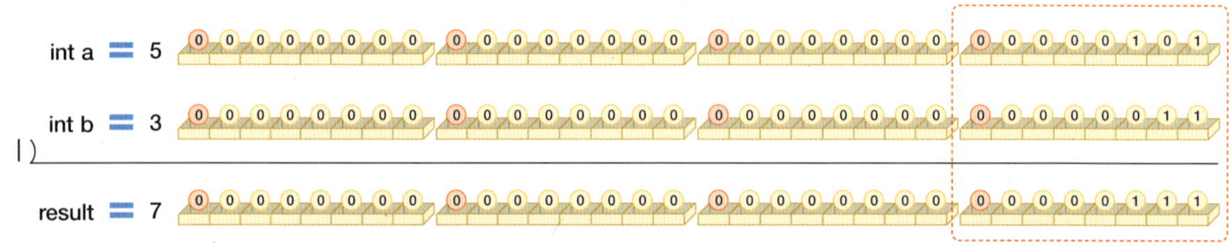

그림 5-8 a = 5, b = 3일 때 비트 OR 연산 수행 결과

이와 같이 피연산자 중에서 어느 하나라도 1의 값을 가지면 비트 OR 연산 결과로 1을 반환합니다. 그리고 피연산자가 모두 0의 값을 가질 경우에만 0을 반환합니다.

비트 XOR – ^

비트 XOR 연산은 피연산자의 값이 서로 다른 경우에만 1의 값을 반환하고 서로 같으면 0의 값을 반환합니다. 예를 들어 a = 5, b = 3으로 비트 XOR 연산을 수행하면 result = 6이 반환됩니다.

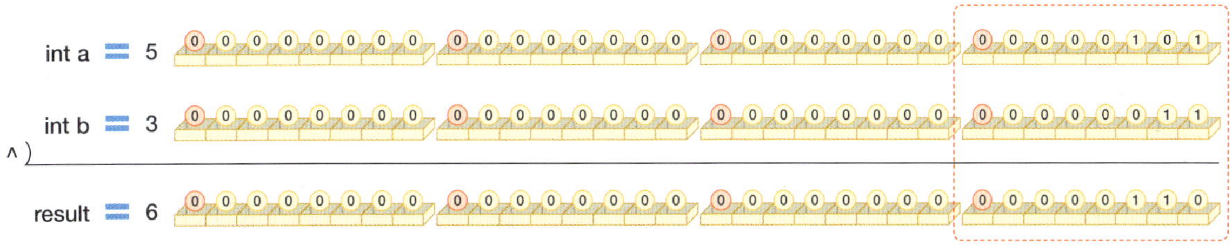

그림 5-9 a = 5, b = 3일 때 비트 OR 연산 수행 결과

이와 같이 비트 XOR 연산자를 사용하면 피연산자가 서로 다른 값을 가질 경우에만 1을 반환하고 서로 같은 값을 가질 경우에는 0을 반환합니다.

비트 NOT – ~

비트 NOT 연산은 피연산자의 값을 부정하는 연산자입니다. 즉 피연산자의 값이 0이면 1을 반환하고 1이면 0을 반환하는 1의 보수가 적용됩니다. 이때 1의 보수가 적용되면 부호 비트 또한 변하므로 피연산자의 값이 양의 정수일 경우 음의 정수로 변환합니다. 예를 들어, a = 5의 값을 result = ~a와 같이 비트 NOT 연산자를 사용하면 맨 앞에 있는 부호 비트(0은 양수, 1은 음수)도 반전되어 result = –6이 됩니다. 양의 정수값에 비트 NOT 연산자를 사용하면, 값에 1을 더하고 부호 비트는 반전되므로 –(5+1) = –6의 값을 반환하기 때문입니다.

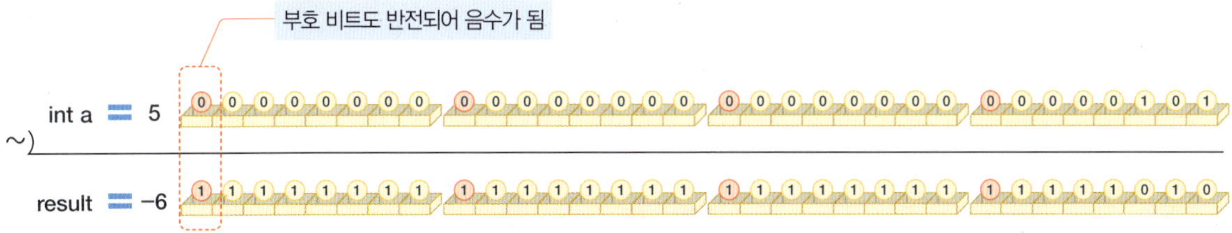

그림 5-10 a = 5일 때 비트 NOT 연산 수행 결과

2개의 피연산자 a와 b를 대상으로 비트 논리 연산자를 사용한 결과를 정리하면 다음과 같습니다.

표 5-8 비트 논리 연산자의 수행 결과 예시

a	b	a & b	a | b	a ^ b	~a	~b
0	0	0	0	0	1	1
1	0	0	1	1	0	1
0	1	0	1	1	1	0
1	1	1	1	0	0	0

다음 예제는 2개의 정수값에 비트 논리 연산자를 사용하여 결과값을 출력하는 프로그램입니다. 이 예제를 통해 비트 논리 연산자의 사용 방법과 반환되는 결과값을 이해하기 바랍니다.

예제 5-10 비트 연산자 사용 ex05_10.c

```c
#include <stdio.h>

int main(void)
{
    int a, b, val1, val2, val3, val4, val5;
    a = 5;              // 0101 -> 2진수로 표현
    b = 3;              // 0011 -> 2진수로 표현

    val1 = a & b;
    val2 = a | b;
    val3 = a ^ b;
    val4 = ~val3;       // ~는 결과값에 1을 더함
    val5 = ~val4;       // 결과값에 1을 더하고 부호를 반전

    printf("a = 5, b = 3일 때\n");
    printf("1. a & b : %d\n", val1);
    printf("2. a | b : %d\n", val2);
    printf("3. a ^ b : %d\n", val3);
    printf("4. (3)번 값 ~val3 : %d\n", val4);
    printf("5. (4)번 값 ~val4 : %d\n", val5);
    return 0;
}
```

```
a = 5, b = 3일 때
1. a & b : 1
2. a | b : 7
3. a ^ b : 6
4. (3)번 값 ~val3 : -7
5. (4)번 값 ~val4 : 6
```

a = 5, b = 3일 때 비트 논리 연산자의 수행 과정 — **여기서 잠깐!**

1. 비트 AND

```
        8421
  a   : 0101 ........... 5
&) b  : 0011 ........... 3
  val1 : 0001 ........... 1
```

• 비트 AND 연산은 피연산자의 값이 모두 1인 경우에만 1을 출력

2. 비트 OR

```
        8421
  a   : 0101 ........... 5
|) b  : 0011 ........... 3
  val2 : 0111 ........... 7
```

• OR 연산은 피연산자 값 중에서 어느 하나라도 1이면 1을 출력

3. 비트 XOR

```
        8421
  a   : 0101 ........... 5
^) b  : 0011 ........... 3
  val3 : 0110 ........... 6
```

• XOR 연산은 피연산자의 값이 다를 경우에만 1을 출력

4. 비트 NOT

```
        8421
~) val3 : 0110 ........... 6
   val4 : 1111 .......... -7
```

• NOT 연산은 부호 비트를 반전하여 음수의 값을 반환

• 원래의 값에 1을 더한 다음 부호를 반전하여 −(6+1) = −7을 반환

왼쪽 시프트 연산 – <<

왼쪽 시프트 연산은 데이터를 비트 단위로 한 자리씩 또는 이동하려는 비트수만큼 왼쪽으로 이동하고 빈자리는 0으로 채웁니다. 밀려난 비트는 사라지기 때문에 연산에서 제외됩니다. 예를 들어, a = 5에 대해 result = a << 2와 같이 왼쪽 시프트 연산을 수행하면 [그림 5-11]과 같은 과정을 거쳐 결과값이 result = 20으로 출력됩니다.

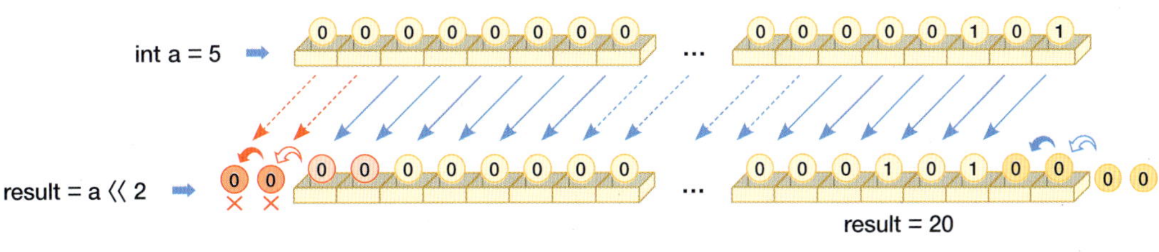

그림 5-11 a = 5일 때 왼쪽 시프트 연산 수행 결과

오른쪽 시프트 연산 – >>

오른쪽 시프트 연산은 데이터를 비트 단위로 한 자리씩 또는 이동하려는 비트수만큼 오른쪽으로 이동하고 빈자리는 0으로 채웁니다. 밀려난 비트는 사라지기 때문에 연산에서 제외됩니다. 예를 들어, a = 5에 대해 result = a >> 2와 같이 오른쪽 시프트 연산을 수행하면 [그림 5-12]와 같은 과정을 거쳐 결과값이 result = 1로 출력됩니다.

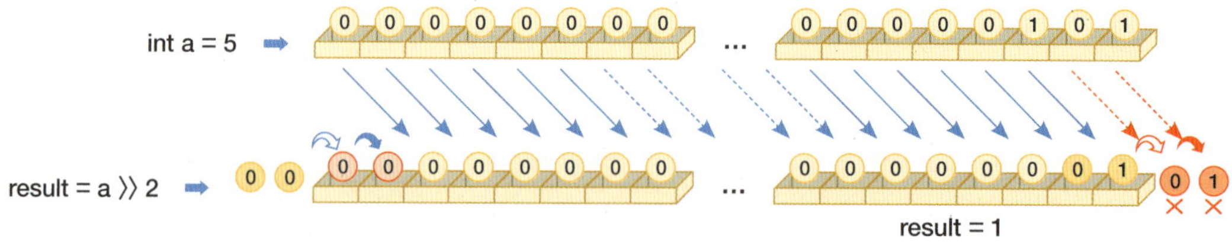

그림 5-12 a = 5일 때 result = a >> 2의 오른쪽 시프트 연산 수행 결과

다음 예제는 비트를 대상으로 시프트 연산을 수행한 결과값을 10진수 정수로 출력하는 프로그램입니다.

예제 5-11 시프트 연산자로 비트 연산 ex05_11.c

```c
#include <stdio.h>

int main(void)
{
    int num, val1, val2, val3, val4;
    num = 5;                // 5를 2진수로 표현하면 0000 0101

    val1 = num << 1;        // 결과값 10
    val2 = num << 2;        // 결과값 20
    val3 = num >> 1;        // 결과값 2
    val4 = num >> 2;        // 결과값 1

    printf("num = 5일 때\n");
    printf("1. 왼쪽 시프트 연산\n");
    printf("num << 1 : %d\n", val1);
    printf("num << 2 : %d\n", val2);
    printf("2. 오른쪽 시프트 연산\n");
    printf("num >> 1 : %d\n", val3);
    printf("num >> 2 : %d\n", val4);
    return 0;
}
```

```
num = 5일 때
1. 왼쪽 시프트 연산
num << 1 : 10
num << 2 : 20
2. 오른쪽 시프트 연산
num >> 1 : 2
num >> 2 : 1
```

시프트 연산을 수행할 때 왼쪽 시프트 연산은 제시한 값에 2n(n은 이동할 비트수)을 곱하고, 오른쪽 시프트 연산은 제시한 값을 2n으로 나누면 결과값을 쉽게 얻을 수 있습니다.

예를 들어, a = 5일 때 result = a 〈〈 2와 같은 왼쪽 시프트 연산을 2진수로 변환하지 않고 바로 10진수로 계산하려면 result = a * (2 * 2)를 적용하여 result = 20을 얻을 수 있습니다. 또한 a = 5일 때 result = a 〉〉 2와 같이 오른쪽 시프트 연산을 수행하면 result = a / (2 * 2)를 적용하여 result = 1을 쉽게 얻을 수 있습니다.

이와 같이 시프트 연산을 '좌승우제'로 기억한다면 2진수로 변환하지 않고 바로 10진수로 결과를 얻을 수 있습니다.

: QUIZ

int a = 3일 때 result = a 〈〈 2 명령으로 왼쪽 시프트 연산을 수행해봅시다. 먼저 10진수 3은 2진수로 (   )이/가 되고, 이를 왼쪽으로 2비트만큼 시프트 연산을 수행하면 2진수로 (   )이/가 됩니다. 따라서 최종적으로 출력되는 10진수 결과값은 result = (   )이/가 됩니다.

정답

0011, 1100, 12

2 주소 참조 연산자

주소 참조 연산자는 포인터(pointer) 자료형을 사용하여 메모리 공간의 주소를 처리하는 단항 연산자로 & 연산자와 * 연산자가 있습니다. & 연산자는 해당 변수가 위치한 메모리의 주소를 구하고, * 연산자는 포인터 변수가 가지고 있는 메모리 주소에서 값을 읽어옵니다. 이 중에서 * 연산자는 반드시 포인터 변수에만 사용할 수 있으며 포인터 변수가 가리키는 메모리 공간에서 값을 가져옵니다.

```
int a = 35, val;
int *addr;
addr = &a;
val = *addr;
```

& 연산자는 메모리 주소를 구하는 연산자이므로 addr = &a와 같이 선언하면 변수 a에 저장된 값 35 대신 값이 저장되어 있는 주소를 포인터 변수 addr에 대입하라는 의미입니다. val = *addr은 포인터 변수가 가지고 있는 주소에 실제로 저장되어 있는 값을 대입하라는 의미이므로 변수 val에는 val = 35와 같이 실제 값이 대입됩니다.

a = 35에 저장된 메모리 주소를 출력하려면 포인터 변수인 int *addr을 선언한 주소 참조 연산자를 사용하여 addr = &a로 선언해야 합니다. 포인터 변수가 가리키는 주소에 저장된 실제 값을 출력하려면 val = *addr과 같이 포인터 변수를 일반 변수에 대입한 다음 출력하면 됩니다. 이 과정을 좀 더 쉽게 이해하기 위해 그림으로 정리하면 다음과 같습니다.

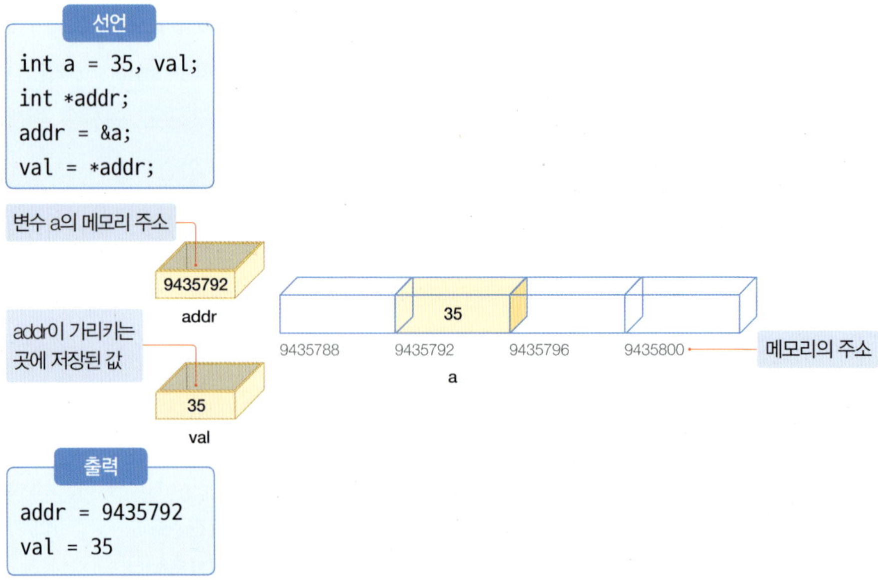

그림 5-13 **주소 참조 연산자와 포인터 변수의 사용 과정**

다음 예제는 변수에 대입한 값이 메모리의 어느 곳에 저장되어 있는지 파악하기 위해 주소를 출력하고 그 주소에 실제로 저장된 값을 출력하는 프로그램입니다.

예제 5-12 주소 참조 연산자 사용 ex05_12.c

```c
#include <stdio.h>

int main(void)
{
    int a = 35, val;
    int *addr;        // *는 포인터 변수 표시

    addr = &a;        // 변수 a의 주소를 받아옴
    val = *addr;      // 포인터 변수가 가리키는 주소의 실제 값을 가져옴

    printf("a = 35일 때\n");
    printf("1.변수 a의 주소 : %d\n", addr);
    printf("2.변수 a의 주소(16진수) : %X\n", addr);
    printf("3.포인터 변수 *addr에 저장된 값 : %d\n", val);
    return 0;
}
```

```
a = 35일 때
1.변수 a의 주소 : 9435792
2.변수 a의 주소(16진수) : 8FFA90
3.포인터 변수 *addr에 저장된 값 : 35
```

Tip

데이터가 저장되는 메모리의 주소는 매번 변경될 수 있습니다. 따라서 변수 a의 주소는 실행할 때마다 다르게 나옵니다.

포인터 변수를 선언하는 것은 메모리 주소를 사용한다는 의미로 이해해야 합니다. 포인터 변수에 값이 저장된 메모리 주소를 대입하려면 주소 참조 연산자인 &를 사용하고, 포인터 변수가 가리키는 주소에 저장되어 있는 실제 값을 대입하려면 '변수명 = * 포인터 변수'와 같이 선언합니다.

: QUIZ

변수 a = 8이 저장된 주소를 1004번지라고 가정할 때, 변수 b에 변수 a의 주소를 대입하려면 (　　　)(으)로 선언합니다.

정답

b = &a;

SECTION

06 기타 연산자

1 자료형의 크기 산출 연산자

변수를 선언할 때는 항상 자료형을 선언합니다. 이때 선언한 변수의 크기 또는 자료형의 크기를 바이트(byte) 단위로 구하려면 sizeof( ) 함수를 사용합니다. 'sizeof(변수명)' 형식으로 선언하면 변수가 확보한 메모리 공간의 크기를 산출해 줍니다. sizeof( ) 함수는 sizeof( ) 연산자라고도 합니다.

sizeof( ) 연산자는 다음과 같은 형식으로 사용합니다.

```
int a;
sizeof(a);        // 변수의 크기를 바이트 단위로 구함
sizeof(int);      // 자료형의 크기를 바이트 단위로 구함
```

이때 sizeof( ) 연산자의 괄호는 변수명에는 생략해도 되지만 자료형에는 생략해서는 안 됩니다.

- sizeof a ○
- sizeof(a) ○

- sizeof(int) ○
- sizeof int ×

다음 예제는 sizeof( ) 연산자를 사용하여 각 자료형이 확보한 메모리 공간의 크기를 출력하는 프로그램입니다.

예제 5-13 sizeof( ) 연산자로 메모리 크기 출력 ex05_13.c

```
#include <stdio.h>

int main(void)
{
    int varsize = 8;
```

```
    printf("정수형 변수 int varsize = 8 선언\n");
    printf("1.변수 varsize 크기 : %d바이트\n", sizeof(varsize));
    printf("2.자료형 char 크기 : %d바이트\n", sizeof(char));
    printf("3.자료형 short 크기 : %d바이트\n", sizeof(short));
    printf("4.자료형 int 크기 : %d바이트\n", sizeof(int));
    printf("5.자료형 float 크기 : %d바이트\n", sizeof(float));
    printf("6.자료형 double 크기 : %d바이트\n", sizeof(double));
    return 0;
}
```

```
정수형 변수 int varsize = 8 선언
1.변수 varsize 크기 : 4바이트
2.자료형 char 크기 : 1바이트
3.자료형 short 크기 : 2바이트
4.자료형 int 크기 : 4바이트
5.자료형 float 크기 : 4바이트
6.자료형 double 크기 : 8바이트
```

2 자료형 변환 연산자

이미 선언된 변수의 자료형을 변환할 때는 캐스트(cast) 연산자를 사용합니다. 캐스트 연산자는 자료형의 크기로 언더플로 또는 오버플로가 발생할 경우를 대비해 강제로 자료형을 변환할 때 사용합니다. 자료형 변환은 명시적 변환과 묵시적 변환으로 구분할 수 있으며 명시적 변환은 강제 변환, 묵시적 변환은 자동 변환이라고도 합니다.

Tip 자료형 변환에 대한 자세한 설명은 180쪽을 참고하세요. 캐스트 연산자 활용은 155쪽에서 다루었습니다.

캐스트 연산자는 변수뿐만 아니라 일반 상수 앞에도 사용할 수 있습니다.

[변수에 캐스트 연산자 사용]

```
int a, b, avg;
avg = (float)a/b;
...
(float)avg;
```

[상수에 캐스트 연산자 사용]

```
(int) 3.8
(float) 5
```

3 콤마 연산자

콤마(comma) 연산자는 이항 연산자로 2개의 수식을 하나의 문장으로 표현할 때 사용하는 것으로 연결 연산자라고도 합니다. 콤마 연산자는 주로 반복문에서 사용하며 그중에서도 for 문에서 많이 사용합니다.

for 문의 기본 형식은 for(초깃값; 조건식; 증감값)입니다. 이때 for(초깃값1, 초깃값2; 조건식; 증감값1, 증감값2)와 같이 콤마 연산자를 사용하여 초깃값을 2개의 수식으로 표현할 수 있습니다.

> **Tip**
> for 문에 대한 자세한 내용은 반복문을 설명하는 7장에서 다루기로 하고, 여기에서는 콤마 연산자가 연결 연산자의 의미를 가진다는 정도만 이해하고 넘어갑니다.

콤마 연산자는 변수를 선언할 때나 수식을 결합할 때 편리하게 사용할 수 있습니다.

[변수 선언을 위한 콤마 연산자 사용]

```
int a = 20;
int b = 30;
```

콤마 연산자 사용 →

```
int a = 20, b = 30;
```

[수식 결합을 위한 콤마 연산자 사용]

```
a = 20;
sum = a + 30;
```

콤마 연산자 사용 →

```
sum = (a = 20, a + 30);
```

도전문제 기호 상수와 비트 연산자 사용 방법 익히기

01 프로그램 실행 결과에 맞게 소스 코드의 빈칸을 채워 완성하시오.

```
GB(기가바이트) 단위로 데이터 입력 : 1000
입력한 데이터 양 : 1000 GB
환산한 데이터 양 : 1024000 KB
```

```
#include <stdio.h>
____________ MB 1024

int main(void)
{
    int input, gb;

    printf("GB(기가바이트) 단위로 데이터 입력 : ");
    scanf_s("%d", &input);

```

```
    gb = input *                    ;

    printf("입력한 데이터 양 : %d GB \n", input);
    printf("환산한 데이터 양 : %d KB \n", gb);

    return 0;
}
```

Hint : 기호 상수는 #define을 사용하여 선언한 후에 연산식에서 사용하면 됩니다.

정답

```
#define
MB
```

02 왼쪽 시프트 연산 프로그램입니다. 실행 결과에 맞게 소스 코드의 빈칸을 채워 완성하시오.

```
비트 연산을 수행할 정수 입력 : 8
왼쪽으로 비트 이동할 정수 입력 : 2
비트 연산 결과 : 8 << 2 = 32
```

```
#include <stdio.h>

int main(void)
{
    int a, b, result;

    printf("비트 연산을 수행할 정수 입력 : ");
    

    printf("왼쪽으로 비트 이동할 정수 입력 : ");
    

    

    printf("비트 연산 결과 : %d << %d = %d\n",                    );

    return 0;
}
```

Hint : 표준 입력 함수인 scanf_s( )를 사용하여 키보드로 값을 입력받고 왼쪽 시프트 연산자인 <<를 사용하여 비트 연산을 수행하면 됩니다.

정답

```
scanf_s("%d", &a);
scanf_s("%d", &b);
result = a << b;
a, b, result
```

핵심점검

1 수식에서 (　　　　　　　)은/는 연산을 수행하는 대상을 의미하고 (　　　　　　　)은/는 피연산자 사이에서 계산을 수행하는 부호를 의미합니다.

2 (　　　　　　　)은/는 연산자가 여러 개 선언된 경우에 어떤 것을 먼저 계산할지 규정한 것으로 이것에 따라서 최우선 순위의 연산자부터 실행됩니다.

3 (　　　　　　　)은/는 나머지를 계산하는 연산자로 실수형에서는 사용할 수 없고 정수형에서만 사용할 수 있습니다.

4 (　　　　　　　)은/는 수학에서는 왼쪽과 오른쪽이 같다는 의미로 사용하지만 C 언어에서는 대입하라는 의미로 사용합니다.

5 (　　　　　　　)은/는 연산자를 기준으로 왼쪽과 오른쪽에 있는 두 개의 피연산자를 비교하여 참 또는 거짓으로 결과값을 출력합니다.

6 (　　　　　　　)은/는 삼항 연산자라고도 하며 '(조건식) ? 식1 : 식2;'에서 조건식이 참이면 식1을 수행하고 거짓이면 식2를 수행합니다.

7 (　　　　　　　) 연산자는 해당 변수가 위치한 메모리의 주소를 구하는 단항 연산자이고, (　　　　　　　) 연산자는 포인터 변수가 가지고 있는 메모리 주소에서 값을 읽어오는 단항 연산자입니다.

8 (　　　　　　　)은/는 두 개의 수식을 하나의 문장으로 표현할 때 사용하는 이항 연산자로 (　　　　　　　)(이)라고도 합니다.

정답 **1** 피연산자, 연산자 **2** 연산자 우선순위 **3** % 연산자 **4** =(등호) **5** 관계 연산자 **6** 조건 연산자 **7** &, * **8** 콤마 연산자, 연결 연산자

연습문제

1 피연산자와 연산자가 결합된 상태를 나타내는 것은?

① 예약어 ② 식별자

③ 수식 ④ 자료형

2 연산자가 여러 개 선언된 경우에 어떤 것을 먼저 계산할지 규정한 것은?

① 연산자 우선순위 ② 컴파일러

③ 컴파일 ④ 식별자

3 다음 중에서 우선순위가 가장 느린 연산자는?

① << ② ( )

③ [ ] ④ ++

4 정수형 변수와 실수형 변수를 연산할 때 출력되는 결과값의 자료형은?

① 문자형 ② 문자열형

③ 정수형 ④ 실수형

5 나머지를 구하는 연산자는?

① // ② /

③ % ④ &

6 '25%2'를 출력하기 위해 printf( ) 함수 안에 선언하는 방법은?

① 25%2 ② 25%%2

③ 25＼%2 ④ 25\%2

7 a *= b - c와 동일한 연산식은?

① a * b - c = a ② a = a * b - c

③ a = (a * b) - c ④ a = a * (b - c)

8 연산자 우선순위가 빠른 순으로 정렬하시오.

① ( ) ② &&

③ == ④ <<

9 산술 연산자 중에서 정수에서만 사용해야 하는 연산자는?

① * ② /

③ % ④ +

10 a = 5일 때 b = a++의 연산 결과로 출력되는 a, b의 값은?

① a = 6, b = 6 ② a = 5, b = 6

③ a = 5, b = 5 ④ a = 6, b = 5

11 변수 또는 자료형의 크기를 알고 싶을 때 사용하는 연산자는?

① shift 연산자 ② sizeof( ) 연산자

③ cast( ) 연산자 ④ comma 연산자

12 오버플로가 발생하였을 때 강제 자료형 변환을 하기 위해 사용하는 것은?

① shift 연산자 ② sizeof( ) 함수

③ cast( ) 연산자 ④ comma 연산자

13 a = 8, b = 9일 때 다음 연산의 결과로 출력되는 a, b, c의 값은?
(단, ①번 결과값으로 ②번을 수행하고, ②번 결과값으로 ③번을 수행한다.)

① c = a++ + b++ → a = ( ), b = ( ), c = ( )

② c = --a + --b → a = ( ), b = ( ), c = ( )

③ c = ++a - b-- → a = ( ), b = ( ), c = ( )

연습문제

14 a = 15, b = 8일 때 다음 비트 연산의 결과값을 2진수와 10진수로 나타내시오.

① result = a >> 3 → result = ($)_2$, result = ($)_{10}$

② result = b << 2 → result = ($)_2$, result = ($)_{10}$

③ result = --a + b >> 2 → result = ($)_2$, result = ($)_{10}$

15 A와 B의 값이 다음과 같을 때 논리 연산자를 수행한 결과값을 적으시오.

A	B	A && B	A ‖ B	A ^ B	!(A ^ B)
1	0				
0	0				
1	1				
0	1				

16 주석문을 참고하여 소스 코드의 빈칸을 채워 완성하시오.

```
int a = 58, result;
int *addr;
[          ] // 정수 58을 값으로 저장하고 있는 주소를 변수에 저장
[          ] // 포인터 변수가 가지고 있는 실제 값을 변수에 저장
```

17 sizeof( ) 연산자를 잘못 사용한 것은?

① sizeof num   ② sizeof(num)

③ sizeof float   ④ sizeof(double)

프로그래밍 문제

1 다음 내용에 맞는 프로그램을 작성하시오.

- 포인터 변수 1개 선언
- 키보드로 정수값 1개 입력
- 포인터 변수에 정수값이 저장되어 있는 주소 대입
- 정수값이 저장되어 있는 메모리 주소를 16진수 대문자로 출력
- 기타 사항은 [출력 예시] 참조

[출력 예시]

```
키보드로 정수 1개를 입력하시오. : 385
키보드로 입력한 값이 저장된 주소(16진수 표기) : 1FFAFC
포인터 변수 *poval에 저장된 값(10진수 표기) : 385
```

2 다음 내용에 맞는 프로그램을 작성하시오.

- int형 변수 4개 선언
- 키보드로 정수값 3개를 콤마 연산자로 구분하여 입력
- 입력받은 정수값 3개를 차례대로 출력
- 조건 연산자를 사용하여 입력받은 정수값 3개 중에서 최댓값 출력
- 기타 사항은 [출력 예시] 참조

[출력 예시]

```
키보드로 정수값 3개를 입력하시오(구분자는 콤마 사용). : 88, 75, 108
키보드로 입력한 정수값 3개는 88, 75, 108
그 중에서 최댓값은 108
```

프로그래밍 문제

3 다음 내용에 맞는 프로그램을 작성하시오.

- 정수형 변수 2개와 포인터 변수 2개 선언
- 키보드로 정수값 2개 입력하되 구분자는 콤마
- 입력된 정수값이 저장되어 있는 주소를 2개의 포인터 변수에 각각 대입
- 정수값이 저장되어 있는 메모리 주소를 10진수로 출력
- 기타 사항은 [출력 예시] 참조

[출력 예시]

```
정수 2개를 입력하시오(구분자는 콤마 사용). : 3, 5
입력한 정수 2개는 3, 5
3의 주소값 : 16710864
5의 주소값 : 16710852
```

학 | 습 | 목 | 표

- 제어문의 특징과 종류를 알아봅니다.
- if 문의 특징과 사용 방법을 알아봅니다.
- switch 문의 특징과 사용 방법을 알아봅니다.

Chapter 06
조건문

SELF CHECK

1 제어문은 순차, 선택, (정지, 반복)(이)라는 3가지 구조로 구성됩니다.

2 조건문은 제시한 조건을 참과 (거짓, 미정)(으)로 판별하여 해당하는 명령을 수행합니다.

3 조건문의 조건이 참 또는 거짓일 경우 수행해야 할 명령문이 2개 이상이면 (〈〉, {})을/를 사용해 반드시 코드 블록 구간을 선언해야 합니다.

4 조건이 여러 개여서 구조가 복잡해질 수 있는 다중 if ~ else 문의 단점을 해결하기 위해 (switch 문, 간결문)을/를 사용합니다.

5 switch 문에서 사용할 수 있는 조건문 또는 수식에는 정수형 상수와 (식별자, 문자형) 상수가 있습니다.

정답

1 반복 **2** 거짓 **3** {} **4** switch 문 **5** 문자형

SECTION 01 제어문

1 제어문의 개념

컴퓨터 프로그램은 제시한 명령을 순차적으로 수행합니다. 이때 명령이 실행되는 순서를 제어하는 명령문을 제어문(control statement)이라고 합니다. 제어문은 수행하고자 하는 명령문을 제어하고 강제로 분기하기 위해 사용합니다.

2 제어문의 종류

제어문은 크게 조건문과 반복문으로 구분할 수 있습니다. 조건문은 제시한 특정 조건이 참인지 거짓인지를 판별하여 수행하는 명령을 다르게 정의하는 명령문입니다. 반복문은 제시한 조건이 참일 동안 문장을 계속해서 반복 수행하는 명령문입니다.

조건문

조건문은 특정 조건에 따라 다른 문장을 수행하는 명령문입니다. 예를 들어, 비가 오면 장화를 신고 비가 오지 않으면 운동화를 신는 두 가지 상황을 판별하기 위한 조건은 '비가 온다'입니다. 실제로 비가 오면 참, 비가 오지 않으면 거짓이 되어 그에 맞는 문장으로 분기합니다.

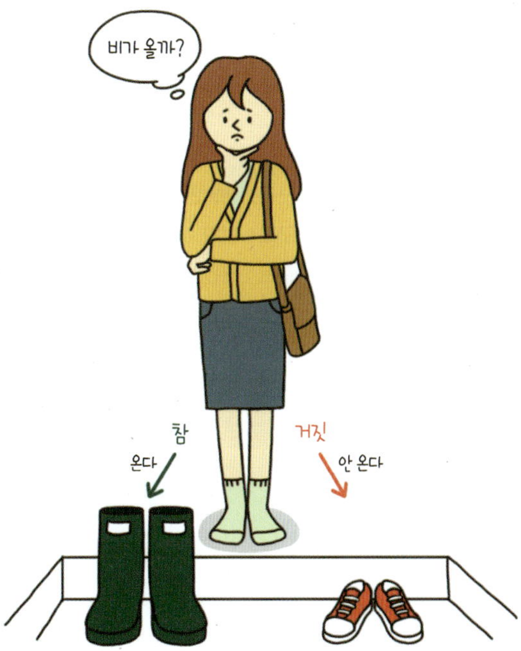

그림 6-1 조건의 참, 거짓에 따라 수행하는 명령이 다른 조건문

조건문은 하나의 조건으로 간단하게 끝나는 단순 조건문도 있지만 원하는 조건을 찾을 때까지 여러 조건을 비교하는 다중 조건문도 있습니다. 중첩 조건문은 조건문 안에 조건문이 있는 구조를 말합니다.

반복문

반복문은 일정한 구간의 명령을 반복해서 실행할 때 사용합니다. 프로그램을 작성하면서 특정 함수나 명령문을 반복해서 실행해야 할 때 반복문을 이용하면 편리합니다.

반복문은 동일한 명령에 대해 제시한 조건이 참이면 계속해서 반복 수행하다가 거짓이면 반복을 멈춥니다. 반복문이 멈추는 순간은 조건이 거짓으로 바뀌는 순간입니다. 반복 횟수는 조건에 따라 결정되는데 조건을 잘못 지정하면 결과가 달라지거나 프로그램이 종료되지 않고 계속 반복할 수 있습니다. 그러므로 반복문은 반드시 반복을 멈추는 조건이 있어야 합니다.

반복문에는 한 개의 반복문을 사용하는 단순 반복문과 반복문 안에 또 다른 반복문을 사용하는 중첩 반복문, 특정 명령을 무한히 반복하여 실행하는 무한 반복문이 있습니다.

프로그램에서 반복문을 사용하다 보면 특정 조건일 때 반복문에서 벗어나야 하는 경우가 있습니다. break 문은 반복문의 특정 조건에서 벗어날 때 사용하고, 특정 조건만 건너뛰고 계속 반복문을 실행해야 할 때는 continue 문을 사용합니다.

3 제어문의 구조

제어문은 명령문의 조건에 따라 프로그램의 실행 순서를 바꾸기 위해 사용합니다. 제어문은 순차, 선택, 반복이라는 3가지 구조로 구성됩니다.

- **순차 구조 :** 특별한 제어 과정 없이 명령이 처음부터 끝까지 순서대로 실행되는 구조입니다.
- **선택 구조 :** 참과 거짓 중에서 하나를 선택하여 실행하는 구조로 조건문에 해당합니다.
- **반복 구조 :** 조건이 참일 동안 동일한 명령이 반복되면서 실행되는 구조로 반복문에 해당합니다.

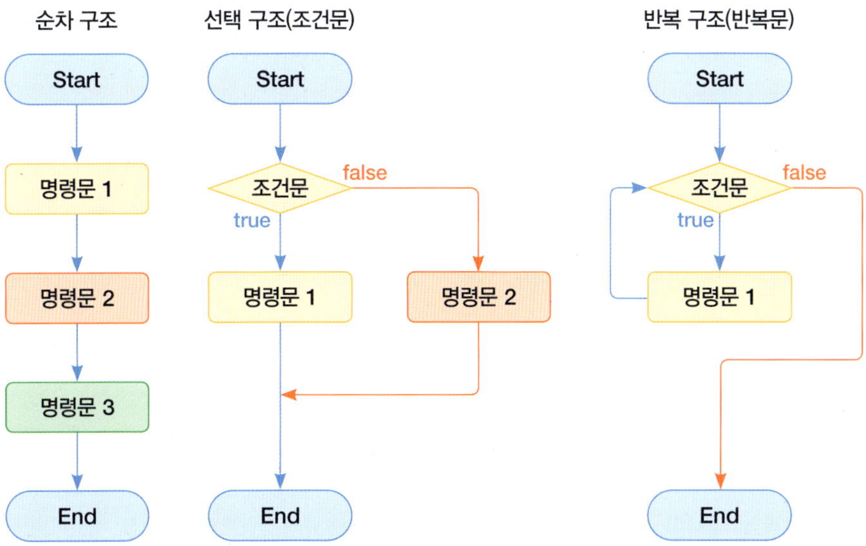

그림 6-2 제어문의 3가지 구조

Tip

제어문은 순차 구조, 선택 구조, 반복 구조 형태로 구분해서 사용하기도 하지만 혼합해서 사용하기도 합니다.

: QUIZ

① 조건문은 특정 조건이 (   )인지 (   )인지 판별하여 수행하는 명령을 다르게 정의하는 명령문입니다.

② 반복문은 조건이 (   )일 동안 문장을 계속해서 반복 수행하는 명령문입니다.

정답

① 참, 거짓

② 참

SECTION 02 if 문

1 조건문

Tip
조건문은 제시한 조건에 따라 단일 선택, 양자 선택, 다중 선택으로 나눌 수 있습니다.

C 언어에서는 제시한 조건에 따라 명령을 다르게 수행하기 위해 단순 if 문, if ~ else 문, switch 문을 제공합니다. 특히 조건이 여러 단계이고 복잡할 경우에는 다중 if ~ else 문, 중첩 if ~ else 문, switch 문을 사용하여 프로그램을 수행합니다. 조건문은 프로그래밍에서 많이 사용하므로 반드시 숙지하고 넘어가야 합니다.

2 단순 if 문

Tip
단순 if 문은 단일 선택 방식입니다.

단순 if 문은 제시한 조건이 참(true)이면 명령을 실행하고 거짓(false)이면 아무것도 실행하지 않는 가장 단순한 형태의 조건문입니다.

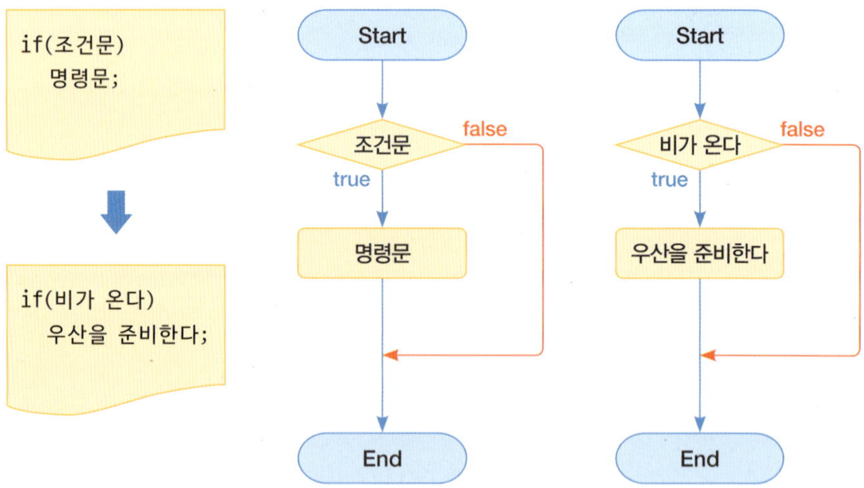

그림 6-3 단순 if 문의 문법 구조와 순서도

단순 if 문에서 조건의 귀속을 받는 명령문은 if 문 다음에 제시한 명령문 한 행뿐입니다.

다음 예제는 단순 if 문을 사용하여 키보드로 입력한 값이 양의 정수일 때만 문장을 출력하는 프로그램입니다. 이 예제에서는 편의상 숫자 0을 양의 정수에 포함시키지 않는 것으로 조건식을 사용합니다.

예제 6-1 if 문으로 양의 정수 판별 ex06_01.c

```
01 #include <stdio.h>
02
03 int main(void)
04 {
05     int input_num;
06
07     printf("정수 입력 : ");
08     scanf_s("%d", &input_num);
09
10     if(input_num > 0)        // 제시한 조건이 참일 경우에만 수행
11         printf("입력한 정수 %d는(은) 양의 정수입니다.\n", input_num);
12
13     return 0;
14 }
```

Tip
if 문 다음에는 세미콜론(;)을 붙이지 않습니다. 예를 들어, if(input_num 〉 0);으로 선언하면 문법 오류가 발생합니다.

```
정수 입력 : 88
입력한 정수 88는(은) 양의 정수입니다.
```

```
정수 입력 : -50
```

양의 정수를 입력하면 제시한 조건이 참이 되어 해당하는 문장을 출력하지만 음의 정수를 입력하면 거짓이 되어 아무런 문장도 출력하지 않습니다.

코드 10행에서 if 문의 조건이 참이면 11행의 명령문이 수행되고, 거짓이면 11행은 실행되지 않고 13행이 실행됩니다.

명령문에 코드 블록 설정

if 문에서 조건문은 반드시 괄호로 묶어야 하고, 조건문이 참일 경우 수행하는 명령문이 2개 이상이면 { }(중괄호)를 사용하여 코드 블록 구간을 설정해 주어야 합니다. 코드 블록을 선언하지 않으면 2개 이상의 명령문 중에서 첫 번째 명령에만 조건문이 적용됩니다.

다음 예제는 단순 if 문에서 제시한 조건문의 참과 거짓 판별에 따라 수행해야 할 명령문을 2개 선언할 경우 실행 결과가 어떻게 출력되는지 알아보는 프로그램입니다.

예제 6-2 코드 블록을 선언하지 않은 if 문 – 오류 발생 ex06_02.c

```
01 #include <stdio.h>
02 
03 int main(void)
04 {
05     int input_num;
06 
07     printf("정수 입력 : ");
08     scanf_s("%d", &input_num);
09 
10     if(input_num > 0)
11         printf("입력한 정수 %d는(은) 양의 정수입니다.\n", input_num);
12     printf("조건문은 참입니다.\n");    // 조건이 거짓일 때에도 실행
13 
14     return 0;
15 }
```

```
정수 입력 : 73
입력한 정수 73는(은) 양의 정수입니다.
조건문은 참입니다.
```

```
정수 입력 : -888
조건문은 참입니다.
```

if 문에서 조건문이 참일 경우에는 if 문 다음에 제시한 명령문 1개만 실행합니다. 그래서 if 문 바로 다음 명령문을 제외한 나머지 명령문은 조건이 참이거나 거짓이거나 상관없이 모두 실행됩니다.

[예제 6-2]에서 의도한 바는 if 문의 조건문이 참일 경우 11행과 12행이 출력되도록 하기 위함이었으나 12행은 조건이 거짓일 경우에도 출력되었습니다. 이와 같이 제시한 조건문에 따라 참과 거짓을 구별하여 2개 이상의 명령문을 한꺼번에 적용시키는 프로그램을 작성하려면 반드시 중괄호를 사용하여 코드 블록을 명확하게 지정해 주어야 합니다.

다음 예제는 if 문에서 제시한 조건문이 참일 경우에만 명령문이 수행되도록 코드 블록을 지정한 프로그램입니다. [예제 6-2]와 가장 큰 차이점은 중괄호를 사용하여 코드 블록 구간을 명확하게 지정해 주었다는 데 있습니다.

예제 6-3 코드 블록을 선언한 if 문 ex06_03.c

```
#include <stdio.h>

int main(void)
{
    int input_num;

```

```
07      printf("정수 입력 : ");
08      scanf_s("%d", &input_num);
09
10      if(input_num > 0)
11      {
12          printf("입력한 정수 %d는(은) 양의 정수입니다.\n", input_num);
13          printf("조건문은 참입니다.\n");
14      }
15
16      return 0;
17 }
```

```
정수 입력 : 123
입력한 정수 123는(은) 양의 정수입니다.
조건문은 참입니다.
```

```
정수 입력 : -58
```

if 문에서 조건문의 참과 거짓 판별에 따라 적용하는 명령문의 영향력을 어디까지 설정할 것인지는 중괄호를 사용하여 코드 블록으로 지정하면 됩니다. 10행에서 선언한 if 문의 영향력은 중괄호를 선언한 코드 블록 11행에서 14행까지입니다.

중괄호를 사용하여 코드 블록을 지정하는 것은 if 문의 효력 범위를 명확하게 지정해 주기 위함입니다.

Tip

단순 if 문은 제시한 조건이 참일 경우 수행할 명령문을 정의할 때 사용합니다.

: QUIZ

① if 문에서 조건문이 참일 경우 수행하는 명령문이 2개 이상이면 (   )을/를 사용하여 코드 블록을 반드시 설정해 주어야 합니다.

② 단순 if 문은 제시한 조건이(   )(이)면 명령을 실행하고 거짓이면 아무것도 실행하지 않는 가장 단순한 형태의 조건문입니다.

정답

① { }(중괄호)
② 참

3 if~else 문

단순 if 문은 제시한 조건문이 참일 경우에만 명령을 수행하고 거짓일 경우에는 아무것도 수행하지 않습니다. 그에 반해 if~else 문은 제시한 조건문이 참일 경우 수행할 명령문과 거짓일 경우 수행할 명령문을 따로 정의하는 조건문입니다.

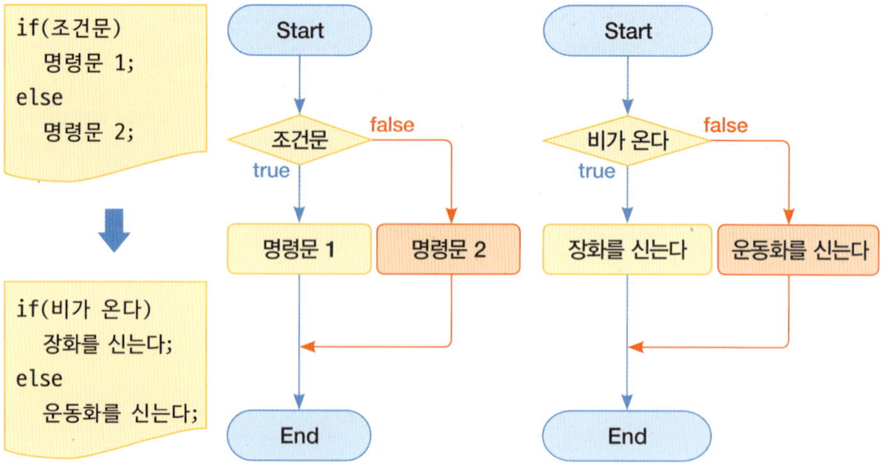

그림 6-4 **if~else 문의 문법 구조와 순서도**

예를 들어, "비가 올까?"라는 물음에 비가 오면(참일 경우) 장화를 신고 비가 오지 않으면(거짓일 경우) 운동화를 신는 것처럼 if~else 문은 제시한 조건문의 참과 거짓에 따라 독립된 명령문을 따로 수행할 때 사용합니다.

입력한 정수의 홀수와 짝수 판별

if~else 문에서 나머지 연산자인 %를 사용하면 입력한 정수값이 홀수인지 짝수인지 판별할 수 있습니다. 다음 예제는 if~else 문을 활용하여 입력한 정수값이 홀수인지 짝수인지 판별하는 프로그램입니다.

예제 6-4 if ~ else 문으로 홀수와 짝수 판별 ex06_04.c

```
#include <stdio.h>

int main(void)
{
    int input_num, result;

    printf("정수 입력 : ");
    scanf_s("%d", &input_num);

    result = input_num % 2;

    if(result != 0)
        printf("입력한 정수 %d는(은) \"홀수\"입니다.\n", input_num);
    else
        printf("입력한 정수 %d는(은) \"짝수\"입니다.\n", input_num);

    return 0;
}
```

```
정수 입력 : 123
입력한 정수 123는(은) "홀수"입니다.
```

```
정수 입력 : 888
입력한 정수 888는(은) "짝수"입니다.
```

12행은 나머지 연산자 %를 사용하여 입력한 값이 홀수인지 판별하는 조건문입니다. 만약 if (result == 0)으로 선언한다면 짝수인지 판별하는 조건문이 됩니다. 조건문이 참 또는 거짓일 경우 출력문을 맞게 수정한다면 두 가지 조건문 중에서 어느 것을 사용해도 됩니다.

입력한 알파벳의 대문자와 소문자 판별

알파벳 대소문자를 판별하려면 알파벳의 아스키코드값(대문자는 65 ~ 90, 소문자는 97~122)이나 알파벳이 가지고 있는 고유의 문자 상수(대문자는 'A' ~ 'Z', 소문자는 'a' ~ 'z')를 사용할 수 있습니다. 다음 예제는 if~else 문을 활용하여 입력한 알파벳이 대소문자 중에서 어느 것인지 판별하는 프로그램입니다.

예제 6-5 if~else 문으로 알파벳의 대소문자 판별 ex06_05.c

```c
#include <stdio.h>

int main(void)
{
    char alphabet;

    printf("알파벳 입력 : ");
    scanf_s("%c", &alphabet, sizeof(alphabet));

    if(alphabet >= 'A' && alphabet <= 'Z')    // 알파벳이 대문자인지 판별
    {
        printf("입력한 알파벳 %c는(은) \"대문자\"이고\n", alphabet);
        printf("아스키코드값은 %d입니다.\n", alphabet);
    }
    else
    {
        printf("입력한 알파벳 %c는(은) \"소문자\"이고\n", alphabet);
        printf("아스키코드값은 %d입니다.\n", alphabet);
    }

    return 0;
}
```

```
알파벳 입력 : Q
입력한 알파벳 Q는(은) "대문자"이고
아스키코드값은 81입니다.
```

```
알파벳 입력 : k
입력한 알파벳 k는(은) "소문자"이고
아스키코드값은 107입니다.
```

이 예제에서는 알파벳이 가지고 있는 고유의 문자 상수를 사용해 대소문자를 판별합니다. 10행을 보면 문자 상수를 의미하는 'A' ~ 'Z'와 구간을 의미하는 논리 연산자 &&를 사용하여 조건식을 선언합니다.

키보드로 숫자를 입력하면 else 문에 해당되어 17행부터 18행까지의 명령문을 수행하여 입력한 값이 알파벳 소문자라고 출력합니다. 제시한 조건이 참 또는 거짓일 경우 둘 중 어느 하나만을 수행하도록 하는 것은 if~else 문의 한계입니다.

```
알파벳 입력 : 8
입력한 알파벳 8는(은) "소문자"이고
아스키코드값은 56입니다.
```

4 다중 if~else 문

다중 if~else 문은 제시한 조건문이 2개 이상일 경우 사용합니다. 예를 들어, 봄·여름·가을·겨울의 사계절에 따라 수행할 활동을 선택하는 것처럼 다양한 조건을 제시할 때 사용합니다.

```
if(조건문 1)
   명령문 1;
else if(조건문 2)
   명령문 2;
else if(조건문 3)
   명령문 3;
else
   명령문 4;
```

```
if(봄)
   꽃을 가꾼다;
else if(여름)
   수영을 한다;
else if(가을)
   추수를 한다;
else
   스키를 탄다;
```

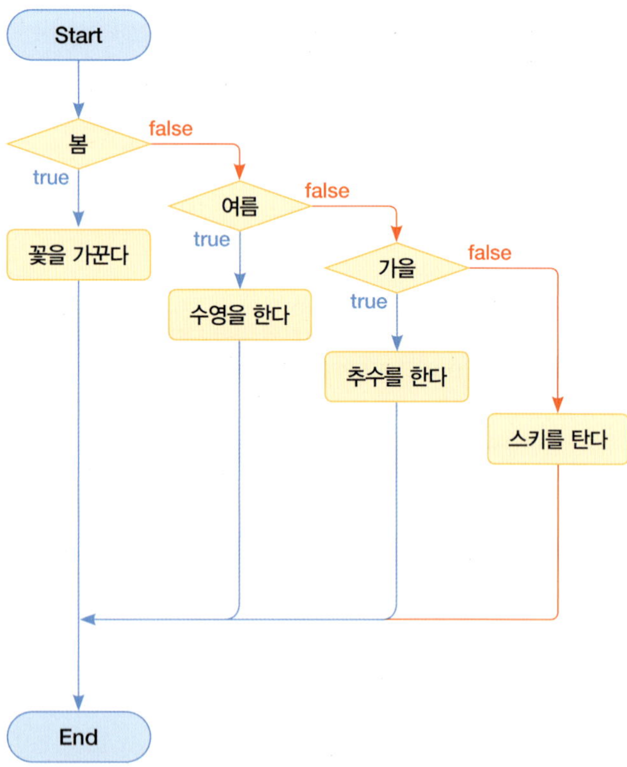

그림 6-5 다중 if~else 문의 문법 구조와 순서도

점수에 따른 등급 출력

입력한 점수에 따라 학점을 출력하는 프로그램을 만들어 보겠습니다.

등급	점수	조건
A학점	90점 이상	입력한 점수가 90점 이상이면 A 학점
B학점	80점 이상	입력한 점수가 80점 이상이면 B 학점
C학점	70점 이상	입력한 점수가 70점 이상이면 C 학점
D학점	60점 이상	입력한 점수가 60점 이상이면 D 학점
F학점	60점 미만	입력한 점수가 60점 미만이면 F 학점

이를 수행하기 위한 순서도는 다음과 같습니다.

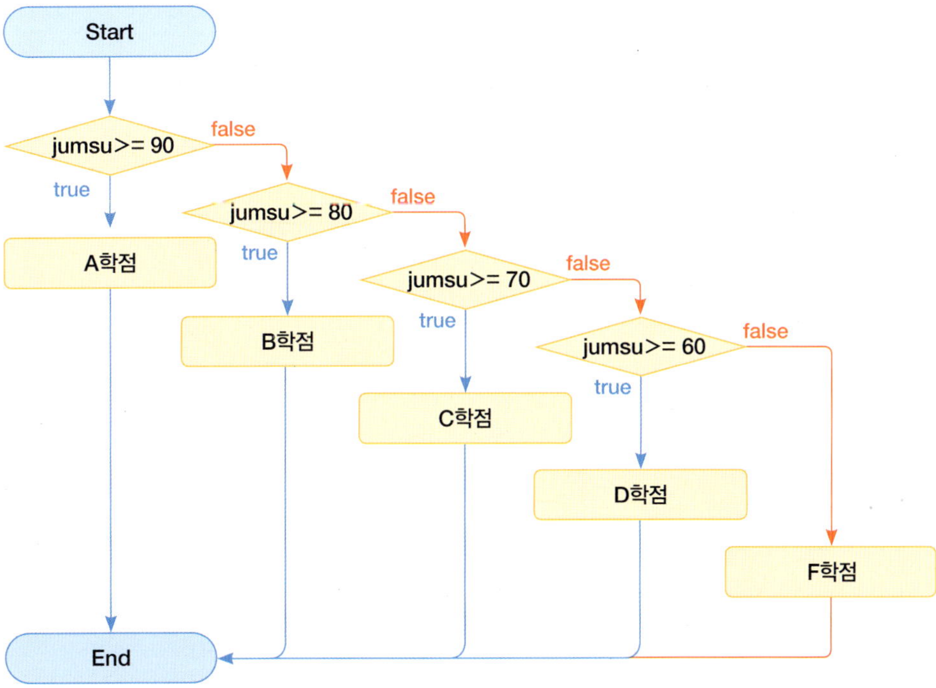

그림 6-6 입력한 점수에 따라 등급을 판별하는 다중 if~else 문의 순서도

다음 예제는 다중 if~else 문을 사용하여 점수에 따라 등급을 판별하는 프로그램입니다.

예제 6-6 다중 if~else 문으로 등급 판별 ex06_06.c

```
#include <stdio.h>

int main(void)
{
```

```c
    int jumsu;
    char grade;

    printf("점수 입력 : ");
    scanf_s("%d", &jumsu);

    if(jumsu >= 90)
        grade = 'A';
    else if(jumsu >= 80)
        grade = 'B';
    else if(jumsu >= 70)
        grade = 'C';
    else if(jumsu >= 60)
        grade = 'D';
    else
        grade = 'F';

    printf("점수 등급 : %c학점\n", grade);
    return 0;
}
```

```
점수 입력 : 200
점수 등급 : A학점
```

```
점수 입력 : -50
점수 등급 : F학점
```

실행 결과를 보면 200점을 입력하면 A학점이 출력되고 -50점을 입력하면 F 학점이 출력됩니다. 이와 같은 현상이 발생한 이유는 입력한 점수가 100을 초과하거나 0보다 작으면 학점이 출력되지 않도록 예외 사항에 대한 해결 방법을 제시하지 않았기 때문입니다. 이를 해결하기 위해서는 다음 두 가지 중 한 가지 방법을 사용할 수 있습니다.

① if~else 문을 중첩해서 사용하기
② 다중 if~else 문에서 논리 연산자(&&)를 사용하여 조건의 구간 정하기

중첩 if~else 문 사용

[예제 6-6]에서 100점을 초과하거나 0보다 작은 값이 점수로 입력되어도 학점이 출력되었습니다. 이와 같은 문제점은 if~else 문 안에 if~else 문을 중첩해서 사용하면 해결할 수 있습니다.

예제 6-7 중첩 if~else 문으로 등급 판별 ex06_07.c

```c
#include <stdio.h>

int main(void)
```

```
{
    int jumsu;
    char grade;

    printf("점수 입력 : ");
    scanf_s("%d", &jumsu);

    if(jumsu > 100 || jumsu < 0)
    {
        printf("점수 허용 구간(0~100)이 아닙니다.\n");
        printf("프로그램을 다시 시작하세요.\n");
        return 0;
    }
    else
    {
        if(jumsu >= 90)
            grade = 'A';
        else if(jumsu >= 80)
            grade = 'B';
        else if(jumsu >= 70)
            grade = 'C';
        else if(jumsu >= 60)
            grade = 'D';
        else
            grade = 'F';
    }

    printf("입력한 점수 : %d\n", jumsu);
    printf("점수 등급 : %c학점\n", grade);
    return 0;
}
```

```
점수 입력 : 200
점수 허용 구간(0~100)이 아닙니다.
프로그램을 다시 시작하세요.
```

```
점수 입력 : -50
점수 허용 구간(0~100)이 아닙니다.
프로그램을 다시 시작하세요.
```

다중 if~else 문에 논리 연산자 사용

[예제 6-6]에서 100점을 초과하거나 0보다 작은 값이 점수로 입력되어도 학점이 출력되는 문제를 해결하는 두 번째 방법은 조건의 구간을 정하는 것입니다. 다중 if~else 문의 여러 개 조건문에 논리 연산자 &&를 사용하여 점수 구간을 설정하면 중첩 if~else 문보다 소스 코드를 좀 더 간결하게 작성할 수 있습니다.

등급	점수 구간	조건
A학점	90점 이상 100점 이하	입력한 점수가 90 ~ 100점이면 A 학점
B학점	80점 이상 90점 미만	입력한 점수가 80 ~ 89점이면 B 학점
C학점	70점 이상 80점 미만	입력한 점수가 70 ~ 79점이면 C 학점
D학점	60점 이상 70점 미만	입력한 점수가 60 ~ 69점이면 D 학점
F학점	0점 이상 60점 미만	입력한 점수가 0 ~ 60점이면 F 학점

예제 6-8 다중 if~else 문에 논리 연산자 && 사용 ex06_08.c

```c
#include <stdio.h>

int main(void)
{
    int jumsu;
    char grade;

    printf("점수 입력 : ");
    scanf_s("%d", &jumsu);

    if(jumsu >= 90 && jumsu <= 100)
        grade = 'A';
    else if(jumsu >= 80 && jumsu < 90)
        grade = 'B';
    else if(jumsu >= 70 && jumsu < 80)
        grade = 'C';
    else if(jumsu >= 60 && jumsu < 70)
        grade = 'D';
    else if(jumsu >= 0 && jumsu < 60)
        grade = 'F';
    else
    {
        printf("점수 허용 구간(0~100)이 아닙니다.\n");
        printf("프로그램을 다시 시작하세요.\n");
        return 0;
    }

    printf("입력한 점수 : %d\n", jumsu);
    printf("점수 등급 : %c학점\n", grade);
    return 0;
}
```

```
점수 입력 : 88
입력한 점수 : 88
점수 등급 : B학점
```

```
점수 입력 : 300
점수 허용 구간(0~100)이 아닙니다.
프로그램을 다시 시작하세요.
```

다중 if~else 문을 사용하여 혈액형별 성향을 출력하는 프로그램을 만들어 보겠습니다. 여기서는 혈액형(A형, B형, AB형, O형)에 대한 다중 if~else 문을 사용하여 알파벳 대소문자 구별 없이 다음 표와 같이 A, B, C, O를 각 혈액형에 매핑하여 프로그램을 작성합니다.

혈액형	알파벳 매핑	혈액형별 성향
A형	A 또는 a	부드럽고 섬세한 성향
B형	B 또는 b	주위 변화에 민감한 성향
AB형	C 또는 c	예술적인 감각을 가진 성향
O형	O 또는 o	활발하고 쾌활한 성향
예외 사항	A, B, C, O 이외 알파벳	알파벳은 대소문자 구별 없이 A, B, C, O만 허용

예제 6-9 다중 if~else 문에 논리 연산자 || 사용 ex06_09.c

```c
#include <stdio.h>

int main(void)
{
    char blood;

    printf("A형 : A 또는 a\n");
    printf("B형 : B 또는 b\n");
    printf("AB형 : C 또는 c\n");
    printf("O형 : O 또는 o\n");
    printf("혈액형에 해당하는 알파벳 입력 : ");
    scanf_s("%c", &blood, sizeof(blood));

    if(blood == 'A' || blood == 'a')
    {
        printf("A형\n");
        printf("부드럽고 섬세한 성향\n");
    }
    else if(blood == 'B' || blood == 'b')
    {
        printf("B형\n");
        printf("주위 변화에 민감한 성향\n");
    }
    else if(blood == 'C' || blood == 'c')
    {
        printf("AB형\n");
        printf("예술적인 감각을 가진 성향\n");
    }
    else if(blood == 'O' || blood == 'o')
    {
        printf("O형\n");
```

```c
            printf("활발하고 쾌활한 성향\n");
    }
    else
    {
            printf("허용하지 않는 문자입니다.\n");
            printf("대소문자 구별 없이 A, B, C, O만 허용됩니다.\n");
            printf("프로그램을 다시 시작하세요.\n");
            return 0;
    }
    return 0;
}
```

```
A형 : A 또는 a
B형 : B 또는 b
AB형 : C 또는 c
O형 : O 또는 o
혈액형에 해당하는 알파벳 입력 : a
A형
부드럽고 섬세한 성향
```

```
A형 : A 또는 a
B형 : B 또는 b
AB형 : C 또는 c
O형 : O 또는 o
혈액형에 해당하는 알파벳 입력 : Z
허용하지 않는 문자입니다.
대소문자 구별없이 A, B, C, O만 허용됩니다.
프로그램을 다시 시작하세요.
```

[예제 6-8]에서는 90에서 100 사이에 존재하는 모든 값을 만족하는 조건식이 필요하여 논리 연산자 &&를 사용해 if (jumsu 〉= 90 && jumsu 〈= 100)과 같이 선언하였습니다. [예제 6-9]에서는 A 또는 a 중 어느 하나라도 참이면 참의 조건문을 실행하는 조건식이 필요하여 논리 연산자 ||를 사용해 if (blood == 'A' || blood == 'a')와 같이 선언하였습니다. 즉 논리 연산자 &&는 2개 이상의 조건식이 모두 참일 때 참이 되고, 논리 연산자 ||는 2개 이상의 조건식에서 어느 하나라도 참이면 참이 되는 용도로 사용할 수 있습니다.

SECTION
03 switch 문

1 switch 문의 사용 형식

switch 문은 조건이 여러 개여서 복잡해질 수 있는 다중 if~else 문의 단점을 해결하기 위해 사용합니다. switch 문은 제시한 조건문 또는 수식과 'case 상수:' 형식의 상수가 일치하는 case 문을 찾은 다음 분기하여 해당 case 문에서 제시하는 명령문을 수행합니다. 명령문을 모두 수행한 다음에는 break 문을 통해 case 문을 빠져나옵니다.

'case 상수:' 형식에서 상수와 일치하는 값이 없는 경우 default: 문에서 제시하는 명령문을 수행하게 됩니다. switch 문에서의 default 문은 if~else 문에서의 else 문과 의미가 같다고 보면 됩니다.

다음은 switch 문의 사용 형식을 순서도와 함께 나타낸 것입니다.

```
switch(조건문)
{
   case 1:
      명령문 1;
      break;
   case 2:
      명령문 2;
      break;
   case 3:
      명령문 3;
      break;
   default:
      명령문 4;
      break;
}
```

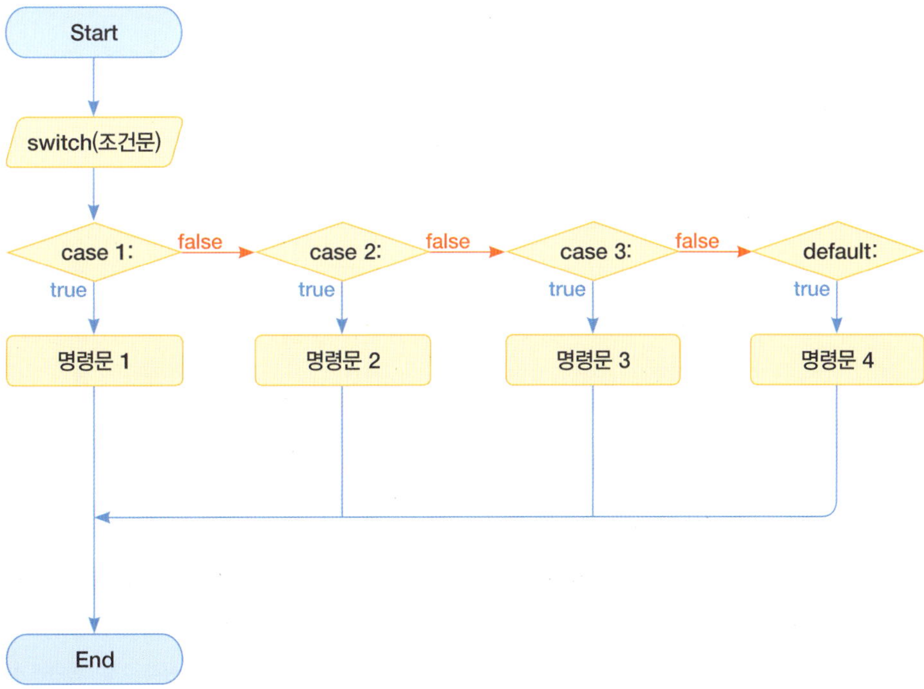

그림 6-7 switch 문의 문법 구조와 순서도

2 switch 문 사용 시 주의 사항

switch 문의 조건문 또는 수식으로는 문자형 상수와 정수형 상수만 사용할 수 있습니다. 실수를 사용할 경우에는 정수로 환산해야 합니다. 그 외에도 사용할 때 주의할 사항은 다음과 같습니다.

형식	주의 사항
switch(조건문 또는 수식)	조건문 또는 수식은 문자형 상수 또는 정수형 상수만 가능
case 상수	상수는 반드시 1개의 정수값만 가능함(논리형 값은 사용할 수 없음)
	상수 다음에는 세미콜론(;) 대신 콜론(:) 선언
코드 블록	제시하는 명령문이 2개 이상이더라도 중괄호를 사용하지 않음
break 문	생략하면 다음 case 문까지 계속 수행
default 문	모든 case 문에 해당되지 않을 때 수행할 명령문 제시

정답

① break 문, default 문
② 문자형 상수, 정수형 상수, 정수

: QUIZ

① switch 문은 조건문 또는 수식과 'case 상수'의 상수가 일치하는 case 문의 명령문을 수행한 뒤 (   )을/를 통해 빠져나옵니다. 'case 상수' 형식에서 상수와 일치하는 값이 없으면 (   )의 명령문을 수행합니다.

② switch 문의 조건문 또는 수식에는 (   )와/과 (   )만 사용할 수 있습니다. 실수를 사용할 경우에는 (   )(으)로 환산해야 합니다.

3 switch 문 사용 예

switch 문을 사용하는 다양한 경우를 살펴보겠습니다.

문자형 상수를 사용한 switch 문

문자형 상수를 사용하여 선택한 계절에 대한 메시지를 출력하는 프로그램을 작성해 보겠습니다.

계절	알파벳 매핑	계절별 특징 출력
봄	A 또는 a	만물이 소생하는 계절
여름	S 또는 s	시원한 계곡을 즐기는 계절
가을	D 또는 d	곡식과 과일이 풍성한 계절
겨울	F 또는 f	새하얀 눈이 덮인 스키의 계절
예외 사항	A, S, D, F 이외 알파벳	알파벳은 대소문자 구별 없이 A, S, D, F만 허용

예제 6-10 switch 문으로 계절별 특징 출력 ex06_10.c

```c
#include <stdio.h>

int main(void)
{
    char season;

    printf("봄 : A 또는 a\n");
    printf("여름 : S 또는 s\n");
    printf("가을 : D 또는 d\n");
    printf("겨울 : F 또는 f\n");
    printf("좋아하는 계절에 해당하는 알파벳 입력 : ");
    scanf_s("%c", &season, sizeof(season));

    switch(season)
    {
    case 'A':
    case 'a':
        printf("선택한 계절 : 봄\n");
        printf("메시지 : 만물이 소생하는 계절\n");
        break;

    case 'S':
    case 's':
        printf("선택한 계절 : 여름\n");
        printf("메시지 : 시원한 계곡을 즐기는 계절\n");
        break;

    case 'D':
    case 'd':
        printf("선택한 계절 : 가을\n");
        printf("메시지 : 곡식과 과일이 풍성한 계절\n");
        break;

    case 'F':
    case 'f':
        printf("선택한 계절 : 겨울\n");
        printf("메시지 : 새하얀 눈이 덮인 스키의 계절\n");
        break;

    default:
        printf("선택한 계절 : 오류!!\n");
        printf("알파벳은 대소문자 구별 없이 A, S, D, F만 허용됩니다.\n");
        break;
    }
    return 0;
}
```

Tip

case 문 다음에 break 문을 선언하지 않으면 break 문을 만날 때까지 다음 명령을 계속 수행합니다.

```
봄 : A 또는 a
여름 : S 또는 s
가을 : D 또는 d
겨울 : F 또는 f
좋아하는 계절에 해당하는 알파벳 입력 : s
선택한 계절 : 여름
메시지 : 시원한 계곡을 즐기는 계절
```

```
봄 : A 또는 a
여름 : S 또는 s
가을 : D 또는 d
겨울 : F 또는 f
좋아하는 계절에 해당하는 알파벳 입력 : J
선택한 계절 : 오류!!
알파벳은 대소문자 구별 없이 A, S, D, F만 허용됩니다.
```

정수형 상수로 구간을 나눈 switch 문

Tip

10단계로 함축하지 않으면 case 문을 100개 선언해야 하므로 매우 번거롭습니다.

switch 문을 사용하여 점수의 구간별 등급을 출력하는 프로그램을 작성해 보겠습니다. 먼저 0~100의 점수 구간을 모두 10으로 나누어 10단계로 함축합니다. 0~100의 점수 구간을 모두 10으로 나누어 등급을 결정하는 과정은 다음과 같습니다.

등급	점수 구간	10으로 나누어 환산	산출 내역
A학점	90점 이상 100점 이하	10, 9	10 × 10 = 100, 9 × 10 = 90
B학점	80점 이상 90점 미만	8	8 × 10 = 80
C학점	70점 이상 80점 미만	7	7 × 10 = 70
D학점	60점 이상 70점 미만	6	6 × 10 = 60
F학점	0점 이상 60점 미만	5 ~ 0	5 × 10 = 50, 0 × 10 = 0

다음 예제는 앞의 표를 참고하여 switch 문으로 만든 프로그램입니다. 다중 if ~ else 문과 어떤 점이 다른지 생각하면서 실습하기 바랍니다.

예제 6-11 switch 문으로 점수에 맞는 등급 출력 ex06_11.c

```
#include <stdio.h>

int main(void)
{
    int jumsu, mok;
    char grade;

    printf("A학점 : 90점 이상 100점 이하\n");
    printf("B학점 : 80점 이상 90점 미만\n");
    printf("C학점 : 70점 이상 80점 미만\n");
    printf("D학점 : 60점 이상 70점 미만\n");
    printf("F학점 : 0점 이상 60점 미만\n");
    printf("점수 입력 : ");
    scanf_s("%d", &jumsu);

    if(jumsu > 100 || jumsu < 0)
```

```
    {
        printf("입력한 점수는 허용 구간이 아닙니다.\n");
        printf("프로그램을 다시 실행하세요.\n");
    }
    else
    {
        mok = jumsu / 10;

        switch(mok)
        {
        case 10:
        case 9:
              grade = 'A';
              break;

        case 8:
              grade = 'B';
              break;

        case 7:
              grade = 'C';
              break;

        case 6:
              grade = 'D';
              break;

        default:
              grade = 'F';
              break;
        }
        printf("등급 : %c학점\n", grade);
    }
    return 0;
}
```

```
A학점 : 90점 이상 100점 이하
B학점 : 80점 이상 90점 미만
C학점 : 70점 이상 80점 미만
D학점 : 60점 이상 70점 미만
F학점 : 0점 이상 60점 미만
점수 입력 : 99
등급 : A학점
```

```
A학점 : 90점 이상 100점 이하
B학점 : 80점 이상 90점 미만
C학점 : 70점 이상 80점 미만
D학점 : 60점 이상 70점 미만
F학점 :  0점 이상 60점 미만
점수 입력 : -80
입력한 점수는 허용 구간이 아닙니다.
프로그램을 다시 실행하세요.
```

사칙 연산을 수행하는 switch 문

2개의 정수와 사칙 연산자(+, −, *, /)를 '정수 연산자 정수'와 같은 형식으로 입력하면 연산자를 구별하여 연산을 수행하는 프로그램을 만들어 보겠습니다. 정수, 연산자, 정수 사이에는 공백 한 칸을 구분자로 사용합니다.

사칙 연산	연산자	입력 예시	실행 결과
덧셈	+	8 + 5	13
뺄셈	−	8 − 5	3
곱셈	*	8 * 5	40
나눗셈	/	8 / 5	1.6
예외 사항	기타 연산자	8 % 5	허용하지 않는 연산자

예제 6-12 switch 문으로 사칙 연산을 수행하는 프로그램 ex06_12.c

```
#include <stdio.h>

int main(void)
{
    int num1, num2, hap, cha, gob;
    double na;
    char op;

    printf("정수 2개와 연산자 입력(예> 8 + 5) : ");

    scanf_s("%d %c %d", &num1, &op, sizeof(op), &num2);

    switch(op)
    {
    case '+':
        hap = num1 + num2;
        printf("%d %c %d = %d\n", num1, op, num2, hap);
        break;

    case '-':
        cha = num1 - num2;
        printf("%d %c %d = %d\n", num1, op, num2, cha);
        break;

    case '*':
        gob = num1 * num2;
        printf("%d %c %d = %d\n", num1, op, num2, gob);
        break;

    case '/':
        na = (float)num1 / num2;
```

```
32         printf("%d %c %d = %f\n", num1, op, num2, na);
33         break;
34 
35     default:
36         printf("%d %c %d 연산은 허용하지 않습니다.\n", num1, op, num2);
37         printf("프로그램을 다시 시작하세요.\n");
38         break;
39     }
40     return 0;
41 }
```

```
정수 2개와 연산자 입력(예> 8 + 5) : 13 / 5
13 / 5 = 2.600000
```

```
정수 2개와 연산자 입력(예> 8 + 5) : 20 % 3
20 % 3 연산은 허용하지 않습니다.
프로그램을 다시 시작하세요.
```

상수와 연산자를 한꺼번에 입력할 경우 11행과 같이 scanf_s( ) 함수 안에는 상수와 연산자에 해당하는 형식 지정자를 변수 자료형별로 각각 지정해 주면 됩니다.

이 예제에서는 switch 조건문에서 연산자를 문자 상수로 처리하여 사칙 연산 중 어떤 연산을 수행할지 분기하여 실행합니다.

if~else 문을 포함하는 switch 문

연도 네 자리와 월 두 자리를 입력하면 해당 월의 일수를 출력하기 위해 switch 문 안에 if~else 문을 사용하는 방법을 살펴보겠습니다. 그리고 윤년에 해당하는 연도를 판별하려면 다음 조건을 만족해야 합니다.

- 연도는 4의 배수
- 100으로 나누어 나머지가 0인 연도는 제외
- 400으로 나누어 나머지가 0인 연도는 윤년

다음 예제는 연도 네 자리와 1월부터 12월까지 월 숫자를 입력하면 해당 월의 일수를 출력하는 프로그램입니다.

예제 6-13 switch 문으로 해당 월의 일수 출력 및 윤년 판별 ex06_13.c

```
#include <stdio.h>

int main(void)
{
    int year, month, day;

```

```c
    printf("연도와 월 입력(예> 2035 08) : ");
    scanf_s("%d %d", &year, &month);

    if(month > 12 || month < 1)
    {
        printf("%d월은 허용하지 않는 숫자입니다.\n", month);
        printf("프로그램을 다시 시작하세요.\n");
    }
    else
    {
        switch(month)
        {
        case 2:
            if((year % 4 == 0) && (year % 100 != 0) || (year % 400 == 0))
            {
                printf("윤년");
                day = 29;
            }
            else
            {
                printf("평년");
                day = 28;
            }
            break;

        case 4: case 6: case 9: case 11:
            printf("평년");
            day = 30;
            break;

        default:
            printf("평년");
            day = 31;
        }
        printf(" : %d년 %02d월은 %d일까지 있습니다.\n", year, month, day);
    }
    return 0;
}
```

```
연도와 월 입력(예> 2035 08) : 2020 02
윤년 : 2020년 02월은 29일까지 있습니다.
```

```
연도와 월 입력(예> 2035 08) : 2035 02
평년 : 2035년 02월은 28일까지 있습니다.
```

```
연도와 월 입력(예> 2035 08 ) : 2020 17
17월은 허용하지 않는 숫자입니다.
프로그램을 다시 시작하세요.
```

20~30행을 보면 입력한 연도가 윤년인지 판별하기 위해 switch 문 안에 if~else 문을 사용하였습니다.

switch 조건문의 case 문 안에는 if~else 문을 선언하여 사용할 수 있고 if~else 조건문 안에는 switch 문을 선언하여 사용할 수도 있습니다.

도전문제 if~else 문과 switch 문의 활용 방법 익히기

01 프로그램 실행 결과에 맞게 소스 코드의 빈칸을 채워 완성하시오.

```
정수 입력 : 88
입력한 88은(는) "짝수"입니다.
```

```
정수 입력 :  75
입력한 75은(는) "홀수"입니다.
```

```
#include <stdio.h>

int main(void)
{
    [                    ]

    printf("정수 입력 : ");
    scanf_s("%d", &keynum);

    result = keynum % 2;

    if[                    ]
        printf("입력한 %d은(는) \"홀수\"입니다.\n", keynum);
    else
        printf("입력한 %d은(는) \"짝수\"입니다.\n", keynum);
}
```

Hint : 프로그램에서 사용할 변수의 개수를 먼저 파악한 뒤 필요한 만큼 변수를 선언합니다. if 문의 조건문은 참일 경우 수행할 명령문과 거짓일 경우 수행할 명령문을 구분하여 선언하면 됩니다.

정답

```c
#include <stdio.h>

int main(void)
{
    int keynum, result;

    printf("정수 입력 : ");
    scanf_s("%d", &keynum);

    result = keynum % 2;

    if(result != 0)
        printf("입력한 %d은(는) \"홀수\"입니다.\n", keynum);
    else
        printf("입력한 %d은(는) \"짝수\"입니다.\n", keynum);
}
```

- `int keynum, result;` — 프로그램에 사용될 변수를 선언합니다.
- `(result != 0)` — result의 결과값에 따라 다음에 실행할 명령문이 선택됩니다.

02 프로그램 실행 결과에 맞게 소스 코드의 빈칸을 채워 완성하시오.

```
정수 입력 : 88
입력한 88은(는) 3의 배수가 아닙니다.
```

```
정수 입력 : 54
입력한 54은(는) 3의 배수입니다.
```

```c
#include <stdio.h>

int main(void)
{
    int input, check;

    printf("정수 입력 : ");
    scanf_s("%d", &input);

    check = input % 3;

    switch ________________
    {
    ________________
        printf("입력한 %d은(는) 3의 배수입니다.\n", input);
        break;
    ________________
        printf("입력한 %d은(는) 3의 배수가 아닙니다.\n", input);
        break;
    }
    return 0;
}
```

Hint : switch 문에는 조건문과 그에 해당하는 case 문이 있습니다.

정답

```c
#include <stdio.h>

int main(void)
{
    int input, check;

    printf("정수 입력 : ");
    scanf_s("%d", &input);

    check = input % 3;

    switch(check)
    {
    case 0:
        printf("입력한 %d은(는) 3의 배수입니다.\n", input);
        break;
    default:
        printf("입력한 %d은(는) 3의 배수가 아닙니다.\n", input);
        break;
    }
    return 0;
}
```

(check) — check 결과값에 따라 다음에 실행할 명령문이 선택됩니다.

핵심점검

1 (   )은/는 명령이 실행되는 순서를 제어하는 명령문입니다.

2 (   ), (   ), (   )은/는 제어문을 구성하는 3가지 구조입니다.

3 (   )은/는 조건문에서 수행해야 할 명령이 2개 이상 존재할 경우 코드 블록을 정의하기 위해 사용합니다.

4 (   )은/는 단일 선택으로 제시한 조건이 참이면 명령을 실행하고 거짓이면 아무것도 실행하지 않는 가장 단순한 형태의 조건문입니다.

5 (   )은/는 조건이 여러 개여서 구조가 복잡해질 수 있는 다중 if~else 문의 단점을 해결하기 위해 사용합니다.

6 (   )은/는 switch 문을 빠져나가기 위해 사용하지만 중첩된 조건문에서 한꺼번에 빠져나갈 수는 없습니다.

7 switch 문의 조건문 또는 수식으로는 (   )와/과 (   )만 사용할 수 있습니다.

정답 **1** 제어문 **2** 순차, 선택, 반복 **3** { } **4** 단순 if 문 **5** switch 문 **6** break 문 **7** 정수형 상수, 문자형 상수

연습문제

1 다음 중 제어문에 해당하지 않는 것은?

① for 문　　② if 문

③ switch 문　　④ return 문

2 제시한 조건의 참과 거짓 판별에 따라 서로 다른 명령을 적용하는 것은?

① if 문　　② if~else 문

③ switch 문　　④ break 문

3 if 문에서 짝수의 합을 구하는 조건문을 선언할 때 사용하면 편리한 연산자는?

① /　　② %

③ *　　④ --

4 2개 이상의 조건문이 제시된 다중 if 문에서 모든 조건이 참일 경우 명령을 수행하도록 하기 위해 다중 조건 사이에 선언할 연산자는?

① OR　　② ||

③ &&　　④ !=

5 switch 문에서 해당 case 문을 빠져나가는 명령문은?

① else 문　　② break 문

③ default 문　　④ continue 문

6 switch 문에서 사용할 수 있는 수식은?

① 실수형 상수　　② 문자열형 상수

③ 콤마 연산자　　④ 문자형 상수

연습문제

7 switch 문에서 제시한 case에 해당하지 않는 경우 처리되는 명령문은?

① continue　② break

③ default　④ return

8 제어문을 이루는 3가지 구조인 순차, 선택, 반복의 순서도를 그리시오.

9 switch 문을 사용할 때 주의해야 할 사항을 서술하시오.

10 다음 if 문을 switch 문으로 변환하시오.

```
if(choice == 'a' || choice == 'A')
   printf("A형의 특징 : 부드럽고 섬세한 성격\n");
else if(choice == 'b' || choice == 'B')
   printf("B형의 특징 : 주위 변화에 민감하게 대응\n");
else if(choice == 'c' || choice == 'C')
   printf("AB형의 특징 : 대립하는 의견을 원만히 해결\n");
else if(choice == 'o' || choice == 'O')
   printf("O형의 특징 : 자기가 믿는 바를 끝까지 이행\n");
else
   printf("알파벳은 a, b, c, o 또는 A, B, C, O만 허용^^\n");
```

11 if 문에서 코드 블록을 반드시 선언해야 하는 이유를 서술하시오.

12 다음 프로그램에서 키보드로 입력받은 문자가 알파벳 대문자인지, 소문자인지 판별하는 if 조건문을 각각 작성하시오.

```
char alphabet;

printf("알파벳 입력 : ");
scanf_s("%c", &alphabet, sizeof(alphabet));

...생략...
```

① 대문자 판별을 위한 조건문

```
if(                    )
```

② 소문자 판별을 위한 조건문

```
if(                    )
```

프로그래밍 문제

1 다음 내용에 맞는 프로그램을 작성하시오.

- char형 변수 1개 선언
- 키보드로 문자(알파벳 대문자와 소문자, 숫자) 입력
- 알파벳 대소문자, 숫자 이외의 문자는 기타 문자로 예외 사항 메시지 출력
- 다중 if~else 문을 사용하여 입력한 문자가 대소문자인지 또는 숫자인지 판별
- 기타 사항은 [출력 예시] 참조

[출력 예시]

```
문자를 입력하시오 : Q
입력한 Q는(은) "알파벳 대문자"입니다.
```

```
문자를 입력하시오 : &
입력한 &는(은) "기타 문자"입니다.
프로그램을 다시 시작하세요.
```

2 다음 내용에 맞는 프로그램을 작성하시오.

- 변수 3개 선언: int형 변수 2개, 포인터 변수 1개
- 키보드로 점수 입력
- 입력한 점수의 유효 범위(0~100)는 if~else 문으로 판별
- 입력한 점수에 대해 switch 문 사용해 등급 출력
- 기타 사항은 [출력 예시] 참조

등급	점수 구간
A+ 학점	95점 이상 100점 이하
A0 학점	90점 이상 95점 미만
B+ 학점	85점 이상 90점 미만
B0 학점	80점 이상 85점 미만
C+ 학점	75점 이상 80점 미만
C0 학점	70점 이상 75점 미만
D+ 학점	65점 이상 70점 미만
D0 학점	60점 이상 65점 미만
F 학점	0점 이상 60점 미만

[출력 예시]

```
점수 입력 : 99
입력한 점수 : 99
등급 : A+ 학점
```

```
점수 입력 : -50
입력한 점수 -50는(은) 허용 구간이 아닙니다.
프로그램을 다시 실행하세요.
```

3 다중 if~else 문의 문법 구조와 순서도를 참고하여 제시한 내용에 맞는 프로그램을 작성하시오.

```
if(조건문 1)
   명령문 1;
else if(조건문 2)
   명령문 2;
else if(조건문 3)
   명령문 3;
else
   명령문 4;
```

```
if(봄)
   꽃을 가꾼다;
else if(여름)
   수영을 한다;
else if(가을)
   추수를 한다;
else
   스키를 탄다;
```

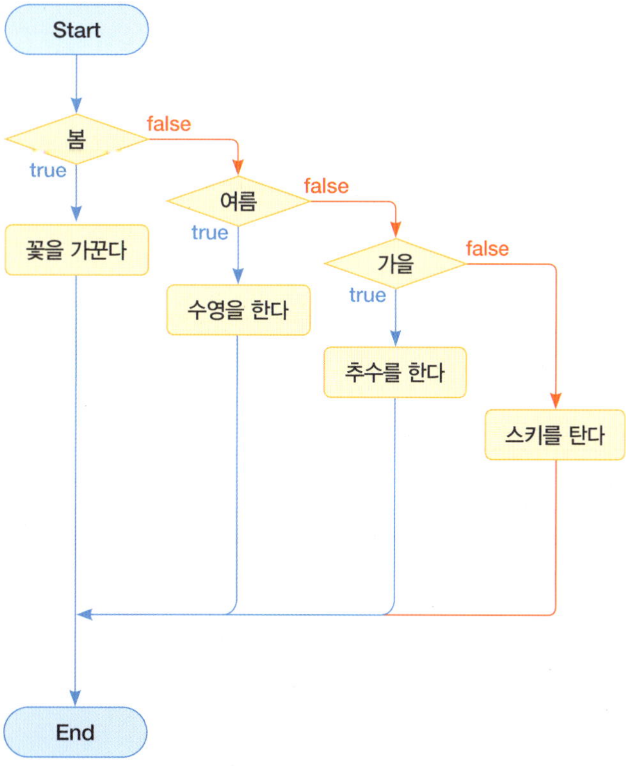

- 문자형 변수 1개 선언
- 계절별 문자 상수는 A 또는 a는 봄, S 또는 s는 여름, D 또는 d는 가을, F 또는 f는 겨울
- 키보드로 문자 A, S, D, F(또는 a, s, d, f) 중 1개 입력
- 지정된 것 외의 알파벳을 입력하면 예외 사항 처리 메시지 출력 후 프로그램 종료
- if~else 문으로 제시된 순서도를 switch 문으로 수정하여 계절별 해당 메시지 출력
- 기타 사항은 [출력 예시] 참조

프로그래밍 문제

[출력 예시]

```
계절을 선택할 알파벳 입력 : K
허용되지 않는 알파벳입니다.
대소문자 구별 없이 A, S, D, F만 허용합니다.
프로그램을 다시 시작하세요.
```

```
계절을 선택할 알파벳 입력 : S
계절 : 여름
수행 : 수영을 한다
```

학 | 습 | 목 | 표

- 반복문의 특징과 종류를 알아봅니다.
- for 문, while 문, do~while 문의 문법 구조와 동작 원리를 이해합니다.
- 분기문의 특징과 종류를 알아봅니다.
- break 문, continue 문, goto 문, return 문의 문법 구조와 동작 원리를 이해합니다.

Chapter 07 반복문

SELF CHECK

1 반복문이란 제시한 조건이 (참, 거짓)일 동안 코드 블록 내 명령을 반복 수행합니다.

2 for 문은 반복하는 횟수를 (알고 있는, 모르는) 경우에 주로 사용합니다.

3 반복문에서 조건식을 생략하면 반복을 끊임없이 수행하게 됩니다. 이러한 현상을 (블랙홀, 무한 루프)(이)라고 합니다.

4 while 문은 반복하는 횟수를 (모르는, 알고 있는) 경우에 주로 사용합니다.

5 while 문은 코드 블록에 선언된 (반복값, 증감값)을/를 이용하여 조건식이 참일 동안 명령문을 반복해서 수행합니다.

6 do~while 문은 명령문을 무조건 (한 번, 두 번) 실행하고 나서 제시한 조건이 참이면 명령문을 반복해서 수행합니다.

7 do~while 문은 조건식 뒤에 반드시 (세미콜론(;), 느낌표(!))을/를 붙여야 합니다.

8 분기문이란 프로그램을 수행할 때 (임의의, 지정된) 위치로 이동하는 제어 명령입니다.

9 반복문 내에서 continue 문을 만나면 이후의 명령은 모두 무시한 채 무조건 반복문의 (처음으로, 끝으로) 이동합니다.

정답

1 참 2 알고 있는 3 무한 루프 4 모르는 5 증감값 6 한 번 7 세미콜론(;) 8 지정된 9 처음으로

SECTION 01

for 문

1 반복문

반복문이란 제시한 조건이 참일 동안 반복해서 수행하는 명령문을 의미합니다. 예를 들어, '안녕하세요.'를 100번 출력할 때 반복문을 사용하지 않으면 똑같은 문장인 printf("안녕하세요.");를 100번 코딩해야 합니다. '안녕하세요.'를 '반갑습니다.'로 수정하려면 역시 100번 코딩해야 합니다. 이는 그 과정이 번거로울 뿐만 아니라 프로그램 유지·보수 차원에서도 효율성이 크게 떨어집니다.

이러한 문제점을 해결하기 위해 사용하는 것이 반복문입니다. 반복문은 똑같은 명령문을 여러 번 코딩하는 중복성을 제거하여 소스 코드를 간결하게 만들고 효율적인 유지·보수가 가능하게 합니다.

반복문의 종류

C 언어에서 주로 사용하는 반복문에는 for 문과 while 문이 있습니다. for 문은 반복 횟수를 정확히 알고 있을 때 사용하고, while 문은 반복 횟수를 정확히 알지 못할 때 사용합니다. while 문에는 문법 구조가 다른 do~while 문도 있습니다. 반복문의 구조는 종류에 따라 다르지만 제시한 조건식이 참일 동안 반복해서 명령문을 수행한다는 점은 같습니다.

QUIZ

반복문의 반복 횟수를 정확히 알고 있다면 (　　　　), 그렇지 못하면 (　　　　)을/를 사용하는 것이 좋습니다.

정답

for 문, while 문

2 for 문의 구조

for 문은 C 언어에서 가장 많이 사용하는 반복문으로 단순 for 문과 중첩 for 문으로 나눌 수 있습니다. 단순 for 문은 반복문을 한 번만 선언한 것이고 중첩 for 문은 for 문 안에 for 문을 중첩해서 사용하는 것입니다.

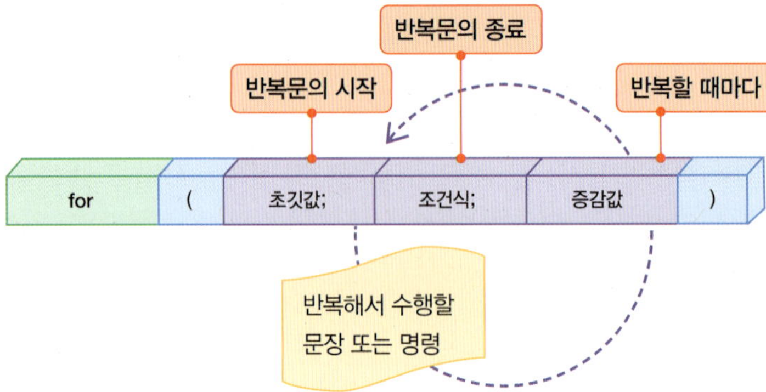

그림 7-1 for 문의 문법 구조

for 문은 다음과 같은 형식으로 사용합니다.

```
for(초깃값; 조건식; 증감값)
```

이때 아래와 같이 초깃값, 조건식, 증감값을 생략하면 반복을 끊임없이 수행하게 되는데 이러한 현상을 무한 루프라고 합니다.

```
for( ; ; )
```

무한 루프를 강제로 멈추려면 단축키 Ctrl + C 를 누르면 됩니다.

여기서 잠깐! **for 문을 변형해서 사용하기**

for 문의 초깃값 앞에 다른 문장을 삽입하여 다음과 같이 사용할 수도 있습니다. 이때 괄호 안에 콤마 연산자를 사용합니다.

```
for(printf(" >> 반복 수행 "), 초깃값; 조건식; 증감값)
```

또한 조건식에 논리 연산자를 사용하여 다음과 같이 선언할 수도 있습니다.

```
for(cnt = 1; cnt <= 100 && hap <= 3000; cnt++)
```

3 for 문의 동작 원리

다음은 for 문의 사용 형식을 순서도와 함께 나타낸 것입니다.

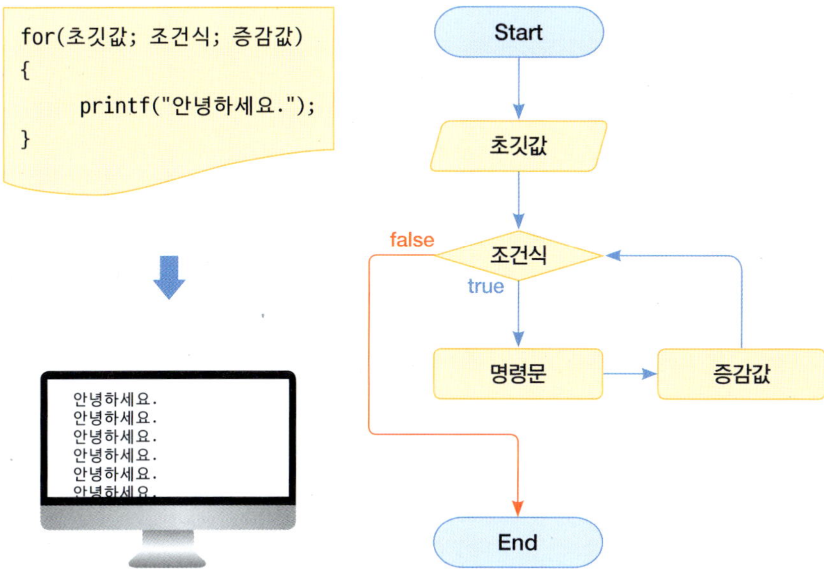

그림 7-2 **for 문의 문법 구조와 순서도**

for 문은 제시한 조건식이 참일 동안 ❶~❼ 과정을 반복해서 수행합니다.

```
        ❷         ❺
  ❶
for(a = 1; a <= 10; a++)
                        ❹❼
{
❸❻ printf("%d 번째 출력\n", a);
}
```

❶ 변수 a의 초깃값을 a = 1로 선언

❷ 조건식이 참인지 거짓인지 판별

❸ 조건식이 참이면 블록 내 문장 수행

❹ 변수 a의 값을 1 증가

❺ 조건식이 참인지 거짓인지 다시 판별

❻ 조건식이 참이면 블록 내 문장 다시 수행

❼ 다시 변수 a의 값을 1 증가

4 for 문 활용

다양한 예제 프로그램을 이용해 for 문의 동작 원리와 실행 순서를 살펴보겠습니다.

for 문으로 동일한 문장 10회 출력

다음 예제는 for 문으로 동일한 문장을 10회 반복해서 출력하는 프로그램입니다. 이 예제를 통해 for 문의 문법 구조와 사용 형식을 살펴볼 수 있습니다.

예제 7-1 for 문으로 10회 반복 출력 ex07_01.c

```
01 #include <stdio.h>
02
03 int main(void)
04 {
05     int count;          // 반복문을 수행할 카운트 변수
06
07     for(count = 0; count < 10; count++)
08         printf("%d회 출력 : 안녕하세요.\n", count + 1);
09
10     return 0;
11 }
```

Tip

for 문을 선언할 때 반복해서 수행할 명령문이 1행이라면 중괄호({ })로 코드 블록을 지정해 줄 필요는 없습니다. 하지만 반복 수행할 명령문이 2행 이상이라면 반드시 중괄호를 사용하여 코드 블록을 지정해 주어야 합니다.

```
1회 출력 : 안녕하세요.
2회 출력 : 안녕하세요.
3회 출력 : 안녕하세요.
4회 출력 : 안녕하세요.
5회 출력 : 안녕하세요.
6회 출력 : 안녕하세요.
7회 출력 : 안녕하세요.
8회 출력 : 안녕하세요.
9회 출력 : 안녕하세요.
10회 출력 : 안녕하세요.
```

for 문의 초깃값은 정해져 있지 않으며 프로그래머가 임의로 선언해서 사용합니다. 보통은 초깃값으로 0 또는 1을 사용하는데, 이때 초깃값을 0으로 선언할 경우와 1로 선언할 경우에 조건식이 달라집니다.

[예제 7-1]에서는 count = 0;을 통해 초깃값을 0으로 선언했습니다. 이 예제는 문장을 10회 반복 출력하는 프로그램이므로 초깃값이 0이면 조건식은 count < 10;으로 선언해야 합니다. 만약 count = 1;로 선언했다면 조건식을 count <= 10;으로 선언하고, 08행의 count + 1을 count로 변경해야 합니다.

for 문으로 반복되는 카운트 횟수까지 출력

다음 예제는 for 문으로 반복되는 카운트 횟수까지 출력하는 프로그램입니다. 이 예제에서 변수는 1개만 선언해도 됩니다.

Tip

반복문을 사용할 경우 변수의 개수를 먼저 헤아려 보는 과정이 익숙해지도록 충분히 실습할 것을 권장합니다.

예제 7-2 for 문으로 10회 반복 출력 후 카운트 횟수 출력 ex07_02.c

```
01 #include <stdio.h>
02
03 int main(void)
04 {
05     int count;         // 반복문을 수행할 카운트 변수
06
07     for(count = 1; count <= 10; count++)
08         printf("%d회 출력 : 안녕하세요.\n", count);
09
10     printf("for 문 종료 후 카운트 변수의 값 : %d\n", count);
11     return 0;
12 }
```

```
1회 출력 : 안녕하세요.
2회 출력 : 안녕하세요.
3회 출력 : 안녕하세요.
4회 출력 : 안녕하세요.
5회 출력 : 안녕하세요.
6회 출력 : 안녕하세요.
7회 출력 : 안녕하세요.
8회 출력 : 안녕하세요.
9회 출력 : 안녕하세요.
10회 출력 : 안녕하세요.
for 문 종료 후 카운트 변수의 값 : 11
```

07행을 보면 count = 1;을 통해 초깃값을 1로 선언하였으므로 조건식을 count <= 10;으로 선언하였습니다.

10행의 출력 결과를 보면 카운트 변수의 값이 11입니다. 반복문은 조건이 참일 동안 반복해서 명령문을 수행합니다. for 문이 멈추는 순간은 제시한 조건식이 거짓일 때입니다. 카운트 변수의 값은 조건식 count <= 10이 거짓이 되는 count = 11에서 반복 수행을 멈춥니다.

for 문으로 1부터 10까지 누적 합계 출력

다음 예제는 for 문으로 1부터 10까지 누적 합계를 계산하는 프로그램입니다. 이 예제에서는 변수가 몇 개 필요한지 먼저 생각해 본 뒤 실습하기 바랍니다.

예제 7-3 for 문으로 1부터 10까지 누적 합계 출력 ex07_03.c

```c
#include <stdio.h>

int main(void)
{
    int count, hap = 0;      // 누적 합계를 저장할 변수는 반드시 0으로 초기화

    for(count = 1; count <= 10; count++)
    {
        hap += count;        // hap = hap + count
        printf("%d까지 누적합 출력 : hap = %d\n", count, hap);
    }
    printf("1 + 2 + ~ + 9 + 10 = %d\n", hap);
    return 0;
}
```

```
1까지 누적합 출력 : hap = 1
2까지 누적합 출력 : hap = 3
3까지 누적합 출력 : hap = 6
4까지 누적합 출력 : hap = 10
5까지 누적합 출력 : hap = 15
6까지 누적합 출력 : hap = 21
7까지 누적합 출력 : hap = 28
8까지 누적합 출력 : hap = 36
9까지 누적합 출력 : hap = 45
10까지 누적합 출력 : hap = 55
1 + 2 + ~ + 9 + 10 = 55
```

이 예제에서 필요한 변수는 2개로, 반복문을 카운트하는 변수 1개와 누적 합계를 저장할 변수 1개입니다. 누적 합계를 저장할 변수는 반드시 0으로 초기화 해야 합니다. 만약 누적 합계가 저장될 변수를 0으로 초기화하지 않을 경우 누적 합계에 엉뚱한 가비지 값이 저장될 수도 있습니다.

for 문으로 1부터 10까지 홀수의 누적 합계 출력

다음 예제는 for 문으로 1부터 10까지 홀수의 누적 합계를 계산하는 프로그램입니다.

예제 7-4 for 문으로 1부터 10까지 홀수의 누적 합계 출력 ex07_04.c

```c
#include <stdio.h>

int main(void)
{
    int count, hap = 0;      // 누적 합계를 저장할 변수는 반드시 0으로 초기화
```

```c

    for(count = 1; count <= 10; count += 2)
    {
        hap += count;        // hap = hap + count
        printf("%d까지 홀수의 누적합 출력 : hap = %d\n", count, hap);
    }
    printf("1 + 3 + ~ + 9 홀수의 누적합 = %d\n", hap);
    return 0;
}
```

```
1까지 홀수의 누적합 출력 : hap = 1
3까지 홀수의 누적합 출력 : hap = 4
5까지 홀수의 누적합 출력 : hap = 9
7까지 홀수의 누적합 출력 : hap = 16
9까지 홀수의 누적합 출력 : hap = 25
1 + 3 + ~ + 9 홀수의 누적합 = 25
```

이 예제를 다음과 같이 변형하여 짝수의 누적 합계를 구할 수도 있습니다.

```c
for(count = 0; count <= 10; count += 2)
```

또는

```c
for(count = 2; count <= 10; count += 2)
```

이를 응용하여 3의 배수나 5의 배수의 누적 합계를 계산할 수도 있습니다.

for 문으로 5의 배수 누적 합계 출력

다음 예제는 키보드로 입력한 수까지 존재하는 5의 배수 누적 합계를 계산하는 프로그램입니다.

예제 7-5 입력한 수까지 5의 배수 누적 합계 출력 ex07_05.c

```c
#include <stdio.h>

int main(void)
{
    int count, su, hap = 0;  // 카운트 변수, 입력값 저장 변수, 합계 저장 변수

    printf("어디까지 5의 배수를 구할까요 : ");
```

```c
    scanf_s("%d", &su);

    for(count = 5; count <= su; count += 5)
    {
        hap += count;        // hap = hap + count
        printf("%d까지 5의 배수 누적 합계 출력 : %d\n", count, hap);
    }
    printf("%d까지 5의 배수 누적 합계 = %d\n", su, hap);
    return 0;
}
```

```
어디까지 5의 배수를 구할까요 : 50
5까지 5의 배수 누적 합계 출력 : 5
10까지 5의 배수 누적 합계 출력 : 15
15까지 5의 배수 누적 합계 출력 : 30
20까지 5의 배수 누적 합계 출력 : 50
25까지 5의 배수 누적 합계 출력 : 75
30까지 5의 배수 누적 합계 출력 : 105
35까지 5의 배수 누적 합계 출력 : 140
40까지 5의 배수 누적 합계 출력 : 180
45까지 5의 배수 누적 합계 출력 : 225
50까지 5의 배수 누적 합계 출력 : 275
50까지 5의 배수 누적 합계 = 275
```

for 문으로 2~99단 중에서 선택하여 출력

다음 예제는 2~99단 중에서 키보드로 입력한 단에 대해서만 구구단을 출력하는 프로그램입니다. 키보드로 입력하는 값의 유효 범위는 2~99로 설정하고 그 외의 값을 입력할 경우 메시지를 출력한 뒤 goto 문을 사용하여 프로그램의 시작 부분으로 강제 이동하도록 프로그래밍합니다.

> **Tip**
> goto 문은 C 언어에서 제공하는 분기문입니다. 자세한 설명은 301쪽을 참고하세요.

예제 7-6 구구단 2~99단 중에서 선택한 단 출력 ex07_06.c

```c
#include <stdio.h>

int main(void)
{
    int dan, cnt, gob;           // 입력받을 변수, 카운트 변수, 곱셈 저장 변수

replay:
    printf("알고 싶은 구구단(2~99) 입력 : ");
    scanf_s("%d", &dan);

    if(dan >= 100 || dan < 2) {  // 구구단 범위는 2~99까지만 허용
        printf("허용하는 구구단 범위가 아닙니다.\n");
        printf("프로그램을 다시 실행하십시오.\n");
```

```
14         goto replay;
15     }
16     else {
17         for(cnt = 1; cnt <= 9; cnt++) {
18              gob = dan * cnt;   // 구구단 계산
19              printf("%d x %d = %d\n", dan, cnt, gob);
20         }
21         printf("%d단을 출력하였습니다.\n", dan);
22     }
23     return 0;
24 }
```

```
알고 싶은 구구단(2~99) 입력 : 100
허용하는 구구단 범위가 아닙니다.
프로그램을 다시 실행하십시오.
알고 싶은 구구단(2~99) 입력 : 8
8 x 1 = 8
8 x 2 = 16
8 x 3 = 24
8 x 4 = 32
8 x 5 = 40
8 x 6 = 48
8 x 7 = 56
8 x 8 = 64
8 x 9 = 72
8단을 출력하였습니다.
```

goto 문을 사용할 때는 강제로 이동할 위치를 나타내는 레이블을 선언해야 하며 레이블명 끝에는 07행처럼 콜론(:)을 붙입니다. 그러나 goto 문을 실행하는 명령문의 끝에는 14행처럼 세미콜론(;)을 붙이므로 주의하기 바랍니다.

중첩 for 문으로 2~9단까지 구구단 출력

다음 예제는 for 문 안에 for 문을 중첩 사용하여 2~9단까지 구구단을 출력하는 프로그램입니다. 바깥쪽 for 문과 안쪽 for 문의 역할을 구별하며 실습하기 바랍니다.

예제 7-7 중첩 for 문으로 구구단 2~9단까지 출력 ex07_07.c

```
#include <stdio.h>

int main(void)
{
    int dan, cnt, gob;           // 구구단 변수, 카운트 변수, 곱셈 저장 변수

    for(dan = 2; dan <= 9; dan++)              // 2~9단 출력
```

```
08     {
09         for(cnt = 1; cnt <= 9; cnt++)         // 곱해지는 수
10         {
11             gob = dan * cnt;                  // 구구단 계산
12             printf("%d x %d = %d", dan, cnt, gob);
13             printf(" : 바깥쪽 for 문 %d일 때, 안쪽 for 문은 %d\n", dan, cnt);
14         }
15         printf("\n");            // 구구단 하나가 모두 출력되면 한 줄 띄움
16     }
17     return 0;
18 }
```

```
2 x 1 = 2 : 바깥쪽 for 문 2일 때, 안쪽 for 문은 1
2 x 2 = 4 : 바깥쪽 for 문 2일 때, 안쪽 for 문은 2
2 x 3 = 6 : 바깥쪽 for 문 2일 때, 안쪽 for 문은 3
                        ...
9 x 8 = 72 : 바깥쪽 for 문 9일 때, 안쪽 for 문은 8
9 x 9 = 81 : 바깥쪽 for 문 9일 때, 안쪽 for 문은 9
```

이 예제에서 중첩 for 문은 07행부터 16행까지입니다. 07행의 for(dan = 2; dan <= 9; dan++)는 2~9단까지 구구단을 출력하는 명령이고, 09행의 for(cnt = 1; cnt <= 9; cnt++)는 구구단에서 1~9까지 곱해지는 수를 반복해서 수행하는 명령입니다. 바깥쪽 for 문의 초깃값은 안쪽의 for 문이 모두 수행될 때까지 동작하며 이 과정을 거쳐 2~9단까지 구구단이 출력됩니다.

중첩 for 문으로 *를 1개부터 5개까지 출력

다음 예제는 *를 1개부터 5개까지 총 5행으로 출력하는 프로그램입니다.

예제 7-8 중첩 for 문으로 *를 1개부터 5개까지 출력 ex07_08.c

```
#include <stdio.h>

int main(void)
{
    int cnt, star;   // cnt : 행을 바꿀 변수, star : *를 출력할 개수 설정

    for(cnt = 1; cnt <= 5; cnt++)
    {
        printf("%d행 : ", cnt);
        for(star = 1; star <= cnt; star++)   // *의 개수를 출력
            printf("*");

        printf("\n");
```

```
14      }
15      return 0;
16 }
```

```
1행 : *
2행 : **
3행 : ***
4행 : ****
5행 : *****
```

행이 바뀔 때마다 *가 1개씩 늘어나게 출력하기 위해 먼저 07행에서 for(cnt = 1; cnt <= 5; cnt++)를 선언하여 반복문을 5회 수행합니다. 그리고 안쪽 for 문은 10행에서 for(star = 1; star <= cnt; star++)로 선언합니다. 안쪽 for 문에서 조건식 star <= cnt;와 증감값 star++를 통해 바깥쪽 for 문의 카운트 숫자에 따라 반복 수행할 때마다 *가 1개씩 늘어나게 출력하는 명령을 수행합니다. 13행의 개행 문자(\n)는 *를 출력하고 다음 행으로 바뀌도록 선언한 것입니다.

중첩 for 문으로 *를 5개부터 1개까지 출력

다음 예제는 *를 5개부터 1개까지 총 5행으로 출력하는 프로그램입니다.

예제 7-9 중첩 for 문으로 *를 5개부터 1개까지 출력 ex07_09.c

```c
#include <stdio.h>

int main(void)
{
    int cnt, star;   // cnt : 행을 바꿀 변수, star : *를 출력할 개수 설정

    for(cnt = 1; cnt <= 5; cnt++)
    {
        printf("%d행 : ", cnt);
        for(star = 5; star >= cnt; star--)   // *의 개수 출력
            printf("*");

        printf("\n");
    }
    return 0;
}
```

```
1행 : *****
2행 : ****
3행 : ***
4행 : **
5행 : *
```

행이 바뀔 때마다 *가 5개에서 1개씩 줄어들게 출력하는 것을 반복하려면 먼저 07행에서 for(cnt = 1; cnt <= 5; cnt++)를 선언하여 반복문을 5회 수행합니다. 안쪽 for 문은 10행에서 for(star = 5; star >= cnt; star--)와 같이 선언합니다. 안쪽 for 문에서 조건식 star >= cnt;와 증감값 star--를 통해 바깥쪽 for 문의 카운트 숫자에 따라 반복 수행할 때마다 *가 5개에서 1개씩 줄어들게 출력하는 명령을 수행합니다. 13행의 개행 문자(\n)는 *를 출력하고 다음 행으로 바뀌도록 선언한 것입니다.

SECTION

02 while 문

1 while 문의 구조

while 문은 조건식이 참이면 문장을 반복해서 수행하지만 거짓이면 반복을 멈추고 다음 명령을 수행합니다.

for 문에서는 초깃값, 조건식, 증감값을 한 줄에 모두 선언하지만 while 문에서는 각각 다른 줄에 선언합니다. 먼저 초깃값을 선언하고 while(조건식)을 선언한 다음 코드 블록 구간 내에 선언된 증감값으로 반복 횟수를 카운트하면서 조건식이 참일 동안 명령문을 반복해서 수행합니다.

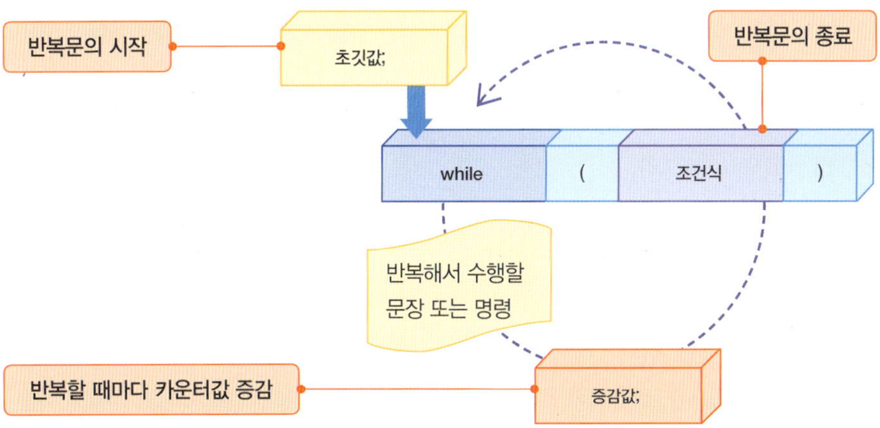

그림 7-3 while 문의 문법 구조

2 while 문의 동작 원리

while 문은 반복해서 수행할 횟수가 정해지지 않았을 경우 사용하며 for 문과 마찬가지로 제시한 조건식이 참일 동안 명령문을 반복해서 수행합니다.

다음은 while 문의 사용 형식을 순서도와 함께 나타낸 것입니다.

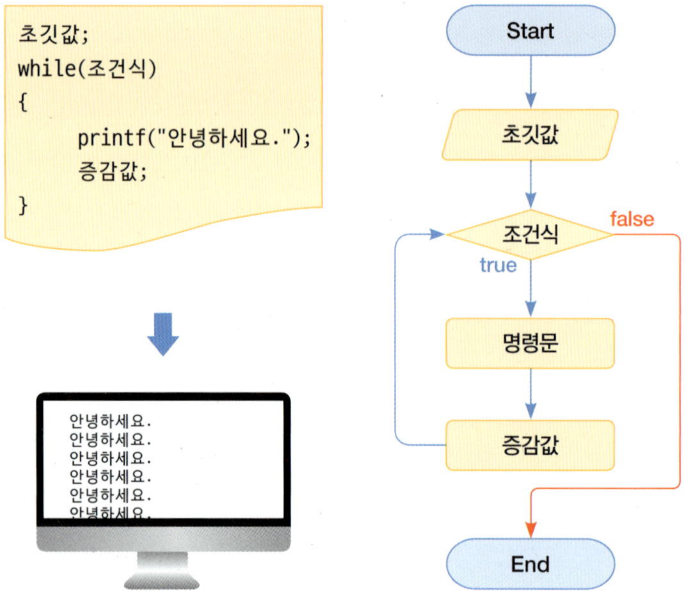

그림 7-4 while 문의 문법 구조와 순서도

for 문과 마찬가지로 while 문도 조건식이 참일 동안 ❶~❼ 까지의 과정을 반복해서 수행합니다.

```
❶     int a = 1;
❷❺   while(a <= 10)
      {
❸❻       printf("%d 번째 출력", a);
❹❼       a++;
      }
```

❶ 변수 a의 초깃값을 a = 1로 선언
❷ 조건식이 참인지 거짓인지 판별
❸ 조건식이 참이면 블록 내 문장 수행
❹ 변수 a의 값을 1 증가
❺ 조건식이 참인지 거짓인지 다시 판별
❻ 조건식이 참이면 블록 내 문장 다시 수행
❼ 다시 변수 a의 값을 1 증가

앞의 while 문을 for 문으로 변환하면 for(a = 1; a <= 10; a++)와 같이 표현할 수 있습니다. 이때 반복되는 문장인 "%d 번째 출력"이 10회 출력되는 실행 결과는 같습니다. while 문은 초깃값과 조건식, 증감값을 각각 따로 다른 줄에 설정하는 데 반해 for 문은 한 줄에 모두 표현한다는 차이점이 있습니다.

3 while 문 활용

while 문으로 누적 합계 출력

다음 예제는 while 문을 이용하여 1부터 입력받은 수까지의 누적 합계를 구하는 프로그램입니다. while 문이 for 문과 어떻게 다른지 이해하며 실습하기 바랍니다.

예제 7-10 while 문으로 1부터 입력받은 수까지 누적 합계 출력 ex07_10.c

```
#include <stdio.h>

int main(void)
{
    int su, cnt, hap = 0;    // su : 입력받을 값 저장 변수, cnt : 카운트 변수

re:                          // goto 문을 위한 레이블 이름
    printf("어디까지 합을 구할까요 : ");
    scanf_s("%d", &su);

    if(su < 0)
    {
        printf("음의 정수는 허용하지 않습니다.\n");
        printf("프로그램을 다시 시작합니다.\n");
        goto re;             // 음의 정수일 경우 re 레이블 위치로 강제 이동
    }
    else
    {
        cnt = 1;             // 반복문의 초깃값 선언

        while(cnt <= su)     // 반복문을 수행하기 위한 조건식
        {
            hap += cnt;      // hap = hap + cnt
            printf("%d회 반복 누적합 : %d\n", cnt, hap);
            cnt++;           // 반복문의 증감값
        }
        printf("1부터 %d까지 누적합 : %d\n", su, hap);
    }
    return 0;
}
```

```
어디까지 합을 구할까요 : -30
음의 정수는 허용하지 않습니다.
프로그램을 다시 시작합니다.
어디까지 합을 구할까요 :  5
1회 반복 누적합 : 1
2회 반복 누적합 : 3
3회 반복 누적합 : 6
4회 반복 누적합 : 10
5회 반복 누적합 : 15
1부터 5까지 누적합 : 15
```

while 문으로 누적 합계를 계산할 때 음의 정수가 입력되면 에러 메시지를 출력한 다음 프로그램을 다시 시작하기 위해 프로그램 시작 부분으로 강제로 이동시켜야 합니다. 이를 위해 if ~ else 문과 goto 문을 사용하였습니다.

11행의 if(su 〈 0)과 같이 입력한 값이 음의 정수라면 13행과 14행 명령을 수행한 다음 15행에서 goto re; 명령으로 07행에서 선언한 레이블 re: 위치로 강제로 이동합니다. 17행에서 선언한 else 문은 양의 정수를 입력할 경우 while 문을 이용해 누적 합계를 결과로 출력합니다.

while 문으로 무한 반복문 정의

while 문으로 무한 반복문을 정의하려면 조건식에 1을 선언하면 됩니다. 즉 while(1)과 같이 선언하면 while 문 안의 조건식이 무조건 참이기 때문에 무한 반복을 수행합니다. 다음 예제는 while 문에서 무한 반복문을 정의한 뒤 누적 합계가 50을 초과하면 무한 반복을 멈추는 프로그램입니다.

예제 7-11 while 문으로 무한 반복문 수행 ex07_11.c

```c
#include <stdio.h>

int main(void)
{
    int su, cnt = 1, hap = 0;  // su : 입력받을 값 저장 변수, cnt : 카운트 변수

    while(1)        // 무한 루프를 수행하는 반복문
    {
        printf("어디끼지의 합을 구할까요 : ");
        scanf_s("%d", &su);

        if (su < 0) // 음의 정수가 입력되었을 경우 처리
        {
```

```
14              printf("음의 정수는 허용하지 않습니다. \n");
15              printf("프로그램을 다시 시작합니다. \n");
16              continue;          // 반복문의 처음으로 이동
17          }
18          else
19          {
20              while (cnt <= su)  // 입력한 숫자보다 작을 동안 누적합계 반복 수행
21              {
22                  hap += cnt;    // hap = hap + cnt;
23                  printf("%d까지 누적합 ... %d\n", cnt, hap);
24
25                  if (hap > 50)
26                  {
27                      printf("누적합계 50을 초과하여 프로그램을 종료합니다.\n");
28                      break;     // 현재 위치한 반복문만 탈출
29                  }
30                  cnt++;
31              }
32              return 0;          // 프로그램 종료
33          }
34      }
35  }
```

```
어디까지의 합을 구할까요 : -5
음의 정수는 허용하지 않습니다.
프로그램을 다시 시작합니다.
어디까지의 합을 구할까요 : 10
1까지 누적합 ... 1
2까지 누적합 ... 3
    ...
9까지 누적합 ... 45
10까지 누적합 ... 55
누적합계 50을 초과하여 프로그램을 종료합니다.
```

위 예제는 07행의 무한 반복문과 20행의 누적 합계 반복문이 중첩된 구조로, 28행의 break 문은 현재 위치한 20행의 반복문에 대해서만 한 단계 탈출합니다.

Tip
break 문은 297쪽에서 설명합니다.

while 문으로 한 줄에 5개씩 숫자 출력하기

다음 예제는 1부터 30까지 숫자를 한 줄에 5개씩 출력하도록 while 문과 if 문, 나머지 연산자(%)를 사용하는 프로그램입니다. 30개 숫자를 한 줄에 5개씩 나누어 출력하기 위한 명령문을 잘 살펴보며 실습하기 바랍니다.

예제 7-12 while 문으로 한 줄에 숫자 5개씩 출력 ex07_12.c

```c
#include <stdio.h>

int main(void)
{
    int cnt;                      // 카운트 변수

    cnt = 0;                      // 반복문의 초깃값 선언
    while(cnt < 30)
    {
        cnt++;                    // 반복문의 증감값
        printf("%3d", cnt);       // 1부터 30까지 숫자를 3자리 간격으로 출력

        if((cnt % 5) == 0)        // 한 줄에 5개씩 출력하고 줄 바꿈
            printf("\n");
    }
    return 0;
}
```

```
  1  2  3  4  5
  6  7  8  9 10
 11 12 13 14 15
 16 17 18 19 20
 21 22 23 24 25
 26 27 28 29 30
```

while 문에서 한 줄에 출력되는 숫자의 개수를 지정하려면 if 조건문과 나머지 연산자인 %를 함께 사용해야 합니다. 한 줄에 5개씩 숫자를 출력하려면 if((cnt % 5) == 0)과 같이 선언해야 하고, 한 줄에 숫자를 8개씩 출력하려면 if((cnt % 8) == 0)과 같이 선언하면 됩니다. 한 줄에 출력되는 숫자의 개수를 지정한 다음에는 반드시 개행 문자를 사용하여 행을 바꿔주어야 합니다.

SECTION
03 do~while 문

1 do~while 문의 구조

do~while 문은 명령문을 무조건 한 번 실행한 뒤 조건식을 비교합니다. for 문과 while 문은 반복되는 명령을 수행하기 전에 조건식의 참, 거짓 여부를 판별하지만 do~while 문은 맨 마지막에 조건식의 참과 거짓을 판별합니다. do~while 문을 사용하면 조건식이 거짓인 경우에도 명령을 한 번은 실행한다는 점이 다릅니다.

do~while 문은 조건식이 뒤에 위치하므로 반복을 계속 할 것인지를 맨 나중에 판별합니다. while 문과는 조건식의 위치가 다르다는 것과 do~while 문 뒤에 세미콜론(;)을 붙인다는 점이 다릅니다.

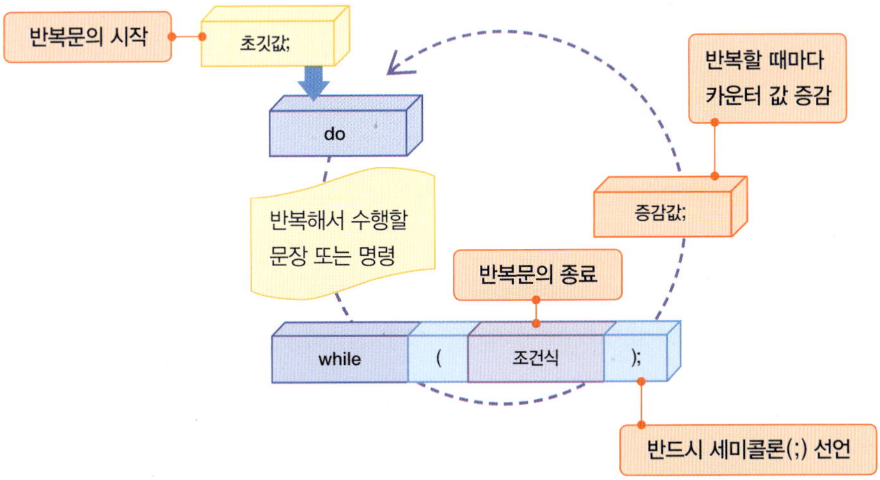

그림 7-5 do~while 문의 문법 구조

2 do~while 문의 동작 원리

반복문의 맨 마지막에 조건식의 참과 거짓을 판별하는 do~while 문의 사용 형식과 동작 원리를 살펴보겠습니다.

다음은 do~while 문의 사용 형식을 순서도와 함께 나타낸 것입니다.

```
초깃값;
do
{
    printf("안녕하세요.");
    증감값;
} while (조건식);
```

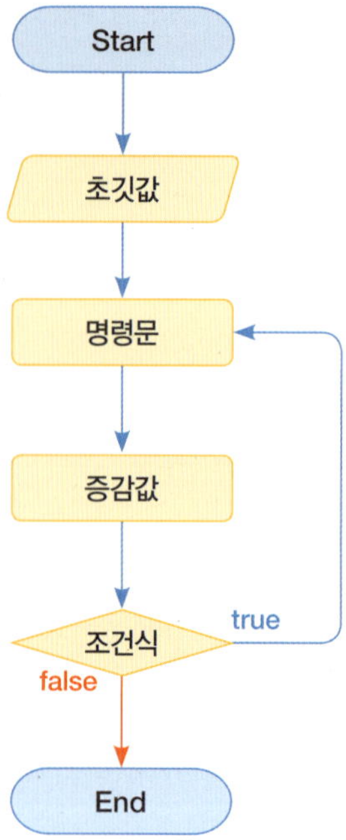

그림 7-6 do~while 문의 문법 구조와 순서도

do~while 문도 조건식이 참일 동안 ❶~❼까지 반복해서 수행합니다. do~while 문의 동작 원리를 살펴보면 과정 ❹에서 조건식이 참인지 거짓인지 판별합니다. 그 결과로 명령을 반복해서 수행할 것인지 아니면 반복문을 빠져나갈 것인지를 결정합니다.

```
 ❶  int a = 1;
    do
    {
❷❺      printf("%d 번째 출력", a);
❸❻      a++;
❹❼  } while(a <= 10);
```

❶ 변수 a의 초깃값을 a = 1로 선언

❷ 무조건 문장 수행

❸ 변수 a의 값을 1 증가

❹ 조건식이 참인지 거짓인지 판별

❺ 조건식이 참이면 문장 반복 수행

❻ 다시 변수 a의 값을 1 증가

❼ 조건식이 참인지 거짓인지 다시 판별

3 do~while 문 활용

do~while 문을 활용하여 반복문을 수행하는 다양한 프로그램을 살펴보겠습니다.

do~while 문으로 입력받은 수까지 누적 합계 출력

다음 예제는 do~while 문을 이용하여 입력받은 수까지 누적 합계를 출력하는 프로그램입니다.

예제 7-13 do~while 문으로 1부터 입력받은 수까지 누적 합계 출력 ex07_13.c

```c
#include <stdio.h>

int main(void)
{
    int su, cnt = 1, hap = 0;   // 입력, 카운트, 누적합 변수

    printf("어디까지 합을 구할까요 : ");
    scanf_s("%d", &su);

    do {
        hap += cnt;             // hap = hap + cnt
        printf("%d회 실행 : 누적합은 %d\n", cnt, hap);
        cnt++;
    } while(cnt <= su);

    printf("1부터 %d까지 누적합 : %d\n", su, hap);
    return 0;
}
```

```
어디까지 합을 구할까요 : 10
1회 실행 : 누적합은 1
2회 실행 : 누적합은 3
3회 실행 : 누적합은 6
      ...
9회 실행 : 누적합은 45
10회 실행 : 누적합은 55
1부터 10까지 누적합 : 55
```

do~while 문은 다른 반복문과 다르게 조건식을 반복문의 맨 마지막에 선언합니다. 다른 반복문은 먼저 조건식을 판별하여 참이면 반복문을 수행하고 거짓이면 수행을 멈추는 반면, do~while 문은 조건식을 반복문의 맨 마지막에 선언하여 반복문을 무조건 한 번은 수행한 다음 계속 수행할 것인지 판별을 수행합니다. 이러한 특성을 이용하

여 do~while 문은 '프로그램을 계속 수행하겠습니까?'와 같은 선택을 Y 또는 N으로 결정하는 프로그램에서 주로 사용합니다.

do~while 문과 다중 if~else 문으로 점수의 등급 출력

다중 if~else 문을 do~while 문 안에 선언하여 입력한 점수를 등급으로 출력하는 과정을 살펴보겠습니다. 점수에 따른 등급은 다음과 같습니다.

등급	점수 구간	명령 실행
A학점	90점 이상 100점 이하	입력한 점수가 90점 이상이면 A학점 출력
B학점	80점 이상 90점 미만	입력한 점수가 80점 이상이면 B학점 출력
C학점	70점 이상 80점 미만	입력한 점수가 70점 이상이면 C학점 출력
D학점	60점 이상 70점 미만	입력한 점수가 60점 이상이면 D학점 출력
F학점	0점 이상 60점 미만	입력한 점수가 60점 미만이면 F학점 출력
예외 사항	100점 초과 또는 음의 정수	점수 입력 부분으로 이동(goto 문 사용)

입력받은 점수의 등급을 출력하는 프로그램은 다음과 같이 구현할 수 있습니다. 이 예제는 무한 반복문을 수행하는 프로그램으로 알파벳 대소문자 구별 없이 Y 또는 N에 따라 프로그램을 실행할 것인지 아니면 종료할 것인지를 구분하여 수행합니다.

예제 7-14 do~while 문으로 점수별 등급 출력 ex07_14.c

```
#include <stdio.h>

int main(void)
{
    int jumsu, cnt = 1;      // 입력받을 변수와 반복 횟수 카운트 변수
    char op;                 // 프로그램 반복 수행을 선택할 문자

    do {
        printf("<%d회 실행>\n", cnt);
        printf("프로그램을 시작하겠습니까? (Y/N) : ");

        scanf_s("%c", &op, sizeof(op));

        if(op == 'N' || op == 'n')
        {
            printf("총 %d회 수행 후 종료합니다.\n", cnt);
            break;                  // 반복문을 빠져나감
        }
        else if(op == 'Y' || op == 'y')
        {
```

```
        re_jumsu:                   // goto 문으로 강제 이동 레이블
            printf("점수 입력 : ");
            scanf_s("%d", &jumsu);

            if(jumsu <= 100 && jumsu >= 90)
                  printf("A학점\n\n");
            else if(jumsu < 90 && jumsu >= 80)
                  printf("B학점\n\n");
            else if(jumsu < 80 && jumsu >= 70)
                  printf("C학점\nn");
            else if(jumsu < 70 && jumsu >= 60)
                  printf("D학점\n\n");
            else if(jumsu < 60 && jumsu >= 0)
                  printf("F학점\n\n");
            else {
                  printf("점수 %d는(은) 허용 구간이 아닙니다.\n", jumsu);
                  printf("점수를 다시 입력하세요.\n");
                  goto re_jumsu;    // 점수를 다시 입력하도록 강제 이동
            }
            getchar();              // 버퍼 내용 지우기(Enter 키값 제거)
            cnt++;                  // 반복 수행 카운트
        }
        else
        {
            printf("입력한 알파벳 %c는(은) 허용되지 않습니다.\n", op);
            printf("알파벳을 다시 입력하세요.\n\n");
            getchar();              // 버퍼 내용 지우기(Enter 키값 제거)
            cnt++;
        }
    } while(1);                     // 무한 반복
    return 0;
}
```

```
<1회 실행>
프로그램을 시작하겠습니까? (Y/N) : k
입력한 알파벳 k는(은) 허용되지 않습니다.
알파벳을 다시 입력하세요.

<2회 실행>
프로그램을 시작하겠습니까? (Y/N) : y
점수 입력 : 99
A학점

<3회 실행>
프로그램을 시작하겠습니까? (Y/N) : n
총 3회 수행 후 종료합니다.
```

do~while 문이나 다른 반복문에서 scanf_s( ) 함수를 계속 사용하여 값을 입력한 후 Enter를 누르면 버퍼 메모리에 Enter 키값이 남아 반복문이 수행될 때 scanf_s( ) 함수가 원활하게 동작하지 않게 됩니다. 키보드로 값을 입력하면 Enter를 누르지 않았는데도 다음 명령으로 넘어가는 현상이 자주 발생하기 때문에 scanf_s( ) 함수를 무한 반복문에서 사용할 경우 버퍼 메모리에 남아 있는 Enter 키값을 반드시 비워줘야 합니다. 버퍼 메모리에 남아 있는 Enter 키값을 비워줄 때 사용하는 것이 getchar( ) 함수입니다. 이 예제에서 getchar( ) 함수는 40행과 47행에서 사용하였습니다.

정답

참

: QUIZ

무한 반복문을 수행하려면 조건식을 항상 (   )이/가 되도록 설정하면 됩니다.

SECTION

04 분기문

1 분기문의 개념

분기문은 프로그램을 수행할 때 지정된 위치로 이동시키는 제어 명령문입니다. 분기문은 코드 블록 내에서 프로그램의 실행을 종료하거나 다른 명령문 위치로 이동할 때 주로 사용합니다. C 언어에서 제공하는 분기문의 종류에는 break 문, continue 문, goto 문, return 문 등이 있습니다.

2 break 문

break 문은 for 문, while 문, do~while 문 등의 반복문이나 switch 문을 빠져나올 때 사용합니다. 반복문을 여러 개 중첩해서 선언할 때 break 문을 사용하면 중첩된 반복문 전체를 한꺼번에 빠져나올 수는 없고 가장 가까운 반복문 또는 switch 문에서만 빠져나옵니다.

다음은 break 문을 사용하여 while 문을 빠져나오는 과정을 나타낸 것입니다.

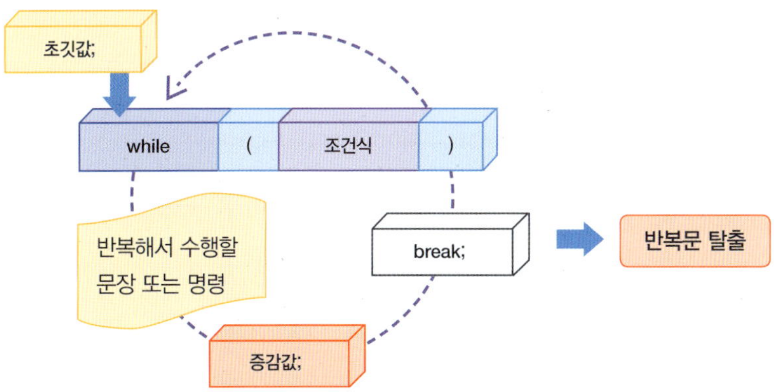

그림 7-7 break 문의 문법 구조

다음 예제는 1부터 키보드로 입력한 값까지 누적 합계를 계산하는데, 누적 합계가 1000을 넘으면 break 문을 사용하여 반복문을 빠져나온 뒤 누적 합계를 출력하는 프로그램입니다.

예제 7-15 누적 합계가 1000을 넘으면 반복문 탈출 ex07_15.c

```
#include <stdio.h>

int main(void)
{
    int su, cnt, hap = 0;  // su : 입력받을 값 저장 변수, cnt : 카운트 변수

re:                          // goto 문을 위한 레이블 이름
    printf("어디까지 합을 구할까요 : ");
    scanf_s("%d", &su);

    if(su < 0)
    {
        printf("음의 정수는 허용하지 않습니다.\n");
        printf("프로그램을 다시 시작합니다.\n\n");
        goto re;                    // re 레이블 위치로 강제 이동
    }
    else
    {
        cnt = 1;                    // 반복문의 초깃값 선언

        do
        {
            if(hap > 1000)   // 누적합이 1000을 초과하는지 판별
            {
                printf("누적되는 합이 1000을 초과하였습니다.\n");
                break;
            }
            else
                hap += cnt;         // hap = hap + cnt

            printf("%d회 반복 누적합 : %d\n", cnt, hap);
            cnt++;                  // 반복문의 증감값
        } while(cnt <= su);

        printf("1부터 %d까지 누적합 : %d\n", cnt - 1, hap);
    }
    return 0;
}
```

```
어디까지 합을 구할까요 : 50
1회 반복 누적합 : 1
2회 반복 누적합 : 3
        ...
44회 반복 누적합 : 990
45회 반복 누적합 : 1035
누적되는 합이 1000을 초과하였습니다.
1부터 45까지 누적합 : 1035
```

23행은 누적 합계가 1000을 넘었는지 판별하는 조건문으로 조건이 참이면 25행을 수행한 뒤 26행의 break 문으로 반복문을 빠져나갑니다. 28행은 누적 합계가 1000을 넘지 않는 경우이므로 합계를 반복해서 수행합니다.

33행은 반복문을 수행하는 카운트 변수 cnt와 키보드로 입력한 값을 가진 변수 su를 비교하여 cnt가 su보다 작거나 같을 때까지 반복합니다.

3 continue 문

continue 문은 조건문 또는 반복문 안에서 주로 사용합니다. 반복문에서 continue 문을 만나면 continue 문 다음에 나오는 명령문은 모두 무시한 채 반복문의 처음으로 이동합니다.

다음은 while 반복문 안에서 continue 문을 사용하는 과정을 나타낸 것입니다.

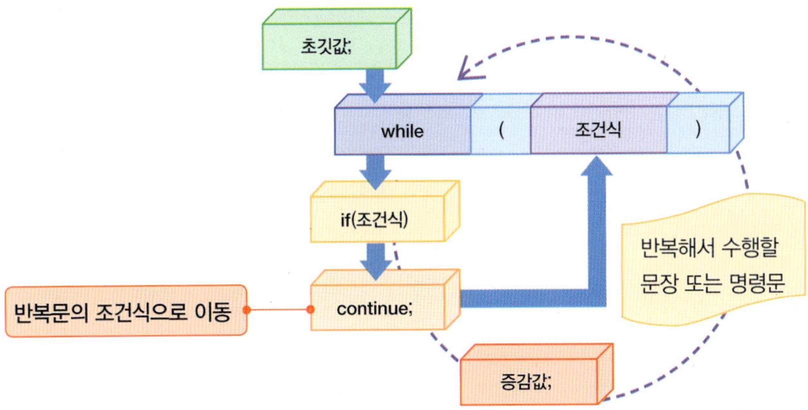

그림 7-8 continue 문의 문법 구조

반복문에서 continue 문을 사용하려면 if~else 문 또는 switch 문으로 선행 조건문을 먼저 선언해야 합니다. 조건식이 참일 경우 continue 문을 이용해 반복문 또는 조건문의 처음으로 이동하도록 유도하기 위해서입니다. 예를 들어, 반복문으로 1부터 100까지 짝수 합을 계산한다고 가정할 때 2로 나눈 나머지가 0이 아닌 경우(조건문으로 참/거짓 판별)에는 누적 합계를 계산하지 않도록 continue 문을 사용하여 반복문의 처음으로 강제 분기를 수행합니다.

for 문에서 continue 문을 사용하면 증감값으로 강제 분기되어 프로그램을 실행합니다.

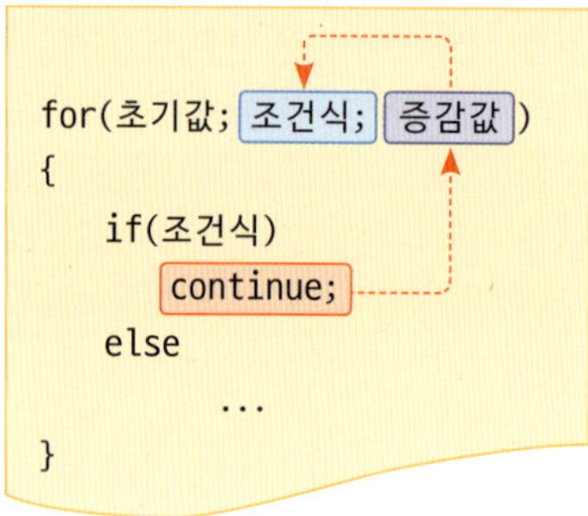

다음 예제는 나머지 연산자인 %를 사용하여 1부터 키보드로 입력한 수까지 짝수의 누적 합계를 구하는 프로그램입니다. 실행 결과 키보드로 입력한 수까지 짝수를 한 행에 10개씩 출력합니다.

예제 7-16 continue 문으로 짝수의 누적 합계 출력 ex07_16.c

```c
#include <stdio.h>

int main(void)
{
    int cnt, su, hap = 0;   // 카운트 변수, 입력값 저장 변수, 누적합 저장 변수

    printf("홀수는 continue 문을 사용하여 건너뜁니다.\n");
    printf("정수 입력 : ");

    scanf_s("%d", &su);

    for(cnt = 1; cnt <= su; cnt++)
    {
        if((cnt % 2) != 0)          // 짝수가 아닐 경우
            continue;
        else
        {
            hap += cnt;     // hap = hap + cnt
            printf("%3d", cnt);
```

```
20
21             if((cnt % 20) == 0)     // 짝수일 때만 개수가 인정되므로 20으로 나눔
22                 printf("\n");       // 한 줄에 10개씩 출력 후 줄 바꿈
23         }
24     }
25     printf("\n1부터 %d까지 짝수의 누적 합계 : %d\n", su, hap);
26     return 0;
27 }
```

```
홀수는 continue 문을 사용하여 건너뜁니다.
정수 입력 : 50
  2  4  6  8 10 12 14 16 18 20
 22 24 26 28 30 32 34 36 38 40
 42 44 46 48 50
1부터 50까지 짝수의 누적 합계 : 650
```

14행은 짝수가 아닌 경우, 즉 홀수를 판별하는 조건식입니다. 나머지 연산자인 %를 사용하여 2로 나눈 값이 0이 아니면 홀수이기 때문입니다.

15행의 continue 문은 14행의 if 문 조건식이 참이면 12행의 for 문 증감값 위치로 강제 분기됩니다. 즉 홀수인 경우 누적 합계를 계산하지 않도록 continue 문을 사용하여 강제 이동합니다.

21행은 나머지 연산자를 사용하여 카운트 변수를 20으로 나눈 값이 0과 같은지 비교하는 것으로 한 행에 10개씩 짝수를 출력하기 위함입니다. 만약 카운트 변수를 10으로 나누면 한 행에 5개씩 짝수를 출력합니다.

4 goto 문

goto 문은 지정된 레이블(label)로 무조건 이동하라는 강제 명령의 성격을 지닌 분기 문입니다. 레이블 이름은 변수를 선언하는 형식과 동일하며 프로그래머가 예약어를 제외한 알파벳 또는 단어를 사용해 임의로 정하면 됩니다.

goto 문을 사용할 때 주의할 점은 레이블을 선언할 때 레이블 이름 뒤에 반드시 콜론(:)을 입력해야 한다는 것입니다. goto 문을 사용하여 해당 레이블로 강제 이동하는 과정을 그림으로 나타내면 다음과 같습니다.

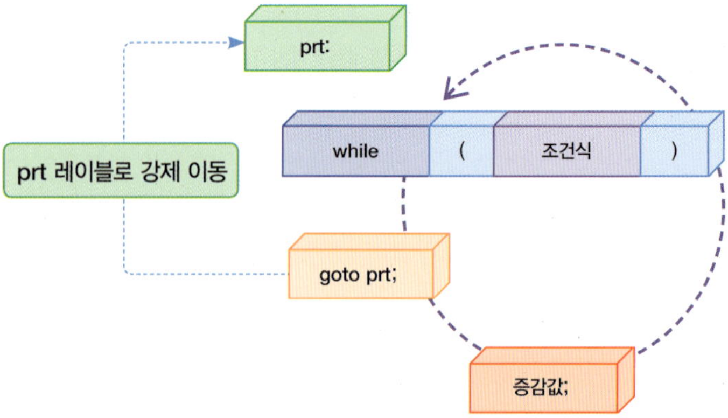

그림 7-9 goto 문을 사용하여 해당 레이블로 강제 이동

goto 문은 무조건 해당 레이블로 강제 이동하는 분기문으로 많이 사용할 경우 프로그램이 복잡해집니다. goto 문은 최대한 적게 사용할 것을 권장합니다.

다음 예제는 키보드로 입력한 알파벳이 대문자인지 판별하는 프로그램입니다. 이 예제에서는 입력한 알파벳이 대문자가 아닐 경우 goto 문을 사용하여 알파벳을 다시 입력하도록 강제 분기합니다. 이 예제를 통해 goto 문을 선언하고 정의하는 방법을 이해하기 바랍니다.

예제 7-17 goto 문으로 특정 레이블로 강제 이동 ex07_17.c

```
#include <stdio.h>

int main(void)
{
    char op;                              // 문자 변수 선언

    do {
    reset:                                // goto 문에서 사용할 레이블 이름
        printf("알파벳 대문자 입력 : ");
        scanf_s("%c", &op, sizeof(op));
        getchar();                        // 버퍼 메모리에서 Enter 키값 제거

        if(op >= 'A' && op <= 'Z')        // 알파벳 대문자 판별
        {
            printf("입력한 알파벳 %c는(은) 대문자가 맞습니다.\n", op);
            printf("수고하셨습니다.\n");
            break;                    // 반복문을 빠져나감
        }
        else
        {
            printf("입력한 알파벳 %c는(은) 대문자가 아닙니다.\n", op);
            printf("알파벳을 다시 입력하세요.\n");
```

```
            goto reset;                 // reset 레이블 위치로 강제 이동
        }
    } while(1);
    return 0;
}
```

```
알파벳 대문자 입력 : q
입력한 알파벳 q는(은) 대문자가 아닙니다.
알파벳을 다시 입력하세요.
알파벳 대문자 입력 : Q
입력한 알파벳 Q는(은) 대문자가 맞습니다.
수고하셨습니다.
```

5 return 문

return 문은 현재 수행 중인 함수를 종료하고 해당 함수를 호출했던 곳으로 돌아가는 분기문입니다. return 문 다음 행에 선언된 어떤 명령문도 실행할 수 없으니 주의해야 합니다. 즉 return 문은 프로그램 소스의 마지막에 선언해야 합니다. return 문으로 main( ) 함수에 대한 종료값을 반환하는 과정을 그림으로 나타내면 다음과 같습니다.

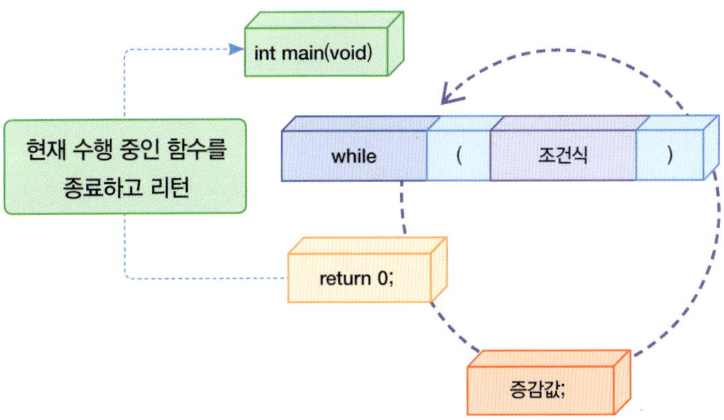

그림 7-10 return 문으로 main( ) 함수의 종료값 반환

main( ) 함수를 선언할 때 함수명 앞에 int main(void)와 같이 자료형을 선언하는 것은 반환하는 값의 자료형이 정수형(int)임을 선언하는 것입니다. main( ) 함수에서 실수형 값을 반환받으려면 float main(void)와 같이 선언하면 됩니다.

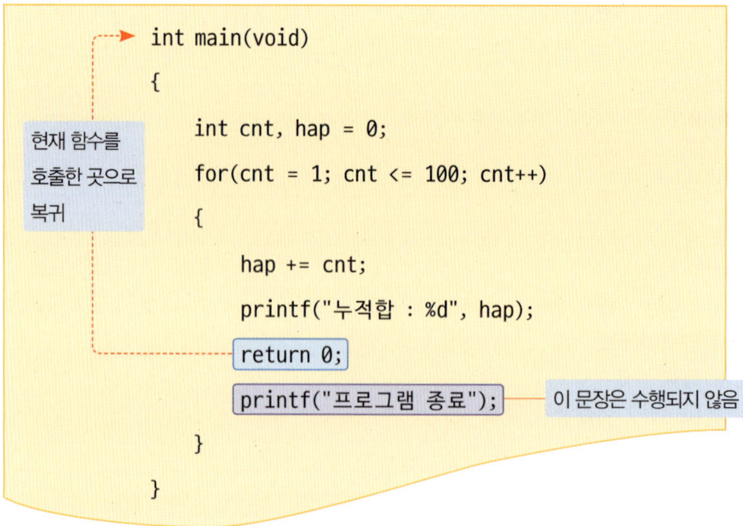

Tip

사용자 정의 함수는 333쪽에서 자세히 다룹니다.

아직 사용자 정의 함수를 배우지 않았지만 return 문의 활용 목적을 살펴보겠습니다. 다음 예제는 사용자 정의 함수에서 return 문을 활용하는 프로그램입니다.

예제 7-18 사용자 정의 함수에서 return 문 활용 ex07_18.c

```
#include <stdio.h>

int sum()           // 사용자가 직접 정의한 sum( ) 함수
{
    int a = 10, b = 20, hap;
    hap = a + b;
    return hap;
}

int main(void)
{
    int result;

    printf("sum() 함수의 덧셈 연산\n");
    result = sum();         // 사용자 정의 함수 호출

    printf("a = 10, b = 20일 때 ");
    printf("결과는 %d\n", result);
    return 0;
}
```

```
sum() 함수의 덧셈 연산
a = 10, b = 20일 때 결과는 30
```

main( ) 함수에서 사용자가 정의한 sum( ) 함수를 호출하면, sum( ) 함수는 연산한 결과 값을 main( ) 함수에 반환합니다. 이때 return 문은 결과 값을 반환하는 명령문으로, 해당 함수에서 정의한 자료형에 따라 결과 값을 반환합니다. 아래 그림에서 sum( ) 함수는 정수형(int)을 반환합니다.

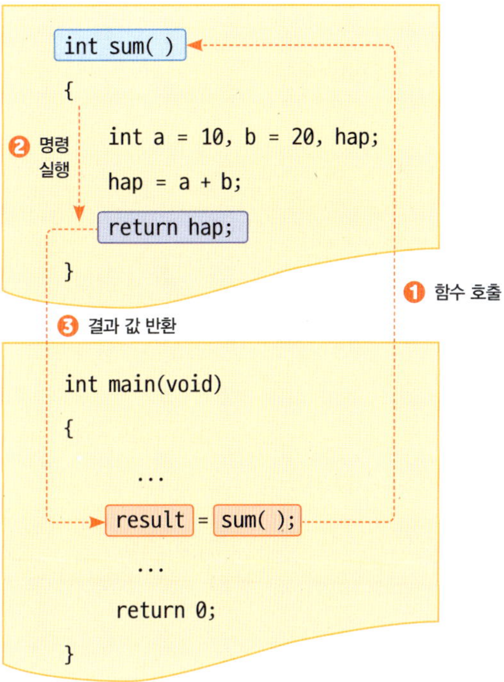

도전문제 while 문과 do~while 문의 사용 방법 비교하기

01 프로그램 실행 결과에 맞게 소스 코드의 빈칸을 채워 완성하시오.

```
         *
        **
       ***
      ****
     *****
    ******
   *******
  ********
 *********
**********
```

```c
#include <stdio.h>

int main(void)
{
    int cnt, space, star;

    for(cnt = 1;                          cnt++)
    {
        for(space = 1;                          space++)
        {
            printf(" ");
        }
        for(star = 1;                          star++)
        {
            printf("*");
        }
        printf("\n");
    }
    return 0;
}
```

Hint : 중첩 for 문을 사용하여 출력되는 행, 공백, * 개수를 카운트할 수 있도록 조건식을 선언하면 됩니다. 첫 번째 for 문에서는 *가 출력되는 전체 행의 개수를 조건문으로 선언하고, 두 번째 for 문에서는 출력할 공백의 개수, 세 번째 for 문에서는 각 행마다 *가 출력되는 개수를 조건문으로 선언합니다.

정답

```c
#include <stdio.h>

int main(void)
{
    int cnt, space, star;

    for(cnt = 1; cnt <= 10; cnt++)
    {
        for(space = 1; space <= 10 - cnt; space++)
        {
            printf(" ");
        }
        for(star = 1; star <= cnt; star++)
        {
            printf("*");
        }
        printf("\n");
    }
    return 0;
}
```

02 프로그램 실행 결과에 맞게 소스 코드의 빈칸을 채워 완성하시오.

```
| O |
------------------
   | X |
------------------
      | O |
------------------
         | X |
------------------
            | O |
------------------
```

```c
#include <stdio.h>

int main(void)
{
    int cnt, ox;
    cnt = 1;

    while(                    ) {
        ox = 1;
        while(ox <= 5) {
            if(cnt == ox) {
                if(                    )
                    printf("| O |");
                else
                    printf("| X |");
            }
            else
                printf("   ");   
            [                    ]
        }
        printf("\n");
        printf("------------------\n");
        cnt++;
    }
    return 0;
}
```

3칸 띄기

Hint : 첫 번째 선언한 while 문은 전체 행의 수를 5회 반복해서 출력합니다. 두 번째 선언한 while 문은 O와 X를 반복해서 출력하되 O가 먼저 출력되도록 합니다. 이를 위해 while 문 안의 두 번째 if 문 조건문에 나머지 연산자 %를 사용합니다.

정답

```c
#include <stdio.h>

int main(void)
{
    int cnt, ox;
    cnt = 1;

    while(cnt <= 5) {
        ox = 1;
        while(ox <= 5) {
            if(cnt == ox) {
                if(cnt % 2 != 0)
                    printf("| O |");
                else
                    printf("| X |");
            }
            else
                printf("   ");    // 3칸 띄기
            ox++;
        }
        printf("\n");
        printf("-----------------\n");
        cnt++;
    }
    return 0;
}
```

03 프로그램 실행 결과에 맞게 소스 코드의 빈칸을 채워 완성하시오.

```
72회 반복 누적 합계 : 2556
```

```c
#include <stdio.h>
#define E 100

int main(void)
{
    int count = 1, hap = 0;

    do
    {
        if(                    )
            break;
        else
                                
```

```
        count++;

    } while(              );
    printf("%d회 반복 후 누적 합계 : %d\n", count, hap);
    return 0;
}
```

Hint : E는 기호 상수입니다. do~while 문 안에 선언한 if 문은 누적 합계가 2500을 초과하는지 판별합니다. else 문은 누적 합계가 2500을 초과하지 않으면 누적 합계를 산출합니다. do~while 문의 조건문에서는 카운트 변수와 기호 상수를 사용하여 명령문의 반복 횟수를 지정하면 됩니다.

정답

```
#include <stdio.h>
#define E 100

int main(void)
{
    int count = 1, hap = 0;

    do
    {
        if(hap > 2500)
            break;
        else
            hap += count;

        count++;

    } while(count <= E);
    printf("%d회 반복 후 누적 합계 : %d\n", count, hap);
    return 0;
}
```

핵심점검

1 (   )은/는 제시한 조건이 참일 동안 반복해서 수행하는 명령문을 의미합니다.

2 for 문에서 조건식을 생략하면 끊임없이 반복을 수행하는데 이러한 현상을 (   )(이)라고 합니다.

3 반복문을 사용할 때 반복 횟수를 정확히 알고 있다면 (   )을/를 사용하고 모른다면 (   )을/를 사용하는 것이 좋습니다.

4 (   )은/는 반복해서 수행할 명령문을 무조건 한 번은 수행하고 맨 마지막에 조건식을 검토합니다.

5 (   )은/는 프로그램을 수행할 때 지정된 위치로 이동하는 제어 명령문입니다.

6 (   )은/는 이후에 존재하는 명령문을 모두 무시한 채 무조건 반복문의 처음으로 이동하는 분기문입니다.

7 (   )은/는 지정된 레이블로 이동하라는 강제 명령의 성격을 지닌 분기문입니다.

8 (   )은/는 현재 수행 중인 함수를 종료하고 해당 함수를 호출했던 곳으로 돌아가는 분기문입니다.

정답 1 반복문 2 무한 루프 3 for 문, while 문 4 do ~ while 문 5 분기문 6 continue 문 7 goto 문 8 return 문

연습문제

1 반복 횟수를 알고 있을 때 사용하는 반복문은?

① while 문 ② for 문

③ do~while 문 ④ switch 문

2 반복문을 수행하는 이유에 해당하지 않는 것은?

① 중복 코딩 권장 ② 소스 코드 간결화

③ 효율적인 유지 · 보수 ④ 번거로움 해소

3 반복문에서 조건식을 생략하면 나타나는 증상은?

① 1회만 실행 ② 2회만 실행

③ 반복 실행을 하지 않음 ④ 무한 루프에 빠심

4 for 문의 문법 구조에 해당하지 않는 항목은?

① 초깃값 ② 조건식

③ 증감값 ④ 반환값

5 누적 합계를 산출하는 반복문에서 변수를 선언하고 반드시 초기화해야 하는 것은?

① 입력받는 변수 ② 곱해주는 변수

③ 누적 합계를 저장하는 변수 ④ 더해주는 변수

6 반복 횟수를 모를 때 사용하는 반복문은?

① while 문 ② for 문

③ if ~ else 문 ④ switch 문

7 반복문을 무한 루프로 정의하려면?

① 초깃값을 1로 설정 ② 조건식을 1로 선언

③ 증감값을 0으로 설정 ④ 조건식을 0으로 선언

연습문제

8 소스 코드에서 선언한 레이블로 강제로 이동시키는 명령문은?

① break 문 ② goto 문

③ continue 문 ④ return 문

9 무조건 반복문의 처음으로 이동시키는 명령문은?

① break 문 ② goto 문

③ continue 문 ④ return 문

10 현재 수행 중인 함수를 종료한 뒤 해당 함수를 호출했던 곳으로 이동시키는 명령문은?

① break 문 ② goto 문

③ continue 문 ④ return 문

11 for 문의 동작 순서를 나타내시오.

12 while 문의 동작 순서를 나타내시오.

13 do~while 문의 동작 순서를 나타내시오.

14 소스 코드를 보고 for 문은 while 문으로, while 문은 for 문으로 변환하시오.

①

for 문 → while 문

```
int count = 0;
for(count = 10; count >= 0; count--)
{
   printf("반복 횟수 : ");
   printf("%d회\n", count);
}
```

②

while 문 → for 문

```
int count = 3;
while(count <= 10)
{
    printf("반복 횟수 : ");
    printf("%d회\n", count);
    count += 3;
}
```

연습문제

15 소스 코드를 보고 반복문에서 사용한 변수 count의 최종값을 적으시오.

①

소스 코드

```
int count, sum = 0;
for(count = 1; count <= 10; count += 2)
{
    sum += count;
}
printf("%d\n", count);
```

→

count의 최종값

②

소스 코드

```
int count = 10, sum = 0;
do
{
    sum += count;
    count -= 3;
}while(count > 0);
printf("%d\n", count);
```

→

count의 최종값

16 소스 코드를 보고 프로그램의 실행 결과로 출력되는 값을 모두 적으시오.

①

소스 코드

```
int count, sum = 0;
for(count = 1; count <= 10; count += 2)
{
    sum += count;
    printf("%d\n", sum);
}
```

→

실행 결과 출력값

②

소스 코드

```
int count = 10, sum = 0;
do
{
    sum += count;
    printf("%d\n", count);
    count -= 3;
}while(count > 0);
```

→

실행 결과 출력값

17 소스 코드를 보고 프로그램의 실행 결과로 "Have a good time!"이 출력되는 횟수를 예측하시오.

①

소스 코드

```
for(int a = 0; a < 10; a++)
{
    if(a > 2)
        break;
    if(a > 5)
        continue;
    printf("Have a good time!\n");
}
```

→

"Have a good time!" 출력 횟수

②

소스 코드

```
int a = 0;
while(a < 10)
{
    if(a > 3)
        break;
    else
        printf("Have a good time!\n");
    a++;
}
```

→

"Have a good time!" 출력 횟수

프로그래밍 문제

1 다음 내용에 맞는 프로그램을 작성하시오.

- 정수형 변수 3개 선언
- 키보드로 양의 정수만 값으로 입력하도록 허용
- 음의 정수를 값으로 입력하면 if~else 문을 이용해 예외 사항 메시지 출력
- 음의 정수를 값으로 입력하면 goto 문으로 강제 이동하여 값을 다시 입력시킴
- for 문을 이용해 1부터 입력받은 수까지 홀수의 누적 합계 출력
- 기타 사항은 [출력 예시] 참조

[출력 예시]

```
정수값 입력 : -50
음의 정수값은 허용하지 않습니다.
양의 정수값을 다시 입력하세요.
정수값 입력 : 10
1부터 10까지 홀수의 누적 합계는 25
```

2 다음 내용에 맞는 프로그램을 작성하시오.

- 정수형 변수 3개 선언
- 키보드로 양의 정수만 값으로 입력하도록 허용
- 음의 정수를 값으로 입력하면 if ~ else 문을 이용해 예외 사항 메시지 출력
- 음의 정수를 값으로 입력하면 goto 문으로 강제 이동하여 값을 다시 입력시킴
- for 문과 continue 문을 이용하여 짝수의 누적 합계 출력
- 기타 사항은 [출력 예시] 참조

[출력 예시]

```
정수값 입력 : -30
음의 정수값 -30은(는) 허용하지 않습니다.
양의 정수값을 다시 입력하세요.
정수값 입력 : 10
1부터 10까지 짝수의 누적 합계는 30
```

3 다음 내용에 맞는 프로그램을 작성하시오.

- 정수형 변수 1개와 문자형 변수 1개를 각각 선언
- 키보드로 알파벳을 입력받는 과정은 while 문으로 무한 반복
- 대소문자 구별없이 알파벳 'Q'를 찾기 위한 if~else 문 사용
- 카운트 변수를 이용하여 알파벳을 찾은 횟수 출력
- 기타 사항은 [출력 예시] 참조

[출력 예시]

```
알파벳 입력 : 3
찾는 알파벳이 아닙니다. 알파벳을 다시 입력하세요.

알파벳 입력 : k
찾는 알파벳이 아닙니다. 알파벳을 다시 입력하세요.

알파벳 입력 : Q
총 3회 실행하여 알파벳을 찾았습니다.
찾은 알파벳은 대소문자 구별 없이 'Q'입니다.
```

4 다음 내용에 맞는 프로그램을 작성하시오.

- 정수형 변수 3개 선언, 키보드로 양의 정수만 값으로 입력하도록 허용
- 음의 정수를 값으로 입력하면 if 문을 사용하여 예외 사항 메시지 출력
- 음의 정수를 값으로 입력하면 goto 문으로 강제 이동하여 값을 다시 입력시킴
- do~while 문을 이용하여 1부터 입력받은 수까지 누적 합계 출력
- 기타 사항은 [출력 예시] 참조

[출력 예시]

```
정수값 입력 : -30
음의 정수값 -30은(는) 허용하지 않습니다.
양의 정수값을 다시 입력하세요.
정수값 입력 : 100
1부터 100까지 누적 합계는 5050
```

프로그래밍 문제

5 다음 내용에 맞는 프로그램을 작성하시오.

- 정수형 변수 3개 선언
- do~while 문을 이용하여 무한 반복문 작성
- 중첩 for 문을 이용하여 구구단 2단부터 9단까지 출력
- 알파벳 대소문자 구별 없이 Y를 입력하면 switch 문으로 프로그램 다시 실행
- 알파벳 대소문자 구별 없이 N을 입력하면 프로그램 종료
- Y 또는 N 이외의 알파벳을 입력하면 예외 사항 메시지 출력 후 goto 문으로 다시 입력 모드 구현
- 프로그램 실행 횟수 카운트하여 출력
- 기타 사항은 [출력 예시] 참조

[출력 예시]

```
< 1 회 실행 >
 2 x 1 = 02  3 x 1 = 03  4 x 1 = 04  5 x 1 = 05  6 x 1 = 06  7 x 1 = 07
 8 x 1 = 08  9 x 1 = 09
 2 x 2 = 04  3 x 2 = 06  4 x 2 = 08  5 x 2 = 10  6 x 2 = 12  7 x 2 = 14
 8 x 2 = 16  9 x 2 = 18
                                 ...
 2 x 9 = 18  3 x 9 = 27  4 x 9 = 36  5 x 9 = 45  6 x 9 = 54  7 x 9 = 63
 8 x 9 = 72  9 x 9 = 81
프로그램을 다시 실행하겠습니까? (Y/N) : k
입력한 알파벳 "k"는(은) 허용하지 않습니다.
알파벳을 다시 입력하세요.
프로그램을 다시 실행하겠습니까? (Y/N) : y
< 2 회 실행 >
 2 x 1 = 02  3 x 1 = 03  4 x 1 = 04  5 x 1 = 05  6 x 1 = 06  7 x 1 = 07
 8 x 1 = 08  9 x 1 = 09
 2 x 2 = 04  3 x 2 = 06  4 x 2 = 08  5 x 2 = 10  6 x 2 = 12  7 x 2 = 14
 8 x 2 = 16  9 x 2 = 18
                                 ...
 2 x 9 = 18  3 x 9 = 27  4 x 9 = 36  5 x 9 = 45  6 x 9 = 54  7 x 9 = 63
 8 x 9 = 72  9 x 9 = 81
프로그램을 다시 실행하겠습니까? (Y/N) : n
총 2회 실행 후 프로그램을 종료합니다.
```

학 | 습 | 목 | 표

- 함수의 의미와 필요성을 이해합니다.
- 라이브러리 함수의 종류와 사용 방법을 알아봅니다.
- 사용자 정의 함수의 특징을 알아봅니다.
- 함수의 원형을 이해합니다.
- 함수 호출 관계에서 인수 전달 방법을 알아봅니다.
- 순환 함수를 알아봅니다.
- 함수 프로젝트를 통해 함수의 상호 호출 과정을 이해합니다.

Chapter 08
함수

이 장에서 배울 내용이니 가볍게 풀어보세요.

SELF CHECK

1 함수란 프로그램에서 특정한 작업을 수행하도록 따로 정의해 놓은 (독립된, 통합된) 프로그램 단위입니다.

2 함수를 사용하면 반복되는 소스 코드를 줄일 수 있고 구조적 프로그램으로 모듈화하여 프로그램 작성 및 수정을 편리하고 손쉽게 할 수 있습니다. 또한 다른 프로그래머에게 (변수, 라이브러리)을/를 제공할 수 있습니다.

3 라이브러리 함수는 (컴파일러, 프로그래밍 언어)을/를 제작한 회사에서 제공하는 함수입니다.

4 void형 함수는 (반환값, 원형)이/가 없는 함수로 프로시저라고도 합니다.

5 사용자 정의 함수를 호출하는 방식에는 값에 의한 호출과 (참조에 의한 호출, 변수에 의한 호출)이/가 있습니다.

6 순환 함수란 함수를 호출할 때 자기 자신을 반복해서 호출하는 것으로 (재귀 호출 함수, 메아리 함수)(이)라고도 합니다.

정답

1 독립된 **2** 라이브러리 **3** 컴파일러 **4** 반환값 **5** 참조에 의한 호출 **6** 재귀 호출 함수

SECTION

01 함수의 개요

1 함수의 개념

함수(function)란 프로그램에서 특정한 작업을 수행하도록 따로 정의해 놓은 독립된 단위를 의미합니다. 함수를 사용하면 코드 중복을 줄이고 복잡한 문제를 모듈 단위로 분해하여 단순화할 수 있습니다. 한번 제작된 함수는 삭제하기 전까지 계속해서 재사용할 수 있다는 장점도 있습니다.

다음은 정수 2개를 전달받아 덧셈 연산을 수행한 후 함수를 호출한 곳으로 값을 반환하는 sum( ) 함수입니다. 이렇게 함수를 정의해 놓으면 몇 번이고 재사용할 수 있고, 함수의 내용도 언제든지 수정할 수 있습니다.

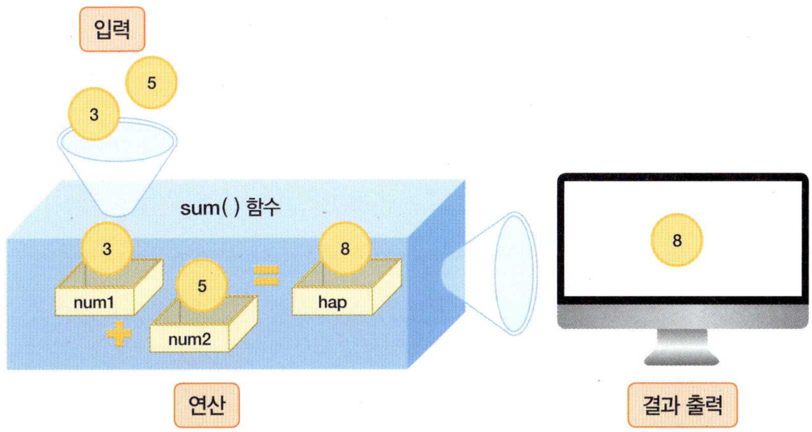

그림 8-1 sum( ) 함수

2 함수의 종류

C 언어에서 사용할 수 있는 함수는 크게 라이브러리 함수(library function)와 사용자 정의 함수(user defined function)로 구분됩니다.

라이브러리 함수

라이브러리 함수는 컴파일러를 제작한 회사에서 제공하며, 컴파일된 기계어 코드를 모아둔 파일을 라이브러리라고 합니다. 지금까지 실습 예제에서 사용한 표준 입출력 함수인 scanf_s( )와 printf( ) 등이 라이브러리 함수입니다.

라이브러리 함수를 사용할 때는 반드시 해당 함수가 소속되어 있는 헤더 파일을 먼저 불러와야 합니다. 예를 들어, 표준 입출력 함수인 scanf_s( ) 함수와 printf( ) 함수를 사용하려면 #include 〈stdio.h〉와 같이 선언하여 헤더 파일을 불러와야 합니다.

Tip

C 언어에서 제공하는 라이브러리 함수 중에서 자주 사용하는 것을 정리하여 예제 파일과 함께 제공하니 참고하세요. 예제 파일과 라이브러리 함수 정리 파일이 포함된 학습 보조 자료를 다운로드 받는 방법은 7쪽을 참고하세요.

사용자 정의 함수

사용자 정의 함수란 라이브러리 함수에서 지원하지 않는 명령문을 사용자(프로그래머)가 목적에 맞게 직접 만들어서 사용하는 함수입니다. 단, 사용자 정의 함수를 만들 때는 문법 구조를 정확하게 지켜야 합니다.

: QUIZ

① 함수란 프로그램에서 (   )을/를 수행하도록 따로 정의해 놓은 독립된 단위입니다.

② (   )은/는 컴파일러를 제작한 회사에서 제공하는 것이고, (   )은/는 사용자가 필요에 따라 직접 만들어서 사용하는 것입니다.

정답

① 특정 작업
② 라이브러리 함수, 사용자 정의 함수

SECTION

02 라이브러리 함수

1 난수 발생 함수

난수(random number)란 특정한 규칙 없이 예측할 수 없는 임의의 값이 무작위로 생성되는 것을 말하며, 이러한 난수를 처리하는 것을 난수 발생 함수라고 합니다. 난수 발생 함수는 로또 복권의 번호 또는 입력한 패스워드의 암호 관리, 예측 불가능한 숫자를 맞추는 게임 등에서 주로 사용합니다. 난수 발생 함수를 사용하려면 반드시 stdlib.h 헤더 파일을 먼저 불러와야 합니다.

Tip

C 언어에서는 다양한 라이브러리 함수를 제공합니다. 이 책에서는 난수 발생 함수, 수학 함수, 유틸리티 함수 정도만 살펴보겠습니다.

```
#include <stdlib.h>
int main(void)
{
    ...
}
```

rand( ) 함수

rand( ) 함수는 초깃값에 따라 무작위로 숫자를 출력할 때 사용합니다. 하지만 프로그램을 실행할 때마다 같은 숫자가 출력된다는 단점이 있습니다.

다음 예제는 rand( ) 함수를 사용하여 1~45 사이에 있는 숫자 중 6개를 출력하는 프로그램입니다.

예제 8-1 rand( ) 함수로 임의의 숫자 출력 ex08_01.c

```
#include <stdio.h>
#include <stdlib.h>                    // rand( ) 함수 사용을 위한 헤더 파일

int main(void)
{
    int cnt = 0;
    printf("1~45 중에서 숫자 6개 출력\n");
    printf("rand( ) : ");
```

```c

    for(cnt = 1; cnt <= 6; cnt++)
        printf(" %d ", rand());                // 범위를 지정하지 않은 출력

    printf("\n");
    printf("rand( ) %% 45 : ");

    for(cnt = 1; cnt <= 6; cnt++)
        printf(" %d ", (rand() % 45));         // 0~44 사이의 값 출력

    printf("\n");
    printf("1 + (rand( ) %% 45) : ");

    for(cnt = 1; cnt <= 6; cnt++)
        printf(" %d ", 1 + (rand() % 45));     // 1~45 사이의 값 출력

    printf("\n");
    return 0;
}
```

```
1~45 중에서 숫자 6개 출력
rand( ) :  41  18467  6334  26500  19169  15724
rand( ) % 45 :  3  18  7  29  35  20
1 + (rand( ) % 45) :  17  43  17  42  26  18
```

srand( ) 함수

rand( ) 함수는 무작위로 숫자를 출력하지만 프로그램을 실행할 때마다 동일한 숫자가 출력된다는 단점이 있습니다. 이러한 단점을 해결하기 위해 항상 무작위로 숫자를 출력하게 하는 srand( ) 함수를 사용합니다. srand( ) 함수는 난수가 발생하는 시간을 다르게 하여 실행할 때마다 임의의 숫자를 출력합니다.

다음 예제는 srand( )와 time( ) 함수를 사용하여 숫자 6개를 매번 다르게 출력하는 프로그램으로, 12행에서 난수가 발생하는 시간을 다르게 조정하였습니다.

예제 8-2 srand( ) 함수로 실행할 때마다 다른 임의의 숫자 출력 ex08_02.c

```c
01 #include <stdio.h>
02 #include <stdlib.h>                // rand( ) 함수를 사용하기 위한 헤더 파일
03 #include <time.h>                  // time( ) 함수를 사용하기 위한 헤더 파일
04
05 #define NUM 45
06
07 int main(void)
08 {
09     int cnt;
```

```

    printf("1~45 중에서 숫자 6개 출력\n");
    srand((unsigned)time(NULL));           // 시간 차별화

    printf("srand( ) 출력 : ");
    for (cnt = 1; cnt <= 6; cnt++)
        printf(" %d ", 1 + (rand( ) % NUM));   // 1~45 사이의 값 출력

    printf("\n");
    return 0;
}
```

```
1~45 중에서 숫자 6개 출력
srand( ) 출력 :  33  9  12  3  1  2
```

```
1~45 중에서 숫자 6개 출력
srand( ) 출력 :  35  2  32  30  37  21
```

2 수학 함수

수학 함수를 사용하려면 먼저 math.h 헤더 파일을 불러와야 합니다. 그 이유는 수학 함수의 원형이 math.h 헤더 파일 인에 존제히기 때문입니다. 수학 함수는 정밀한 값을 처리할 때 사용하므로 일반적으로 매개변수와 반환값이 double형의 자료형을 가집니다.

```
#include <stdio.h>
#include <math.h>

int main(void)
{
    double value = 35.8;
    printf("%f", ceil(value));
    printf("%f", floor(value));
    return 0;
}
```

C 언어에서 제공하는 수학 관련 라이브러리 함수의 종류가 많지만 여기서는 실수에 관한 함수 몇 가지만 살펴보겠습니다.

ceil( ) 함수, floor( ) 함수

제시한 값이 실수일 경우 수학 함수를 사용하면 소수점 이하 값을 올리거나 내릴 수 있습니다. ceil( ) 함수는 소수점 이하 값을 무조건 올리고, floor( ) 함수는 소수점 이하 값을 무조건 버립니다.

다음 예제는 실수형 상수에 대해 소수점 이하 값을 올리는 ceil( ) 함수와 소수점 이하 값을 버리는 floor( ) 함수를 적용한 프로그램입니다.

예제 8-3 실수형 상수에 올림 함수 ceil( )과 내림 함수 floor( ) 사용 ex08_03.c

```c
#include <stdio.h>
#include <math.h>            // 수학 함수를 사용하기 위한 헤더 파일

int main(void)
{
    double result, target = 3.58;    // double형으로 선언

    printf("double형 변수 target의 값 : 3.58\n");

    result = ceil(target);           // 올림 함수 사용
    printf("올림 함수 ceil( ) 사용 결과 : %.2f\n", result);

    result = floor(target);          // 내림 함수 사용
    printf("내림 함수 floor( ) 사용 결과 : %.2f\n", result);
    return 0;
}
```

%.2f : double형 실수를 소수점 둘째 자리까지 출력하라는 의미입니다.

```
double형 변수 target의 값 : 3.58
올림 함수 ceil( ) 사용 결과 : 4.00
내림 함수 floor( ) 사용 결과 : 3.00
```

Tip

ceil( ) 함수와 floor( ) 함수를 사용할 때 실수형 변수는 float형보다 double형으로 선언하는 것을 컴파일러에서 권장합니다.

fabs( ) 함수

fabs( ) 함수는 제시한 실수의 절댓값을 구할 때 사용합니다.

다음 예제는 제시한 실수에 fabs( ) 함수를 사용하여 절댓값을 출력하는 프로그램입니다.

Tip

절댓값이란 양의 부호와 음의 부호를 떼어버린 수를 말합니다.

예제 8-4 fabs( ) 함수로 실수의 절댓값 출력 ex08_04.c

```c
#include <stdio.h>
#include <math.h>                    // 수학 함수 사용을 위한 헤더 파일

int main(void)
{
    double result, weight1, weight2;  // double형으로 선언

    printf("내 몸무게 입력(kg) : ");
    scanf_s("%lf", &weight1);
    printf("선생님 몸무게 입력(kg) : ");
    scanf_s("%lf", &weight2);

```

```
    result = weight1 - weight2;        // 일반 뺄셈 연산
    printf("[뺄셈 연산] %.2f - %.2f = %.2f \n", weight1, weight2, result);

    result = fabs(weight1 - weight2); // 절댓값 함수 사용
    printf("[절댓값] %.2f - %.2f = %.2f \n", weight1, weight2, result);

    return 0;
}
```

```
내 몸무게 입력(kg) : 57.87
선생님 몸무게 입력(kg) : 85.54
[뺄셈 연산] 57.87 - 85.54 = -27.67
[절댓값] 57.87 - 85.54 = 27.67
```

예제에서 출력 형식 지정자를 %.2f로 선언한 이유는 소수점 이하 자릿수를 2로 지정하여 소수점 둘째 자리까지만 출력하기 위한 것입니다.

pow( ) 함수, sqrt( ) 함수

pow( ) 함수는 실수의 제곱값(x^y)을 반환하고, sqrt( ) 함수는 실수의 제곱근을 반환합니다.

다음 예제는 do~while 문으로 숫자 1~3 중에서 입력한 값에 따라 제곱 또는 제곱근 연산을 수행하는 프로그램입니다. 1을 입력할 경우 pow( ) 함수를 사용하여 입력한 실수의 제곱값을 반환하고, 2를 입력할 경우 sqrt( ) 함수를 사용하여 제곱근을 반환합니다. 3을 입력하면 프로그램을 종료하고 그 이외의 숫자를 입력하면 숫자를 다시 입력하도록 유도합니다.

예제 8-5 pow( ) 함수로 실수의 제곱값, sqrt( ) 함수로 제곱근 출력 ex08_05.c

```
#include <stdio.h>
#include <math.h>                     // 수학 함수 사용을 위한 헤더 파일

int main(void)
{
    int choice;
    double result, num1, num2;        // double형으로 선언

    do
    {
        printf("1.제곱값 출력 프로그램\n");
        printf("2.제곱근 출력 프로그램\n");
        printf("3.프로그램 종료\n");

```

```c
        printf("번호 선택(1~3) : ");
        scanf_s("%d", &choice);
        printf("\n");

        switch(choice)
        {
        case 1:
            printf("1.제곱값 출력 프로그램\n");
            printf("실수 입력 : ");
            scanf_s("%lf", &num1);

            printf("지수 실수 입력 : ");
            scanf_s("%lf", &num2);
            result = pow(num1, num2);      // 제곱값 산출

            printf("%f의 %f승 결과 : %f\n\n", num1, num2, result);
            break;

        case 2:
            printf("2.제곱근 출력 프로그램\n");
            printf("실수 입력 : ");
            scanf_s("%lf", &num1);

            result = sqrt(num1);
            printf("%f의 제곱근 결과 : %f\n\n", num1, result);
            break;

        case 3:
            printf("프로그램을 종료합니다.\n");
            return 0;                        // exit(0);을 선언해도 됨
            break;

        default:
            printf("선택 오류! 숫자 1, 2, 3 중에서 선택하세요.\n\n");
            continue;
            break;
        }
    } while(1);
}
```

```
1.제곱값 출력 프로그램
2.제곱근 출력 프로그램
3.프로그램 종료
번호 선택(1~3) : 1

1.제곱값 출력 프로그램
실수 입력 : 2.2
지수 실수 입력 : 3.3
```

```
2.200000의 3.300000승 결과 : 13.489469

1.제곱값 출력 프로그램
2.제곱근 출력 프로그램
3.프로그램 종료
번호 선택(1~3) : 2

2.제곱근 출력 프로그램
실수 입력 : 2.3
2.300000의 제곱근 결과 : 1.516575

1.제곱값 출력 프로그램
2.제곱근 출력 프로그램
3.프로그램 종료
번호 선택(1~3) : 3

프로그램을 종료합니다.
```

음의 실수값에 대한 제곱근을 구할 때는 절댓값을 반환해 주는 fabs( ) 함수와 제곱근을 반환해 주는 sqrt( ) 함수를 함께 사용하여 38행을 result = sqrt(fabs(num1)); 과 같이 선언하면 됩니다.

3 유틸리티 함수

C 언어에서는 여러 종류의 유틸리티 함수를 제공합니다. 여기서는 3가지 함수만 간단하게 살펴보겠습니다.

exit(정수) 함수

exit( ) 함수는 호출하여 실행 중인 프로세스를 강제로 종료할 때 사용합니다. 이 함수를 사용하기 위해서는 stdlib.h 헤더 파일을 불러와야 합니다.

exit( ) 함수의 괄호 안에는 정수 0 또는 1을 대입하여 사용합니다. 0은 오류가 없음을 의미하고 1은 오류가 발생했음을 의미합니다. exit(0)은 return 0, exit(1)은 return 1과 같은 역할을 수행합니다. 헤더 파일 stdlib.h에서 0을 성공, 1을 실패로 정의하고 있기 때문입니다.

int main(void)와 같이 정수형값을 반환받겠다고 선언한 main 함수의 맨 마지막 명령문에 return 0;을 선언하면 main( ) 함수에서 수행한 결과에 오류가 없음을 반환하는 것으로 이해하면 됩니다. 따라서 return 0; 대신 exit(0);을 선언하여 프로그램을 종료할 수도 있습니다.

Tip

system( ) 함수는 3장에서 명령 프롬프트 창의 타이틀을 설정할 때 이미 사용하였습니다.

system( ) 함수

system( ) 함수는 문자열 인수를 운영체제로 전달하는 명령을 수행합니다. system( ) 함수 안에 디렉터리와 관련된 dir 명령어와 실행 화면을 전부 지워주는 cls 명령어를 활용하는 방법을 살펴보겠습니다.

예제 8-6 system( ) 함수로 디렉터리 정보 출력 ex08_06.c

```c
#include <stdio.h>
#include <stdlib.h>          // system( ) 함수를 사용하기 위한 헤더 파일
#include <conio.h>           // _getch( ) 함수를 사용하기 위한 헤더 파일

int main(void)
{
    system("title system( ) 함수 사용 프로그램");    // 실행 화면 타이틀 출력

    printf("현재 프로그램이 존재하는 디렉터리 정보 출력\n");

    system("dir");           // 현재 디렉터리 정보 출력
    printf("\n\n아무 키나 누르면 프로그램이 종료됩니다.\n");
    printf("문자 입력 : ");

    _getch( );               // 직접형 단일 문자 입력 함수
    system("cls");           // 화면을 모두 지움
    return 0;
}
```

```
현재 프로그램이 존재하는 디렉터리 정보 출력

 D 드라이브의 볼륨: DATA
 볼륨 일련 번호: 82BD-6E44

 D:\WORK\C_workspace\Chap_08\ex08_06\ex08_06 디렉터리

2019-02-19  오후 02:24    <DIR>          .
2019-02-19  오후 02:24    <DIR>          ..
2019-02-19  오후 02:24    <DIR>          Debug
2019-02-19  오후 02:24               976 ex08_06.c
2019-02-19  오후 02:21             7,398 ex08_06.vcxproj
2019-02-19  오후 02:21               966 ex08_06.vcxproj.filters
2019-02-19  오후 02:18               165 ex08_06.vcxproj.user
               4개 파일               9,505 바이트
               3개 디렉터리  1,316,417,249,280 바이트 남음

아무 키나 누르면 프로그램이 종료됩니다.
문자 입력 : _
```

실행 결과 화면에서 아무 키나 누르면 빈 화면의 창이 다시 뜹니다. 이는 cls 명령으로 화면에 있던 정보가 모두 지워졌기 때문입니다.

Sleep( ) 함수

Sleep( ) 함수는 system( ) 함수에서 화면을 지우는 cls 명령을 수행하기 전의 실행 화면을 보여주는 시간을 설정합니다. Sleep( ) 함수의 원형은 windows.h 헤더 파일에 존재하므로 함수를 사용하기 위해서는 해당하는 헤더 파일을 불러와야 합니다. 그리고 Sleep( ) 함수 이름의 첫 글자인 S는 대문자로 나타내야 합니다.

Sleep( ) 함수를 사용할 때 괄호 안에는 지연되는 시간을 1/1000초 단위로 설정할 수 있습니다. 10초 동안 화면을 지우지 않도록 설정하려면 Sleep(10000);과 같이 선언합니다.

Sleep( ) 함수는 실행 화면에서 스크롤 바를 사용하여 화면을 위아래로 움직이지 않고 현재 화면에서 다른 화면으로 바뀌는 과정을 연출할 때 주로 사용합니다.

다음 예제는 현재 작업 중인 디렉터리 정보를 10초 동안 보여준 다음 화면을 지우는 프로그램입니다.

예제 8-7 Sleep( ) 함수로 지연 시간 설정 ex08_07.c

```
#include <stdio.h>
#include <windows.h>        // Sleep() 함수를 사용하기 위한 헤더 파일
#include <stdlib.h>         // system() 함수를 사용하기 위한 헤더 파일

int main(void)
{
    system("title system() 함수 사용 프로그램");

    printf("현재 프로그램이 존재하는 디렉터리 정보 출력\n");

    system("dir");          // 현재 디렉터리 정보 출력
    printf("\n이 프로그램은 10초 후 종료됩니다.\n");

    Sleep(10000);           // 10초 동안 지연 시간 설정
    system("cls");          // 화면을 모두 지움
    return 0;
}
```

```
현재 프로그램이 존재하는 디렉터리 정보 출력
 D 드라이브의 볼륨: DATA
 볼륨 일련 번호: 82BD-6E44

 D:\WORK\C_workspace\Chap_08\ex08_07\ex08_07 디렉터리

2019-02-19  오후 02:53    <DIR>          .
2019-02-19  오후 02:53    <DIR>          ..
2019-02-19  오후 02:53    <DIR>          Debug
```

```
2019-02-19  오후 02:53             991 ex08_07.c
2019-02-19  오후 02:53           7,398 ex08_07.vcxproj
2019-02-19  오후 02:53             966 ex08_07.vcxproj.filters
2019-02-19  오후 02:53             165 ex08_07.vcxproj.user
               4개 파일              9,520 바이트
               3개 디렉터리  1,316,304,949,248 바이트 남음
이 프로그램은 10초 후 종료됩니다.
```

정답

stdlib.h, windows.h

: QUIZ

exit( ) 함수를 사용하려면 (   ) 헤더 파일을 불러오고, Sleep( ) 함수를 사용하려면 (   ) 헤더 파일을 불러와야 합니다.

SECTION

03 사용자 정의 함수

1 사용자 정의 함수를 사용하는 이유

C 언어에서는 다양한 라이브러리 함수를 제공하는데도 사용자가 직접 함수를 정의해서 사용하기도 합니다. 그 이유는 간단합니다. 라이브러리에 없는 기능을 함수로 만들어 사용하기 위해서입니다. 예를 들어, 화면에 '-' 기호를 100번 출력하기 위한 명령문을 사용자 함수로 정의하면 다음과 같습니다.

```
void Dash( )
{
    for(int a = 1; a <= 100; a++)
        printf("-");
    printf("\n");
}
```

2 사용자 정의 함수의 구성

사용자 정의 함수는 크게 머리(header) 부분과 본문(body) 부분으로 구성됩니다. 머리 부분은 함수 자료형, 함수 이름, 매개변수 등으로 이루어지고, 본문 부분은 특정 명령을 실제로 실행하는 명령어들로 이루어집니다.

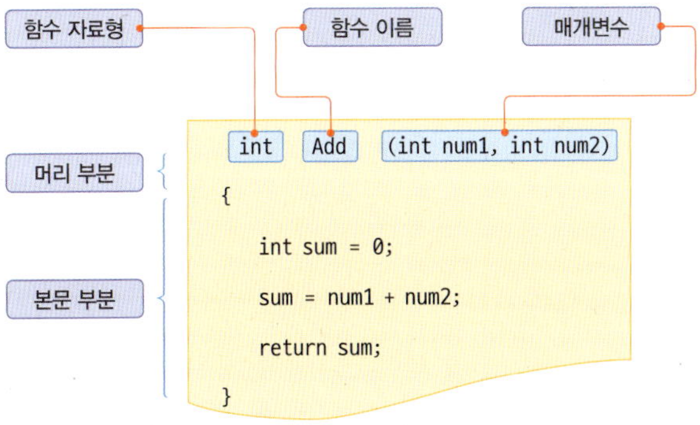

그림 8-2 사용자 정의 함수의 구성

함수의 머리 부분에서 자료형은 함수 수행 결과 반환하는 값의 자료형을 의미합니다. 함수 이름은 식별자로, 다른 함수와 구분하기 위해 사용하는 이름입니다. 그리고 함수의 매개변수는 함수를 호출할 때 전달되는 인수의 값을 받아들이기 위한 공간입니다.

3 함수의 선언과 호출

라이브러리 함수와 달리 사용자 정의 함수를 사용하려면 먼저 컴파일러에게 통보해야 합니다. 사용자 정의 함수를 선언하는 방법과 호출하는 방법을 살펴보겠습니다.

함수의 선언

사용자 정의 함수를 호출하려면 먼저 사용할 함수를 선언하여 컴파일러에게 통보해야 합니다. C 언어에서 기본으로 제공하는 라이브러리 함수는 #include 〈헤더 파일〉 명령으로 main( ) 함수에서 사용하려는 함수의 원형을 컴파일러에게 통보합니다. 사용자가 정의한 함수도 어떤 함수를 사용할 것인지 main( ) 함수를 쓰기 전에 함수의 원형을 먼저 선언해야 합니다. 그렇지 않으면 컴파일러가 사용자 정의 함수를 인지하지 못합니다. 이때 함수 이름은 중복해서 정의할 수 없습니다.

Tip

C++과 Java 언어에서는 함수 이름을 동일하게 선언할 수도 있습니다. 컴파일러가 함수의 자료형이나 매개변수의 개수 및 자료형에 따라 다른 것으로 구분하기 때문입니다. 하지만 C 언어에서는 같은 이름의 함수가 2개 이상 존재해서는 안 됩니다.

```
int Add(int num1, int num2);      // 함수 선언

int main(void)                    // main( ) 함수 정의
     ...
    hap = Add(a, b);              // 함수 호출
     ...
```

함수의 호출과 정의

사용자가 정의한 함수를 호출해서 사용하려면 다음 3단계 과정을 거쳐야 합니다.

함수의 선언 → 함수의 호출 → 함수의 정의

함수의 선언은 컴파일러에게 사용자 정의 함수의 자료형과 매개변수 정보를 미리 통보하는 것이고, 함수의 호출은 사용하려는 함수의 이름을 명령문으로 선언하는 것입니다. 함수의 정의는 실제로 함수의 명령을 만드는 것입니다.

[3단계 과정]

```
int Add(int num1, int num2);      // 함수 선언

int main(void)
      ...
    hap = Add(a, b);              // 함수 호출
      ...

int Add(int num1, int num2)       // 함수 정의
{
      ...
    sum = num1 + num2;
    result sum;
}
```

> **Tip**
> 함수를 선언할 때는 세미콜론(;)을 반드시 입력해야 하고, 함수를 정의할 때는 세미콜론(;)을 입력하지 않습니다.

main( ) 함수를 작성하기 전에 사용자 정의 함수를 먼저 정의하는 경우에는 다음과 같이 함수 선언을 생략하고 2단계 과정만 거쳐도 됩니다.

함수의 정의 → 함수의 호출

[2단계 과정]

```
int Add(int num1, int num2)       // 함수 정의
{
      ...
    sum = num1 + num2;
    result sum;
}

int main(void)
      ...
    hap = Add(a, b);              // 함수 호출
```

하지만 2단계 과정만 거치는 방법은 다른 프로그램과 호환성 문제가 발생할 수 있습니다. 그러므로 될 수 있는 한 3단계(함수의 선언 → 함수의 호출 → 함수의 정의)로 사용하기를 권장합니다.

3단계 과정의 함수

다음 예제는 3단계 과정으로 함수를 선언, 호출, 정의하는 프로그램입니다. 이어서 실습할 예제인 2단계 과정으로 함수를 정의, 호출하는 프로그램과 비교해 보기 바랍니다.

예제 8-8 함수를 선언, 호출, 정의하여 사용 ex08_08.c

```c
#include <stdio.h>

int Add(int num1, int num2);        // 사용자 정의 함수 선언

int main(void)                      // main() 함수 정의
{
    int a = 10, b = 20, hap = 0;

    printf("매개변수 2개의 덧셈 연산\n");
    printf("[main( ) 함수 영역]\n\n");
    printf("전달> %d과 %d을 Add( ) 함수에 전달\n", a, b);

    hap = Add(a, b);                // 사용자 정의 함수 호출

    printf("[main( ) 함수 영역]\n\n");
    printf("결과> %d과 %d의 덧셈 결과 : %d\n", a, b, hap);
    return 0;
}

int Add(int num1, int num2)         // 사용자 정의 함수 정의
{
    int result;

    printf("[Add( ) 함수 영역]\n\n");
    printf("수행> 덧셈 연산 결과를 main( ) 함수에 반환\n");

    result = num1 + num2;
    return result;
}
```

```
매개변수 2개의 덧셈 연산
[main( ) 함수 영역]

전달> 10과 20을 Add( ) 함수에 전달
[Add( ) 함수 영역]

수행> 덧셈 연산 결과를 main( ) 함수에 반환
[main( ) 함수 영역]

결과> 10과 20의 덧셈 결과 : 30
```

2단계 과정의 함수

다음 예제는 2단계 과정으로 함수를 정의, 호출하는 프로그램입니다. 3단계 과정으로 함수를 사용하는 것에 비해 소스 코드가 간결하지만 다른 프로그램과의 호환성을 고려하여 3단계 과정으로 사용하기를 권장합니다.

예제 8-9 함수를 정의, 호출하여 사용 ex08_09.c

```c
#include <stdio.h>

int Add(int num1, int num2)        // 사용자 정의 함수 정의
{
    int result;

    printf("[Add( ) 함수 영역]\n\n");
    printf("수행> 덧셈 연산 결과를 main( ) 함수에 반환\n");

    result = num1 + num2;
    return result;
}

int main(void)                     // main( ) 함수 정의
{
    int a = 10, b = 20, hap = 0;

    printf("매개변수 2개의 덧셈 연산\n");
    printf("[main( ) 함수 영역]\n\n");
    printf("전달> %d과 %d을 Add( ) 함수에 전달\n", a, b);

    hap = Add(a, b);               // 사용자 정의 함수 호출
    printf("[main( ) 함수 영역]\n\n");
    printf("결과> %d과 %d의 덧셈 결과를 전달받음 : %d\n", a, b, hap);
    return 0;
}
```

```
매개변수 2개의 덧셈 연산
[main( ) 함수 영역]

전달> 10과 20을 Add( ) 함수에 전달
[Add( ) 함수 영역]

수행> 덧셈 연산 결과를 main( ) 함수에 반환
[main( ) 함수 영역]

결과> 10과 20의 덧셈 결과를 전달받음 : 30
```

함수 호출 관계

사용자 정의 함수를 호출하는 방법은 호출하려는 위치에서 함수 이름을 써주면 됩니다. 그러면 사용자 정의 함수는 함수 내 명령을 수행한 후 그 결과를 함수를 호출한 곳으로 반환합니다. 예를 들어, main( ) 함수에서 사용자 정의 함수인 Add( )를 호출하는 과정은 다음 그림과 같습니다.

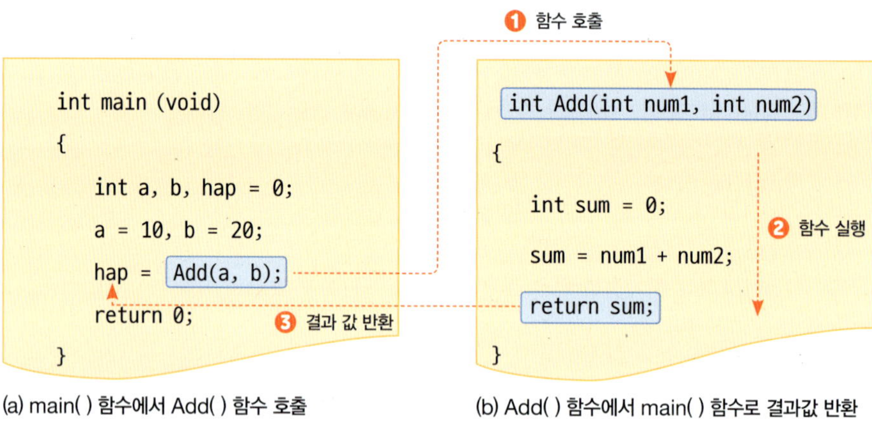

그림 8-3 main ( ) 함수에서 사용자 정의 함수 호출과 실행

4 인수와 매개변수

인수는 함수를 호출할 때 괄호 안에 넣어주는 직접적인 값을 의미하고, 매개변수는 함수에서 인수 값을 받아 저장하는 공간을 의미합니다. 사용하려는 함수의 괄호 안에 매개변수가 존재한다면 함수를 호출할 때 그 매개변수에 넣을 실제 값인 인수를 전달해 주어야 합니다. 다음은 함수의 호출 관계에서 인수와 매개변수의 관계를 나타낸 것입니다. 인수와 매개변수는 일대일로 매칭되므로 그 개수는 항상 동일합니다.

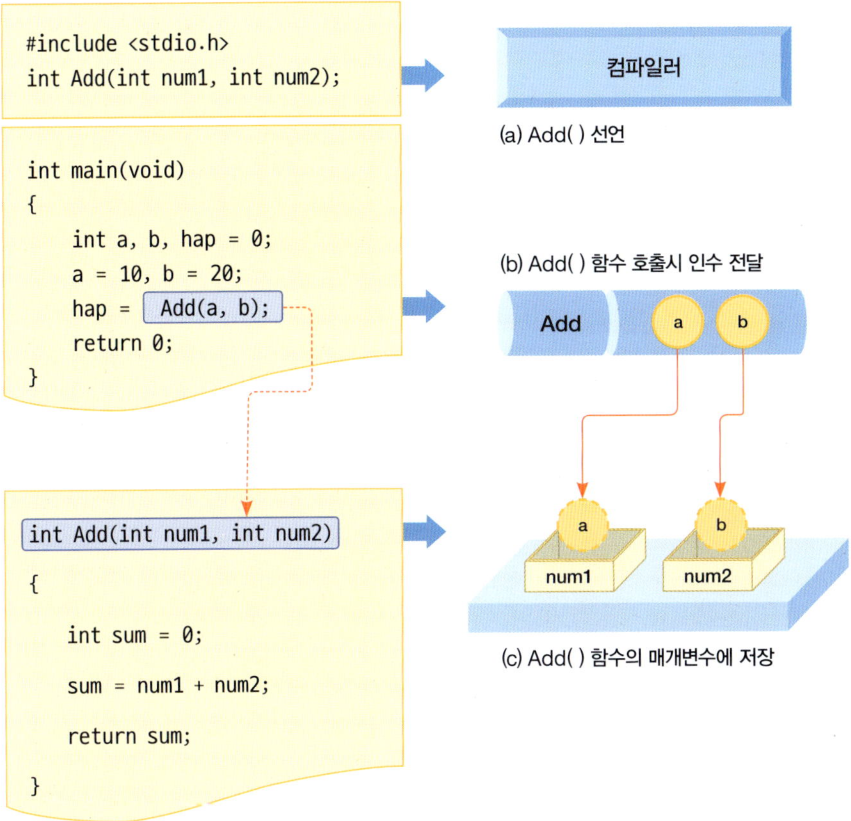

그림 8-4 **함수 호출 관계에서 인수와 매개변수의 관계**

main( ) 함수에서 sum = Add(a, b) 함수를 호출할 때 괄호 안에 선언한 a, b는 인수이고, 함수를 정의할 때 int Add(int num1, int num2)와 같이 괄호 안에 선언한 num1, num2는 매개변수입니다. 인수 a, b에 저장된 값은 함수가 호출되면 매개변수 num1, num2에 저장됩니다.

5 함수의 자료형

함수의 자료형은 사용자 함수를 정의했을 때 반환되는 값의 자료형을 말합니다. [그림 8-4]의 Add( )함수에서 반환값의 자료형은 정수형(int)입니다. 변수의 자료형은 값을 저장할 메모리의 크기와 값의 성격을 결정합니다. 반면, 함수의 자료형은 return 문으로 반환되는 값의 종류를 지정하기 위해 선언합니다. 만약 함수의 자료형을 선언하지 않으면 자동으로 int형 함수로 취급됩니다.

다음은 함수를 정의할 때 선언한 자료형에 따라 반환값이 가지는 의미를 나타낸 것입니다.

표 8-1 함수의 자료형에 따른 반환값

종류	함수 선언	설명
정수형	int sum( ) 또는 sum( )	정수형 값을 반환
실수형	float avg( ) 또는 double avg( )	실수형 값을 반환
생략형	void msg( )	함수의 반환값을 생략

사용자 정의 함수에서 선언한 자료형과 반환되는 return 값은 항상 일치해야 합니다. 만약 다를 경우 오류가 발생합니다.

SECTION

04 함수의 원형

1 함수 원형의 개념

함수를 사용할 때는 항상 함수를 먼저 정의한 후에 사용하는 것이 원칙입니다. 컴파일러에게 함수의 정보를 미리 알려주어야 하기 때문입니다. 하지만 이렇게 하지 못하는 경우도 있는데 그때 함수의 원형을 사용합니다. 함수의 원형(funtion proto type)이란 함수의 이름, 매개변수, 반환값의 자료형 등을 함수가 정의되기 전에 컴파일러에게 미리 알려주는 것입니다.

사용자 정의 함수는 매개변수와 반환값의 유무에 따라 다음과 같이 나눌 수 있습니다. 각 경우마다 함수의 원형을 사용하는 예를 살펴보겠습니다.

- 매개변수와 반환값이 모두 없는 함수
- 매개변수만 있는 함수
- 반환값만 있는 함수
- 매개변수와 반환값이 모두 있는 함수
- 반환값이 없는 함수

2 매개변수와 반환값이 모두 없는 함수

매개변수와 반환값이 없는 사용자 정의 함수는 가장 쉽게 함수를 정의할 수 있습니다. 주로 간단한 메시지를 출력하거나 단순한 명령문을 수행할 때 사용합니다.

다음 예제는 간단한 인사말을 출력하는 사용자 정의 함수를 사용한 프로그램입니다. 이 예제는 3단계 과정(함수 선언 → 함수 호출 → 함수 정의)으로 사용자 정의 함수를 수행합니다.

예제 8-10 매개변수와 반환값이 없는 사용자 정의 함수 사용 ex08_10.c

```c
#include <stdio.h>

void Insa();                    // 문장을 출력하는 사용자 정의 함수 선언

int main(void)                  // main( ) 함수 정의
{
    printf("사용자 정의 함수를 호출합니다.\n");
    Insa();                     // 사용자 정의 함수 호출
    return 0;
}

void Insa()                     // 사용자 정의 함수 정의
{
    printf("\n[Insa ( ) 함수 영역]\n");
    printf("\n오늘 하루도 행복하세요!\n");
}
```

```
사용자 정의 함수를 호출합니다.

[Insa ( ) 함수 영역]

오늘 하루도 행복하세요!
```

다음 예제는 사용자 정의 함수 3개를 호출하는 프로그램입니다. 첫 번째 사용자 정의 함수는 간단한 메시지를 한 문장 출력합니다. 두 번째 사용자 정의 함수는 '='를 출력하고 세 번째 사용자 정의 함수는 '–'를 출력합니다.

예제 8-11 사용자 정의 함수 호출 ex08_11.c

```c
#include <stdio.h>

void NE();                      // 문장을 출력하는 사용자 정의 함수 선언
void D_Dash();                  // '='를 출력하는 사용자 정의 함수 선언
void Dash();                    // '-'를 출력하는 사용자 정의 함수 선언

int main(void)                  // main( ) 함수 정의
{
    printf("매개변수와 반환값이 모두 없는 함수 타입\n");

    Dash();                     // 사용자 정의 함수 Dash( ) 호출
    printf("사용자 정의 함수 NE()를 호출합니다.\n");
    Dash();                     // 사용자 정의 함수 Dash( ) 호출

    NE();                       // 사용자 정의 함수 NE( ) 호출

```

```
    D_Dash();                // 사용자 정의 함수 D_Dash( ) 호출
    printf("프로그램을 종료합니다. \n");
    D_Dash();                // 사용자 정의 함수 D_Dash( ) 호출

    return 0;
}

void NE()                    // 사용자 정의 함수 NE( ) 정의
{
    printf("\n[사용자 정의 함수 NE() 영역]\n\n");
}

void D_Dash()                // 사용자 정의 함수 D_Dash( ) 정의
{
    printf("=============================\n");
}

void Dash()                  // 사용자 정의 함수 Dash( ) 정의
{
    printf("----------------------------------------\n");
}
```

```
매개변수와 반환값이 모두 없는 함수 타입
----------------------------------------
사용자 정의 함수 NE()를 호출합니다.
----------------------------------------

[사용자 정의 함수 NE() 영역]

=============================
프로그램을 종료합니다.
=============================
```

3 매개변수만 있는 함수

매개변수만 있는 사용자 정의 함수는 반환값 없이 함수를 정의합니다.

다음 예제는 메인 함수에서 인치(inch)에 해당하는 실수값을 입력받아 사용자 정의 함수에 전달하면 센티미터(cm)로 환산해서 결과값을 출력하는 프로그램입니다.

Tip 1인치는 2.5399센티미터입니다.

예제 8-12 매개변수만 있는 사용자 정의 함수 사용 ex08_12.c

```
#include <stdio.h>

void Exchange(float a);             // 사용자 정의 함수 선언
```

```c

int main(void)                          // main( ) 함수 정의
{
    float input;

    printf("인치(inch)를 센티미터(cm)로 환산\n");
    printf("문> 인치 입력 : ");
    scanf_s("%f", &input);

    printf("\n");
    Exchange(input);                    // 사용자 정의 함수 호출
    printf("\n");
    return 0;
}

void Exchange(float a)                  // 사용자 정의 함수 정의
{
    float swap;
    swap = a * 2.5399;
    printf("[Exchange ( ) 함수 영역]\n\n");
    printf("답> 단위 환산 : %.2f inch는 %.2f cm \n", a, swap);
}
```

```
인치(inch)를 센티미터(cm)로 환산
문> 인치 입력 : 65.88

[Exchange ( ) 함수 영역]

답> 단위 환산 : 65.88 inch는 167.33 cm
```

4 반환값만 있는 함수

반환값만 있는 사용자 정의 함수는 매개변수 없이 반환값만 있는 함수입니다.

다음 예제는 사용자 정의 함수에서 입력받은 알파벳을 메인 함수에 전달하는 프로그램입니다.

예제 8-13 반환값만 있는 사용자 정의 함수 사용 ex08_13.c

```c
#include <stdio.h>

char Alpha();                    // 값을 입력받아 전달하는 사용자 정의 함수 선언

int main(void)                   // main( ) 함수 정의
{
    char show;
```

```
    printf("사용자 정의 함수에서 입력한 알파벳 전달\n");

    show = Alpha();         // 사용자 정의 함수 호출
    printf("\n[main ( ) 함수 영역]\n\n");
    printf("답> 전달받은 알파벳 : %c\n", show);
    printf("답> 아스키코드값 : %d\n", show);
    return 0;
}

char Alpha()                // 사용자 정의 함수 정의
{
    char ch;
    printf("\n[Alpha ( ) 함수 영역]\n\n");
    printf("문> 알파벳 입력 : ");
    scanf_s("%c", &ch, sizeof(ch));
    return ch;
}
```

```
사용자 정의 함수에서 입력한 알파벳 전달

[Alpha ( ) 함수 영역]

문> 알파벳 입력 : J

[main ( ) 함수 영역]

답> 전달받은 알파벳 : J
답> 아스키코드값 : 74
```

5 매개변수와 반환값이 모두 있는 함수

매개변수와 반환값이 모두 있는 사용자 정의 함수도 있습니다.

다음 예제는 for 문을 이용해 1부터 키보드로 입력한 수까지 누적 합계를 출력하는 프로그램입니다. 메인 함수에서 키보드로 정수값을 입력받아 사용자 정의 함수에 전달하면 for 문으로 누적 합계를 계산한 뒤 메인 함수에 전달합니다.

예제 8-14 매개변수와 반환값이 모두 있는 사용자 정의 함수 사용 ex08_14.c

```
#include <stdio.h>

int Sum(int su);                // 사용자 정의 함수 선언

int main(void)                  // main( ) 함수 정의
{
```

```c
    int input, result;

    printf("1부터 입력받은 수까지 누적 합계 산출\n");
    printf("--------------------------------------------\n");
    printf("메인 함수 역할\n");
    printf("1.키보드로 정수값 입력받음 \n");
    printf("2.사용자 정의 함수 호출 \n");
    printf("3.입력받은 정수값을 사용자 정의 함수에 전달\n");
    printf("4.사용자 정의 함수에서 전달받은 결과값 출력\n");
    printf("--------------------------------------------\n");
    printf("사용자 정의 함수 역할\n");
    printf("1.메인 함수로부터 정수값 전달받음\n");
    printf("2.for 문으로 누적 합계 산출\n");
    printf("3.누적 합계를 메인 함수에 반환\n");
    printf("--------------------------------------------\n");
    printf("[main( ) 함수 영역]\n\n");
    printf("질문> 어디까지 누적합을 구할까요 : ");

    scanf_s("%d", &input);

    result = Sum(input);           // 사용자 정의 함수 호출
    printf("[main( ) 함수 영역]\n\n");
    printf("결과> 1부터 %d까지 누적 합계 : %d\n", input, result);
    return 0;
}

int Sum(int su)                    // 사용자 정의 함수 정의
{
    int cnt, hap = 0;

    printf("[Sum( ) 함수 영역]\n\n");
    printf("수행> 1부터 %d까지 누적 합계 산출하여 반환\n", su);

    for(cnt = 1; cnt <= su; cnt++)
        hap += cnt;

    return hap;
}
```

```
1부터 입력받은 수까지 누적 합계 산출
--------------------------------------------
메인 함수 역할
1.키보드로 정수값 입력받음
2.사용자 정의 함수 호출
3.입력받은 정수값을 사용자 정의 함수에 전달
4.사용자 정의 함수에서 전달받은 결과값 출력
--------------------------------------------
사용자 정의 함수 역할
```

```
1.메인 함수로부터 정수값 전달받음
2.for 문으로 누적 합계 산출
3.누적 합계를 메인 함수에 반환
--------------------------------------------------
[main( ) 함수 영역]

질문> 어디까지 누적합을 구할까요 : 100
[Sum( ) 함수 영역]

수행> 1부터 100까지 누적 합계 산출하여 반환
[main( ) 함수 영역]

결과> 1부터 100까지 누적 합계 : 5050
```

6 반환값이 없는 함수

함수를 호출할 때는 인수를 전달하여 매개변수에 저장하고 호출된 함수가 처리 결과를 return 명령으로 반환합니다. 하지만 필요에 따라 매개변수나 반환값을 사용하지 않을 수도 있습니다. 이와 같이 호출한 함수에 반환값을 돌려주지 않고 생략하는 것을 void 형 함수라고 합니다.

[매개변수가 없는 void형 함수]

```
void 함수_이름 ( )
```

[매개변수가 있는 void형 함수]

```
void 함수_이름 (매개변수_리스트)
```

void형 사용자 정의 함수를 정의할 때 알두어야 할 점이 있습니다. 이 함수는 반환값을 생략하므로 함수를 호출할 때 반환값을 요구하는 수식을 사용할 수 없습니다. 만약 반환값을 요구하면 문법 오류가 발생하여 프로그램을 정상적으로 실행할 수 없으니 주의해야 합니다.

void형 함수 호출시 오류 발생 예

다음 예제는 void형 사용자 함수를 정의하고 메인 함수에서 호출할 때 반환값을 요구하는 수식을 사용한 프로그램입니다. 실행 결과에서 보듯이 문법 오류가 발생합니다.

예제 8-15 void형 함수의 오류 발생 예 ex08_15.c

```c
#include <stdio.h>

void Test(int num1, int num2);     // 사용자 정의 함수 선언

int main(void)                     // main( ) 함수 정의
{
    int a = 3, b = 5, hap = 0;

    printf("void형은 수식 사용하면 오류 발생\n");
    printf("\n\n[main ( ) 함수 영역]\n\n");
    printf("문> 두 수의 합을 구하는 함수 호출\n");

    hap = Test(a, b);  // void형은 반환값을 요구하는 수식 사용하면 오류 발생

    printf("\n\n[main ( ) 함수 영역]\n\n");
    printf("답> 두 수의 합 : %d\n", hap);
    return 0;
}

void Test(int num1, int num2)      // 사용자 정의 함수 정의
{
    int sum = 0;

    sum = num1 + num2;
    printf("\n\n[Test ( ) 함수 영역]\n\n");
}
```

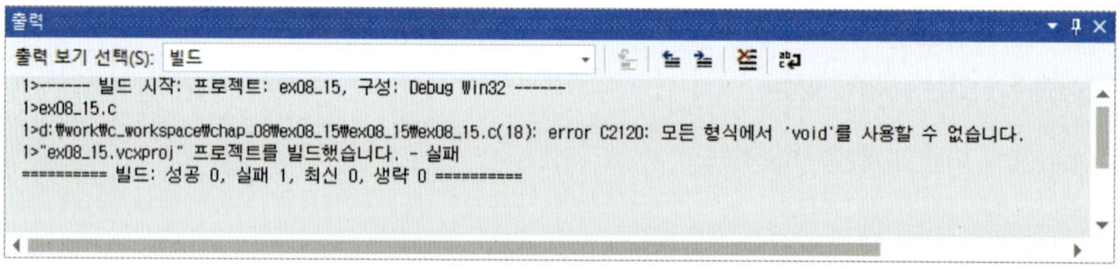

void형 함수는 반환값을 생략하기 위해 사용하는 것이므로 수식과 반환값을 요구하는 명령문은 실행할 수 없습니다.

다음은 위 예제의 오류를 해결한 프로그램입니다.

예제 8-16 [예제 8-15]의 오류 해결 ex08_16.c

```
01 #include <stdio.h>
02
03 void Test(int num1, int num2);      // 사용자 정의 함수 선언
04
05 int main(void)                      // main( ) 함수 정의
06 {
07     int a = 3, b = 5, hap = 0;
08
09     printf("수식 삭제로 void형의 오류 해결\n");
10     printf("\n\n[main ( ) 함수 영역]\n\n");
11     printf("문> a = 3, b = 5를 사용자 정의 함수에 전달\n");
12
13     Test(a, b);             // 반환값을 요구하는 수식을 사용하지 않고 함수 호출
14     return 0;
15 }
16
17 void Test(int num1, int num2)       // 사용자 정의 함수 정의
18 {
19     int sum = 0;
20     sum = num1 + num2;
21
22     printf("\n\n[Test ( ) 함수 영역]\n\n");
23     printf("답> 두 수의 덧셈 연산 결과 : %d\n", sum);
24 }
```

```
수식 삭제로 void형의 오류 해결

[main ( ) 함수 영역]

문> a = 3, b = 5를 사용자 정의 함수에 전달

[Test ( ) 함수 영역]

답> 두 수의 덧셈 연산 결과 : 8
```

소스 코드 13행에서 반환값을 요구하는 수식을 사용하지 않고 사용자가 정의한 Test(a, b) 함수를 호출하였습니다. 또한 두 수의 덧셈 연산 결과값은 void형 함수의 성격에 맞게 사용자 정의 함수에서 출력하도록 하였습니다. [예제 8-15]와 [예제 8-16]의 실행 결과를 비교해 보면 void형 함수를 어떻게 정의하고 호출하는지 충분히 이해할 수 있을 것입니다.

다음 예제는 void형 함수를 정의하여 입력한 문자를 지정한 횟수만큼 출력하는 프로그램입니다.

예제 8-17 void형 함수로 지정한 횟수만큼 문자 출력 ex08_17.c

```c
#include <stdio.h>

void Pr_ch(char ch, int num);    // 사용자 정의 함수 선언

int main(void)
{
    char input;
    int n;

    printf("입력 예시 : T 8 (알파벳 [공백] 숫자 입력)\n");
    printf("\n[main ( ) 함수 영역]\n\n");
    printf("문> 문자와 횟수(정수) 입력 : ");

    scanf_s("%c %d", &input, sizeof(input), &n);
    Pr_ch(input, n);            // 함수 호출하여 input과 n을 매개변수로 전달
    return 0;
}

void Pr_ch(char ch, int num)    // 사용자 정의 함수 정의
{
    int cnt;

    printf("\n[Pr_ch ( ) 함수 영역]\n\n");
    printf("답> ");

    for(cnt = 1; cnt <= num; cnt++)
        printf(" %c ", ch);

    printf(" : %d회 출력 완료\n", cnt - 1);
}
```

```
입력 예시 : T 8 (알파벳 [공백] 숫자 입력)

[main ( ) 함수 영역]

문> 문자와 횟수(정수) 입력 : Q 5

[Pr_ch ( ) 함수 영역]

답> Q  Q  Q  Q  Q : 5회 출력 완료
```

SECTION 05

인수 전달 방법

1 인수 전달 방법의 종류

인수는 함수를 호출할 때 사용자 정의 함수에 전달하는 매체로, 함수에서 선언한 매개변수와 일대일로 대응합니다. 사용자 함수를 호출할 때 인수를 전달하는 방법으로 '값에 의한 호출(call by value)'과 '참조에 의한 호출(call by reference)'이 있습니다.

2 값에 의한 호출

값에 의한 호출 방식은 함수를 호출하면서 인수의 값 자체를 전달하는 것으로, 호출되는 함수는 인수의 값을 매개변수로 받아들여 명령문을 수행합니다. 이때 호출되는 함수는 인수에 직접 접근할 권한이 없습니다. 인수와 매개변수가 같은 메모리 공간을 사용하지 않기 때문입니다. 즉 인수가 저장되는 메모리 주소값과 매개변수가 저장되는 메모리 주소값이 서로 다릅니다.

값에 의한 호출 방식으로 함수를 호출할 때 전달되는 인수는 반드시 매개변수와 자료형이 일치해야 합니다.

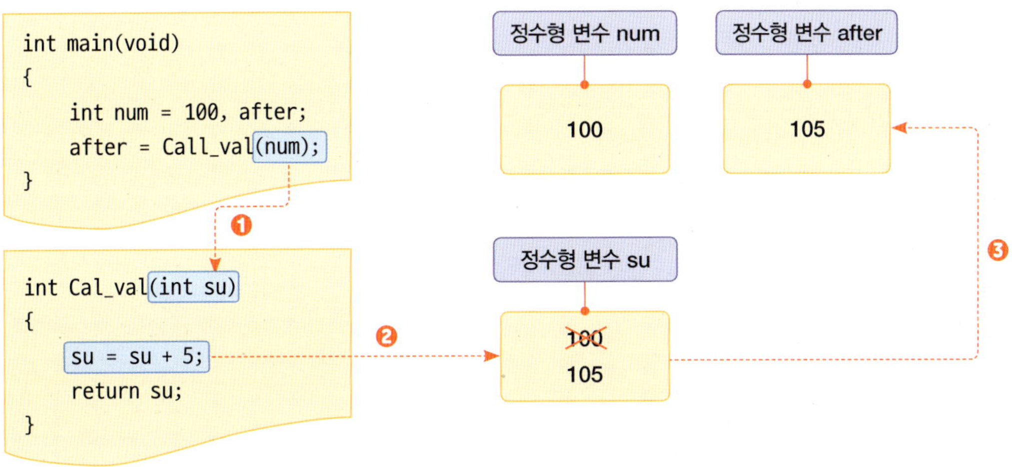

그림 8-5 값에 의한 호출 방식의 구조

❶ num 값 100을 su에 전달

❷ su 값을 100에서 105로 변경

❸ su 값을 after로 반환(return su;)

예제 8-18 값에 의한 호출 방식으로 사용자 정의 함수 사용 ex08_18.c

```c
#include <stdio.h>

int Call_val(int su);              // 사용자 정의 함수 선언

int main(void)
{
    int num = 100, after;

    printf("[main( ) 함수 영역]\n");
    printf("전> 함수 호출하기 전의 값 : %d\n\n", num);

    after = Call_val(num);         // 값에 의한 사용자 정의 함수 호출

    printf("[main( ) 함수 영역]\n");
    printf("후> 함수 호출 후의 값 : %d\n\n", after);
    return 0;
}

int Call_val(int su)               // 사용자 정의 함수 정의
{
    printf("[Call_val( ) 함수 영역]\n");
    printf("수행> 전달받은 값 100에 5를 더하여 반환\n\n");

    su += 5;                       // su = su + 5
    return su;
}
```

```
[main( ) 함수 영역]
전> 함수 호출하기 전의 값 : 100

[Call_val( ) 함수 영역]
수행> 전달받은 값 100에 5를 더하여 반환

[main( ) 함수 영역]
후> 함수 호출 후의 값 : 105
```

3 참조에 의한 호출

참조에 의한 호출 방식은 함수를 호출할 때 인수의 값이 저장되어 있는 주소값을 호출되는 함수에 매개변수로 전달합니다. 매개변수는 인수의 값이 저장되어 있는 주소값을 알고 있기 때문에 이를 이용하여 인수의 값을 변경합니다.

참조에 의한 호출은 인수와 매개변수가 메모리의 동일한 주소를 공유하는 방식이므로 매개변수 값이 변경되면 인수의 값 또한 변경됩니다. C 언어에서는 주소를 참조하여 함수를 호출하는 방식을 따로 제공하지 않으므로 주소 참조 연산자를 사용하기 위해 포인터(*) 변수를 선언해야 합니다.

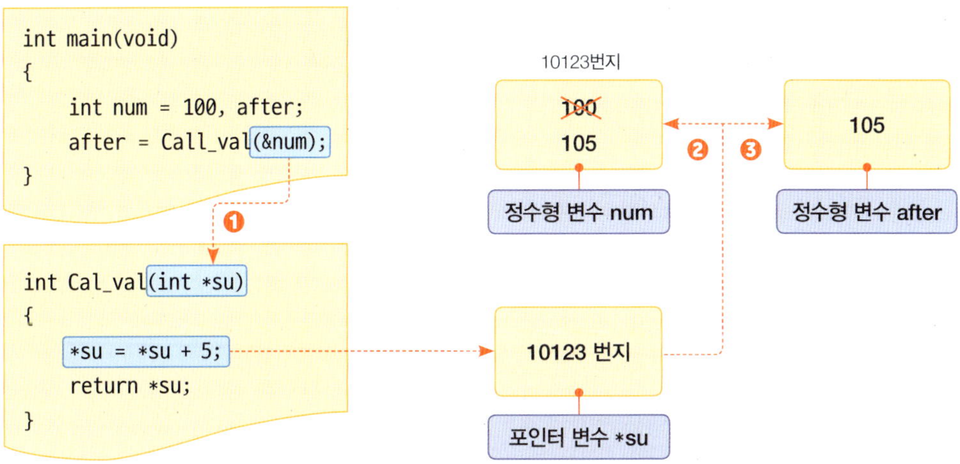

그림 8-6 **참조에 의한 호출 방식의 구조**

❶ 변수 num의 주소 10123번지 전달

❷ 포인터 변수 su가 가리키는 곳(10123번지)의 실제 값을 5 증가시킴

❸ 포인터 변수 *su가 가리키는 10123번지의 저장된 값을 after로 반환(return *su;)

포인터 변수란 메모리 공간의 주소를 기억하는 변수입니다. 일반 변수와 다르게 포인터 변수는 변수명 앞에 *를 붙여서 선언합니다. 그리고 함수를 호출할 때 전달되는 인자 앞에는 반드시 주소 참조 연산자 &를 붙여서 전달합니다. 포인터에 대한 자세한 내용은 11장에서 다루기로 하고, 여기서는 함수를 호출할 때 주소를 참조하는 방식에 대해서만 이해하고 넘어가기로 합니다.

다음 예제는 함수를 호출할 때 주소값을 참조하는 방식을 사용하는 프로그램입니다.

예제 8-19 참조에 의한 호출 방식으로 사용자 정의 함수 사용 ex08_19.c

```c
#include <stdio.h>

int Call_ref(int *su);              // 사용자 정의 함수 선언

int main(void)                      // main( ) 함수 정의
{
    int num = 100, after;

    printf("[main( ) 함수 영역]\n");
    printf("전> 함수 호출하기 전의 값 : %d\n", num);
    printf("팁> 함수 호출 : 인수와 주소 참조 연산자 &를 함께 전달\n\n");

    after = Call_ref(&num);         // 주소에 의한 사용자 정의 함수 호출

    printf("[main( ) 함수 영역]\n");
    printf("후> 함수 호출 후의 값 : %d\n\n", after);
    return 0;
}

int Call_ref(int *su)               // 사용자 정의 함수 정의
{
    printf("[Call_ref( ) 함수 영역]\n");
    printf("수행> 전달받은 주소에 저장된 값인 100 + 5 반환\n\n");

    *su += 5;                       // *su = *su + 5
    return *su;
}
```

```
[main( ) 함수 영역]
전> 함수 호출하기 전의 값 : 100
팁> 함수 호출 : 인수와 주소 참조 연산자 &를 함께 전달

[Call_ref( ) 함수 영역]
수행> 전달받은 주소에 저장된 값인 100 + 5 반환

[main( ) 함수 영역]
후> 함수 호출 후의 값 : 105
```

포인터 변수와 주소 참조 연산자 사용하기 **여기서 잠깐!**

포인터 변수를 의미하는 *와 주소 참조 연산자인 &의 사용 방법을 간단히 살펴보겠습니다.
예를 들어, *a와 같이 포인터 변수를 선언하면 포인터 변수가 가리키는 곳(메모리의 주소)에 저장되어 있는 실제 값을 나타냅니다. 변수 앞에 주소 참조 연산자인 &(앰퍼센트)를 붙이면 값이 실제로 저장되어 있는 메모리의 주소값을 의미합니다.

```
int *a;          // 주소를 저장할 수 있는 포인터 변수 선언
int b = 100;     // 정수형 변수 선언과 초깃값 대입
a = &b;          // 변수 a에 변수 b 값이 저장되어 있는 주소값 대입
*a = 200;        // 변수 a가 가리키는 곳(메모리의 주소)의 실제 값을 200으로 변경
```

: QUIZ

참조에 의한 호출 방식으로 사용자 정의 함수를 호출할 때는 인수 앞에 주소 참조 연산자인 (   )을/를 붙여야 합니다.

정답

&

SECTION 06

순환 함수

1 순환 함수의 개념

일반적으로 프로그램에 여러 함수가 존재할 경우 서로 다른 함수끼리 호출하면서 동작합니다. 이와 같이 자기 자신이 아닌 다른 함수를 호출하여 작동하는 함수를 반복 함수(iterative function)라고 합니다.

그런데 프로그램을 작성하다 보면 가끔 함수가 자기 자신을 반복해서 호출하기도 합니다. 이처럼 함수가 자기 자신을 계속해서 호출하는 것을 순환 함수(recursive function)라고 합니다. 다른 표현으로는 '재귀 호출 함수'라고도 합니다.

2 순환 함수의 특징

함수가 자기 자신을 다시 호출하면 해당 함수가 반복해서 실행되기 때문에 무한 루프가 발생할 수도 있습니다. 그러므로 함수의 반복 호출을 중지시킬 수 있는 탈출 조건을 반드시 선언해야 합니다.

일반 함수와 비교했을 때 순환 함수는 일정한 규칙이 있어 동일한 유형의 명령을 반복해서 처리할 때 사용하면 편리합니다. 하지만 함수 호출 횟수가 많아서 스택(stack)이라는 메모리 공간을 많이 사용한다는 단점 또한 있습니다.

함수를 호출하는 과정에서 스택 메모리 공간의 활용 모습은 [그림 8-7]과 같습니다.

순환 함수는 자기 자신을 반복해서 호출하기 때문에 함수 처리 후 돌아올 주소와 매개변수를 스택에 보관합니다. 이와 같은 동작을 반복할수록 스택 공간이 많이 필요해지고 스택에 보관되는 정보의 양도 증가합니다. 계속해서 순환 함수를 호출하여 사용하면 그 정보를 이용하는 데 시간이 많이 걸립니다.

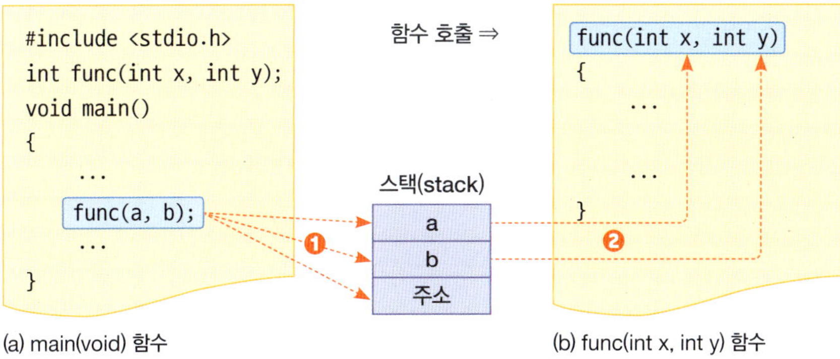

(a) main(void) 함수

(b) func(int x, int y) 함수

그림 8-7 순환 함수의 스택 메모리 활용 방법

3 순환 함수 활용

순환 함수를 사용하면 프로그램이 간결해집니다. 일정한 규칙으로 반복해서 처리해야 하는 작업에 순환 함수를 사용하면 더 쉽게 표현할 수 있습니다. 순환 함수의 가장 대표적인 예는 팩토리얼(factorial)을 구하는 프로그램입니다.

순환 함수 사용하여 팩토리얼 계산

순환 함수를 사용하여 팩토리얼을 구하는 방법을 살펴보겠습니다.

```
n! = n * (n - 1) * (n - 2) * (n - 3) ···
```

예를 들어, 6!을 계산하는 방법은 다음과 같습니다.

```
6! = 6 * (6 - 1) * (6 - 2) * (6 - 3) * (6 - 4) * (6 - 5) = 6 * 5 * 4 * 3 * 2 * 1
```

6!을 구하기 위해 정의한 Fact( ) 함수를 순환 함수로 사용할 경우 무한 루프가 될 수 있으므로 반드시 if(n <= 1) 문과 같이 무한 루프를 탈출할 수 있는 조건을 선언해야 합니다. 즉 n = 1이 되면 순환 함수는 무한 루프를 멈추고 탈출하게 됩니다.

다음 예제는 사용자 정의 함수를 선언한 후 메인 함수에서 입력한 숫자의 팩토리얼을 구하기 위해 사용자 정의 함수를 순환 함수로 사용하는 프로그램입니다.

예제 8-20 순환 함수로 팩토리얼 계산 ex08_20.c

```c
#include <stdio.h>

int Fact(int n);                    // 사용자 정의 함수 선언

int main(void)
{
    int input;
    int result;

    printf("전달> 팩토리얼 구할 정수 입력 : ");

    scanf_s("%d", &input);
    printf("호출> Fact( ) 함수 호출하여 팩토리얼 계산\n");

    result = Fact(input);           // 함수를 호출하면서 input을 인수로 전달
    printf("회신> %d! : %d\n", input, result);
    return 0;
}

int Fact(int n)                     // 사용자 정의 함수 정의
{
    if(n <= 1)                      // 무한 루프 탈출 위한 필요조건
        return 1;
    else
    {
        printf("수행> %d! : %d * (%d - 1)\n", n, n, n);
        return(n * Fact(n - 1));    // 자신의 함수인 Fact( ) 호출
    }
}
```

```
전달> 팩토리얼 구할 정수 입력 : 6
호출> Fact( ) 함수 호출하여 팩토리얼 계산
수행> 6! : 6 * (6 - 1)
수행> 5! : 5 * (5 - 1)
수행> 4! : 4 * (4 - 1)
수행> 3! : 3 * (3 - 1)
수행> 2! : 2 * (2 - 1)
회신> 6! : 720
```

순환 함수 사용하여 누적 합계 출력

다음 예제는 순환 함수를 사용하여 메인 함수에서 입력받은 값을 사용자 정의 함수에 전달하여 누적 합계를 계산한 후 결과값을 반환받아 메인 함수에서 출력하는 프로그램입니다.

예제 8-21 순환 함수로 입력받은 수까지 누적 합계 출력 ex08_21.c

```c
#include <stdio.h>

int Sum(int cnt);             // 사용자 정의 함수 선언

int main(void)
{
    int input, hap = 0;

    printf("[main( ) 함수 영역]\n");
    printf("전달> 어디까지 구할까요 : ");
    scanf_s("%d", &input);

    printf("호출> Sum( ) 함수 호출\n\n");
    printf("[Sum( ) 함수 호출 완료]\n");

    hap = Sum(input);         // 함수 호출하면서 input을 매개변수로 전달

    printf("동작> Sum( ) 함수에서 1부터 %d까지 누적 합계 산출\n", input);
    printf("회신> main( ) 함수 반환\n\n");
    printf("[main( ) 함수 영역]\n");
    printf("결과> 1부터 %d까지 누적 합계 : %d\n", input, hap);

    return 0;
}

int Sum(int cnt)              // 사용자 정의 함수 정의
{
    if(cnt == 1)              // 무한 루프 탈출 위한 필요조건
        return 1;
    else
        return(cnt + Sum(cnt - 1));
}
```

```
[main( ) 함수 영역]
전달> 어디까지 구할까요 : 300
호출> Sum( ) 함수 호출

[Sum( ) 함수 호출 완료]
동작> Sum( ) 함수에서 1부터 300까지 누적 합계 산출
회신> main( ) 함수 반환

[main( ) 함수 영역]
결과> 1부터 300까지 누적 합계 : 45150
```

: QUIZ

① 순환 함수를 사용할 때는 함수의 반복 호출을 중지시킬 수 있는 (   )을/를 반드시 선언해야 합니다.

② 순환 함수의 호출 횟수가 많아지면 (   ) 메모리 공간을 많이 사용한다는 단점이 있습니다.

정답

① 탈출 조건
② 스택

SECTION 07

함수 프로젝트

1 함수 프로젝트의 개념

C 프로그램을 작성하다 보면 메인 함수와 여러 개의 사용자 정의 함수를 사용하게 됩니다. 이때 함수를 상호 호출하는 과정을 쉽게 이해하기 위해 함수 프로젝트를 작성할 수 있습니다. 함수 프로젝트는 먼저 프로젝트를 소개하는 매뉴얼을 작성하고 알고리즘 이름과 알고리즘 순서가 포함된 알고리즘을 작성합니다. 그리고 알고리즘에 맞게 순서도를 그린 다음 함수 간의 관계도를 그립니다. 마지막으로 기술한 내용을 토대로 소스 코드를 작성합니다.

2 프로젝트 매뉴얼 작성

함수 프로젝트를 수행할 매뉴얼은 다음과 같이 작성할 수 있습니다. 사용자 정의 함수를 사용해서 중간고사와 기말고사로 등급을 적용하는 프로젝트를 예를 들어 살펴보겠습니다.

1. 메인 함수에서는 do~while 문으로 프로그램 무한 반복 수행
2. 사용자 정의 함수는 다음과 같이 5개 선언
   - 함수1: 중간고사와 기말고사 점수는 각각 50점 만점으로 입력받음
   - 함수2: 총점에 대한 등급은 [등급 명세서] 내용 적용
   - 함수3: 대소문자 구별 없이 Y 또는 N 이외 문자를 입력하면 오류 메시지 출력
   - 함수4: 점수 허용 구간(0~100)이 아닐 경우 오류 메시지 출력
   - 함수5: 메인 함수에서 대소문자 구별 없이 N을 입력받으면 프로그램 종료 메시지 출력

[등급 명세서]는 다음 점수 구간별 등급을 참고하여 작성할 수 있습니다.

점수 구간	등급	점수 구간	등급
95~100	A+	70~74	C0
90~94	A0	65~69	D+
85~89	B+	60~64	D0
80~84	B0	60 미만	F
75~79	C+		

3 알고리즘 작성

이 함수 프로젝트에 대한 알고리즘은 다음과 같이 작성할 수 있습니다.

[알고리즘 이름 : Score Grade Function]

시작 :

1. 이 프로젝트의 사용자 정의 함수는 다음과 같은 역할 수행
   1.1 main( ) 함수 : do~while 문으로 프로그램을 무한 반복 수행
   1.2 score_fun( ) 함수 : 중간고사와 기말고사 점수를 입력받아 총점을 구하고 전달하는 명령을 수행
   1.3 grade_fun( ) 함수 : 총점에 해당하는 등급(A+~F)을 반환하는 명령 수행
   1.4 alpa_err( ) 함수 : 알파벳 대소문자 구별 없이 Y 또는 N 이외의 문자를 입력하면 오류 메시지 반환
   1.5 jumsu_err( ) 함수 : 입력한 점수가 유효 범위에 포함되지 않을 경우 입력한 점수와 오류 메시지 반환
   1.6 end_fun( ) 함수 : 알파벳 대소문자 구별 없이 N 또는 n을 입력하면 입력받은 알파벳을 출력하고 프로그램 종료
2. main( ) 함수는 다음과 같은 명령 수행
   2.1 전체 프로그램은 do~while 문을 사용하여 무한 반복 수행
   2.2 프로그램은 알파벳 대소문자 구별 없이 Y 또는 N으로 시작과 종료 수행
      2.2.1 Y 또는 y 입력 : score_fun( ) 함수 호출
      2.2.2 N 또는 n 입력 : end_fun(인수) 함수 호출
      2.2.3 예외 처리 : alpa_err(인수) 함수 호출
3. score_fun( ) 함수는 다음과 같은 명령 수행
   3.1 중간고사와 기말고사 점수를 입력받아 총점을 구한 후 grade_fun(인수) 함수 호출
   3.2 2개 점수 중 하나라도 유효 범위인 0~50 이외의 값이 입력되면 jumsu_err(인수) 함수 호출하고 goto 문을 이용해 점수를 다시 입력하도록 강제 이동
   3.3 점수 구간이 유효하면 grade_fun(인수) 함수 호출
4. grade_fun( ) 함수는 다음과 같은 명령 수행
   4.1 점수 등급은 [등급 명세서] 참조
   4.2 전달받은 점수가 유효 범위가 아닐 경우 jumsu_err(인수) 함수 호출
5. alpa_err( ) 함수는 다음과 같은 명령 수행
   5.1 전달받은 인수에 출력 변환 기호 사용
   5.2 작성된 문자열을 호출한 곳으로 반환
6. jumsu_err( ) 함수는 다음과 같은 명령 수행
   6.1 score_fun( ) 함수에서 입력한 값을 매개변수로 사용
   6.2 grade_fun( ) 함수 호출
7. end_fun( ) 함수는 다음과 같은 명령 수행
   7.1 main( ) 함수에서 전달받은 알파벳을 매개변수로 사용
   7.2 전달받은 알파벳은 출력 변환 기호를 사용하여 종료 메시지와 함께 출력
   7.3 라이브러리 함수인 exit( )를 사용하기 위해 〈stdlib.h〉 헤더 파일 포함

끝 :

4 순서도 작성

알고리즘을 기반으로 한 순서도를 다음과 같이 작성할 수 있습니다.

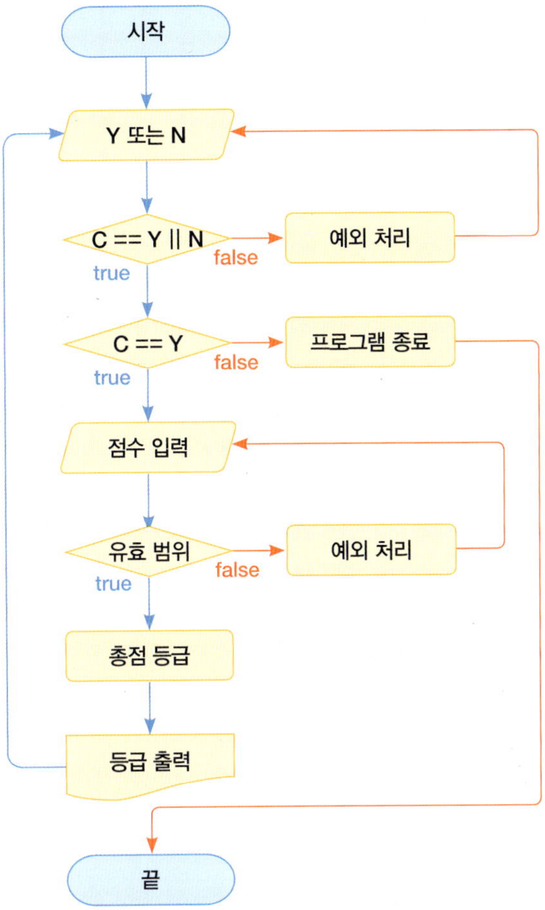

그림 8-8 **프로젝트 순서도**

5 함수 관계도 작성

함수 관계도를 사용하는 목적은 여러 개의 함수를 호출하는 복잡한 프로그램을 조금 더 효율적으로 작성하기 위함입니다. 여러 함수를 호출해서 사용할 때는 소스 코드를 정확하게 작성하고 나중에 유지·보수를 수월하게 하기 위해 함수 관계도를 작성하길 권장합니다.

함수 관계도

기본적인 함수 관계도는 다음과 같이 작성할 수 있습니다.

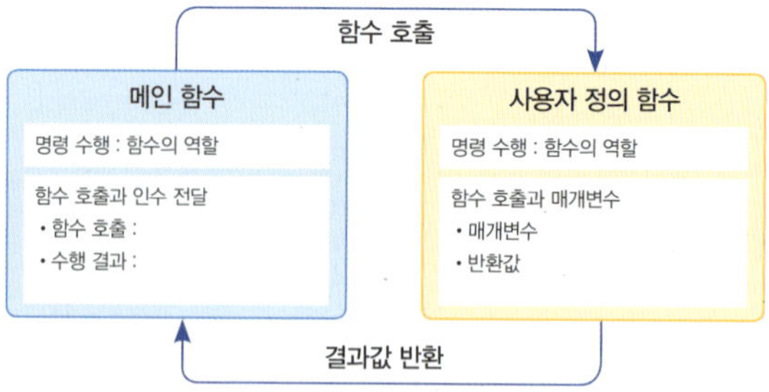

그림 8-9 **기본적인 함수 관계도 작성 방법**

여기에서 만들 함수 프로젝트의 관계도는 다음과 같이 작성할 수 있습니다.

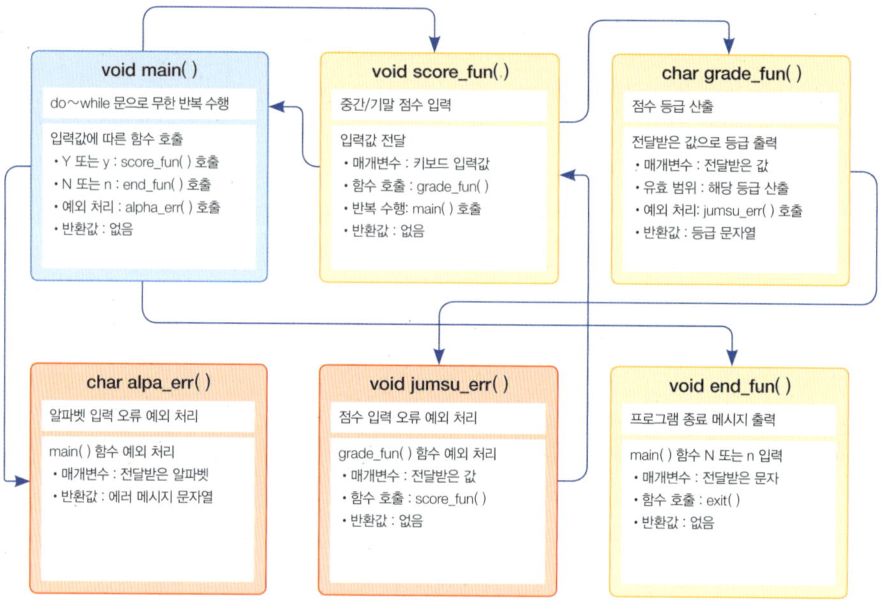

그림 8-10 **프로젝트의 함수 관계도**

6 소스 코드 작성

각각의 함수를 소스 코드로 작성한 뒤 다음과 같이 하나의 소스 코드 파일로 작성할 수 있습니다.

예제 8-22 알고리즘, 순서도, 관계도를 이용해 함수 프로젝트 작성 ex08_22.c

```
#include <stdio.h>
#include <stdlib.h>                // exit( ) 함수 사용을 위한 헤더 파일

void score_fun();                  // 중간고사와 기말고사 점수를 입력받는 함수
char grade_fun(int jumsu);         // 입력한 점수의 등급을 계산하는 함수
char alpa_err(char op);            // Y, N 외 알파벳 입력하면 메시지 출력하는 함수
void jumsu_err(int jumsu);         // 0~100 이외 숫자 입력하면 메시지 출력하는 함수
```

```
void end_fun(char op);      // main( ) 함수에서 N을 입력받으면 프로그램 종료

void main( )
{
    char choice;
    int jumsu_input;

    do {
        printf("[main( ) 함수 영역]\n");
        printf("프로그램을 시작하시겠습니까?(Yes/No) : _\b");
        scanf_s("%c", &choice);

        switch(choice) {
        case 'Y':
        case 'y':
            score_fun( );
            getchar( );
            break;
        case 'N':
        case 'n':
            end_fun(choice);
            break;
        default:
            alpa_err(choice);
            getchar( );
            break;
        }
    } while(1);
}

void score_fun( )              // 사용자 정의 함수
{
    int jumsu_m, jumsu_f, total = 0;
    printf("\n[score_fun( ) 함수 영역]\n");

    printf("중간고사 점수 입력(50점 만점) : __\b\b");
    scanf_s("%d", &jumsu_m);

    if(jumsu_m < 0 || jumsu_m >50)
        jumsu_err(jumsu_m);
    else
        total += jumsu_m;

    printf("기말고사 점수 입력(50점 만점) : __\b\b");
    scanf_s("%d", &jumsu_f);

    if(jumsu_f < 0 || jumsu_f >50)
        jumsu_err(jumsu_f);
    else {
        total += jumsu_f;
```

```
        grade_fun(total);
        getchar();
        main();
    }
}

char alpa_err(char op)
{
    printf("\n[alpa_err( ) 함수 영역]\n");
    return printf("main( ) 함수에서 입력한 알파벳 %c는(은) 유효하지 않습니다.\n\n", op);
}

char grade_fun(int jumsu)
{
    printf("\n[grade_fun( ) 함수 영역]\n");
    if(jumsu >= 95 && jumsu <= 100) {
        printf("score_fun( ) 함수에서 전달받은 값 : %d\n", jumsu);
        return printf("등급 : A+학점\n\n");
    }
    else if(jumsu >= 90 && jumsu <= 94) {
        printf("score_fun( ) 함수에서 전달받은 값 : %d\n", jumsu);
        return printf("등급 : A0학점\n\n");
    }
    else if(jumsu >= 85 && jumsu <= 89) {
        printf("score_fun( ) 함수에서 전달받은 값 : %d\n", jumsu);
        return printf("등급 : B+학점\n\n");
    }
    else if(jumsu >= 80 && jumsu <= 84) {
        printf("score_fun( ) 함수에서 전달받은 값 : %d\n", jumsu);
        return printf("등급 : B0학점\n\n");
    }
    else if(jumsu >= 75 && jumsu <= 79) {
        printf("score_fun( ) 함수에서 전달받은 값 : %d\n", jumsu);
        return printf("등급 : C+학점\n\n");
    }
    else if(jumsu >= 70 && jumsu <= 74) {
        printf("score_fun( ) 함수에서 전달받은 값 : %d\n", jumsu);
        return printf("등급 : C0학점\n\n");
    }
    else if(jumsu >= 65 && jumsu <= 69) {
        printf("score_fun( ) 함수에서 전달받은 값 : %d\n", jumsu);
        return printf("등급 : D+학점\n\n");
    }
    else if(jumsu >= 60 && jumsu <= 64) {
        printf("score_fun( ) 함수에서 전달받은 값 : %d\n", jumsu);
        return printf("등급 : D0학점\n\n");
    }
    else {
        printf("score_fun( ) 함수에서 전달받은 값 : %d\n", jumsu);
        return printf("등급 : F학점\n");
```

```c
    }
}

void jumsu_err(int jumsu)
{
    printf("\n[jumsu_err( ) 함수 영역]\n");
    printf("점수 %d는(은) 유효 범위가 아닙니다.\n", jumsu);
    score_fun();
}

void end_fun(char op)
{
    printf("\n[end_fun( ) 함수 영역]\n");
    printf("main( ) 함수에서 프로그램 종료를 요청했습니다.\n");
    printf("알파벳 \"%c\"을 전달받아 프로그램을 종료합니다.\n", op);
    exit(0);        // 프로그램 종료
}
```

```
[main( ) 함수 영역]
프로그램을 시작하시겠습니까? (Yes/No) : k

[alpa_err( ) 함수 영역]
main( ) 함수에서 입력한 알파벳 k는(은) 유효하지 않습니다.

[main( ) 함수 영역]
프로그램을 시작하시겠습니까?(Yes/No) : y

[score_fun( ) 함수 영역]
중간고사 점수 입력(50점 만점) : 47
기말고사 점수 입력(50점 만점) : 48

[grade_fun( ) 함수 영역]
score_fun( ) 함수에서 전달받은 값 : 95
등급 : A+학점

[main( ) 함수 영역]
프로그램을 시작하시겠습니까?(Yes/No) : y

[score_fun( ) 함수 영역]
중간고사 점수 입력(50점 만점) : 99

[jumsu_err( ) 함수 영역]
점수 99는(은) 유효 범위가 아닙니다.

[score_fun( ) 함수 영역]
중간고사 점수 입력(50점 만점) : 40
기말고사 점수 입력(50점 만점) : 48

[grade_fun( ) 함수 영역]
```

```
score_fun( ) 함수에서 전달받은 값 : 88
등급 : B+학점

[main( ) 함수 영역]
프로그램을 시작하시겠습니까?(Yes/No) : n

[end_fun( ) 함수 영역]
main( ) 함수에서 프로그램 종료를 요청했습니다.
알파벳 "n"을 전달받아 프로그램을 종료합니다.
```

도전문제 함수의 역할과 사용 방법 익히기

01 값에 의한 호출 방식으로 함수를 호출하는 프로그램입니다. 변수 result에 반환되는 값을 예측해서 적으시오.

• 메인 함수

```c
int main(void)
{
    int num = 200, result;
    result = foun(num);
}
```

• 사용자 정의 함수

```c
int foun(int su)
{
    su += 50;
    return su;
}
```

Hint : 메인 함수에서는 사용자 정의 함수의 매개변수와 매칭되도록 값을 인수로 전달하고 사용자 정의 함수는 명령을 수행한 결과를 값으로 반환합니다.

정답

250

02 소스 코드가 의미하는 것을 주석문으로 적으시오.

```c
#include <stdio.h>
#include <stdlib.h>                       // 
#include <conio.h>

int main(void)
{
    system("title 함수 사용 프로그램");    // 
    system("dir");                        // 
```

```
    printf("문자 입력 : ");
    _getch();                                //
    system("cls");                           //
    return 0;
}
```

Hint : system( ) 함수는 문자열 인수를 운영체제로 전달하는 명령을 수행합니다. dir은 디렉터리와 관련된 명령어이고 cls는 실행 화면을 전부 지우는 명령입니다. 값을 입력받을 때는 버퍼 메모리 사용 여부에 따라 함수를 구분해서 사용해야 합니다.

정답

```
system( ) 함수를 사용하기 위한 헤더 파일
실행 결과 화면에 타이틀 출력
현재 디렉터리의 정보 출력
문자를 입력하는 단일 문자 함수
화면을 모두 지움
```

핵심점검

1 (   ) (이)란 프로그램에서 특정한 작업을 수행하도록 따로 정의해 놓은 독립된 프로그램 단위를 의미합니다.

2 (   )은/는 컴파일러를 제작한 회사에서 제공하는 함수를 말합니다.

3 (   ) (이)란 특정한 규칙 없이 예측할 수 없는 임의의 값이 무작위로 생성되는 것을 말합니다.

4 (   ) 헤더 파일은 수학 함수를 사용하기 위해 불러오는 것입니다.

5 (   )은/는 소수점 이하 값을 무조건 올리고, (   )은/는 소수점 이하 값을 무조건 버리는 함수입니다.

6 (   )은/는 제시한 실수의 절대값을 구할 때 사용하는 함수입니다.

7 (   )은/는 제시한 실수값의 제곱값(x^y)을 반환하고, (   )은/는 제시한 실수값의 제곱근을 반환합니다.

8 (   )은/는 호출하여 실행 중인 프로세스를 강제로 종료할 때 사용하는 함수로 stdlib.h 헤더 파일에 존재합니다.

9 (   )은/는 문자열 인수를 운영체제로 전달하는 명령을 수행하는 함수입니다.

10 (   )은/는 함수를 호출할 때 넘겨주는 값을, (   )은/는 값을 받아 저장하는 공간을 의미합니다.

정답 **1** 함수 **2** 라이브러리 함수 **3** 난수 **4** math.h **5** ceil( ) 함수, floor( ) 함수 **6** fabs( ) 함수 **7** pow( ) 함수, sqrt( ) 함수 **8** exit( ) 함수 **9** system( ) 함수 **10** 인수, 매개변수

연습문제

1 C 컴파일러를 제작한 회사에서 제공하는 함수가 아닌 것은?

① 수학 함수 ② 사용자 정의 함수

③ 난수 발생 함수 ④ 유틸리티 함수

2 특정한 규칙 없이 예측할 수 없는 임의의 값이 무작위로 생성되는 수를 처리하는 함수는?

① 수학 함수 ② 사용자 정의 함수

③ 시간 함수 ④ 난수 발생 함수

3 난수 발생 함수를 사용하기 위해 가져오는 헤더 파일은?

① stdlib.h ② stdio.h

③ conio.h ④ math.h

4 수학 함수를 사용하기 위해 가져오는 헤더 파일은?

① stdlib.h ② stdio.h

③ conio.h ④ math.h

5 소수점 이하의 값을 무조건 올려주는 함수는?

① floor( ) 함수 ② ceil( ) 함수

③ srand( ) 함수 ④ sqrt( ) 함수

6 제시한 실수의 절댓값을 구하는 함수는?

① floor( ) 함수 ② pow( ) 함수

③ fabs( ) 함수 ④ sqrt( ) 함수

연습문제

7 호출하여 실행 중인 프로세스를 강제로 종료할 때 사용하는 함수는?

① system( ) 함수　　② sleep( ) 함수

③ exit( ) 함수　　④ sqrt( ) 함수

8 화면을 보여주는 시간을 설정하는 Sleep( ) 함수를 사용하기 위해 불러와야 할 헤더 파일은?

① windows.h　　② stdio.h

③ conio.h　　④ stdlib.h

9 사용자 정의 함수의 구성 요소에 해당하지 않는 것은?

① 자료형　　② 함수 이름

③ 매개변수　　④ 함수의 개수

10 3단계 과정으로 함수를 선언하고 호출할 때의 올바른 순서는?

① 함수 정의 → 함수 선언 → 함수 호출

② 함수 호출 → 함수 선언 → 함수 정의

③ 함수 선언 → 함수 정의 → 함수 호출

④ 함수 정의 → 함수 호출 → 함수 선언

11 함수를 호출할 때 전달하는 값을 의미하는 것은?

① 매개변수　　② 함수의 이름

③ 인수　　④ 반환값

12 순환 함수에 대해서 간단하게 작성하시오.

13 사용자 정의 함수의 구성 요소를 나타내는 그림이다. 빈칸을 채우시오.

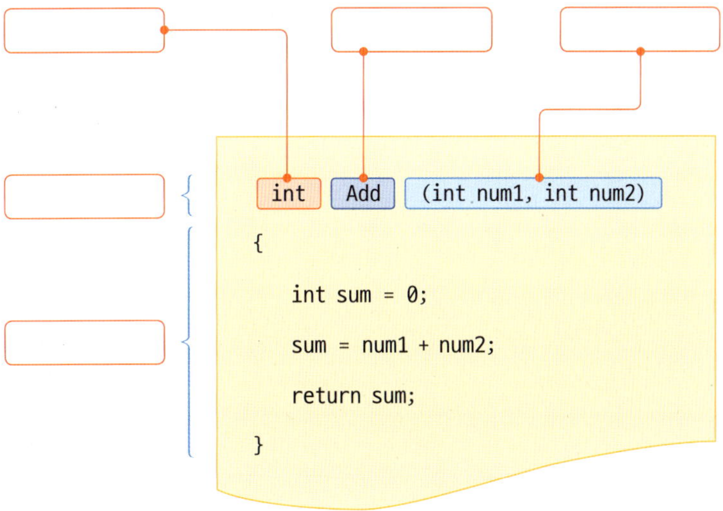

연습문제

14 소스 코드를 보고 프로그램의 실행 결과를 예측해서 적으시오.

①

소스 코드

```
#include <stdio.h>
void foun(void);
int main(void)
{
    int a;
    for(a = 0; a < 10; a += 3)
        foun();
    return 0;
}
void foun(void)
{
    int n;
    for(n = 0; n < 20; n += 3)
        printf("♡");
    printf("\n");
}
```

→

실행 결과

②

소스 코드

```
#include <stdio.h>
int foun(int n);
int main(void)
{
    int a = 100, result = 0;
    result = foun(a) + 50;
    printf("a : %d\n", a);
    printf("result : %d\n", result);
    return 0;
}
int foun(int n)
{
    n = 200;
    return n;
}
```

→

실행 결과

연습문제

15 소스 코드를 보고 프로그램의 실행 결과 출력값과 함수의 반환값을 예측해서 적으시오.

①

소스 코드

```
#include <stdio.h>
int sum(int a);
int main(void)
{
    int result;
    result = sum(5);
    printf("result = %d\n", result);
    return 0;
}
int sum(int a)
{
    printf("%02d ", a);
    if(a < 1)
        return 1;
    else
        return(a + sum(a - 2));
}
```

실행 결과 출력값, 반환값

·실행 결과 출력값

→ ·반환값

②

소스 코드

```
#include <stdio.h>
int f(int a);
int main(void)
{
    int result;
    result = f(5);
    printf("result = %d\n", result);
    return 0;
}
int f(int a)
{
    printf("%02d ", a);
    if(a < 1)
        return 3;
    else
        return(3 * f(a - 3) + 1);
}
```

실행 결과 출력값, 반환값

· 실행 결과 출력값

→ · 반환값

연습문제

16 소스 코드를 보고 실행 결과 시 발생할 컴파일 오류, 경고, 논리 오류를 예측해서 적으시오.

①

소스 코드

```
#include <stdio.h>
void err_msg(void);
int main(void)
{
    err_msg(3);
    return 0;
}
void err_msg(void)
{
    printf("오류 발생\n");
}
```

→

실행 결과

②

소스 코드

```
#include <stdio.h>
float add(int su1, int su2);
int main(void)
{
    int result;
    result = add(3, 8);
    printf("result = %d", result);
    return 0;
}
float add(int su1, int su2)
{
    return su1 + su2;
}
```

실행 결과

→

프로그래밍 문제

1 다음 내용에 맞는 프로그램을 작성하시오.

- void형 사용자 정의 함수: 인치를 센티미터로 환산하는 함수, 평을 평방미터로 환산하는 함수
- 1인치 = 2.5399센티미터, 1평 = 3.3058평방미터
- 메인 함수에서 문자형 변수 1개와 실수형(float) 변수 1개 선언
- do~while 문으로 프로그램 무한 반복
- if~else 문으로 대소문자 구별 없이 A, B, Q를 판별하여 분기하고 그 외 알파벳은 예외 처리
- A, B, Q 외의 알파벳 입력 시 continue 문 사용하여 다시 입력 요청
- 입력된 알파벳에 따라 분기문 수행: A는 인치를 센티미터로 환산, B는 평을 평방미터로 환산
- 프로그램 종료는 알파벳 대소문자 구별 없이 Q 사용
- 알파벳은 메인 함수에서 입력받아 사용자 정의 함수에 전달
- 단위 환산 결과는 사용자 정의 함수에서 출력
- 기타 사항은 [출력 예시] 참조

[출력 예시1]

```
A. 인치를 센티미터로 환산하는 프로그램
B. 평을 평방미터로 환산하는 프로그램
Q. 프로그램 종료

선택 : a
A. 인치를 센티미터로 환산하는 프로그램
문> 인치(inch)를 입력하세요 : 25

[인치를 센티미터로 환산하는 함수 호출]

답> 25.00인치(inch)는 63.50센티미터(cm)

성공적으로 환산을 수행하였습니다.

A. 인치를 센티미터로 환산하는 프로그램
B. 평을 평방미터로 환산하는 프로그램
Q. 프로그램 종료
선택 : _
```

[출력 예시2]

```
A. 인치를 센티미터로 환산하는 프로그램
B. 평을 평방미터로 환산하는 프로그램
Q. 프로그램 종료

선택 : Q
프로그램을 종료합니다.
```

2 다음 내용에 맞는 프로그램을 작성하시오.

- void형 사용자 정의 함수 1개 정의
- 메인 함수에서는 정수형 변수 1개 선언
- do~while 문을 사용하여 프로그램 무한 반복
- switch 문으로 대소문자 구별 없이 Y, N을 판별하여 분기하고 그 외 알파벳은 예외 처리
- Y 또는 N 외의 알파벳 입력 시 goto 문을 사용하여 다시 입력 요청
- 입력된 알파벳에 따라 분기문 수행: Y는 프로그램 다시 실행, N은 프로그램 종료
- 하노이 탑의 원판을 옮기는 사용자 정의 함수는 순환 함수로 사용
- 기타 사항은 [출력 예시] 참조

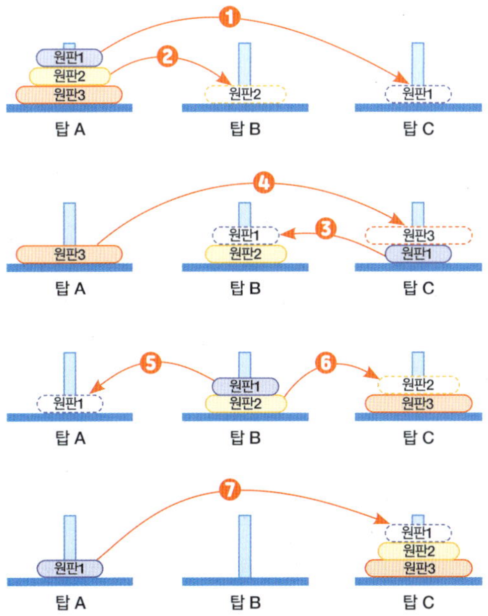

프로그래밍 문제

[출력 예시]

```
[탑의 원판 이동하는 함수 호출]

원판1 : 탑 A에서 탑 C로 이동
원판2 : 탑 A에서 탑 B로 이동
원판1 : 탑 C에서 탑 B로 이동
원판3 : 탑 A에서 탑 C로 이동
원판1 : 탑 B에서 탑 A로 이동
원판2 : 탑 B에서 탑 C로 이동
원판1 : 탑 A에서 탑 C로 이동

원판을 모두 이동하였습니다.
프로그램을 다시 실행하겠습니까? (Y/N) : k

k는(은) 허용되지 않는 알파벳입니다.
알파벳을 다시 입력하세요.

프로그램을 다시 실행하겠습니까? (Y/N) : _
```

학 | 습 | 목 | 표

- 함수에서 사용하는 변수에 대해 이해합니다.
- 지역 변수와 전역 변수를 알아봅니다.
- 동적 변수와 정적 변수를 알아봅니다.
- 변수의 외부 연결과 내부 연결을 이해합니다.

Chapter 09
함수와 변수

이 장에서 배울 내용이니 가볍게 풀어보세요.

SELF CHECK

1 함수에서 사용하는 변수는 함수 내부 또는 외부와 같이 선언한 위치에 따라 (사용 범위, 크기)이/가 달라집니다.

2 지역 변수는 함수 또는 코드 블록 안에서 선언하여 사용하는 것으로 특정 지역을 벗어나서 사용하면 (문법 오류, 경고음)이/가 발생합니다.

3 전역 변수는 하나의 프로젝트에 여러 개의 소스 파일이 존재할 경우 모든 파일에서 (공동으로, 차별적으로) 사용할 수 있습니다.

4 변수가 생성되고 소멸되는 주기를 변수의 (운명, 생존 시간)(이)라고 합니다.

5 지역 변수를 선언하면 코드 블록의 마지막 구간에서 소멸합니다. 이와 같은 지역 변수를 자동 변수 또는 (동적 변수, 휘발성 변수)(이)라고 합니다.

6 정적 변수가 동적 변수와 다른 점은 변수가 선언된 함수 또는 코드 블록 구간을 (벗어나서, 연결해서) 사용할 수 있다는 것입니다.

정답

1 사용 범위 **2** 문법 오류 **3** 공동으로 **4** 생존 시간 **5** 동적 변수 **6** 벗어나서

SECTION 01

함수에서 변수 사용

1 지역 변수와 전역 변수

함수에서 사용하는 변수의 사용 범위는 함수 내부에서 선언한 것인지 또는 외부에서 선언한 것인지에 따라 달라집니다.

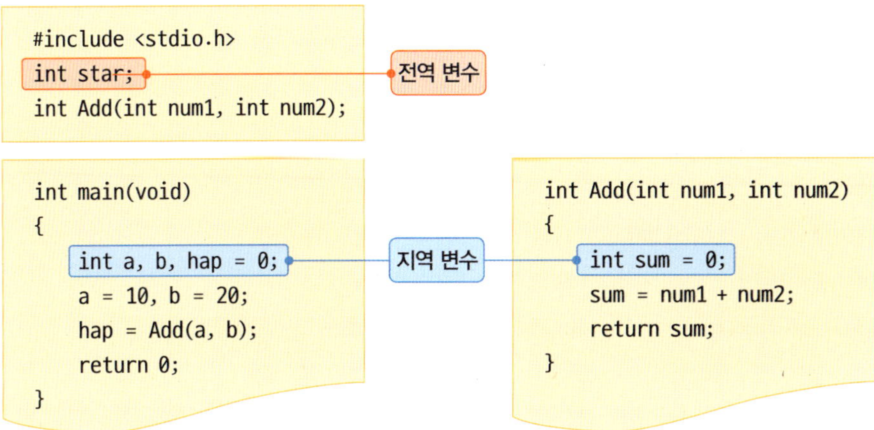

그림 9-1 **전역 변수와 지역 변수**

함수 안에서 선언한 변수는 해당 함수 안에서만 사용할 수 있는데 이러한 변수를 '지역 변수'라고 합니다. 함수 외부에서 선언한 변수는 '전역 변수'라 하고 소스 파일의 어느 위치에서도 사용할 수 있습니다.

전역 변수는 다른 함수에서도 사용할 수 있지만, 지역 변수는 해당 함수 또는 지역 변수를 선언한 코드 블록 구간 내에서만 사용해야 합니다. 또한 전역 변수는 하나의 프로젝트에 여러 개의 소스 파일이 존재할 경우 모든 파일에서 사용할 수 있습니다. 따라서 전역 변수를 사용하고자 할 때는 함수 외부에서 선언해야 합니다.

Tip
지역 변수는 선언한 함수 구간이 다르면 동일한 이름을 써도 됩니다.

2 변수의 속성

변수의 속성이란 전역 변수 용도로 사용할 것인지 지역 변수 용도로 사용할 것인지 결정하는 것입니다. 변수를 선언할 때 함수나 코드 블록 외부에서도 변수를 사용할 것인지 또는 함수나 코드 블록 내에서만 사용할 것인지 등을 결정하여 용도에 맞게 선언하는 것이 무엇보다 중요합니다.

변수의 속성을 무시하고 선언하면 예기치 못한 컴파일 오류가 발생할 수도 있으니 주의해야 합니다. 변수는 그 자체를 그냥 값을 입력해 주는 하나의 공간 또는 상자로만 보기에는 기능과 용도가 다양하므로 신중하게 선언해야 합니다.

변수의 사용 범위

Tip
변수의 사용 범위는 코드 블록으로 지정합니다.

변수의 사용 범위는 변수를 어느 위치에서 선언하느냐에 따라 달라집니다. 예를 들어, 특정 함수 안에서만 사용할 것인지 소스 파일 전체에서 사용할 것인지 등을 감안하여 선언해야 합니다. 아래 그림처럼 함수 밖에서 변수를 선언하면 전체 파일에서 이 변수를 공동으로 사용할 수 있고, 함수 내에서 선언하면 그 함수에서만 사용할 수 있습니다.

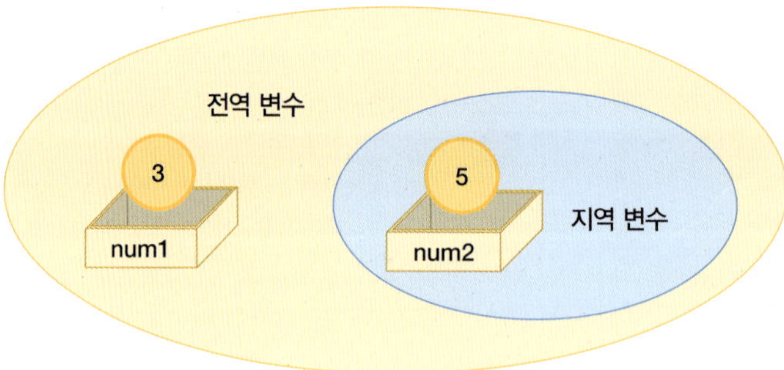

그림 9-2 **변수의 사용 범위**

지금까지는 변수를 단순하게 정수 또는 실수형 값을 저장하는 용도로만 사용하였지만 변수를 선언할 때는 변수가 사용되는 범위를 충분히 감안하여 선언해야 합니다. 변수의 범위에 따라서 문법 오류는 발견할 수 없지만 논리 오류가 발생할 수도 있기 때문입니다.

변수의 생성과 소멸

변수가 생성되고 소멸되는 주기를 변수의 생존 시간(lifetime)이라고 합니다. 변수를 생성하면 메모리에 자료형의 크기만큼 공간이 확보되는데 이 공간이 얼마나 유지되는지가 바로 변수의 생존 시간입니다. 변수의 생성은 변수를 선언하는 것으로 시작하며, 변수의 소멸은 변수가 속해 있는 함수 또는 코드 블록이 끝나는 마지막 구간에서 이루어집니다.

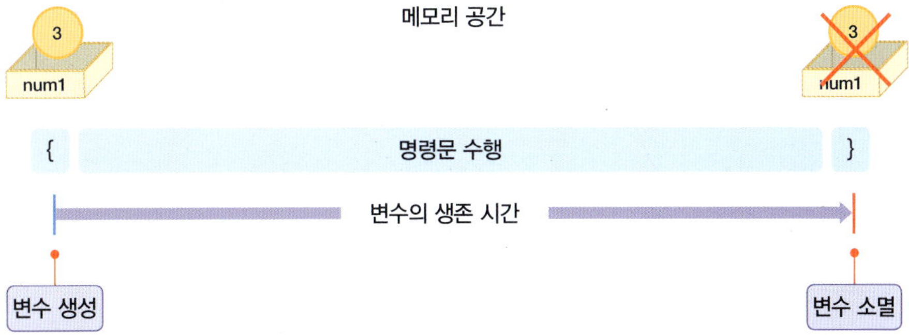

그림 9-3 **변수의 생성과 소멸**

프로그램을 수행할 때마다 변수의 생성과 소멸이 반복됩니다. 또 변수가 생성되어 소멸되는 시점에 따라 처리되는 결괏값은 다양해질 수 있습니다. 변수를 선언하면 초기화 작업을 수행한다는 관점에서 볼 때 초기화를 여러 번 반복하는 변수를 생성할 수도 있고, 필요에 따라 초기화를 한 번만 하는 변수도 생성할 수 있습니다.

변수의 연결

하나의 프로그램이 여러 개의 소스 코드로 구성되어 있다면 변수와 변수를 연결하여 프로그램을 수행하는 경우도 발생합니다. 이와 같은 변수의 연결은 동일한 소스 코드 내에서 연결하는 '내부 연결'과 여러 소스 코드에서 전역 변수에 공동으로 접근하여 사용하는 '외부 연결'이 있습니다. 자세한 내용은 5절에서 구체적으로 알아보겠습니다.

: QUIZ

① **함수 안에서 선언하여 해당 함수 안에서만 사용할 수 있는 변수를 (　　　　　)(이)라 하고, 함수 외부에서 선언하여 소스 파일의 어느 위치에서도 사용할 수 있는 변수를 (　　　　　)(이)라 합니다.**

② **변수가 생성되고 소멸되는 주기를 변수의 (　　　　　)(이)라고 합니다.**

③ **변수의 연결은 동일한 소스 코드 내에서 변수와 변수를 연결하는 (　　　　　)와/과 여러 소스 코드에서 전역 변수에 공동으로 접근하여 사용하는 (　　　　　)이/가 있습니다.**

정답

① 지역 변수, 전역 변수
② 생존 시간
③ 내부 연결, 외부 연결

SECTION

02 지역 변수

1 지역 변수의 선언

지역 변수(local variable)는 특정 함수 또는 코드 블록 안에서 선언하여 사용하는 것으로 해당 함수나 코드 블록 구간 안에서만 접근하여 사용할 수 있습니다. 선언한 함수 또는 코드 블록 구간을 벗어나서 사용하면 문법 오류가 발생합니다.

지역 변수의 사용 범위

지역 변수는 특정 지역 내에서만 선언하여 사용합니다. 선언된 코드 블록 구간을 벗어나면 사용할 수 없으니 주의해야 합니다.

```
int main(void)
{
    int a;
    while(1)
    {
      int b = 0;
      ...
    }
    b = 20;
    ...
}
```

지역 변수 a의 사용 범위

지역 변수 b의 사용 범위

지역 변수의 사용 범위를 벗어나면 오류 발생!

그림 9-4 지역 변수의 선언 위치에 따른 사용 범위

이 그림에서 지역 변수 a는 main( ) 함수 안에서만 사용할 수 있고, 지역 변수 b는 main( ) 함수 안에 속한 while 문 안에서만 사용할 수 있으므로 이 영역을 벗어나면 문법 오류가 발생합니다.

main( ) 함수 안에서 선언한 지역 변수 a와 b는 변수의 역할을 수행하는 범위가 다르게 정의되므로 해당 범위에서만 사용해야 합니다. 만약 해당 범위에서 사용하지 않고 외부에서 사용하면 컴파일러가 선언되지 않은 식별자로 판단하여 컴파일 오류 메시지를 출력합니다.

: QUIZ

생성된 지역 변수는 (   )이/가 끝나는 마지막 부분에 도달하면 소멸됩니다.

정답

코드 블록

지역 변수를 코드 블록 밖에서 사용 – 오류 발생

다음 예제는 지역 변수를 코드 블록에서 벗어나서 사용할 때 발생하는 컴파일 오류를 확인하는 프로그램입니다.

예제 9-1 지역 변수를 코드 블록 밖에서 사용 – 오류 발생 ex09_01.c

```
01 #include <stdio.h>
02
03 int main(void)
04 {
05     int cnt;                  // main( ) 함수 안에 지역 변수 선언
06
07     printf("1부터 10까지 누적 합계 출력\n");
08
09     for(cnt = 1; cnt <= 10; cnt++)
10     {
11         int sum = 0;          // for 문 안에 지역 변수 선언
12         sum += cnt;
13     }
14
15     printf("1부터 10까지 누적 합계 : %d\n", sum); // 문법 오류 발생
16     return 0;
17 }
```

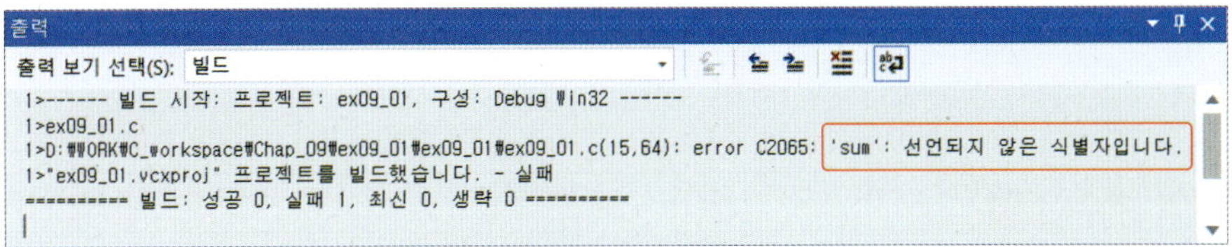

프로그램 실행 결과 소스 코드 15행에서 사용한 변수 sum이 선언되지 않은 식별자라는 컴파일 오류 메시지가 출력되었습니다. 변수 sum은 for 문 안의 11행에서 선언한

지역 변수이기 때문에 for 문의 영역을 벗어나면 컴파일러가 선언되지 않은 변수로 취급합니다.

: QUIZ

지역 변수를 선언한 후 해당 (　　　　) 밖에서 사용하면 컴파일 오류가 발생합니다.

정답

코드 블록

2 지역 변수의 생성과 소멸

지역 변수는 어떤 절차를 거쳐서 생성되고 소멸되는지 살펴보겠습니다. 지역 변수의 생성과 소멸은 메모리 공간과도 밀접한 관계가 있습니다.

지역 변수 생성

지역 변수가 전역 변수와 다른 점은 바로 변수의 수명에 있습니다. 전역 변수는 프로그램을 시작할 때부터 종료할 때까지 계속 존재하지만, 지역 변수는 코드 블록 내에서만 접근하여 사용할 수 있으므로 코드 블록이 끝나면 지역 변수의 수명도 끝나게 됩니다.

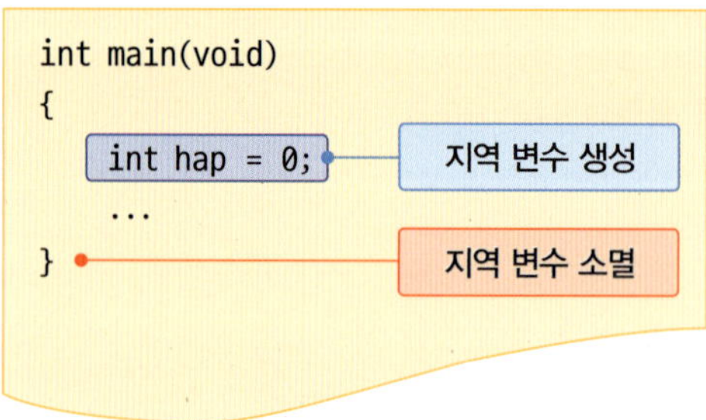

그림 9-5 **지역 변수의 수명**

지역 변수는 시스템 스택(stack)이라는 메모리 공간에 자동으로 생성되어 코드 블록 구간이 끝날 때까지 존재하다가 코드 블록이 끝나면 메모리 공간을 반환하고 소멸합니다.

지역 변수 소멸

지역 변수가 소멸된다는 것은 프로그램을 다시 실행해야만 사용할 수 있다는 뜻입니다. 즉, 프로그램을 실행할 때마다 초깃값이 다시 설정되므로 통장 내역을 출력하는 프로그램에서 입금, 출금, 잔액 등을 지역 변수로 선언하면 누적해서 값을 출력할 수 없습니다. 이때는 지역 변수를 정적 변수로 지정하여 프로그램을 실행할 때마다 입금액과 출금액, 잔액 등이 초기값으로 설정되지 않도록 관리해야 합니다. 정적 변수에 대해서는 401쪽에서 다시 설명합니다.

지역 변수의 초기화

지역 변수를 선언하여 사용할 경우 반드시 초기화 작업을 수행해야 합니다.

```
for(cnt = 1; cnt <= 10; cnt++)
{
    char alpha = 'Q';    // 문자 상수로 초기화
    int number = 0;      // 0의 값으로 초기화
}
```

전역 변수는 선언과 동시에 컴파일러가 자동으로 0의 값으로 초기화를 수행하지만 지역 변수는 직접 초기화를 수행해야 합니다. 초기화를 하지 않고 선언하면 변수에 임의의 값이 대입되어 오류가 발생할 수 있습니다. 이러한 임의의 값을 쓰레기값 또는 가비지값이라고 합니다.

지역 변수를 선언하고 초기화를 수행하지 않으면 컴파일 과정에서 오류가 발생할 수 있다는 점을 꼭 기억하기 바랍니다.

```
for(cnt = 1; cnt <= 10; cnt++)
{
    char alpha;          // 문법 오류 발생. 변수 alpha를 초기화해서 선언해야 함
    int number;          // 문법 오류 발생. 변수 number를 초기화해서 선언해야 함
}
```

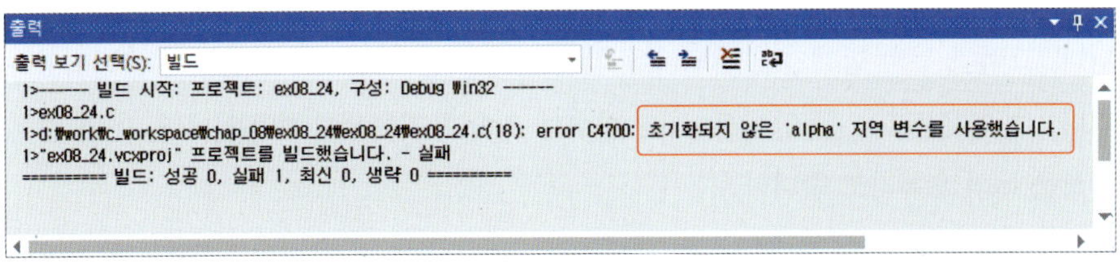

지역 변수 사용에 따른 논리 오류 발생

다음 예제는 지역 변수를 선언한 후 누적 합계를 출력하고자 했으나 반복문의 카운트 횟수만 출력되는 논리 오류가 발생한 프로그램입니다.

예제 9-2 지역 변수 사용의 오류 예 ex09_02.c

```
#include <stdio.h>

int main(void)
{
    int cnt;

    printf("1부터 10까지 누적 합계 출력\n");

    for(cnt = 1; cnt <= 10; cnt++)
    {
        int sum = 0;        // 지역 변수 sum 생성
        sum += cnt;         // 누적 합계가 산출되지 않는 논리 오류 발생
        printf("1부터 %d까지 누적 합계 : %d\n", cnt, sum);
    }                       // 지역 변수 sum 소멸
    return 0;
}
```

```
1부터 10까지 누적 합계 출력
1부터 1까지 누적 합계 : 1
1부터 2까지 누적 합계 : 2
1부터 3까지 누적 합계 : 3
1부터 4까지 누적 합계 : 4
1부터 5까지 누적 합계 : 5
1부터 6까지 누적 합계 : 6
1부터 7까지 누적 합계 : 7
1부터 8까지 누적 합계 : 8
1부터 9까지 누적 합계 : 9
1부터 10까지 누적 합계 : 10
```

지역 변수 cnt와 sum을 사용하여 1부터 10까지 누적되는 프로그램을 실행한 결과입니다. 그런데 누적 합계가 출력되어야 할 부분에 카운트 변수의 증감값이 출력되었습니다. 그 이유는 for 문 안에서 sum 변수가 계속 초기화됐기 때문입니다. 이와 같은 현상을 논리 오류라고 합니다.

문법 오류는 컴파일 과정에서 알 수 있지만 논리 오류는 실행 결과를 확인해야만 알 수 있습니다. 그러므로 지역 변수를 선언할 때는 초기화로 인한 영향력을 잘 확인해야 합니다.

지역 변수 사용에 따른 논리 오류 해결

다음 예제는 [예제 9-2]에서 누적 합계를 산출할 때 발생한 논리 오류를 해결한 프로그램입니다.

예제 9-3 지역 변수 사용의 오류 해결 ex09_03.c

```c
#include <stdio.h>

int main(void)
{
    int cnt, sum = 0;

    printf("1부터 10까지 누적 합계 출력\n");

    for(cnt = 1; cnt <= 10; cnt++)
    {
        sum += cnt;         // 누적 합계 산출
        printf("1부터 %d까지 누적 합계 : %d\n", cnt, sum);
    }
    return 0;
}
```

```
1부터 10까지 누적 합계 출력
1부터 1까지 누적 합계 : 1
1부터 2까지 누적 합계 : 3
1부터 3까지 누적 합계 : 6
1부터 4까지 누적 합계 : 10
1부터 5까지 누적 합계 : 15
1부터 6까지 누적 합계 : 21
1부터 7까지 누적 합계 : 28
1부터 8까지 누적 합계 : 36
1부터 9까지 누적 합계 : 45
1부터 10까지 누적 합계 : 55
```

실행 결과를 보면 [예제 9-2]에서 발생했던 논리 오류가 해결되어 누적 합계가 제대로 출력되었습니다.

3 지역 변수 사용 시 주의 사항

지역 변수와 매개변수

함수에서 사용하는 매개변수 또한 지역 변수와 같이 사용됩니다. 매개변수는 지역 변수의 특징을 모두 지니고 있습니다. 함수를 호출할 때 전달하는 인수는 사용자 정의 함수에서 매개변수로 전달받아 지역 변수로 사용합니다. 매개변수는 지역 변수와 달리 함수를 호출할 때 인수의 값으로 초기화된다는 점에서 차이가 있습니다.

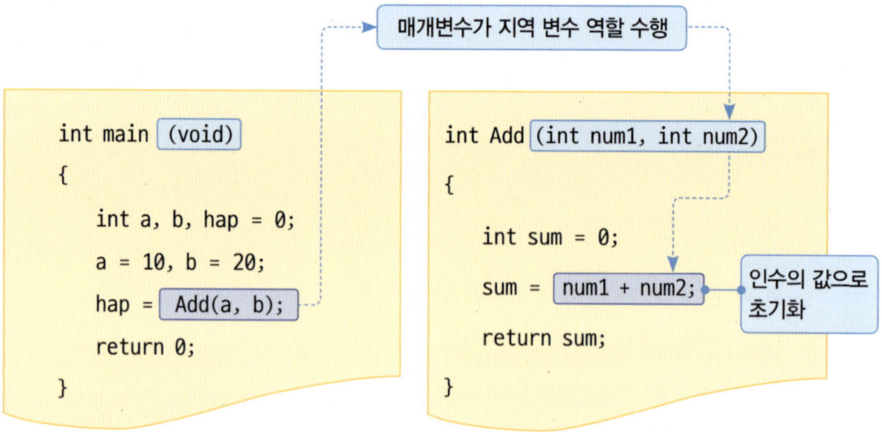

그림 9-6 **매개변수도 지역 변수의 역할 수행**

물론 사용자 정의 함수에서 지역 변수를 따로 선언해서 사용해도 됩니다. 하지만 매개변수를 지역 변수로 사용할 수 있는데도 같은 역할을 하는 또 다른 지역 변수를 선언한다는 것은 프로그램을 간결하고 효율적으로 만든다는 측면에서는 그다지 권장하고 싶지 않습니다. 그리고 인수와 매개변수의 이름은 확실하게 식별 가능하도록 각각 다르게 선언할 것을 권장합니다. 프로그램 효율화 면에서 좋기 때문입니다.

동일한 지역 변수 사용

이름이 같은 지역 변수를 다른 함수에서 선언하여 사용할 수 있습니다. 지역 변수는 정해진 코드 블록 구간 안에서만 사용한다는 특성이 있기 때문에 동일한 이름의 지역 변수를 다른 함수의 코드 블록 구간 안에서 선언하여 사용해도 컴파일 오류가 발생하지 않습니다.

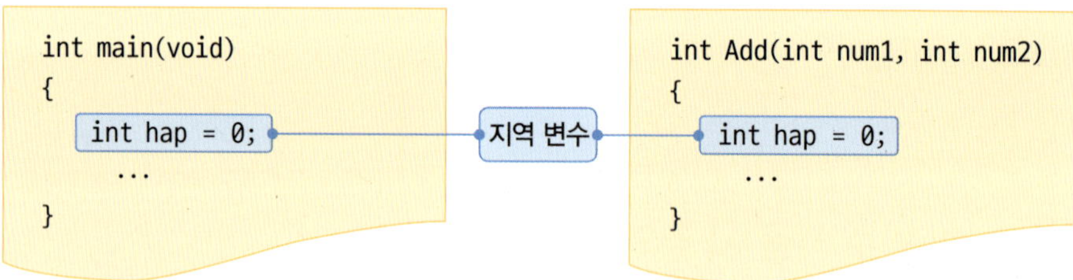

그림 9-7 **동일한 이름으로 지역 변수 선언**

SECTION

03 전역 변수

1 전역 변수의 선언

전역 변수(global variable)는 함수 외부에서 선언하여 프로그램 소스 파일 전체에서 사용하는 변수입니다. 함수 또는 코드 블록 구간 내에서만 사용하는 지역 변수와 달리 프로그램 전체에서 사용하여 전역 변수라고 합니다. 전역 변수는 main( ) 함수 또는 사용자 정의 함수에서도 접근하여 사용할 수 있습니다.

전역 변수를 선언하는 위치는 함수 외부입니다. 함수 외부에서 변수를 선언한다는 의미는 특정 블록 구간 내에서만 사용하지 않고 다른 함수들과 함께 공동으로 사용할 수 있다는 것입니다. 이것이 바로 전역 변수만의 특징입니다.

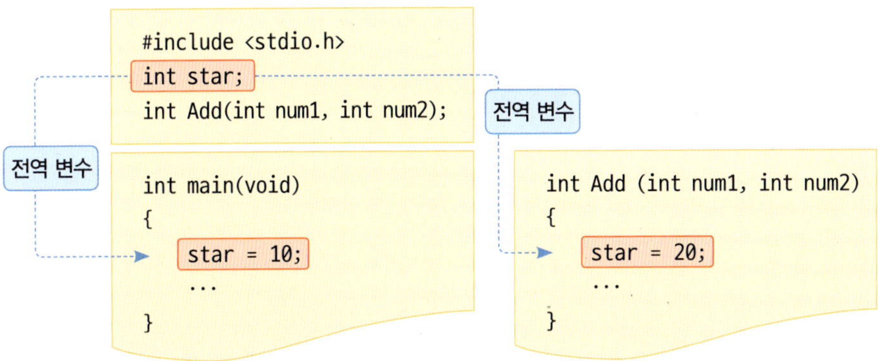

그림 9-8 **전역 변수의 선언 위치와 사용 방법**

2 전역 변수의 생성과 소멸

지역 변수와 달리 함수 외부에서도 사용할 수 있는 특징을 지닌 전역 변수가 언제 생성하여 언제 소멸하는지 살펴보겠습니다.

전역 변수는 프로그램 시작과 동시에 생성되며 프로그램이 종료될 때까지 메모리 공간을 사용합니다. 지역 변수는 선언과 동시에 초기화를 반드시 해야 하지만 전역 변수는 선언과 동시에 자동으로 컴파일러가 0으로 초기화합니다. 전역 변수는 함수의 외부에

Tip
전역 변수는 프로그램이 시작되면 생성되었다가 프로그램이 종료되면 소멸합니다.

서 선언하므로 다른 함수에서도 모두 접근하여 사용할 수 있습니다. 그리고 사용자 정의 함수를 선언할 때 매개변수를 선언하지 않고 전역 변수를 사용하여 명령을 수행할 수 있습니다.

다음 예제는 함수 외부에서 전역 변수를 선언하여 main( ) 함수와 사용자 정의 함수에서 모두 사용하는 프로그램입니다.

예제 9-4 모두 접근할 수 있게 외부에서 선언한 전역 변수 ex09_04.c

```
#include <stdio.h>

int Add();                  // 사용자 정의 함수 선언
int G_a;                    // 전역 변수 선언
int G_b;

int main(void)
{
    int sum = 0;            // 지역 변수 선언
    G_a = 10;               // 전역 변수 사용
    G_b = 20;

    printf("문제> G_a = 10, G_b = 20일 때 덧셈 연산 결과\n");
    printf("\n[main( ) 함수 영역]\n");
    printf("호출> 덧셈 연산 위해 Add( ) 함수 호출\n");

    sum = Add();            // 사용자 정의 함수 호출

    printf("\n[main( ) 함수 영역]\n");
    printf("회신> Add( ) 함수로부터 덧셈 연산 결과 반환\n");
    printf("결과> 전역 변수 사용 : %d + %d = %d\n", G_a, G_b, sum);
    return 0;
}

int Add()                   // 사용자 정의 함수 정의
{
    int hap = 0;            // 지역 변수 선언
    hap = G_a + G_b;        // 전역 변수 사용

    printf("[Add( ) 함수 영역]\n");
    printf("수행> 정수 2개의 덧셈 연산 수행\n");

    return hap;
}
```

```
문제> G_a = 10, G_b = 20일 때 덧셈 연산 결과

[main( ) 함수 영역]
호출> 덧셈 연산 위해 Add( ) 함수 호출
[Add( ) 함수 영역]
수행> 정수 2개의 덧셈 연산 수행

[main( ) 함수 영역]
회신> Add( ) 함수로부터 덧셈 연산 결과 반환
결과> 전역 변수 사용 : 10 + 20 = 30
```

이 예제를 살펴보면 main( ) 함수 외부에서 전역 변수 G_a와 G_b를 선언하였습니다. 사용자 정의 함수인 Add( ) 함수를 호출할 때도 괄호 안에 인수를 넣지 않은 상태로 호출하였습니다. 결과는 30으로 정확히 출력되었습니다.

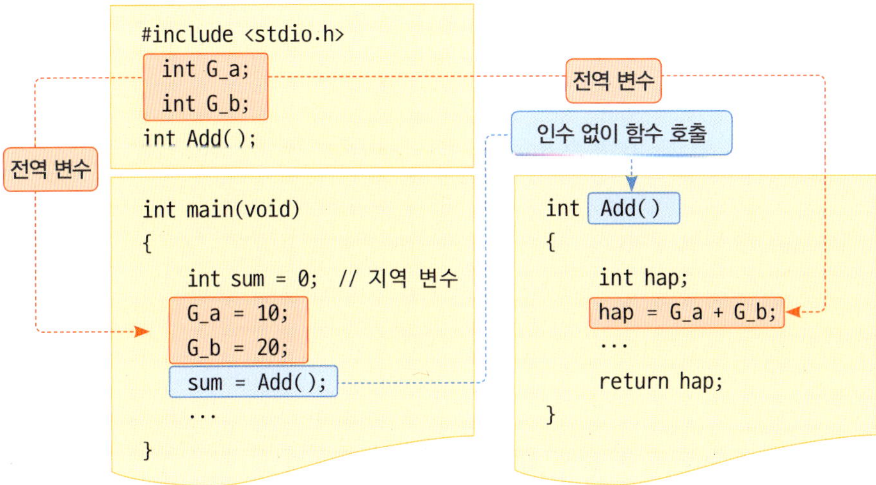

그림 9-9 모든 함수에서 접근할 수 있는 전역 변수 사용

3 같은 이름으로 선언한 전역 변수와 지역 변수

하나의 프로그램 내에서 전역 변수와 지역 변수의 이름을 동일하게 선언할 경우 지역 변수가 참조되어 실행됩니다. 즉 지역 변수가 전역 변수보다 우선시 되어 지역 변수가 전역 변수를 가리게 됩니다.

다음 예제는 전역 변수와 지역 변수를 동일한 이름으로 선언하여 어느 변수의 값이 반영되는지 살펴보는 프로그램입니다.

예제 9-5 같은 이름으로 선언한 전역 변수와 지역 변수 ex09_05.c

```c
01 #include <stdio.h>
02
03 int star = 7;        // 전역 변수 선언
04
05 int main(void)
06 {
07     int star = 8;    // 지역 변수 선언
08
09     printf("전역 변수 선언 : star = 7\n");
10     printf("지역 변수 선언 : star = 8\n");
11     printf("출력> star = %d\n", star);
12     return 0;
13 }
```

```
전역 변수 선언 : star = 7
지역 변수 선언 : star = 8
출력> star = 8
```

Tip

실제로 프로그램을 코딩할 때는 대부분 변수 이름을 다르게 선언해서 사용합니다.

실행 결과를 보면 코드 03행의 int star = 7;은 main( ) 함수 외부에서 생성한 전역 변수 star를 선언한 것이고, 코드 07행의 int star = 8;은 main( ) 함수 안에서 지역 변수 star를 선언한 것입니다. 전역 변수와 지역 변수를 동일한 이름인 star로 선언한 뒤 11행처럼 사용하면 전역 변수는 가려지고 지역 변수가 사용됩니다.

: QUIZ

함수 외부에서 선언하는 (   )은/는 다른 함수에서 공동으로 함께 사용할 수 있습니다.

정답

전역 변수

SECTION 04

동적 변수와 정적 변수

1 동적 변수

지역 변수를 선언하면 코드 블록의 마지막 구간에서 소멸하게 됩니다. 이와 같은 지역 변수를 동적 변수(automatic variable) 또는 자동 변수라고 합니다. 지역 변수를 동적 변수라고 하는 이유는 변수를 선언한 위치에서 생성되고 블록이 끝나는 구간에서 자동으로 소멸되기 때문입니다. 변수가 소멸되면 메모리 공간에서 제거되므로 동적 변수는 메모리 공간을 효율적으로 사용할 수 있습니다.

동적 변수를 선언하려면 변수명 앞에 키워드 auto를 붙입니다. 지금까지 실습한 지역 변수를 보면 auto 키워드를 선언하지 않아도 자동으로 소멸되었습니다. 그 이유는 지역 변수 앞에 auto 키워드를 생략해도 동적 변수로 기본 적용되기 때문입니다.

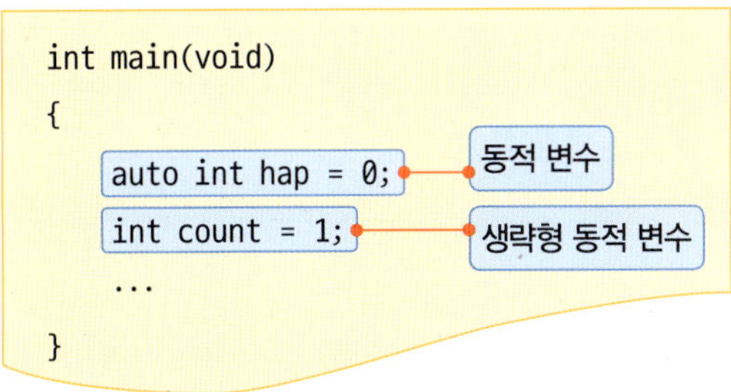

그림 9-10 **동적 변수 선언**

2 정적 변수

정적 변수(static variable)는 전역 변수와 마찬가지로 프로그램이 실행될 때 메모리에 생성되고 프로그램이 종료되면 메모리 공간을 모두 비웁니다. 정적 변수가 동적 변수와 다른 점은 변수가 선언된 함수 또는 코드 블록 구간을 벗어나서도 사용할 수 있다는 것입니다. 동적 변수는 해당 범위를 벗어나면 자동으로 제거되지만 정적 변수는 변수가 선언된 범위를 벗어나도 자동으로 삭제되지 않습니다.

Tip

정적 변수의 초기화는 단 한 번만 허용됩니다.

정적 변수는 지역 변수와 전역 변수 모두에 선언할 수 있습니다. 변수를 정적 변수로 생성하려면 변수명 앞에 static 키워드를 선언하면 됩니다. 정적 변수를 선언할 때 초기화를 하지 않으면 자동으로 0의 값으로 초기화됩니다. 이미 초기화된 정적 변수에 대해서는 초기화값을 다시 선언할 수는 없습니다.

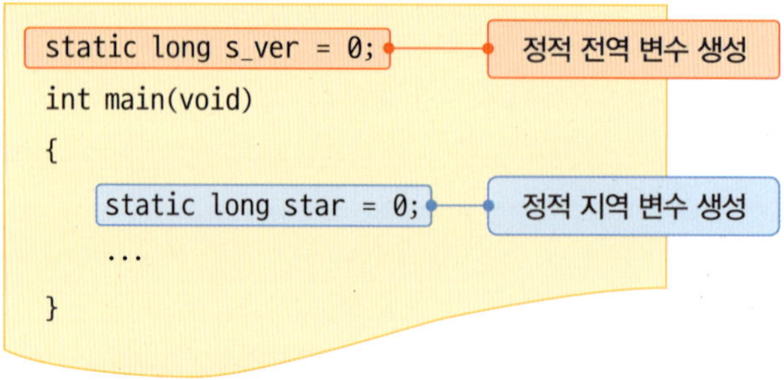

그림 9-11 정적 전역 변수와 정적 지역 변수 선언

정적 변수를 선언하고 증감값의 변화 출력

다음 예제는 static 키워드로 선언한 정적 변수와 일반 동적 변수를 각각 생성하고 초깃값을 0으로 대입한 후 증감값을 적용하여 정적 변수와 동적 변수에 대한 카운트값의 변화를 살펴보는 프로그램입니다.

예제 9-6 정적 변수와 동적 변수 사용 ex09_06.c

```
#include <stdio.h>

void Start();                  // 사용자 정의 함수 선언

int main(void)
{
    printf("Start( ) 함수 3회 호출 결과\n");
    Start();                   // 사용자 정의 함수 호출
    Start();
    Start();

    return 0;
}

void Start()                   // 사용자 정의 함수 정의
{
    static int s_cnt = 0;  // 정적 변수 선언과 초기화
    int a_cnt = 0;             // 동적 변수 선언과 초기화

    printf("정적 변수 = %d\t 동적 변수 = %d\n", s_cnt, a_cnt);
    s_cnt++;
```

```
    a_cnt++;
}
```

```
Start( ) 함수 3회 호출 결과
정적 변수 = 0        동적 변수 = 0
정적 변수 = 1        동적 변수 = 0
정적 변수 = 2        동적 변수 = 0
```

실행 결과를 보면 정적 변수인 s_cnt 변수는 카운트 횟수가 1씩 증가하여 출력되었으나 동적 변수인 a_cnt 변수는 모두 0의 값으로 출력되었습니다. 함수를 호출하여 실행할 때마다 프로그램이 종료되는 시점에서 동적 변수인 a_cnt 변수는 소멸하고, 함수를 반복해서 호출할 때마다 0으로 다시 초기화됩니다.

: QUIZ

정적 변수를 생성하기 위해서는 변수명 앞에 (   ) 키워드를 선언합니다.

정답

static

정적 변수를 활용하여 입출금 내역 출력

다음 예제는 정적 변수를 사용하여 키보드로 입력한 금액의 입출금 내역을 출력하는 프로그램입니다.

예제 9-7 정적 변수 사용 ex09_07.c

```c
#include <stdio.h>

void CRedit(int cash);              // 사용자 정의 함수 선언

int main(void)
{
    int cnt, cash = 0;              // 지역 변수 사용

    for(cnt = 1; cnt <= 3; cnt++)
    {
        printf("<%d회 실행>\n", cnt);
        printf("현금 : ");
        scanf_s("%d", &cash);

        printf("입금\t\t출금\t\t잔액\n");
        CRedit(cash);               // 사용자 정의 함수 호출
    }

    printf("\n총 %d회 실행 후 프로그램 종료\n", cnt - 1);
```

```c
    return 0;
}

void CRedit(int cash)             // 사용자 정의 함수 선언
{
    static int balance = 0;// 정적 변수 선언과 초기화

    if (cash >= 0)
        printf("%d\t\t\t\t", cash);
    else
        printf("\t\t%d\t\t", -cash);

    balance += cash;
    printf("%d\n", balance);
}
```

```
<1회 실행>
현금 : 10000
입금          출금          잔액
10000                       10000

<2회 실행>
현금 : -5000
입금          출금          잔액
               5000        5000
<3회 실행>
현금 : 13000
입금          출금          잔액
13000                       18000

총 3회 실행 후 프로그램 종료
```

: QUIZ

정적 변수를 초기화하지 않으면 자동으로 (   )의 값으로 초기화됩니다.

정답

0

SECTION 05 변수의 연결

1 변수의 외부 연결

변수의 연결(linkage)이란 다른 함수나 코드 블록 범위에서 생성된 변수를 서로 연결하는 기능을 말합니다. 변수를 연결하기 위해서는 전역 변수를 사용해야 합니다. 전역 변수를 외부 파일에서 사용하려면 extern 키워드를 사용하여 선언합니다. 즉 extern 키워드로 외부 파일에서 정의된 전역 변수를 현재의 파일에서 사용할 수 있도록 연결합니다.

> **Tip**
> 사용 범위가 제약된 지역 변수로는 변수를 연결할 수 없습니다.

프로젝트를 만들다 보면 하나의 프로젝트에 여러 개의 소스 파일을 생성하는 경우도 많습니다. 하나의 전역 변수를 선언한 뒤 프로젝트에 존재하는 여러 개의 소스 파일에서 extern 키워드로 선언하면 외부에서도 전역 변수를 참조할 수 있습니다.

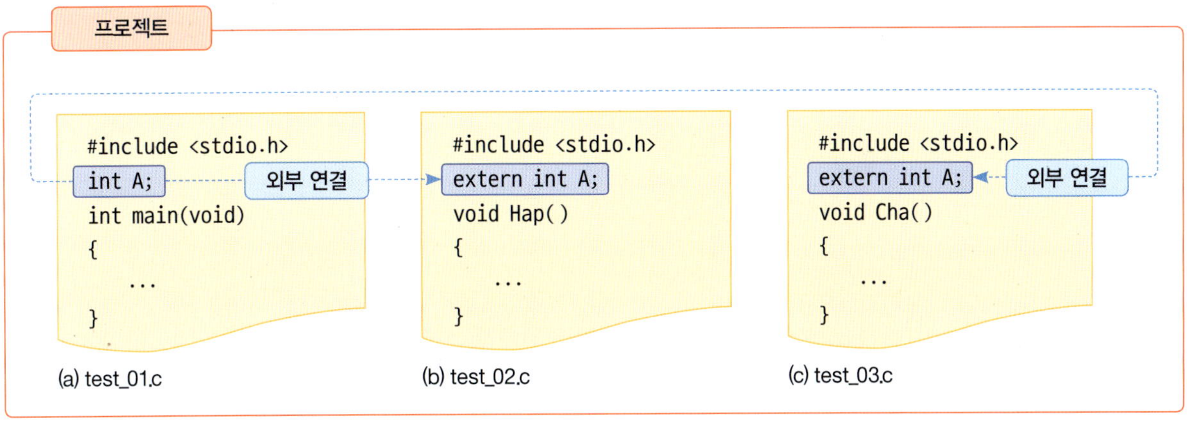

그림 9-12 extern 키워드로 전역 변수를 외부에 연결

2 변수의 내부 연결

전역 변수의 내부 연결이란 하나의 소스 파일 안에서만 변수를 사용할 수 있도록 연결하는 것을 의미합니다. 전역 변수의 내부 연결을 수행하려면 전역 변수 앞에 static 키워드를 선언하면 됩니다.

Tip
전역 변수는 외부에서 참조할 수 있도록 정의할 수도 있지만 내부에서만 사용할 수 있도록 정의할 수도 있습니다.

만약 전역 변수를 외부에서도 참조할 수 있게 하려면 static 키워드로 선언하면 안 됩니다. 전역 변수를 외부에서 참조할 수 있는지 내부에서만 사용할 수 있는지는 변수 앞에 static 키워드를 선언했는지에 달려 있습니다.

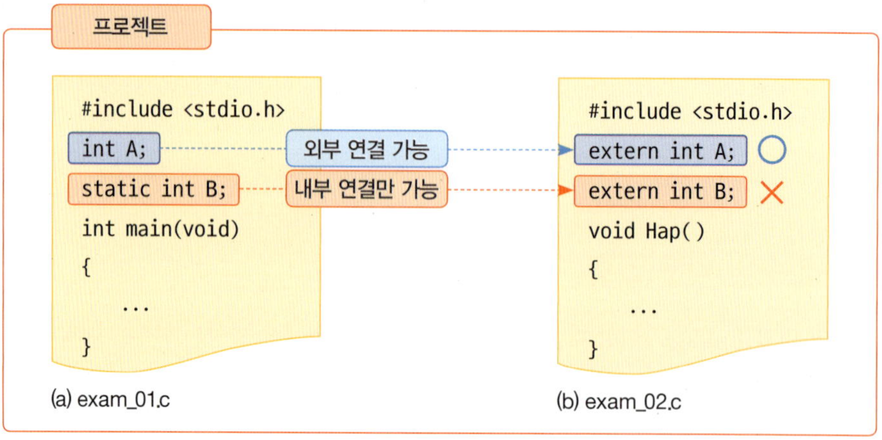

그림 9-13 static 키워드로 전역 변수를 내부에 연결

전역 변수 A와 B를 선언하였지만 외부에서 참조할 수 있는 것은 변수 A만 가능합니다. 전역 변수 B 앞에는 정적 전역 변수를 의미하는 static 키워드가 선언되었기 때문에 내부에서만 사용할 수 있습니다. 정리하자면, 전역 변수를 외부에서 연결하려면 extern 키워드를 사용하고, 내부에서만 사용할 수 있도록 정의하려면 static 키워드로 선언하면 됩니다.

3 참조와 연결

하나의 프로젝트에 여러 개의 소스 파일이 있는 경우에 어떻게 참조되어 연결되는지 살펴보겠습니다.

다음 예제는 ex09_08 프로젝트 안에 있는 소스 파일인 ex09_08_01.c와 ex09_08_02.c에서 사용되는 전역 변수를 extern 키워드로 연결하여 명령문을 수행하는 프로그램입니다.

이 예제를 제대로 실행하려면 ex09_08 프로젝트를 만든 뒤 ex09_08_01.c와 ex09_08_02.c를 추가하여 각각 코딩합니다. 그리고 두 파일을 모두 저장한 후 ex09_08_01.c를 컴파일하고 실행합니다.

예제 9-8 전역 변수를 외부와 연결하여 사용 ex09_08_01.c

```c
#include <stdio.h>

int A;                      // 전역 변수 선언
static int B;               // 정적 전역 변수 선언

void In_Fun(void);          // 정적 전역 변수 사용한 사용자 정의 함수 선언
extern void Out_Fun(void); // 외부 파일 사용자 정의 함수 선언

int main(void)
{
    printf("전역 변수로 외부 연결 함수 호출\n");
    printf("키워드 사용 : extern\n");

    Out_Fun( );                     // 외부 함수 호출

    printf("1.외부 연결 함수에서 값 출력 : %d\n", A);
    printf("정적 지역 변수로 내부 연결 함수 호출\n");
    printf("키워드 사용 : static\n");

    In_Fun( );              // 내부 함수 호출
    printf("2.외부 연결 함수에서 값 출력 : %d\n", B);
    return 0;
}

void In_Fun(void)           // 정적 전역 변수 사용한 사용자 정의 함수 정의
{
    B = 20;
    printf("\n[내부 In_Fun( ) 함수 영역]\n");
}
```

다음 예제는 전역 변수를 extern 키워드로 외부와 연결하여 사용하는 프로그램입니다. 코딩하여 저장한 뒤 컴파일은 하지 않습니다. 그 대신 ex09_08_01.c를 컴파일한 후 실행하도록 합니다.

외부 연결로 전역 변수 사용 ex09_08_02.c

```c
#include <stdio.h>

extern int A;               // extern 키워드로 전역 변수를 외부와 연결

void Out_Fun(void)          // 외부 함수
{
    A = 10;
```

```
08      printf("\n[외부 Out_Fun( ) 함수 영역]\n");
09 }
```

```
전역 변수로 외부 연결 함수 호출
키워드 사용 : extern

[외부 Out_Fun( ) 함수 영역]
1. 외부 연결 함수에서 값 출력 : 10
정적 지역 변수로 내부 연결 함수 호출
키워드 사용 : static

[내부 In_Fun( ) 함수 영역]
2. 외부 연결 함수에서 값 출력 : 20
```

ex09_08_01.c 파일에서 03행의 int A;는 전역 변수를 선언한 것이고, 04행의 static int B;는 내부에서 사용하기 위한 정적 전역 변수를 선언한 것입니다. 06행은 04행에서 static 키워드로 선언한 정적 전역 변수를 사용한 사용자 정의 함수를 선언한 것으로 25행에서 이 함수를 호출합니다. 내부 함수는 main( ) 함수와 같은 파일에서 정의하였습니다.

ex09_08_02.c 파일에서 03행의 extern int A;는 외부에 있는 전역 함수를 연결하기 위해 extern 키워드를 사용하였습니다. 이 키워드를 사용하여 ex09_08_01.c 파일의 소스 코드에서 선언한 전역 변수를 연결하여 사용할 수 있습니다.

4 static 함수 정의

함수의 이름 앞에도 정적 변수를 의미하는 static 키워드를 선언할 수 있습니다. 변수나 함수 이름은 식별자로서의 역할을 수행하기 때문에 함수명 앞에도 static 키워드를 선언할 수 있습니다. 함수명 앞에 static을 선언한다는 것은 동일한 소스 코드 안에서 함수를 사용하겠다는 의미입니다.

다음 예제는 함수명 앞에 static 키워드를 선언할 경우 호출 관계는 어떻게 수행되는지 살펴보는 프로그램입니다.

이 예제를 제대로 실행하려면 ex09_09 프로젝트를 만든 뒤 ex09_09_01.c와 ex09_09_02.c를 추가하여 각각 코딩합니다. 그리고 두 파일을 모두 저장한 후 ex09_09_01.c를 컴파일하고 실행합니다.

예제 9-9 static으로 외부 사용 제한 ex09_09_01.c

```
01 #include <stdio.h>
02
03 // extern void A_Fun();
04 extern void B_Fun();
05
06 int main(void)
07 {
08     printf("문> extern 키워드로 외부 함수 2개 모두 호출\n");
09
10     // A_Fun();
11
12     printf("답1>\n");
13     printf("static void A_Fun( ) 함수 호출 실패\n");
14
15     B_Fun();          // 외부 함수 호출됨
16
17     printf("void B_Fun( ) 함수 호출 성공\n");
18     return 0;
19 }
```

static 키워드로 선언된 함수

static 키워드로 선언된 외부 함수 호출 안 됨

static 사용에 따라 달라지는 전역 변수 사용 ex09_09_02.c

```
01 #include <stdio.h>
02
03 static void A_Fun()         // 함수명 앞에 static 키워드 선언
04 {
05     printf("답1> A_Fun( ) 함수 호출\n");
06 }
07
08 void B_Fun()                // 함수명 앞에 static 키워드 선언하지 않음
09 {
10     printf("답2> B_Fun( ) 함수 호출\n");
11 }
```

```
문> extern 키워드로 외부 함수 2개 모두 호출
답1>
static void A_Fun( ) 함수 호출 실패
답2> B_Fun( ) 함수 호출
void B_Fun( ) 함수 호출 성공
```

ex09_09_01.c 파일의 03행을 보면 extern 키워드를 함수명 앞에 선언하였는데 이 부분을 주석으로 처리하였습니다. 그 이유는 ex09_09_02.c 파일의 03행에서 함수명 앞에 static 키워드를 선언했기 때문입니다. static 키워드를 사용하면 외부에서 연결

할 수 없고 반드시 내부에서만 사용해야 합니다. ex09_09_01.c 파일의 10행에서 선언한 함수 호출 명령 또한 주석으로 처리하였습니다. 이 부분을 주석으로 처리하지 않고 실행하면 컴파일 오류가 발생합니다. 여기서는 단지 호출 과정을 보여주기 위해 주석으로 처리하였습니다. ex09_09_01.c 파일의 15행에서 B_Fun( ) 함수를 호출하는 명령은 정상적으로 수행됩니다.

5 변수 저장 타입 지정자

변수를 선언할 때 전역 변수와 지역 변수 중에서 어떤 것을 사용할 것인지에 대한 구분은 변수를 선언하는 위치에 따라 결정됩니다. 일반 변수를 특정한 범위 내에서만 사용하거나 외부 파일에서 참조할 수 있도록 선언하려면 변수에 대한 저장 타입 지정자를 알아두는 것이 좋습니다. 변수의 저장 타입 지정자는 다음과 같습니다.

표 9-1 변수의 저장 타입 지정자

종류	구분	범위	생존 기간
auto	자동 변수	함수 또는 코드 블록 구간에서 사용	영구 사용
static	정적 전역 변수	하나의 소스 파일 내에서 사용	영구 사용
	정적 지역 변수	함수 또는 코드 블록 구간에서 사용	영구 사용
extern	외부 연결 변수	모든 소스 파일을 연결하여 사용	영구 사용
register	레지스터 변수	함수 또는 코드 블록 구간에서 사용	일시 사용
없음	전역 변수	모든 소스 파일에서 사용	일시 사용

레지스터 변수

레지스터(register) 변수란 CPU 내에 있는 레지스터 저장 공간을 사용하는 변수를 의미합니다. 레지스터 변수를 사용하는 이유는 프로그램 실행 속도가 빠르기 때문입니다. 레지스터 변수는 지역 변수만 사용할 수 있으며 변수가 선언된 코드 블록 구간이 시작되면 레지스터 저장 공간을 할당받고 코드 블록 구간이 종료되면 레지스터 저장 공간에서 제거됩니다.

레지스터 변수를 선언하려면 지역 변수 앞에 register 키워드를 붙여주면 됩니다.

```c
register int count = 1;
while(1)
{
    hap += count;
    count++;
}
```

레지스터 변수 선언

그림 9-14 **지역 변수를 레지스터 변수로 선언**

> **Tip**
> 레지스터 변수는 반드시 지역 변수만 사용할 수 있습니다.

레지스터 변수를 알면 프로그램 실행 속도가 빨라진다는 이유로 레지스터 변수를 계속 사용해야 한다는 부담을 가질 수 있습니다. 다행히 최근에 선보이는 컴파일러 중에는 CPU 레지스터의 저장 공간을 적절하게 사용하게 하는 기능도 제공하므로 레지스터 변수를 꼭 사용해야 하는 것은 아닙니다.

레지스터를 사용하면 포인터 변수와 주소 참조 연산자 &를 쓸 수 없으므로 주의해야 합니다. 또한 CPU의 성능과 사양에 따라 레지스터 변수를 사용하지 못하는 경우도 있으니 신중하게 사용해야 합니다.

도전문제 변수의 외부 연결 방법 익히기

01 다음 소스 코드가 의미하는 것을 주석문으로 적으시오.

```c
#include <stdio.h>

int A;                      // 
static int B;               // 

void In_Fun(void);          // 
extern void Out_Fun(void);  // 

int main(void)
{
    Out_Fun();              // 

    In_Fun();               // 

    return 0;
}

```

```
void In_Fun(void)              //
{
    B = 20;
    printf("\n[내부 In_Fun( ) 함수 영역]\n");
}
```

Hint : 정적 전역 변수는 static 키워드로 선언하고, 외부 파일에서 정의한 사용자 정의 함수를 선언하려면 extern 키워드를 사용합니다. 정적 전역 변수는 사용자 정의 함수에서 사용할 수 있습니다.

정답

```
전역 변수 선언
정적 전역 변수 선언
정적 전역 변수 사용한 사용자 정의 함수 선언
외부 파일 사용자 정의 함수 선언
외부 함수 호출
내부 함수 호출
정적 전역 변수 사용한 사용자 정의 함수 정의
```

02 다음 소스 코드가 의미하는 것을 주석문으로 적으시오.

```
#include <stdio.h>

extern int A;                  //

void Out_Fun(void)
{
    A = 10;
    printf("\n[Out_Fun( ) 함수 영역]\n");
}
```

Hint : 전역 변수를 외부에서 연결하려면 extern 키워드를 사용합니다. 외부 연결이 가능한 전역 변수는 사용자 정의 함수에서 사용할 수 있습니다.

정답

```
extern 키워드로 외부에서 선언한 전역 변수 연결
```

핵심점검

1 (　　　　　)은/는 프로그램이 시작할 때부터 종료할 때까지 계속 존재하지만 (　　　　　)은/는 코드 블록 내에서만 접근하여 사용할 수 있으므로 코드 블록이 끝나면 변수의 수명도 끝납니다.

2 (　　　　　)은/는 선언과 동시에 컴파일러가 자동으로 초기화를 하지만 (　　　　　)은/는 프로그래머가 직접 초기화를 해서 선언해 주어야 합니다.

3 (　　　　　)을/를 사용하면 사용자 정의 함수를 호출할 때 인수 대신 사용할 수 있으므로 사용자 함수를 정의할 때 매개변수를 생략할 수 있습니다.

4 (　　　　　) 키워드를 변수명 앞에 붙여 동적 변수를 선언할 수 있습니다. 단, 키워드를 생략해도 동적 변수로 기본 적용됩니다.

5 전역 변수를 사용하려는 외부 파일에서는 (　　　　　) 키워드를 전역 변수 앞에 선언해야만 컴파일러가 변수의 자료형을 인지하여 컴파일을 수행할 수 있습니다.

6 (　　　　　) 키워드를 함수명 앞에 선언한다는 것은 동일한 소스 코드 안에서 함수를 사용하겠다는 의미입니다.

정답 **1** 전역 변수, 지역 변수 **2** 전역 변수, 지역 변수 **3** 전역 변수 **4** auto **5** extern **6** static

연습문제

1 다음 중 특정 함수 또는 코드 블록 안에서 선언하여 사용하는 변수는?

① 전역 변수　　② 지역 변수

③ 매개변수　　④ 인수

2 변수가 생성되고 소멸되는 주기는?

① 변수의 상속　　② 변수의 의미

③ 변수의 속성　　④ 변수의 생존 시간

3 생성된 지역 변수가 소멸되는 시점은?

① 코드 블록의 시작　　② 코드 블록의 중간

③ 코드 블록의 마지막　　④ 프로그램 종료

4 다음 중 지역 변수를 사용할 때 오류가 발생하는 경우는?

① 함수 안에서 사용　　② 코드 블록 밖에서 사용

③ 코드 블록 안에서 사용　　④ 코드 블록 중간에서 사용

5 선언을 하면 컴파일러가 자동으로 0의 값으로 초기화를 해주는 변수는?

① 지역 변수　　② 매개변수

③ 인수　　④ 전역 변수

6 전역 변수를 선언하는 위치는?

① 함수 안　　② 함수 밖

③ 코드 블록 안　　④ 코드 블록 중간

7 생성된 전역 변수가 소멸되는 시점은?

① 코드 블록의 시작　　② 코드 블록의 중간

③ 프로그램 종료　　④ 코드 블록의 마지막

8 동적 변수를 선언할 때 변수명 앞에 선언하는 키워드는?

① extern ② auto

③ static ④ register

9 정적 변수를 선언할 때 변수명 앞에 선언하는 키워드는?

① extern ② auto

③ static ④ register

10 하나의 프로젝트에 파일이 여러 개 존재할 경우 변수를 외부와 연결할 때 사용하는 키워드는?

① extern ② auto

③ static ④ register

11 CPU 내에 있는 레지스터 공간을 사용하는 변수를 선언하는 키워드는?

① extern ② auto

③ static ④ register

12 변수의 저장 타입에 대한 범위와 생존 기간을 채우시오.

종류	구분	범위	생존 기간
auto	자동 변수		
static	정적 전역 변수		
	정적 지역 변수		
extern	외부 연결 변수		
register	레지스터 변수		
없음	전역 변수		

연습문제

13 소스 코드가 의미하는 것을 주석문으로 적으시오.

①

```
#include <stdio.h>

int main(void)
{
    auto int total = 0;        // [          ]
    int a = 1;                 // [          ]
    ...
    return 0;
}
```

②

```
#include <stdio.h>

static long s = 0;             // [          ]

int main(void)
{
    static long a = 0;         // [          ]
    int b = 1;                 // [          ]
    ...
    return 0;
}
```

14 소스 코드를 보고 실행 결과를 예측해서 적으시오.

①

소스 코드 | 실행 결과

```
#include <stdio.h>

void foun(void);
int a;

int main(void)
{
    for(a = 0; a < 10; a+=3)
    {
        foun( );
        printf("\n");
    }
    return 0;
}
void foun(void)
{
    for(a = 0; a < 20; a+=3)
    printf("♡");
    printf("\n");
}
```

→

연습문제

②

소스 코드

```
#include <stdio.h>

int foun(int);
int a = 100;

int main(void)
{
    int result;
    result = foun(a) + 50;
    printf(">> result = %d \n", result);
    return 0;
}
int foun(int a)
{
    a = 200;
    return a;
}
```

→

실행 결과

프로그래밍 문제

1 다음 내용에 맞는 프로그램을 작성하시오.

- 매개변수만 구성 요소로 가지는 사용자 정의 함수 1개 정의
- 메인 함수에서는 정수형 변수 3개 선언
- 가계부 입력 횟수(1~10)는 if~else 문으로 허용 범위 판별
- 입력 횟수 허용 범위가 아닐 경우 goto 문 사용하여 다시 입력
- for 문으로 입력 횟수에 따라 반복 수행
- 사용자 정의 함수에서 정적 지역 변수 1개 선언하여 입출금 내역 연산하여 출력
- 기타 사항은 [출력 예시] 참조

[출력 예시]

```
■ 정적 변수와 사용자 정의 함수를 사용한 가계부 프로그램
입출금 횟수 지정(1~10) : 13
허용 범위가 아닙니다.
다시 입력하세요.

입출금 횟수 지정(1~10) : -5
허용 범위가 아닙니다.
다시 입력하세요.

입출금 횟수 지정(1~10) : 2
<1 회 실행>
현금 : 500000
입금            출금            잔액
500000                          500000
<2 회 실행>
현금 : -25000
입금            출금            잔액
                25000           475000

총 2회 실행 후 프로그램 종료
```

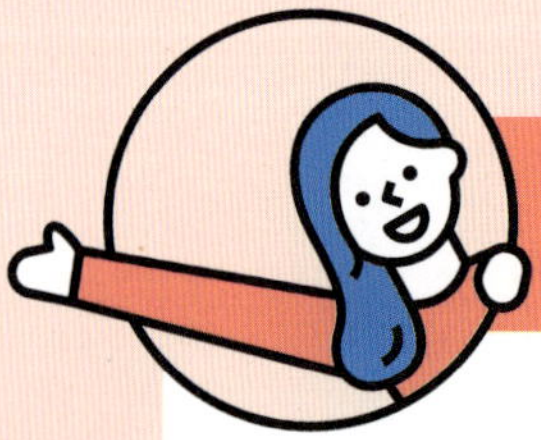

프로그래밍 문제

2 다음 내용에 맞는 프로그램을 작성하시오.

- 매개변수와 반환값이 없는 사용자 정의 함수 1개 정의
- 메인 함수에서는 정수형 변수 1개 선언
- for 문으로 사용자 정의 함수 3회 호출
- static 키워드를 사용하여 사용자 정의 함수에서 정적 지역 변수 선언
- 기타 사항은 [출력 예시] 참조

[출력 예시]

```
■ 정적 지역 변수로 로그인 여부를 판별하는 프로그램
for 문으로 로그인 판별 함수 3회 호출
1회 실행 : 로그인 성공
2회 실행 : 현재 로그인 상태
확인
3회 실행 : 현재 로그인 상태
확인
총 3회 수행 후 프로그램 종료
```

3 다음 내용에 맞는 프로그램을 작성하시오.

- 프로젝트 안에 소스 파일 2개 생성: 덧셈 연산 수행은 외부 연결 함수에서 수행
- 전역 변수 2개 선언: 전역 변수 1개, 정적 전역 변수 1개
- 내부 함수 역할: 문자열 "전역 변수를 연결하는 함수 프로그램" 출력
- 외부 파일 사용자 정의 함수 선언: extern 키워드 사용, 매개변수 2개 선언
- 외부 함수 역할: 메인 함수에서 2개의 정수값 100, 200을 전달받아 덧셈 연산 후 결과값 반환
- 메인 함수 역할: 외부 연결 함수에서 계산한 결과값을 모니터에 출력
- 기타 사항은 [출력 예시] 참조

[출력 예시]

```
전역 변수를 연결하는 함수 프로그램
연산 결과 : 300
```

학 | 습 | 목 | 표

- 배열의 의미와 필요성을 이해합니다.
- 배열을 선언하고 초기화하는 방법을 알아봅니다.
- 배열의 활용 방법을 알아봅니다.
- 배열을 사용한 정렬과 탐색 방법을 알아봅니다.
- 다차원 배열의 종류와 사용 방법을 알아봅니다.

Chapter 10
배열

이 장에서 배울 내용이니 가볍게 풀어보세요.

SELF CHECK

1 배열이란 (같은, 다른) 종류의 자료형을 선언하기 위해 구성된 데이터의 집합입니다.

2 배열은 데이터마다 이름을 부여하지 않고 전체 그룹에 대한 이름을 1개 부여하고 0부터 시작하는 숫자로 구성된 (별명, 인덱스) (으)로 데이터에 접근합니다.

3 배열의 크기보다 배열의 요소 수를 더 (작게, 많이) 선언하면 에러가 발생합니다.

4 배열의 인덱스는 1부터가 아닌 0부터 시작하므로 (배열의 크기-1, 배열의 크기*1)의 형태로 인덱스를 사용합니다.

5 선택 정렬은 정렬되지 않은 배열 요소의 데이터값에서 가장 (작은 값, 큰 값)을/를 찾아 맨 앞의 데이터와 교환해 가면서 정렬하는 방식입니다.

6 이진 탐색은 찾고자 하는 값을 배열 요소의 (오른쪽, 중앙)에 있는 것부터 탐색하는 방법입니다.

7 다차원 배열이란 (초기화, 배열의 크기)을/를 지정하는 부분이 2개 이상일 경우를 말합니다.

정답

1 같은 **2** 인덱스 **3** 많이 **4** 배열의 크기-1 **5** 작은 값 **6** 중앙 **7** 배열의 크기

SECTION

01 배열의 개요

1 배열의 개념

배열(array)은 같은 종류의 자료형을 선언하기 위해 구성된 데이터의 집합입니다. 배열은 서로 연관되어 있는 데이터를 별도의 변수로 처리하기보다는 하나의 묶음으로 표현하여 소스 코드를 쉽게 관리할 수 있도록 해줍니다.

일반 변수는 하나의 값을 대입하여 처리하기 위해 사용하지만 배열은 많은 값을 한꺼번에 처리하기 위해 사용합니다. 즉, 일반 변수는 자동차, 배열은 기차에 비유할 수 있습니다. 자동차는 차로가 있다면 어디든지 운행할 수 있지만 승차 인원이 정해져 있어 많은 사람이 같이 탈 수 없습니다. 그에 반해 기차는 차량을 늘리면 승차 인원을 얼마든지 늘릴 수 있습니다.

일반 변수는 자동차처럼 각각 독립된 존재로 사용할 수 있지만 배열의 요소는 동일한 자료형으로 구성되어 공통 특성을 가집니다.

2 배열의 필요성

배열을 사용하는 이유와 배열 요소를 구분하는 인덱스를 부여하는 방법 및 의미에 대해 살펴보겠습니다.

배열을 사용하는 이유

지금까지 학습한 일반 변수는 처리하고자 하는 데이터의 양이 적으면 사용하기에 전혀 문제가 되지 않습니다. 하지만 처리할 변수가 100개 또는 10,000개처럼 많은 경우에는 많은 데이터를 저장할 수 있는 커다란 메모리 공간과 이 데이터를 손쉽게 처리할 수 있는 방법이 필요합니다. 이러한 이유로 배열을 사용합니다. 예를 들어 학생 50명의 5개 과목 성적을 처리하는 프로그램을 코딩한다고 가정할 때 일반 변수를 사용하면 250(50×5)여 개에 달하는 변수를 선언해야 하지만 배열을 사용하면 단 1개의 배열만 선언하면 됩니다.

다음은 일반 변수와 배열을 선언할 때 차이점을 나타낸 그림입니다.

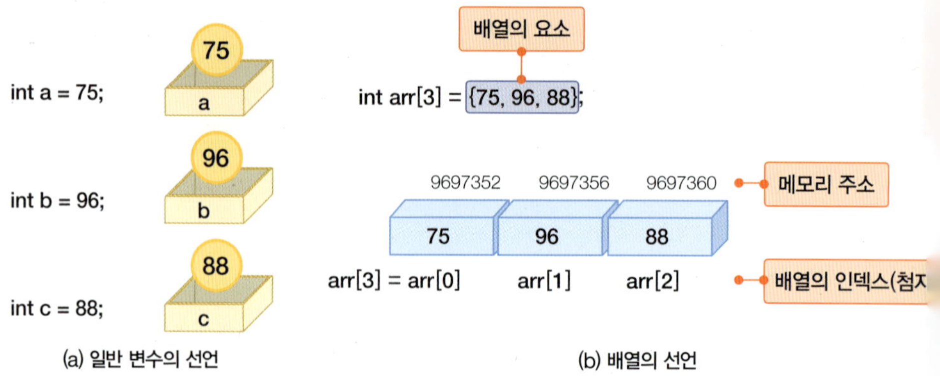

그림 10-1 **일반 변수와 배열의 선언 차이**

배열에서 데이터 접근

> **Tip**
> 배열이 일반 변수와 사용 방법이 달라 어렵게 느껴지기도 합니다. 하지만 일반 변수와 배열의 차이점을 제대로 숙지한다면 배열만큼 편리한 기능이 없다는 것을 느낄 것입니다.

배열은 인덱스와 같은 번호에 대응하는 데이터로 이루어진 자료구조입니다. 배열은 데이터마다 이름을 부여하지 않고 전체 그룹에 대한 이름을 부여하고 0부터 시작하는 숫자로 구성된 인덱스(첨자)로 데이터에 접근합니다. 배열은 기본 용도 외에 행렬 또는 벡터 등을 컴퓨터에서 표현할 때 유용하게 사용됩니다.

: QUIZ

배열은 데이터마다 이름을 부여하지 않고 전체 그룹에 하나의 이름을 부여하고 0부터 시작하는 숫자로 구성된 (   )(으)로 데이터에 접근합니다.

정답

인덱스 또는 첨자

SECTION 02 배열의 선언과 초기화

1 배열의 선언

배열을 사용하기 위해서는 연속된 메모리 저장 공간이 필요합니다. 배열 안에 들어 있는 각각의 데이터는 인덱스(첨자)를 통해 접근할 수 있습니다. 다음은 배열을 선언하면 메모리에 어떻게 저장되는지를 나타낸 그림입니다.

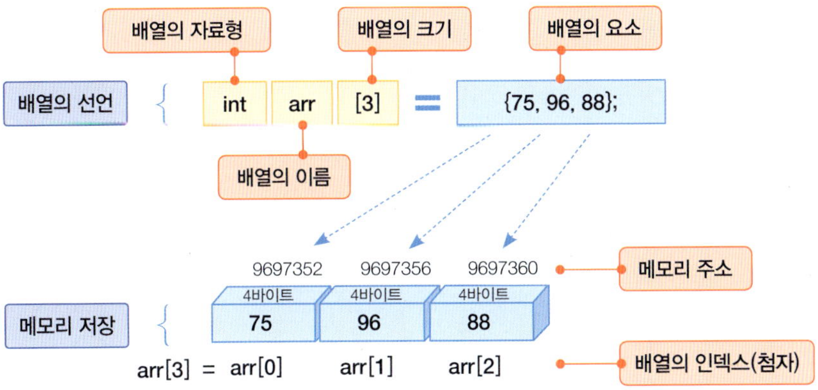

그림 10-2 **배열 선언과 메모리 저장**

배열을 선언한다는 것은 컴파일러에게 통보하는 것을 의미합니다. 배열을 사용하기 위해서는 〈배열의 자료형〉, 〈배열의 이름〉, 〈배열의 크기〉, 〈배열의 요소〉를 지정하여 컴파일러에게 알려줘야 합니다. 이러한 과정을 배열의 선언이라고 합니다.

배열의 자료형

배열의 자료형은 배열의 구성 요소에 따라 설정합니다. 정수형 데이터를 배열의 요소로 사용하려면 배열의 자료형을 int형 또는 long형으로 선언하고, 문자형 데이터를 사용하려면 char형으로 선언합니다. 그리고 실수형 데이터를 사용하려면 float형 또는 double형으로 선언합니다.

```
int score[10];          // 정수형 데이터 10개를 가지는 score 배열
char name[20];          // 문자형 데이터 20개를 가지는 name 배열
double avg[30];         // 실수형 데이터 30개를 가지는 avg 배열
float cost[3], tan[5];  // 실수형으로 동시에 선언한 cost, tan 배열
```

배열의 이름

배열은 동일한 자료형을 여러 개 묶어 놓은 것이기 때문에 각각의 배열 요소를 대표할 이름이 필요합니다. 이때 배열의 시작 위치를 인지하고 있어야 합니다. 배열 이름은 해당 배열의 대표 이름이면서 동시에 메모리에 연속해서 배치된 배열의 시작 주소를 의미합니다.

Tip

배열의 이름은 일반 변수의 이름을 선언하는 것과 유사합니다. 일반 변수와 마찬가지로 예약어는 배열의 이름으로 사용할 수 없습니다.

배열의 크기

배열은 동일한 자료형이 모여서 하나의 그룹으로 만들어지기 때문에 배열 요소의 개수를 지정할 필요가 있습니다. 즉 몇 개의 배열 요소로 구성되는지 분명하게 명시해야 합니다. 이때 배열의 크기는 정수값만을 허용합니다. 배열을 선언할 때 배열의 크기를 지정하는 [ ] 안에 변수 이름이나 음의 정수값, 실수값 등을 지정하면 에러가 발생하므로 주의해야 합니다.

```
int weight[size];       // 배열의 크기를 변수 이름으로 선언하여 오류
int age[-3];            // 배열의 크기를 음의 정수값으로 선언하여 오류
int sum[0];             // 배열의 크기를 0으로 선언하여 오류
int point[8.5];         // 배열의 크기를 실수값으로 선언하여 오류
```

배열은 메모리 공간의 연속된 영역을 지정하여 사용합니다. 따라서 배열의 크기를 지정할 때는 무조건 정수형 상수 또는 #define으로 정의한 상수만 사용해야 합니다. 그 외의 데이터나 변수 이름을 배열의 크기로 지정할 경우 에러가 발생합니다.

```
#define MAX 100
int point[MAX];         // #define으로 선언하여 배열의 크기로 사용할 수 있음
```

배열의 크기를 지정하지 않으면 배열 요소의 개수만큼 크기가 자동으로 설정됩니다.

```
int score[5] = {87, 92, 89, 98, 78};     // 배열의 크기 5
int score[ ] = {87, 92, 89, 98, 78};     // 배열의 크기가 5로 자동 설정됨
```

배열의 크기를 선언한다는 것은 배열이 가져야 할 요소의 개수를 정한다는 것입니다. 배열의 크기는 배열 요소의 개수와 일치하도록 선언합니다. 만약 배열의 크기를 배열의 요소보다 더 크게 선언하면 남는 배열의 크기에는 0의 값이 자동으로 채워지고, 배열의 크기를 배열의 요소보다 더 작게 선언하면 컴파일 오류가 발생합니다.

배열의 요소

배열을 구성하는 각각의 요소를 배열의 요소(array element)라고 합니다. 배열은 다음과 같이 선언하고 배열의 크기만큼 배열의 요소로 초기화합니다.

```
int score[3] = {75, 96, 88}                // 올바른 선언
int score[3] = {75, 96, 88, 95}            // 에러 발생
int score[3] = {75, 96}                    // 비어 있는 인덱스는 0으로 초기화
```

다음은 배열의 크기와 배열의 요소 수를 맞춰서 선언한 경우입니다.

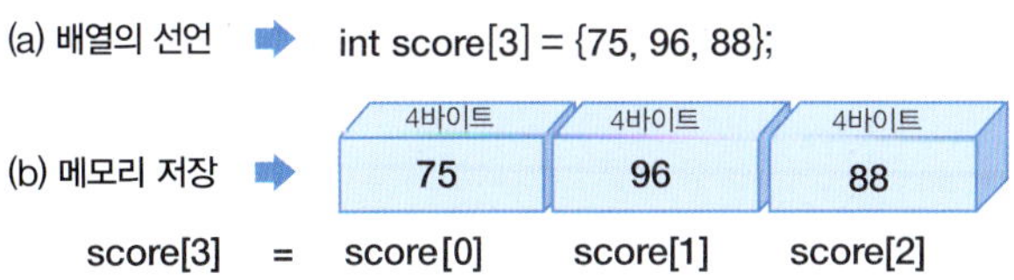

그림 10-3 배열이 크기만큼 배열 요소 선언

배열의 크기보다 배열의 요소 수를 더 많이 선언하면 배열을 처리할 수 없게 되어 오류가 발생합니다.

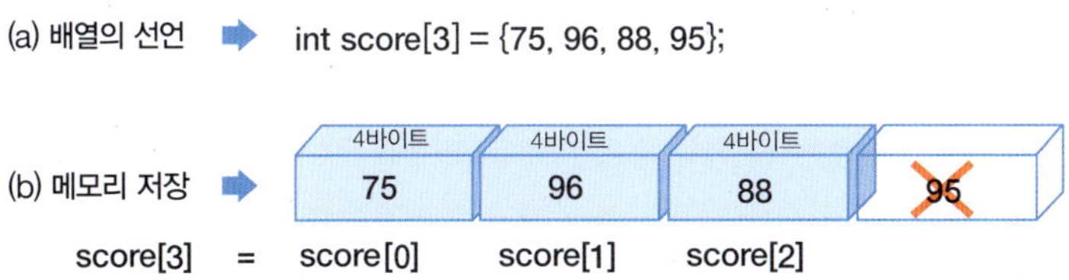

그림 10-4 배열의 크기보다 배열의 요소를 더 많이 선언 – 오류 발생

배열의 크기보다 배열의 요소 수를 더 적게 선언하면 비어 있는 인덱스에는 0의 값이 자동으로 채워집니다.

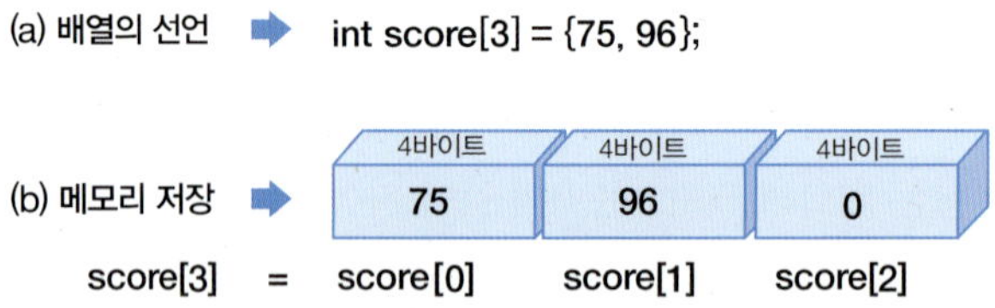

그림 10-5 배열의 크기보다 배열의 요소를 더 적게 선언

: QUIZ

배열을 선언할 때는 배열의 자료형, 배열의 이름, (   ), 배열의 요소 등 4가지 항목을 반드시 설정해야 합니다.

정답
배열의 크기

2 배열의 초기화

선언한 배열을 초기화하는 방법과 배열 요소 중에서 특정 인덱스만 초기화하는 방법을 살펴보겠습니다.

배열의 초기화 형식

배열도 변수의 일종이기 때문에 선언과 동시에 초기화할 수 있습니다. 배열의 초기화 형식은 다음과 같습니다.

```
자료형 배열_이름[배열_크기] = {배열_요소};            // 배열의 초기화 형식
```

```
int score[5] = {87, 92, 89, 98, 78};                 // 배열의 초기화 예시
```

배열의 초기화 방법

배열의 초기화 방법으로는 두 가지가 있습니다. 첫 번째는 { } 안에 각 배열 요소의 초깃값을 콤마로 구분하여 한꺼번에 지정하는 방법입니다. 두 번째는 배열 요소의 인덱스에 해당하는 값을 각각 대입하여 초기화하는 방법입니다.

① 배열 요소의 초깃값을 콤마로 구분하여 한꺼번에 초기화

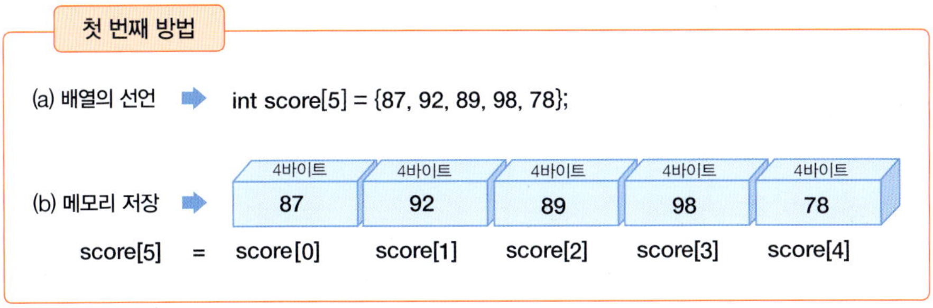

그림 10-6 **배열 요소를 한꺼번에 초기화**

② 배열의 인덱스에 해당하는 값을 각각 대입하여 초기화

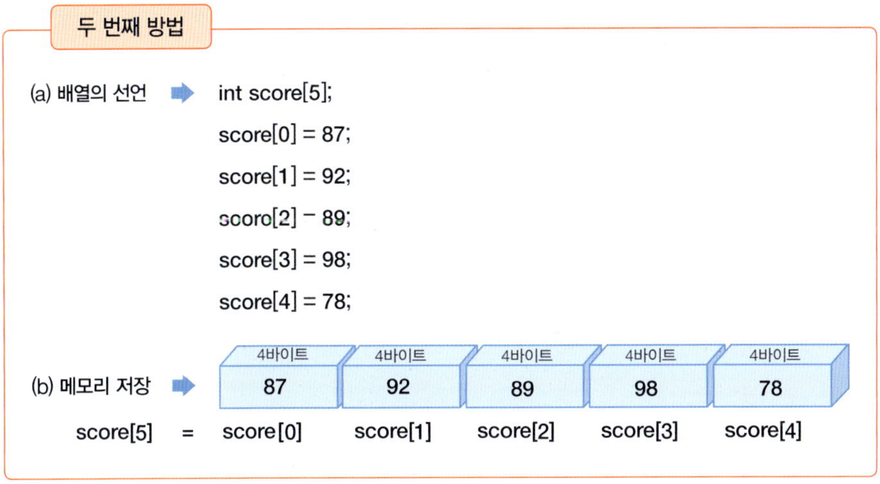

그림 10-7 **배열 요소를 인덱스별로 각각 대입하여 초기화**

배열의 특정 인덱스만 초기화

배열을 선언한 후 특정 인덱스의 배열 요소 값만 초기화 할 수도 있습니다. 이때 나머지 인덱스는 모두 0의 값이 자동으로 채워집니다. 세 번째 인덱스 배열 요소의 값만 초기화하는 경우를 예로 살펴보겠습니다.

```
int score[5];            // 배열의 크기가 5인 score 배열 선언
score[2] = 95;           // 배열의 세 번째 값을 95로 초기화
```

이 과정을 그림으로 나타내면 다음과 같습니다.

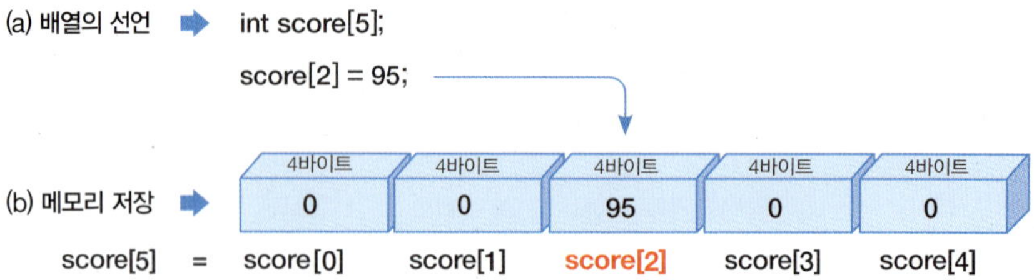

그림 10-8 배열의 특정 인덱스만 초기화

다음은 배열을 사용할 때 주의 사항을 정리한 것입니다. 주의하지 않으면 컴파일 오류가 발생할 수도 있으니 잘 알아두기 바랍니다.

- 배열의 첨자는 1이 아닌 0부터 시작
- 배열의 이름은 그 자체가 배열의 시작 주소
- 배열의 선언과 함께 초기화할 경우 배열의 크기는 생략 가능
- 문자열을 표현할 경우
  - NULL 문자('\0')를 포함해서 배열의 크기 선언
  - scanf_s( ) 함수에서 앰퍼센트(&)를 선언하지 않음
- 배열의 크기와 초깃값의 관계
  - '초깃값 〉 배열의 크기'일 경우 오류 발생
  - '초깃값 〈 배열의 크기'일 경우 나머지 인덱스는 0의 값으로 자동 초기화

: QUIZ

배열의 첨자는 1이 아닌 (   )부터 시작합니다.

정답

0

SECTION

03 배열의 활용

1 배열과 반복문

배열은 반복문을 위해 탄생한 것이라고 봐도 과언은 아닙니다. 그만큼 반복문에서는 배열을 많이 활용합니다.

반복문에서 배열이 필요한 이유

반복문에서는 배열의 각 인덱스에 간편하게 접근할 수 있습니다. 다음은 for 문으로 배열을 초기화하는 과정을 나타낸 것입니다.

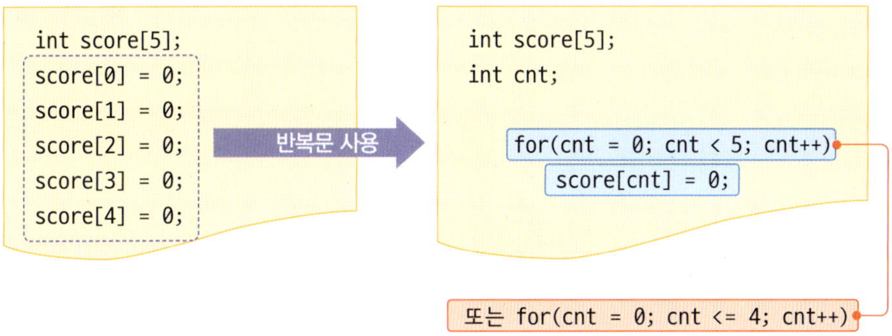

그림 10-9 **반복문으로 배열 요소 초기화**

배열의 인덱스는 1이 아닌 0부터 시작하기 때문에 '배열의 크기 - 1'의 형태로 인덱스를 사용합니다. 예를 들어, score[5]로 배열을 선언하면 score[0], score[1], score[2], score[3], score[4]의 인덱스가 부여됩니다. 배열의 요소는 5개이지만 인덱스는 0부터 시작하기 때문에 배열의 크기 5에서 1을 뺀 수까지를 배열의 인덱스로 활용합니다.

for 문으로 배열 요소 출력

다음 예제는 배열을 선언하고 동시에 초기화를 한 뒤 for 문을 사용하여 배열의 요소를 차례대로 출력하는 프로그램입니다. 예제를 실습하면서 반복문에서 배열을 사용할 경우 어떤 면에서 편리한지 살펴보기 바랍니다.

예제 10-1 for 문으로 배열 요소 출력 ex10_01.c

```c
#include <stdio.h>

int main(void)
{
    int score[5] = {87, 92, 89, 98, 78};      // 배열 선언과 초기화
    int cnt;                                  // 카운트 변수

    for(cnt = 0; cnt < 5; cnt++)              // 인덱스 5개 반복 출력
        printf("score[%d] = %d\n", cnt, score[cnt]);

    return 0;
}
```

Tip

배열의 인덱스(첨자)는 0부터 시작하므로 반복문의 초깃값도 0부터 시작하도록 선언합니다.

```
score[0] = 87
score[1] = 92
score[2] = 89
score[3] = 98
score[4] = 78
```

배열을 사용하여 3개 과목의 총점과 평균 출력

다음 예제는 배열과 for 문을 사용하여 3개 과목의 점수를 키보드로 입력받은 뒤 총점과 평균을 출력하는 프로그램입니다. 배열과 for 문을 사용하여 누적 합계를 산출하는 과정을 자세하게 살펴보기 바랍니다.

예제 10-2 배열과 for 문으로 총점과 평균 출력 ex10_02.c

```c
#include <stdio.h>

#define DT 3                          // 배열의 크기

int main(void)
{
    int score[DT];                    // 배열 선언
    int cnt, sum = 0;
```

```c
    float avg;

    for(cnt = 0; cnt < DT; cnt++)              // 3개 과목 점수 반복 입력
    {
        printf("과목%d 점수 : ___\b\b\b", cnt + 1);
        scanf_s("%d", &score[cnt]);
    }

    for(cnt = 0; cnt < DT; cnt++)              // 3개 과목 총점 산출
        sum += score[cnt];

    avg = (float)sum / DT;                     // 평균 산출

    printf("총점 : %d\n", sum);
    printf("평균 : %.2f\n", avg);
    return 0;
}
```

Tip

특정 배열 요소에 값을 입력받으려면 배열명 앞에 주소 참조 연산자인 &를 붙여야 합니다.

```
과목1 점수 : 100
과목2 점수 : 99_
과목3 점수 : 88_
총점 : 287
평균 : 95.67
```

배열 요소의 값을 랜덤하게 출력

다음 예제는 키보드로 입력한 숫자만큼 rand( ) 함수를 사용하여 배열 요소의 값을 랜덤하게 출력하는 프로그램입니다.

예제 10-3 배열 요소의 값을 랜덤하게 출력 ex10_03.c

```c
#include <stdio.h>
#include <stdlib.h>                 // rand() 함수를 사용하기 위한 헤더 파일
#include <time.h>                   // time() 함수를 사용하기 위한 헤더 파일

#define PT 7

int main(void)
{
    int ex[PT];
    int cnt;

    printf("1~500 사이 숫자를 랜덤 출력\n");
    srand((unsigned)time(NULL));     // 시간 차별화

    for(cnt = 0; cnt < PT; cnt++)
```

```
16         ex[cnt] = 1 + (rand( ) % 500);
17
18     for(cnt = 0; cnt < PT; cnt++)
19         printf("ex[%d] = %d\n", cnt, ex[cnt]);  // 1~500까지 랜덤 숫자 출력
20
21     return 0;
22 }
```

```
1~500 사이 숫자를 랜덤 출력
ex[0] = 101
ex[1] = 255
ex[2] = 252
ex[3] = 459
ex[4] = 340
ex[5] = 39
ex[6] = 5
```

```
1~500 사이 숫자를 랜덤 출력
ex[0] = 183
ex[1] = 321
ex[2] = 372
ex[3] = 450
ex[4] = 60
ex[5] = 404
ex[6] = 281
```

rand( ) 함수만 사용하면 프로그램을 실행할 때마다 동일한 랜덤 숫자가 출력됩니다. 이러한 문제를 해결하기 위해 13행에서 srand((unsigned)time(NULL))과 같이 선언하여 시간 차별화를 두었습니다. 그 결과 프로그램을 실행할 때마다 다른 랜덤 숫자가 출력됩니다.

배열 요소의 개수 구하기

배열 요소의 개수는 다음과 같이 sizeof( ) 함수를 사용하여 알 수 있습니다.

```
배열_요소_개수 = sizeof(배열_이름) / sizeof(배열_이름[0])
```

- sizeof(배열_이름): 전체 배열의 크기
- sizeof(배열_이름[0]): 배열 요소 하나의 크기

다음 제시한 배열 요소의 개수를 알아보려면 전체 배열의 크기를 배열 요소 하나의 크기로 나누면 됩니다.

```
int point[ ] = {23, 35, 2, 9, 75, 96, 82, 16, 48, 85, 33, 67, 95, 37};
int count = sizeof(point) / sizeof(point[0])
```

다음 예제는 배열 요소의 개수를 파악하여 출력하는 프로그램입니다. 예제에서 사용하는 sizeof( ) 함수는 자료형이나 변수의 크기를 바이트 단위로 계산합니다.

예제 10-4 배열 요소의 개수 산출 ex10_04.c

```c
#include <stdio.h>

int main(void)
{
    int point[] = {23, 35, 2, 9, 75, 96, 82, 16, 48, 85, 33, 67, 95, 37};
    int count;

    printf("point[] = {23, 35, 2, 9, 75, 96, 82, 16, 48, 85, 33, 67, 95, 37}\n\n");

    count = sizeof(point) / sizeof(point[0]);     // 배열 요소의 개수 산출

    printf("point[] 배열 요소의 개수 : %d개\n", count);
    return 0;
}
```

```
point[] = {23, 35, 2, 9, 75, 96, 82, 16, 48, 85, 33, 67, 95, 37}

point[] 배열 요소의 개수 : 14개
```

자동차 예약 관리 프로그램

사고 싶은 자동차가 있는데 아직 출시 전이라면 어떻게 할까요? 먼저 예약을 한 뒤 출시를 기다리는 방법이 있습니다. 그런데 자동차가 워낙 고가이므로 허수 예약을 방지하기 위해 한 사람이 한 대만 예약할 수 있고 같은 모델을 다른 사람이 중복해서 예약할 수 없도록 프로그램을 만들 필요가 있습니다. 배열을 사용해 자동차 예약 관리 프로그램을 만들어 보겠습니다.

다음 예제는 10개의 자동차 모델 중에서 1개를 예약하는 프로그램입니다. 예약된 자동차 모델은 1, 예약되지 않은 자동차 모델은 0으로 구분합니다. 1보다 작거나 10보다 큰 수를 입력할 경우 오류 메시지를 출력하고 다시 자동차 모델 번호를 입력하는 곳으로 분기합니다. do~while 문을 사용하는데 알파벳 대소문자 구별 없이 N 또는 n을 입력받기 전까지 무한 반복문을 수행합니다.

예제 10-5 배열과 do~while 문으로 만든 자동차 예약 관리 프로그램 ex10_05.c

```
#include <stdio.h>
#define CP 10                        // 배열의 크기

int main(void)
{
    char yn;                         // 시작과 종료 문자 변수
    int choice, cnt;                 // 자동차 모델 번호 선택과 카운트 변수
    int car[CP] = { 0 };             // 배열 요소 값을 모두 0으로 초기화

    do
    {
        printf("자동차 모델을 선택하겠습니까? (Y / N) : ");
        scanf_s(" %c", &yn, sizeof(yn));
                                     한 칸 띄기
        if(yn == 'N' || yn == 'n')
            break;

        else if(yn == 'Y' || yn == 'y')
        {
            printf("자동차 모델 번호 : 1 2 3 4 5 6 7 8 9 10\n");
            printf("자동차 예약 현황 :");

            for(cnt = 0; cnt < CP; cnt++)
                printf("%2d", car[cnt]);

            printf("\n");

        re_input:                    // goto 문 레이블

            printf("\n자동차 모델 선택(1 ~ 10) : ");
            scanf_s("%d", &choice);

            if(choice < 1 || choice > 10)
            {
                printf("잘못 입력했습니다!\n");
                printf("모델 번호를 다시 입력하세요.\n");
                goto re_input;
            }
            else
            {
                if(car[choice - 1] == 0)   // 예약되지 않은 자동차 모델
                {
                    car[choice - 1] = 1;   // 예약 확정
                    printf("예약 완료!\n");
                }
                else
                {
                    printf("[No.%d] 모델은 이미 예약되었습니다.\n", choice);
```

```
49                    printf("모델 번호를 다시 선택하세요.\n");
50                    goto re_input;
51                }
52            }
53        }
54        else
55        {
56            printf("알파벳 입력 오류!\n");
57            printf("알파벳은 대소문자 구별 없이 Y 또는 N만 허용합니다.\n");
58            printf("알파벳을 다시 입력하시오.\n\n");
59        }
60    } while(1);
61
62    printf("자동차 모델 [No.%d] 예약 완료 후 프로그램 종료\n", choice);
63    return 0;
64 }
```

```
자동차 모델을 선택하겠습니까? (Y / N) : k
알파벳 입력 오류!
알파벳은 대소 문자 구별 없이 Y 또는 N만 허용합니다.
알파벳을 다시 입력하시오.

자동차 모델을 선택하겠습니까? (Y / N) : y
자동차 모델 번호: 1 2 3 4 5 6 7 8 9 10
자동차 예약 현황: 0 0 0 0 0 0 0 0 0 0

자동차 모델 선택(1 ~ 10) : -5
잘못 입력했습니다!
모델 번호를 다시 입력하세요.

자동차 모델 선택(1 ~ 10) : 1
예약 완료!
자동차 모델을 선택하겠습니까?(Y / N) : n
자동차 모델 [No.1] 예약 완료 후 프로그램 종료
```

소스 코드 41행의 car[choice -1]에서 -1을 선언한 것은 키보드로 입력한 값은 1~10 사이의 숫자이지만 배열의 인덱스는 0~9 사이의 값을 사용하기 때문입니다.

무한 반복문에서 scanf_s( ) 함수를 사용할 경우 getchar( ) 함수를 사용하여 Enter 키값을 메모리에서 비워주는 과정을 수행해야 합니다. 하지만 13행의 scanf_s(" %c", ~)와 같이 형식 지정자 앞에 공백 한 칸을 두면 getchar( ) 함수를 사용하지 않고도 값을 입력할 때마다 메모리에서 Enter 키값을 지워주는 과정을 수행할 수 있습니다. scanf_s( ) 함수는 버퍼 메모리를 사용하는 입력 함수이기 때문에 무한 반복문에서는 Enter 키값을 비워주는 과정을 반드시 수행해야 합니다. 그렇지 않으면 프로그램을 실행하는 과정에서 Enter 키값이 적용되어 프로그램을 원활하게 실행할 수 없으니 주의해야 합니다.

2 배열과 문자열

C 언어에서는 문자열을 처리하는 자료형을 따로 제공하지 않으므로 문자형 배열을 선언하여 문자열을 표현합니다. 프로그램에서 문자열은 "apple"과 같이 큰따옴표로 묶어주고, 문자는 'a'와 같이 작은따옴표로 묶어줍니다.

문자와 문자열 초기화

하나의 알파벳을 표현할 때 주의할 점은 문자 1개라고 해서 무조건 문자형 상수는 아니라는 것입니다. 하나의 문자를 작은따옴표로 묶어 'a'와 같이 선언하면 문자로 인식하고, 큰따옴표로 묶어 "a"와 같이 선언하면 문자열로 인식합니다. 또 문자열 끝에는 항상 NULL 문자를 두어 문자열의 끝임을 나타냅니다.

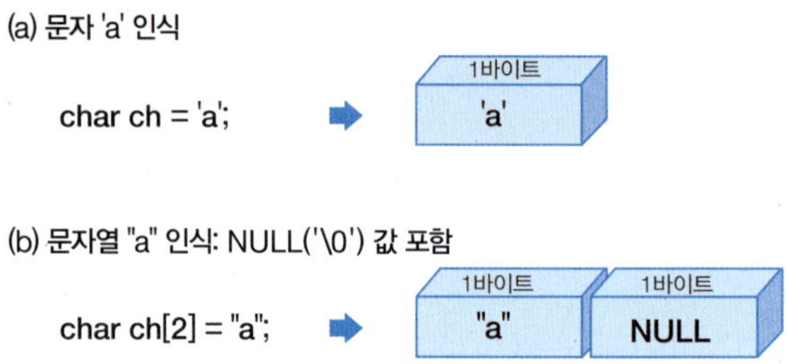

그림 10-10 문자와 문자열 선언 방법 및 메모리 저장 구조의 차이

문자와 문자열을 컴퓨터 메모리에 저장할 때 문자 'a'는 아스키코드값 1바이트 크기로 저장되고, 문자열 "a"는 아스키코드값 1바이트와 NULL('\0') 값을 가지는 1바이트로 표현되기 때문에 총 2바이트 크기로 저장됩니다.

배열 선언과 문자열 초기화

배열로 문자열을 처리할 때는 반드시 문자열 개수보다 하나 더 많게 배열의 크기를 선언해야 합니다. 마지막에 NULL 문자가 저장되기 때문입니다.

```
char ch[6]="apple";  // apple은 문자 5개로 이루어졌지만 배열 크기는 6으로 선언
```

문자열을 처리하기 위해 배열을 선언한 다음 배열 이름 자체에 문자열을 저장하는 표현은 C 언어에서 허용하지 않습니다. 이 경우 컴파일 오류가 발생합니다.

```
char ch[6];
ch = "apple";    // 컴파일 오류!
```

문자열 배열의 크기 설정

배열의 크기를 문자열의 크기보다 더 크게 선언할 경우 필요 없는 메모리를 낭비하는 결과를 초래합니다. 배열의 크기를 선언할 때는 항상 처리하려는 문자열의 크기에 +1을 하여 선언하는 것이 메모리 관리에 효율적입니다.

> **Tip**
> 배열의 크기를 설정하는 것이 번거롭다고 대충 선언하면 메모리 낭비가 심해질 수 있으니 주의해야 합니다.

다음은 배열의 크기를 8로 설정하여 메모리가 낭비되는 결과를 나타낸 그림입니다.

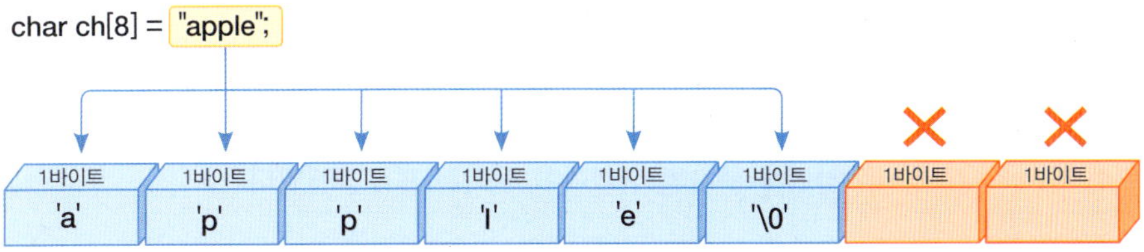

그림 10-11 **문자열보다 배열의 크기를 크게 설정한 경우 – 메모리 낭비**

문자형 배열의 크기에 따라 문자열이 다르게 출력

다음 예제는 배열로 문자열을 처리하는 프로그램입니다. 배열의 선언과 초기화에서 NULL 문자가 들어갈 공간까지 확보한 경우와 그렇지 않은 경우에 문자열이 어떻게 출력되는지 자세히 살펴보기 바랍니다.

예제 10-6 문자형 배열로 문자열 처리 ex10_06.c

```
#include <stdio.h>

int main(void)
{
    char chs1[6] = "apple";        // null 문자가 들어갈 공간 확보
    char chs2[5] = "apple";        // null 문자가 들어갈 공간 확보 안됨

    printf("배열 크기 6: %s\n", chs1);
    printf("배열 크기 5: %s\n", chs2);
    return 0;
}
```

```
배열 크기 6: apple
배열 크기 5: apple儆儆儆儆?pple
```

예제 프로그램에서 문자열 "apple"을 배열로 선언할 때 05행에서는 배열의 크기를 6으로 선언했지만 06행에서는 5로 설정하여 NULL 문자('\0')가 들어갈 공간을 의도적으로 확보하지 않았습니다.

그 결과 09행에서 문자열 "apple"이 "apple儆儆儆儆儆?pple"과 같이 비정상으로 출력되었습니다. 그러므로 문자열을 배열로 표현할 때는 반드시 문자열의 끝을 알리는 NULL 문자가 들어갈 메모리 공간을 확보해 주어야 합니다.

입력한 문자열의 길이 구하기

다음 예제는 키보드로 입력한 문자열의 길이를 구하는 프로그램입니다.

예제 10-7 입력한 문자열의 길이 출력 ex10_07.c

```
01 #include <stdio.h>
02
03 int main(void)
04 {
05     char str[20];
06     int cnt, length = 0;
07     // 반복문에서 사용할 배열 첨자 변수 cnt, 문자열 길이 저장 변수 length
08
09     printf("문> 문자열을 20바이트 이내로 입력하시오 : ");
10     scanf_s("%s", str, sizeof(str));          // & 생략
11
12     for(cnt = 0; str[cnt] != '\0'; cnt++)     // NULL 문자 만날 때까지 반복
13         length++;
14
15     printf("\n");
16     printf("답> 입력한 문자열의 길이 : %d바이트\n", length);
17     return 0;
18 }
```

```
문> 문자열을 20바이트 이내로 입력하시오 : Academy

답> 입력한 문자열의 길이 : 7바이트
```

소스 코드 10행에서 선언한 scanf_s("%s", str, sizeof(str));는 키보드로 입력되는 문자열을 처리하기 위해 입력 형식 지정자 %s를 선언하였으며 배열명 str 앞의 &는 생략하였습니다. 배열 그 자체가 메모리 주소와 같은 역할을 수행하므로 &는 생략할 수 있기 때문입니다.

소스 코드 12행의 for(cnt = 0; str[cnt] != '\0'; cnt++) 문은 키보드로 입력되는 문자열의 개수를 카운트하는 반복문입니다. 카운트 변수 cnt와 배열명 str을 이용하여 문자열의 끝을 알리는 NULL 문자인 '\0'까지 반복하여 키보드로 입력한 문자열의 길이만큼 반복문을 수행하게 됩니다. 13행에서 선언한 length++는 for 문으로 반복 수행한 횟수를 문자열의 길이로 받아들여 16행에서 문자열 길이를 출력합니다.

: QUIZ

① 문자열을 배열로 표현할 때는 반드시 문자열의 끝을 알리는 (   ) 문자가 들어갈 메모리 공간을 확보해 주어야 합니다.

② 문자열의 끝을 알리는 NULL 문자는 (   )(으)로 표기합니다.

정답

① NULL
② \0

3 배열과 함수

배열로 사용자 정의 함수 호출

배열은 함수에서도 사용할 수 있습니다. 함수를 호출하는 쪽은 인수를 전달하고, 호출되는 쪽은 매개변수를 선언하여 인수와 일대일 대응 관계로 값을 받습니다. 배열의 경우 선언하는 것 그 자체가 주소를 활용하는 것이기 때문에 배열을 사용하여 함수를 호출할 때는 배열의 주소를 인수로 넘깁니다.

다음은 배열을 인수로 사용하여 사용자 정의 함수를 호출하는 과정을 나타낸 그림입니다.

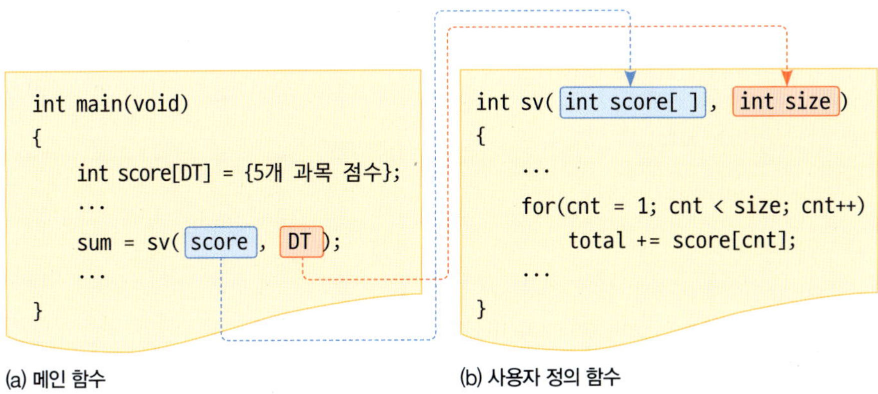

그림 10-12 배열을 인수로 사용자 정의 함수를 호출한 예

메인 함수에서 배열로 5개 과목 점수를 선언하면 사용자 정의 함수에서는 메인 함수로부터 배열을 전달받아 총점과 평균을 산출하는 프로그램을 만들어 봅시다. 예제를 통해 배열로 함수를 호출할 때 인수와 매개변수의 전달 과정을 이해하기 바랍니다.

예제 10-8 배열로 함수를 호출하여 총점과 평균 출력 ex10_08.c

```c
#include <stdio.h>
#define DT 5                             // 배열의 크기
int sv(int score[], int size);           // 사용자 정의 함수 선언

int main(void)
{
    int score[DT] = {88, 96, 75, 81, 99};
    int sum = 0;
    float avg;

    printf("상수> #define DT 5\n");
    printf("배열> score[DT] = {88, 96, 75, 81, 99};\n");

    sum = sv(score, DT);                 // 사용자 정의 함수(배열 이름, 기호 상수)
    avg = sum / 5.0;                     // 실수형으로 자료형 자동 변환

    printf("반환> 5개 과목의 총점 : %d\n", sum);
    printf("산출> 5개 과목의 평균 : %.2f\n", avg);
    return 0;
}

int sv(int score[], int size)            // 사용자 정의 함수 정의
{
    int cnt, total = 0;

    printf("\n사용자 정의 함수로 총점 계산\n");

    for(cnt = 0; cnt < size; cnt++)      // 총점 산출
        total += score[cnt];

    return total;
}
```

Tip

사용자 정의 함수를 호출할 때 인수로 배열을 넘기는 경우에는 배열명 앞에 주소 참조 연산자인 &를 붙이지 않습니다.

```
상수> #define DT 5
배열> score[DT] = {88, 96, 75, 81, 99};

사용자 정의 함수로 총점 계산
반환> 5개 과목의 총점 : 439
산출> 5개 과목의 평균 : 87.80
```

소스 코드 14행의 sum = sv(score, DT)는 sv( ) 함수를 호출하면서 score 배열 이름과 기호 상수 DT를 인수로 전달하고, 22행에서는 사용자 정의 함수를 정의하면서 int sv(int score[ ], int size)와 같이 매개변수를 score[ ] 배열 이름과 size로 선언하였습니다.

```
변수 = 함수_이름(배열_이름, 배열_크기)                // 함수를 호출할 경우 인수 전달
int 함수_이름(자료형 배열_이름[ ], 자료형 배열_크기)  // 사용자 정의 함수
```

이와 같이 배열을 사용하여 함수를 호출할 경우 함수를 호출하는 쪽에서 전달하는 인수에는 대괄호를 생략하고 배열 이름만 쓰고, 호출되는 쪽에서는 배열 이름에 대괄호를 붙여 매개변수를 씁니다.

배열 원본 유지하기 **여기서 잠깐!**

함수를 호출할 때 배열을 인수로 전달하면 호출되는 함수에서는 배열을 매개변수로 받아들여 프로그램을 실행합니다. 이 과정에서 호출되는 함수 안에서 배열 요소의 값을 변경할 수 있습니다. 배열로 함수를 호출할 때 원본 배열의 요소 값을 유지하려면 매개변수의 배열명 앞에 const 키워드를 선언하면 됩니다.

```
void 사용자_함수(const int 배열_이름[ ], int 배열_크기)
{
    배열_이름[0] = 300;    // 컴파일 오류 발생!
}
```

배열 요소를 인수로 전달

배열로 함수를 호출하면 배열 자체가 전달되지만 배열 요소를 인수로 전달하면 복사된 배열 요소가 전달되므로 원본 배열에는 아무런 영향을 미치지 않습니다.

예제 10-9 배열 요소를 인수로 전달 ex10_09.c

```c
#include <stdio.h>
#define DT 5                 // 배열의 크기
int gob(int ta);             // 사용자 정의 함수 선언

int main(void)
{
    int su[DT] = {1, 2, 3, 4, 5};
    int result;
```

```
09
10      printf("배열> su[DT] = {1, 2, 3, 4, 5}\n");
11      printf("전달> su[3] = %d --> 배열 요소 복사본 전달\n", su[3]);
12
13      result = gob(su[3]);
14
15      printf("반환> gob(su[3]) 호출 결과 반환 : %d\n", result);
16      printf("배열확인> su[3] 저장 값 : %d \n", su[3]);
17      return 0;
18  }
19
20  int gob(int ta)            // 사용자 정의 함수 정의
21  {
22      int mul;
23
24      mul = ta * ta;
25
26      printf("\n사용자 정의 함수 gob( ) 호출\n");
27      printf("산출> su[3] 배열 요소의 제곱 : %d * %d = %d\n", ta, ta, mul);
28
29      return mul;
30  }
```

```
배열> su[DT] = {1, 2, 3, 4, 5}
전달> su[3] = 4 --> 배열 요소 복사본 전달

사용자 정의 함수 gob( ) 호출
산출> su[3] 배열 요소의 제곱 : 4 * 4 = 16
반환> gob(su[3]) 호출 결과 반환 : 16
배열확인> su[3] 저장 값 : 4
```

소스 코드 13행의 result = gob(su[3])과 같이 네 번째 배열 요소를 인수로 전달하여 사용자 정의 함수를 호출하면 20행의 사용자 정의 함수에서 전달받은 배열 요소의 제곱을 산출합니다. 산출된 결과값은 29행의 return 문에 의해 사용자 정의 함수를 호출한 13행으로 결과값을 반환하고 15행에서 출력합니다. 15행과 16행의 출력값을 비교해보면 함수 호출 시 배열 요소가 복사되어 전달되었다는 것을 알 수 있습니다.

SECTION 04

배열을 활용한 정렬과 탐색

1 선택 정렬

선택 정렬(selection sort)은 정렬되지 않은 배열 요소의 데이터값에서 가장 작은 값을 찾아 맨 앞의 데이터와 교환해 가면서 정렬하는 방식입니다. 다음은 선택 정렬의 동작 과정을 그림으로 나타낸 것입니다.

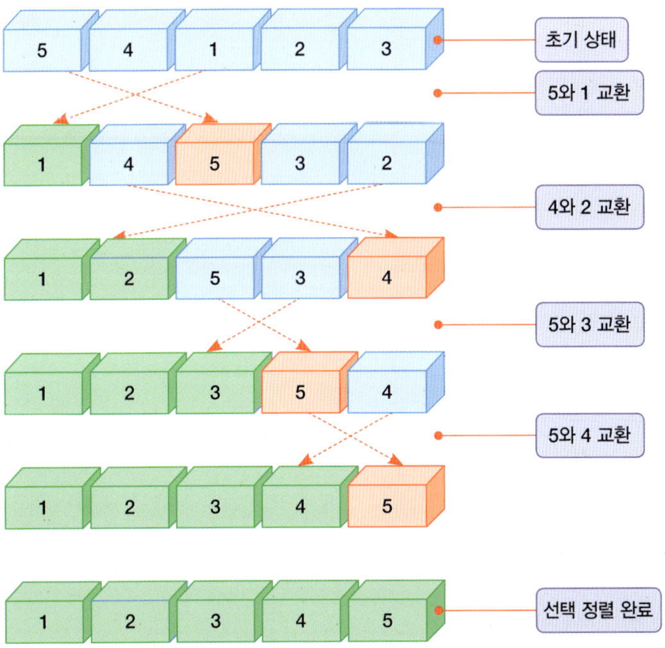

그림 10-13 선택 정렬의 동작 과정

다음 예제는 선택 정렬을 수행하는 프로그램입니다. 배열 요소의 데이터값이 어떻게 정렬되는지 자세히 살펴보기 바랍니다.

예제 10-10 배열 요소에 선택 정렬 수행 ex10_10.c

```c
01 #include <stdio.h>
02 #define AL 5                         // 배열의 크기
03 
04 int main(void)
05 {
06     int s_list[AL] = { 5, 4, 1, 3, 2 };
07     int a, b, temp, sort;
08 
09     printf("초기> 배열 요소: 5 4 1 3 2\n");
10     printf("\n[for 문으로 선택 정렬 수행]\n");
11 
12     for(a = 0; a < AL - 1; a++)             // 자신과 비교한 인덱스 제외
13     {
14         sort = a;                           // 배열 요소 4개 반복 대입
15 
16         for(b = a + 1; b < AL; b++)         // 자신과 비교한 인덱스 제외
17             if(s_list[b] < s_list[sort])    // 정렬되지 않은 배열 요소 중 작은 값 찾는 과정
18                 sort = b;
19 
20         /*-- 선택 정렬을 통한 값 치환 --*/
21         temp = s_list[a];                   // a를 temp로 대입
22         s_list[a] = s_list[sort];           // sort를 a에 대입
23         s_list[sort] = temp;                // temp를 sort에 대입
24     }
25     printf("결과> 배열 요소: ");
26 
27     for(a = 0; a < AL; a++)                 // 배열 크기만큼 반복
28         printf("%d ", s_list[a]);           // 정렬 결과 출력
29 
30     return 0;
31 }
```

```
초기> 배열 요소: 5 4 1 3 2

[for 문으로 선택 정렬 수행]
결과> 배열 요소: 1 2 3 4 5
```

소스 코드 12행의 for 문에서는 자신과 비교하는 인덱스를 제외하기 위해 배열의 크기에서 1을 차감하여 for(a = 0; a 〈 AL−1; a++)와 같이 선언하였고 16행의 for(b = a+1; b 〈 AL; b++)에서는 자신과 비교한 인덱스를 제외하기 위해 초깃값에서 1을 더해주었습니다.

소스 코드 16~18행은 정렬되지 않은 배열 요소를 반복 비교하여 더 작은 데이터값을 변수 sort에 대입합니다. 21~23행까지는 temp 변수를 활용하여 다른 배열 요소와 순서를 바꿀 수 있는 공간으로 사용합니다.

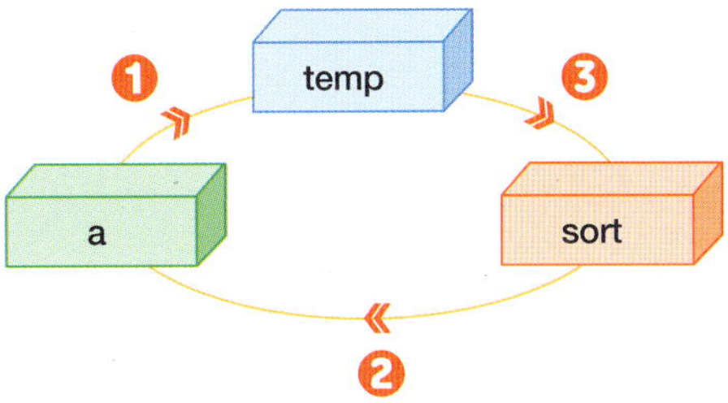

그림 10-14 **정렬을 위한 배열 요소의 값 교환**

2 순차 탐색

순차 탐색(sequential search)은 배열 요소의 데이터값을 처음부터 순서대로 하나씩 꺼내서 원하는 것을 찾을 때까지 탐색하는 방법입니다. 순차 탐색은 비교적 간단하지만 배열의 모든 요소를 처음부터 끝까지 탐색하기 때문에 다소 시간이 소요된다는 단점이 있습니다.

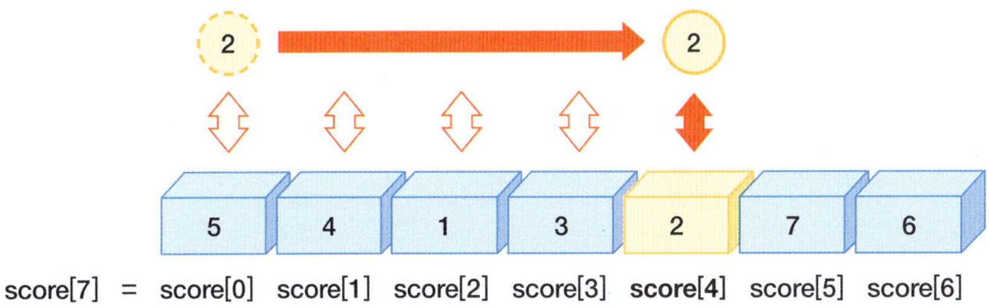

그림 10-15 **순차 탐색으로 배열 요소의 값 탐색**

다음 예제는 배열과 for 문을 사용하는 것으로 1~7 사이의 값을 입력받으면 제시한 배열 요소에서 해당하는 값을 찾기 위해 처음부터 순차적으로 탐색하는 프로그램입니다.

예제 10-11 순차 탐색 수행 ex10_11.c

```
#include <stdio.h>
#define AL 7                          // 배열의 크기

int main(void)
{
```

```
    int s_list[AL] = {5, 4, 1, 3, 2, 7, 6};
    int input, cnt;
    char yn;

    printf("초기> 배열 요소: 5 4 1 3 2 7 6\n");

    while(1)
    {
        printf("숫자 입력(1 ~ 7): ");
        scanf_s("%d", &input);
        printf("\n");

        if(input < 1 || input > 7)
        {
            printf("값 입력 오류!\n");
            printf("다시 입력하세요.\n");
            continue;
        }

        for(cnt = 0; cnt < AL; cnt++)

            if(s_list[cnt] == input)
            {
                printf("순차 탐색 횟수 : %d회\n", cnt + 1);
                printf("탐색 성공 인덱스 : %d\n", cnt);
            }

    re_ch:

        printf("프로그램을 다시 시작할까요? (Y / N) : ");
        scanf_s(" %c", &yn, sizeof(yn));

        if(yn == 'N' || yn == 'n')
            break;
        else if(yn == 'Y' || yn == 'y')
            continue;
        else
        {
            printf("알파벳 입력 오류!\n");
            printf("알파벳을 다시 입력하세요.\n");
            goto re_ch;
        }
    }
    return 0;
}
```

```
초기> 배열 요소: 5 4 1 3 2 7 6
숫자 입력(1~7): 8

값 입력 오류!
다시 입력하세요.
숫자 입력(1~7): 4

순차 탐색 횟수 : 2회
탐색 성공 인덱스 : 1
프로그램을 다시 시작할까요? (Y / N) : q
알파벳 입력 오류!
알파벳을 다시 입력하세요.
프로그램을 다시 시작할까요? (Y / N) : y
숫자 입력(1~7): 2

순차 탐색 횟수 : 5회
탐색 성공 인덱스 : 4
프로그램을 다시 시작할까요? (Y / N) : n
```

3 이진 탐색

이진 탐색(binary search)은 찾고자 하는 값을 배열의 중앙에서부터 탐색하는 방법입니다. 순차 탐색은 처음부터 순서대로 찾고자 하는 값을 탐색하므로 배열 요소의 수가 많으면 탐색 시간이 오래 걸린다는 단점이 있습니다. 하지만 이진 탐색은 배열의 중앙을 기준으로 두 부분으로 나누어 찾는 것이므로 순차 탐색보다 원하는 값을 찾기까지 소요 시간이 짧습니다.

이진 탐색은 배열의 요소가 순서대로 정리되어 있어야만 탐색이 가능한 방법입니다. 배열의 요소가 순차적으로 정리되어 있지 않다면 선택 정렬을 먼저 수행해 주어야 합니다.

다음은 이진 탐색으로 68을 찾는 과정을 나타낸 그림입니다.

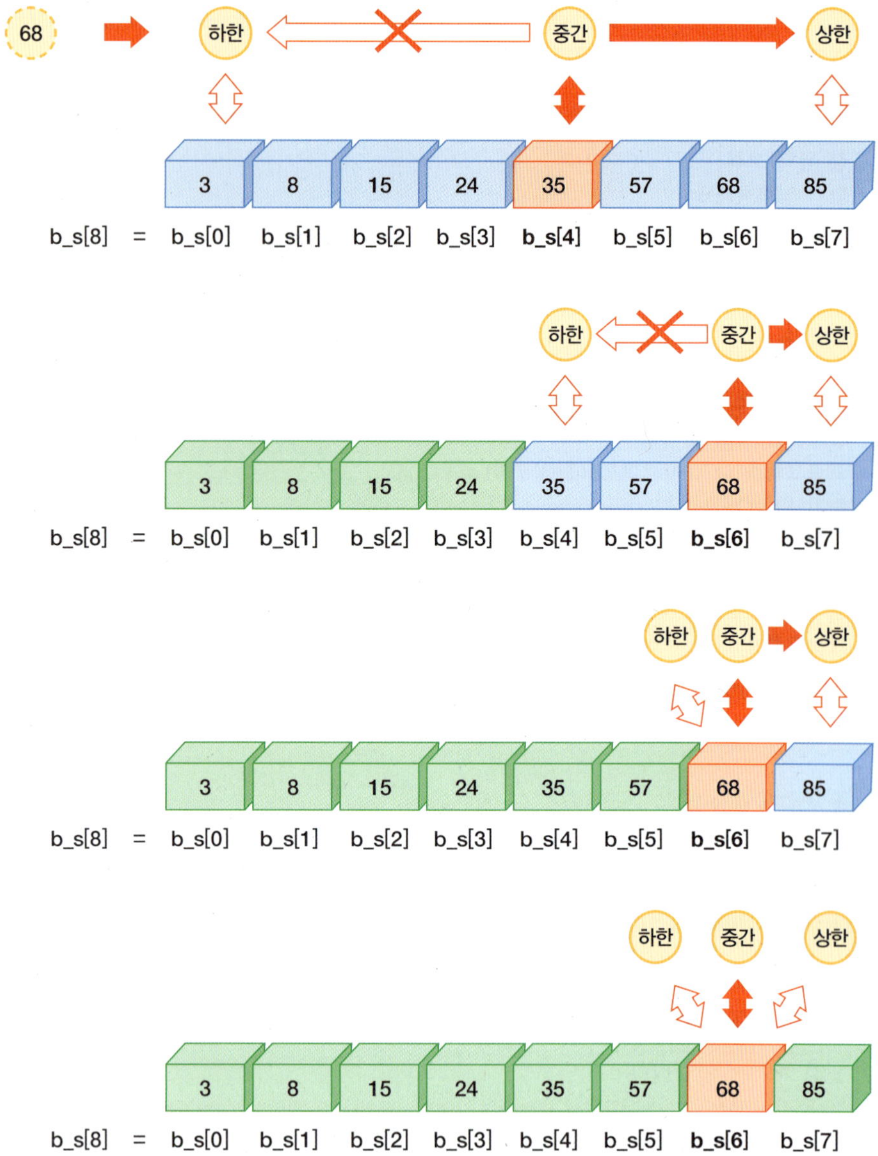

그림 10-16 **이진 탐색 과정**

다음 예제는 입력받은 값을 찾기 위해 이진 탐색을 수행하는 프로그램입니다.

예제 10-12 이진 탐색 수행 ex10_12.c

```
#include <stdio.h>
#define AL 8                                    // 배열의 크기
int b_s(int list[], int n, int input);          // 사용자 정의 함수 선언

int main(void)
{
    int sno[AL] = { 3, 8, 15, 24, 35, 57, 68, 85 };
    int input, search;
    char yn;
```

```
    do
    {
        printf("\n초기> 배열 요소 : 3 8 15 24 35 57 68 85\n");
        printf("숫자 입력 : ");
        scanf_s("%d", &input);

        search = b_s(sno, AL, input);  // 사용자 정의 함수 호출
        printf("탐색 성공 인덱스 : [%2d]\n", search);

    re_input:

        printf("프로그램을 다시 실행하겠습니까? (Y/N) : ");
        scanf_s(" %c", &yn, sizeof(yn));

        if(yn == 'N' || yn == 'n')
            break;

        else if(yn == 'Y' || yn == 'y')
            continue;

        else
        {
            printf("\n알파벳 입력 오류!\n");
            printf("알파벳을 다시 입력하세요.\n");
            goto re_input;
        }
    } while(1);
    return 0;
}

int b_s(int list[], int n, int input)   // 사용자 정의 함수 선언
{
    int low = 0;                    // 하한값 대입 변수
    int high = n - 1;               // 상한값 대입 변수 인덱스는 -1을 수행
    int md, cnt = 1;                // 중간값 대입 변수와 카운트 변수

    while(low <= high) // 남아 있는 배열 요소가 있으면 반복 수행
    {
        printf("%d회 이진 탐색 : [%d %d]\n", cnt, low, high);
        // 하한과 상한 출력

        md = (low + high) / 2;      // 중간 위치 산출

        if(input == list[md])       // 값을 찾으면 요소의 값 반환
            return md;

        else if(input > list[md])  // 중간 배열 요소 값보다 클 경우
            low = md + 1;

```

한 칸 띄기

Tip

이진 탐색은 배열의 크기를 반으로 나누어 탐색하는 방법이므로 중간 위치를 산출하는 과정이 필요합니다.

```
        else       // 값을 못 찾거나 중간 배열 요소 값보다 크지 않을 경우
            high = md - 1;        // high 변수값을 새로운 값으로 설정

        cnt++;
    }
    return - 1;        // 배열 요소에 없는 값 입력하면 -1 반환
}
```

```
초기> 배열 요소 : 3 8 15 24 35 57 68 85
숫자 입력 : 68
1회 이진 탐색 : [0 7]
2회 이진 탐색 : [4 7]
3회 이진 탐색 : [6 7]
탐색 성공 인덱스 : [ 6]
프로그램을 다시 실행하겠습니까? (Y/N) : k

알파벳 입력 오류!
알파벳을 다시 입력하세요.
프로그램을 다시 실행하겠습니까? (Y / N) : y

초기> 배열 요소 : 3 8 15 24 35 57 68 85
숫자 입력 : 5
1회 이진 탐색 : [0 7]
2회 이진 탐색 : [0 2]
3회 이진 탐색 : [0 0]
탐색 성공 인덱스 : [-1]
프로그램을 다시 실행하겠습니까? (Y / N) : n
```

정답

순서대로

: QUIZ

이진 탐색은 배열의 요소가 (   ) 정리되어 있어야만 탐색을 수행할 수 있다는 것이 단점입니다.

SECTION

05 다차원 배열

1 다차원 배열의 개념

배열의 크기를 지정하는 부분이 2개 이상일 경우 다차원 배열이라고 합니다. 1차원 배열은 arr[3]과 같이 배열의 크기를 나타내는 부분이 1개이고, 2차원 배열은 arr[3][5]와 같이 2개이며 '배열명[행][열]' 형식으로 선언합니다. 3차원 배열은 '배열명[면][행][열]' 형식으로 선언하며 arr[2][3][5]와 같이 배열 요소가 3개입니다.

2 2차원 배열

2차원 배열을 선언하는 형식과 배열의 초기화 방법을 살펴보겠습니다.

2차원 배열의 선언 형식

2차원 배열의 선언 형식은 배열 요소를 [행]과 [열]로 구분하여 배열명[행][열]과 같이 선언합니다. 배열의 자료형은 맨 앞에 선언하고 그다음은 배열의 이름, 그리고 배열의 크기를 [행]과 [열]로 구분하여 지정합니다.

```
int data[3][5];
```

첫 번째 행의 열 주소에 해당하는 값을 메모리에 모두 저장한 후에는 두 번째 행의 열을 저장하고 다음에는 세 번째 행에 해당하는 열의 인덱스에 따라 메모리 공간에 차례대로 저장합니다.

정수형 자료형의 2차원 배열을 [3]행 [5]열로 선언할 때 메모리에 저장되는 배열의 인덱스를 그림으로 나타내면 다음과 같습니다.

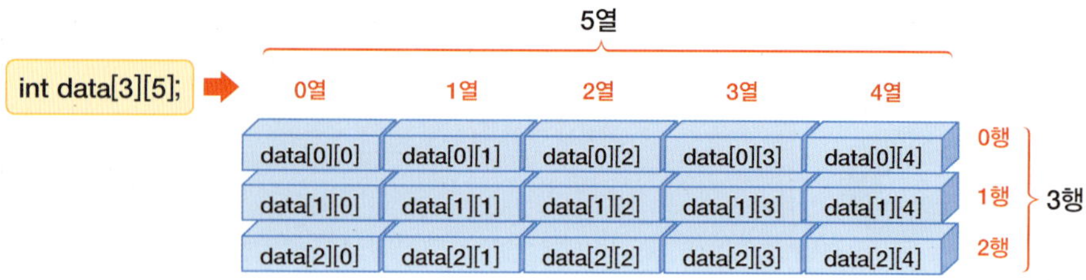

그림 10-17 **2차원 배열의 인덱스**

2차원 배열 요소의 참조

2차원 배열에서 요소를 참조하려면 data[1][2]와 같이 인덱스 2개가 필요합니다. 앞에 선언하는 인덱스는 [행]을 의미하고 뒤에 선언하는 인덱스는 [열]을 의미합니다. 2차원 배열에서도 인덱스는 0부터 시작합니다.

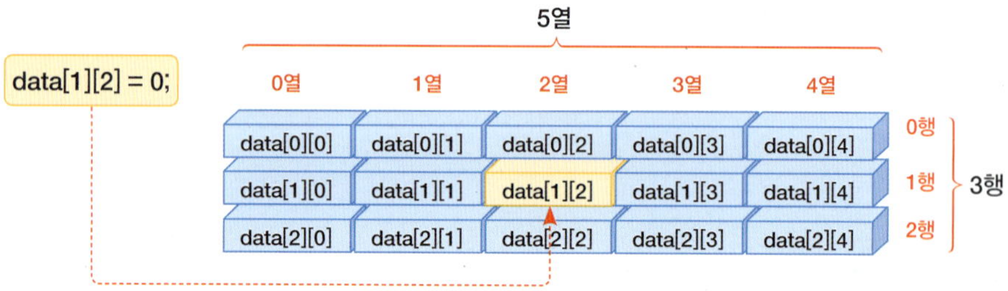

그림 10-18 **2차원 배열 요소인 data[1][2]를 0으로 초기화**

2차원 배열의 초기화

1차원 배열과 마찬가지로 2차원 배열도 실수형 배열이나 문자형 배열을 사용할 수 있습니다. 먼저 배열을 선언할 때 배열 요소의 초깃값을 대입하는 세 가지 방법을 살펴보겠습니다.

① 초깃값 나열 - 권장하지 않음

2차원 배열을 선언할 때 배열 요소의 초깃값을 다음과 같이 나열해서 표현한다고 해서 컴파일 오류가 발생하지는 않습니다. 하지만 2차원 배열 요소의 행과 열 구분이 명확하지 않아 사용하기에 불편합니다.

```
int data[3][5] = {2, 4, 6, 8, 10, 12, 14, 16, 18, 20, 22, 24, 26, 28, 30};
```

② 행별로 초깃값 구분

{ }를 사용하여 초깃값을 행별로 묶어서 구분할 수도 있습니다. 2차원 배열 요소를 쉽게 파악할 수 있습니다.

```
int data[3][5] = {{2, 4, 6, 8, 10}, {12, 14, 16, 18, 20}, {22, 24, 26, 28, 30}};
```

③ 행별로 초깃값 구분 후 열별로 구분

배열의 크기가 클 경우에는 { }를 사용하여 초깃값을 행별로 묶어도 배열 요소를 한눈에 파악하기 어렵습니다. { }를 사용하여 행별로 초깃값을 구분한 뒤 다시 열별로 구분하면 가독성이 훨씬 좋습니다.

Tip
가독성을 위해 2차원 배열은 행별+열별로 구분해서 사용하기를 권장합니다.

```
int data[3][5] = {
    {2, 4, 6, 8, 10},
    {12, 14, 16, 18, 20},
    {22, 24, 26, 28, 30}};
```

2차원 배열을 int data[3][5]와 같이 선언할 경우 배열 요소의 초깃값이 메모리 공간에 저장되는 구조를 그림으로 나타내면 다음과 같습니다.

```
int data[3][5] = {
    {2, 4, 6, 8, 10},
    {12, 14, 16, 18, 20},
    {22, 24, 26, 28, 30} };
```

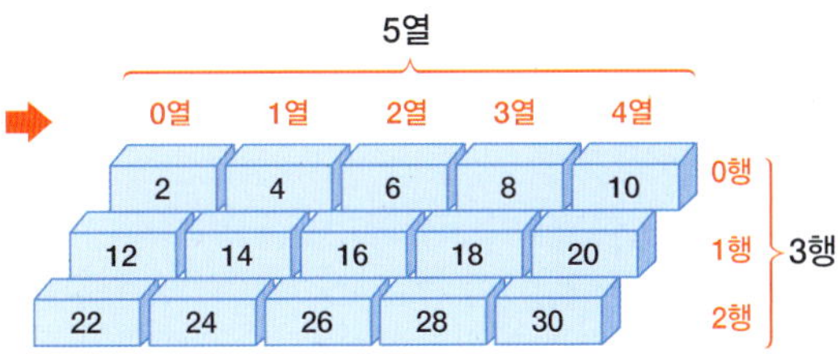

그림 10-19 2차원 배열 요소의 초깃값을 메모리 공간에 저장

2차원 배열의 사용

2차원 배열을 사용하여 5일간 체크한 환자 3명의 수축기 혈압 자료로 개인별 수축기 평균 혈압을 산출해 보겠습니다.

(단위: mmHg)

환자 번호	1일차	2일차	3일차	4일차	5일차
203012101	135	150	148	160	153
203012102	115	120	123	121	112
203012103	132	129	128	133	130

고혈압 판정은 수축기 혈압 평균이 140mmHg을 초과할 경우에 해당합니다. 예제를 실습하면서 2차원 배열을 선언하고 초기화하여 사용하는 과정을 이해하기 바랍니다.

예제 10-13 2차원 배열 사용 ex10_13.c

```c
#include <stdio.h>
#define R 3                       // 환자수에 대한 배열 크기
#define C 5                       // 혈압 체크 수에 대한 배열 크기

int main(void)
{
    int cnt, sno = 203012101, total = 0;
    float avg;
    int bd[R][C] = {
        {135, 150, 148, 160, 153},
        {115, 120, 123, 121, 112},
        {132, 129, 128, 133, 130}};

    printf(">> 고혈압 판정 기준 : 수축기 혈압 140 초과\n");
    for(cnt = 0; cnt < R; cnt++)
    {
        total = bd[cnt][0] + bd[cnt][1] + bd[cnt][2] + bd[cnt][3] + bd[cnt][4];
        avg = total / 5.0;          // 자료형 자동 변환

        printf("\n▶ 환자 #%d의 수축기 평균 혈압 및 판정\n", cnt + 1);
        printf("번호 : %d\n", sno++);
        printf("혈압 : %.2f\n", avg);

        if(avg > 140)
            printf("판정 : 고혈압\n");

        else
            printf("판정 : 정상\n");
    }

    return 0;
}
```

```
고혈압 판정 기준 : 수축기 혈압 140 초과

▶ 환자 #1의 수축기 평균 혈압 및 판정
번호 : 203012101
혈압 : 149.20
판정 : 고혈압

▶ 환자 #2의 수축기 평균 혈압 및 판정
번호 : 203012102
혈압 : 118.20
판정 : 정상

▶ 환자 #3의 수축기 평균 혈압 및 판정
```

```
번호 : 203012103
혈압 : 130.40
판정 : 정상
```

2차원 배열로 점수 입력받기

2차원 배열로 학생 2명의 이름과 3개 과목의 점수를 입력받아 총점과 평균을 산출하는 과정을 살펴보겠습니다.

이름	과목1	과목2	과목3	총점	평균
문자열 입력	정수형 입력	정수형 입력	정수형 입력	정수형 산출	실수형 산출

배열은 동일한 자료형에 대해서만 선언할 수 있으므로 여기서는 3개 과목에 대해서만 2차원 배열을 선언하면 됩니다.

예제 10-14 2차원 배열로 여러 항목 처리 ex10_14.c

```
#include <stdio.h>
#define N 20                              // 성명 문자열에 대한 배열 크기
#define R 2                               // 학생수에 대한 배열 크기
#define C 3                               // 과목수에 대한 배열 크기

int main(void)
{
    int row, col, total = 0;
    float avg;
    char name[N];
    int st[R][C];

    for(row = 0; row < R; row++)          // 학생 2명 반복 수행
    {
        printf("▶ 학생 %d의 성명과 3개 과목 점수 입력\n", row + 1);
        printf("%d.성명 : ", row + 1);

        scanf_s("%s", name, sizeof(name));    // 성명 입력

        for(col = 0; col < C; col++)          // 3개 과목 점수 입력
        {
            printf("과목%d 점수 : ", col + 1);
            scanf_s("%d", &st[row][col]);
        }
        printf("\n");

        total = st[row][0] + st[row][1] + st[row][2]; // 총점 산출
        avg = total / 3.0;                // 자료형 자동 변환
```

```c

        printf("%s의 성적 현황\n", name);  // 성명 출력
        printf("총점 : %d\n", total);
        printf("평균 : %.2f\n\n", avg);
    }
    printf("전체 %d명의 성적 처리 후 프로그램 종료\n", row);
    return 0;
}
```

```
▸ 학생 1의 성명과 3개 과목 점수 입력
1.성명 : 홍길동
과목1 점수 : 88
과목2 점수 : 97
과목3 점수 : 93

홍길동의 성적 현황
총점 : 278
평균 : 92.67

▸ 학생 2의 성명과 3개 과목 점수 입력
2.성명 : 김가을
과목1 점수 : 85
과목2 점수 : 83
과목3 점수 : 79

김가을의 성적 현황
총점 : 247
평균 : 82.33

전체 2명의 성적 처리 후 프로그램 종료
```

2차원 배열로 틱택토 게임 구현

틱택토(Tic-Tac-Toe)는 3×3 칸이 있는 게임판을 만들고 동그라미 심벌(○)과 가위표 심벌(×)을 고른 뒤 번갈아 가며 심벌을 그리는 게임입니다. 가로, 세로, 대각선 상관없이 직선으로 자기 심벌 3개를 먼저 만들면 승리합니다.

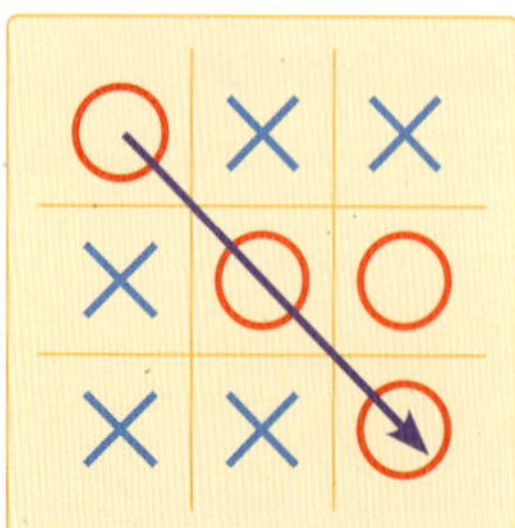

그림 10-20 틱택토 게임판

틱택토 게임을 구현하려면 많은 소스 코드가 필요합니다. 여기서는 간단하게 2차원 배열을 사용하여 게임을 시작하기 전에 틱택토 게임판을 먼저 출력합니다. 두 사람이 번갈아 가며 좌표를 선택하여 총 9회 실행하면 틱택토 게임판으로 게임 결과를 보여준 뒤 게임을 종료합니다.

다음 예제는 틱택도 게임 중에서 게임판을 출력하는 부분과 2차원 배열을 사용하여 행과 열의 좌표값을 입력받아 해당 인덱스에 ○, ×를 출력하는 과정까지만 구현하는 프로그램입니다.

예제 10-15 2차원 배열로 게임 구현 ex10_15.c

```
#include <stdio.h>
#define R 3                            // 가로 좌표 개수에 대한 배열 크기
#define C 3                            // 세로 좌표 개수에 대한 배열 크기

void grid();                           // 게임판 출력 사용자 정의 함수 선언

int main(void)
{
    int tic[R][C];
    int row, col, p, g;

    printf("게임 실행 횟수 제한 : 총 9회\n\n");
    grid();

    /*-- 게임판 초기화 --*/
    for(row = 0; row < R; row++)
        for(col = 0; col < C; col++)
            tic[row][col] = ' ';

    /*-- 사용자로부터 위치를 입력받아 게임판에 표시 --*/
    printf("게임 요령 -> 홀수 횟수와 짝수 횟수로 상대편 구분\n");
    printf("[사용자 1] : 홀수 횟수 사용\n");
    printf("[사용자 2] : 짝수 횟수 사용\n");
    printf("[허용 범위] : 0 ~ 2까지만 허용!\n\n");

    for(p = 0; p < 9; p++)
    {
    re_play:
        printf("%d번째 입력 : ", p + 1);
        scanf_s("%d %d", &row, &col);

        if(row < 0 || row > 2 || col < 0 || col > 2)
        {
            printf("입력 오류!\n");
            printf("다시 입력하세요.\n\n");
            goto re_play;
        }
```

```c
            tic[row][col] = (p % 2 == 0) ? 'O' : 'X';
        }
        printf("\n게임 결과\n");

        for(g = 0; g < R; g++)
        {
            printf("|---|---|---|\n");
            printf("| %c | %c | %c |\n", tic[g][0], tic[g][1], tic[g][2]);
        }
        printf("|---|---|---|\n\n");
        printf("총 %d회를 실행하였으므로 프로그램 종료\n", p);
        return 0;
}

/*-- 화면에 게임판을 출력하는 사용자 정의 함수 --*/
void grid()
{
        printf("|---|---|---|\n");
        printf("| 1 | 2 | 3 |\n");
        printf("|---|---|---|\n");
        printf("| 4 | 5 | 6 |\n");
        printf("|---|---|---|\n");
        printf("| 7 | 8 | 9 |\n");
        printf("|---|---|---|\n");
}
```

```
게임 실행 횟수 제한 : 총 9회

|---|---|---|
| 1 | 2 | 3 |
|---|---|---|
| 4 | 5 | 6 |
|---|---|---|
| 7 | 8 | 9 |
|---|---|---|
게임 요령 -> 홀수 횟수와 짝수 횟수로 상대편 구분
[사용자 1] : 홀수 횟수 사용
[사용자 2] : 짝수 횟수 사용
[허용 범위] : 0 ~ 2까지만 허용!

1번째 입력 : 3 5
입력 오류!
다시 입력하세요.

1번째 입력 : 2 0
2번째 입력 : 1 1
3번째 입력 : 0 2
4번째 입력 : 1 0
5번째 입력 : 0 1
```

```
6번째 입력 : 2 2
7번째 입력 : 2 1
8번째 입력 : 0 2
9번째 입력 : 0 0

게임 결과
|---|---|---|
| O | O | X |
|---|---|---|
| X | X |   |
|---|---|---|
| O | O | X |
|---|---|---|

총 9회를 실행하였으므로 프로그램 종료
```

2차원 배열을 함수의 인수로 전달

배열을 함수의 인수로 전달하는 과정은 앞에서 살펴봤습니다. 1차원 배열과 마찬가지로 2차원 배열도 함수를 호출할 때 인수로 사용할 수 있습니다. 2차원 배열을 함수의 인수로 전달할 때는 배열 요소의 원본 값이 전달되므로 원본이 변경되지 않게 하려면 인수로 전달하는 배열 이름 앞에 const 키워드를 선언합니다.

다음 표에서 제시한 데이터를 2차원 배열로 선언하여 함수를 호출할 때 인수로 전달하는 방법을 살펴보겠습니다.

(단위: 백만 원)

컴퓨터	모니터	키보드	마우스	소프트웨어
2025	353	127	83	883
2026	387	133	89	907
2027	439	135	92	965

다음 예제는 2차원 배열을 사용하여 5개 품목에 대한 3년간 매출액을 배열 요소로 초기화한 다음 총 매출액을 산출하는 프로그램입니다. 예제를 통해 2차원 배열을 함수의 인수로 전달하는 과정을 살펴봅니다.

예제 10-16 2차원 배열을 함수의 인수로 전달 ex10_16.c

```c
#include <stdio.h>
#define Y 3                                  // 연도수에 대한 배열 크기
#define P 5                                  // 제품수에 대한 배열 크기

int sum(int sale[Y][P]);                     // 사용자 정의 함수 선언

```

```c
int main(void)
{
    int row, col, total = 0;
    int sale[Y][P] = {
              {2025, 353, 127, 83, 883},
              {2026, 387, 133, 89, 907},
              {2027, 439, 135, 92, 965}};

    printf("컴퓨터\t모니터\t키보드\t마우스\t소프트웨어\n");

    for(row = 0; row < Y; row++)              // 3년간 데이터 반복 수행
    {
        for(col = 0; col < P; col++)          // 4개 품목 매출액 반복 수행
              printf("%d\t", sale[row][col]); // 모든 데이터 출력

        printf("\n");
    }

    total = sum(sale);                        // 사용자 정의 함수 호출

    printf("3년간 총 매출액 : %d백만 원\n", total);
    return 0;
}

int sum(const int sale[Y][P]) // 배열 요소 원본 값 보호하는 사용자 정의 함수 정의
{
    int a, b;
    int hap = 0;

    for(a = 0; a < Y; a++)
        for(b = 0; b < P; b++)
              hap += sale[a][b];

    return hap;
}
```

```
컴퓨터  모니터  키보드  마우스  소프트웨어
2025    353     127     83      883
2026    387     133     89      907
2027    439     135     92      965
3년간 총 매출액 : 10671백만 원
```

2차원 배열을 사용하여 총점과 평균 구하기

2차원 배열을 사용하여 키보드로 입력한 숫자에 해당하는 학급의 개수를 설정하고 각 학급마다 학생 2명에 대한 3개 과목의 총점과 평균을 구하는 프로그램을 만들어 보겠습니다.

학급 개수	과목1	과목2	과목3	총점	평균
정수형 입력 (1~3개)	정수형 입력	정수형 입력	정수형 입력	정수형 산출	실수형 산출

예제 10-17 2차원 배열로 총점과 평균 산출 ex10_17.c

```c
#include <stdio.h>
#define R 2                                    // 학생수에 대한 배열 크기
#define C 3                                    // 과목수에 대한 배열 크기

int main(void)
{
    int row, col, cnt, class, total = 0;
    float avg;
    int st[R][C];

re:
    printf("학급수 입력(1~3) : ");
    scanf_s("%d", &class);

    if(class < 1 || class > 3)
    {
        printf("입력값 오류!\n");
        printf("학급수를 다시 입력하세요.\n\n");
        goto re;
    }
    printf("%d개 학급에 대한 성적 처리 시작\n", class);

    for(cnt = 1; cnt <= class; cnt++)
    {
        printf("학급%d 수행 시작\n\n", cnt);

        for(row = 0; row < R; row++)           // 2명의 학생 반복 수행
        {
            printf("학급%d의 학생%d의 3개 과목 점수 입력\n", cnt, row + 1);

            for(col = 0; col < C; col++)// 3개 과목 점수 입력
            {
                printf("과목%d 점수 : ", col + 1);
                scanf_s("%d", &st[row][col]);
            }

            total = st[row][0] + st[row][1] + st[row][2];    // 총점 산출
            avg = total / 3.0;                 // 자동 자료형 변환
            printf("총점 : %d\n", total);
            printf("평균 : %.2f\n\n", avg);
        }
    }
    printf("전체 %d개 학급의 성적 처리 프로그램 종료!\n", class);
```

```
    return 0;
}
```

```
학급수 입력(1~3) : -3
입력값 오류!
학급수를 다시 입력하세요.

학급수 입력(1~3) : 1
1개 학급에 대한 성적 처리 시작
학급1 수행 시작

학급1의 학생1의 3개 과목 점수 입력
과목1 점수 : 88
과목2 점수 : 99
과목3 점수 : 77
총점 : 264
평균 : 88.00

학급1의 학생 2의 3개 과목 점수 입력
과목1 점수 : 96
과목2 점수 : 97
과목3 점수 : 98
총점 : 291
평균 : 97.00

전체 1개 학급의 성적 처리 프로그램 종료!
```

3 3차원 배열

3차원 배열의 선언 형식과 초기화하는 방법을 살펴보겠습니다.

3차원 배열의 선언 형식

3차원 배열은 2차원 배열 앞에 [면]에 해당하는 배열의 크기가 추가되어 [면][행][열]의 순서로 배열을 선언합니다. 3차원 배열의 기본 특징과 처리 방법은 2차원 배열과 거의 비슷하며, 다른 점이 있다면 배열 요소 중 [면]이 추가되어 배열명[면][행][열]의 형태로 사용한다는 것입니다.

```
int data[면][행][열]
int data[2][3][5];
```

3차원 배열의 인덱스

3차원 배열을 int data[2][3][5]와 같이 선언할 경우 컴퓨터 메모리에 값이 저장될 주소 공간은 다음 그림과 같이 할당됩니다. 3차원 배열에서도 배열의 첨자에 해당하는 인덱스의 시작은 1이 아닌 0부터입니다.

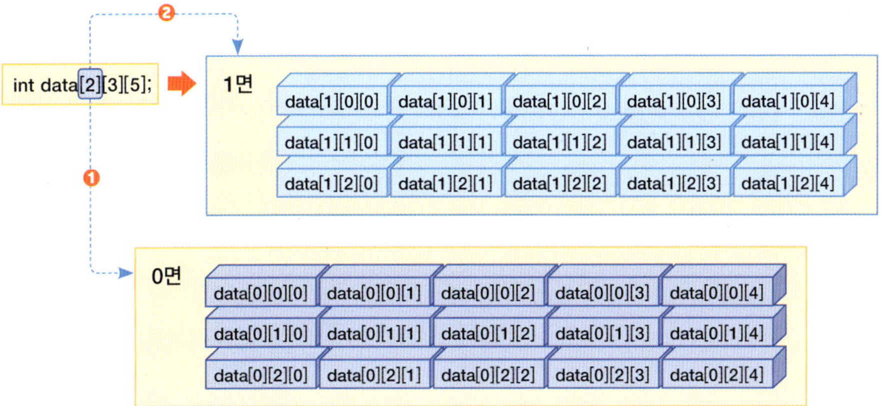

그림 10-21 **3차원 배열 선언에 따른 인덱스**

3차원 배열의 초기화

3차원 배열을 int data[2][3][5]와 같이 선언하면 [면]에 해당하는 인덱스가 가장 먼저 확보됩니다. 그리고 [행]에 대한 인덱스가 확보되고 마지막으로 [열]에 대한 인덱스가 확보되어 [0][0][0]부터 [1][2][4]까지 3차원 배열을 수행합니다.

3차원 배열도 배열 요소의 초깃값을 선언할 때는 {}를 구분자로 사용합니다. 다차원 배열에서는 배열 요소의 개수가 많으므로 초깃값을 선언할 때 {}로 묶어주는 것이 좋습니다.

```
int data[2][3][5] = {
                     {{1, 2, 3, 4, 5},
                      {6, 7, 8, 9, 10},
                      {11, 12, 13, 14, 15}},
                     {{16, 17, 18, 19, 20},
                      {21, 22, 23, 24, 25},
                      {26, 27, 28, 29, 30}}};
```

3차원 배열을 사용하여 인덱스 출력

3차원 배열을 사용하여 [2면][3행][5열]의 인덱스를 출력하는 프로그램을 살펴보겠습니다. 2차원 배열과 3차원 배열이 어떻게 다른지 실습을 통해 이해하기 바랍니다.

예제 10-18 3차원 배열 사용 ex10_18.c

```c
#include <stdio.h>
#define P 2                         // 면의 개수에 대한 배열 크기
#define R 3                         // 행의 개수에 대한 배열 크기
#define C 5                         // 열의 개수에 대한 배열 크기

int main(void)
{
    int pg, row, col;                   // 면, 행, 열의 변수
    int index[P][R][C] = {
                         {{1, 2, 3, 4, 5},
                          {6, 7, 8, 9, 10},
                          {11, 12, 13, 14, 15}},
                         {{16, 17, 18, 19, 20},
                          {21, 22, 23, 24, 25},
                          {26, 27, 28, 29, 30}}};

    for(pg = 0; pg < P; pg++)           // 면 출력
    {
        printf("\n[%d면] 출력\n", pg + 1);

        for(row = 0; row < R; row++)    // 행 출력
        {
            printf("%d행 출력 ... ", row + 1);
            for(col = 0; col < C; col++)   // 열 출력
            {
                printf("%2d", index[pg][row][col]);
                printf("[%d][%d][%d] ", pg, row, col);
            }
            printf("\n");        // 열을 모두 출력하면 줄 바꿈
        }
    }
    return 0;
}
```

```
[1면] 출력
1행 출력 ...  1[0][0][0]  2[0][0][1]  3[0][0][2]  4[0][0][3]  5[0][0][4]
2행 출력 ...  6[0][1][0]  7[0][1][1]  8[0][1][2]  9[0][1][3] 10[0][1][4]
3행 출력 ... 11[0][2][0] 12[0][2][1] 13[0][2][2] 14[0][2][3] 15[0][2][4]
[2면] 출력
1행 출력 ... 16[1][0][0] 17[1][0][1] 18[1][0][2] 19[1][0][3] 20[1][0][4]
2행 출력 ... 21[1][1][0] 22[1][1][1] 23[1][1][2] 24[1][1][3] 25[1][1][4]
3행 출력 ... 26[1][2][0] 27[1][2][1] 28[1][2][2] 29[1][2][3] 30[1][2][4]
```

3차원 배열을 사용하여 주유 금액 구하기

3차원 배열을 사용하여 2개 차량의 제조사를 구분하고 차종 스타일을 승용차와 SUV

로 구분한 다음 최근 3년간 주유한 총 금액과 연간 평균 주유 금액을 산출하는 프로그램을 살펴보겠습니다. 구현 과정은 다음과 같이 그림으로 나타낼 수 있습니다.

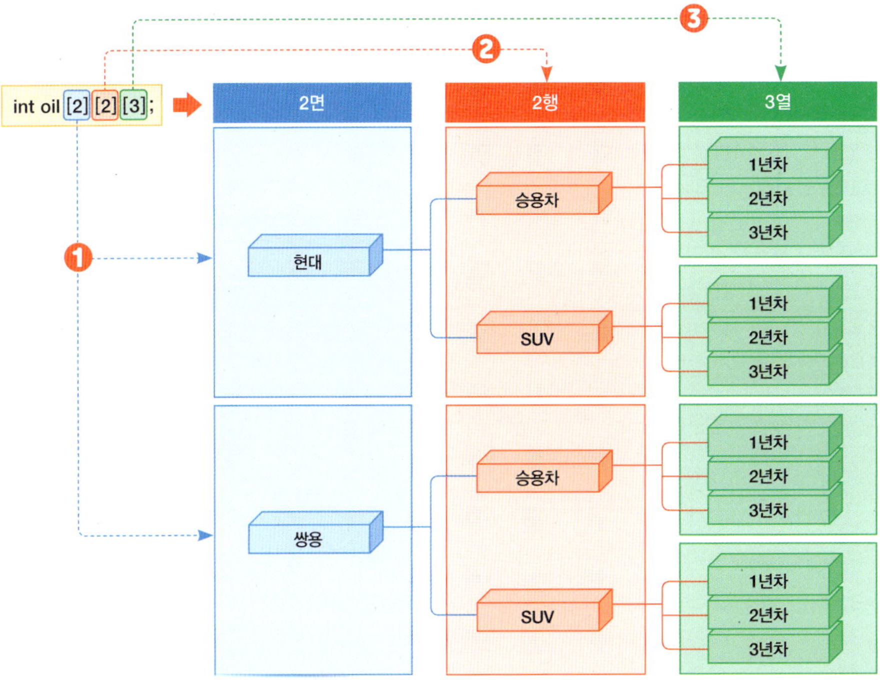

그림 10-22 **3차원 배열의 선언과 배열 요소**

3차원 배열은 2차원 배열에 [면]에 해당하는 인덱스가 하나 더 존재합니다. 3차원 배열을 이해하기 어렵다면 [그림 10-22]와 다음 표를 참고하여 3차원 배열의 요소를 충분히 파악한 다음 예제 프로그램을 실습하기 바랍니다.

제조사	차종	연차별 주유 금액			총 주유 총액	연간 평균 주유 금액
		1년차	2년차	3년차		
현대	승용차	입력	입력	입력	금액 산출	금액 산출
쌍용	SUV	입력	입력	입력	금액 산출	금액 산출

예제 10-19 3차원 배열로 여러 항목 처리 ex10_19.c

```
#include <stdio.h>
#define P 2                                   // 2개 제조사에 대한 배열 크기
#define R 2                                   // 2개 차종에 대한 배열 크기
#define C 3                                   // 3년간 주유 총액에 대한 배열 크기
#define K 2                                   // 2개 제조사 문자열에 대한 배열 크기
#define M 7                                   // 배열 요소 = {"현대", "쌍용"}
#define CR 2                                  // 2개 차종에 대한 배열 크기
#define CC 9                                  // 배열 요소 = {"승용차", "SUV"}

```

```c
int main(void)
{
    int pg, row, col, cnt = 0, total = 0;
    float avg;
    int oil[P][R][C];                       // 3차원 배열 선언
    char pro[K][M] = {"현대", "쌍용"};      // 제조사별 배열 초기화
    char car[CR][CC] = {"승용차", "SUV"};  // 차종별 배열 초기화

    printf("%s와 %s의 제조사별 주유 금액 산출 시작\n\n", pro[0], pro[1]);

    for(pg = 0; pg < P; pg++)               // 제조사별 반복 수행
    {
        for(row = 0; row < R; row++)        // 차종별 반복 수행
        {
            printf("제조사 : %s, 3차원 배열 중 [면]\n", pro[pg]);
            printf("1.차종 스타일 : %s, 3차원 배열 중 [행]\n", car[row]);
            printf("2.연차별 주유 금액(단위:백만 원), 3차원 배열 중 [열]\n\n");

            for(col = 0; col < C; col++)  // 3년간 주유 금액 입력 반복 수행
            {
                printf("%d년차 주유 금액 : ", col + 1);
                scanf_s("%d", &oil[pg][row][col]);
            }

            total = oil[pg][row][0] + oil[pg][row][1] + oil[pg][row][2];
            avg = total / 3.0;              // 자료형 자동 변환

            printf("\n3년간 총 주유 금액 : %d백만 원\n", total);
            printf("연간 평균 주유 금액 : %.2f백만 원\n\n", avg);
        }
    }
    return 0;
}
```

```
현대와 쌍용의 제조사별 주유 금액 산출 시작

제조사 : 현대, 3차원 배열 중 [면]
1.차종 스타일 : 승용차, 3차원 배열 중 [행]
2.연차별 주유 내역(단위:백만 원), 3차원 배열 중 [열]

1년차 주유 금액 : 123
2년차 주유 금액 : 145
3년차 주유 금액 : 138

3년간 총 주유 금액 : 406백만 원
연간 평균 주유 금액 : 135.33백만 원
       ...
```

문자열을 배열 요소로 선언할 때 주의할 사항이 있습니다. 한글은 2바이트로 처리되므로 한글 1글자당 2바이트씩 확보해야 하고 문자열은 반드시 NULL('\0')이 들어갈 자리까지 확보해서 배열의 크기를 설정해야 합니다.

도전문제 배열의 기본 구조 익히고 활용하기

01 소스 코드에서 사용한 배열을 for 문으로 변환하시오.

```
#include <stdio.h>

int main(void)
{
    int score[5];

    score[0] = 0;
    score[1] = 0;
    score[2] = 0;
    score[3] = 0;
    score[4] = 0;

    return 0;
}
```

Hint : 배열의 크기가 5이므로 for 문을 5회 반복하도록 초깃값과 조건식을 선언하고 for 문이 반복 수행할 때마다 카운트 변수를 배열의 인덱스로 대입하면 됩니다.

정답

```
#include <stdio.h>

int main(void)
{
    int score[5];
    int count;

    for(count = 0; count < 5; count++)
    // 또는 for(count = 1; count <= 5; count++)
        score[count] = 0;

    return 0;
}
```

02 프로그램의 실행 결과가 다음과 같이 출력되었습니다. 바르게 출력되도록 소스 코드를 수정하시오.

```
문자열 출력 : space儆儆儆?p?h扁
```

```c
#include <stdio.h>

int main(void)
{
    char chs[5] = "space";
    printf("문자열 출력 : %s\n", chs);
    return 0;
}
```

Hint : 문자열 배열을 선언할 경우에는 NULL 문자가 들어갈 공간을 반드시 확보해 주어야 합니다.

정답

```c
#include <stdio.h>

int main(void)
{
    char chs[6] = "space";    // 문자열 + 1 크기로 배열 선언
    printf("문자열 출력 : %s\n", chs);
    return 0;
}
```

03 프로그램 실행 결과에 맞게 소스 코드의 빈칸을 채워 완성하시오.

```
point[ ] = {38, 96, 14, 27, 55}
배열 요소의 개수 : 5개
```

```c
#include <stdio.h>

int main(void)
{
    int point[ ] = {38, 96, 14, 27, 55};
    int ____________

    count = ____________    // 배열 요소의 개수 산출
```

```c

    printf("point[ ] = {38, 96, 14, 27, 55} \n");
    printf("배열 요소의 개수 : %d개\n",                 );

    return 0;
}
```

Hint : 배열 요소의 개수는 'sizeof(배열명) / sizeof(배열명[0])'을 이용해 구할 수 있습니다.

정답

```c
#include <stdio.h>

int main(void)
{
    int point[ ] = {38, 96, 14, 27, 55};
    int count;

    count = sizeof(point) / sizeof(point[0]);  // 배열 요소의 개수 산출

    printf("point[ ] = {38, 96, 14, 27, 55} \n");
    printf("배열 요소의 개수 : %d개\n", count);

    return 0;
}
```

핵심점검

1 (　　　　　　)은/는 같은 종류의 자료형을 선언하기 위해 구성된 데이터의 집합입니다.

2 배열은 (　　　　　　)와/과 같은 번호에 대응하는 데이터로 이루어진 자료구조입니다.

3 배열의 크기보다 배열의 요소 수를 더 많게 선언하면 (　　　　　　)이/가 발생하고, 배열의 크기보다 배열의 요소 수를 더 적게 선언하면 비어 있는 인덱스에 (　　　　　　)의 값이 자동으로 채워집니다.

4 (　　　　　　) 키워드를 매개변수의 배열 이름 앞에 선언하면 배열로 함수를 호출할 때 원본 배열의 요소 값을 유지할 수 있습니다.

5 (　　　　　　)은/는 정렬되지 않은 배열 요소의 데이터값에서 가장 작은 값을 찾아 맨 앞의 데이터와 교환해 가면서 정렬하는 방식입니다.

6 (　　　　　　)은/는 배열 요소의 데이터값을 처음부터 순서대로 하나씩 꺼내서 원하는 것을 찾을 때까지 탐색하는 방법입니다.

7 (　　　　　　)은/는 찾고자 하는 값을 배열 요소의 중앙에서부터 탐색하는 방법입니다.

정답 **1** 배열 **2** 인덱스 **3** 오류, 0 **4** const **5** 선택 정렬 **6** 순차 탐색 **7** 이진 탐색

연습문제

1 같은 종류의 자료형을 모아놓은 자료구조는?

① 함수　② 구조체
③ 배열　④ 포인터

2 배열에서 개별 요소(데이터)에 접근할 때 사용하는 식별자는?

① 배열 요소　② 인덱스
③ 배열 이름　④ 배열 크기

3 배열을 선언할 때 필요한 4가지 기본 항목에 해당하지 않는 것은?

① 배열의 이름　② 배열의 자료형
③ 배열의 크기　④ 메모리 주소

4 다음 중에서 배열을 바르게 선언한 것은?

① int weight[size]　② int age[−3]
③ char name[0]　④ int point[ ]

5 int score[5] = {87, 92, 89, 98, 78}과 같이 선언한 배열에 대한 설명 중 틀린 것은?

① 배열의 가장 큰 인덱스는 5　② 배열의 이름은 score
③ 배열의 크기는 5　④ 인덱스 2에 해당하는 배열 요소의 값은 92

6 배열의 크기보다 초깃값을 더 크게 선언할 때 발생하는 현상은?

① 나머지가 0으로 채워짐　② 오류 발생
③ 정상 수행　④ NULL 값으로 채워짐

7 배열을 선언할 때 배열의 인덱스는 크기와 어떤 관계인가?

① 배열의 크기−1　② 0
③ 배열의 크기+1　④ 2

연습문제

8 배열 요소의 개수를 구하는 공식은?

① sizeof(배열명) / sizeof(배열명[배열의 크기])

② sizeof(배열의 크기) / sizeof(배열 요소 수)

③ sizeof(배열명) / sizeof(배열명[0])

④ sizeof(배열의 크기) / sizeof(배열명[0])

9 char s[5]; s = “apple”;와 같이 선언할 경우 발생하는 현상은?

① 정상 수행

② 나머지가 0으로 채워짐

③ 나머지가 NULL 값으로 채워짐

④ 컴파일 오류 발생

10 문자열을 배열로 표현할 때 문자열의 끝을 알리는 문자는?

① 0

② NULL

③ /0

④ {0}

11 다음 용어의 의미를 간략하게 적으시오.

① 선택 정렬

② 순차 탐색

③ 이진 탐색

12 배열의 선언과 메모리 저장 관계를 설명한 그림이다. 빈칸을 채워 완성하시오.

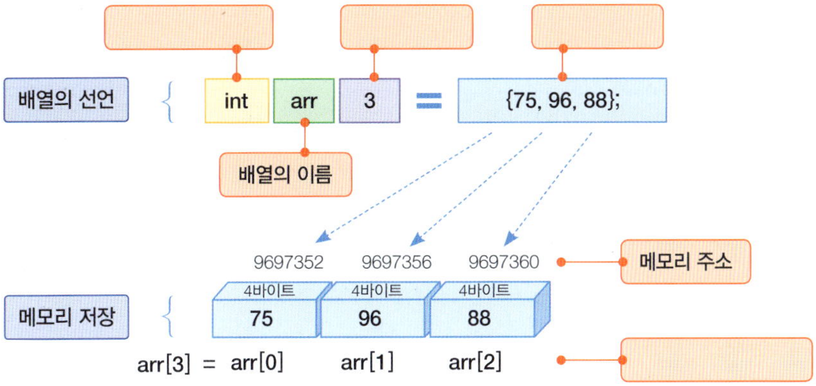

13 다음과 같이 배열을 선언한 경우에 발생할 수 있는 현상을 적으시오.

①

소스 코드	발생할 수 있는 현상
`int a[3] = {23, 33, 45, 55};` →	

②

소스 코드	발생할 수 있는 현상
`int b[5] = {88, 23, 56};` →	

③

소스 코드	발생할 수 있는 현상
`char c[3] = "korea";` →	

④

소스 코드	발생할 수 있는 현상
`char d[5] = {'s', 'k', 'y', '\0'};` →	

연습문제

14 다음의 배열 선언에서 잘못된 점을 적으시오.

①

소스 코드		잘못된 점
`int one[size];`	→	

②

소스 코드		잘못된 점
`int two[-5];`	→	

③

소스 코드		잘못된 점
`char c[4] = 'spa';`	→	

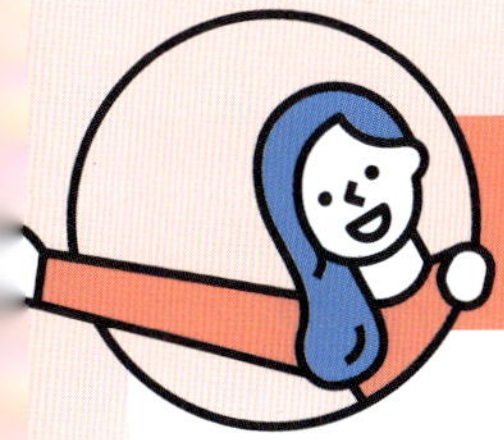

프로그래밍 문제

1 다음 내용에 맞는 프로그램을 작성하시오.

- #define을 사용하여 배열의 크기를 기호 상수로 선언
- double형의 반환값을 갖는 사용자 정의 함수 1개를 정의하고 매개변수는 배열로 선언
- 배열의 요소는 {12.3, 35.8, 57.29, 96.53, 28.37}로 메인 함수에서 선언
- 배열의 이름을 인수로 선언하여 사용자 정의 함수 호출
- 사용자 정의 함수에서는 for 문으로 배열 요소의 덧셈 연산을 한 후 결과값 반환
- 사용자 정의 함수의 반환값을 메인 함수에서 출력
- 기타 사항은 [출력 예시] 참조

[출력 예시]

```
■ 1차원 배열 요소의 덧셈 연산 결과를 출력하는 프로그램
제시>> list[5] = {12.3, 35.8, 57.29, 96.53, 28.37}
호출>> 사용자 정의 함수에서 배열 요소의 합계 산출

    >>>>> 사용자 정의 함수 영역 <<<<<

반환>> 사용자 정의 함수 -> 메인 함수
결과>> 배열 요소의 합계 : 230.29
```

2 다음 내용에 맞는 프로그램을 작성하시오.

- #define을 사용하여 배열의 크기를 기호 상수로 선언([배열 예시] 참조)
- 2차원 정수형 배열을 선언하여 학생 2명에 대한 3개 과목 점수를 키보드로 입력
- 2차원 문자형 배열을 선언하여 {"국어 점수", "영어 점수", "수학 점수"}를 메인 함수에서 선언
- 중첩 for 문을 사용하여 2명에 대한 3개 과목 점수 입력을 반복해서 수행
- 평균 점수는 소수 둘째 자리까지 출력
- 기타 사항은 [출력 예시] 참조

[배열 예시]

```
#define SR 2  // 학생수 2명에 대한 배열 크기
#define SC 3  // 과목수 3개에 대한 배열 크기
#define DR 3  // 과목수 3개에 대한 배열 크기
#define DC 9  // 문자열 배열 요소 {"국어 점수", "영어 점수", "수학 점수"}에 대한 배열 크기

int score[SR][SC];  // 2명에 대한 3개 과목 점수 처리
char det[DR][DC] = {"국어 점수", "영어 점수", "수학 점수"};
```

프로그래밍 문제

[출력 예시]

```
■ 2명의 3개 과목 점수에 대한 총점과 평균을 각각 출력하는 프로그램
문>> [1번째] 학생의 3개 과목 점수를 입력하시오.
국어 점수 : 98
영어 점수 : 98
수학 점수 : 97
답>> 평균 점수 : 97.67

문>> [2번째] 학생의 3개 과목 점수를 입력하시오.
국어 점수 : 86
영어 점수 : 85
수학 점수 : 79
답>> 평균 점수 : 83.33
```

3 다음 내용에 맞는 프로그램을 작성하시오.

- #define을 사용하여 배열의 크기를 기호 상수로 선언
- 2차원 정수형 배열을 선언하고 행과 열의 크기는 기호 상수 사용
- for 문을 사용하여 2~9단까지 구구단 출력
- 구구단을 출력하기 위해 곱한 값은 2차원 배열에 저장
- 1개의 단을 출력할 때마다 한 줄 띄워 출력
- 기타 사항은 [출력 예시] 참조

[출력 예시]

```
■ 2차원 배열로 2~9단까지 출력하는 프로그램
<2단 출력>
2  X  1  =  02
2  X  2  =  04
2  X  3  =  06
    ...
<9단 출력 >
9  X  1  =  09
9  X  2  =  18
    ...
9  X  9  =  81
2 ~ 9단까지 출력 완료!
```

4 다음 내용에 맞는 프로그램을 작성하시오.

- #define을 사용하여 배열의 크기를 기호 상수로 선언([배열 예시] 참조)
- 3차원 정수형 배열과 면, 행, 열 카운트 변수 선언
- do~while 문으로 프로그램을 무한 반복해서 수행
- 3중 중첩 for 문을 사용하여 면, 행, 열의 3차원 배열 출력
- srand( ) 함수와 rand( ) 함수를 사용하여 0~99까지 배열 요소 중 랜덤 숫자 생성
- 대소문자 구별 없이 알파벳 Y 또는 N 입력(Y: 재시작, N: 종료, 그 외: goto 문 사용)
- 기타 사항은 [출력 예시] 참조

[배열 예시]

```
#define P 2              // 면의 수에 대한 배열 크기
#define R 3              // 행의 수에 대한 배열 크기
#dcfinc C 5              // 열의 수에 대한 배열 크기

int list[P][R][C];       // 3차원 배열 선언
```

[출력 예시]

```
■ 3차원 배열 요소를 랜덤으로 출력하는 프로그램
[1면] 출력
 <1행 출력> 35  89   2  89  79
 <2행 출력> 75  53  17  64  54
 <3행 출력> 49  41  62  62  15
[2면] 출력
 <1행 출력> 62   4  92  14  27
 <2행 출력> 40  21  49  57  66
 <3행 출력> 27  54  49  17  41

 프로그램 수행 완료!
 프로그램을 다시 시작하겠습니까? (Y / N) : Q
 알파벳 입력 오류!
 알파벳을 다시 입력하세요.
 프로그램을 다시 시작하겠습니까? (Y / N) : n
 프로그램 종료
```

프로그래밍 문제

5 다음 내용에 맞는 프로그램을 작성하시오.

- 사용자 정의 함수 2개 선언: 메뉴 출력, 하트 찾기
- 메인 함수에서 정의할 사항: 무한 반복문, switch 문, 키보드로 번호 선택
- 메뉴 출력 사용자 정의 함수: 문자열 출력(1.프로그램 실행, 2.프로그램 종료)
- 하트 찾기 사용자 정의 함수: 2차원 배열(10×13), srand( ), rand( ), time( ) 함수 사용
- 하트 구분: 찾은 하트는 ♥, 찾지 못한 하트는 ＊로 출력(하트는 ㅁ+한자)
- 하트 비중: 난수 0~99를 생성하여 20% 비중으로 하트 설정
- 기타 사항은 [출력 예시] 참조

[출력 예시]

```
■ 랜덤 함수로 하트를 찾는 프로그램
1.프로그램 실행
2.프로그램 종료
번호 선택 : 1
----------------------------------------------------
 *  ♥  *  ♥  *  *  ♥  *  *  *  *  ♥  ♥
 *  *  *  *  ♥  ♥  *  *  *  *  *  *  *
 *  *  *  *  *  ♥  ♥  *  *  *  *  *  *
 ♥  *  *  *  *  *  *  *  *  *  ♥  *  *
 *  ♥  ♥  *  ♥  *  *  *  ♥  ♥  *  ♥  *
 *  *  *  ♥  *  *  *  *  *  *  *  *  *
 ♥  *  ♥  ♥  *  *  ♥  ♥  *  *  *  *  *
 *  *  *  *  *  *  *  *  *  *  *  *  *
 *  ♥  *  *  ♥  ♥  *  *  *  *  *  *  *
 *  ♥  *  *  *  *  *  ♥  ♥  *  *  ♥  *
----------------------------------------------------

■ 랜덤 함수로 하트를 찾는 프로그램
1.프로그램 실행
2.프로그램 종료
번호 선택 : 2
프로그램 종료!
```

학 | 습 | 목 | 표

- 포인터의 의미와 필요성을 이해합니다.
- 포인터를 선언하는 방법을 알아봅니다.
- 포인터 연산과 포인터 타입 변환을 알아봅니다.
- 포인터와 배열의 관계를 알아봅니다.

Chapter 11
포인터 기초

SELF CHECK

1. 포인터란 데이터나 프로그램이 저장되어 있는 메모리 (주소, 크기)를 지정하는 변수를 의미합니다.

2. 주소 참조 연산자는 (&, *)이고, 간접 참조 연산자는 (&, *)입니다.

3. 사칙연산 중에서 포인터에서 사용할 수 있는 연산은 (덧셈과 뺄셈, 곱셈과 나눗셈)만 허용됩니다.

4. 포인터에서 증감 연산(++, --)은 1을 더하거나 빼라는 의미가 아니고 포인터를 선언한 (프로그램, 자료형)의 크기만큼 더하거나 빼라는 의미입니다.

5. 포인터와 배열의 관계에서 (변수 이름, 배열 이름) 자체는 포인터와 동일한 기능을 수행합니다.

정답

1 주소 2 &, * 3 덧셈과 뺄셈 4 자료형 5 배열 이름

SECTION 01

포인터의 개요

1 포인터의 개념

포인터(pointer)는 데이터나 프로그램이 저장되어 있는 메모리 주소를 지정하는 변수를 의미합니다.

아파트나 연립 주택과 같이 여러 집이 모여 있는 경우에 우편물을 제대로 전달하려면 정확한 주소를 토대로 해당 호수를 찾아가면 됩니다. 컴퓨터 내부에서도 메모리에 값을 저장하기 위해서는 주소를 지정해 주어야 하고, 메모리에 저장되어 있는 데이터를 가지고 올 때도 주소를 알고 있어야 합니다.

포인터는 운영체제의 제어 프로그램에서 제어 순서의 지표가 되는 것으로 각 태스크(task)에는 포인터가 있고 이 포인터를 찾으면 하나의 태스크를 형성하는 제어 블록을 찾을 수 있습니다.

포인터를 사용할 경우 연결 리스트나 이진 트리와 같은 향상된 자료구조를 형성할 수 있고 임베디드 시스템에서 메모리를 직접 조작할 수도 있습니다. 또한 동적 메모리 할당이 가능하고 함수에서는 주소를 참조하는 호출을 구현할 수 있다는 장점이 있습니다.

: QUIZ

포인터는 처리하려는 데이터나 프로그램이 저장되어 있는 (　　) 주소를 지정하는 변수입니다.

정답

메모리

2 변수와 메모리의 관계

변수를 선언한다는 것은 메모리에 저장 공간을 확보한다는 의미입니다. 메모리에 저장할 공간의 크기는 변수를 생성할 때 선언하는 자료형에 따라 달라집니다. char형은 1바이트, short형은 2바이트, int형과 float형은 4바이트, double형은 8바이트의 메모리 공간이 확보됩니다.

변수와 메모리 주소

변수를 선언할 때 프로그래머는 메모리 공간의 어느 주소에 저장하라고 일일이 지시하지 않습니다. 변수를 선언하면 컴파일러와 운영체제가 알아서 메모리 주소에 저장했다가 호출하면 가져와 사용합니다.

다음은 변수의 사용과 메모리 주소의 관계를 나타낸 그림입니다.

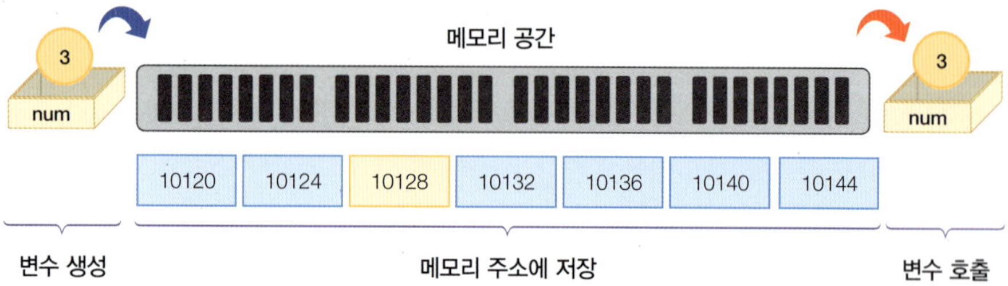

그림 11-1 변수의 사용과 메모리 주소의 관계

Tip
메모리에 저장되는 단위는 바이트이며 각 바이트마다 고유의 메모리 주소를 가지고 있습니다.

그림에서 보면 정수형값을 처리하기 위해 변수 num을 선언하고 정수값 3을 대입하면 메모리 공간의 10128 주소에 저장됩니다. 변수를 호출하면 10128 주소에 저장되어 있는 정수값 3을 사용할 수 있습니다.

그림에 적힌 메모리 주소 10128은 설명하기 위해 예를 든 것이며 실제로 메모리 주소는 시스템 환경과 운영체제, 컴파일러 종류에 따라 다르게 설정됩니다. 메모리 주소를 10120부터 10144로 표현한 것은 정수형인 int형 변수의 크기가 4바이트이므로 메모리 주소에 대한 이해를 돕기 위해 예를 들어 나타낸 것입니다.

변수 선언과 메모리 공간 확보

다음은 변수의 선언과 메모리 공간 확보에 대한 예시입니다. 프로그램에서 변수를 생성하면 자료형에 따라 int형은 4바이트, char형은 1바이트, float형은 4바이트 크기를 메모리 공간으로부터 확보합니다.

```
int main(void)
{
    int i_num = 3;
    char ch = 'A';
    float f_num = 21.5;
}
```

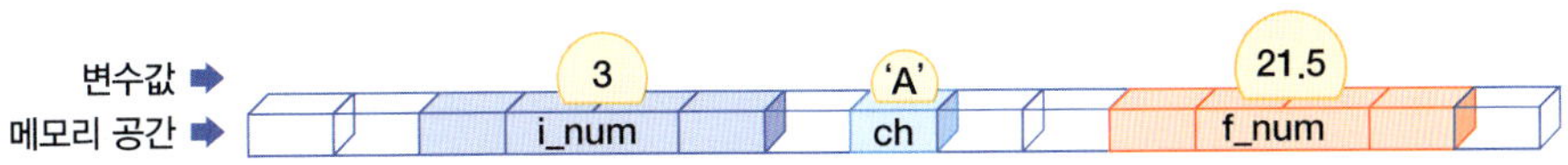

그림 11-2 변수 선언에 따른 메모리 공간 확보

: QUIZ

① 변수를 선언하면 (　　　)와/과 (　　　)이/가 알아서 메모리 주소에 저장했다가 호출하면 가져오기 때문에 변수를 선언할 때 메모리 주소를 일일이 지정해 주지 않아도 됩니다.

② 변수를 선언하면 메모리 공간이 (　　　)만큼 확보됩니다.

③ int형은 (　　　), char형은 (　　　), float형은 (　　　), double형은 (　　　) 크기를 메모리 공간으로부터 확보합니다.

정답

① 컴파일러, 운영체제
② 자료형의 크기
③ 4바이트, 1바이트, 4바이트, 8바이트

3 주소 참조 연산자

포인터를 활용할 때 꼭 알아야 하는 연산자가 바로 주소 참조 연산자(address of operator)인 &(앰퍼샌드)입니다. &는 변수를 선언하고 변수에 대입한 값이 저장되어 있는 메모리 주소를 반환합니다. 예를 들어, 변수를 int i_num = 3;이라고 선언할 경우 변수에 대입한 값이 메모리의 어느 주소에 저장되어 있는지를 확인하려면 printf("주소 출력 : %d", &i_num);과 같이 변수명 앞에 주소 참조 연산자 &를 사용하여 &i_num으로 선언하면 변수 i_num에 할당된 메모리 주소를 출력할 수 있습니다.

Tip

&(ampersand)는 영어 and에 해당하는 라틴어 et의 합자(둘 이상의 글자를 합하여 한 글자를 만듦)입니다.

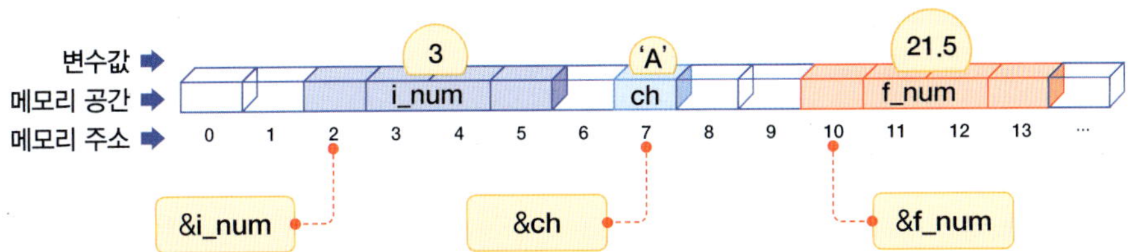

그림 11-3 주소 참조 연산자 &를 사용하여 변수의 주소 반환

Tip

편의상 메모리 주소를 0부터 시작하는 것으로 나타냈으나 실제로 컴퓨터 메모리에 표기되는 주소는 다릅니다.

정수형 변수는 메모리 공간의 크기를 4바이트만큼 사용합니다. 그런데 메모리의 주소를 출력하면 4바이트 중에서 어느 바이트에 해당하는 주소가 출력될까요? 바로 메모리 공간에 확보된 4바이트 중에서 가장 첫 번째 바이트 주소가 출력됩니다.

다음 예제는 정수형 변수, 문자형 변수, 실수형 변수를 선언하고 각각 값을 대입한 다음 각 변수가 메모리에 저장되어 있는 주소를 출력하는 프로그램입니다.

예제 11-1 주소 참조 연산자로 변수의 주소 출력 ex11_01.c

```
#include <stdio.h>

int main(void)
{
    int i_num = 3;
    char ch = 'A';
    float f_num = 21.5;

    printf("자료형별 주소를 10진수로 출력\n");
    printf("1.int형 변수의 주소 : %u\n", &i_num);
    printf("2.char형 변수의 주소 : %u\n", &ch);
    printf("3.float형 변수의 주소 : %u\n", &f_num);

    printf("\n자료형별 주소를 16진수로 출력\n");
    printf("1.int형 변수의 주소 : %X\n", &i_num);
    printf("2.char형 변수의 주소 : %X\n", &ch);
    printf("3.float형 변수의 주소 : %X\n", &f_num);

    return 0;
}
```

Tip

메모리 주소를 출력할 때는 부호 있는 정수를 출력하는 %d를 사용해도 되고, 부호 없는 정수를 출력하는 %u를 사용해도 됩니다.

```
자료형별 주소를 10진수로 출력
1.int형 변수의 주소 : 5504524
2.char형 변수의 주소 : 5504515
3.float형 변수의 주소 : 5504500

자료형별 주소를 16진수로 출력
1.int형 변수의 주소 : 53FE0C
2.char형 변수의 주소 : 53FE03
3.float형 변수의 주소 : 53FDF4
```

메모리에 저장되어 있는 변수값의 주소를 반환하려면 주소 참조 연산자 &를 변수명 앞에 선언하여 출력해야 합니다.

: QUIZ

	정답
변수의 자료형에 따라 반환되는 주소를 살펴보려면 주소 참조 연산자인 ( )을/를 사용해야 합니다.	&

SECTION 02 포인터 사용

1 포인터 선언과 초기화

C 언어의 많은 장점 중에서 특히 포인터는 임베디드 시스템에서 활용할 수 있다는 점에서 다른 언어와 차이가 있습니다. 포인터를 사용하면 기계어나 어셈블리어처럼 메모리에 직접 접근해서 조작할 수 있습니다. 이러한 장점으로 C 언어가 임베디드 시스템에서 많이 활용되고 있습니다.

포인터의 선언

포인터를 선언할 때도 일반 변수와 같이 변수명 앞에 자료형을 선언해 줍니다. 다만, 변수명 앞에 포인터를 의미하는 *(애스터리스크)를 붙여준다는 점만 다릅니다.

> **Tip**
> *는 별(라틴어 asterisus)의 기본 그림 형태를 닮았다 해서 애스터리스크(asterisk)라고 합니다.

```
int *변수명;      // 정수형 포인터
char *변수명;     // 문자형 포인터
float *변수명;    // 실수형 포인터
```

포인터는 정수형, 문자형, 실수형과 같이 다양한 자료형으로 선언할 수 있습니다. 포인터를 선언할 수 있는 자료형이 다양한 만큼 사용하는 자료형의 용도를 명확하게 제시해야 합니다. 예를 들어, 정수형 포인터를 선언해놓고 문자형 데이터를 가리키는 연산을 수행한다면 엉뚱한 결과가 발생할 것입니다. 포인터를 선언할 때는 포인터가 가리키는 데이터값과 일치하도록 자료형을 선언해야 합니다.

다음은 정수형 포인터를 선언하는 그림입니다.

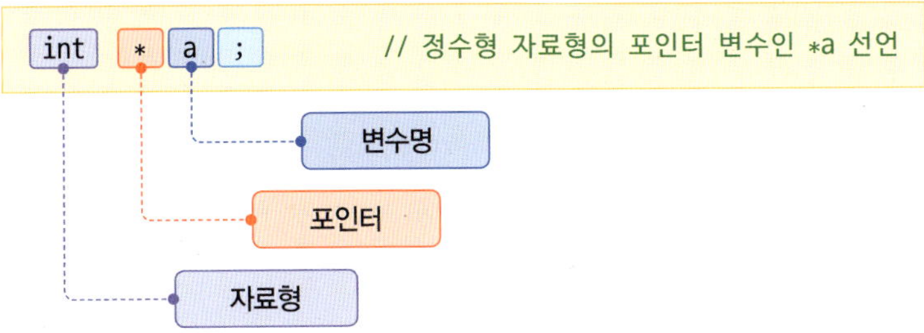

그림 11-4 **정수형 포인터 선언**

포인터를 여러 개 선언할 때는 각 변수명 앞에 포인터를 의미하는 *를 의무적으로 붙여야 합니다.

```
int *a, b, c;    // 포인터 선언 오류 발생    →    int *a, *b, *c;    // 포인터 선언 오류 해결
```

절대 주소값으로 포인터 초기화

포인터를 선언할 때는 절대 주소값을 활용하는 방법과 상대 주소값을 활용하는 방법이 있습니다. 절대 주소값으로 포인터를 초기화하는 방법은 주로 하드웨어 장치를 직접 제어하기 위해 사용합니다. 예를 들어, LED의 ON/OFF를 조절할 때 절대 주소값을 사용합니다.

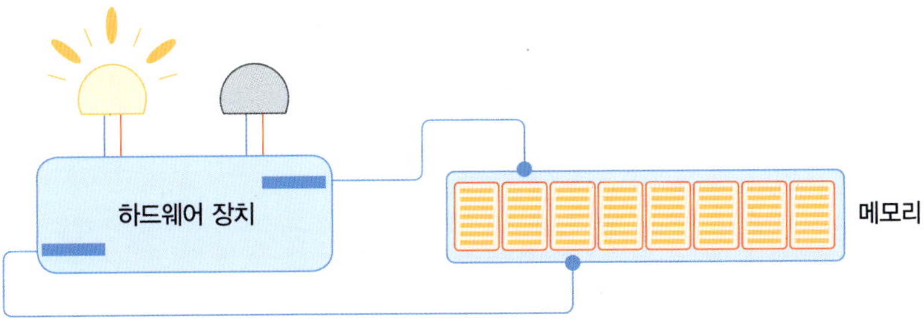

그림 11-5 **절대 주소값으로 장치 제어**

절대 주소값으로 포인터를 선언하는 방법은 다음과 같습니다.

```
int *a;
char *b;
double *c;

a = (int *)30000;        // 30000번지를 절대 주소값으로 하여 포인터 a 선언
b = (char *)30000;       // 30000번지를 절대 주소값으로 하여 포인터 b 선언
c = (double *)30000;     // 30000번지를 절대 주소값으로 하여 포인터 c 선언
```

Tip

절대값으로 포인터를 초기화하는 경우 컴퓨터를 재부팅하면 다른 프로그램에 지장을 주지 않을지 주의해서 봐야 합니다.

상대 주소값으로 포인터 초기화

포인터를 초기화할 때 상대 주소값을 사용한다는 의미는 컴퓨터에서 운영체제와 컴파일러가 메모리 주소의 비어 있는 공간을 찾아서 할당해 주는 주소를 사용하는 것입니다. 우리가 앞으로 실습할 모든 예제 프로그램에서는 상대 주소값으로 포인터를 초기화하는 방법을 사용합니다.

메모리의 상대 주소값으로 포인터를 초기화하려면 먼저 일반 변수를 선언하고 일반 변수에 데이터값을 대입한 다음 포인터를 선언해야 합니다.

생성한 포인터에 일반 변수를 대입할 때는 일반 변수 앞에 반드시 주소 참조 연산자인 &를 선언합니다.

```
int a = 8;        // 정수형 변수 a를 선언하고 8의 값으로 초기화
int *p;           // 포인터 *p를 선언
p = &a;           // 포인터 p에 일반 변수 a의 주소값 대입
```

일반 변수 a에 대입한 값이 메모리 주소의 2번지에 저장되었다고 가정할 때 p = &a를 실행하면 포인터 p에는 일반 변수 a의 주소값이 대입되어서 p = 2의 값을 가지게 됩니다.

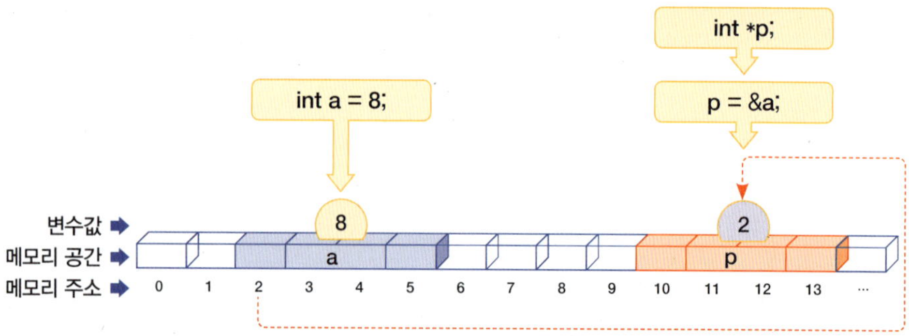

그림 11-6 상대 주소값으로 포인터 초기화

포인터를 선언하고 초기화하여 출력

다음 예제는 포인터를 선언하고 주소 참조 연산자를 사용하여 일반 변수가 가지고 있는 주소값을 포인터에 초기화한 다음, 포인터를 출력하는 프로그램입니다.

예제 11-2 포인터 선언 및 초기화 ex11_02.c

```c
#include <stdio.h>

int main(void)
{
    int a = 8;          // 정수형 변수의 선언과 초기화
    int *pa = NULL;     // 포인터를 초기화하지 않을 경우 가비지값 발생 우려
                        // NULL의 주소값은 stdio.h 헤더 파일에서 0번지로 지정
    pa = &a;            // 포인터에 일반 변수 a의 주소값 대입하여 초기화

    float b = 3.75;     // 실수형 변수의 선언과 초기화
    float *pb = &b;     // 실수형 포인터에 일반 변수 b의 주소값 대입하여 초기화

    printf("일반 변수 a의 값 : %u\n", a);
    printf("일반 변수 a의 주소값 : %u\n", &a);
    printf("포인터 pa의 주소값 : %u\n\n", pa);

    printf("일반 변수 b의 값 : %.2f\n", b);
    printf("일반 변수 b의 주소값 : %u\n", &b);
    printf("포인터 pb의 주소값 : %u\n\n", pb);

    printf("NULL의 주소값 : %u\n", NULL);

    return 0;
}
```

```
일반 변수 a의 값 : 8
일반 변수 a의 주소값 : 15138104
포인터 pa의 주소값 : 15138104

일반 변수 b의 값 : 3.75
일반 변수 b의 주소값 : 15138080
포인터 pb의 주소값 : 15138080

NULL의 주소값 : 0
```

다양한 자료형의 포인터를 NULL 값으로 초기화하지 않고 일반 변수의 주소로 바로 초기화하려면 다음과 같이 선언합니다.

```
char ch = 'A';                  // 문자형 변수 ch 선언 및 초기화
float f_num = 3.75;             // 실수형 변수 f_num 선언 및 초기화
double d_num = 0.12345678;      // 실수형 변수 d_num 선언 및 초기화

char *a = &ch;                  // 변수 ch의 주소를 포인터 *a에 대입
float *b = &f_num;              // 변수 f_num의 주소를 포인터 *b에 대입
double *c = &d_num;             // 변수 d_num의 주소를 포인터 *c에 대입
```

: QUIZ

문자형 변수 ch 값이 메모리에 저장된 위치를 포인터 *a에 대입하려면 (   )와/과 같이 선언해야 합니다.

정답

char *a = &ch;

2 간접 참조 연산자

간접 참조 연산자는 포인터 앞에 *를 붙여 포인터가 가리키는 주소에 저장된 데이터값을 반환할 때 사용하는 연산자입니다. 간접으로 참조한다는 의미는 포인터가 가리키는 주소를 가져오는 것이 아니고 그 주소에 저장된 데이터값을 불러온다는 의미입니다.

다음 코드를 실행하면 변수 a에 저장된 8이 출력됩니다.

```
int a = 8;                      // 정수형 변수 a 선언 후 8의 값으로 초기화
int *p;                         // 포인터 *p 선언
p = &a;                         // 포인터 p에 일반 변수 a의 주소값 대입
printf("%d\n", *p);             // 주소값이 아닌 데이터값 출력
```

다음은 간접 참조 연산자 *를 사용하여 printf( ) 출력문에서 포인터가 가리키는 값을 출력하는 과정을 나타낸 그림입니다.

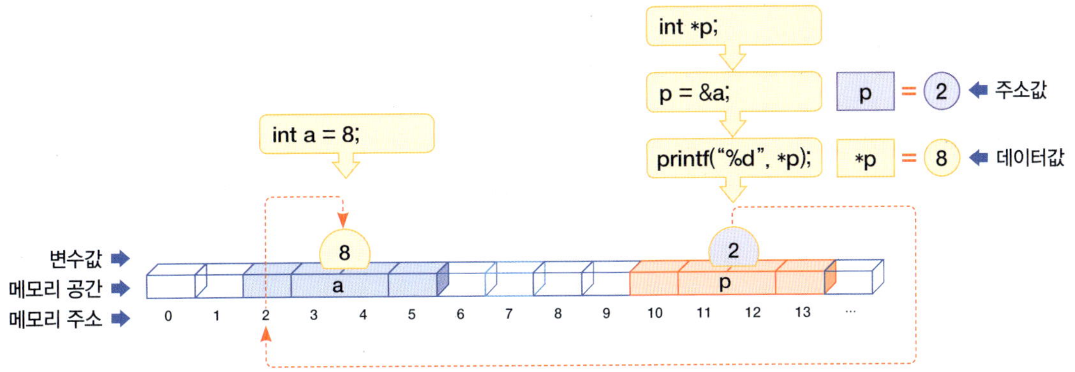

그림 11-7 간접 참조 연산자 *를 사용하여 포인터가 가리키는 값을 출력

그림을 보면 int a = 8;을 통해 정수형 변수에 값을 대입하고 정수형 포인터 int *p;를 선언한 다음, 포인터에 주소 참조 연산자를 사용하여 p = &a;를 선언하였습니다. 그리고 printf("%d", *p);와 같이 선언하여 포인터 p가 가리키는 메모리 주소(여기서는 2번지)에 저장되어 있는 정수형 데이터값을 출력하였습니다.

printf( ) 출력문에서 간접 참조 연산자 *를 사용하여 *p와 같이 선언하면 p가 가리키는 위치인 *p에는 어떤 데이터값이 존재하는지 전혀 알지 못한 상태에서 참조하게 됩니다. 다만, 포인터를 int형으로 선언하면 p가 가리키는 메모리의 저장 위치에 4바이트 정수형 데이터값이 존재한다는 가정하에 4바이트 데이터값을 읽어들입니다.

만약, 다른 자료형으로 선언하고 간접 참조 연산자 *를 사용하면 해당 자료형의 크기만큼 일치하는 자료형의 데이터값을 읽어들입니다. char형 포인터는 1바이트 문자형 데이터값을 읽어들이고 float형 포인터는 4바이트, double형 포인터는 8바이트의 데이터값을 읽어들이기 때문에 포인터를 선언할 때는 반드시 자료형을 선언해야 합니다.

Tip

간접 참조 연산자는 데이터값을 직접 참조하는 것이 아니라 포인터를 사용하여 간접 참조한다는 의미입니다.

간접 참조 연산자로 데이터 출력

다음 예제는 간접 참조 연산자 *를 사용하여 포인터가 가리키는 메모리 주소에 저장되어 있는 데이터값을 출력하는 프로그램입니다. 프로그램을 종료한 다음 다시 실행할 때마다 메모리의 주소가 다르게 출력됩니다.

예제 11-3 간접 참조 연산자로 데이터 출력 ex11_03.c

```
#include <stdio.h>

int main(void)
{
    int a = 300;        // 정수형 변수의 선언과 초기화
    int *pa = NULL;     // 포인터를 초기화하지 않을 경우 가비지값 발생 우려
                        // NULL의 주소값은 stdio.h 헤더 파일에서 0번지로 지정
    pa = &a;            // 포인터에 일반 변수 a의 주소값을 대입하여 초기화
    char yn;

    do
    {
        printf("\n 주소값 출력\n");
        printf("1.포인터 pa의 주소값 : %u\n", pa);
        printf("2.일반 변수 a의 주소값 : %u\n", &a);

        printf("\n데이터값 출력 \n");
        printf("1.*pa의 데이터값 : %u\n", *pa);
        printf("2.일반 변수 a의 데이터값 : %u\n", a);

    re_play:
        printf("프로그램을 다시 시작하겠습니까?(Y/N) : ");
        scanf_s(" %c", &yn, sizeof(yn));

        switch(yn)
        {
        case 'Y': case 'y':
            continue;
            break;

        case 'N': case 'n':
            printf("프로그램을 종료합니다.\n");
            return 0;

        default:
            printf("\n%c는(은) 허용하지 않는 알파벳입니다!\n", yn);
            printf("알파벳을 다시 입력하세요.\n");
            goto re_play;
            break;
        }
    } while(1);
}
```

Tip

continue 문은 반복문의 처음으로 강제로 이동시키는 분기문입니다.

```
주소값 출력
1.포인터 pa의 주소값 : 5241156
2.일반 변수 a의 주소값 : 5241156

데이터값 출력
1.*pa의 데이터값 : 300
2.일반 변수 a의 데이터값 : 300
프로그램을 다시 시작하겠습니까?(Y/N) : n
프로그램을 종료합니다.
```

```
주소값 출력
1.포인터 pa의 주소값 : 13892748
2.일반 변수 a의 주소값 : 13892748

데이터값 출력
1.*pa의 데이터값 : 300
2.일반 변수 a의 데이터값 : 300
프로그램을 다시 시작하겠습니까?(Y/N) : n
프로그램을 종료합니다.
```

예제 프로그램을 2회 실행하면 메모리 주소값이 다르게 출력됩니다. 메모리 주소는 컴퓨터의 시스템 사양과 환경에 따라 다르게 출력됩니다.

간접 참조 연산자로 데이터 변경

다음 예제는 일반 변수의 주소를 포인터에 저장하여 포인터가 참조하는 데이터값을 변경하는 프로그램입니다.

예제 11-4 간접 참조 연산자로 데이터 변경 ex11_04.c

```c
#include <stdio.h>

int main(void)
{
    int a = 30;
    int *p = NULL;     // NULL 주소값은 stdio.h 헤더 파일에서 0번지로 지정

    printf("a = 30, p = &a일 때\n");

    p = &a;
    printf("1.포인터 p의 주소값 : %u\n", p);
    printf("2.포인터가 가리키는 *p의 데이터값 : %u\n", *p);

```

```
14      printf("\n*p = 50일 때\n");
15
16      *p = 50;
17      printf("1.포인터 p의 주소값 : %u\n", p);
18      printf("2.포인터가 가리키는 *p의 데이터값 : %u\n", a);
19      return 0;
20  }
```

```
a = 30, p = &a일 때
1.포인터 p의 주소값 : 6093924
2.포인터가 가리키는 *p의 데이터값 : 30

*p = 50일 때
1.포인터 p의 주소값 : 6093924
2.포인터가 가리키는 *p의 데이터값 : 50
```

소스 코드 10행의 p = &a는 일반 변수 a의 주소값을 포인터 p에 대입하라는 명령입니다. 16행의 *p = 50은 포인터가 가리키는 주소의 데이터값을 50으로 바꾸라는 명령입니다. 이러한 과정을 그림으로 나타내면 다음과 같습니다.

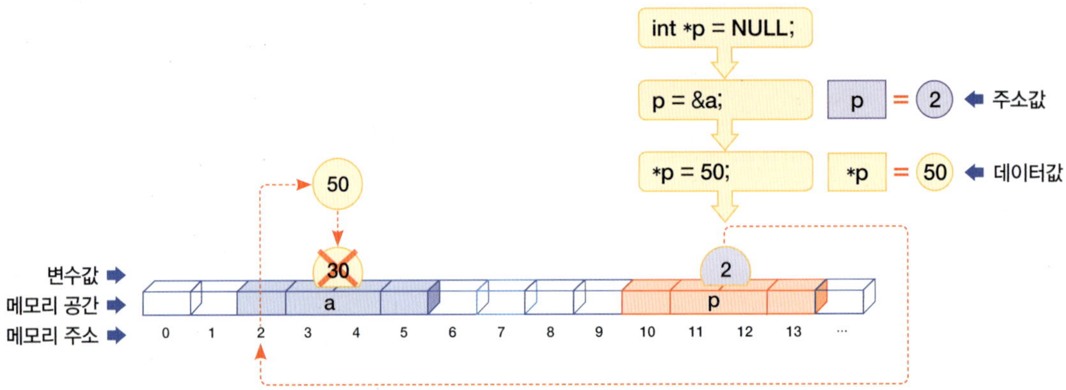

그림 11-8 간접 참조 연산자 *를 사용하여 포인터가 가리키는 값 변경

: QUIZ

① 정수형 변수 a와 포인터 *p를 선언한 다음 포인터에 일반 변수 a의 주소값을 대입하는 선언문은 (   )입니다.

② 주소 참조 연산자 (   )은/는 일반 변수의 주소를 참조하여 포인터에 대입할 때 사용하고, 간접 참조 연산자 (   )은/는 포인터가 가리키는 메모리 공간 위치에 저장되어 있는 데이터값을 간접으로 참조하기 위해 사용하는 연산자입니다.

정답

① p = &a;
② &, *

3 포인터 사용에 따른 주의 사항

포인터는 컴퓨터 메모리를 활용하는 측면에서는 강력한 기능이지만 잘못 사용하면 오류가 발생할 수도 있습니다. 포인터를 사용할 때 반드시 지켜야 할 주의 사항에는 어떤 것이 있는지 살펴보겠습니다.

포인터의 초기화 미수행

앞의 예제 프로그램을 실습할 때 NULL로 포인터의 초기화를 수행하였습니다. 만약 포인터를 초기화하지 않으면 메모리에 잘못 접근하여 의도하지 않는 결과를 초래할 수 있으므로 주의해야 합니다. 물론 메모리에 잘못된 접근을 할 경우 운영체제가 인지하여 차단함으로써 피해는 예방합니다. 하지만 초기화가 안 된 상태의 포인터는 가급적 사용하지 않는 것이 좋습니다.

Tip
초기화를 하지 않는 것이 포인터를 사용할 때 가장 많은 오류를 유발하는 원인입니다.

```
int main(void)
{
    int *a, *b;    // 초기화를 수행하지 않은 포인터
    *a = 103;      // 주의해야 할 소스 코드
    *b = 205;      // 주의해야 할 소스 코드
    return 0;
}
```

정수형의 포인터 int *a, *b를 선언하고 초기화를 하지 않은 상태로 *a = 103, *b = 205를 수행하면 포인터 a가 가리키는 메모리 주소에 103을 저장하고, 포인터 b가 가리키는 메모리 주소에 205를 저장합니다.

만약 포인터 a 또는 b가 가리키는 메모리 주소가 중요한 영역이라면 초기화를 수행하지 않은 포인터 a 또는 b로 인해 그 영역의 정보가 덮어씌워질 수 있으니 주의해야 합니다.

포인터를 초기화하는 가장 바람직한 방법은 NULL 값으로 초기화하는 것입니다. NULL은 stdio.h 헤더 파일에 다음과 같이 0으로 정의되어 있습니다.

```
#define NULL ((void *)0) // 메모리 주소 0번지를 NULL 포인터로 정의
```

Tip

보통 CPU는 다른 프로세스가 메모리 주소값 0번지에 접근하는 것을 허용하지 않습니다. 0번지 주소값에 접근하려고 하면 시스템에서 자동으로 오류를 감지하고 이를 해결하기 때문입니다.

포인터 pa를 주소값이 0번지인 NULL 값으로 초기화 하는 코드는 다음과 같습니다.

```
int a = 103;              // 정수형 변수의 선언과 초기화
int *pa = NULL;           // 포인터를 초기화하지 않으면 가비지값 발생 우려
                          // NULL 주소값은 stdio.h 헤더 파일에서 0번지로 지정
pa = &a;                  // 포인터에 일반 변수 a의 주소값을 대입하여 초기화
```

포인터를 선언하고 NULL 값으로 초기화를 수행하여 포인터의 주소값과 포인터가 가리키는 메모리 주소의 데이터값을 출력하는 프로그램을 만들어 보겠습니다.

다음과 같이 예제 프로그램을 작성하여 실행한 후 소스 코드 08행을 주석으로 처리하고 프로그램을 다시 실행합니다. 출력된 실행 결과 2개의 차이점을 살펴보기 바랍니다.

예제 11-5 NULL 값으로 포인터 초기화 ex11_05.c

```
01 #include <stdio.h>
02 
03 int main(void)
04 {
05     int a = 103;
06     int *pa = NULL;                 // NULL 값으로 포인터 초기화
07 
08     pa = &a;
09 
10     printf("int a = 103;\n");
11     printf("int *pa = NULL;\n");
12     printf("pa = &a;\n");
13 
14     if(pa != NULL)
15     {
16         printf("pa는 유효한 포인터\n");
17         printf("1.포인터 pa의 주소값 : %u\n", pa);
18         printf("2.포인터가 가리키는 *pa의 데이터값 : %u\n", *pa);
19     }
20     else
21     {
22         printf("소스 코드 08행을 /* pa = &a; */처럼 주석 처리한 경우\n");
23         printf("pa는 유효하지 않은 포인터!\n");
24     }
25     return 0;
26 }
```

```
int a = 103;
int *pa = NULL;
pa = &a;
pa는 유효한 포인터
1.포인터 pa의 주소값 : 9961112
2.포인터가 가리키는 *pa의 데이터값 : 103
```

프로그램을 작성하면서 선언한 포인터가 유효한지를 판별하려면 소스 코드 14~25행처럼 if~else 문을 사용하면 됩니다. if(pa != NULL) 문에서 선언한 것과 같이 포인터가 NULL 값을 가지지 않는다면 유효한 포인터이고 NULL 값을 가지면 유효하지 않은 포인터라는 메시지를 출력합니다.

08행을 /* pa = &a; */처럼 주석으로 처리하면 포인터 pa는 NULL 값을 가지게 되므로 20행의 else 문에 해당하여 유효하지 않은 포인터라는 메시지를 출력합니다.

```
int a = 103;
int *pa = NULL;
pa = &a;
소스 코드 08행을 /* pa = &a; */처럼 주석 처리한 경우
pa는 유효하지 않은 포인터!
```

자료형과 포인터 타입 불일치 – 오류 발생

포인터를 선언할 때 지정한 자료형과 포인터가 가리키는 일반 변수의 자료형은 반드시 일치해야 합니다. 만일 일반 변수의 자료형과 포인터를 선언한 자료형이 일치하지 않으면 오류가 발생합니다. 포인터에 의해 참조되는 데이터값의 크기와 자료형을 결정하는 것이 바로 포인터의 타입이기 때문입니다.

```
int a;                    // 정수형 변수 선언
double *pd = NULL;        // double형 포인터 선언과 초기화
pd = &a;          // double형 포인터에 정수형 변수 대입, 자료형 불일치!
*pd = 13.8;       // 정수형 변수를 가리키는 주소에 double형 실수값 대입, 오류 발생!
```

다음 예제는 일반 변수를 선언한 자료형과 포인터를 선언한 자료형이 일치하지 않아 발생하는 오류를 확인하는 프로그램입니다. 실행 결과에서 일반 변수의 자료형과 포인터 타입이 일치하지 않으면 포인터가 가리키는 데이터값이 어떻게 출력되는지 살펴보기 바랍니다.

예제 11-6 포인터 선언 시 자료형 불일치 – 오류 발생 ex11_06.c

```c
#include <stdio.h>

int main(void)
{
    int a;                      // double a로 선언하면 디버깅 오류 해결
    double *pd = NULL;          // 포인터를 NULL 값으로 초기화

    pd = &a;
    *pd = 13.8;

    if(pd != NULL)
    {
        printf("pd는 유효한 포인터\n");
        printf("1.포인터 pd의 주소값 : %u\n", pd);
        printf("2.포인터가 가리키는 *pd의 데이터값 : %u\n", *pd);
    }
    else
        printf("pd는 유효하지 않은 포인터\n");

    return 0;
}
```

```
pd는 유효한 포인터
1.포인터 pd의 주소값 : 9435152
2.포인터가 가리키는 *pd의 데이터값 : 2576980378
```

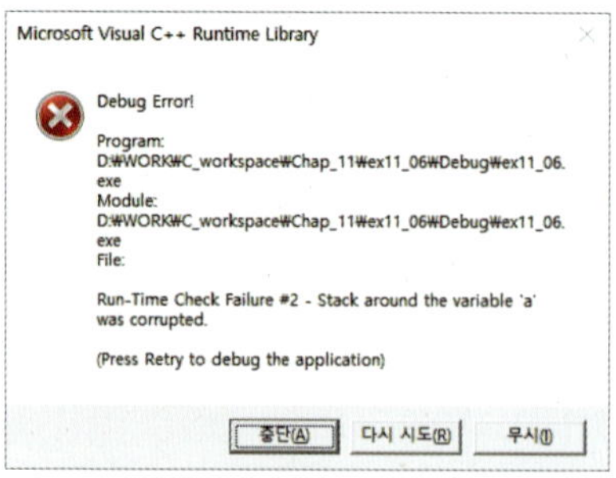

소스 코드 05행에서 선언한 int a;는 메모리 공간을 4바이트 확보하고 06행에서 선언한 double *pd = NULL;은 메모리 공간을 8바이트 확보합니다. 일반 변수와 포인터의 자료형을 각각 다르게 선언할 경우 메모리 공간을 참조하는 값의 유효 범위 또한 다르게 확보되므로 주의해야 합니다.

다음은 일반 변수와 포인터를 선언한 자료형이 다를 경우 메모리 공간 확보가 어떻게 달라지는지를 나타내는 그림입니다.

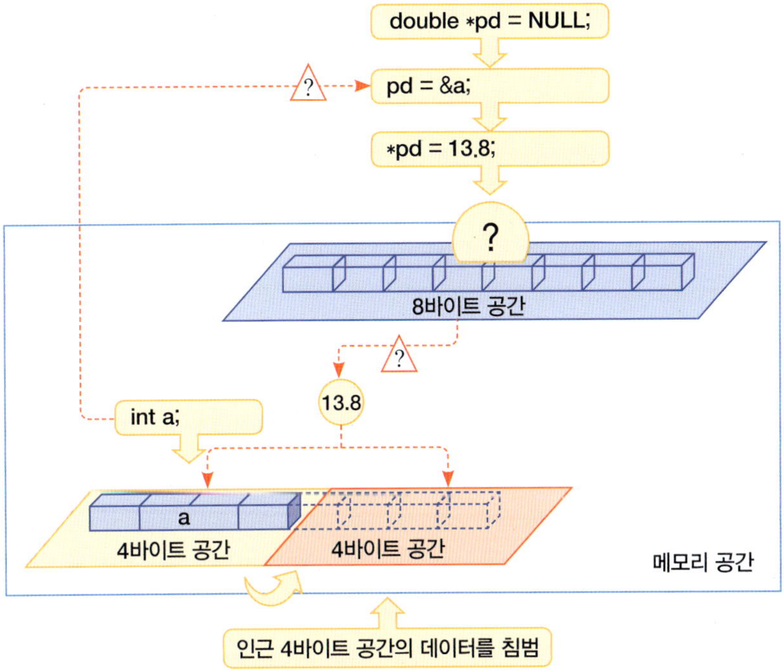

그림 11-9 **자료형 불일치로 발생하는 메모리 공간 확보의 차이**

일반 변수는 int형, 포인터는 double형으로 선언하면 포인터가 가리키는 곳의 데이터 값은 정수형 변수가 확보해 놓은 4바이트를 넘어 인접한 메모리 공간의 바이트까지 덮어쓰게 되어 실행 결과가 엉뚱하게 출력됩니다.

[예제 11-6]의 오류를 수정하려면 소스 코드 05행의 int형 변수 a를 double a로 선언하면 됩니다.

```
int a;
```

→

```
double a;
```

절대 주소값 참조 자제

윈도우 운영체제에서 포인터를 선언할 때 절대 주소값을 참조하는 것은 특별한 경우를 제외하고 가급적 자제하는 것이 좋습니다. 컴퓨터 메모리 관리는 운영체제가 전담하고 있는 고유의 권한이기 때문입니다.

: QUIZ

① 일반 변수와 포인터의 자료형을 각각 다르게 선언할 경우 메모리 공간을 참조하는 값의 (   ) 도 다르게 확보되므로 주의해야 합니다.

② 컴퓨터 메모리 관리는 (   )이/가 전담하는 고유의 권한이므로 가급적이면 절대 주소값을 사용하는 것을 자제하는 것이 좋습니다.

정답

① 유효 범위
② 운영체제

SECTION 03

포인터 연산

1 포인터 연산자와 연산 규칙

포인터 연산은 일반 연산처럼 사칙연산을 모두 수행할 수 있는 것은 아닙니다. 포인터에서 사용할 수 있는 연산자는 제한되어 있습니다.

포인터 연산은 사칙연산 중에서 덧셈과 뺄셈 연산만 허용되며, 다음과 같이 증감 연산자와 주소 참조 연산자, 대입 연산자, 비교 연산자를 사용합니다.

표 11-1 포인터에서 사용할 수 있는 연산자의 종류

유형	종류	활용 예(p: 포인터, v: 일반 변수)
산술 연산자	+, -, ++, --	*p+1, *p-1, *p--, *++p, *--p, ++*p, --*p
주소 참조 연산자	&, *	int *p, p = &v
대입 연산자	=, +=, -=	p = &v, v += (*p)++
비교 연산자	==, !=	p == NULL, p != NULL

Tip
포인터에서 사용하는 연산자도 연산자 우선순위에 따라 연산을 수행합니다.

일반 연산과 달리 포인터 연산은 메모리 주소와 밀접한 관련이 있어 다음과 같은 연산 규칙을 가집니다.

- 포인터끼리는 덧셈과 뺄셈 연산 불가능
- 포인터에 정수 증감 연산(++ 또는 --) 가능
- 포인터와 정수 연산은 가능, 포인터와 실수 연산은 불가능
- 자료형이 동일한 포인터끼리 대입 가능, 자료형이 다르면 대입 불가능
- 포인터끼리 비교 연산 가능, 포인터의 유효성 검사를 위해 NULL과 비교 가능

2 포인터 증감 연산

포인터 증감 연산을 수행할 때 살펴봐야 할 사항과 포인터 타입별 증감 연산을 할 때 변동되는 주소값에 대해 알아보겠습니다.

포인터 타입별 증감 연산

포인터 증감 연산은 일반 연산처럼 증감값 1을 더하거나(++) 빼라는(--) 것이 아닙니다. 포인터를 선언한 자료형의 크기만큼 더하거나 빼라는 의미입니다. 포인터 증감 연산은 포인터가 가리키는 주소에 저장된 자료형의 크기만큼 증감합니다. 포인터 연산의 증감값은 반드시 정수만 가능합니다.

표 11-2 포인터 증감 연산에 따라 변동되는 값

종류	증감 연산 사용 예	설명
char *p	*p++ 또는 *p--	1 증가 또는 1 감소
short int *p	*p++ 또는 *p--	2 증가 또는 2 감소
int *p	*p++ 또는 *p--	4 증가 또는 4 감소
float *p	*p++ 또는 *p--	4 증가 또는 4 감소
double *p	*p++ 또는 *p--	8 증가 또는 8 감소

포인터를 float형으로 선언했다면 4바이트를 증감하고 double형으로 선언했다면 8바이트를 증감합니다. 포인터에 대한 증감 연산은 포인터가 가리키는 주소의 데이터값이 1 증감하는 것이 아니고 포인터가 가리키는 자료형의 크기만큼 증감하는 것입니다.

포인터 증감 연산과 메모리 주소

포인터에 증감 연산자를 어떻게 활용하는지에 따라 메모리 주소값이 바뀌기도 하고, 포인터가 가리키는 주소에 데이터값이 바뀌기도 합니다.

표 11-3 포인터의 증감 연산자 활용 예

종류	설명	값 변동 요인
*p++	++의 우선순위가 *보다 높지만 뒤에 선언되었으므로 *p를 먼저 수행한 후 p++를 수행하여 주소값 1 증가	주소값
(*p)++	괄호 안에 있는 * 연산자를 먼저 수행하고 포인터 p가 가리키는 주소의 데이터값을 1 증가	데이터값
*++p	*보다 ++의 우선순위가 높으므로 포인터 p가 가리키는 주소값을 먼저 증가시키고 변동된 주소에 저장되어 있는 데이터값을 참조	주소값, 데이터값
++*p	포인터 p가 가리키는 주소의 데이터값을 1 증가시킨 다음 그 데이터값을 참조	데이터값

다음 예제는 char형, int형, double형 포인터를 각각 선언하고 *p++ 증감 연산자를 수행하여 포인터가 가리키는 곳의 주소값을 변동해서 출력하는 프로그램입니다. 포인터에 증감 연산자를 사용하면 주소값이 어떻게 달라지는지 알 수 있습니다.

예제 11-7 char형 포인터에 증감 연산자 사용 ex11_07.c

```c
#include <stdio.h>

int main(void)
{
    char c;
    char *pc;
    pc = &c;

    int i;
    int *pi;
    pi = &i;

    double d;
    double *pd;
    pd = &d;

    printf("1.포인터 증감 연산자 사용 전 주소값\n");
    printf("char형 포인터 주소값 : %d\n", pc);
    printf("int형 포인터 주소값 : %d\n", pi);
    printf("double형 포인터 주소값 : %d\n", pd);

    *pc++;          // 자료형 크기 1만큼 주소값 증가
    *pi++;          // 자료형 크기 4만큼 주소값 증가
    *pd++;          // 자료형 크기 8만큼 주소값 증가

    printf("\n2.포인터 *p++ 연산자 수행 후 주소값\n");
    printf("char형 포인터 주소값 : %d\n", pc);
    printf("int형 포인터 주소값 : %d\n", pi);
    printf("double형 포인터 주소값 : %d\n", pd);
    return 0;
}
```

```
1.포인터 증감 연산자 사용 전 주소값
char형 포인터 주소값 : 12123515
int형 포인터 주소값 : 12123488
double형 포인터 주소값 : 12123460

2.포인터 *p++ 연산자 수행 후 주소값
char형 포인터 주소값 : 12123516
int형 포인터 주소값 : 12123492
double형 포인터 주소값 : 12123468
```

char형 포인터의 주소값은 12123515에서 12123516으로 char형 자료형의 크기인 1바이트만큼 증가되었습니다.

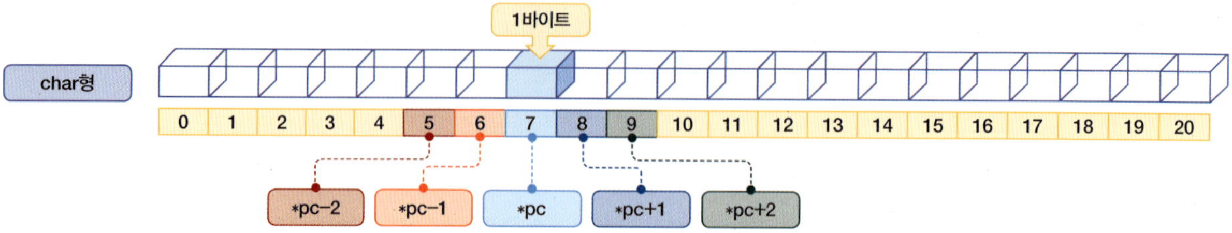

그림 11-10 char형 포인터의 메모리 공간 주소값 변동 내역

int형 포인터는 12123488에서 12123492로 int형 자료형의 크기인 4바이트만큼 주소값이 증가되었습니다. 포인터의 주소값은 프로그램을 실행할 때마다 다르게 출력됩니다.

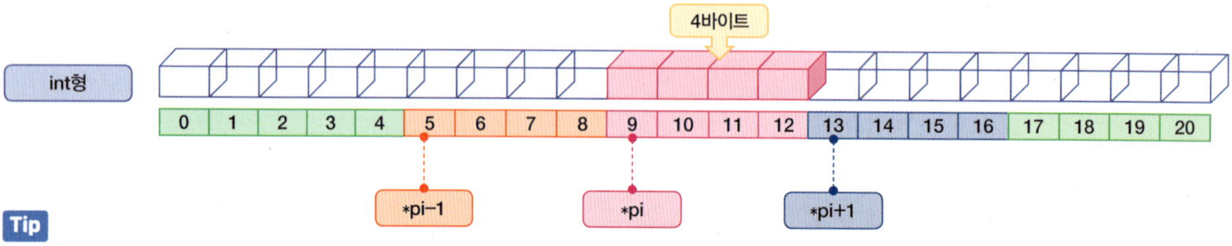

그림 11-11 int형 포인터의 메모리 공간 주소값 변동 내역

Tip

증가 연산자(++) 대신 감소 연산자(--)를 사용하면 포인터를 선언한 자료형에 따라 주소값이 감소하여 참조됩니다. 포인터의 증감 연산은 메모리 공간을 확보해 주는 자료형의 크기만큼 주소값이 증감됩니다.

double형 포인터는 12123460에서 12123468로 double형 자료형의 크기인 8바이트만큼 주소값이 증가되었습니다.

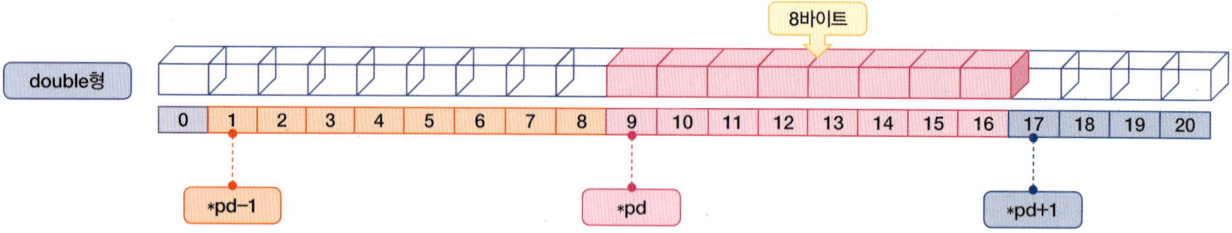

그림 11-12 double형 포인터의 메모리 공간 주소값 변동 내역

다음 예제는 double형 포인터를 선언하고 (*p)++ 연산을 수행하는 프로그램입니다. 포인터에서 괄호와 증감 연산자를 사용하면 데이터값과 주소는 어떻게 변화되어 출력되는지 살펴보기 바랍니다.

예제 11-8 double형 포인터에 괄호와 증감 연산자 사용 ex11_08.c

```c
#include <stdio.h>

int main(void)
{
    double d = 3.3058;
    double *pd;

    pd = &d;

    printf("1.포인터 pd의 증감 연산 전 주소값과 데이터값\n");
    printf("포인터 pd의 현재 주소값 : %u\n", pd);
    printf("포인터 pd의 현재 데이터값 : %f\n", d);

    (*pd)++;            // 포인터가 가리키는 주소의 데이터값을 1 증가

    printf("\n2.포인터 (*pd)++ 증감 연산 후 주소값과 데이터값\n");
    printf("포인터 pd의 증감 연산 후 주소값 : %u\n", pd);
    printf("포인터 pd의 증감 연산 후 데이터값 : %f\n", d);
    return 0;
}
```

```
1.포인터 pd의 증감 연산 전 주소값과 데이터값
포인터 pd의 현재 주소값 : 13630620
포인터 pd의 현재 데이터값 : 3.305800

2.포인터 (*pd)++ 증감 연산 후 주소값과 데이터값
포인터 pd의 증감 연산 후 주소값 : 13630620
포인터 pd의 증감 연산 후 데이터값 : 4.305800
```

실행 결과를 보면 포인터가 가리키는 주소값은 변동 없이 출력되고 포인터가 가리키는 주소에 저장되어 있는 데이터값은 3.305800에서 4.305800으로 1 증가하여 출력되었습니다.

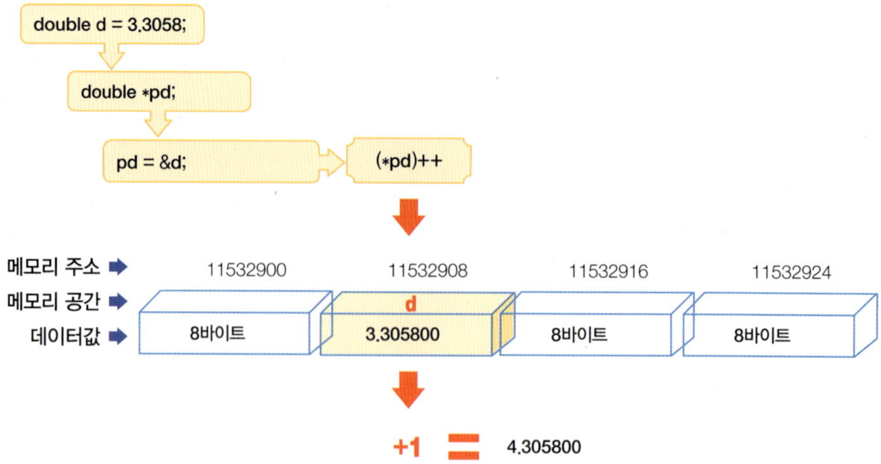

그림 11-13 double형 포인터 증감 연산 결과

SECTION

04 포인터와 배열

1 포인터와 배열의 관계

포인터와 배열은 매우 밀접한 관계를 가지고 있습니다. 포인터와 배열의 관계에서 배열 이름 자체는 포인터와 동일한 기능을 수행합니다. 즉 배열의 이름은 첫 번째 배열 요소를 가리키는 포인터와 같습니다.

2 증감 연산과 배열 요소 출력

포인터에 배열을 대입하여 증감 연산자를 활용하는 방법과, 포인터와 배열을 사용하여 배열의 시작 주소값과 배열 요소의 값을 출력하는 방법을 살펴보겠습니다.

포인터에 배열을 대입한 증감 연산자 활용

다음 예제는 int형 배열을 선언하고 포인터에 배열을 대입하여 증감 연산을 수행하는 프로그램입니다. 포인터에 배열을 대입하여 증감 연산자를 사용하면 데이터값과 주소값이 어떻게 변화되어 출력되는지 살펴보기 바랍니다.

예제 11-9 포인터에 배열 대입 후 증감 연산 ex11_09.c

```
#include <stdio.h>

int main(void)
{
    int a[] = {100, 200, 300};      // 배열의 크기는 3으로 자동 설정됨
    int *pa;

    pa = a;              // 배열을 대입할 경우 &를 사용하지 않음을 주의!

    printf("int a[] = {100, 200, 300}일 때 포인터 증감 연산\n");
```

```
11
12      printf("\n1.포인터 *++pa의 증감 연산을 수행한 주소값과 데이터값\n");
13      printf("포인터 현재 주소값 : %d\n", pa);
14      printf("현재 포인터 주소의 데이터값 : %d\n", *a);
15      printf("포인터 *++pa 수행 후 데이터값 : %d\n", *++pa);
16      printf("포인터 *++pa 수행 후 주소값 : %d\n", pa);
17
18      printf("\n2.포인터 *--pa의 증감 연산을 수행한 주소값과 데이터값\n");
19      printf("포인터 현재 주소값 : %d\n", pa);
20      printf("포인터 *--pa 수행 후 데이터값 : %d\n", *--pa);
21      printf("포인터 *--pa 수행 후 주소값 : %d\n", pa);
22
23      printf("\n3.포인터 ++*pa 증감 연산을 수행한 주소값과 데이터값\n");
24      printf("포인터 현재 주소값 : %d\n", pa);
25      printf("포인터 ++*pa 수행 후 데이터값 : %d\n", ++*pa);
26      printf("포인터 ++*pa 수행 후 주소값 : %d\n", pa);
27      return 0;
28  }
```

```
int a[] = {100, 200, 300}일 때 포인터 증감 연산

1.포인터 *++pa의 증감 연산을 수행한 주소값과 데이터값
포인터 현재 주소값 : 14155008
현재 포인터 주소의 데이터값 : 100
포인터 *++pa 수행 후 데이터값 : 200
포인터 *++pa 수행 후 주소값 : 14155012

2.포인터 *--pa의 증감 연산을 수행한 주소값과 데이터값
포인터 현재 주소값 : 14155012
포인터 *--pa 수행 후 데이터값 : 100
포인터 *--pa 수행 후 주소값 : 14155008

3.포인터 ++*pa 증감 연산을 수행한 주소값과 데이터값
포인터 현재 주소값 : 14155008
포인터 ++*pa 수행 후 데이터값 : 101
포인터 ++*pa 수행 후 주소값 : 14155008
```

15행의 *++pa 증감 연산을 수행한 후 산출된 데이터값과 주소값을 그림으로 나타내면 다음과 같습니다.

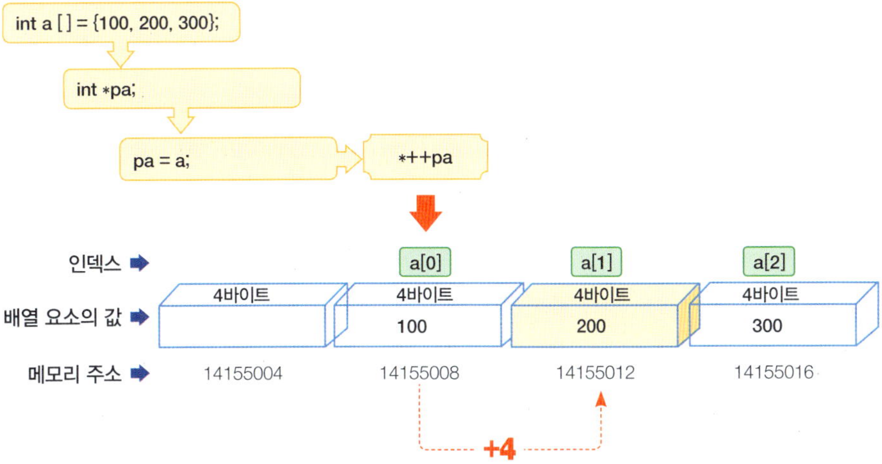

그림 11-14 *++pa 증감 연산을 수행하는 과정

현재 포인터가 가리키는 주소 14155012를 출력하고 20행의 *--pa 증감 연산을 수행하면 현재 포인터가 가리키고 있는 주소값보다 4바이트 줄어든 14155008번지에 저장된 배열 요소의 값인 100이 출력됩니다.

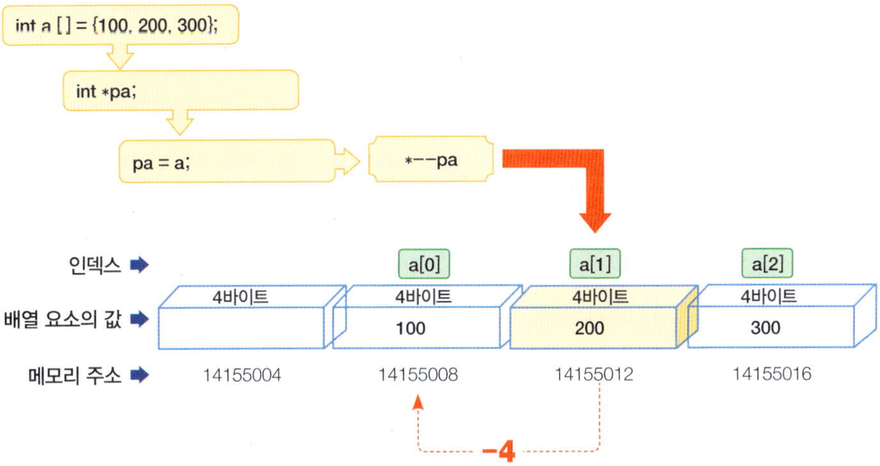

그림 11-15 *--pa 증감 연산을 수행하는 과정

현재 포인터가 가리키는 주소 14155008을 출력하고 25행의 ++*pa 증감 연산을 수행하면 현재 포인터가 가리키는 주소값은 변동이 없고 해당 번지에 저장되어 있는 배열 요소의 값에서 1 증가한 101이 출력됩니다.

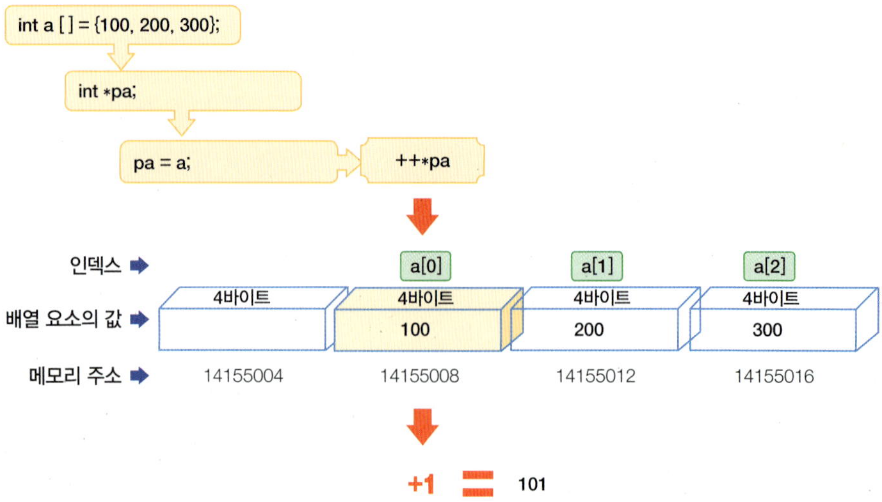

그림 11-16 **++*pa 증감 연산을 수행하는 과정**

포인터에 배열을 대입하고 증감 연산을 수행해서 복잡한 과정을 거쳐 주소값과 데이터 값을 출력하는 것처럼 보이지만 수행된 증감 연산을 하나씩 들여다보면 쉽게 이해할 수 있습니다.

포인터의 증감 연산은 프로그래머가 얼마든지 수행할 수 있습니다. 하지만 C 컴파일러는 포인터의 증감 연산까지 감지하여 컴파일 오류를 추적하기에는 다소 부족한 면이 있습니다. 포인터 증감 연산을 수행할 때 발생하지 않았던 컴파일 오류도 프로그램을 실행하다 발생할 수 있으니 주의해야 합니다.

포인터와 배열을 사용하여 배열 요소 출력

다음 예제는 포인터와 배열을 사용하여 배열의 주소값과, 포인터에 증감 연산을 수행하여 해당 배열 요소의 값을 출력하는 프로그램입니다. 포인터와 배열을 사용한 증감 연산에서 배열 요소의 값이 어떻게 출력되는지 살펴볼 수 있습니다.

예제 11-10 포인터와 배열 사용 ex11_10.c

```
#include <stdio.h>
#define R 5

int main(void)
{
    int a[] = {100, 200, 300, 400, 500};
    int cnt;

    printf("int a[] = {100, 200, 300, 400, 500}일 때\n");
```

```
    printf("\n1.배열 요소의 주소값 출력\n");

    for(cnt = 0; cnt < R; cnt++)
        printf("%d번째 배열 요소 a[%d] = &a[%u]\n", cnt + 1, cnt, &a[cnt]);

    printf("\n2.주소값과 배열 요소의 값 출력\n");
    printf("배열의 현재 주소값 : a는 %u\n", a);
    printf("첫 번째 배열 요소의 값 : *a는 %u\n", *a);

    printf("\n증감 연산 후 주소값 : a + 1은 %u\n", a + 1);
    printf("증감 연산 후 배열 요소의 값 : *(a + 1)은 %u\n", *(a + 1));

    printf("\n배열의 현재 주소값 : a는 %u\n", a);
    printf("증감 연산 후 주소값 : a + 2는 %u\n", a + 2);
    printf("증감 연산 후 배열 요소의 값 : *(a + 2)는 %u\n", *(a + 2));
    return 0;
}
```

```
int a[] = {100, 200, 300, 400, 500}일 때

1.배열 요소의 주소값 출력
1번째 배열 요소 a[0] = &a[1703168]
2번째 배열 요소 a[1] = &a[1703172]
3번째 배열 요소 a[2] = &a[1703176]
4번째 배열 요소 a[3] = &a[1703180]
5번째 배열 요소 a[4] = &a[1703184]

2.주소값과 배열 요소의 값 출력
배열의 현재 주소값 : a는 1703168
첫 번째 배열 요소의 값 : *a는 100

증감 연산 후 주소값 : a + 1은 1703172
증감 연산 후 배열 요소의 값 : *(a + 1)은 200

배열의 현재 주소값 : a는 1703168
증감 연산 후 주소값 : a + 2는 1703176
증감 연산 후 배열 요소의 값 : *(a + 2)는 300
```

배열을 선언하면 컴파일러는 메모리 공간에서 각 배열 요소마다 주소값을 따로 부여하지 않고 배열의 시작 주소만 배정합니다. 배열은 포인터의 상수로 취급되므로 프로그램이 실행되는 동안에 메모리 공간에 할당된 배열의 시작 주소값은 변경되지 않습니다.

배열은 선언 그 자체로 컴파일러에 의해 메모리 공간에서 시작 주소를 할당받기 때문에 주소 연산자 &를 생략합니다. 위 예제에서 배열 a에 a+1하면 배열의 시작 주소에서 int형 크기만큼 4증가합니다. 같은 방식으로 a+2하면 배열의 시작 주소에서 8 증가하고, a+3하면 12, a+4하면 16 증가합니다.

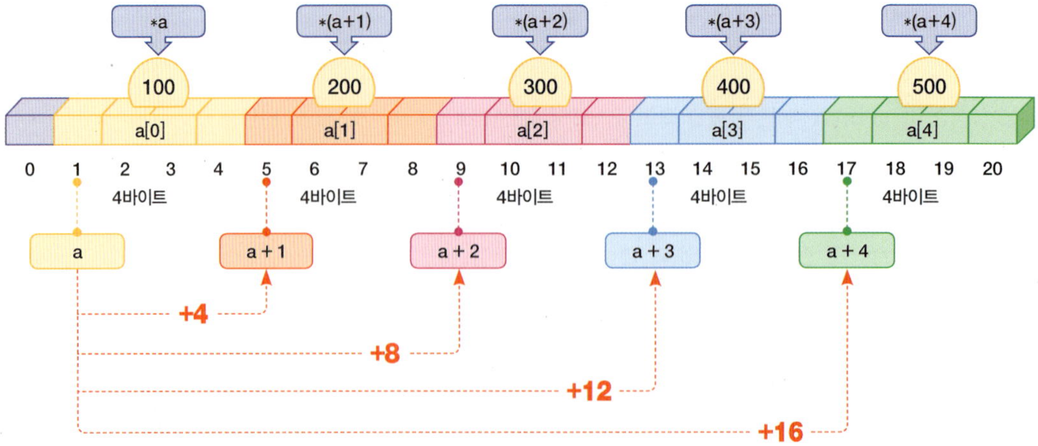

그림 11-17 포인터의 상수 역할을 수행하는 배열

배열도 포인터로 취급되지만 배열 이름에 다른 변수의 주소를 대입할 수는 없습니다. 그 이유는 C 프로그래밍에서 배열 그 자체는 포인터 상수 역할을 하는 객체로 사용되기 때문입니다. C 컴파일러는 선언된 배열로 메모리 공간의 시작 주소를 확보해 줄 뿐 배열의 이름에 메모리 공간을 할당해 주지는 않습니다. 그러므로 배열 이름을 대상으로 ++a 또는 a++와 같이 증감 연산을 수행하면 오류가 발생하므로 주의해야 합니다.

포인터를 사용하여 배열 요소의 합계 산출

다음은 포인터를 사용하여 배열 요소의 합계를 산출하는 프로그램으로 포인터에 배열을 대입하여 증감 연산자를 사용하면 데이터값과 주소값이 어떻게 변하는지 알 수 있습니다.

Tip

배열은 선언 그 자체로 컴파일러에 의해 메모리 공간에서 시작 주소를 할당받기 때문에 주소 연산자 &를 생략합니다.

예제 11-11 포인터로 배열 요소 합계 산출 ex11_11.c

```
#include <stdio.h>
#define R 5

int main(void)
{
    int a[R] = {100, 200, 300, 400, 500};
    int *pa, cnt, hap = 0;

    pa = a;          // 배열을 대입할 경우 &를 사용하지 않음을 주의!
    printf("int a[] = {100, 200, 300, 400, 500}일 때\n\n");

    for(cnt = 0; cnt < R; cnt++)
    {
        hap += *pa++;
        printf("%d번째 배열 요소 : %d", cnt + 1, a[cnt]);
        printf("포인터 주소 : %d\n", pa);
    }
    printf("\n%d개의 배열 요소 합계 : %d\n", cnt, hap);
```

```
    return 0;
}
```

```
int a[ ] = {100, 200, 300, 400, 500}일 때

1번째 배열 요소 : 100 포인터 주소 : 14023580
2번째 배열 요소 : 200 포인터 주소 : 14023584
3번째 배열 요소 : 300 포인터 주소 : 14023588
4번째 배열 요소 : 400 포인터 주소 : 14023592
5번째 배열 요소 : 500 포인터 주소 : 14023596

5개의 배열 요소 합계 : 1500
```

: QUIZ

배열은 (   )(으)로 취급되므로 프로그램이 실행되는 동안 메모리 공간에 할당된 배열의 시작 주소값은 바뀌지 않습니다.

정답

포인터의 상수

도전문제 포인터와 주소값의 관계 이해하기

01 실행 결과를 보고 소스 코드의 의미를 주석문으로 적으시오.

```
일반 변수 num의 값 : 23
일반 변수 num의 주소값 : 18087080
포인터 p의 주소값 : 18087080
```

```c
#include <stdio.h>

int main(void)
{
    int num = 23;          //
    int *p;                //
    p = &num;              //

    printf("일반 변수 num의 값 : %u\n", );
    printf("일반 변수 num의 주소값 : %u\n", );
    printf("포인터 p의 주소값 : %u\n", );

    return 0;
}
```

Hint : 상대 주소값으로 포인터를 선언하고 주소 참조 연산자 &로 일반 변수의 주소값을 포인터에 대입하고 출력하는 과정을 이해해야 합니다.

정답

정수형 변수 num을 선언하고 23으로 초기화
포인터 변수 p 선언
포인터 변수 p에 일반 변수 num의 주소값 대입
num
&num
p

02 실행 결과에 맞게 소스 코드의 빈칸을 채워 완성하시오.

```
1번째 배열 요소 : 88 > 포인터 주소 : 12582108
2번째 배열 요소 : 99 > 포인터 주소 : 12582112
3번째 배열 요소 : 87 > 포인터 주소 : 12582116

3개의 배열 요소 합계 : 274
```

```c
#include <stdio.h>
#define R 3

int main(void)
{
    int a[R] = {88, 99, 87};
    int *p, cnt, hap = 0;
    __________

    for(cnt = 0; cnt < R; cnt++)
    {
        __________
        printf("%d번째 배열 요소 : %d", cnt + 1, __________);
        printf(" > 포인터 주소 : %d\n", p);
    }
    printf("\n%d개의 배열 요소 합계 : %d\n", cnt, hap);
    return 0;
}
```

Hint : 배열 요소의 합계는 포인터를 사용하여 산출하고 상대 주소값을 출력하기 위해서는 포인터 증감 연산을 사용하면 됩니다.

정답

```c
p = a;
hap += *p++;
a[cnt]
```

핵심점검

1 (　　　　　　　)은/는 메모리 공간의 주소를 가지고 있는 변수를 의미합니다.

2 (　　　　　　　)은/는 변수에 대입한 값이 저장되어 있는 메모리 주소를 반환하는 연산자입니다.

3 (　　　　　　　)은/는 포인터를 의미하는 것으로 포인터를 선언할 때 변수명 앞에 붙입니다.

4 (　　　　　　　)은/는 포인터가 가리키는 주소에 저장된 자료형의 크기만큼 증감시킵니다.

5 포인터와 배열의 관계에서 (　　　　　　　) 자체는 포인터와 동일한 기능을 수행합니다.

정답 **1** 포인터 **2** 주소 참조 연산자 또는 & **3** 간접 참조 연산자 또는 * **4** 포인터 증감 연산 **5** 배열 이름

연습문제

1 데이터나 프로그램이 저장되어 있는 메모리의 주소를 지정하는 변수는?

① 배열 ② 포인터
③ 기호 상수 ④ 정적 변수

2 double형으로 변수를 선언할 때 확보되는 메모리의 크기는?

① 2바이트 ② 4바이트
③ 8바이트 ④ 16바이트

3 변수를 선언하면 메모리 주소는 어디서 할당해 주는가?

① 컴파일러와 운영체제 ② 컴파일러와 프로그래머
③ 운영체제와 프로그래머 ④ 운영체제와 레지스터

4 변수를 선언하고 대입한 값이 저장되어 있는 메모리의 주소를 반환하는 역할을 하는 연산자는?

① % ② ->
③ %% ④ &

5 포인터를 선언할 때 변수명 앞에 반드시 선언해야 하는 기호는?

① & ② *
③ # ④ $

6 여러 개의 포인터를 선언할 때 올바른 것은?

① int *a, b, *c; ② int *a, &b, c;
③ int *a, *b, *c; ④ int *(a, b, c);

7 임베디드 시스템과 같은 하드웨어 장치에서 컨트롤을 수행하기 위해 사용되는 주소값은?

① 임의의 주소값 ② 상대 주소값
③ 절대 주소값 ④ NULL

연습문제

8 int *a = (int *)25000;으로 포인터를 선언할 경우에 대한 설명으로 <u>틀린</u> 것은?

① 포인터 a 선언

② 정수형 변수 a의 초깃값에 25000 대입

③ 절대 주소값으로 25000번지 사용

④ int *a; a = (int *)25000;과 같은 표현

9 포인터를 초기화할 때 메모리 주소에 비어 있는 공간을 찾아서 할당해 주는 것은?

① 임의의 주소값 ② 상대 주소값

③ 절대 주소값 ④ NULL

10 문자형 변수 c의 값이 상대 주소값으로 메모리에 저장되어 있는 위치를 포인터 *a에 대입하는 방법은?

① char *a = (char *)300000 ② char *a = c;

③ char *a = &c; ④ char *a = (char *)c

11 포인터 p가 가리키는 일반 변수가 a일 때 간접 참조 연산자를 선언한 *p와 일반 변수 a가 수행하는 명령의 결과는?

① 동일하게 수행 ② 각각 독립해서 수행

③ 오류 발생 ④ 시스템 종료

12 선언한 포인터를 초기화하는 값은?

① 0 ② NULL

③ ** ④ &&

13 포인터 연산 규칙 중 틀린 설명은?

① 포인터에 정수 증감 연산(++ 또는 --) 가능

② 포인터와 실수의 연산은 불가능

③ 포인터와 정수의 연산은 가능

④ 포인터끼리 덧셈과 뺄셈 연산 가능

14 포인터 p가 가리키는 주소의 데이터값을 1 증가시킨 다음 그 값을 참조하는 포인터 연산은?

① ++*p ② *p++

③ (*p)++ ④ *++p

15 다음 포인터 주소를 기준으로 포인터 연산 결과값을 구하시오.

```
int arr[] = {100, 200, 300};
    int *p = NULL;
    p = arr;

현재 포인터 주소 : 20003000
```

종류	주소값	데이터값
*p + 1		
*(p + 1)		
*p++		
(*p)++		
*++p		
++*p		

연습문제

16 자료형에 따른 포인터의 메모리 공간 주소값 변동 내역을 나타낸 그림이다. 빈칸을 채워 완성하시오.

①

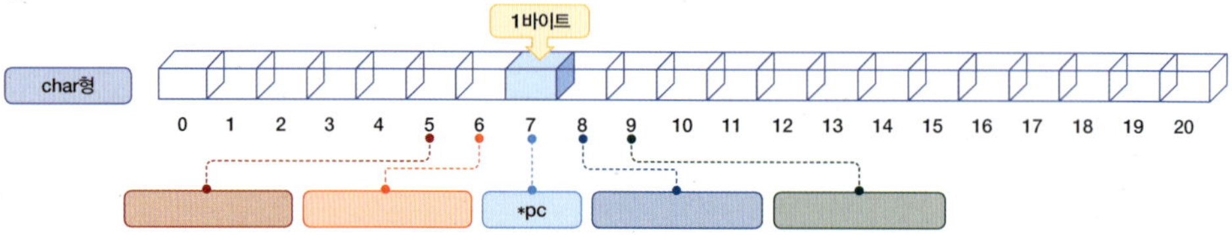

②

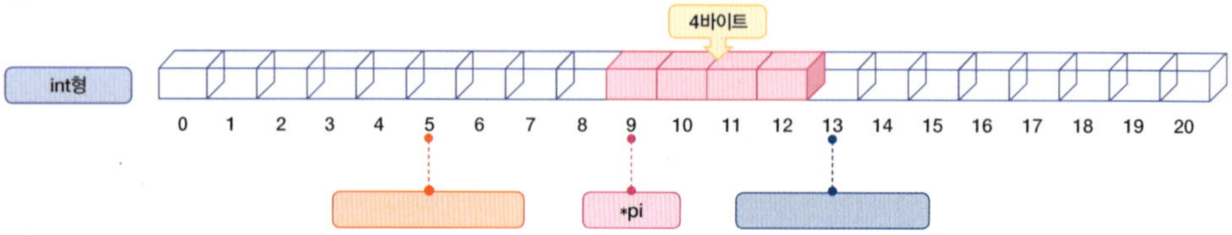

③

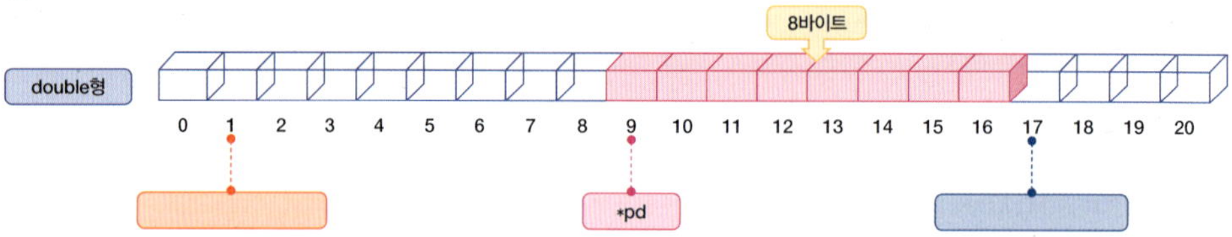

프로그래밍 문제

1 다음 내용에 맞는 프로그램을 작성하시오.

- 메인 함수에서 a = 10, b = 20 선언
- 사용자 정의 함수 선언 : Gob(int *pa, int *pb)
- 메인 함수에서 Gob( ) 함수를 2개의 인수를 전달하여 호출
- Gob( ) 함수에서는 정수 2개의 곱셈 결과값을 메인 함수로 반환
- 메인 함수에서 곱셈 결과값 출력
- 기타 사항은 [출력 예시] 참조

[출력 예시]

```
■ 함수의 매개변수로 포인터를 전달받아 곱셈 연산을 하는 프로그램
주어진 값 : a = 10, b = 20
[곱셈 함수 영역]
반환된 값 : a * b = 200
프로그램 종료
```

2 다음 내용에 맞는 프로그램을 작성하시오.

- 3개 과목의 점수는 각각 95, 89, 97
- 배열의 크기는 #define 키워드를 사용하여 기호 상수로 선언
- 포인터를 선언하여 일반 변수의 주소를 대입
- for 문으로 3개 과목 점수의 총점 산출
- 결과값 : 총점은 전체 자릿수 6자리, 평균은 소수 둘째 자리까지 출력
- 기타 사항은 [출력 예시] 참조

[출력 예시]

```
1번째 과목 점수 : 95 > 포인터 주소 : 6421992
2번째 과목 점수 : 89 > 포인터 주소 : 6421996
3번째 과목 점수 : 97 > 포인터 주소 : 6422000

총점 : 281 > 포인터 주소 : 6421952
평균 : 93.67 > 포인터 주소 : 6421940
```

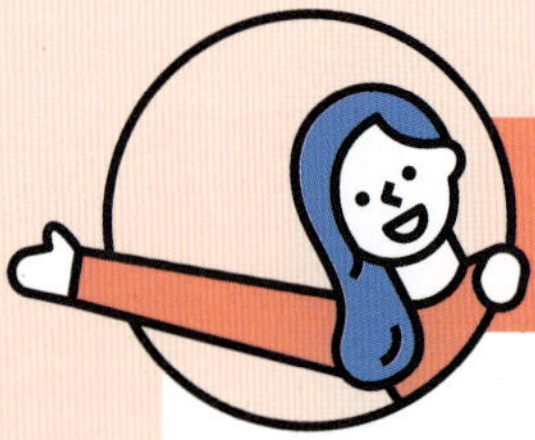

프로그래밍 문제

3 다음 내용에 맞는 프로그램을 작성하시오.

- float형 변수와 포인터 각각 선언
- 키보드로 실수값 입력 : 소수 셋째 자리까지
- 키보드로 실수를 입력할 부분은 _(언더바)와 \b 사용 ⇒ 실수 입력 : ______
- 포인터의 현재 주소값과 데이터값을 각각 출력
- 기존 데이터를 대상으로 *(포인터 변수)++ 증감 연산 후 주소값과 데이터값을 각각 출력
- 기타 사항은 [출력 예시] 참조

[출력 예시]

```
실수 입력(소수 셋째 자리까지) : 12.345

포인터 pd의 현재 주소값 : 5240960
포인터 pd의 현재 데이터값 : 12.345000

포인터 *(pd)++ 증감 연산 후 주소값 : 5240964
포인터 *(pd)++ 증감 연산 후 데이터값 : 12.345000
```

학 | 습 | 목 | 표

- 포인터와 문자열의 활용 방법을 알아봅니다.
- 포인터 배열과 배열 포인터의 사용 방법을 알아봅니다.
- 함수 포인터와 이중 포인터의 사용 방법을 알아봅니다.
- void형 포인터의 사용 방법을 알아봅니다.
- 포인터를 활용한 정렬과 탐색 방법을 알아봅니다.

Chapter 12 포인터 활용

SELF CHECK

1 포인터 배열을 선언하는 것은 포인터를 (배열 요소, 널 문자)(으)로 사용한다는 의미입니다.

2 포인터 배열을 사용할 경우 배열 요소는 문자열의 (시작 주소, 끝 주소)만을 저장하는 포인터로 구성됩니다.

3 배열의 이름은 배열의 첫 번째 요소를 가리키는 상수 포인터 역할을 수행하는 반면에 배열 포인터는 (배열 전체, 배열의 마지막)을/를 가리킵니다.

4 이중 포인터는 (포인터 변수, 정수)을/를 저장하기 위해 사용합니다.

5 정렬은 주어진 키값에 의해 정보를 오름차순 또는 내림차순으로 (순서화, 그룹화) 하는 과정을 의미합니다.

6 선택 정렬은 주어진 문자열의 (첫 번째, n−1) 원소에서 가장 작은 값을 가진 원소를 찾아 두 번째 원소와 교체합니다.

정답

1 배열 요소 **2** 시작 주소 **3** 배열 전체 **4** 포인터 변수 **5** 순서화 **6** n − 1

SECTION 01

포인터와 문자열

1 배열과 포인터를 사용한 문자열 처리

C 언어는 문자열을 위한 자료형을 제공하지 않습니다. 그래서 문자열을 처리하려면 배열이나 포인터를 사용해야 합니다. 배열을 사용하여 문자열을 처리하는 방법과 포인터를 사용하여 문자열을 처리하는 방법을 비교하면 다음 표와 같습니다.

표 12-1 문자열 처리 방법 비교

구분	배열 사용	포인터 사용
배열 요소	문자열을 구성하는 각각의 문자가 배열 요소의 값으로 저장	문자열이 저장된 주소값만 소유
메모리 공간	배열의 자료형 크기만큼 메모리 확보	문자열을 메모리에 따로 저장하므로 포인터와 문자열 크기를 더한 공간 필요
문자열 상수	char형 배열로 선언	포인터로 선언

문자열 상수를 문자형 배열로 처리하기 위해서는 문자열 끝에 NULL 문자('\0')가 자동으로 포함된다는 것을 고려하여 실제 문자열 길이보다 1바이트를 더 크게 지정해야 합니다.

다음 예제는 배열과 포인터를 사용하여 문자열을 처리하는 프로그램입니다. 문자열 상수를 배열로 처리하는 경우와 포인터를 사용하여 처리하는 경우를 비교하여 살펴보기 바랍니다.

예제 12-1 배열과 포인터로 문자열 처리 ex12_01.c

```
#include <stdio.h>

int main(void)
{
    char sa[ ] = "Spacezone";          // 배열의 크기는 자동 저장
    char *ps = "Spacezone";
    int cnt;

```

```c
    printf("배열 선언 char sa[ ] = \"Spacezone\"\n");
    printf("포인터 선언 char *ps = \"Spacezone\"\n");

    printf("\n배열 주소값 : %d\n", sa);
    printf("포인터 주소값 : %d\n", ps);

    printf("\n[배열 사용] \t [포인터 사용]\n");

    for(cnt = 0; cnt < 9; cnt++)
    {
        printf("sa[%d] : %c\t\t", cnt, sa[cnt]);
        printf("*(ps + %d) : %c\n", cnt, *(ps + cnt));
    }
    return 0;
}
```

```
배열 선언 char sa[ ] = "Spacezone"
포인터 선언 char *ps = "Spacezone"

배열 주소값 : 19921588
포인터 주소값 : 7109424

[배열 사용]        [포인터 사용]
sa[0] : S          *(ps + 0) : S
sa[1] : p          *(ps + 1) : p
sa[2] : a          *(ps + 2) : a
sa[3] : c          *(ps + 3) : c
sa[4] : e          *(ps + 4) : e
sa[5] : z          *(ps + 5) : z
sa[6] : o          *(ps + 6) : o
sa[7] : n          *(ps + 7) : n
sa[8] : e          *(ps + 8) : e
```

SECTION 02

포인터 배열

1 포인터 배열의 개념

포인터 배열을 선언한다는 것은 포인터를 배열 요소로 사용한다는 의미입니다. 포인터 배열의 사용 형식은 다음과 같습니다.

```
자료형 *배열_이름 [배열_크기];              // [ ]가 *보다 우선순위이므로 배열 먼저 수행
```

```
char *pa[2] = {"Study", "Academy"};
```

문자형 포인터 배열인 char *pa[2]를 선언하면 배열 요소는 가변적으로 메모리 공간을 확보하여 문자열을 저장합니다. 포인터 배열을 선언하여 문자열을 메모리에 저장하는 형태를 그림으로 나타내면 다음과 같습니다.

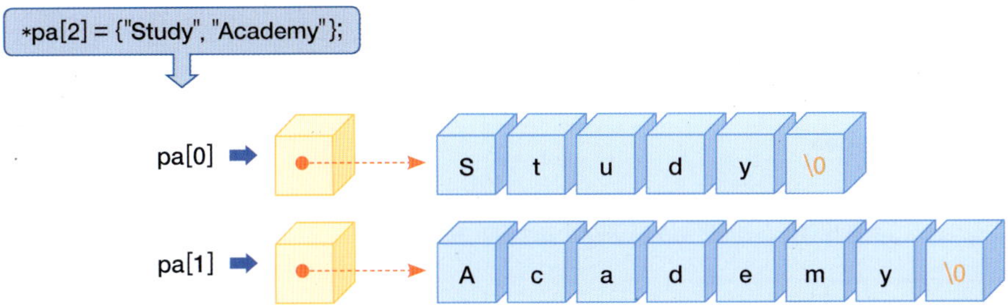

그림 12-1 **포인터 배열 pa[2] 선언에 따른 배열 요소**

2 배열과 포인터 배열의 차이점

배열로 여러 개의 문자열을 저장할 때는 가장 긴 문자열을 기준으로 문자열의 끝에 NULL('\0')이 붙는 걸 감안하여 문자열의 길이+1만큼 배열의 크기를 선언합니다.

다음은 Desk, Computer, Books, USB, EXIT 문자열을 저장하는 2차원 배열을 선언한 것입니다.

```
char task[5][9] = {
                   "Desk",
                   "Computer",
                   "Books",
                   "USB",
                   "EXIT"
};
```

위 2차원 배열의 메모리 공간 사용 모습은 다음 그림과 같습니다. 보다시피 메모리 공간을 가장 긴 문자열 크기만큼 선언하기 때문에 짧은 문자열을 저장하는 행에서는 메모리의 낭비가 초래됩니다.

그림 12-2 **2차원 배열을 선언하면 메모리 공간의 고정 길이 확보**

이와 같이 문자열을 저장할 때 배열은 가장 긴 문자열을 기준으로 메모리 공간을 확보하는 고정식 방법을 사용합니다. 반면 포인터 배열은 긴 문자열과 짧은 문자열을 구분하여 메모리 공간을 가변적으로 확보하는 레그드 배열(regged array)을 사용하기 때문에 배열에 비해 메모리 관리를 훨씬 효율적으로 할 수 있다는 장점이 있습니다.

즉, 배열을 사용할 경우 지나치게 많은 공간을 확보하면 배열 요소가 차지하지 않는 나머지 공간은 그대로 남기 때문에 메모리 낭비가 심합니다. 그에 반해 포인터 배열을 사용하면 문자열의 시작 주소를 저장하기 위한 별도의 포인터 배열 공간만 확보하면 문자열의 시작 주소만을 배열 요소의 값으로 취하기 때문에 메모리 낭비가 없습니다. 그러므로 문자열을 처리할 때는 배열보다 포인터 배열을 사용하는 것이 훨씬 경제적입니다.

표 12-2 배열과 포인터 배열의 메모리 공간 확보 차이

구분	배열 사용	포인터 배열 사용
배열 요소	char형 배열은 char형 데이터 저장	문자열 시작 주소만을 저장하는 포인터로 구성
메모리 관리	2차원 배열은 메모리 공간 크기가 [행][열]로 고정되어 메모리 낭비 발생	각 문자열 상수가 저장된 메모리 시작 주소를 배열 요소에 보관하여 가변적 크기로 메모리 관리 가능

3 포인터 배열의 사용 예

메모리 공간을 문자열 길이에 따라 가변적으로 확보해 주는 배열을 레그드 배열이라고 합니다. 레그드 배열은 [그림 12-3]과 같이 포인터 배열을 이용하여 선언합니다.

```
char *task[5] = {
                    "Desk",
                    "Computer",
                    "Books",
                    "USB",
                    "EXIT"
};
```

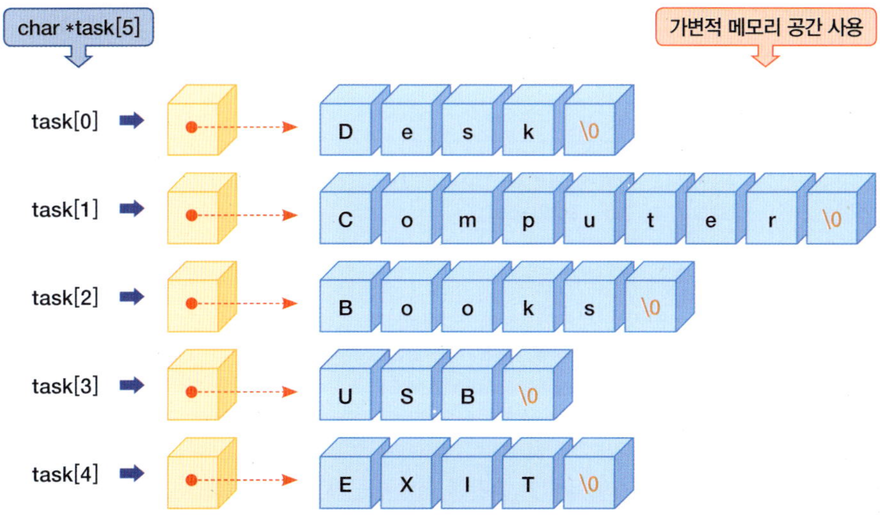

그림 12-3 포인터 배열을 선언하여 메모리 공간의 가변적 길이 확보

C 컴파일러는 선언한 문자열의 길이만큼 메모리 공간을 할당받아서 저장한 다음 문자열이 저장된 주소값을 포인터 배열에 반환합니다. 포인터 배열의 각 요소는 주어진 문자열의 주소값으로 초기화되므로 메모리 공간을 가변적으로 사용할 수 있습니다. 문자열을 저장할 때 메모리 공간을 효율적으로 사용하려면 2차원 배열보다 포인터 배열을 사용하는 것이 훨씬 효과적입니다.

다음 예제는 포인터 배열을 사용하여 4개의 문자열을 저장하고 키보드로 입력한 숫자에 해당하는 문자열을 출력하는 프로그램입니다. 예제를 통해 포인터 배열의 사용 방법과 용도를 살펴볼 수 있습니다.

예제 12-2 포인터 배열로 문자열 출력 ex12_02.c

```c
#include <stdio.h>

int main(void)
{
    int cnt, size, choice;
    char *task[ ] = {
                    "Desk",
                    "Computer",
                    "Books",
                    "USB",
                    "EXIT"
    };

    printf("포인터 배열의 요소 선택(종료 : 5)\n");

    size = sizeof(task) / sizeof(task[0]);    // 배열 요소의 개수 산출

    for(cnt = 0; cnt < size; cnt++)           // 문자열 상수 출력
        printf("%d.%s\n", cnt + 1, task[cnt]);

    while(1)
    {
        printf("\n숫자 입력(1 ~ 5) : ");
        scanf_s("%d", &choice);
        if(choice < 1 || choice > 5)
        {
            printf("입력 숫자 오류!\n");
            continue;
        }
        else if (choice == 5)
            break;
        else      // 입력한 숫자에 해당하는 배열 요소 매핑
            printf("선택한 단어는 \"%s\"입니다.\n", task[choice - 1]);
    }
    return 0;
}
```

```
포인터 배열의 요소 선택(종료 : 5)
1.Desk
2.Computer
3.Books
4.USB
5.EXIT

숫자 입력(1 ~ 5) : 8
입력 숫자 오류!

숫자 입력(1 ~ 5) : 1
선택한 단어는 "Desk"입니다.

숫자 입력(1 ~ 5) : 5
```

SECTION 03 배열 포인터

1 배열 포인터의 개념

배열 포인터를 간단하게 표현하면 배열을 가리키는 포인터라고 할 수 있습니다. 배열 포인터의 사용 형식은 다음과 같습니다.

```
배열_타입 (*포인터) [배열_크기];            // () 안에 *가 선언되어 먼저 포인터가 됨
```

```
int a[5] = {10, 20, 30, 40, 50};
int(*ap)[5];     // 포인터 ap는 int[5]의 배열을 가리키는 포인터 역할 수행
```

배열의 이름은 배열의 첫 번째 요소를 가리키는 상수 포인터 역할을 수행하는 반면, 배열 포인터는 배열 전체를 가리키는 포인터입니다. 배열의 이름과 배열 포인터가 의미하는 것을 명확하게 구분하기 바랍니다.

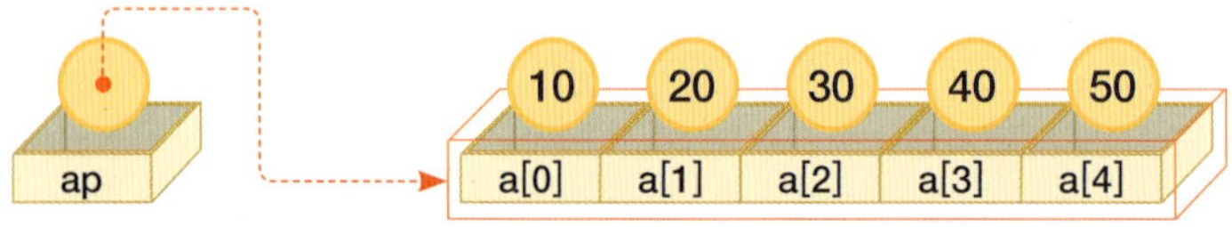

그림 12-4 배열 a[5] 전체를 가리키는 배열 포인터 ap

2 배열 포인터의 사용

다음 예제는 정수형 배열을 선언하고 선언한 배열을 가리키기 위한 배열 포인터를 선언하는 프로그램입니다. 예제를 통해 배열 포인터를 선언하는 방법, 배열과 배열 포인터의 관계를 알 수 있습니다.

예제 12-3 정수형 배열과 배열 포인터 선언 ex12_03.c

```c
#include <stdio.h>

int main(void)
{
    int a[5] = {10, 20, 30, 40, 50};
    int(*ap)[5];             // int[5]를 가리키는 배열 포인터 ap 선언
    int cnt;

    printf("배열 선언 : int a[5] = {10, 20, 30, 40, 50}\n");
    printf("배열 포인터 선언 : int (*ap)[5]\n");

    ap = &a;                 // 배열 전체 주소를 계산하여 대입
    printf("\n배열 포인터 ap의 주소 : %d\n\n", ap);

    for(cnt = 0; cnt < 5; cnt++)
        printf("%d번째 요소 : %d\n", cnt + 1, (*ap)[cnt]);

    return 0;
}
```

```
배열 선언 : int a[5] = {10, 20, 30, 40, 50}
배열 포인터 선언 : int(*ap)[5]

배열 포인터 ap의 주소 : 14219992

1번째 요소 : 10
2번째 요소 : 20
3번째 요소 : 30
4번째 요소 : 40
5번째 요소 : 50
```

3 다차원 배열 처리

다차원 배열은 배열 그 자체가 배열 요소에 해당하므로 배열 포인터가 필요합니다. 배열 포인터는 배열을 가리키는 포인터이며 부분 배열을 배열 요소로 갖는 다차원 배열을 저장하기 위해 사용합니다.

다음 예제는 배열 포인터를 사용하여 2차원 배열을 처리하는 프로그램입니다.

예제 12-4 배열 포인터로 2차원 배열 처리 ex12_04.c

```c
#include <stdio.h>

int main(void)
{
    int a[2][4] = {
                    {10, 20, 30, 0},    // 0은 배열 요소의 합계 저장 공간
                    {40, 50, 60, 0}     // 0은 배열 요소의 합계 저장 공간
    };
    int(*four)[4];  // 배열 포인터 four 선언(일반 포인터 변수는 오류 발생)
    int row, col;

    four = a;       // 2차원 배열 a의 시작 주소를 포인터 변수에 대입
    printf("2차원 배열 요소와 행에 대한 합계 출력\n");

    /* 배열 요소 3개의 합을 2차원 배열 요소의 네 번째 위치에 저장 */
    for(row = 0; row < 2; row++)
        for(col = 0; col < 3; col++)
            four[row][3] += four[row][col];

    /* 2차원 배열의 각 [행]별로 [열]을 합산한 값을 배열 a[행][3]에 출력 */
    for(row = 0; row < 2; row++)
    {
        printf("%d번째 행 배열 요소 출력\n", row + 1);

        for(col = 0; col < 3; col++)
        {
            printf("[%d][%d] : ", row, col);
            printf("%d\t\n", four[row][col]);
        }
        printf("배열 요소 합계 : %d\n\n", four[row][3]);
    }
    return 0;
}
```

```
2차원 배열 요소와 행에 대한 합계 출력
1번째 행 배열 요소 출력
[0][0] : 10
[0][1] : 20
[0][2] : 30
배열 요소 합계 : 60

2번째 행 배열 요소 출력
[1][0] : 40
[1][1] : 50
[1][2] : 60
배열 요소 합계 : 150
```

소스 코드 05행에서 선언한 2차원 배열 int a[2][4] = {{10, 20, 30, 0}, {40, 50, 60, 0}};이 메모리 공간에 저장되어 있는 초기 상태의 배열 요소를 그림으로 나타내면 다음과 같습니다.

```
int a[2][4] = {{10, 20, 30, 0}, {40, 50, 60, 0}};
int(*four)[4];
four = a;
```

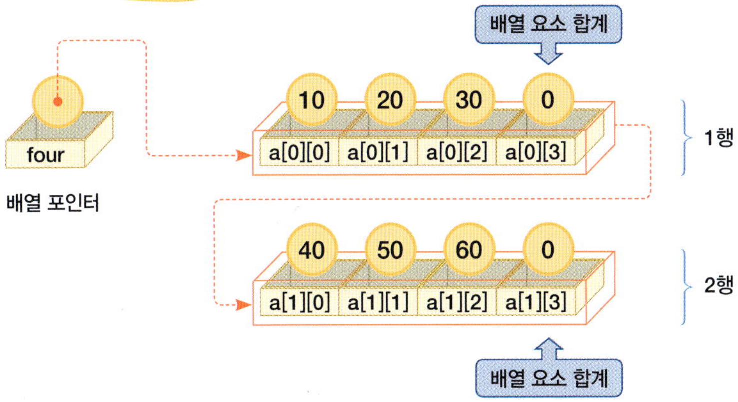

그림 12-5 **2차원 배열 요소와 배열 포인터의 관계**

소스 코드 06행과 07행에서 선언한 배열 요소 중 네 번째 요소를 모두 0의 값으로 선언한 이유는 배열 요소의 합계를 산출하여 저장하기 위한 공간으로 사용하기 위함입니다. 배열 포인터를 사용하여 2차원 배열의 요소 값에 대한 합계를 구하는 과정은 다음과 같습니다.

```
for(row = 0; row < 2; row++)
  for(col = 0; col < 3; col++)
    four[row][3] += four[row][col];
```

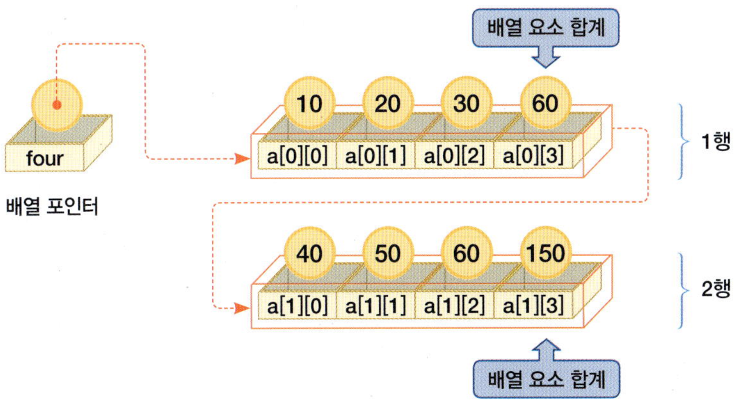

그림 12-6 **배열 포인터로 2차원 배열의 요소 값 합계를 산출**

예제 프로그램은 2차원 배열의 요소를 4개씩 선언했습니다. 하지만 중첩된 for 문은 2차원 배열의 [행]과 [열]에 해당하는 각 배열 요소의 합계를 산출할 때 열의 개수를 4개가 아닌 3개에 대해서만 반복 수행하도록 명령문을 선언하였고 마지막 인덱스는 반복문을 수행하지 않았습니다. 그 이유는 4개의 배열 요소 중에서 마지막에 위치한 인덱스는 배열 요소 값의 합계를 산출하여 저장하는 인덱스로 활용하기 위함입니다.

: QUIZ

배열 포인터는 (   )을/를 가리키는 포인트입니다. 부분 배열을 배열 요소로 가지는 다차원 배열을 저장하기 위해 사용합니다.

정답

배열

SECTION 04

함수 포인터

1 함수 포인터의 개념

함수 포인터는 함수를 가리키는 포인터입니다. 함수를 정의하고 실행하면 메모리 공간에 코드 형태로 존재하고 메모리 주소도 가지게 되는데, 이 주소를 포인터에 넣어서 활용하는 것이 '함수 포인터'입니다. 함수 포인터는 메모리에서 함수가 저장된 시작 주소를 가리킵니다.

2 함수 포인터의 사용 형식

함수 포인터의 사용 형식을 예로 들어 살펴보겠습니다. 함수 포인터를 사용하여 매개변수 2개를 정수형으로 반환하는 hap( ) 함수를 호출하려면 다음과 같이 선언합니다.

```
int hap(int, int);                  // hap 사용자 정의 함수 선언

int main(void)
{
    int result;
    int(*fp)(int, int);             // *fp는 함수를 가리키는 포인터, (int, int)는 포인터가 가리키는 매개변수
        ...
    fp = hap;                       // 함수 포인터에 함수 이름 대입
    result = (*fp)(100, 200);       // 함수 포인터를 사용하여 함수 호출
```

함수 포인터를 선언할 때는 (*fp)와 같이 괄호를 사용하여 연산자 우선순위를 확실하게 정해주어야 합니다. 이때 괄호를 생략해서는 안 됩니다. 함수 포인터에 괄호를 사용하여 * 연산자가 먼저 수행되도록 해야 합니다.

함수 포인터는 한 번 선언한 것이며 반환값의 자료형과 매개변수만 일치하면 호출하는 순서에 따라 여러 함수를 바꿔가며 나타낼 수 있습니다. 예를 들어 fp = hap;와 같이 함수 포인터에 함수 이름을 대입하면 이후부터 fp 포인터가 hap( ) 함수를 가리키고, fp = cha;와 같이 대입하면 이후부터 fp 포인터가 cha( ) 함수를 가리킵니다.

다음은 함수 포인터 1개로 함수 2개를 가리키는 과정을 나타낸 것입니다.

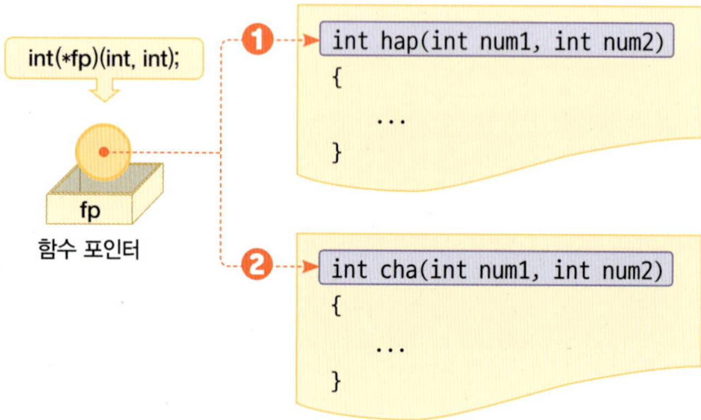

그림 12-7 **함수 포인터 1개로 함수 2개를 가리키는 과정**

다음 예제는 함수 포인터를 인수로 사용해서 사용자 정의 함수를 호출하는 프로그램입니다.

예제 12-5 함수 포인터를 인수로 전달 ex12_05.c

```
#include <stdio.h>

int hap(int a, int b);              // 사용자 정의 함수 hap( ) 선언
int cha(int a, int b);              // 사용자 정의 함수 cha( ) 선언

int main(void)
{
    int result;
    int(*fp)(int, int);             // 함수 포인터 정의

    printf("100과 200의 덧셈 연산과 뺄셈 연산\n");

    fp = hap;                       // hap( ) 함수 주소를 포인터에 대입
    result = fp(100, 200);          // 인수를 전달하여 hap( ) 함수 호출
    printf("덧셈 연산 결과 : %d\n", result);

    fp = cha;                       // cha( ) 함수 주소를 포인터에 대입
    result = fp(100, 200);          // 인수를 전달하여 cha( ) 함수 호출
```

```
    printf("뺄셈 연산 결과 : %d\n", result);
    return 0;
}

int hap(int a, int b)
{
    int sum;

    printf("\n[hap( ) 함수 영역]\n\n");
    sum = a + b;
    return sum;
}

int cha(int a, int b)
{
    int sub;

    printf("\n[cha( ) 함수 영역]\n\n");
    sub = a - b;
    return sub;
}
```

```
100과 200의 덧셈 연산과 뺄셈 연산

[hap( ) 함수 영역]

덧셈 연산 결과 : 300

[cha( ) 함수 영역]

뺄셈 연산 결과 : -100
```

3 함수 포인터의 배열

함수 포인터의 배열은 함수의 시작 주소를 배열 요소에 저장하기 위해 선언하는 것으로 매개변수를 가지는 함수를 가리키는 역할을 합니다. 함수 포인터 배열은 메뉴 등을 출력할 때 주로 사용합니다. 함수 포인터의 배열을 사용하면 함수의 주소를 포인터에 대입하지 않고도 함수를 호출할 수 있습니다.

예를 들어, 4개의 사용자 정의 함수를 함수의 배열 요소로 사용하기 위한 함수 포인터를 선언하는 형식은 다음과 같습니다.

```
배열_타입(*포인터_배열)(매개변수_타입);
```

```
int (*fp[4])(int, int) = {hap, cha, gob, na};
    ...
변수명 = fp[함수명](인수1, 인수2);          // 함수 포인터 배열의 인덱스로 함수명 지정해도 됨
```

함수 포인터 배열을 의미하는 (*fp[4]) 포인터 선언에서 주의 깊게 볼 것은 연산자 우선순위입니다. [ ]는 * 연산자보다 우선순위이므로 fp[4]가 먼저 먼저 수행되고 * 연산자에 의해 4개의 함수를 각각 가리키는 함수 포인터 배열이 됩니다.

다음은 함수 포인터의 배열을 나타낸 그림입니다.

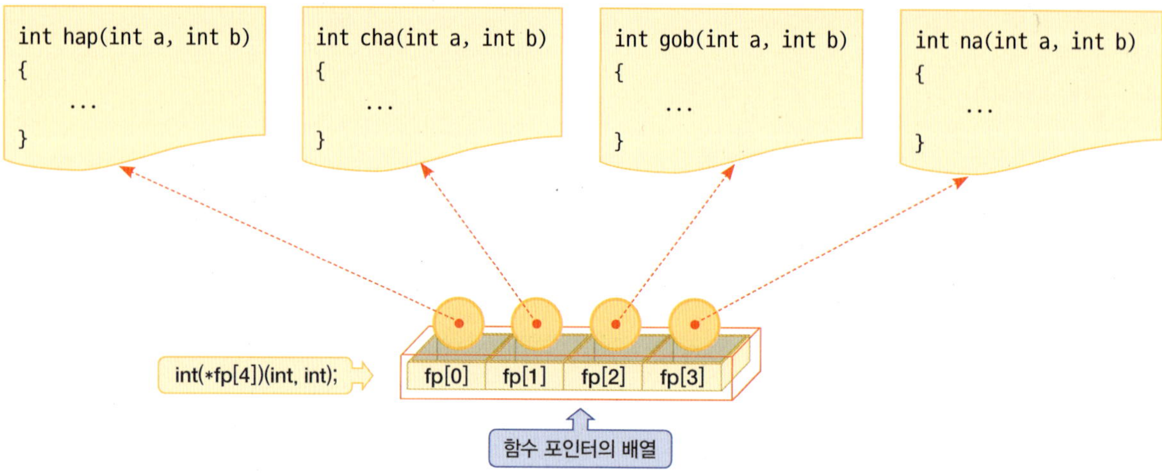

그림 12-8 4개의 함수를 배열 요소로 갖는 함수 포인터의 배열

다음 예제는 함수 포인터의 배열을 사용하는 프로그램입니다. 함수 포인터의 배열을 사용하여 함수를 호출하고 반환하는 과정을 이해하며 실습하기 바랍니다.

예제 12-6 함수 포인터의 배열 사용 ex12_06.c

```c
#include <stdio.h>

void menu(void);                    // 사용자 정의 함수 선언
int hap(int a, int b);
int cha(int a, int b);
int gob(int a, int b);
int na(int a, int b);

void menu(void)
{
    int size, cnt;
```

```
    char *ma[ ] = {"덧셈", "뺄셈", "곱셈", "나눗셈", "종료"};
    size = sizeof(ma) / sizeof(ma[0]);        // 배열 요소의 개수 산출
    for(cnt = 0; cnt < size; cnt++)
        printf("%d.%s \n", cnt, ma[cnt]);
}

int main(void)
{
    int choice, result, a, b;
    int(*fp[4])(int, int) = {hap, cha, gob, na};// 함수 포인터의 배열 선언
    while(1)
    {
        menu( );                              // 사용자 정의 함수 호출
    re:
        printf("선택(0 ~ 4) : ");
        scanf_s("%d", &choice);
        if(choice < 0 || choice > 4)
        {
              printf("\n입력 오류\n");
              printf("다시 선택하세요.\n");
              goto re;
        }
        else if(choice == 4)
              break;
        else
        {
              printf("정수 2개 입력(예> 10 20) : ");
              scanf_s("%d %d", &a, &b);
              result = fp[choice](a, b); // 함수 포인터 배열로 선택한 함수 호출
              printf("연산 결과 : %d\n", result);
        }
        printf("프로그램 수행 완료\n");
    }
    printf("\n프로그램 종료\n");
    return 0;
}

int hap(int a, int b)
{
    int result;
    printf("\n[덧셈 hap( ) 함수 영역]\n\n");
    result = a + b;
    return result;
}

int cha(int a, int b)
{
    int result;
    printf("\n[뺄셈 cha( ) 함수 영역]\n\n");
    result = a - b;
```

```c
    return result;
}

int gob(int a, int b)
{
    int result;
    printf("\n[곱셈 gob( ) 함수 영역]\n\n");
    result = a * b;
    return result;
}

int na(int a, int b)
{
    int result;
    printf("\n[나눗셈 na( ) 함수 영역]\n\n");
    result = a / b;
    return result;
}
```

```
0.덧셈
1.뺄셈
2.곱셈
3.나눗셈
4.종료
선택(0 ~ 4) : 3
정수 2개 입력(예> 10 20) : 15 5

[나눗셈 na( ) 함수 영역]

연산 결과값 : 3
프로그램 수행 완료
0.덧셈
1.뺄셈
2.곱셈
3.나눗셈
4.종료
선택(0 ~ 4) : 4

프로그램 종료
```

SECTION

05 이중 포인터

1 이중 포인터의 개념

이중 포인터는 포인터 변수를 저장하기 위해 사용합니다. 포인터 배열은 포인터가 배열 요소이기 때문에 이를 포인터 변수로 저장하려면 이중 포인터가 필요합니다. 이중 포인터는 기존의 포인터 변수인 *pc에 포인터 변수를 의미하는 *를 하나 더 붙여서 **ppc로 표기합니다. **ppc는 *(*ppc)와 동일한 의미를 가집니다. 이중 포인터는 포인터의 포인터라고도 합니다. 이중 포인터를 사용하는 형식은 다음과 같습니다.

```
배열_타입 **포인터_변수;
```

```
char c = 'F';          // 문자형 변수
char *pc;              // 문자형 포인터 변수
char **ppc;            // 이중 포인터 변수
char *season[4];       // 문자형 포인터 배열
pc = &c;               // 변수 c의 시작 주소를 포인터 변수에 대입
ppc = &pc;             // 포인터 변수 pc의 시작 주소를 이중 포인터 변수에 대입
ppc = season;          // 포인터 배열의 시작 주소를 이중 포인터 변수에 대입
```

포인터 변수와 이중 포인터 변수의 관계를 다음 그림과 같이 나타낼 수 있습니다.

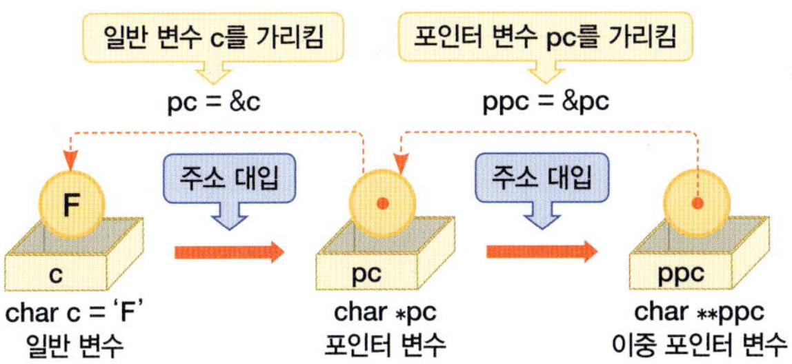

그림 12-9 **이중 포인터가 가리키는 포인터와 포인터가 가리키는 변수**

2 이중 포인터의 활용

다음 예제는 이중 포인터를 사용하여 포인터 배열을 처리하는 프로그램입니다. 이중 포인터를 사용하여 메모리에 간접으로 두 번 접근해서 배열 요소를 출력하는 과정을 살펴보기 바랍니다.

예제 12-7 이중 포인터로 포인터 배열 처리 ex12_07.c

```
#include <stdio.h>

int main(void)
{
    char *season[] = {"Spring", "Summer", "Fall", "Winter"};
    char c = 'F';
    char *pc, **ppc;
    int cnt;

    pc = &c;                // 변수 c의 시작 주소를 포인터 변수에 대입
    ppc = &pc;              // 포인터 변수 pc의 시작 주소를 이중 포인터 변수에 대입

    printf("일반 변수 c : %c\n", c);
    printf("포인터 변수 *pc : %c\n", *pc);
    printf("이중 포인터 **ppc : %c\n", **ppc);

    ppc = season;           // 포인터 배열의 시작 주소를 이중 포인터 변수에 대입

    printf("\n");
    printf("char *season[ ] = {\"Spring\",\"Summer\",\"Fall\",\"Winter\"}\n");

    for(cnt = 0; cnt < 4; cnt++)
        printf("%d번째 배열 요소인 *(ppc + %d) 출력 : %s\n", cnt + 1, cnt, *(ppc + cnt));

    return 0;
}
```

```
일반 변수 c : F
포인터 변수 *pc : F
이중 포인터 **ppc : F

char *season[ ] = {"Spring","Summer","Fall","Winter"}
1번째 배열 요소인 *(ppc + 0) 출력 : Spring
2번째 배열 요소인 *(ppc + 1) 출력 : Summer
3번째 배열 요소인 *(ppc + 2) 출력 : Fall
4번째 배열 요소인 *(ppc + 3) 출력 : Winter
```

다음 예제는 외부에서 정의된 포인터값을 함수의 인수로 받아서 변경하는 프로그램입니다. 포인터값을 함수의 인수로 호출하려면 사용자 정의 함수의 매개변수로 이중 포인터를 사용해야 합니다.

예제 12-8 사용자 정의 함수에서 이중 포인터 사용 ex12_08.c

```c
#include <stdio.h>

void creed(char **ppc); // 이중 포인터를 매개변수로 가지는 사용자 정의 함수 선언
void target(char **ppc);

int main(void)
{
    char *pc;

    printf("나의 생활 신조와 인생 좌우명\n\n");

    creed(&pc); // 포인터 변수 pc의 시작 주소 전달하여 함수 호출(pc 값은 변경)
    printf("생활 신조 : %s\n", pc);

    target(&pc); // 포인터 변수 pc의 시작 주소 전달하여 함수 호출(pc 값은 변경)
    printf("인생 좌우명 : %s\n", pc);
    return 0;
}

void creed(char **ppc)
{
    *ppc = "오늘 하루도 최선을 다하자.";  // 이중 포인터 이름과 동일하게 선언
}

void target(char **ppc)
{
    *ppc = "후회하지 않는 삶을 살자.";    // 이중 포인터 이름과 동일하게 선언
}
```

```
나의 생활 신조와 인생 좌우명

생활 신조 : 오늘 하루도 최선을 다하자.
인생 좌우명 : 후회하지 않는 삶을 살자.
```

: QUIZ

포인터 배열은 포인터가 배열 요소이기 때문에 이를 포인터 변수로 저장하려면 (　　　　)이/가 필요합니다.

정답

이중 포인터

SECTION

06 void형 포인터

1 void형 포인터의 개념

void형 포인터는 포인터를 선언할 당시 구체적인 타깃이 정해지지 않았을 때 사용합니다. void형 포인터를 선언하면 메모리 공간의 주소만 할당받는 변수의 역할을 수행합니다. void형 포인터를 사용하는 이유는 배열 요소의 자료형을 임의의 배열로 처리하고 임의의 자료형을 1개의 포인터 변수로 처리하기 위해서입니다.

2 void형 포인터의 사용 형식

void형 포인터는 자료형에 상관없이 모든 자료형의 데이터를 처리할 수 있습니다. void형 포인터는 임의의 자료형을 처리하기 위해 사용하는 것이기 때문에 반드시 캐스트 연산자를 사용하여 명시적인 대상을 가리키는 포인터 타입으로 자료형을 변환해 주어야 합니다.

void형 포인터 변수를 사용하는 형식은 다음과 같습니다.

```
void *포인터_변수;
```

```
int a = 100;
void *vp;          // void형 포인터 선언
vp = &a            // 변수 a의 주소를 void형 포인터에 대입
   ...
printf("void형 포인터 변수값 : [%d]\n", (int*)vp);   // 캐스트 연산자 사용
```

예시를 보면 void형 포인터 변수인 vp를 사용하여 정수형 변수 a의 값을 처리할 수 있습니다. 하지만 void형 포인터 변수를 사용해 메모리의 해당 주소로부터 몇 바이트의 크기를 읽어와야 하는지는 알 수 없으므로 반드시 캐스트 연산자를 사용해야 합니다.

다음 예제는 void형 포인터를 선언하여 정수형 변수와 문자형 변수를 처리하는 프로그램입니다.

예제 12-9 void형 포인터로 변수 처리 ex12_09.c

```
01 #include <stdio.h>
02
03 int main(void)
04 {
05     int a = 100;
06     char b = 'F';
07     void *vp;                // void형 포인터 변수 선언
08
09     printf("1.캐스트 연산자를 사용하는 경우\n");
10
11     vp = &a;
12     printf("변수 a의 값이 *(int*)vp로 출력 : %d\n", *(int*)vp);
13
14     vp = &b;
15     printf("변수 b의 값이 *(char*)vp로 출력 : %c\n", *(char*)vp);
16
17     printf("\n2.캐스트 연산자를 사용하지 않는 경우\n");
18     printf("변수 a의 값이 *vp로 출력 : Illegal Indirection 오류\n");
19     // printf("변수 a의 값이 *vp로 출력 : %d\n", *vp);
20
21     printf("변수 b의 값이 *vp로 출력 : Illegal Indirection 오류\n");
22     // printf("변수 b의 값이 *vp로 출력 : %c\n", *vp);
23     return 0;
24 }
```

```
1.캐스트 연산자를 사용하는 경우
변수 a의 값이 *(int*)vp로 출력 : 100
변수 b의 값이 *(char*)vp로 출력 : F

2.캐스트 연산자를 사용하지 않는 경우
변수 a의 값이 *vp로 출력 : Illegal Indirection 오류
변수 b의 값이 *vp로 출력 : Illegal Indirection 오류
```

예제 프로그램의 19행과 22행에서 주석 처리한 명령문과 같이 void 형 포인터에 대한 값을 출력할 때 캐스트 연산자를 사용하지 않으면 간접 참조 오류라는 메시지가 출력되며 컴파일 오류가 발생합니다. void형 포인터를 사용할 경우 반드시 캐스트 연산자를 사용해야 오류 발생을 예방할 수 있습니다.

SECTION 07

포인터를 활용한 정렬과 탐색

1 버블 정렬

> **Tip**
> 정렬의 대상이 되는 각각의 데이터를 원소라 합니다.

정렬은 주어진 키값에 의해 정보를 오름차순(ascending) 또는 내림차순(decending)으로 순서화하는 과정입니다. 순서대로 정렬하는 방법 중에서 가장 널리 알려진 것은 버블 정렬(bubble sort)입니다. 버블 정렬은 이웃한 자료를 비교하여 순서가 바뀐 원소를 교환하는 방식입니다.

R1, …, Rn으로 이루어진 데이터에 버블 정렬을 수행한다면 먼저 첫 번째 패스(pass)에서 (R1:R2), (R2:R3), …, (Rn−1:Rn) 순서로 비교합니다. 두 번째 패스는 (R1:R2), (R2:R3), …, (Rn−2:Rn−1) 순서로 비교하는 과정을 되풀이하다가 (n−1)번째 패스에서 (R1:R2)를 비교함으로써 정렬을 모두 마칩니다.

[d−c−a−b에 버블 정렬 4회(n=4) 수행]

- 1회 수행 결과 : c−a−b−d
- 2회 수행 결과 : a−b−c−d
- 3회 수행 결과 : a−b−c−d
- 4회 수행 결과 : a−b−c−d

다음 예제는 키보드로 입력한 문자열을 버블 정렬로 정렬한 다음 화면에 출력하는 프로그램입니다. 사용자 정의 함수의 매개변수는 포인터를 활용합니다.

예제 12-10 포인터를 활용해 문자열에 버블 정렬 수행 ex12_10.c

```
#include <stdio.h>
#include <string.h>

void bubble(char*, int);              // 사용자 정의 함수 선언

int main(void)
{
```

```
08     char str[80];                 // 키보드로부터 문자열 입력받아 저장
09
10     printf("문자열 입력 : ");
11     gets(str);                    // 직접형 입력 함수 사용
12     bubble(str, strlen(str));     // 버블 정렬 사용자 정의 함수 호출
13     printf("문자열을 버블 정렬한 결과 : %s\n", str);
14     return 0;
15 }
16
17 void bubble(char *item, int count)  // 버블 정렬 사용자 정의 함수 정의
18 {
19     int pass = 0;             // 반복 수행할 카운터 변수
20     int change = 1;           // 교체 여부
21     int j;                    // item 포인터의 배열 첨자로 사용
22     char t;                   // 큰 값을 찾아 교체하기 위한 저장용 임시 변수
23
24     printf("\n[버블 정렬 함수 영역]\n\n");
25
26     while(pass < count - 1 && change)  // (n-1)회 pass 반복 수행
27     {
28         change = 0;           // 교체 안 함
29         for(j = 0; j < count - pass - 1; ++j)
30         {
31             if(item[j] > item[j + 1]) // 오름차순 정렬, 큰 값의 문자로 교체
32             {
33                 change = 1;           // 교체
34                 t = item[j];
35                 item[j] = item[j + 1];
36                 item[j + 1] = t;
37             }
38         }
39         pass++;
40     }
41 }
```

```
문자열 입력 : spacezone

[버블 정렬 함수 영역]

문자열을 버블 정렬한 결과 : aceenopsz
```

소스 코드 12행의 bubble(str, strlen(str));에서 선언한 strlen( ) 함수는 문자열의 길이를 구하는 역할을 합니다. 04행에서 선언한 사용자 정의 함수를 12행에서 호출하면서 str과 strlen(str)의 인수 2개를 매개변수인 char *item과 int count로 받아들입니다.

소스 코드 26행의 while 문은 카운트 횟수를 (n-1)회 도달할 때까지 반복 수행합니다. 31행의 if 문은 11행에서 입력한 문자열을 오름차순으로 버블 정렬을 수행합니다. 입력한 문자열은 모두 알파벳 오름차순으로 버블 정렬되어 출력됩니다.

2 선택 정렬

선택 정렬(selection sort)은 가장 작은 값을 가진 원소를 선택하여 처음 원소와 비교한 다음 오름차순 형태로 위치를 교체합니다. 주어진 문자열의 (n−1) 원소에서 가장 작은 원소를 찾아 두 번째 원소와 교체하는 과정을 반복해서 정렬하는 방식입니다.

[d−c−a−b에 선택 정렬 4회(n=4) 수행]

- 1회 수행 결과 : a−c−d−b
- 2회 수행 결과 : a−b−d−c
- 3회 수행 결과 : a−b−c−d
- 4회 수행 결과 : a−b−c−d

다음 예제는 키보드로 입력받은 문자열에 선택 정렬을 수행한 후 화면에 출력하는 프로그램입니다.

예제 12-11 포인터를 활용해 문자열에 선택 정렬 수행 ex12_11.c

```c
#include <stdio.h>
#include <string.h>

void selection(char*, int);         // 사용자 정의 함수 선언

int main(void)
{
    char str[80];                   // 키보드로부터 문자열 입력받아 저장

    printf("문자열 입력 : ");
    gets(str);                      // 직접형 입력 함수 사용

    selection(str, strlen(str));    // 선택 정렬 함수 호출

    printf("문자열을 선택 정렬한 결과 : %s\n", str);
    return 0;
}

void selection(char *item, int count)   // 선택 정렬 사용자 정의 함수
{
```

```
21     int i, j, k;
22     char t;
23 
24     printf("\n[선택 정렬 함수 영역]\n\n");
25 
26     for(i = 0; i < count - 1; ++i) // 입력한 문자열 길이 - 1만큼 반복 수행
27     {
28         t = item[i];
29         k = i;
30         for(j = i + 1; j < count; ++j) // 선택 정렬 반복 수행
31         {
32             if(item[j] < t)   // 아스키코드값에서 작은 값을 찾아 임시 저장
33             {
34                 k = j;
35                 t = item[j];
36             }
37         }
38         item[k] = item[i];          // 서로 교체
39         item[i] = t;
40     }
41 }
```

```
문자열 입력 : Wednesday

[선택 정렬 함수 영역]

문자열을 선택 정렬한 결과 : Waddeensy
```

Tip
문자열을 오름차순으로 정렬하는 값의 기준은 알파벳이 아스키코드값입니다. 대문자 W의 아스키코드값이 87, 소문자 a가 97이므로 대문자 W가 맨 앞에 정렬됩니다.

소스 코드 26행에서 선언한 for 문은 입력한 문자열 길이에서 (n−1)만큼 반복 수행하고 30행의 for 문에서는 선택 정렬을 반복해서 수행합니다. 32행의 if 문은 입력한 문자열을 비교하여 아스키코드값이 작은 값을 찾아 임시로 저장합니다. 38행과 39행에서 서로 위치를 교체하면서 정렬이 완료됩니다.

3 순차 탐색

순차 탐색(sequential search)은 정렬되지 않은 배열에서 원하는 값을 찾기 위해 첫 번째 배열 요소부터 차례로 탐색하여 부합되는 것을 발견하면 종료하고 아니면 배열 요소 끝까지 탐색하는 방법입니다.

다음 예제는 키보드로 입력받은 문자열에서 특정 문자(예제에서는 알파벳 소문자 k)를 순차 탐색하는 프로그램입니다.

예제 12-12 포인터를 활용해 순차 탐색 수행 ex12_12.c

```c
#include <stdio.h>
#include <string.h>

int sequential(char*, int, char);           // 사용자 정의 함수 선언

int main(void)
{
    char str[80];
    char key = 'k';
    int check;

    printf("문자열 입력 : ");
    gets(str);                     // 키보드로부터 문자열 입력받을 배열 선언

    check = sequential(str, strlen(str), key);  // 인수 3개 전달하여 호출

    if(check < 1)
        printf("입력한 문자열에는 알파벳 소문자 \"k\"가 없습니다.\n");
    else
    {
        printf("알파벳 소문자 \"k\"를 찾았습니다.\n");
        printf("문자열의 %d번째에 있습니다.\n", check + 1);
    }
    return 0;
}

int sequential(char *item, int count, char key)   // 순차 탐색 함수 정의
{
    int i;

    printf("\n[순차 탐색 함수 영역]\n\n");

    for(i = 0; i < count; ++i)  // 알파벳을 찾는 순차 탐색 반복 수행

        if(key == item[i])                      // 일치할 경우
            return i;

    return - 1;                                        // 일치하지 않을 경우
}
```

```
문자열 입력 : speaKer

[순차 탐색 함수 영역]

입력한 문자열에는 알파벳 소문자 "k"가 없습니다.
```

```
문자열 입력 : speaker

[순차 탐색 함수 영역]

알파벳 소문자 "k"를 찾았습니다.
문자열의 5번째에 있습니다.
```

소스 코드 09행에서 찾고자 하는 알파벳 소문자 k를 변수에 대입한 다음 15행에서 순차 탐색 함수를 호출할 때 입력한 문자열과 문자열의 길이를 인수로 함께 전달합니다. 27행의 순차 탐색 함수에서는 전달받은 인수 3개를 매개변수로 받아들여 순차 탐색을 수행한 뒤 그 결과를 17행의 if 문과 19행의 else 문으로 판별하여 출력합니다.

4 이진 탐색

이진 탐색(binary search)은 원하는 값을 찾기 위해 배열 요소의 중앙에 있는 값부터 탐색하는 방법입니다. 배열의 요소 값을 두 부분으로 나눈 뒤 중앙에 있는 값과 찾고자 하는 값을 비교합니다. 중앙에 있는 값이 찾으려는 값보다 작으면 큰 값이 있는 오른쪽을 탐색하고, 크면 작은 값이 있는 왼쪽을 탐색합니다. 순차 탐색보다는 시간이 적게 걸리지만 제시한 배열 요소가 순서대로 정리되어야만 탐색을 수행하는 한계가 있습니다.

Tip 만약 배열 요소가 순차로 정리되어 있지 않다면 선택 정렬을 먼저 수행한 뒤 이진 탐색을 해야 합니다.

다음 예제는 입력한 문자열 중에서 알파벳 소문자 k를 탐색하는 프로그램입니다. 예제를 통해 순차 탐색과 이진 탐색 방법의 차이점을 살펴볼 수 있습니다.

예제 12-13 포인터를 활용해 이진 탐색 수행 ex12_13.c

```
01 #include <stdio.h>
02 #include <string.h>
03
04 int binary(char*, int, char);  // 사용자 정의 함수 선언
05
06 int main(void)
07 {
08     char str[80];              // 키보드로부터 문자열 입력받아 저장
09     char key = 'k';
10     int check;
11
12     printf("문자열 입력 : ");
13     gets(str);
14
15     check = binary(str, strlen(str), key);  // 인수 3개 전달하여 함수 호출
16
17     if(check < 1)
18     {
19         printf("입력한 문자열에는 문자 k가 없습니다.\n");
20     }
21     else
22     {
23         printf("문자 k를 찾았습니다.\n");
24         printf("문자열의 %d번째에 있습니다.\n", check + 1);
25     }
26     return 0;
```

```
27 }
28
29 int binary(char *item, int count, char key)  // 이진 탐색 함수 정의
30 {
31     int low = 0, high, mid;
32     high = count - 1;
33
34     printf("\n[이진 탐색 함수 영역]\n\n");
35
36     while(low <= high)         // 문자열 길이 -1보다 적으면 반복 수행
37     {
38         mid = (low + high) / 2;              // 배열 요소의 중간부터 탐색
39
40         if(key < item[mid])                  // 알파벳 k가 작을 경우
41             high = mid - 1;
42         else
43             if(key > item[mid])              // 알파벳 k가 클 경우
44                 low = mid + 1;
45             else
46                 return mid;                  // 발견했으므로 값 반환
47     }
48     return - 1;
49 }
```

```
문자열 입력 : spack

[이진 탐색 함수 영역]

문자 k를 찾았습니다.
문자열의 5번째에 있습니다.
```

```
문자열 입력 : Academy

[이진 탐색 함수 영역]

입력한 문자열에는 문자 k가 없습니다.
```

소스 코드 13행에서 입력받은 문자열을 대상으로 29행에서 정의한 이진 탐색 함수를 15행에서 호출합니다. 함수를 호출할 때는 입력한 문자열과 문자열 길이, 탐색할 알파벳을 인수로 전달합니다. 15행에서 전달한 인수는 29행의 이진 탐색 함수에서 매개변수로 받은 뒤 이진 탐색을 수행합니다.

소스 코드 36행의 while 문은 문자열 길이 중간부터 탐색하기 위해 38행에서 2로 나누어 줍니다. 40행의 if 문은 2로 나눈 값보다 찾으려는 알파벳의 아스키코드값이 작을 경우에 탐색을 수행하고, 42행의 else 문은 찾으려는 알파벳의 아스키코드값이 크면 탐색을 수행합니다. 해당 알파벳을 찾았을 경우 46행에서 그 값을 반환합니다.

도전문제 배열을 이용해 포인터 활용하기

01 실행 결과에 맞게 소스 코드의 빈칸을 채워 완성하시오.

```
문자열 입력(10바이트 이내) : abcdefghij
*(ps + 0) : a
*(ps + 1) : b
*(ps + 2) : c
*(ps + 3) : d
*(ps + 4) : e
*(ps + 5) : f
*(ps + 6) : g
*(ps + 7) : h
*(ps + 8) : i
*(ps + 9) : j
```

```
#include <stdio.h>

int main(void)
{
    char *ps;
    char st[11] = { 0 };

    [                    ]              // 배열 요소를 포인터에 대입

    printf("문자열 입력(10바이트 이내) : __________\b\b\b\b\b\b\b\b\b\b");
    scanf_s("%s", st, [                    ]);

    for(int cnt = 0; [                    ] cnt++)
        printf(" *(ps + %d) : %c\n", cnt, [                    ]);

    return 0;
}
```

Hint : 포인터와 배열을 선언한 다음 배열 요소를 포인터에 대입합니다. 입력한 문자열을 배열로 처리하고 for 문을 이용해 10바이트를 넘지 않게 한 글자씩(알파벳 기준) 출력합니다.

정답

```
ps = st;
sizeof(st)
cnt < 10;
*(ps + cnt)
```

02 실행 결과에 맞게 소스 코드의 빈칸을 채워 완성하시오.

```
전공 학과 선택
1. 행정학과
2. 법학과
3. 빅데이터사이언스학과
```

```
#include <stdio.h>

int main(void)
{
    int cnt, size;
    char *dept[ ] = {
        "행정학과",
        "법학과",
        "빅데이터사이언스학과",
    };
    printf("전공 학과 선택\n");
    size = ____________            // 배열 요소의 개수 산출
    for____________                // 문자열 상수 출력
        printf("%d. %s\n", cnt + 1, dept[cnt]);
    return 0;
}
```

Hint : 포인터 배열은 char *배열명[ ]과 같이 선언하고 배열 요소의 개수는 sizeof(배열명) / sizeof(배열명[0]) 공식을 사용하면 됩니다. for 문에서 문자열 상수를 출력하려면 배열 요소의 개수만큼 반복 수행하도록 조건식을 선언하면 됩니다.

정답

```
sizeof(dept) / sizeof(dept[0]);
(cnt = 0; cnt < size; cnt++)
```

03 실행 결과에 맞게 소스 코드의 빈칸을 채워 완성하시오.

```
a[5] = {88, 97, 85, 93, 99}
1번째 요소 : 88
2번째 요소 : 97
3번째 요소 : 85
4번째 요소 : 93
5번째 요소 : 99
```

```c
#include <stdio.h>

int main(void)
{
    int a[5] = {88, 97, 85, 93, 99};
                                    // int[5]를 가리키는 배열 포인터 ap 선언
    int cnt;

                                    // 배열 전체 주소를 계산하여 대입
    printf("a[5] = {88, 97, 85, 93, 99}\n");

    for(cnt = 0; cnt < 5; cnt++)
        printf("%d번째 요소 : %d\n", cnt + 1,                    );

    return 0;
}
```

Hint : 정수형 배열과 배열 포인터를 선언한 다음 첫 번째 배열 요소의 주소가 아닌 배열 전체의 주소를 계산하여 포인터에 대입하려면 주소 참조 연산자인 &를 변수명 앞에 선언해야 합니다. 배열 요소를 출력할 때는 배열 포인터와 카운트 변수를 함께 선언하면 됩니다.

정답

```c
int(*ap)[5];
ap = &a;
(*ap)[cnt]
```

핵심점검

1 (   )은/는 배열의 요소가 포인터로 구성된 배열을 말합니다.

2 문자열을 저장할 때 배열은 메모리 공간을 고정된 길이만큼 확보하고, (   )은/는 메모리 공간을 문자열 크기에 맞춰서 가변적으로 확보합니다.

3 (   )(이)란 배열을 가리키는 포인터를 말합니다. 배열의 이름은 배열의 첫 번째 요소를 가리키는 상수 포인터 역할을 수행하는 반면 이것은 배열 전체를 가리킵니다.

4 (   )(이)란 함수의 시작 주소를 포인터에 넣어서 활용하는 것입니다.

5 (   )은/는 포인터 변수를 저장하기 위해 사용합니다. '**변수명' 형식으로 작성하며, 포인터의 포인터라고도 합니다.

6 (   )을/를 선언하면 메모리 공간의 주소만 할당받는 변수의 역할을 수행합니다.

정답 **1** 포인터 배열 **2** 포인터 **3** 배열 포인터 **4** 함수 포인터 **5** 이중 포인터 **6** void형 포인터

연습문제

1 배열로 문자열 상수를 처리할 때 문자열 끝에 자동으로 포함되는 것은?

① 주소값 ② 포인터

③ 기호 상수 ④ NULL

2 배열로 문자열 상수를 처리할 때 배열의 크기 설정은?

① 문자열 길이 − 1 ② 0

③ 문자열 길이 + 1 ④ 문자열 길이 + 2

3 포인터 배열을 사용할 때 배열 요소는 문자열의 무엇을 저장하는 포인터로 구성되는가?

① 주소값 ② 포인터

③ 시작 주소 ④ NULL

4 포인터 배열에서 문자열의 길이에 따라 메모리 공간을 가변적으로 확보해 주는 배열은?

① 레그드 배열 ② 피보나치 배열

③ 레노나 배열 ④ 절대 주소값 배열

5 배열의 이름은 배열의 첫 번째 요소를 가리키는 상수 포인터 역할을 수행하는 반면에 배열 포인터가 가리키는 것은?

① 배열 일부 ② 배열 전체

③ 배열 크기 ④ NULL

6 함수의 시작 주소를 저장하는 포인터는?

① 포인터 배열 ② 함수 포인터

③ 이중 포인터 ④ void형 포인터

연습문제

7 함수의 시작 주소를 배열 요소에 저장하기 위해 선언하는 배열은?

① 포인터 배열　② 함수 포인터의 배열

③ 이중 포인터의 배열　④ void형 포인터

8 포인터가 배열 요소인 포인터 배열에서 포인터 변수로 저장하기 위해 필요한 것은?

① 포인터 배열　② 함수 포인터

③ 이중 포인터　④ void형 포인터

9 메모리 공간의 주소만 할당받는 변수의 역할을 수행하는 포인터는?

① 포인터 배열　② 함수 포인터

③ 이중 포인터　④ void형 포인터

10 문자열을 처리할 때 배열과 포인터를 사용할 경우 비교하여 간략하게 작성하시오.

구분	배열 사용	포인터 사용
배열 요소		
메모리 공간		
문자열 상수		

11 배열과 포인터 배열이 메모리 공간을 확보하는 방법은 어떤 차이점이 있는지 간략하게 작성하시오.

구분	배열 사용	포인터 배열 사용
배열 요소		
메모리 관리		

12 다음은 함수 포인터를 사용하는 형식이다. 소스 코드의 의미를 주석문으로 적으시오.

```
int hap(int, int);             // [          ]
int main(void)
{
    int result;
    int(*fp)(int, int);        // [          ]

    fp = hap;                  // [          ]
    result = (*fp)(100, 200);  // [          ]
```

연습문제

13 다음은 이중 포인터를 사용하는 형식이다. 소스 코드의 의미를 주석문으로 적으시오.

```
char c = 'F';           //
char *pc;               //
char **ppc;             //
char *season[4];        //
pc = &c;                //
ppc = &pc;              //
ppc = season;           //
```

14 소스 코드를 실행한 후에 2를 입력하면 나타날 출력값을 적으시오.

```
char *task[ ] = {
        "Desk",
        "Computer",
        "Books",
        "USB",
        "EXIT"
        };
scanf_s("%d", &choice);
printf("%s\n", task[choice - 1]);
```

→

15 소스 코드를 실행하면 나타날 출력값을 적으시오.

①

소스 코드 / 출력값

```
char *ps = "Academy";
printf("%c", *(ps + 3));
```

→

②

소스 코드 출력값

```
int a[5] = {10, 20, 30, 40, 50};
int(*ap)[5];                                  →
printf("%d\n", (*ap)[3]);
```

③

소스 코드 출력값

```
int a[2][4] = {
          {10, 20, 30, 0},
          {40, 50, 60, 0}
};                                            →
int(*four)[4] = a;
printf("%d\n", four[0][1]);
```

④

소스 코드 출력값

```
char *season[ ] = {"Spring", "Summer",
                   "Fall", "Winter"};
char **choice;                                →
choice = season;
printf("%s\n", *choice);
```

프로그래밍 문제

1 다음 내용에 맞는 프로그램을 작성하시오.

- 배열 선언: int arr[ ] = {23, 10, 15, 92, 88}
- 포인터 *max를 선언하여 arr[0]을 최대값으로 가정하여 최댓값 산출
- 첫 번째 배열 요소를 포인터 배열로 변환: max = (int *)arr[0]
- for 문으로 5개 배열 요소를 반복 출력
- 배열 요소와 (int)max를 if 문으로 비교하여 최댓값 판별
- 기타 사항은 [출력 예시] 참조

[출력 예시]

```
■ 주어진 배열 요소 중에서 최댓값 구하는 프로그램
배열 요소 : arr[ ] = {23, 10, 15, 92, 88}
1번째 배열 요소 : 23
2번째 배열 요소 : 10
3번째 배열 요소 : 15
4번째 배열 요소 : 92
5번째 배열 요소 : 88
5개 숫자 중에서 최댓값은 92입니다.
```

2 다음 내용에 맞는 프로그램을 작성하시오.

- 포인터 배열로 과일 목록 선언: char *fruit[ ] = {"Apple", "Tomato", "Pineapple"}
- 전체 프로그램은 do~while 문을 선언하여 무한 반복 수행
- 키보드로 과일 목록 중 1개 선택: 유효 숫자는 1~4
- 1~4 이외의 숫자는 if~else 문으로 오류 메시지 출력 후 반복 수행
- 숫자 4를 입력하면 프로그램 종료
- 기타 사항은 [출력 예시] 참조

[출력 예시]

```
1.Apple
2.Tomato
3.Pineapple
4.Exit
선택 : -8
숫자는 1, 2, 3, 4만 허용됩니다.
```

```
1.Apple
2.Tomato
3.Pineapple
4.Exit
선택 : 3
선택한 과일은 "Pineapple"입니다.

1.Apple
2.Tomato
3.Pineapple
4.Exit
번호 선택 : 4
프로그램을 종료합니다.
```

3 다음 내용에 맞는 프로그램을 작성하시오.

- 문자열은 최대 30바이트 이내로 입력하도록 배열 선언
- 포인터를 선언한 후 배열 요소를 포인터에 대입
- 키보드로 문자열 입력
- strlen( ) 함수를 사용하여 입력한 문자열의 길이 산출
- for 문으로 입력한 문자열의 길이만큼 반복해서 문자 출력
- 기타 사항은 [출력 예시] 참조

[출력 예시]

```
문자열 입력(30바이트 이내) : SPACEZONE
입력한 문자열의 길이 : 9바이트
*(ps + 00) : S
*(ps + 01) : P
*(ps + 02) : A
*(ps + 03) : C
*(ps + 04) : E
*(ps + 05) : Z
*(ps + 06) : O
*(ps + 07) : N
*(ps + 08) : E
```

프로그래밍 문제

```
문자열 입력(30바이트 이내) : power
입력한 문자열의 길이 : 5바이트
*(ps + 00) : p
*(ps + 01) : o
*(ps + 02) : w
*(ps + 03) : e
*(ps + 04) : r
```

학 | 습 | 목 | 표

- 문자와 문자열을 다루는 방법을 알아봅니다.
- 문자 입출력 함수의 사용 방법을 알아봅니다.
- 문자열 입출력 함수의 사용 방법을 알아봅니다.
- 배열로 문자열을 다루는 방법을 알아봅니다.

Chapter 13 문자와 문자열

SELF CHECK

1 C 언어에서 문자와 문자열은 문자를 묶어주는 (따옴표, 괄호)에 따라 구분됩니다.

2 버퍼형 입력 함수인 scanf_s( )를 사용할 때 데이터 입력한 후 Enter를 치면 임시 기억 장소인 (메인 메모리, 버퍼)에 Enter 키값이 함께 저장됩니다.

3 직접형 단일 문자 함수는 버퍼라는 임시 기억 장소 대신 (스트림, 배열)을/를 사용하여 데이터를 직접 처리합니다.

4 문자열을 수치로 변환할 수 없는 경우에 문자열 수치 변환 함수는 (공백, 0)을/를 반환합니다.

5 문자열의 크기를 구할 때는 문자열의 알파벳에 해당하는 (아스키코드값, 글자수)을/를 이용합니다.

정답

1 따옴표 **2** 버퍼 **3** 스트림 **4** 0 **5** 아스키코드 값

SECTION

01 문자와 문자열

1 문자와 문자열 선언

C 언어에서 문자(character)와 문자열(string)은 문자를 묶는 따옴표로 구분합니다. ‘A’와 같이 작은따옴표로 묶으면 문자, “A”와 같이 큰따옴표로 묶으면 문자열입니다. 다음은 문자 ‘A’와 문자열 “SPEED”를 선언하여 저장하는 그림입니다.

Tip

하나의 알파벳이라고 해서 반드시 문자로 처리되는 것은 아닙니다.

char alpha = ‘A’;

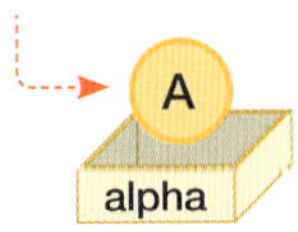

char str[6] = “SPEED”;

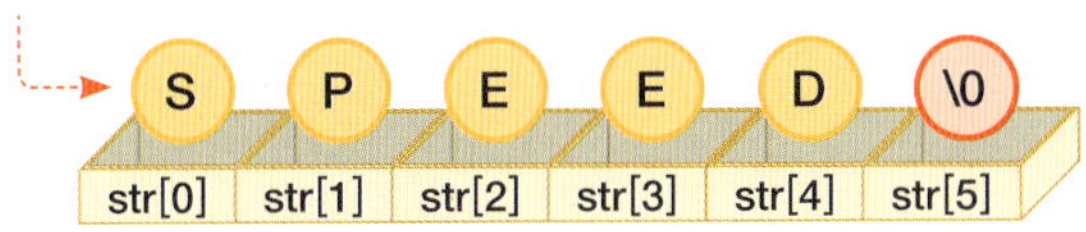

그림 13-1 문자와 문자형 배열의 메모리 공간 확보

2 문자형 배열

C 언어에서는 문자열을 처리하기 위한 자료형을 별도로 제공하지 않으므로 문자형 배열을 사용하여 문자열을 처리합니다. 문자열을 처리하기 위해 배열을 선언할 때 주의할 사항은 문자열 길이에는 항상 NULL 문자가 자동으로 추가되므로 배열의 크기를 문자열보다 1바이트 더 크게 설정해야 한다는 것입니다. 그렇다고 배열의 크기를 문자열과 상관없이 지나치게 크게 설정하면 메모리가 낭비되므로 주의해야 합니다.

만약 배열 크기를 설정하지 않으면 문자열 길이에 맞춰 컴파일러가 자동으로 크기를 설정합니다.

```
char str[ ] = "SPEED";
```

또 다음과 같이 선언하면 배열 요소 전체를 NULL 문자로 초기화합니다.

```
char str[6] = "";
```

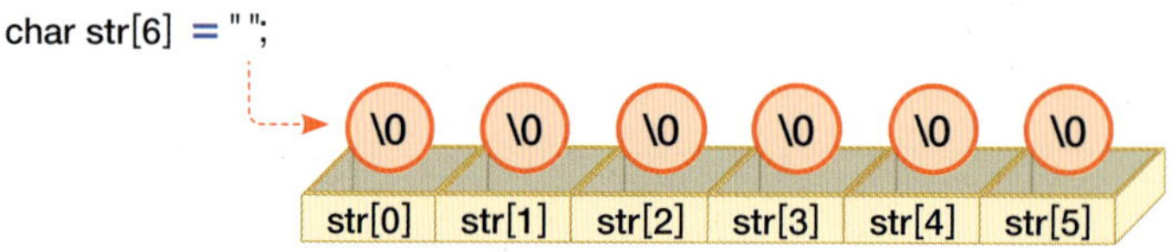

그림 13-2 **NULL 문자열로 배열 요소 초기화**

다음 예제는 입력한 문자열의 길이를 계산하는 프로그램입니다. 함수를 사용하지 않고 문자열의 길이를 계산하는 방법을 살펴볼 수 있습니다.

예제 13-1 배열로 문자열의 길이 계산 ex13_01.c

```c
#include <stdio.h>

int main(void)
{
    char sa[30] = "";                    // 문자형 배열 초기화
    int cnt = 0;

    printf("문자열 입력 : ");
    scanf_s("%s", sa, sizeof(sa)); // 버퍼형 입력 함수 사용

    while(sa[cnt] != '\0')          // 또는 while(sa[cnt] != 0)
        cnt++;                      // 문자열 길이 구함

    printf("입력한 문자열 출력 : %s\n", sa);
    printf("문자열 길이 : %d바이트\n", cnt);
    return 0;
}
```

```
문자열 입력 : 반갑습니다.
입력한 문자열 출력 : 반갑습니다.
문자열 길이 : 11바이트
```

3 문자열과 포인터

문자열은 "SPEED"와 같이 큰따옴표로 묶여 있는 것을 말합니다. 문자열을 처리하기 위해서는 문자형 배열 또는 포인터를 사용합니다. 문자형 배열에 대해서는 살펴보았으니 여기서는 포인터를 사용하여 문자열을 처리하는 방법을 살펴보겠습니다.

데이터 세그먼트와 텍스트 세그먼트

C 언어에서 사용하는 모든 변수는 데이터 세그먼트라는 영역에 저장됩니다. 그리고 문자열은 메모리 공간 중에서 텍스트 세그먼트(text segment)라는 특수한 영역에 저장됩니다.

> **Tip**
> 세그먼트(segment)는 메모리 관리 방식의 일종으로 프로그램이나 데이터를 세그먼트 또는 섹션이라는 가변 크기로 관리하는 방법입니다.

텍스트 세그먼트는 읽기만 가능하고 사용자가 임의로 변경할 수 없는 메모리 영역입니다. 따라서 문자열을 변경하려면 데이터 세그먼트(data segment) 영역의 포인터 변수를 사용해야 합니다.

```
char *str = "Hello~";
```

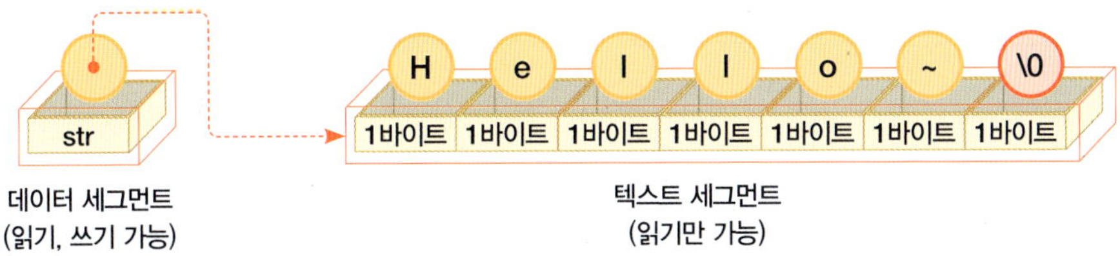

그림 13-3 데이터 세그먼트와 텍스트 세그먼트 영역

다음은 포인터 변수로 문자열을 저장하고 저장된 문자열을 변경하는 코드입니다.

```
char *str = "Hello~";
str = "Have a good time!";
```

위 코드를 사용하여 문자열을 출력하는 프로그램을 만들어 봅시다.

예제 13-2 포인터를 사용하여 문자열 출력 ex13_02.c

```c
#include <stdio.h>

int main(void)
{
    char *str = "Hello~";

    printf("문자열 출력 : %s\n", str);
    str = "Have a good time!";        // 다른 문자열 상수를 포인터에 저장
    printf("문자열 출력 : %s\n", str);
    return 0;
}
```

```
문자열 출력 : Hello~
문자열 출력 : Have a good time!
```

다음 예제는 포인터 배열에 문자열을 선언하고 출력하는 프로그램입니다.

예제 13-3 포인터 배열을 사용하여 문자열 출력 ex13_03.c

```c
#include <stdio.h>

int main(void)
{
    int cnt;

    printf("수강 신청 과목 현황\n");
    char *dept[ ] = {"운영체제", "빅데이터 분석", "사물인터넷", "소프트웨어공학"};

    for(cnt = 0; cnt < 4; cnt++)
        printf("과목%d : %s\n", cnt + 1, dept[cnt]);

    return 0;
}
```

```
수강 신청 과목 현황
과목1 : 운영체제
과목2 : 빅데이터 분석
과목3 : 사물인터넷
과목4 : 소프트웨어공학
```

SECTION

02 문자 입출력 함수

1 문자 입출력 함수의 종류

문자 입출력 함수의 종류에는 임시 기억 장소인 버퍼(buffer)를 이용하여 데이터를 보관, 처리하는 버퍼형 함수와 버퍼 메모리를 사용하지 않고 데이터를 직접 처리하는 직접형 함수가 있습니다.

2 버퍼형 표준 입출력 함수

버퍼형 표준 입출력 함수는 임시 기억 장소인 버퍼를 이용하는 방식입니다.

주기억 장치와 주변 장치 사이에서 데이터를 주고받으면 둘 사이에 전송 속도 차이가 크게 납니다. 이러한 속도의 차이를 극복하기 위해 전송할 정보를 임시로 저장하는 고속 기억 장치가 버퍼 메모리입니다. 버퍼를 사용하면 컴퓨터의 처리 속도를 향상할 수 있고, 논리 회로에서는 신호 전달을 지연시킬 수도 있습니다. 다시 말해, 버퍼는 데이터 속도나 처리 단위, 데이터 사용 시간이 서로 다른 두 장치나 프로그램 사이에서 데이터를 주고받을 때 유용하게 사용됩니다.

scanf_s( )와 printf( ) 함수

지금까지 문자와 문자열을 입력받아 출력했던 scanf_s( )와 printf( ) 함수는 버퍼형 표준 입출력 함수입니다. scanf_s( )와 printf( ) 함수를 사용하면 문자를 얼마든지 입출력할 수 있습니다.

그런데 scanf_s( ) 함수를 계속 사용할 경우에 데이터를 입력하고 Enter를 치면 임시 기억 장소인 버퍼에는 Enter 키값도 같이 저장됩니다. 그러므로 scanf_s( ) 함수를 계속 사용하려면 getchar( ) 함수로 버퍼 메모리에 존재하는 Enter 키값을 지워주거나 scanf_s(" %d")와 같이 형식 지정자 앞에 공백을 한 칸 두어야 합니다. 이 점 주의하기 바랍니다.

다음 그림은 버퍼형 표준 입출력 함수를 사용하여 명령을 수행하는 과정을 나타낸 것입니다.

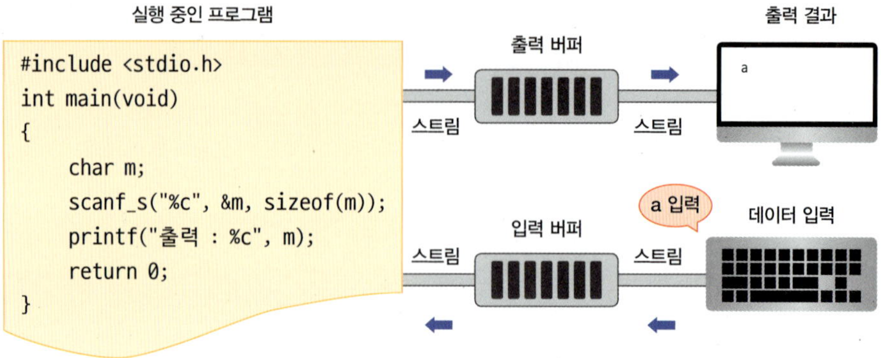

그림 13-4 **버퍼형 표준 입출력 함수의 수행 과정**

getchar( )와 putchar( ) 함수

C 언어에서 제공하는 버퍼형 표준 입출력 함수는 지금까지 사용한 scanf_s( )와 printf( ) 서식형 함수 외에도 getchar( ) 함수와 putchar( ) 함수가 있습니다.

표 13-1 버퍼형 단일 문자 입출력 함수의 종류

구분	함수	헤더파일	버퍼 메모리	설명
입력	getchar( )	〈stdio.h〉	사용	하나의 문자를 입력받음
출력	putchar( )			입력받은 문자를 화면에 출력

getchar( ) 함수의 기본 반환형은 int형입니다. getchar( ) 함수를 사용할 경우 가급적이면 int형 변수를 선언하기를 권장합니다. getchar( ) 입력 함수와 putchar( ) 출력 함수의 사용 형식은 다음과 같습니다.

```
int a;
a = getchar( );    // 키보드로 문자 하나를 입력받음
putchar(a);        // 입력받은 문자를 화면에 출력
```

다음 예제는 getchar( ), putchar( ) 함수를 사용하여 문자 하나를 입력한 후 화면에 출력하는 프로그램입니다.

예제 13-4 getchar( )로 문자 입력, putchar( )로 문자 출력 ex13_04.c

```c
#include <stdio.h>

int main(void)
{
    char munja;

    printf("문자 입력 : ");
    munja = getchar();              // 문자 입력

    printf("문자 출력 : ");
    putchar(munja);                 // 입력받은 문자 출력
    return 0;
}
```

```
문자 입력 : a
문자 출력 : a
```

getchar( ) 함수를 사용하기 위한 변수를 int형으로 선언하는 이유는 입력의 끝을 나타내는 EOF(End Of File) 문자를 체크하기 위해서입니다. EOF 문자는 반환값 -1로 정의됩니다.

EOF 문자 체크

다음 예제는 입력의 끝을 알리는 EOF 문자를 체크하는 프로그램입니다. EOF 문자를 체크하기 위해 변수의 자료형을 int형으로 선언하였습니다. Ctrl+Z를 눌러 종료하면 EOF 문자가 입력됩니다.

예제 13-5 입력의 끝 확인 ex13_05.c

```c
#include <stdio.h>

int main(void)
{
    int munja;                          // 정수형 변수 선언

```

```
    while (1)
    {
        if ((munja = getchar()) != EOF)      // 입력받은 문자 비교
            putchar(munja);                  // 입력받은 문자 출력
        else
            break;
    }

    printf("EOF : %d\n", munja);

    return 0;
}
```

```
S
S
a
a
k
k
^Z
EOF : -1
```

Ctrl+Z를 눌러 종료

3 직접형 표준 입출력 함수

문자형 입출력 함수 중에서 버퍼 메모리를 사용하지 않고 직접 입출력 함수를 사용하는 방법을 살펴보겠습니다.

_getch( )와 _putch( ) 함수

직접형 함수는 버퍼라는 임시 기억 장소를 사용하지 않고 스트림(stream)을 사용하여 데이터를 직접 처리합니다. 버퍼형과 달리 Enter를 사용하지 않고 사용자가 입력한 문자를 프로그램으로 직접 전달합니다.

C 언어에서는 문자의 입출력 작업을 위해 스트림을 통해 물리적 장치를 논리적으로 사용할 수 있게 지원합니다.

직접형 함수의 종류와 사용 방법은 다음과 같습니다.

표 13-2 직접형 표준 입출력 함수의 종류

구분	함수	헤더 파일	버퍼 메모리	설명
입력	_getch( ), _getche( )	〈conio.h〉	사용 안 함	문자 하나를 입력받음
출력	_putch( )			입력받은 문자를 화면에 출력

_getch( ) 함수는 입력한 문자를 화면에 출력하는 에코(echo) 기능을 제공하지 않는 직접형 입력 함수입니다. 그에 반해 _getche( ) 함수는 입력한 문자를 화면에 출력하는 에코 기능을 제공하는 직접형 입력 함수입니다.

_getch( )와 _putch( ) 함수의 사용 형식은 다음과 같습니다.

```
int munja;
munja = _getsch( );          // 키보드로 문자 하나를 입력받아 변수에 저장
_putch(munja);               // 입력받은 문자를 화면에 출력
```

_getch( ) 함수는 입력 문자에 대한 에코를 출력하지 않으므로 어떤 문자를 입력했는지 화면으로 출력되지 않습니다. 입력한 문자가 화면에 출력되도록 하려면 _getche( ) 함수를 사용해야 합니다.

직접형 함수를 사용하여 C 소스 코드를 작성할 경우 프로그램 수행 과정은 다음과 같습니다.

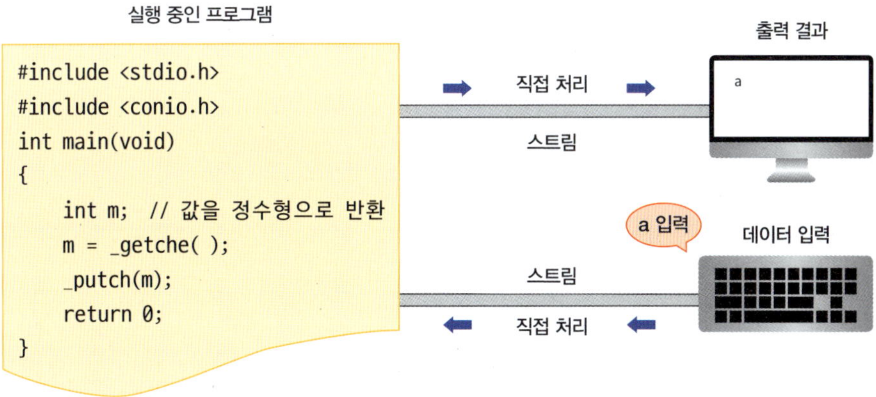

그림 13-5 직접형 표준 입출력 함수의 수행 과정

Tip 스트림은 컴퓨터의 입출력 장치와 프로그램 사이에 데이터가 전송되는 것을 의미합니다.

직접형 함수는 무한 반복문에서 주로 사용합니다. 그 이유는 버퍼형 함수를 사용할 때 발생할 수 있는 Enter 키값에 대한 부담감을 덜어주기 때문입니다.

다음 예제는 직접형 함수인 _getche( )와 _putch( ) 함수를 사용하여 입력받은 문자를 출력하는 프로그램입니다. _getch( ) 함수와 _getche( ) 함수의 반환형도 int 형임을 숙지하면서 실습하기 바랍니다.

예제 13-6 직접형 함수 사용 ex13_06.c

```c
#include <stdio.h>
#include <conio.h>          // _getch( )와 _putch( ) 함수 사용하기 위한 선언

int main(void)
{
    int munja;              // 정수형 변수 선언

    printf("1.getch( ) 함수 사용\n");
    printf("문자 입력 : ");
    munja = _getch();       // 에코 기능 없는 직접형 단일 문자 입력 함수

    printf("\n문자 출력 : ");
    _putch(munja);          // 직접형 단일 문자 출력 함수

    printf("\n\n2._getche( ) 함수 사용\n");
    printf("문자 입력 : ");
    munja = _getche();      // 에코 기능 있는 직접형 단일 문자 입력 함수

    printf("\n문자 출력 : ");
    _putch(munja);          // 직접형 단일 문자 출력 함수
    return 0;
}
```

```
1.getch( ) 함수 사용
문자 입력 : 
문자 출력 : a

2._getche( ) 함수 사용
문자 입력 : a
문자 출력 : a
```

에코 기능이 없어서 문자 a를 입력해도 화면에 보이지 않음

다음 예제는 직접형 함수를 사용하여 입력한 알파벳에 해당하는 아스키코드값을 출력하는 프로그램입니다. 이 프로그램은 Enter 를 입력하면 종료합니다. Enter 키값을 의미하는 '\r'을 조건식으로 사용하여 반복문을 탈출합니다.

예제 13-7 직접형 함수로 아스키코드값 출력 ex13_07.c

```c
01 #include <stdio.h>
02 #include <conio.h>          // _getch( ) 함수 사용하기 위해 선언
03
04 int main(void)
05 {
06     unsigned char op;       // unsigned 표현 범위는 0~256
07
08     printf("문자 입력 : ");
09     op = _getch();          // 키보드로 문자 입력받아 변수 op에 저장
10
11     while(op != '\r')
12     {
13         printf("\n입력한 문자 : %c\n", op);
14         printf("아스키코드값 : %d\n", op);
15         op = _getch();      // Enter를 입력하면 반복문 탈출
16     }
17     printf("프로그램 종료\n");
18     return 0;
19 }
```

```
문자 입력 : 
입력한 문자 : s
아스키코드값 : 115

입력한 문자 : k
아스키코드값 : 107

입력한 문자 : u
아스키코드값 : 117
프로그램 종료
```

에코 기능이 없어서 입력한 문자가 보이지 않음

종료하기 위해 Enter 입력

소스 코드 09행에서 선언한 op = _getch( ); 명령은 반복문을 빠져나오기 위한 것으로 이 명령을 주석으로 처리하거나 생략하면 무한 루프에 빠져 프로그램이 계속 수행됩니다.

무한 반복문에서 scanf_s( ) 입력 함수를 사용하면 계속해서 호출되어 Enter 키값으로 인한 문제점이 발생할 수도 있습니다. 그래서 무한 반복문에서는 직접형 함수를 주로 사용합니다.

Tip

임시 기억 장치를 이용하는 버퍼형 함수와 직접 처리하는 직접형 함수 중 어떤 것을 사용할지는 프로그래머가 필요에 따라 적절하게 결정하면 됩니다.

정답

스트림

: QUIZ

직접형 표준 입출력 함수는 버퍼라는 임시 기억 장소 대신 ( )을/를 사용하여 데이터를 직접 처리합니다.

4 문자 라이브러리 함수

C 언어는 키보드로 입력한 문자가 알파벳 대소문자인지 검사하거나, 알파벳 대문자를 소문자로 변환하거나 소문자를 대문자로 변환해 주는 등의 기능을 하는 다양한 함수를 기본으로 제공합니다. C 언어에서 문자를 처리하기 위해 제공하는 라이브러리 함수 중에서 문자 검사 함수와 문자 변환 함수를 살펴보겠습니다.

문자 검사 함수

문자 검사 함수는 〈ctype.h〉 헤더 파일에 존재하며 보통 함수 이름은 괄호 앞이 is~로 시작합니다.

문자 검사 함수를 사용한 결과가 참이면 0이 아닌 값을 반환하고, 거짓이면 0을 반환합니다. 인수의 자료형과 반환되는 값의 자료형은 모두 int형입니다. 문자 검사 함수의 종류는 다음과 같습니다.

표 13-3 문자 검사 함수의 종류

종류	설명
isalnum( )	알파벳이나 숫자이면 참, 아니면 거짓을 반환
isalpha( )	알파벳 대소문자(A~Z, a~z)이면 참, 아니면 거짓을 반환
isupper( )	알파벳 대문자이면 참, 아니면 거짓을 반환
islower( )	알파벳 소문자이면 참, 아니면 거짓을 반환
isdigit( )	10진 숫자(0~9)이면 참, 아니면 거짓을 반환
isxdigit( )	16진수 숫자(0~9, A~F)이면 참, 아니면 거짓을 반환
isblank( )	공백이 존재하면 참, 아니면 거짓을 반환
iscntrl( )	제어 문자(\n, \t, \b, \r 등)가 존재하면 참, 아니면 거짓을 반환
isprint( )	빈칸을 포함하여 인쇄할 수 있으면 참, 아니면 거짓을 반환
ispunct( )	구두점 문자(콤마, 점, 느낌표 등)를 포함하면 참, 아니면 거짓을 반환
isascii( )	아스키코드이면 참, 아니면 거짓을 반환

다음 예제는 isalnum( ) 함수를 사용하여 입력한 문자가 알파벳이나 숫자인지를 검사하는 프로그램입니다. 입력한 문자가 알파벳이나 숫자이면 참, 아니면 거짓을 값으로 반환합니다.

예제 13-8 문자가 알파벳인지 숫자인지 검사 ex13_08.c

```
#include <stdio.h>
#include <ctype.h>                    // 입력 문자를 검사하는 함수의 헤더 파일

int main(void)
{
    int op;

    printf("문자 입력 : ");
    op = getchar();                   // 입력받은 문자를 변수 op에 저장

    if(isalnum(op))
        printf("입력한 %c는(은) 숫자 또는 알파벳입니다.\n", op);

    else
        printf("입력한 %c는(은) 숫자 또는 알파벳이 아닙니다.\n", op);

    return 0;
}
```

```
문자 입력 : @
입력한 @는(은) 숫자 또는 알파벳이 아닙니다.
```

```
문자 입력 : A
입력한 A는(은) 숫자 또는 알파벳입니다.
```

다음 예제는 isalpha( ) 함수를 사용하여 입력한 문자가 알파벳인지 먼저 검사하고, 알파벳이면 isupper( ) 함수와 islower( ) 함수를 사용하여 알파벳 대소문자를 검사하는 프로그램입니다.

예제 13-9 알파벳의 대소문자 검사 ex13_09.c

```
#include <stdio.h>
#include <ctype.h>             // 입력한 문자를 검사하는 함수의 헤더 파일

int main(void)
{
    int op;                    // 정수형 변수 선언

    printf("문자 입력 : ");
    op = getchar();            // 키보드로 문자를 입력받아 변수 op에 저장

    if(isalpha(op))            // 알파벳인지 검사
```

```
    {
    printf("입력한 문자는 알파벳이 맞습니다.\n");

        if(isupper(op))    // 알파벳 대문자인지 검사
            printf("입력한 %c는(은) 알파벳 대문자입니다.\n", op);
        else
            printf("입력한 %c는(은) 알파벳 소문자입니다.\n", op);
    }
    else
        printf("입력한 %c는(은) 알파벳이 아닙니다.\n", op);

    return 0;
}
```

```
문자 입력 : S
입력한 문자는 알파벳이 맞습니다.
입력한 S는(은) 알파벳 대문자입니다.
```

```
문자 입력 : &
입력한 &는(은) 알파벳이 아닙니다.
```

다음 예제는 iscntrl( ) 함수와 반복문을 사용하여 제어 문자를 검사한 뒤 제어 문자의 개수를 출력하는 프로그램입니다.

예제 13-10 제어 문자 검사 후 개수 출력 ex13_10.c

```
#include <stdio.h>
#include <ctype.h>                  // 입력 문자를 검사하는 함수의 헤더 파일

int main(void)
{
    int index = 0, cnt = 0;
    char str[] = "korea \t space\n";

    printf("char str[ ] = \"korea \\t space \\n\"으로 선언\n");

    while(str[index])               // 제시한 문자열의 개수만큼 반복 수행
    {
        if(iscntrl(str[index]))     // 제어 문자가 포함되어 있을 경우
            cnt++;                  // 제어 문자 개수 카운트
        index++;                    // 배열 인덱스 카운트
    }
    printf("제어 문자는 모두 %d개 존재합니다.\n", cnt);
    return 0;
}
```

```
char str[ ] = "korea \t space\n"으로 선언
제어 문자는 모두 2개 존재합니다.
```

문자 변환 함수

문자 변환 함수는 알파벳 대문자를 소문자로 변환하거나 소문자를 대문자로 변환할 때 사용합니다. 문자 변환 함수도 〈ctype.h〉 헤더 파일에 존재하고, 함수의 이름은 괄호 앞이 to로 시작하며, 인수를 int형으로 받고 반환되는 값의 자료형도 int형입니다.

표 13-4 문자 변환 함수의 종류

종류	설명
toupper( )	입력한 문자를 모두 대문자로 변환하고 대문자이면 그대로 둠
tolower( )	입력한 문자를 모두 소문자로 변환하고 소문자이면 그대로 둠
toascii( )	입력한 문자를 아스키코드로 변환

다음 예제는 키보드로 입력한 문자에 대해 알파벳 검사를 먼저 수행하여 대문자이면 소문자로, 소문자이면 대문자로 변환하여 출력하는 프로그램입니다.

예제 13-11 입력한 알파벳을 대소문자로 변환 ex13_11.c

```
#include <stdio.h>
#include <ctype.h>          // 입력 문자를 검사하는 함수의 헤더 파일

int main(void)
{
    int op;                 // 정수형 변수 선언

    printf("문자 입력 : ");

    op = getchar();         // 키보드로 문자를 입력받아 변수 op에 저장

    if(isalpha(op))         // 알파벳인지 검사
    {
        printf("입력한 문자 %c은(는) 알파벳이 맞습니다.\n", op);

        if(islower(op))     // 알파벳이 소문자일 경우
        {
            op = toupper(op);      // 알파벳을 대문자로 변환
            printf("알파벳을 대문자 %c로 변환합니다.\n", op);
        }
        else
        {
            op = tolower(op);      // 알파벳을 소문자로 변환
            printf("알파벳을 소문자 %c로 변환합니다.\n", op);
        }
    }
    else
```

```
        printf("입력한 %c는(은) 알파벳이 아닙니다.\n", op);

    return 0;
}
```

```
문자 입력 : a
입력한 문자 a은(는) 알파벳이 맞습니다.
알파벳을 대문자 A로 변환합니다.
```

```
문자 입력 : B
입력한 문자 B은(는) 알파벳이 맞습니다.
알파벳을 소문자 b로 변환합니다.
```

```
문자 입력 : %
입력한 %는(은) 알파벳이 아닙니다.
```

SECTION 03

문자열 입출력 함수

2절에서 문자 입출력 함수에 대해 알아봤다면 여기에서는 여러 문자가 합쳐진 문자열 입출력 함수에 대해 알아보겠습니다.

1 gets_s( )와 puts( ) 함수

gets_s( ) 입력 함수는 Enter 키값을 받아들일 때까지 한 줄을 문자열로 입력받고 puts( ) 출력 함수를 통해 문자열을 화면에 보여줍니다. 이때 문자열 끝에는 자동으로 NULL('\0')이 추가됩니다. 문자열 끝에 추가되는 NULL('\0')은 출력 과정에서 강제 개행 제어 문자('\n')로 자동 변환되어 출력됩니다.

표 13-5 버퍼형 문자열 입출력 함수의 종류

구분	함수	헤더 파일	버퍼 메모리	설명
입력	gets_s()	<stdio.h>	사용함	한 줄을 문자열로 입력받음
출력	puts()			입력받은 문자열을 화면에 출력

scanf_s( )와 달리 gets_s( ) 함수는 문자열 사이에 존재하는 공백까지 그대로 화면에 출력합니다. gets_s( ) 입력 함수와 puts( ) 출력 함수의 사용 형식은 다음과 같습니다.

```
char name[10];
gets_s(name, 10);        // 키보드로 10바이트의 문자열 한 줄을 입력받음
puts(name);              // 입력받은 문자열을 화면에 출력
```

다음 예제는 gets_s( ) 함수와 puts( ) 함수를 사용하여 문자열을 한 줄 입력하면 화면에 출력하는 프로그램입니다.

예제 13-12 gets_s( )로 문자열 입력, puts( )로 문자열 출력 ex13_12.c

```c
#include <stdio.h>

int main(void)
{
    char name[20];
    char dept[30];

    printf("성명 : ");
    gets_s(name, 20);             // 키보드로 문자열 입력

    printf("학과 : ");
    gets_s(dept, 30);             // 키보드로 문자열 입력

    printf("\n입력 사항 출력\n");
    printf("성명 : ");
    puts(name);                  // 입력한 문자열 출력

    printf("학과 : ");
    puts(dept);                  // 입력한 문자열 출력
    return 0;
}
```

```
성명 : 홍 길 동
학과 : 데이터과학

입력 사항 출력
성명 : 홍 길 동
학과 : 데이터과학
```

프로그램이 실행되고 성명을 입력할 때 '홍 길 동'과 같이 문자열 사이에 공백을 두었는데 화면에도 똑같이 출력되었습니다.

다음 예제는 문자열 함수인 gets_s( )와 scanf_s( ) 함수를 각각 사용한 뒤 공백이 존재하는 문자열을 한 줄 입력하면 화면에 어떻게 출력되는지 차이점을 확인하는 프로그램입니다.

예제 13-13 gets_s( )로 공백 포함 출력, scanf_s( )로 공백 전까지 출력 ex13_13.c

```c
#include <stdio.h>

int main(void)
{
    char dept[20];

    printf("다음 세 과목 중에서 전공을 선택하세요.\n");
    printf("웹 언어 / 정보 보안 / 네트워크\n");

    printf("\n1.gets_s( ) 함수 사용 : ");
    gets_s(dept, sizeof(dept));    //gets_s를 선언할 경우 크기 지정

    printf("선택한 전공 : ");
    puts(dept);

    printf("\n2.scanf_s( ) 함수 사용 : ");
    scanf_s("%s", dept, sizeof(dept));

    printf("선택한 전공 : ");
    puts(dept);
    return 0;
}
```

```
다음 세 과목 중에서 전공을 선택하세요.
웹 언어 / 정보 보안 / 네트워크

1.gets_s( ) 함수 사용 : 웹 언어
선택한 전공 : 웹 언어

2.scanf_s( ) 함수 사용 : 웹 언어
선택한 전공 : 웹
```

scanf_s( ) 함수를 사용하면 첫 번째 공백 전 문자열까지만 출력됨

gets_s( ) 함수를 사용하여 입력한 문자열은 공백까지 포함해서 모두 출력되었습니다. 하지만 scanf_s( ) 함수를 사용하여 입력한 문자열은 첫 번째 공백 전 문자열까지만 출력되었습니다. 이와 같이 버퍼 메모리를 사용하여 문자열을 처리하는 입출력 함수의 차이점을 잘 파악하여 필요에 따라 적절하게 선택해서 사용하는 것이 좋습니다.

2 문자열 수치 변환 함수

입력한 문자열을 정수형 또는 실수형으로 변환하는 함수를 살펴보겠습니다. 문자열을 수치로 변환할 수 없는 경우에 문자열 수치 변환 함수는 0의 값을 반환합니다.

Tip

문자열은 " "를 사용합니다.

문자열을 수치로 변환할 때 "12a345"와 같이 문자열 안에 알파벳이 함께 있으면 알파벳 이전 숫자까지인 문자열 "12"에 대해서만 수치로 변환합니다. 문자열이 "a12.34"와 같이 알파벳과 숫자가 함께 있는데 맨 앞에 알파벳이 위치하면 모두 0의 값을 반환합니다. 문자열 수치 변환 함수는 다음과 같습니다.

표 13-6 문자열 수치 변환 함수의 종류

종류	헤더 파일	의미
atoi( )	〈stdlib.h〉	문자열을 정수형 int로 변환(변환할 수 없으면 0 반환)
atol( )		문자열을 정수형 long으로 변환(변환할 수 없으면 0 반환)
atof( )		문자열을 실수형 float으로 변환(변환할 수 없으면 0 반환)

다음 예제는 제시한 문자열을 정수형과 실수형으로 변환하는 프로그램입니다.

예제 13-14 문자열을 정수형과 실수형으로 변환 ex13_14.c

```
#include <stdio.h>
#include <stdlib.h>         // 수치 변환 함수를 사용하기 위한 헤더 파일

int main(void)
{
    char *chs;              // 문자열을 입력할 포인터 변수 선언
    int str1;
    double str2;

    chs = "12345";          // 주어진 문자열
    str1 = atoi(chs);       // 문자열을 정수형 int로 변환
    printf("\"12345\" → 정수형 int로 변환 : %d\n", str1);

    chs = "12a34";          // 주어진 문자열
    str1 = atol(chs);       // 문자열을 정수형 long으로 변환
    printf("\"12a34\" → 정수형 long으로 변환 : %d\n", str1);

    chs = "12.345";         // 주어진 문자열
    str2 = atof(chs);       // 문자열을 실수형 float으로 변환
    printf("\"12.345\" → 실수형 float으로 변환 : %f\n", str2);

    chs = "a12.34";         // 주어진 문자열
    str2 = atof(chs);       // 문자열을 실수형 float으로 변환
    printf("\"a12.34\" → 실수형 float으로 변환 : %f\n", str2);
    return 0;
}
```

```
"12345" → 정수형 int로 변환 : 12345
"12a34" → 정수형 long으로 변환 : 12
"12.345" → 실수형 float으로 변환 : 12.345000
"a12.34" → 실수형 float으로 변환 : 0.000000
```

소스 코드 22행의 chs = "a12.34"에서 문자열 맨 앞에 알파벳 a가 위치하여 문자열을 숫자로 변환할 수 없으므로 0의 값이 출력되었습니다.

: QUIZ

[예제 13-14]에서 chs = 38a.56으로 문자열을 대입할 경우 출력값은 (   )입니다.

정답

38

3 문자열 라이브러리 함수

C 언어에서는 문자열의 길이를 구하거나 문자열 복사, 문자열의 크기 비교, 문자열의 결합, 검색, 변환, 분리 등과 같이 문자열을 더욱 편리하게 처리할 수 있는 다양한 라이브러리 함수를 제공합니다. 문자열 라이브러리 함수를 사용하려면 〈string.h〉 헤더 파일을 먼저 불러와야 합니다.

표 13-7 문자열 라이브러리 함수의 종류

종류	구분	설명
strlen(s)	길이 계산	NULL 문자를 제외한 문자열 s의 길이 구함
strcpy_s(s1, s2)	복사	문자열 s2를 s1에 복사
strncpy_s(s1, s2, n)		문자열 s2 중 n개만큼 s1에 복사
strcmp(s1, s2)	크기 비교	문자열 s1과 s2의 크기 비교
strncmp(s1, s2, n)		n개만 문자열 s1과 s2의 크기 비교
strcat_s(s1, sizeof(s1), s2)	결합	s1 문자열 끝에 s2 문자열 결합
strncat_s(s1, sizeof(s1), s2, n)		s2 문자열 중 n개만큼만 s1 문자열 끝에 결합
strchr(s, 'k')	검색	문자열 s에서 특정 문자 'k'의 위치 검색
strrchr(s, 'k')		문자열 s에서 특정 문자 'k'가 발견되는 마지막 위치 검색
strstr(s, "Pro")		문자열 s에서 특정 문자열 "Pro" 검색
_strrev(s)	변환	문자열 s를 알파벳 역순으로 변환
_strupr_s(s, sizeof(s))		문자열 s를 알파벳 대문자로 모두 변환
_strlwr_s(s, sizeof(s))		문자열 s를 알파벳 소문자로 모두 변환
char *strtok(s, 구분자, &주소)	분리	구분자를 이용하여 문자열 s를 토큰 단위로 분리

Tip

함수의 인수로 사용한 'k'와 "Pro"는 이해를 돕기 위해 임의로 사용한 문자와 문자열입니다.

문자열의 길이 계산

입력한 문자열 또는 주어진 문자열의 길이를 계산할 때는 strlen( ) 함수를 사용합니다. strlen( ) 함수의 사용 형식은 다음과 같습니다.

```
int size;
size = strlen("spacezone");            // 문자열의 길이 계산
printf("문자열의 길이 : %d", size);    // 문자열의 길이 출력
```

문자열 복사

입력한 문자열 또는 주어진 문자열을 복사할 때는 strcpy_s( ) 함수와 strncpy_s( ) 함수를 사용합니다. strcpy_s( ) 함수는 주어진 문자열 모두를 복사하고 strncpy_s( ) 함수는 지정한 n개 문자열만 복사합니다.

다음은 포인터로 문자열을 선언한 뒤 복사하는 방법입니다.

```
char *str = "C program";                // 포인터로 문자열 선언
char data[20] = "";                     // 문자열을 복사하여 저장할 배열 초기화
strcpy_s(data, sizeof(data), str);      // 문자열 전체 복사
printf("%s", data);                     // 복사한 문자열 출력
strncpy_s(data, sizeof(data), str, 5);  // 문자열 5개만 복사
printf("%s", data);                     // 복사한 문자열 출력
```

포인터를 사용하지 않고 배열을 선언한 뒤 문자열을 복사할 수도 있습니다.

```
char str[6] = "C program";              // 배열로 문자열 선언
char data[3] = "";                      // 문자열을 복사하여 저장할 배열 초기화
strcpy_s(data, sizeof(data), str);      // 문자열 전체 복사
printf("%s", data);                     // 복사한 문자열 출력
strncpy_s(data, sizeof(data), str, 5);  // 문자열 5개만 복사
printf("%s", data);                     // 복사한 문자열 출력
```

다음 예제는 strlen( ) 함수를 사용하여 제시한 문자열의 길이를 구한 뒤 strcpy_s( ) 함수를 사용하여 문자열 전체를 복사하고 strncpy_s( ) 함수를 사용하여 n개만큼 문자열을 복사한 다음 문자열 크기를 출력하는 프로그램입니다.

예제 13-15 문자열 길이 계산과 문자열 복사 ex13_15.c

```c
#include <stdio.h>
#include <string.h>              // 문자열 관련 함수를 사용하기 위해 선언

#define ST 5                     // 기호 상수 정의

int main(void)
{
    char *str = "C Program";    // 또는 char str[10] = "C Program";
    char data[20] = "";         // 큰따옴표로 초기화 선언

    printf("주어진 문자열 : %s\n", str);
    printf("문자열의 길이 : %d\n", strlen(str));

    strcpy_s(data, sizeof(data), str);  // strcpy_s( ) 함수로 문자열 복사
    printf("\n복사한 문자열 : %s\n\n", data);

    strncpy_s(data, sizeof(data), str, ST); // 주어진 상수 ST만큼 문자열 복사
    printf("5개 복사한 문자열 : %s\n", data);
    printf("문자열의 길이 : %d\n", strlen(data));
    return 0;
}
```

```
주어진 문자열 : C Program
문자열의 길이 : 9

복사한 문자열 : C Program

5개 복사한 문자열 : C Pro
문자열의 길이 : 5
```

문자열의 크기 비교

주어진 문자열 2개 중에서 어느 것이 더 큰지를 사전적인 순서로 비교하기 위해서는 strcmp( ) 함수를 사용합니다. strcmp( ) 함수는 문자열의 첫 문자부터 차례대로 아스키코드값의 크기를 비교해 나갑니다. 길이와 상관없이 문자열을 구성하는 알파벳 순서를 비교하기 때문에 문자열이 길다고 해서 무조건 크기가 큰 것은 아닙니다.

```c
char s1[10] = "abcde";
char s2[10] = "sp";
int result;
result = strcmp(s1, s2);         // 문자열 2개의 크기 비교
printf("결과값 : %d", result);
// s1의 첫 문자인 a는 97, s2의 첫 문자인 s는 115이므로 음수 출력
```

아스키코드값이 큰 문자열은 사전 순서에 의해 뒤에 있고, 작은 문자열은 앞에 있습니다. 문자열 2개를 비교할 때 반환되는 값의 유형을 예로 들면 다음 표와 같습니다.

표 13-8 strcmp( ) 함수로 문자열 크기 비교할 때 반환값 유형 예시

유형 예	반환값	설명
s1 > s2	양수	s1이 s2보다 뒤에 있음
s1 == s2	0	s1과 s2의 문자열이 같음
s1 < s2	음수	s1이 s2보다 앞에 있음

두 문자열의 크기를 비교할 때는 문자열의 맨 앞글자부터 순서대로 아스키코드값을 비교합니다.

다음 예제는 키보드로 입력받은 두 문자열의 크기를 비교하는 프로그램입니다.

예제 13-16 문자열 2개의 크기 비교 ex13_16.c

```c
#include <stdio.h>
#include <string.h>                 // 문자열 관련 함수를 사용하기 위해 선언

int main(void)
{
    char s1[20];
    char s2[20];
    int result;

    printf("s1 문자열 입력 : ");
    gets_s(s1, sizeof(s1));         // 또는 gets_s(s1, 20);

    printf("s2 문자열 입력 : ");
    gets_s(s2, sizeof(s2));         // 또는 gets_s(s2, 20);

    result = strcmp(s1, s2);
    printf("\nstrcmp( ) 함수로 문자열 비교 결과\n");

    if(result > 0)
    {
        printf("s1 > s2 비교 결과값 : %d\n", result);
        printf("문자열 비교 : s1이 s2 문자열 뒤에 있음\n");
    }
    else if(result == 0)
    {
        printf("s1 == s2 비교 결과값 : %d\n", result);
        printf("문자열 비교 : s1과 s2 문자열이 같음\n");
    }
```

```
    else
    {
        printf("s1 < s2 비교 결과값 : %d\n", result);
        printf("문자열 비교 : s1이 s2 문자열 앞에 있음\n");
    }
    return 0;
}
```

```
s1 문자열 입력 : abc
s2 문자열 입력 : speed

strcmp( ) 함수로 문자열 비교 결과
s1 < s2 비교 결과값 : - 1
문자열 비교 : s1이 s2 문자열 앞에 있음
```

```
s1 문자열 입력 : Academy
s2 문자열 입력 : Academy

strcmp( ) 함수로 문자열 비교 결과
s1 == s2 비교 결과값 : 0
문자열 비교 : s1과 s2 문자열이 같음
```

문자열 결합

문자열 2개를 결합할 때는 strcat_s( ) 함수를 사용합니다. 문자열 s1 뒤에 문자열 s2를 연결하려면 다음과 같이 선언합니다.

Tip 문자열 s1의 NULL 문자 뒤에 문자열 s2를 결합하는 것이 아니라 NULL 문자 위치에 s2가 결합됩니다.

```
char s1[10] = "Space";
char s2[5] = "Zone";
strcat_s(s1, sizeof(s1), s2);
```

다음은 strcat_s(s1, sizeof(s1), s2) 함수를 사용하여 문자열 2개를 결합하는 과정을 나타낸 그림입니다.

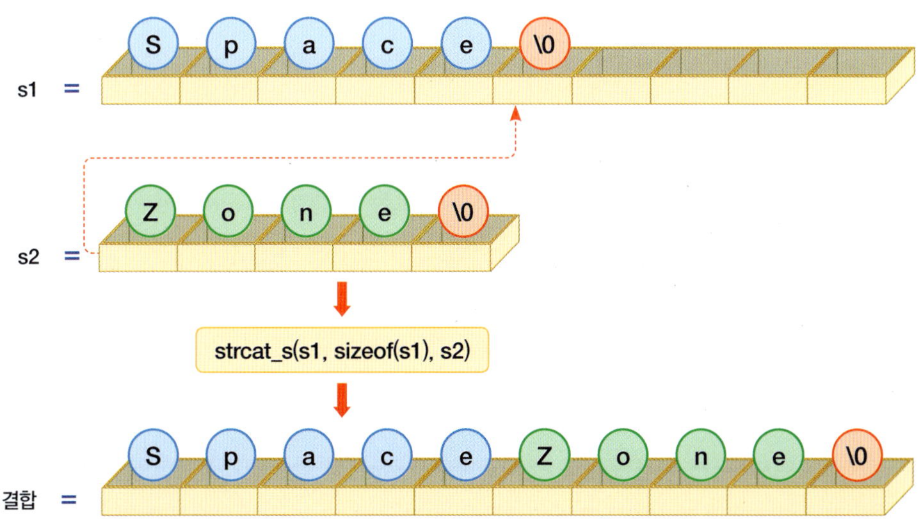

그림 13-6 **문자열 s1과 s2의 결합**

다음 예제는 주어진 문자열 2개를 결합하는 프로그램입니다. strcat_s ( ) 함수를 사용하여 문자열 전체를 결합하고 strncat_s ( ) 함수를 사용하여 문자열 일부를 결합해 보겠습니다. s1 문자열 뒤에 s2 문자열이 어떻게 결합되어 출력되는지 살펴보기 바랍니다.

예제 13-17 문자열 2개 결합 ex13_17.c

```
01 #include <stdio.h>
02 #include <string.h>                  // 문자열 관련 함수를 사용하기 위해 선언
03
04 #define ST 2
05
06 int main(void)
07 {
08     char s1[15] = "Space";
09     char s2[5] = "Zone";
10
11     printf("s1 문자열 : %s\n", s1);
12     printf("s2 문자열 : %s\n", s2);
13
14     strcat_s(s1, sizeof(s1), s2);            // 문자열 전체 결합
15     printf("\n문자열 전체 결합 : %s\n", s1);
16
17     strncat_s(s1, sizeof(s1), s2, ST);       // 문자열 일부 추가 결합
18     printf("문자열 일부 결합 : %s\n", s1);
19     return 0;
20 }
```

```
s1 문자열 : Space
s2 문자열 : Zone

문자열 전체 결합 : SpaceZone
문자열 일부 결합 : SpaceZoneZo
```

소스 코드 17행은 04행에서 선언한 기호 상수의 크기만큼 문자열을 더 결합하는 명령입니다. 그래서 15행의 실행 결과로는 문자열 SpaceZone이 출력되고, 18행의 실행 결과로는 기호 상수 ST(2 크기에 해당하는 Zo)만큼 더 결합되어 문자열 SpaceZoneZo와 같이 출력됩니다.

문자열 검색

문자열에서 특정 문자를 검색할 때는 strchr( ) 함수를 사용하고, 문자열의 마지막 위치부터 특정 문자를 검색할 때는 strrchr( ) 함수, 문자열에서 특정 문자열을 검색할 때는 strstr( ) 함수를 사용합니다.

① 특정 문자 검색

문자열에서 특정 문자를 검색할 때는 strchr( ) 함수를 사용합니다. 예를 들어, school 문자열에서 알파벳 h를 검색한다면 다음과 같이 선언하면 됩니다.

```
char s[10] = "school";
strchr(s, 'h');
```

다음 예제는 문자열에서 특정 문자를 검색하는 프로그램입니다. 키보드로 입력한 알파벳이 주어진 문자열에 존재하는지를 if~else 문으로 판별하여 출력합니다.

예제 13-18 문자열에서 특정 문자 검색 ex13_18.c

```
#include <stdio.h>
#include <string.h>        // 문자열 관련 함수를 사용하기 위해 선언

int main(void)
{
    char s[] = "school";
    char *p;               // 발견한 문자의 위치를 저장할 포인터 변수
    char chk;

    printf("문자열 : %s\n", s);
    printf("검색할 문자 입력 : ");
    scanf_s("%c", &chk, sizeof(s));

    p = strchr(s, chk);  // 문자열에서 찾을 문자 검색 후 포인터 변수에 저장

    if(p != NULL)          // NULL 문자가 아닐 경우
        printf("문자열 %s에는 \'%c\'가 존재합니다.\n", s, chk);
    else
        printf("문자열 %s에는 \'%c\'가 존재하지 않습니다.\n", s, chk);

    return 0;
}
```

```
문자열 : school
검색할 문자 입력 : s
문자열 school에는 's'가 존재합니다.
```

```
문자열 : school
검색할 문자 입력 : k
문자열 school에는 'k'가 존재하지 않습니다.
```

② 마지막 위치부터 특정 문자 검색

문자열의 마지막 위치부터 특정 문자를 검색할 때는 strrchr( ) 함수를 사용합니다. "C Project Programming" 문자열의 마지막 위치부터 알파벳 'P'를 검색하려면 다음과 같이 선언합니다.

```
char s[ ] = "C Project Programming";
printf("검색 결과 : %s ", strrchr(s, 'P'));
```

검색 결과는 다음과 같습니다.

```
Programming
```

③ 특정 문자열 검색

문자열에서 특정 문자열을 검색할 때는 strstr( ) 함수를 사용합니다. "C Project Programming" 문자열에서 "Pro" 문자열을 검색하려면 다음과 같이 선언합니다.

```
char s[ ] = "C Project Programming";
printf("검색 결과 : %s ", strstr(s, "Pro"));
```

검색 결과는 다음과 같습니다.

```
Project Programming
```

다음 예제는 문자열 "C Professional Project Team"에서 문자 'P'와 문자열 "Pro"를 찾는 프로그램입니다. 문자 'P'를 찾기 위해 strrchr( ) 함수를 사용하여 문자열의 마지막 위치부터 검색하고, 문자열 "Pro"를 찾기 위해 strstr( ) 함수를 사용합니다. 이때 strrchr( )와 strstr( ) 함수는 알파벳 대소문자를 엄격하게 구별합니다.

예제 13-19 문자열에서 특정 문자와 문자열 검색 ex13_19.c

```
#include <stdio.h>
#include <string.h>                    // 문자열 관련 함수를 사용하기 위해 선언

int main(void)
```

```
{
    char s[] = "C Professional Project Team";

    printf("문자열 : %s\n", s);
    printf("문자열 마지막부터 \'P\' 문자가 포함된 부분 검색\n");
    printf("\nstrrchr( ) 함수 사용 : %s\n\n", strrchr(s, 'P'));

    printf("문자열에서 \"Pro\" 문자열이 포함된 부분 검색\n");
    printf("strstr( ) 함수 사용 : %s\n", strstr(s, "Pro"));
    return 0;
}
```

```
문자열 : C Professional Project Team
문자열 마지막부터 'P' 문자가 포함된 부분 검색

strrchr( ) 함수 사용 : Project Team

문자열에서 "Pro" 문자열이 포함된 부분 검색
strstr( ) 함수 사용 : Professional Project Team
```

문자열 변환

문자열을 알파벳 역순으로 변환하는 _strrev( ) 함수, 알파벳 대문자로 변환하는 _strupr_s( ) 함수, 알파벳 소문자로 변환하는 _strlwr_s( ) 함수를 알아보겠습니다.

① 역순으로 변환

_strrev( ) 함수를 사용하면 문자열을 역순으로 변환할 수 있습니다.

```
char str[ ] = "Have a Good Time";
_strrev(str);
printf("변환 결과 : %s ", str);
```

결과는 다음과 같습니다.

```
emiT dooG a evaH
```

다음 예제는 _strrev( ) 함수를 사용하여 문자열 "Have a Good Time"을 역순으로 변환하여 출력하는 프로그램입니다.

예제 13-20 문자열을 알파벳 역순으로 변환 ex13_20.c

```c
#include <stdio.h>
#include <string.h>                    // 문자열 관련 함수를 사용하기 위해 선언

int main(void)
{
    char str[] = "Have a Good Time";

    printf("문자열 : %s\n", str);

    _strrev(str);                      // 문자열을 역순으로 변환

    printf("\n문자열을 역순으로 변환\n");
    printf("_strrev( ) 함수 사용 : %s\n", str);

    _strrev(str);                      // 문자열을 다시 역순으로 변환

    printf("문자열을 원래대로 변환\n");
    printf("_strrev( ) 함수 사용 : %s\n", str);
    return 0;
}
```

```
문자열 : Have a Good Time

문자열을 역순으로 변환
_strrev( ) 함수 사용 : emiT dooG a evaH
문자열을 원래대로 변환
_strrev( ) 함수 사용 : Have a Good Time
```

② 알파벳 대문자 또는 소문자로 변환

_strupr_s( ) 함수를 사용하면 문자열의 알파벳을 모두 대문자로 변환할 수 있고 _strlwr_s( ) 함수를 사용하면 모두 소문자로 변환할 수 있습니다.

```c
char str[ ] = "Have a Good Time";
_strupr_s(str, sizeof(str));     // 문자열을 모두 대문자로 변환
_strlwr_s(str, sizeof(str));     // 문자열을 모두 소문자로 변환
```

다음 예제는 문자열 "Have a Good Time"을 모두 대문자, 또는 소문자로 변환하여 출력하는 프로그램입니다.

예제 13-21 문자열을 알파벳 대소문자로 변환 ex13_21.c

```
#include <stdio.h>
#include <string.h>                  // 문자열 관련 함수를 사용하기 위해 선언

int main(void)
{
    char str[] = "Have a Good Time";

    printf("주어진 문자열 : %s\n", str);

    _strupr_s(str, sizeof(str));     // 문자열을 모두 대문자로 변환

    printf("\n알파벳을 모두 대문자로 변환\n");
    printf("_strupr_s( ) 함수 사용 : %s\n", str);

    _strlwr_s(str, sizeof(str));      // 문자열을 모두 소문자로 변환

    printf("알파벳을 모두 소문자로 변환\n");
    printf("_strlwr_s( ) 함수 사용 : %s\n", str);
    return 0;
}
```

```
주어진 문자열 : Have a Good Time

알파벳을 모두 대문자로 변환
_strupr_s( ) 함수 사용 : HAVE A GOOD TIME
알파벳을 모두 소문자로 변환
_strlwr_s( ) 함수 사용 : have a good time
```

문자열을 토큰 단위로 분리

공백(" "), 콤마(,), 하이픈(-), 언더바(_), 느낌표(!), 개행 문자(\n), 탭 간격(\t) 등의 구분자를 기준으로 문자열을 토큰 단위로 분리할 때는 strtok_s( ) 함수를 사용합니다. 토큰(token)이란 문자열에서 더 이상 나눌 수 없는 문법 단위 요소를 의미합니다. 토큰을 분리할 때 사용하는 구분자는 마음대로 지정할 수 있습니다.

```
char str[ ] = "Let's do-our_best! today";
char div[ ] = " -_!";      // 구분자를 공백, 하이픈, 언더바, 느낌표로 선언
char *context;             // 분리된 토큰을 저장하기 위한 포인터 변수
char *tok = strtok_s(str, div, &context); // 구분자로 문자열을 토큰 단위로 분리
```

콤마(,)를 구분자로 사용해서 문자열을 토큰 단위로 나누고자 할 때 첫 번째 토큰을 구하기 위한 strtok_s(str, div, &context) 함수를 strtok_s(str, ",", &context)와 같이 배열을 사용하여 선언하지 않아도 됩니다. 두 번째 토큰을 읽으려면 str 대신 NULL을 넣어서 나머지 토큰을 추출하면 됩니다.

```
tok1 = strtok_s(str, div, &context);
tok2 = strtok_s(NULL, div, &context);
tok3 = strtok_s(NULL, div, &context);
tok4 = strtok_s(NULL, div, &context);
tok5 = strtok_s(NULL, div, &context);
```

strtok_s( ) 함수를 사용하면 주어진 문자열이 변경됩니다. 문자열을 그대로 유지해야 한다면 strcpy_s( ) 함수로 문자열을 복사한 다음 strtok_s( ) 함수를 사용해야 합니다.

다음 예제는 문자열 "Let's do-our_best! today"를 공백(" "), 하이픈(-), 언더바(_), 느낌표(!)를 구분자로 사용하여 토큰 단위로 분리하여 출력하는 프로그램입니다. 문자열을 토큰 단위로 나누고자 할 때 사용하는 구분자는 사용자가 마음대로 선언할 수 있습니다. 예제를 통해 주어진 문자열을 토큰 단위로 어떻게 분리하는지 살펴보기 바랍니다.

예제 13-22 문자열을 토큰 단위로 분리 ex13_22.c

```
#include <stdio.h>
#include <string.h>          // 문자열 관련 함수를 사용하기 위해 선언

int main(void)
{
    char str[] = "Let's do-our_best! today";
    char div[] = " -_!";      // 구분자는 공백, 하이픈, 언더바, 느낌표
    char *tok;                // 분리된 토큰 저장할 포인터 변수
    char *context;            // 분리된 토큰 저장하기 위한 주소 할당 포인터 변수
    int cnt = 1;

    printf("주어진 문자열 : %s\n", str);
    printf("구분자 : 공백(\" \"), 하이픈(-), 언더바(_), 느낌표(!)\n\n");

    tok = strtok_s(str, div, &context);     // 구분자를 기준으로 문자열 분리

    while(tok != NULL)
    {
        printf("%d번째 토큰 : %s\n", cnt, tok);
        tok = strtok_s(NULL, div, &context);// 다음 토큰 구하기 위해 NULL 사용
        cnt++;
    }
```

```
    return 0;
}
```

```
주어진 문자열 : Let's do-our_best! today
구분자 : 공백(" "), 하이픈(-), 언더바(_), 느낌표(!)

1번째 토큰 : Let's
2번째 토큰 : do
3번째 토큰 : our
4번째 토큰 : best
5번째 토큰 : today
```

SECTION 04 배열로 문자열 다루기

1 배열과 포인터 배열의 차이점

문자와 문자열을 처리할 때 배열을 사용하는 방법과 포인터 배열을 사용하는 방법의 차이점을 살펴보겠습니다.

배열로 문자열 다루기

Tip
루틴(routine)은 컴퓨터의 특정 한 작업을 실행하기 위한 명령으로 프로그램의 일부 혹은 전부를 의미합니다.

배열을 사용하여 문자열을 처리할 때는 주로 2차원 배열을 사용합니다. 2차원 배열에서 [행]은 단어의 개수를 나타내고 [열]은 단어의 크기를 나타냅니다. 예를 들어, 화면에서 메뉴를 출력하기 위해 루틴을 구현하려면 여러 개의 문자열을 각각 따로따로 배열로 선언하는 것보다는 2차원 배열로 선언하는 것이 훨씬 편리합니다.

다음은 4계절을 2차원 배열로 선언한 것입니다.

```
char s[4][7] = {
                "Spring",
                "Summer",
                "Fall",
                "Winter"
};
```

위와 같이 2차원 배열을 선언하면 2차원 배열의 인덱스는 [그림 13-7]과 같이 각 행에서 제시한 문자열로 초기화됩니다.

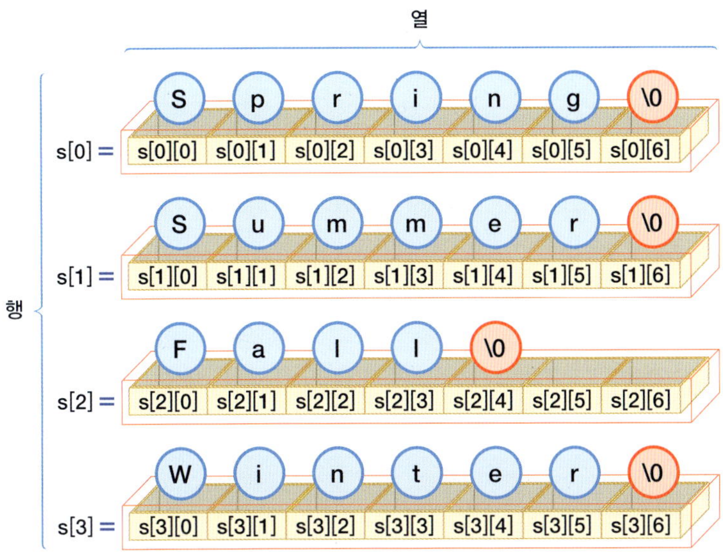

그림 13-7 **2차원 배열로 나타낸 문자열**

포인터 배열로 문자열 다루기

배열은 메모리 공간을 정적으로 설정하는 반면, 포인터 배열은 문자열의 크기에 맞추어 메모리 공간을 동적으로 확보합니다. 하지만 포인터 배열을 사용할 경우 한번 결정된 문자열은 변경할 수 없다는 단점도 있습니다.

> **Tip** 포인터 배열을 사용하는 방법은 메모리를 효율적으로 관리할 수 있다는 측면에서 배열을 사용하는 것보다 효율적입니다.

배열로 문자열을 선언한 것처럼 포인터 배열을 사용하려면 다음과 같이 선언하면 됩니다.

```
char *s[4] = {
              "Spring",
              "Summer",
              "Fall",
              "Winter"
};
```

2 다차원 배열로 문자열 다루기

배열을 사용하여 문자열을 입력받아 출력하는 방법을 살펴보겠습니다.

2차원 배열로 문자열 다루기

다음 예제는 문자열을 2차원 배열로 출력하는 프로그램입니다.

예제 13-23 2차원 배열로 문자열 처리 ex13_23.c

```c
#include <stdio.h>

int main(void)
{
    int cnt;
    char s[4][7] = {
                    "Spring",
                    "Summer",
                    "Fall",
                    "Winter"
    };

    printf("사계절을 for 문으로 출력\n");

    for(cnt = 0; cnt < 4; cnt++)
        printf("%02d번째 계절 : %s\n", cnt + 1, s[cnt]);

    return 0;
}
```

```
사계절을 for 문으로 출력
01번째 계절 : Spring
02번째 계절 : Summer
03번째 계절 : Fall
04번째 계절 : Winter
```

다음 예제는 입력받은 문자열을 2차원 배열로 출력하는 프로그램입니다. 2차원 배열을 사용할 때 scanf_s( ) 함수 안에 선언한 인수가 무엇을 의미하는지 살펴볼 수 있습니다.

예제 13-24 입력받은 문자열을 2차원 배열로 출력 ex13_24.c

```c
#include <stdio.h>

int main(void)
{
    int cnt;
    char s[3][20];          // 과목 개수를 3, 과목별 문자열 크기를 20으로 선언

    printf("3개 수강 신청 과목 입력\n");

    for(cnt = 0; cnt < 3; cnt++)
    {
        printf("%02d번째 과목 입력 : ", cnt + 1);
        scanf_s("%s", s[cnt], 20);    // [열] 크기만큼 설정
    }
```

```
    printf("\n3개 수강 신청 과목 출력\n");

    for(cnt = 0; cnt < 3; cnt++)
        printf("%02d번째 과목 출력 : %s\n", cnt + 1, s[cnt]);

    return 0;
}
```

```
3개 수강 신청 과목 입력
01번째 과목 입력 : C언어
02번째 과목 입력 : 운영체제
03번째 과목 입력 : 빅데이터과학

3개 수강 신청 과목 출력
01번째 과목 출력 : C언어
02번째 과목 출력 : 운영체제
03번째 과목 출력 : 빅데이터과학
```

3차원 배열로 문자열 다루기

다음 예제는 3차원 배열로 문자열을 다루는 프로그램입니다. 3차원 배열의 [면][행][열] 요소에 대해 살펴볼 수 있습니다.

예제 13-25 3차원 배열로 문자열 처리 ex13_25.c

```
#include <stdio.h>
#include <string.h>

int main(void)
{
    while(1)
    {
        int cnt, index = 0;
        int result;           // 문자열 비교값을 저장하기 위한 변수
        char word[30];        // 키보드로 입력하기 위한 문자형 배열

        // 5는 ID 개수, 2는 0이면 ID, 1이면 PASSWORD, 20은 글자수
        char member[5][2][20] = {
                                {"space", "123456"},
                                {"web2me", "000000"},
                                {"power", "555555"},
                                {"quen33", "888888"},
                                {"zzang", "111111"}
        };

        printf("ID 입력 : ");
```

```
22          scanf_s("%s", word, 30);
23
24          for(cnt = 0; cnt < 5; cnt++)
25          {
26              result = strcmp(member[index][0], word);// 입력한 문자열과 비교
27
28              if(result == 0)  // 주어진 문자열과 입력한 문자열이 같을 경우
29              {
30                  printf("ID [%s]의 ", word);
31                  printf("PASSWORD는 %s입니다.\n", member[index][1]);
32                  return 0;
33              }
34              index++;
35          }
36          printf("입력한 ID %s은(는) 찾을 수 없습니다.\n", word);
37          printf("ID를 다시 입력하세요.\n");
38      }
39  }
```

```
ID 입력 : spacezone
입력한 ID spacezone은(는) 찾을 수 없습니다.
ID를 다시 입력하세요.
ID 입력 : space
ID space의 PASSWORD는 123456입니다.
```

소스 코드 13행에서 선언한 3차원 배열 member[5][2][20]에서 [면]에 해당하는 5는 전체 ID 개수를 의미합니다. [행]에 해당하는 2는 인덱스가 0이면 배열 요소 중에서 ID를 선언한 문자열을 가리키고 1이면 PASSWORD를 선언한 문자열을 가리킵니다. 그리고 [열]에 해당하는 20은 글자수를 의미합니다. 26행에서 사용한 strcmp( ) 함수는 알파벳 대소문자를 구분하여 문자열을 비교합니다.

도전문제 문자열과 포인터 배열의 관계 익히기

01 실행 결과에 맞게 소스 코드의 빈칸을 채워 완성하시오.

```
신청 가능한 근무 지역
A지역 : 서울
B지역 : 부산
C지역 : 대구
D지역 : 광주
```

```
#include <stdio.h>

int main(void)
{
    int cnt;
    char ____________ = {"서울", "부산", "대구", "광주", "제주"};
    printf("신청 가능한 근무 지역\n");
    for(cnt = 0; cnt < 4; cnt++)
        printf(" %c지역 : %s\n", ____________, dept[cnt]);
    return 0;
}
```

Hint : 배열로 문자열을 초기화한 다음 for 문을 사용하여 순서대로 출력하면 됩니다. 이때 카운트 변수 cnt에 알파벳 A를 나타내는 아스키코드값을 더하면 A, B, C, D 순으로 함께 출력할 수 있습니다.

정답

```
*dept[]
65 + cnt
```

02 실행 결과에 맞게 소스 코드의 빈칸을 채워 완성하시오.

```
문자 입력 : S
입력한 문자 출력 : S

문자 입력 : p
입력한 문자 출력 : p

문자 입력 : ^Z        Ctrl+Z
```

```c
#include <stdio.h>
int main(void)
{
    int munja;
    do
    {
        printf("문자 입력 : ");
        if
        {
            printf("입력한 문자 출력 : ");
            putchar(munja);         // 입력받은 문자 출력
            getchar();              // 버퍼 메모리 비움
            printf("\n\n");
        }
        else
            
    } while(1);
    return 0;
}
```

Hint : 입력한 문자를 출력하는 무한 반복문을 빠져나가려면 if 문의 조건식이 거짓이 되어야 합니다. 입력의 끝을 알리는 EOF 문자를 입력하려면 Ctrl+Z를 누르면 됩니다.

정답

```c
((munja = getchar()) != EOF)
break;
```

03 실행 결과에 맞게 소스 코드의 빈칸을 채워 완성하시오.

```
지원 학과 순위
01순위 : 법학과
02순위 : 행정학과
03순위 : 소프트웨어학과

지원 학과 순위 출력
01순위 지원 : 법학과
02순위 지원 : 행정학과
03순위 지원 : 소프트웨어학과
```

```c
#include <stdio.h>
int main(void)
{
    int cnt;
                        // 지원 학과 배열 크기는 3, 학과명 배열 크기는 20
    printf("지원 학과 순위\n");
```

```
    for(cnt = 0; cnt < 3; cnt++)
    {
        printf("%02d순위 : ", cnt + 1);
        scanf_s(                    );        // [열] 크기만큼 설정
    }
    printf("\n지원 학과 순위 출력\n");
    for(cnt = 0; cnt < 3; cnt++)
        printf("%02d순위 지원 : %s\n", cnt + 1, s[cnt]);
    return 0;
}
```

Hint : 2차원 배열을 선언하여 지원 학과명을 입력받고, 입력받은 문자열에 대한 배열의 크기는 scanf_s( ) 함수 안의 구성 요소로 선언해야 합니다.

정답

```
char s[3][20];
"%s", s[cnt], 20
```

핵심점검

1 C 언어에서 문자(character)와 문자열(string)은 문자를 묶어주는 따옴표에 따라 구분됩니다. 'A'와 같이 작은따옴표로 묶어주면 (   ), "A"와 같이 큰따옴표로 묶어주면 (   )입니다.

2 C 언어에서 사용하는 모든 변수는 메모리의 (   )(이)라는 영역에 저장되고, 문자열은 (   )(이)라는 특수 영역에 저장됩니다.

3 문자 입출력 함수의 종류에는 임시 기억 장소인 (   )을/를 이용하여 데이터를 보관, 처리하는 버퍼형 함수와, 데이터를 직접 처리하는 직접형 함수가 있습니다.

4 C 언어에서는 입력한 문자를 검사하는 함수를 기본으로 제공합니다. 문자 검사 함수는 (   ) 헤더 파일에 존재하며, 보통 함수 이름은 괄호 앞이 is~로 시작합니다.

5 C 언어에서는 문자열의 길이를 구하거나 문자열 복사, 비교, 결합, 검색, 변환, 분리 등과 같이 문자열을 더욱 편리하게 처리할 수 있는 다양한 라이브러리 함수를 제공합니다. 문자열 라이브러리 함수를 사용하려면 (   ) 헤더 파일을 먼저 불러와야 합니다.

정답 **1** 문자, 문자열 **2** 데이터 세그먼트, 텍스트 세그먼트 **3** 버퍼 **4** 〈ctype.h〉 **5** 〈string.h〉

연습문제

1 C 언어에서 문자와 문자열을 구분하는 방법은?

① 변수의 자료형　　② 변수의 초깃값
③ 포인터 선언　　④ 문자나 문자열을 묶어주는 따옴표

2 배열을 NULL 문자열로 초기화하는 방법은?

① char s[5] = " ";　　② char s[5] = /0;
③ char s[5] = "'";　　④ char s[5];

3 텍스트 파일의 끝을 알리는 문자는?

① 0　　② 1
③ EOF　　④ NULL

4 읽기만 가능하고 사용자가 임의로 변경할 수 없는 메모리 영역은?

① 데이터 세그먼트　　② 텍스트 세그먼트
③ 배열 세그먼트　　④ 포인터 세그먼트

5 직접형 단일 문자 함수는 버퍼라는 임시 기억 장소 대신 무엇을 사용하여 데이터를 직접 처리하는가?

① 초깃값　　② 주소값
③ 스트림　　④ NULL

6 버퍼 메모리에 남아 있는 Enter 키값을 지우기 위해 사용하는 함수는?

① char( )　　② getchar( )
③ srand( )　　④ system( )

연습문제

7 컴퓨터 CPU와 주변 장치 사이에 발생하는 전송 속도 차이를 극복하기 위한 임시 기억 장치는?

① RAM　② ROM
③ Register　④ Buffer

8 EOF 문자를 입력할 때 사용하는 단축키는?

① Ctrl + Z　② Ctrl + F5
③ Shift + Z　④ Shift + F5

9 다음 중에서 Enter 키값을 나타내는 것은?

① \0　② \n
③ \r　④ \t

10 문자를 검사하는 함수가 존재하는 헤더 파일은?

① string.h　② ctype.h
③ stdio.h　④ stdlib.h

11 알파벳이 대문자이면 참을 반환하고 아니면 거짓을 반환하는 함수는?

① islower( )　② isupper( )
③ isalpha( )　④ iscntrl( )

12 입력한 문자를 모두 소문자로 변환하는 함수는?

① toupper( )　② toascii( )
③ tolower( )　④ tocntrl( )

13 문자열 수치 변환 함수가 문자열을 수치로 변환할 수 없을 경우 반환하는 값은?

① −1　② 0
③ 1　④ EOF

14 문자열을 정수형으로 변환하는 함수는?

① atoi( ) ② atol( )

③ atof( ) ④ atooi( )

15 문자열 s1과 s2의 크기를 비교하는 함수는?

① strcpy_s(s1, s2) ② strncpy_s(s1, s2, n)

③ strncmp(s1, s2, n) ④ strcmp(s1, s2)

16 문자열에서 더 이상 나눌 수 없는 문법 단위 요소를 의미하는 것은?

① 포인터 ② 배열

③ 토큰 ④ 구분자

17 주어진 문자열을 토큰 단위로 분리할 때 사용하는 함수는?

① islower( ) ② strtok_s( )

③ tolower( ) ④ strcpy_s( )

18 문자열의 크기에 맞추어 메모리 공간을 동적으로 확보해 주는 것은?

① 포인터 배열 ② 이중 포인터

③ void형 포인터 ④ 중첩 포인터

19 문자열을 비교할 때 알파벳 대소문자를 엄격하게 구분하는 함수는?

① strcpy_s( ) ② strncpy_s( )

③ strncmp( ) ④ strcmp( )

연습문제

20 빈칸에 해당하는 문자 검사 함수의 종류를 써넣으시오.

문자 검사 함수	설명
	알파벳이나 숫자이면 참, 아니면 거짓을 반환
	알파벳 대소 문자(A~Z, a~z)이면 참, 아니면 거짓을 반환
	알파벳 대문자이면 참, 아니면 거짓을 반환
	알파벳 소문자이면 참, 아니면 거짓을 반환
	10진 숫자(0~9)이면 참, 아니면 거짓을 반환
	16진수 숫자(0~9, A~F)이면 참, 아니면 거짓을 반환
	공백이 존재하면 참, 아니면 거짓을 반환
	제어 문자(\n, \t, \b, \r 등)가 존재하면 참, 아니면 거짓을 반환
	빈칸을 포함하여 인쇄할 수 있으면 참, 아니면 거짓을 반환
	구두점 문자(콤마, 점, 느낌표 등)를 포함하면 참, 아니면 거짓을 반환
	아스키코드이면 참, 아니면 거짓을 반환

21 버퍼형 표준 입출력 함수의 수행 과정을 보고 빈칸을 채우시오.

실행 중인 프로그램

```
#include <stdio.h>
int main(void)
{
    char m;
    scanf_s("%c", &m, sizeof(m));
    printf("출력 : %c", m);
    return 0;
}
```

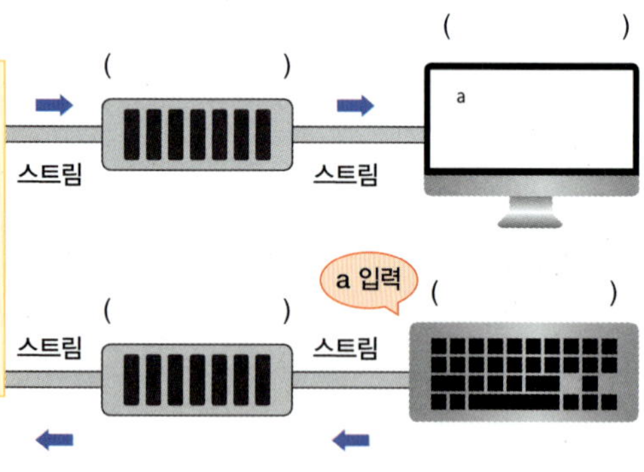

22 포인터로 문자열을 선언한 후 복사하는 소스 코드이다. 소스 코드의 의미를 주석문으로 적으시오.

```
char *str = "Korea";                    //
char data[10] = "";                     //
strcpy_s(data, sizeof(data), str);      //
printf("%s", data);                     //
strncpy_s(data, sizeof(data), str, 3);  //
printf("%s", data);                     //
```

23 포인터 대신 배열을 선언한 후 문자열을 복사하는 소스 코드이다. 소스 코드의 의미를 주석문으로 적으시오.

```
char str[6] = "C program";              //
char data[3] = "";                      //
strcpy_s(data, sizeof(data), str);      //
printf("%s", data);                     //
strncpy_s(data, sizeof(data), str, 5);  //
printf("%s", data);                     //
```

24 소스 코드를 보고 실행 결과를 예측해서 적으시오.

①

소스 코드 | 출력값

```
char s[ ] = "C Project Programming";
printf("검색 결과 : %s", strstr(s, "Pro"));
```
→

②

소스 코드 | 출력값

```
char str[ ] = "Have a Good Time";
_strrev(str); printf("변환 결과 : %s", str);
```
→

프로그래밍 문제

1 다음 내용에 맞는 프로그램을 작성하시오.

- putchar( ) 함수로 문자열 출력 : | |, |space|
- puts( ) 함수로 문자열 출력 : | zone |
- putchar( ) 함수와 puts( ) 함수로 문자열 출력 : | spacezone |
- printf( ) 출력 함수 : 사용 금지
- 기타 사항은 [출력 예시] 참조

[출력 예시]

```
■ 표준 입출력 단일 문자 함수로 문자열을 출력하는 프로그램
3개의 공백 문자 출력
|   |

space 문자열을 각각 하나의 문자로 출력
|space|

puts( ) 함수로 문자열 출력
|   zone|
spacezone 문자열 출력

| spacezone |
프로그램을 종료합니다.
```

2 다음 내용에 맞는 프로그램을 작성하시오.

- get_s( ) 함수로 문자열을 최대 30바이트까지 입력
- atoi( ) 함수로 문자열을 정수형으로 변환
- do~while 문으로 프로그램을 무한 반복 수행
- _getche( ) 함수로 반복 여부를 결정하는 문자 입력
- 반복 여부는 알파벳 대소 문자 구분 없이 Y는 재실행, N은 종료, 그 외는 goto 문으로 강제 분기
- 기타 사항은 [출력 예시] 참조

[출력 예시]

```
■ 문자열을 정수형과 실수형으로 변환하는 프로그램
문자열을 30바이트 이내로 입력 : 123a456
입력 문자열 : "123a456"
```

```
문자열 → 정수형으로 변환 : 123
프로그램을 계속 수행할까요? (Y / N) : k
알파벳 입력 오류!
알파벳을 다시 입력하세요.
프로그램을 계속 수행할까요? (Y / N) : y

■ 문자열을 정수형과 실수형으로 변환하는 프로그램
문자열을 30바이트 이내로 입력 : a123456
입력한 문자열 : "a123456"
문자열 → 정수형으로 변환 : 0
프로그램을 계속 수행할까요? (Y / N) : n
프로그램을 종료합니다.
```

3 다음 내용에 맞는 프로그램을 작성하시오.

- 문자형 배열 선언 : str1[20] = "Have a ", str2[10] = "good time"
- 주어진 문자열 2개를 각각 출력
- strcat_s( ) 함수를 사용하여 문자열 2개 결합
- strchar( ) 함수를 사용하여 결합된 문자열에서 문자 'a' 검색 후 출력
- strstr( ) 함수를 사용하여 결합된 문자열에서 문자열 "go" 검색 후 출력
- 기타 사항은 [출력 예시] 참조

[출력 예시]

```
■ 문자열의 결합과 문자, 문자열 검색 프로그램
주어진 문자열
char str1[20] = "Have a "
char str2[10] = "good time"
결합된 문자열 : Have a good time
문자열에서 'a' 검색 : ave a good time
문자열에서 "go" 검색 : good time
프로그램을 종료합니다.
```

프로그래밍 문제

4 다음 내용에 맞는 프로그램을 작성하시오.

- 문자형 배열 선언 : str[ ] = “SpaceZone”
- 주어진 문자열 출력
- while 문을 사용하여 문자열에서 알파벳 대문자 검색
- isupper( ) 함수를 사용하여 문자열에서 알파벳 대문자만 추출
- 기타 사항은 [출력 예시] 참조

[출력 예시]

```
■ 알파벳 대문자만 추출하여 출력하는 프로그램
프로그램에서 주어진 문자열
char str[20] = "SpaceZone"
알파벳 대문자만 추출하여 출력 : SZ
프로그램을 종료합니다.
```

학 | 습 | 목 | 표

- 구조체의 개념과 활용 방법을 알아봅니다.
- 구조체 배열과 포인터를 알아봅니다.
- 구조체와 함수의 관계를 알아봅니다.
- 중첩 구조체를 알아봅니다.
- 공용체와 열거형을 비교하여 알아봅니다.
- 비트 필드 구조체를 알아봅니다.

Chapter 14
구조체

SELF CHECK

1 구조체란 서로 다른 (자료형, 숫자)의 집합을 의미합니다.

2 구조체 배열을 초기화하려면 각 배열 요소 단위에 ({}, 〈〉)을/를 사용하여 배열 요소가 분리되도록 선언합니다.

3 구조체를 가리키는 포인터를 사용할 경우 반드시 포인터 변수에 (" ", ( ))을/를 사용해 우선순위를 지정합니다.

4 구조체를 함수의 인수나 반환값으로 사용할 경우에 함수 호출 방식은 (직접 호출, 값에 의한 호출)입니다.

5 포인터가 구조체 멤버를 가리키려면 간접 멤버 연산자인 (->, .)을/를 사용합니다.

6 중첩 구조체란 이미 선언되어 있는 구조체를 또 다른 구조체의 (멤버, 이름)(으)로 선언한 것을 의미하며, 중첩된 구조체 멤버에 접근하기 위해서는 구조체 연산자인 ({}, .)을/를 두 번 사용합니다.

7 공용체란 여러 개의 변수가 동일한 (함수, 메모리)을/를 공유할 수 있게 하는 기능이고, 열거형이란 변수에 대입할 수 있는 값을 나타내는 (상수, 실수)을/를 모아놓은 자료형을 의미합니다.

8 비트 필드 구조체란 구조체를 (기가, 비트) 단위로 구성하는 것을 의미합니다.

정답

1 자료형 **2** {} **3** ( ) **4** 값에 의한 호출 **5** -> **6** 멤버, . **7** 메모리, 상수 **8** 비트

SECTION 01

구조체의 개요

1 구조체의 개념

구조체(structure)란 서로 다른 자료형의 집합을 의미합니다. 배열은 같은 자료형의 항목을 처리할 경우에 효과적이지만 서로 다른 자료형이 여러 개 존재하는 프로그램에서는 사용할 수 없다는 것이 단점입니다.

서로 다른 자료형이 여러 개 존재하는 프로그램에서는 배열보다 구조체를 주로 사용합니다. 예를 들어, 학생 성적을 처리하는 프로그램에서는 정수형, 문자열, 실수형 등의 자료형이 필요하므로 구조체를 사용합니다.

구조체는 여러 가지 종류의 자료형을 묶어서 통합된 변수로 만듭니다. 이렇게 생성된 데이터를 레코드(record)라 하고 각각의 데이터는 필드(field)라고 합니다.

: QUIZ

	정답
(　　　)은/는 서로 연관성 있는 필드로 구성된 자료형의 집합을 처리하기 위해 사용합니다.	구조체

2 구조체 선언과 초기화

구조체는 사용자가 직접 새로운 자료형을 만드는 것이므로 일반적인 변수 사용과는 다소 차이가 있습니다. 우선 구조체 형틀(template)을 선언하고 이를 이용해 구조체를 정의해야 구조체 변수를 사용할 수 있습니다.

구조체 선언

구조체 선언이란 구조체의 형틀(모양)을 만드는 작업으로 struct 명령어를 사용하여 구조체 변수를 선언하는 것입니다. 형식은 다음과 같습니다.

```
struct score {   // score 구조체 선언 ──── 구조체의 형틀
        int sno;
        char name[10];
        int kor;
        int eng;
        int mat;
        double avg;
};               // 구조체 선언의 끝을 나타내는 세미콜론(;)을 반드시 붙여야 함
```

선언한 구조체를 살펴보면 구조체 이름은 score이고, 필드는 sno, name, kor, eng, mat, avg라는 구조체 멤버로 구성되어 있습니다.

구조체 요소

구조체는 선언한 것만으로 사용할 수 있는 것이 아닙니다. 구조체를 사용하기 위해서는 구조체 변수를 생성해야 합니다. 또한 구조체 선언은 main( ) 함수 밖에서 이루어집니다. 그 이유는 구조체는 프로그램의 어디에서나 사용할 수 있게 선언하는 것이 바람직하기 때문입니다. 만약 구조체를 특정 함수 안에서 선언한다면 해당 구조체 변수를 그 함수 내에서만 정의할 수 있으므로 구조체 형틀의 사용 범위가 좁아지는 문제가 발생합니다.

다음은 구조체를 사용할 때 유의할 사항입니다.

- **형틀(선언):** 어떤 변수나 배열 등을 실제로 메모리에 만드는 것이 아니라 구조체를 설계하는 지침만 컴파일러에게 통보함
- **태그(이름):** 구조체의 형틀을 대표하는 이름으로 중복될 수 없음
- **필드(멤버):** 기억 클래스를 지원하지 않음
- **기억 클래스:** 구조체 형틀이 선언되어 있는 위치와 전혀 관계 없음
- **연산자:** '.', '&', '=' 연산자와 sizeof의 피연산자, 함수의 매개변수와 반환값으로 사용될 때 외에는 구조체 전체 단위로 이루어지는 연산은 허용하지 않음

구조체 초기화

구조체 초기화는 배열과 비슷하게 정의하면 됩니다. 구조체 멤버에 해당하는 요소의 초깃값을 자료형 형식에 맞춰서 {} 안에 선언하면 됩니다.

```
int main(void)
{
    struct score s1 = {20201233, "홍길동", 88, 99, 78, 88. 33} // 구조체 초기화
    ...
}
```

3 구조체 변수 생성

score 구조체를 사용하기 위해서는 구조체 변수를 선언해야 합니다. 구조체 변수를 선언하는 방법은 다음과 같습니다.

Tip
구조체 변수는 구조체에서 선언한 모든 속성을 사용할 수 있습니다.

```
struct score s1;          // score 구조체의 변수 s1 선언
```

score 구조체의 변수 s1을 선언하면 구조체 형식에 맞춰서 해당 필드의 자료형이 그대로 상속되어 메모리에 할당됩니다.

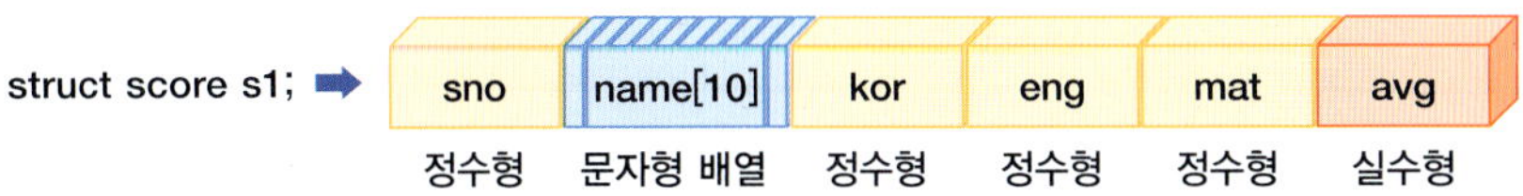

그림 14-1 **구조체 변수 s1 선언에 따른 메모리 할당**

반드시 구조체를 먼저 선언한 다음 구조체 변수를 따로 선언해야 하는 것은 아닙니다. 다음과 같이 구조체와 구조체 변수를 한꺼번에 선언할 수도 있습니다.

```
struct score {            // score 구조체 선언 ——— 구조체의 형틀
        int sno;
        char name[10];
        int kor;
        int eng;
        int mat;
        double avg;
} s1;                     // 구조체와 함께 구조체 변수 s1 선언
```

또는 main( ) 함수 안에서 다음과 같이 구조체 변수를 선언해도 됩니다.

```
int main(void)
{
    struct score s1;     // 메인 함수 안에서 구조체 변수 s1 선언
    ...
}
```

4 구조체 멤버 참조

구조체를 정의하고 구조체 변수를 선언한 이유는 바로 구조체 멤버를 참조하기 위함입니다. 구조체 멤버는 멤버 연산자인 '.'을 사용하여 다음과 같이 접근할 수 있습니다.

```
s1.sno = 20201233;                  // 구조체 멤버 참조
```

구조체 멤버가 문자 배열인 경우에 name = "홍길동"과 같이 선언하는 것을 허용하지 않으므로 반드시 strcpy( ) 함수를 사용하여 구조체 멤버에 접근해야 합니다.

```
strcpy(s1.name, "홍길동");          // 문자 배열에 대한 구조체 멤버 참조
```

다음 예제는 학생 1명의 학번, 성명, 점수에 대한 구조체를 선언한 다음 구조체 멤버를 참조하여 학번과 성명, 점수를 출력하는 프로그램입니다.

예제 14-1 구조체 선언 및 구조체 멤버 출력 ex14_01.c

```
#include <stdio.h>
#include <stdlib.h>          // strcpy( ) 함수 사용을 위한 헤더 파일

struct std {                 // 구조체 std 선언
    int sno;
    char name[10];
    float avg;
};

int main(void)
{
    struct std s;                  // 구조체 변수 s 선언

    printf("구조체 멤버 초기화 선언\n");
    s.sno = 20201233;
    strcpy(s.name, "홍길동");      // 문자 배열은 strcpy( ) 함수 사용
    s.avg = 88.33;
```

```
    printf("구조체 멤버 출력\n");
    printf("학번 : %d\n", s.sno);
    printf("성명 : %s\n", s.name);
    printf("점수 : %.2f\n", s.avg);
    return 0;
}
```

```
구조체 멤버 초기화 선언
구조체 멤버 출력
학번 : 20201233
성명 : 홍길동
점수 : 88.33
```

다음 예제는 구조체를 선언한 다음 구조체 멤버를 참조하여 학생 3명의 학번, 성명, 국어 점수, 영어 점수, 수학 점수를 입력받아 평균을 산출하는 프로그램입니다.

예제 14-2 구조체 선언 후 구조체 멤버 참조 ex14_02.c

```
#include <stdio.h>

struct student {                    // student 구조체 선언
    int sno;
    char name[10];
    int kor;
    int eng;
    int mat;
    float avg;
};

int main(void)
{
    struct student s;               // 구조체 변수 s 선언
    int cnt, sum;

    printf("학생별 학번, 성명, 성적 입력\n");

    for(cnt = 1; cnt <= 3; cnt++) {

        printf("\n[3명 중 %d번째 학생]\n", cnt);
        printf("학번 : ");
        scanf_s("%d", &s.sno);
        printf("성명 : ");
        scanf_s("%s", s.name, sizeof(s.name));
```

```c
        printf("국어 점수 : ");
        scanf_s("%d", &s.kor);
        printf("영어 점수 : ");
        scanf_s("%d", &s.eng);
        printf("수학 점수 : ");
        scanf_s("%d", &s.mat);

        sum = s.kor + s.eng + s.mat;
        s.avg = sum / 3.0;

        printf("\n학번 \t\t성명 \t국어 \t영어 \t수학 \t평균\n");
        printf("%d \t%s \t%d \t%d \t%d \t%.2f \n", s.sno, s.name, s.kor, s.eng, s.mat, s.avg);
    }
    return 0;
}
```

```
학생별 학번, 성명, 성적 입력

[3명 중 1번째 학생]
학번 : 20201233
성명 : 홍길동
국어 점수 : 88
영어 점수 : 99
수학 점수 : 78

학번            성명    국어    영어    수학    평균
20201233        홍길동  88      99      78      88.33

[3명 중 2번째 학생]
학번 : 20212085
성명 : 이겨레
국어 점수 : 69
영어 점수 : 75
수학 점수 : 83

학번            성명    국어    영어    수학    평균
20212085        이겨레  69      75      83      75.67

[3명 중 3번째 학생]
학번 : 20253326
성명 : 우국민
국어 점수 : 93
영어 점수 : 92
수학 점수 : 95

학번            성명    국어    영어    수학    평균
20253326        우국민  93      92      95      93.33
```

5 구조체 변수 복사

구조체에서 데이터는 멤버 단위로 처리됩니다. 동일한 구조체 자료형을 갖는 변수끼리는 대입 연산자인 '='를 사용하여 값을 복사할 수 있습니다. 다음 예제에서 구조체 변수의 값이 복사되는 과정을 살펴보도록 합니다.

예제 14-3 구조체 변수 복사 ex14_03.c

```c
01 #include <stdio.h>
02
03 struct person {
04         char name[10];
05         char gender;
06         int age;
07 };
08
09 int main(void)
10 {
11     struct person p1 = {"홍길동", 'M', 23};
12     struct person p2 = {"김가을", 'W', 20};
13
14     p2 = p1;
15
16     printf("%8s %8s %8s\n", "성명", "성별", "나이");
17     printf("%8s %6c %8d\n", p1.name, p1.gender, p1.age);
18     printf("%8s %6c %8d\n", p2.name, p2.gender, p2.age);
19     return 0;
20 }
```

Tip
p2 = p1은 p2와 p1이 같다는 의미가 아니라 p1을 p2에 대입하라는 의미입니다.

```
   성명     성별     나이
 홍길동      M       23
 홍길동      M       23
```

소스 코드 11행과 12행에서 구조체 변수 p1과 p2의 초깃값을 각각 다르게 선언했습니다. 하지만 14행에서 대입 연산자를 사용하여 p2 = p1과 같이 선언했기 때문에 구조체 변수 p1의 초깃값으로 출력되었습니다.

SECTION 02

구조체 배열과 포인터

1 구조체 배열

구조체도 일반 변수와 마찬가지로 배열을 사용할 수 있습니다. 구조체 배열을 초기화하려면 각 배열 요소 단위에 {}를 사용하여 배열 요소가 분리되도록 선언해야 합니다.

구조체 배열 선언

구조체 배열은 일반 배열을 선언하는 것과 비슷합니다. 다만, 구조체 배열 앞에 struct를 선언한다는 것만 다릅니다. 구조체 배열을 선언하는 방법은 다음과 같습니다.

```
struct person {                 // person 구조체 선언
        char name[10];
        char gender;
        int age;
};
struct person myclass[3];     // 구조체 배열 선언
```

구조체 배열 초기화

구조체 배열을 초기화하는 방법은 다음과 같습니다.

```
struct person myclass[3] = {       // 각 배열 요소는 {}로 분리하여 초기화 선언
        {"홍길동", 'M', 23},
        {"김가을", 'W', 20},
        {"이겨레", 'M', 25}
};
```

구조체 배열을 초기화할 때는 콤마(,)를 사용하여 배열 요소를 확실하게 구분해야 하며 마지막 배열 요소 다음에는 콤마를 생략합니다.

다음 예제는 구조체 배열을 사용하여 학생 3명의 성명, 성별, 나이를 출력하는 프로그램입니다.

예제 14-4 구조체 배열 사용 ex14_04.c

```
#include <stdio.h>

struct person {                    // 구조체 person 선언
        char name[10];             // 구조체 멤버 선언
        char gender;
        int age;
};

int main(void)
{
    struct person mc[3] = {        // 각 배열 요소는 {}로 구분
            {"홍길동", 'M', 23},
            {"김가을", 'W', 20},
            {"이겨레", 'M', 25}
};
    int cnt;                       // 카운트 변수

    printf("%6s \t %6s %8s %6s\n", "순서", "성명", "성별", "나이");

    for(cnt = 0; cnt < 3; cnt++)
    {
       printf("%4d\t", cnt + 1);
       printf("%8s %6c %6d\n", mc[cnt].name, mc[cnt].gender, mc[cnt].age);
    }
    return 0;
}
```

```
순서    성명    성별  나이
 1     홍길동    M    23
 2     김가을    W    20
 3     이겨레    M    25
```

2 구조체와 포인터

구조체에서 사용하는 포인터는 크게 두 가지 형식입니다. 첫 번째는 구조체를 가리키는 포인터를 사용하는 형식이고, 두 번째는 포인터를 구조체 멤버로 사용하는 형식입니다.

구조체와 포인터를 사용하기 위해 먼저 다음과 같이 구조체를 선언합니다.

```
struct member {          // member 구조체 선언
        char name[10];
        char gender;
        int age;
};
```

구조체를 가리키는 포인터 사용

변수를 가리키는 포인터는 앞에서 배웠습니다. 구조체도 선언한 구조체를 가리키는 포인터를 생성할 수 있습니다. 구조체를 가리키는 포인터를 사용하는 형식은 다음과 같습니다.

```
struct member m = {"홍길동", 'M', 23};
struct member *p;                    // member 구조체를 가리키는 포인터 선언

p = &m;                              // 구조체 주소를 포인터에 대입

printf("%s, %c, %d \n", (*p).name, (*p).gender, (*p).age);
```

구조체를 가리키는 포인터를 사용할 경우 구조체 멤버에 접근하려면 (*p).name과 같이 선언하면 됩니다. 구조체를 가리키는 것은 *p이고 '.'을 사용하여 멤버의 구성 요소를 구분합니다.

구조체를 가리키는 포인터를 선언할 경우 구조체 멤버에 접근하려면 다음과 같이 선언해야 합니다.

```
printf("%s, %c, %d \n", (*p).name, (*p).gender, (*p).age);
```

(*p).name와 같이 포인터 변수에 괄호를 선언하는 이유는 연산자 우선순위를 지정하기 위함입니다. 만약 *p.name와 같이 선언하면 포인터보다 p.name이 먼저 수행되어 결과가 달라질 수 있습니다. 이와 같은 번거로움을 해결하려면 간접 멤버 연산자인 ->를 다음과 같이 사용하면 됩니다.

```
printf("%s, %c, %d \n", p -> name, p -> gender, p -> age);
```

간접 멤버 연산자를 사용할 때는 연산자 왼쪽에 반드시 구조체 포인터 변수 또는 수식이 위치해야 합니다.

다음 예제는 구조체 멤버를 선언하여 구조체 변수를 출력하는 과정을 일반 구조체 변수 사용, 포인터 사용, 간접 멤버 연산자(->) 사용 등의 3가지 방법으로 출력하는 프로그램입니다.

예제 14-5 구조체 포인터로 구조체 변수에 접근 ex14_05.c

```c
#include <stdio.h>

struct show {                 // 구조체 show 선언
        char name[10];        // 구조체 멤버 선언
        int su;
        int price;
};

int main(void)
{
    struct show t = {"스마트폰", 3, 960}; // 구조체 변수 선언과 초기화
    struct show *p;                      // 구조체 포인터 변수 선언

    p = &t;         // 구조체 변수 t의 주소를 구조체 포인터 변수에 대입

    printf("1.구조체 변수 t를 사용하여 출력\n");
    printf("%6s %10s %14s\n", "품목", "수량", "금액(천 원)");
    printf("%8s %6d %12d \n", t.name, t.su, t.price);

    printf("\n2.구조체 포인터 변수 *p를 사용하여 출력\n");
    printf("%6s %10s %14s\n", "품목", "수량", "금액(천 원)");
    printf("%8s %6d %12d\n", (*p).name, (*p).su, (*p).price);

    printf("\n3.구조체 간접 멤버 연산자 \'->\'를 사용하여 출력\n");
    printf("%6s %10s %14s\n", "품목", "수량", "금액(천 원)");
    printf("%8s %6d %12d\n", p->name, p->su, p->price);
    return 0;
}
```

```
1.구조체 변수 t를 사용하여 출력
  품목       수량     금액(천 원)
스마트폰      3         960

2.구조체 포인터 변수 *p를 사용하여 출력
  품목       수량     금액(천 원)
스마트폰      3         960

3.구조체 간접 멤버 연산자 '->'를 사용하여 출력
  품목       수량     금액(천 원)
스마트폰      3         960
```

포인터를 구조체 멤버로 사용

구조체를 선언할 때 포인터를 구조체 멤버로 선언할 수도 있습니다. 자세한 방법은 다음 예제를 통해 살펴보겠습니다.

예제 14-6 포인터를 구조체 멤버로 선언 ex14_06.c

```
#include <stdio.h>

struct date {                   // 구조체 date 선언
        int year;
        int month;
        int day;
};

struct student {                // 구조체 student 선언
        int sno;
        char name[10];
        int age;
        struct date *sd;        // 구조체 date를 가리키는 포인터 선언
};

int main(void)
{
    struct date d = {2023, 03, 03};         // 구조체 변수 선언과 초기화
    struct student s = {20231234, "홍길동", 23};

    s.sd = &d;     // 구조체 변수 s의 포인터 sd에 구조체 d의 주소 대입

    printf("1.학번 : %d\n", s.sno);
    printf("2.성명 : %s\n", s.name);
    printf("3.나이 : %d\n", s.age);
    printf("4.입학 일자 : %d. %d. %d.\n", s.sd->year, s.sd->month, s.sd->day);
    return 0;
}
```

```
1.학번 : 20231234
2.성명 : 홍길동
3.나이 : 23
4.입학 일자 : 2023. 3. 3.
```

: QUIZ

① 구조체 배열을 초기화할 때는 (   )을/를 사용하여 배열 요소를 확실하게 구분해야 합니다. 이때 마지막 위치의 배열 요소에는 이를 생략합니다.

② 간접 멤버 연산자인 (   )은/는 구조체 포인터 변수가 가리키는 구조체 멤버에 접근하기 위한 연산자입니다.

③ 구조체 변수 s의 멤버인 포인터 sd에 구조체 d의 주소를 대입하는 식은 (   )입니다.

정답

① 콤마(,)
② ->
③ s.sd = &d;

SECTION
03 구조체와 함수

1 구조체와 함수의 인수

구조체도 함수의 인수로 사용할 수 있습니다. 구조체를 함수의 인수나 반환값으로 사용하면 함수의 호출 방식은 '값에 의한 호출'이 적용됩니다. 즉 구조체 변수의 모든 내용이 함수에 복사되어 전달됩니다.

구조체 변수를 함수의 인수로 전달

구조체 변수를 함수의 인수로 전달하는 과정을 살펴보겠습니다. 아래 예제에서는 구조체 변수 s1, s2를 매개변수로 생성하고 메인 함수에서 함수를 호출할 때 인수 a와 b에 각각 대응해 결과값을 반환합니다.

예제 14-7 구조체 변수를 함수의 인수로 전달 ex14_07.c

```
#include <stdio.h>

struct student {                                        // 구조체 선언
        int sno;
        char name[10];
        int age;
};

int chk(struct student s1, struct student s2);     // 사용자 정의 함수 원형

int main(void)
{
    int result;
    struct student a = {20231234, "홍길동", 23};
    struct student b = {20203567, "김가을", 20};

    result = chk(a, b);                                  // 함수 호출

    if(result == 1)
        printf("학생 a와 학생 b는 동일한 학생입니다.\n");
```

```
    else
        printf("학생 a와 학생 b는 서로 다른 학생입니다.\n");

    return 0;
}

int chk(struct student s1, struct student s2)     // 사용자 정의 함수 정의
{
    if(s1.sno == s2.sno)
        return 1;
    else
        return 0;
}
```

```
학생 a와 학생 b는 서로 다른 학생입니다.
```

구조체 포인터를 함수의 인수로 전달

구조체 포인터를 함수의 인수로 전달하는 과정을 살펴보겠습니다. 아래 예제에서는 구조체 포인터 *p1, *p2를 매개변수로 생성하여 메인 함수에서 함수를 호출할 때 인수 &a와 &b에 각각 대응한 결과값을 반환합니다. 포인터가 구조체 멤버를 가리킬 때는 간접 멤버 연산자인 ->를 사용합니다.

예제 14-8 구조체 포인터를 함수의 인수로 전달 ex14_08.c

```
#include <stdio.h>

struct student {                                     // 구조체 선언
        int sno;
        char name[10];
        int age;
};

int chk(struct student *p1, struct student *p2);     // 사용자 정의 함수 원형

int main(void)
{
    int result;
    struct student a = {20231234, "홍길동", 23};
    struct student b = {20203567, "김가을", 20};

    result = chk(&a, &b);   // 구조체 멤버 변수가 가리키는 주소로 함수 호출

    if(result == 1)
        printf("학생 a와 학생 b는 동일한 학생입니다.\n");
    else
```

```
        printf("학생 a와 학생 b는 서로 다른 학생입니다.\n");

    return 0;
}

int chk(struct student *s1, struct student *s2)    // 사용자 정의 함수 정의
{
    if(s1->sno == s2->sno)
        return 1;
    else
        return 0;
}
```

```
학생 a와 학생 b는 서로 다른 학생입니다.
```

2 구조체 함수의 반환값

구조체 함수의 반환값을 사용하면 한번에 여러 개의 값을 반환할 수 있어 편리합니다. 다음 예제를 통해 구조체 함수의 반환값을 사용하여 학번, 성명, 나이를 구조체 함수에서 메인 함수로 전달하는 과정을 살펴보겠습니다.

예제 14-9 구조체 함수의 반환값을 인수로 전달 ex14_09.c

```
#include <stdio.h>

struct student {                                // 구조체 선언
        int sno;
        char name[10];
        int age;
};

struct student becoming();                      // 사용자 정의 함수

int main(void)
{
    struct student a;

    a = becoming();                             // 구조체 함수 호출

    printf("학번 : %d\n", a.sno);
    printf("성명 : %s\n", a.name);
    printf("나이 : %d\n", a.age);
    return 0;
}

```

```
struct student becoming()          // 사용자 정의 함수 정의
{
        struct student s;
        s.sno = 20235678;
        strcpy(s.name, "이겨레");
        s.age = 25;
    return s;                      // 구조체를 반환값으로 전달
}
```

```
학번 : 20235678
성명 : 이겨레
나이 : 25
```

: QUIZ

① 구조체 함수의 (   )을/를 사용하면 한번에 여러 개의 값을 반환할 수 있다는 장점이 있습니다.

② 포인터가 구조체 멤버를 가리킬 때는 간접 참조 연산자인 (   )을/를 사용합니다.

정답

① 반환값

② ->

SECTION

04 중첩 구조체

1 중첩 구조체 선언

중첩 구조체(nested structure)란 이미 선언되어 있는 구조체를 또 다른 구조체의 멤버로 선언한 것입니다. 중첩 구조체를 선언하는 형식은 다음과 같습니다.

```
struct first {                      // first 구조체 선언
            int a;
            int b;
};

struct second {                     // second 구조체 선언
            struct first sa;        // first 구조체 변수를 멤버로 가지는 선언
            struct first sb;
}:
```

메인 함수에서 구조체 변수를 second ns와 같이 선언하면 나중에 선언한 second 구조체에는 먼저 선언한 first 구조체의 변수를 가지는 second 구조체 멤버가 생성됩니다.

```
int main(void)
{
    second ns;                      // 구조체 변수 선언
    ...
}
```

정답

중첩 구조체

: QUIZ

이미 선언되어 있는 구조체를 또 다른 구조체의 멤버로 선언한 것을 (   )(이)라고 합니다.

2 중첩 구조체 사용

메인 함수에서 선언한 second ns는 변수 안에 sa, sb가 들어 있고 sa, sb 안에 각각 a, b가 들어 있는 중첩 구조체입니다. 다음은 중첩 구조체를 쉽게 이해할 수 있게 그림으로 나타낸 것입니다.

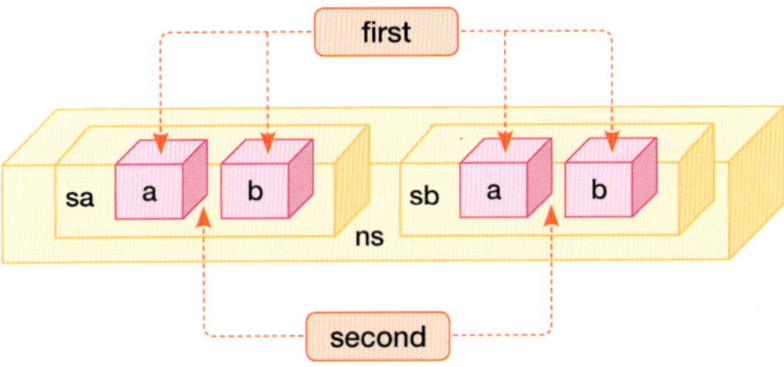

그림 14-2 **중첩 구조체 변수의 멤버 구성 요소**

중첩 구조체는 구조체 멤버가 또 다른 구조체 멤버를 포함하는 구조입니다. 중첩된 구조체 멤버에 접근하기 위해서는 구조체 연산자인 '.'을 두 번 사용해야 합니다.

다음 예제는 중첩 구조체를 사용하는 프로그램입니다.

예제 14-10 중첩된 구조체 사용 ex14_10.c

```
#include <stdio.h>

struct first {          // first 구조체 선언
            int a;      // 구조체 멤버 선언
            int b;
};

struct second {         // first 구조체를 멤버로 포함하는 second 구조체 선언
            struct first sa;
            struct first sb;
};

int main(void)
{
    struct second ns;   // second 구조체 변수 정의

    ns.sa.a = 10;
    ns.sa.b = 20;
    ns.sb.a = 30;
    ns.sb.b = 40;

    printf("1.ns.sa.a의 값은 %d\n", ns.sa.a);
    printf("2.ns.sa.b의 값은 %d\n", ns.sa.b);
```

```
    printf("3.ns.sb.a의 값은 %d\n", ns.sb.a);
    printf("4.ns.sb.b의 값은 %d\n", ns.sb.b);
    return 0;
}
```

```
1.ns.sa.a의 값은 10
2.ns.sa.b의 값은 20
3.ns.sb.a의 값은 30
4.ns.sb.b의 값은 40
```

SECTION

05 공용체와 열거형

1 공용체

공용체(union)란 여러 개의 변수가 동일한 메모리를 공유할 수 있게 하는 기능을 의미합니다. 공용체를 사용하면 여러 개의 변수가 동일한 메모리를 사용하게 되므로 메모리를 절약할 수 있다는 장점이 있습니다.

공용체와 구조체는 선언하고 사용하는 방법은 비슷하지만 메모리를 사용하는 방법은 다릅니다. 구조체는 각 멤버 요소별 독립된 메모리 공간을 할당받지만 공용체는 선언한 멤버 변수 중에서 가장 큰 멤버 변수의 크기에 해당하는 메모리를 할당받습니다.

공용체를 선언하는 형식은 다음과 같습니다.

```
union utest {
            char a;
            int b;
};
```

union은 공용체를 선언하는 키워드이고 utest는 공용체 태그 이름입니다. 공용체의 멤버는 a와 b이며 메모리 공간은 정수형 변수의 크기만큼 할당받아 사용하게 됩니다. 변수 a와 b는 동일한 메모리 공간을 사용할 수 있지만 같은 시간대에 사용할 수는 없으니 주의해야 합니다.

공용체를 선언했다고 해서 바로 사용할 수 있는 것은 아닙니다. 구조체와 마찬가지로 메인 함수에서 태그 이름을 사용하여 공용체 변수를 생성해서 사용해야 합니다.

```
int main(void)
{
    utest u;              // 공용체 변수 선언
    ...
}
```

다음 예제는 공용체를 사용하여 각 멤버가 메모리를 공유하는 프로그램입니다. 각 변수가 사용하는 메모리 번지의 주소가 같음을 확인할 수 있습니다.

예제 14-11 공용체 사용 ex14_11.c

```
#include <stdio.h>

union mem {                 // 공용체 mem 선언
        unsigned long sno;
        char name[10];
        int age;
};

int main(void)
{
    union mem udata;    // 공용체 mem의 변수 udata 선언

    printf("udata.sno의 크기는 %d\n", sizeof(udata.sno));
    printf("udata.name의 크기는 %d\n", sizeof(udata.name));
    printf("udata.age의 크기는 %d\n", sizeof(udata.age));

    printf("\nudata.sno의 주소는 %d\n", &udata.sno);
    printf("udata.name의 주소는 %d\n", &udata.name);
    printf("udata.age의 주소는 %d\n", &udata.age);
    return 0;
}
```

```
udata.sno의 크기는 4
udata.name의 크기는 10
udata.age의 크기는 4

udata.sno의 주소는 19921560
udata.name의 주소는 19921560
udata.age의 주소는 19921560
```

: QUIZ

여러 개의 변수들이 동일한 메모리를 공유할 수 있도록 하여 메모리 낭비를 줄여주는 기능을 (　　　) (이)라고 합니다.

정답

공용체

2 열거형

열거형(enumeration)이란 변수에 대입할 수 있는 값을 나타내는 상수를 모아놓은

자료형을 의미합니다. 열거형을 생성하기 위해서는 enum 키워드를 사용하면 됩니다.

```
enum season {SP, SM, FA, WI};
```

열거형 자료형으로 상수를 선언하고 각 상수에 해당하는 문자열의 관계를 그림으로 나타내면 다음과 같습니다.

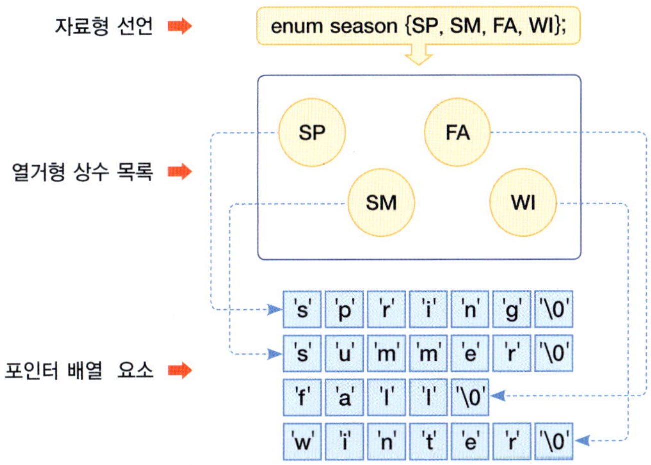

그림 14-3 **열거형 자료형 선언과 상수 목록**

열거형 season은 각 계절에 해당하는 기호 상수가 모여 있는 자료형을 의미합니다. 열거형 season 안에 들어 있는 상수들은 자동으로 0부터 시작하여 1씩 증가하는 정수값으로 설정됩니다.

정의된 열거형을 이용하려면 메인 함수에서 다음과 같이 열거형 변수를 선언해야 합니다.

```
int main(void)
{
    enum season today;          // 열거형 변수 선언
    today = SP;                 // 정의되지 않은 값 입력시 컴파일 오류 발생
    ...
}
```

다음 예제는 열거형 자료형을 설정한 다음 열거형 변수를 선언하여 해당하는 요일을 출력하는 프로그램입니다.

예제 14-12 열거형 사용 ex14_12.c

```
01 #include <stdio.h>
02
03 enum season {SP, SM, FA, WI};
04 char *sname[ ] = {"spring", "summer", "fall", "winter"};
05
06 int main(void)
07 {
08     enum season s;
09     s = SM;
10
11     printf("%d번째 계절은 %s입니다.\n", s + 1, sname[s]);
12     return 0;
13 }
```

```
2번째 계절은 summer입니다.
```

열거형 상수는 0부터 시작하여 1씩 증가하는 정수값으로 설정되므로 SP는 0, SM은 1, FA는 2, WI는 3에 해당합니다. 소스 코드 08행에서 열거형 변수를 선언한 다음 04행에서 선언한 열거형 상수를 09행의 s = SM;과 같이 대입합니다.

11행에서 %d에 해당하는 열거형 변수는 s+1과 같이 1을 더해서 나타냅니다. 열거형 상수는 0, 1, 2, 3으로 시작하므로 1을 더하여 1, 2, 3, 4로 나타내기 위함입니다.

정답

0, 1

: QUIZ

열거형 안에 존재하는 상수는 (   )부터 시작하여 자동으로 (   )씩 증가하는 정수값으로 설정됩니다.

3 typedef

typedef는 필요한 자료형을 정의할 때 사용하는 키워드입니다. 사용 형식은 다음과 같습니다.

```
typedef unsigned int INTU;    // 새로운 자료형 INTU 정의
typedef short INTS;           // 새로운 자료형 INTS 정의

INTU a;                       // unsigned int a;와 같음
INUS b;                       // short b;와 같음
```

구조체와 typedef를 사용하면 다음과 같이 새로운 자료형을 정의할 수 있습니다.

```
typedef struct point {
    int a;
    int b;
} PS                        // 새로운 자료형 PS 정의

PS ms = {45, 43};           // PS 자료형에는 정수형 변수 2개 존재
PS fs = {48, 36};
```

다음 예제는 구조체와 typedef로 새로운 자료형을 정의하여 사용하는 프로그램입니다.

예제 14-13 typedef로 새로운 자료형 정의 ex14_13.c

```
#include <stdio.h>

typedef struct point {
    int a;
    int b;
} PS;                       // 새로운 자료형 PS 정의

PS blood(PS s1, PS s2);     // 사용자 정의 함수 원형

int main(void)
{
    PS ms = {130, 80};
    PS fs = {148, 95};
    PS result;

    result = blood(ms, fs);
    printf("수축기 혈압 : %d\n", result.a);
    printf("이완기 혈압 : %d\n", result.b);
    return 0;
}

PS blood(PS s1, PS s2)      // 사용자 정의 함수
{
    PS pulse;

    pulse.a = (s1.a + s2.a) / 2;
    pulse.b = (s1.b + s2.b) / 2;
    return pulse;
}
```

```
수축기 혈압 : 139
이완기 혈압 : 87
```

소스 코드 03행에서 구조체와 typedef를 사용하여 06행에서 새로운 자료형 PS를 선언하였고 16행에서 호출한 사용자 정의 함수 blood( )는 수축기 혈압과 이완기 혈압의 평균을 산출하여 반환합니다.

다음 예제는 typedef를 사용하여 새로운 자료형을 생성한 다음 구조체 배열을 선언하여 학생 3명의 학번, 성명, 나이를 출력하는 프로그램입니다.

예제 14-14 typedef로 정의한 자료형과 구조체 배열 사용 ex14_14.c

```
#include <stdio.h>

typedef struct pummok {              // 새로운 자료형 ST 생성
    int sno;
    char name[10];
    int age;
} ST;

int main(void)
{
    ST m[3];              // 구조체 배열 선언
    int cnt;

    /* 학생 3명의 학번, 성명, 나이를 반복 수행하여 입력 */
    for(cnt = 0; cnt < 3; cnt++)
    {
        printf("%d번째 학생의 학번, 성명, 나이 입력\n", cnt + 1);
        printf("학번 : ");
        scanf_s("%d", &m[cnt].sno);
        printf("성명 : ");
        scanf_s("%s", m[cnt].name, 10);
        printf("나이 : ");
        scanf_s("%d", &m[cnt].age);
        printf("\n");
    }

    printf("[입력한 학생 3명의 정보 출력]\n");
    printf("%s\t\t %s\t\t %s\t \n", "학번", "성명", "나이");

    /* 학생 3명의 학번, 성명, 나이를 반복 수행하여 출력 */
    for(cnt = 0; cnt < 3; cnt++)
        printf("%d\t %s\t\t %d\t \n", m[cnt].sno, m[cnt].name, m[cnt].age);

    return 0;
}
```

```
1번째 학생의 학번, 성명, 나이 입력
학번 : 20131234
성명 : 홍길동
나이 : 23

2번째 학생의 학번, 성명, 나이 입력
학번 : 20243523
성명 : 김가을
나이 : 20

3번째 학생의 학번, 성명, 나이 입력
학번 : 20253217
성명 : 이겨레
나이 : 27

[입력한 학생 3명의 정보 출력]
학번            성명          나이
20131234        홍길동        23
20243523        김가을        20
20253217        이겨레        27
```

: QUIZ

C 언어에서 제공하지 않는 자료형을 프로그래머가 직접 정의하기 위해서는 키워드 (   )을/를 사용하면 됩니다.

정답

typedef

SECTION

06 비트 필드 구조체

1 비트 필드 구조체의 개념

비트 필드 구조체란 구조체를 비트 단위로 구성하는 것입니다. 즉 멤버의 크기를 비트 단위로 나눈 구조체라고 이해할 수 있습니다. C 프로그램에서는 데이터 아이템의 크기가 1바이트보다 작은 것을 다룰 경우도 있습니다. 이때 각 데이터에 대해 1바이트씩 할당한다고 가정하면 할당된 메모리 중에서 빈 공간이 남을 수 있어 메모리 낭비를 초래합니다.

C 언어에서는 이와 같은 문제를 해결하기 위해 1바이트의 메모리 공간을 모두 사용하지 않고 일부분만 사용할 수 있도록 비트 필드 구조체를 제공합니다. 비트 필드 구조체를 사용하기 위해서는 먼저 구조체를 선언해야 합니다.

```
struct bitdata {
     unsigned b0: 1;        // 1비트를 갖는 비트 필드 멤버
     unsigned b1: 4;        // 4비트를 갖는 비트 필드 멤버
     unsigned b2: 5;        // 5비트를 갖는 비트 필드 멤버
     unsigned : 6;          // 이름은 없고 비트 개수만큼 자리 차지
};
```

비트 필드는 비트 단위로 int형 데이터를 처리하기 위한 구조체입니다. 비트 필드를 구성하는 멤버의 자료형은 반드시 int형 또는 unsigned int형으로 선언해야 합니다. 비트 필드를 사용하려면 먼저 비트 필드의 형틀을 선언한 다음 비트 필드의 변수를 정의해야 합니다.

다음 예제는 비트 필드를 사용하여 정수형 데이터를 2진수로 출력하는 프로그램입니다. 예제를 통해 비트 필드 구조체를 선언하고 사용하는 방법을 알 수 있습니다.

예제 14-15 비트 필드 구조체 선언 및 사용 ex14_15.c

```c
#include <stdio.h>

struct bitdata {
    unsigned b0 : 1;                // 멤버는 하위 비트부터 차례대로 배치
    unsigned b1 : 1;
    unsigned b2 : 1;
    unsigned b3 : 1;
    unsigned b4 : 1;
    unsigned b5 : 1;
    unsigned b6 : 1;
    unsigned : 8;                   // 상위 8비트는 사용하지 않음
};

int main(void)
{
    int a = 65;

    struct bitdata *bt = (struct bitdata *) & a;
    // bitdata형 비트 필드 포인터 변수인 bt 선언

    printf("변수 a의 값은 %d\n", a);
    printf("비트 필드의 각 멤버를 2진수로 출력\n");
    printf("%d\t", bt->b6);
    printf("%d\t", bt->b5);
    printf("%d\t", bt->b4);
    printf("%d\t", bt->b3);
    printf("%d\t", bt->b2);
    printf("%d\t", bt->b1);
    printf("%d\t", bt->b0);
    printf("\n\n");
    printf("64 \t 32 \t 16 \t 8 \t 4 \t 2 \t 1 \n");
    return 0;
}
```

Tip
포인터 bt가 구조체 멤버 b6~b0을 출력할 때는 간접 참조 연산자인 ->를 사용합니다.

```
변수 a의 값은 65
비트 필드의 각 멤버를 2진수로 출력
1       0       0       0       0       0       1

64      32      16      8       4       2       1
```

프로그램 실행 결과 2진수 1000001이 값으로 출력되었으며 아래에는 2진수의 해당 자릿수에서 10진수 형태로 변환된 숫자가 출력되었습니다. 즉 실행 결과 값으로 출력된 2진수 1000001에서 1이 있는 위치인 64에 1을 더하면 변수 a = 65와 같음을 알 수 있습니다.

18행의 struct bitdata *bt = (struct bitdata *) & a;에서는 비트 필드형 포인터 변수 bt를 정의하였고 16행의 정수형 변수 a = 65;는 비트 필드로 자료형을 변환한 주소값을 대입한 것입니다. 이러한 과정을 거쳤기에 포인터 변수 bt를 사용해서 변수 a의 값을 비트 단위로 처리할 수 있습니다.

도전문제 구조체를 선언하고 사용하는 방법 익히기

01 실행 결과에 맞게 소스 코드의 빈칸을 채워 완성하시오.

```
중첩된 second 구조체 변수 after2 출력
after2.sa.a의 값은 10
after2.sa.b의 값은 20
after2.sb.a의 값은 30
after2.sb.b의 값은 40
```

```
#include <stdio.h>
[                    ]
    int a;
    int b;
};
struct second {
    struct first sa;
    [            ]
};
void main()
{
    [                    ]

    after2.sa.a = 10;
    after2.sa.b = 20;
    after2.sb.a = 30;
    after2.sb.b = 40;

    printf("중첩된 second 구조체 변수 after2 출력\n");
    printf("after2.sa.a의 값은 %d\n", after2.sa.a);
    printf("after2.sa.b의 값은 %d\n", after2.sa.b);
    printf("after2.sb.a의 값은 %d\n", after2.sb.a);
    printf("after2.sb.b의 값은 %d\n", after2.sb.b);
}
```

Hint : 중첩된 구조체 멤버에 접근하기 위해 메인 함수에서는 변수를 선언하고 구조체 연산자인 '.'을 두 번 사용합니다.

정답

```
struct first {
struct first sb;
struct second after2;
```

02 실행 결과에 맞게 소스 코드의 빈칸을 채워 완성하시오.

```
학과                  성명       학년
소프트웨어학과        최첨단     2
소프트웨어학과        최첨단     2
```

```
#include <stdio.h>
                          {
    char dept[20];
    char name[10];
    int grade;
};
int main(void)
{
    struct person p1 = {"소프트웨어학과", "최첨단", 2};
    struct person p2 = {"빅데이터분석학과", "강분석", 3};

    
    printf("%-20s %-10s %-8s\n", "학과", "성명", "학년");
    printf("%-20s %-10s %-8d\n", p1.dept, p1.name, p1.grade);
    printf("%-20s %-10s %-8d\n", p2.dept, p2.name, p2.grade);
    return 0;
}
```

Hint : person 구조체를 선언하여 학과, 성명, 학년의 구조체 멤버를 선언한 다음 메인 함수에서 구조체 멤버 연산자인 '.'을 사용하여 구조체 멤버를 출력합니다. 동일한 구조체 멤버를 출력하려면 대입 연산자 '='를 사용하면 됩니다.

정답

```
struct person
p2 = p1;
```

03 실행 결과에 맞게 소스 코드의 빈칸을 채워 완성하시오.

```
중간고사 평균 : 85
기말고사 평균 : 98
```

```
#include <stdio.h>
typedef struct point {
    int a;
    int b;
} PS;                           // 새로운 자료형인 PS 정의
[                    ]          // 사용자 정의 함수 원형

int main(void)
{
    PS pack = {88, 99};         // 중간고사와 기말고사 점수
    PS shin = {83, 98};
    PS result;
    [                    ]      // 사용자 정의 함수 호출

    printf("중간고사 평균 : %d\n", result.a);
    printf("기말고사 평균 : %d\n", result.b);
    return 0;
}
PS avg(PS s1, PS s2)
{
    PS score;
    score.a = (s1.a + s2.a) / 2;
    score.b = (s1.b + s2.b) / 2;
    [                    ]
}
```

Hint : typedef로 새로운 자료형인 PS를 정의하고 메인 함수와 사용자 정의 함수에서 변수를 자료형 PS로 선언합니다. 사용자 정의 함수를 호출할 때의 인수는 메인 함수에서 선언한 변수를 전달합니다. 중간고사와 기말고사 점수의 평균은 사용자 정의 함수에서 산출하여 반환하면 됩니다.

정답

```
PS avg(PS s1, PS s2);
result = avg(pack, shin);
return score;
```

핵심점검

1 (   )은/는 서로 다른 자료형의 집합을 의미하며 (   ) 명령어를 사용해 사용자가 직접 자료형을 설계합니다.

2 구조체를 선언한 것만으로 사용할 수는 없으며 구조체를 사용하려면 (   )을/를 생성해야 합니다.

3 구조체 변수를 선언하면 해당 구조체를 (   )에서 사용할 수 있습니다.

4 구조체는 여러 개의 멤버를 선언하기 때문에 구조체 연산자인 (   )을/를 사용하여 구조체 멤버에 접근할 수 있습니다.

5 동일한 구조체 자료형을 갖는 변수끼리는 대입 연산자인 (   )을/를 사용하여 값을 복사할 수 있습니다.

6 구조체 배열을 초기화하려면 각 배열 요소에 (   )와/과 (   )을/를 사용하여 배열 요소가 확실하게 구분되도록 선언해야 합니다.

7 (   )은/는 기본 자료형 외에 필요한 자료형을 정의할 때 사용하는 키워드입니다.

정답 **1** 구조체, struct **2** 구조체 변수 **3** 메모리 **4** . **5** = **6** { }, , **7** typedef

연습문제

1 서로 연관성 있는 필드로 구성된 데이터 집합을 무엇이라고 하는가?

① 배열　　② 포인터
③ 구조체　　④ 중첩 포인터

2 구조체를 선언할 때 사용하는 키워드는?

① typedef　　② struct
③ define　　④ extern

3 구조체 요소에 해당하지 않는 것은?

① 형틀　　② 태그
③ 기억 클래스　　④ 지역 변수

4 구조체 배열을 초기화할 때 각 배열 요소 단위가 분리되도록 선언하는 기호는?

① { }　　② [ ]
③ ( )　　④ 〈 〉

5 구조체 포인터 변수가 가리키는 구조체 멤버에 접근할 때 사용하는 간접 멤버 연산자는?

① .　　② ,
③ ->　　④ >>

6 구조체 변수 s의 멤버인 포인터 sd에 구조체 d의 주소를 대입하는 형식은?

① sd.s = &d　　② s.sd = &d
③ s.sd = d　　④ sd.s = d

7 구조체를 함수의 인수나 반환값으로 사용할 경우 함수를 호출하는 방식은?

① 배열 참조에 의한 호출　　② 포인터 참조에 의한 호출
③ 참조에 의한 호출　　④ 값에 의한 호출

8 중첩 구조체는 구조체를 또 다른 구조체의 무엇으로 선언한 것인가?

① 배열 ② 포인터

③ 멤버 ④ 전역 변수

9 다음 중에서 구조체 연산자는?

① . ② ,

③ -> ④ >>

10 여러 개의 변수가 동일한 메모리를 공유할 수 있게 해주는 기능은?

① 열거형 ② 공용체

③ 배열 ④ 포인터

11 열거형은 변수에 대입할 수 있는 값을 나타내는 무엇을 모아놓은 자료형인가?

① 포인터 ② 배열

③ 상수 ④ 전역 변수

12 C 언어에서 제공하는 기본 자료형 외에 새로운 자료형을 정의할 때 사용하는 키워드는?

① typedef ② struct

③ define ④ extern

13 비트 필드를 사용하려면 가장 먼저 비트 필드의 무엇을 선언해야 하는가?

① 형틀 ② 태그

③ 기억 클래스 ④ 지역 변수

연습문제

14 구조체를 가리키는 포인터를 사용한 소스 코드의 의미를 주석문으로 적으시오.

```
struct member m = {"홍길동", "M", 23};
struct member *p;                //

p = &m;                          //

printf("%s, %c, %d \n", (*p).name, (*p).gender, (*p).age);
```

15 구조체를 사용한 소스 코드의 의미를 주석문으로 적으시오.

```
struct first {                   //
    int a;  int b;
};
struct second {                  //
    struct first sa;             //
    struct first sb;
}:
```

16 비트 필드 구조체를 선언한 소스 코드의 의미를 주석문으로 적으시오.

```
struct bitdata {
    unsigned b0: 1;              //
    unsigned b1: 4;              //
    unsigned b2: 5;              //
    unsigned : 6;                //
};
```

프로그래밍 문제

1 다음 내용에 맞는 프로그램을 작성하시오.

- 구조체 선언과 멤버 선언 : 품목, 수량, 단가, 금액
- 구조체 변수는 크기가 3인 배열로 선언
- for 문을 사용하여 3개 상품의 품목, 수량, 단가를 각각 입력받음
- 각 품목별 금액은 입력받은 수량 * 단가로 산출
- 기타 사항은 [출력 예시] 참조

[출력 예시]

```
구조체 배열을 사용하여 품목 3개를 처리하는 프로그램
1번째 품목의 품목, 수량, 단가 입력
품목 : 컴퓨터
수량 : 8
단가 : 155
2번째 품목의 품목, 수량, 단가 입력
품목 : 모니터
수량 : 6
단가 : 89
3번째 품목의 품목, 수량, 단가 입력
품목 : 키보드
수량 : 7
단가 : 23
[품목 3개의 수량, 단가, 금액 출력]
상품명  수량    가격    금액(천 원)
컴퓨터   8      155       1240
모니터   6       89        534
키보드   7       23        161
```

2 다음 내용에 맞는 프로그램을 작성하시오.

- 생년월일을 처리하는 구조체 : 년, 월, 일을 처리하는 구조체 멤버 3개 선언
- 학생 정보를 처리하는 구조체 : 학번, 성명, 생년월일(포인터 사용) 구조체 멤버 선언
- 메인 함수에서 구조체 변수 선언과 초기화 : 20251234, 홍길동, 2002. 05. 05.
- 구조체 변수의 포인터에 생년월일 구조체의 주소 대입
- 학번과 성명 출력 : 구조체 멤버 연산자인 '.' 사용
- 생년월일 출력 : 구조체 간접 멤버 연산자인 '->' 사용
- 기타 사항은 [출력 예시] 참조

프로그래밍 문제

[출력 예시]

```
■ 포인터를 구조체 멤버로 선언하는 프로그램
학번 : 20251234
성명 : 홍길동
생년월일 : 2002. 05. 05.
```

3 다음 내용에 맞는 프로그램을 작성하시오.

- 품목과 가격을 처리하기 위한 멤버 변수 2개를 가진 구조체 선언
- 구조체 멤버 변수는 메인 함수에서 {"노트북", 20000}, {"스마트폰", 10000}으로 초기화
- 사용자 정의 함수 원형: 구조체 포인터를 함수의 매개변수로 선언
- 메인 함수에서 구조체 멤버가 가리키는 주소값을 인수로 함수 호출
- if~else 문을 사용해 2개의 품목이 같으면 1, 다르면 0을 반환: 사용자 정의 함수
- 메인 함수의 printf( ) 출력문 안에서 구조체 멤버 연산자 '.'를 사용하여 2개 품목을 각각 출력
- 반환된 값이 1이면 "동일한 품목", 아니면 "다른 품목" 메시지를 메인 함수에서 출력
- 기타 사항은 [출력 예시] 참조

[출력 예시]

```
■ 구조체 포인터를 함수의 인수로 전달하는 프로그램
"노트북"과 "스마트폰"은 다른 품목입니다.
```

학 | 습 | 목 | 표

- 스트림의 개념과 활용 방법을 알아봅니다.
- 파일 입출력과 속성을 이해합니다.

Chapter 15
스트림과 파일 입출력

01 스트림

02 파일 입출력

핵심점검

연습문제

프로그래밍 문제

SELF CHECK

1 스트림이란 (순서, 번호)이/가 있는 데이터를 입력받거나 출력할 때 입출력 장치로부터 데이터가 한쪽으로 흘러가는 것을 의미합니다.

2 표준 입출력 스트림은 프로그램을 시작할 때 자동으로 생성되고 프로그램이 종료되면 자동으로 (변환, 소멸)됩니다.

3 표준 입출력 라이브러리를 사용하면 데이터를 보조 기억 장치에 (정수, 파일) 단위로 저장하거나 읽어올 수 있습니다.

4 파일 포인터는 실제 파일과 프로그램을 연결해 주는 통로로 사용되며 이를 위해 FILE형 구조체를 가리키는 포인터 변수 (정의, 호출)이/가 필요합니다.

5 fgetc( )와 getc( ) 함수는 파일로부터 문자를 읽어오는 것으로 오류가 발생하거나 문자열의 끝에 도달하면 (EOF, END)을/를 반환합니다.

6 fseek( ) 함수는 파일 포인터를 원하는 위치로 (검색해, 이동시켜) 줍니다. 이때 파일의 데이터를 읽을 기준 위치로 사용하는 것에는 SEEK_SET, SEEK_CUR, SEEK_END가 있습니다.

7 ftell( ) 함수는 파일의 시작 위치부터 파일 포인터가 위치하는 현재 위치까지를 (비트, 바이트) 크기 값으로 반환합니다. 이 값은 파일의 시작 위치부터 현재 위치까지의 바이트 크기를 의미합니다.

정답

1 순서 **2** 소멸 **3** 파일 **4** 정의 **5** EOF **6** 이동시켜 **7** 바이트

SECTION

01 스트림

1 스트림의 개념

스트림(stream)이란 순서가 있는 데이터를 입력받거나 출력할 때 해당 장치로부터 데이터가 한쪽으로 흘러가는 것을 의미합니다. 즉 데이터 입출력 장치를 논리적으로 연결하는 방법입니다. C 언어의 입출력 시스템은 키보드로 입력한 데이터를 모니터 또는 프린터나 파일로 출력하는 것처럼 필요한 물리적 장치 중에서 편리하게 입출력을 할 수 있게 스트림을 제공합니다.

스트림을 사용하면 장치별로 독립해서 입출력할 수 있어 모니터로 출력한 데이터를 파일이나 프린터로 출력할 때도 같은 방법으로 처리할 수 있습니다.

스트림과 버퍼의 관계

스트림에는 버퍼가 포함되어 있습니다. 버퍼(buffer)는 장치와 프로그램 사이에 전송되는 데이터를 임시로 저장하는 메모리 공간입니다. 버퍼를 사용하는 이유는 입출력 데이터를 일정량 모아두었다가 한꺼번에 처리하여 디스크 접근 시간과 프로그램 수행으로 인한 지연 시간을 줄일 수 있기 때문입니다.

입력 버퍼는 키보드로 입력한 데이터를 버퍼에 채우다가 Enter가 입력되면 보관된 데이터를 전송합니다. 출력 버퍼는 줄바꿈 문자(\n)를 입력받으면 버퍼에 보관된 데이터를 모니터로 출력합니다.

: QUIZ

① (   )은/는 순서가 있는 데이터를 입력받거나 출력할 때 해당 장치로부터 데이터가 한쪽으로 흘러가는 것을 의미합니다.

② (   )은/는 장치와 프로그램 사이에 전송되는 데이터를 임시로 저장하는 메모리 공간입니다.

정답

① 스트림
② 버퍼

2 표준 입출력 스트림

CPU가 입출력할 데이터를 주변 장치에 전송할 때에는 속도 차이 때문에 꽤 많은 시간 동안 유휴 상태로 머물게 됩니다. 이처럼 입출력 효율성이 크게 떨어지는 불편함을 해결하기 위해 버퍼를 사용합니다. 입출력할 데이터를 메모리 버퍼에 보관하고 버퍼가 채워지면 비로소 입출력을 처리합니다.

표준 입출력 스트림은 프로그래머가 일일이 하지 않아도 자동으로 생성됩니다. 표준 입출력 스트림은 프로그램을 시작할 때 자동으로 생성되고 프로그램이 종료되면 자동으로 소멸됩니다. 표준 입출력 스트림의 역할과 사용 함수를 정리하면 다음과 같습니다.

표 15-1 표준 입출력 스트림의 역할과 사용 함수

스트림	연결 장치	역할	사용 함수
stdin	키보드	표준 입력	scanf( ), scanf_s( )
stdout	모니터	표준 출력	printf( )
stderr	모니터	표준 에러 출력	오류 출력 스트림

scanf_s( ) 함수를 선언하면 stdin 스트림이 자동으로 생성되고 printf( ) 함수를 사용하면 stdout 스트림이 생성됩니다. 이와 같이 생성된 스트림은 프로그램 종료와 함께 자동으로 소멸됩니다. stderr은 오류를 따로 출력하기 위해 제공되는 스트림입니다.

SECTION

02 파일 입출력

1 표준 입출력 라이브러리

C 언어는 표준 입출력 라이브러리(standard I/O library)를 제공하며 이를 사용하면 보조 기억 장치에 파일 단위로 데이터를 저장하거나 읽어올 수 있습니다. 표준 입출력 라이브러리는 데이터 형식에 맞는 함수를 제공합니다. 프로그램이 사용하는 데이터 형식은 바이너리(binary), 문자열(string 또는 text)로 나뉩니다.

> **Tip**
> 라이브러리는 컴파일러를 제작한 회사에서 사용자의 편의를 위해 함수나 프로그램 등을 표준화해서 제공하는 것입니다.

바이너리 데이터는 바이너리 관련 함수를 사용해야 하고 문자열 형식은 문자열 관련 함수를 사용해야 합니다. 그러므로 사용하는 데이터가 어떤 형식인지 정확하게 이해하고 있어야 합니다.

2 바이너리 속성과 문자열 속성

바이너리 데이터는 데이터에 다른 의미를 부여하지 않고 단순하게 숫자 그 자체로 취급하는 속성을 가지고 있습니다. 그에 반해 문자열 속성은 숫자를 아스키코드값으로 변환해서 사용합니다. 예를 들어, 알파벳 대문자 A의 바이너리 속성은 A의 아스키코드값에 해당하는 숫자 65가 들어 있는 1바이트 크기의 정보를 처리하는 것이고, 문자열 속성은 'A'와 같이 데이터를 문자열로 처리하는 속성을 의미합니다.

바이너리 속성과 문자열 속성의 차이점

예를 들어, 8바이트로 선언된 배열이 있다면 데이터를 처리할 때 바이너리 속성과 문자열 속성의 차이점을 살펴보겠습니다.

```
char test[8] = {'A', 'B', 'C', 0}  // 마지막 쉼표 이후는 NULL 문자인 0으로 초기화
```

Tip

NULL 문자는 값이 0인 제어 문자입니다. 사용하는 언어에 따라 0, ' ', " "을 NULL 문자로 나타내기도 합니다. EOL은 End of Line의 줄임말입니다.

바이너리 속성의 경우 컴파일러는 주어진 배열의 크기인 8바이트만큼 인식하여 데이터 크기를 65, 66, 67, 0, 0, 0, 0, 0으로 인식하는 반면, 문자열 속성은 NULL 문자를 의미하는 숫자 0(EOL)이 나올 때까지 찾아서 데이터 크기를 3바이트인 "ABC"로 인식하게 됩니다.

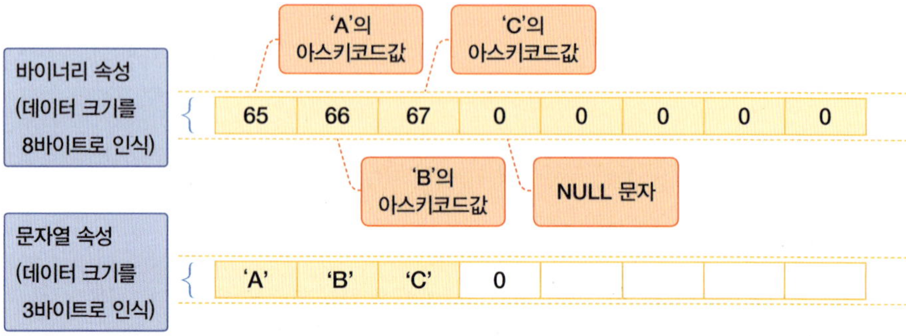

그림 15-1 컴파일러가 인식하는 데이터의 크기 차이

속성에 따라 다르게 적용되는 데이터 크기

sizeof( ) 함수를 사용하여 다음과 같이 test 배열의 크기를 구하면 바이너리 속성이 적용되므로 변수 d_size에는 8의 값이 대입됩니다.

```
char test[8] = {'A', 'B', 'C', 0}
int d_size = sizeof(test);        // d_size = 8
```

<string.h> 헤더 파일에서 제공하는 strlen( ) 함수를 사용하여 다음과 같이 test 배열의 크기를 구하면 문자열 속성이 적용되므로 변수 d_size에는 3의 값이 대입됩니다.

```
char test[8] = {'A', 'B', 'C', 0}
int d_size = strlen(test);        // d_size = 3
```

이와 같이 바이너리 속성이 적용된 파일을 바이너리(binary) 파일, 문자열 속성이 적용된 파일을 텍스트(text) 파일이라고 합니다.

: QUIZ

바이너리 데이터는 데이터에 다른 의미를 부여하지 않고 단순하게 (   ) 그 자체를 취급하는 속성을 가지고 있습니다.

정답

숫자

3 파일 포인터와 FILE형 구조체

파일을 열고 닫기 위해 사용하는 파일 포인터와 FILE형 구조체를 살펴보겠습니다.

파일 포인터

C 언어에서는 파일 처리를 위해 스트림을 사용하며 파일 입출력을 위한 파일 포인터를 가장 먼저 선언해야 합니다. 파일 포인터는 실제 파일과 프로그램을 연결해 주는 통로로 사용되며 이를 위해 FILE형 구조체를 가리키는 포인터 변수 정의가 필요합니다. 이러한 작업을 수행해야만 입출력할 파일을 열 수 있고 작업하는 데 필요한 버퍼도 설정할 수 있습니다. 다음은 파일 입출력 작업의 순서를 나타낸 것입니다.

FILE형 구조체

C 언어에서 파일 입출력 라이브러리는 FILE형 구조체입니다. 포인터 변수를 선언하고 파일과 관련한 입출력 함수를 호출할 때마다 이 변수를 사용합니다. FILE형 구조체는 〈stdio.h〉 헤더 파일에 이미 선언되어 있으므로 사용자가 별도로 FILE형 구조체를 정의하지 않아도 됩니다.

파일 입출력에 필요한 스트림은 〈stdio.h〉 헤더 파일에 선언되어 있는 FILE형 구조체를 가리키는 포인터 변수인 스트림 변수를 이용하여 제어합니다. FILE형 구조체는 〈stdio.h〉 헤더 파일에 다음과 같이 선언되어 있습니다.

```
typedef struct {                // 구조체 정의
    short level;                // 버퍼 사용량
    unsigned flags;             // 파일 접근 모드, 파일 끝, 에러 등의 상태 플래그
    char fd;                    // 각각의 스트림을 구별하기 위한 파일 식별자
    unsigned char hold;         // 버퍼가 없을 경우의 문자
    short bsize;                // 파일 입출력 버퍼의 크기
    unsigned char *buffer;      // 버퍼의 시작 주소를 가리키는 포인터(현재 파일 포인터)
    unsigned char *curp;        // 현재 입출력을 하는 문자의 위치를 가리키는 포인터
    unsigned istemp;            // 임시 파일 식별자
    short token;                // 유효성 검사를 위해 사용
} FILE;                         // FILE 구조체
```

: QUIZ

파일 포인터는 실제 파일과 프로그램을 연결해 주는 통로로 사용되며 이를 위해 (   )을/를 가리키는 포인터 변수의 정의가 필요합니다.

정답

FILE형 구조체

4 파일 입출력 함수

C 언어에서 대부분의 입출력 함수는 버퍼를 사용합니다. 자주 사용하는 파일 입출력 함수는 다음과 같습니다.

표 15-2 파일 입출력 함수의 종류

종류	설명
fopen_s( )	파일 열기
fclose( )	파일 닫기
fread( )	블록 단위로 데이터 읽기
fwrite( )	블록 단위로 데이터 출력하기
fscanf_s( )	지정된 서식으로 데이터 읽기
fprintf( )	지정된 서식으로 데이터 출력하기
fgetc( ), getc( )	문자 한 개 읽기
fputc( ), putc( )	문자 한 개 출력하기
fgets( )	문자열 읽기
fputs( )	문자열 출력하기
feof( )	문자열의 끝 검출하기
ftell( )	현재 파일 포인터의 위치 파악하기
fseek( )	파일 포인터의 위치 이동하기
gets_s( )	표준 입력 스트림의 버퍼에서 문자열 읽기
rewind( )	파일 포인터의 위치를 파일의 시작 위치로 이동하기

5 파일 열기 함수와 닫기 함수

파일 열기 함수와 닫기 함수를 살펴보겠습니다.

파일 열기 함수

파일을 열기 위해서는 fopen_s( ) 함수를 사용해야 합니다. 파일을 열면 FILE형 포인터가 반환되는데 이는 실제 파일을 가리키는 것이 아니라 파일을 처리하는 데 필요한 버퍼 공간을 사용하기 위해서 FILE형 포인터가 반환되는 것입니다. fopen_s( ) 함수에서 사용하는 파일 모드는 다음과 같습니다.

표 15-3 fopen_s( ) 함수에서 사용하는 파일 모드의 종류

종류	설명	사용 예
r	파일을 처음부터 읽기 위해 열기, 파일이 존재하지 않으면 오류 발생	rt, rb, r+b
r+	이미 존재하는 파일을 읽기와 쓰기로 열기, 파일이 존재하지 않으면 오류 발생	r+t
w	파일을 무조건 새로 생성하여 처음부터 쓰기 위해 열기, 이미 존재하는 파일 내용은 삭제	wt, wb
w+	파일을 무조건 생성하여 읽기와 쓰기로 열기, 이미 존재하는 파일 내용은 삭제	w+t, w+b
a	파일 끝에 새로운 내용을 추가하기 위해 열기, 파일이 없으면 새로 생성	at, ab
a+	파일 끝에 새로운 내용을 추가하거나 읽기 위해 열기, 파일이 없으면 새로 생성	a+t, a+b
b	파일을 바이너리 모드로 열기, Ctrl+Z로 파일 끝을 알리는 EOF로 변환	
t	파일을 텍스트 모드로 열기, 데이터를 아스키코드로 인식	

파일은 텍스트 모드로 여는 t는 생략해도 되지만 바이너리 모드로 여는 b는 절대로 생략해서는 안 됩니다. 그 이유는 파일을 텍스트 모드로 여는 것은 눈으로 볼 수 있는 일반적인 텍스트 파일에 해당하고, 바이너리 모드로 여는 것은 이미지 파일이나 실행 파일 등에 해당하기 때문입니다.

fopen_s( ) 함수의 반환 타입은 errno_t입니다. errno_t는 typedef로 생성된 자료형으로 정수형값을 저장할 수 있도록 설정합니다. errno_t err;와 같이 변수를 선언하면 err = fopen_s(파일_포인터, "파일_이름", "파일_모드");와 같이 대입하여 파일을 성공적으로 열면 0의 값을 반환합니다. 이와 반대로 해당 파일 열기에 실패하면 0 이외의 값을 반환합니다.

fopen_s( ) 함수를 사용할 때 반환값에 따라 파일 열기가 성공했는지 또는 실패했는지를 판별하기 위해서는 다음과 같이 if 문을 사용하여 반환값이 0인지 아닌지 판단하면 됩니다.

```
FILE *fp;
errno_t err;
err = fopen_s(&fp, "파일_이름", "파일_모드");
if(err == 0)
    printf("파일 열기 성공");
else
    printf("파일 열기 실패");
```

errno_t는 typedef로 생성된 자료형을 의미하며 errno_t 타입으로 선언한 변수는 정수형값을 반환합니다. errno_t err;과 같이 변수 err을 선언하면 fopen_s( ) 함수로 해당 파일을 열 때 오류가 발생하는지 판별하기 위해 반환값을 사용합니다. err =

fopen_s( )와 같이 선언하여 파일을 열 때 에러가 발생하지 않으면 0의 값을 변수 err에 반환하고 에러가 발생하면 0 이외의 값을 반환합니다. 그러므로 fopen_s( ) 함수를 사용할 경우 반드시 errno_t 자료형의 변수를 선언한 다음 fopen_s( ) 함수를 대입해 주어야 오류가 발생하지 않습니다.

fopen_s( ) 함수는 다음과 같이 반환되는 리턴값을 사용하지 않을 수도 있습니다. 이 방법으로 파일 열기에 성공하면 포인터 변수가 NULL의 값을 가지지 않으므로 if(NULL != fp)와 같이 선언하면 됩니다.

```
FILE *fp;
errno_t err;
err = fopen_s(&fp, "파일_이름", "파일_모드");
if(NULL != fp)
    printf("파일 열기 성공");
else
    printf("파일 열기 실패");
```

파일 닫기 함수

fopen_s( ) 함수로 파일을 열어서 사용하였다면 사용한 후에는 반드시 fclose( ) 함수로 닫아야 합니다. 일반적으로 프로그램이 끝나면 fclose( ) 함수를 사용하지 않아도 파일이 자동으로 닫히기도 하지만 예기치 않은 이벤트로 프로그램이 실행 도중에 종료되면 버퍼에 보관된 입출력 데이터가 소멸될 수도 있으니 주의해야 합니다.

C 언어는 대부분 버퍼형 파일 입출력으로 명령을 수행하므로 메모리에 보관된 데이터는 한꺼번에 디스크 파일로 입출력됩니다. 그러므로 fopen_s( ) 함수로 파일을 열었다면 반드시 fclose( ) 함수로 닫아야 합니다.

: QUIZ

① fopen_s( ) 함수로 파일 열기에 성공했는지 또는 실패했는지 판별하려면 반환값이 (　　　　)인지 아닌지 판단하면 됩니다.

② fopen_s( ) 함수로 파일을 열어서 사용했다면 반드시 (　　　　) 함수로 닫아야 합니다.

정답

① 0
② fclose( )

6 문자 입출력 함수

문자 입력 함수와 출력 함수의 종류 및 사용 방법을 살펴보겠습니다.

문자 입력 함수

fgetc( ) 함수와 getc( ) 함수는 키보드가 아닌 파일로부터 문자 한 개를 읽어옵니다. 이 함수들은 프로그램을 실행하는 도중에 오류가 발생하거나 문자열 끝에 도달하면 EOF를 반환합니다.

표 15-4 문자 입력 함수

함수 원형	설명
int fgetc(FILE, *stm)	FILE형 구조체 포인터로 지정된 스트림으로부터 문자 한 개를 읽어 그 값을 정수형으로 반환
int getc(FILE, *stm)	fgetc를 이용한 매크로 함수

문자 출력 함수

fputc( ) 함수와 putc( ) 함수는 파일로 문자 한 개를 출력합니다. 출력에 성공하면 해당 문자를 반환하고 프로그램 실행 도중에 오류가 발생하면 EOF를 반환합니다.

표 15-5 문자 출력 함수

함수 원형	설명
int fputc(int a, FILE, *stm)	지정된 스트림인 stm으로 a 값을 출력, 출력에 성공하면 a 반환, 오류가 발생하면 EOF 반환
int putc(int a, FILE, *stm)	fputc를 이용한 매크로 함수

7 텍스트 파일 입출력

텍스트 파일에 문자열을 저장하고 읽어오는 텍스트 파일 입출력 방법을 살펴보겠습니다.

텍스트 파일에 문자열 저장하기

fprintf( ) 함수는 첫 매개변수에 파일 포인터를 입력받아 출력할 문자열을 파일에 저장하는 명령을 수행합니다. 예를 들어, 파일 포인터가 가리키는 파일에 "Happy Day" 문자열을 출력한 다음 줄을 바꾸는 코드를 입력하려면 다음과 같이 선언합니다.

```
FILE *fp;
    ...
fprintf(fp, "Happy Day\n");
```

다음 예제는 쓰기 모드로 텍스트 파일을 생성한 다음 fprintf( ) 함수를 사용하여 문자열을 텍스트 파일에 출력하는 프로그램입니다. 새롭게 생성되는 텍스트 파일은 프로그램 소스 코드가 존재하는 폴더 안에 생성됩니다.

예제 15-1 fprintf( )로 파일에 문자열 출력 ex15_01.c

```
#include <stdio.h>

int main(void)
{
    FILE *fp;
    errno_t err;

    err = fopen_s(&fp, "sample.txt", "wt");   // 쓰기 모드로 텍스트 파일 열기

    if(NULL != fp)  // 파일 열기에 성공한 경우
    {
        printf("1.새로운 파일 생성 후 문자열 저장 완료\n");
        fprintf(fp, "Happy Day\n");
        printf("2.윈도우 탐색기에서 sample.txt 파일 내용 확인\n");
        fclose(fp);
    }
    else            // 파일 열기에 실패한 경우
        printf("파일 열기 실패\n");

    return 0;
}
```

Tip

파일을 열 때 wt 파일 모드를 사용하면 파일에 이미 존재하는 기존 내용이 모두 삭제되므로 주의해야 합니다.

```
1.새로운 파일 생성 후 문자열 저장 완료
2.윈도우 탐색기에서 sample.txt 파일 내용 확인
```

새롭게 생성된 sample.txt 파일은 ex15_01.c 소스 파일과 같은 경로에서 확인할 수 있습니다.

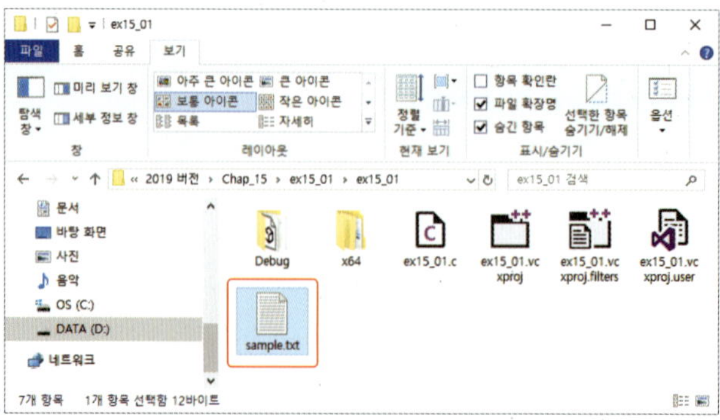

그림 15-2 **새롭게 생성된 sample.txt 파일 확인**

프로그램이 정상적으로 실행되었다면 새롭게 생성된 텍스트 파일을 열었을 때 다음과 같은 내용을 확인할 수 있습니다.

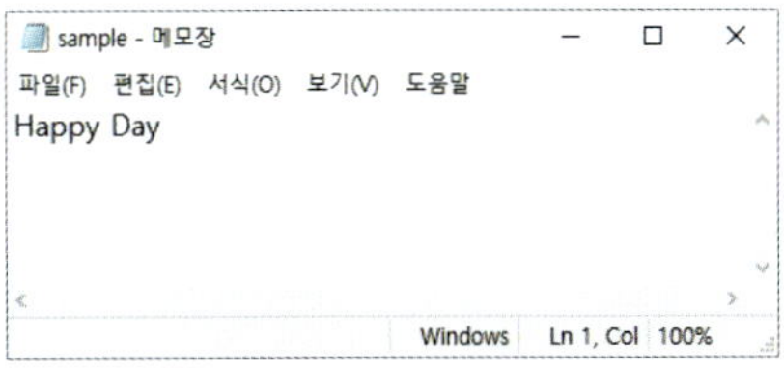

그림 15-3 sample.txt 파일의 내용

텍스트 파일에서 문자열 읽기

fscanf_s( ) 함수는 텍스트 파일에서 문자열을 읽어올 때 사용합니다. 이 함수는 표준 입력 함수인 scanf_s( )와 비슷하지만 첫 번째 매개변수에 어떤 파일에서 문자열을 읽어올 것인지 정의하는 부분이 있습니다. fscnaf_s( ) 함수를 사용하는 형식은 다음과 같습니다.

Tip

fscanf_s( ) 함수로 문자열을 읽어올 때 공백 문자를 만나면 다음 입력이 시작된 것으로 여기므로 주의해야 합니다.

```
int n1, n2, n3;
FILE *fp;
    ...
fscanf_s(fp, "%d %d %d", &n1, &n2, &n3);
// fscanf_s(파일_포인터, "데이터_형식", 변수_목록)
```

파일에 저장된 문자열을 fscanf_s( ) 함수로 읽어오는 예제 프로그램을 수행하려면 소스 파일과 똑같은 경로에 data.txt 파일을 생성해 두어야 합니다.

Tip

다른 경로의 파일을 사용하려면 파일명 앞에 경로명을 정확하게 입력해야 합니다.

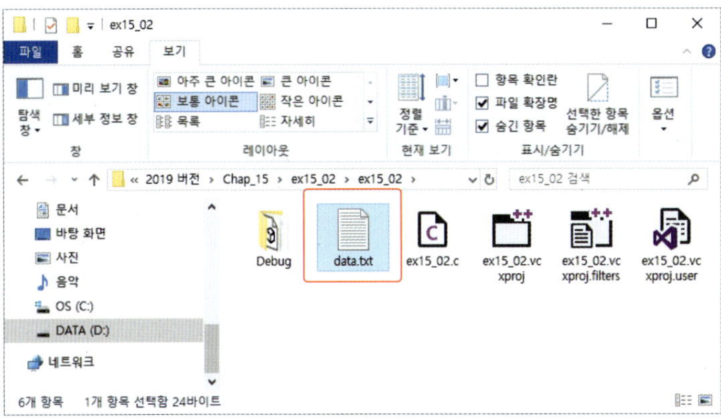

그림 15-4 실습에 사용할 data.txt 파일의 위치

data.txt 파일에는 다음과 같은 내용을 입력하여 저장합니다.

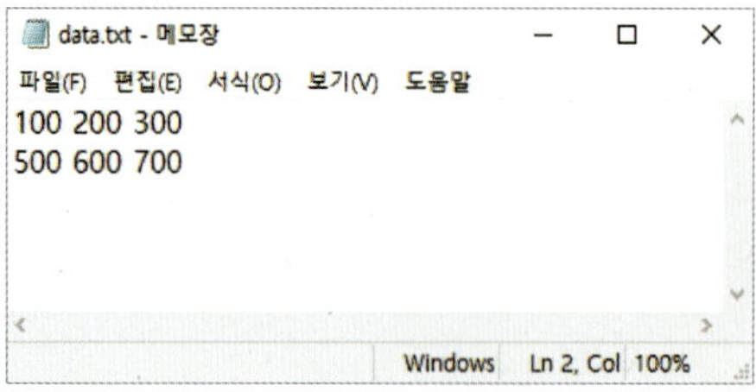

그림 15-5 data.txt 파일의 내용

다음 예제는 fscanf_s( ) 함수를 사용하여 data.txt 파일에 있는 정수형 데이터를 불러와서 화면에 출력하는 프로그램입니다.

예제 15-2 fscanf_s( )로 파일의 정수 데이터 가져오기 ex15_02.c

```
#include <stdio.h>

int main(void)
{
    int n1, n2, n3;
    FILE *fp;
    errno_t err;

    err = fopen_s(&fp, "data.txt", "rt");     // 읽기 모드로 텍스트 파일 열기

    if(NULL != fp)                            // 파일 열기에 성공한 경우
    {
        printf("파일 열기 성공\n");

        fscanf_s(fp, "%d %d %d", &n1, &n2, &n3);
        printf("%d %d %d\n", n1, n2, n3);

        fclose(fp);
    }
    else                          // 파일 열기에 실패한 경우
        printf("파일 열기 실패\n");

        return 0;
}
```

Tip
기존 파일의 내용을 처음부터 전부 읽어오려면 rt 파일 모드를 사용하면 됩니다.

```
파일 열기 성공
100 200 300
```

다음 예제는 fscanf_s( ) 함수를 사용하여 data.txt 파일에 있는 모든 데이터를 불러와서 화면에 출력하는 프로그램입니다. 이 예제를 실습하기 위해서는 앞에서 만들었던

data.txt 파일을 ex15_03.c 파일과 동일한 경로에 복사해 놓아야 합니다. 파일이 없으면 '파일 열기 실패'라는 메시지가 출력됩니다.

예제 15-3 fscanf_s( )로 파일의 모든 데이터 가져오기 ex15_03.c

```c
#include <stdio.h>

int main(void)
{
    int num;
    FILE *fp;
    errno_t err;

    err = fopen_s(&fp, "data.txt", "rt");  // 읽기 모드로 텍스트 파일 열기

    if(NULL != fp)                         // 파일 열기에 성공한 경우
    {
        printf("파일 열기 성공\n");

        while(EOF != fscanf_s(fp, "%d", &num))
        {
            printf("%d\n", num);
        }
        fclose(fp);
    }
    else                                   // 파일 열기에 실패한 경우
        printf("파일 열기 실패\n");

    return 0;
}
```

```
파일 열기 성공
100
200
300
500
600
700
```

Tip

EOF(End Of File)는 파일의 데이터 끝을 나타내는 코드 또는 신호입니다.

텍스트 파일에서 단어 단위로 문자열 읽기

텍스트 파일에서 공백 문자를 기준으로 단어 단위로 문자열을 출력하는 과정을 살펴보겠습니다. 실습하는 데 필요한 insa.txt 파일을 다음과 같이 입력한 뒤 ex15_04.c 파일과 동일한 경로에 저장합니다. insa.txt 파일이 없는 상태에서 컴파일을 수행하면 '파일 열기 실패'라는 메시지가 출력됩니다.

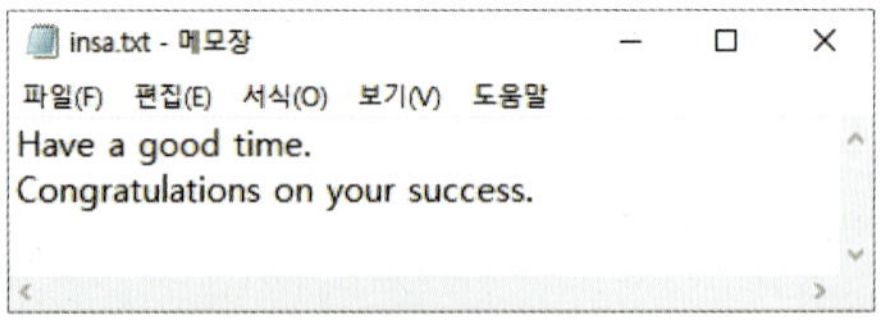

그림 15-6 insa.txt 파일의 내용

다음 예제는 fscanf_s( ) 함수를 사용하여 텍스트 파일에 있는 내용을 공백 문자를 기준으로 단어 단위로 읽어오는 프로그램입니다.

예제 15-4 fscanf_s( )로 파일의 문자열을 단어 단위로 가져오기 ex15_04.c

```
#include <stdio.h>

int main(void)
{
    char good[80];
    FILE *fp;
    errno_t err;

    err = fopen_s(&fp, "insa.txt", "rt"); // 읽기 모드로 텍스트 파일 열기

    if(NULL != fp)                        // 파일 열기에 성공한 경우
    {
        printf("파일 열기 성공\n");

        while(EOF != fscanf_s(fp, "%s", good, sizeof(good)))
        {
            printf("%s\n", good);
        }
        fclose(fp);
    }
    else                                  // 파일 열기에 실패한 경우
        printf("파일 열기 실패\n");

    return 0;
}
```

```
파일 열기 성공
Have
a
good
time.
Congratulations
on
your
success.
```

Tip

fscanf_s( ) 함수 안에서 배열을 사용하려면 배열의 크기를 나타내는 요소를 반드시 선언해야 합니다.

텍스트 파일에서 줄 단위로 문자열 읽기

텍스트 파일에서 줄 단위로 문자열을 처리하려면 fgets( ) 함수를 사용해야 합니다.

다음 예제는 fgets( ) 함수를 사용하여 insa.txt 텍스트 파일에 저장되어 있는 문자열을 줄 단위로 읽어와 화면에 출력하는 프로그램입니다. 실습을 위해 앞에서 만든 insa.txt 파일을 복사하여 ex15_05.c 파일과 동일한 경로에 저장해야 합니다.

예제 15-5 fgets( )로 파일의 문자열을 줄 단위로 가져오기 ex15_05.c

```
01 #include <stdio.h>
02
03 int main(void)
04 {
05     char good[80];
06     FILE *fp;
07     errno_t err;
08
09     err = fopen_s(&fp, "insa.txt", "rt"); // 읽기 모드로 텍스트 파일 열기
10
11     if(NULL != fp)                 // 파일 열기에 성공한 경우
12     {
13         printf("파일 열기 성공\n");
14
15         while(NULL != fgets(good, sizeof(good), fp))
16         {
17             printf("%s", good); // 텍스트 문자열에 줄 바꿈 적용되므로 \n 생략
18         }
19         fclose(fp);
20     }
21     else                           // 파일 열기에 실패한 경우
22         printf("파일 열기 실패\n");
23
24     return 0;
25 }
```

```
파일 열기 성공
Have a good time.
Congratulations on your success.
```

소스 코드 15행에서 선언한 while 문에서 fgets( ) 함수의 두 번째 매개변수는 첫 번째 매개변수에 사용되는 메모리의 크기를 나타냅니다.

EOF 문자를 만나면 fscnaf_s( ) 함수는 EOF를 반환하지만 fgets( ) 함수는 NULL을 반환합니다. 그리고 fscanf_s( ) 함수와 달리 fgets( ) 함수는 텍스트 파일에 저

장되어 있는 문자열에서 줄바꿈(Enter)을 인정하므로 소스 코드에는 printf("%s", good);과 같이 개행 문자(\n)를 생략할 수 있습니다.

입력한 문자열을 텍스트 파일에 출력

gets_s( ) 함수는 표준 입력 스트림의 버퍼에서 문자열을 읽습니다. 이 함수를 사용하여 키보드로 입력한 문자열을 해당 텍스트 파일에 저장하고 화면에 출력하는 과정을 다음 예제에서 살펴보겠습니다.

예제 15-6 gets_s()로 입력한 문자열을 파일에 출력 ex15_06.c

```c
#include <stdio.h>

int main(void)
{
    char sts[50];
    int cnt;
    FILE *foc = NULL;          // FILE형 구조체 포인터 변수 선언
    errno_t err;               // errno_t는 typedef된 자료형으로 정수값 저장

    err = fopen_s(&foc, "save.txt", "w"); // 파일 없으면 생성 후 쓰기 모드(w) 선언

    if(err == 0)
    {
        printf("save.txt 파일 생성 완료\n");
        printf("1.문자열 입력 : ");
        gets_s(sts, sizeof(sts));  // 문자열 입력받음

        printf("2.파일에 쓴 내용 : %s\n", sts);

        for(cnt = 0; sts[cnt] != NULL; cnt++)
            fputc(sts[cnt], foc); // 저장된 문자열 1개씩 읽고 지정된 파일에 출력

        fclose(foc);
        printf("save.txt 파일 닫기 성공\n");
    }
    else
        printf("save.txt 파일 생성 실패\n");

    return 0;
}
```

```
save.txt 파일 생성 완료
1.문자열 입력 : 안녕하세요.
2.파일에 쓴 내용 : 안녕하세요.
save.txt 파일 닫기 성공
```

예제 프로그램을 성공리에 실행하면 ex15_06.c 파일이 존재하는 경로에 save.txt 파일이 생성됩니다.

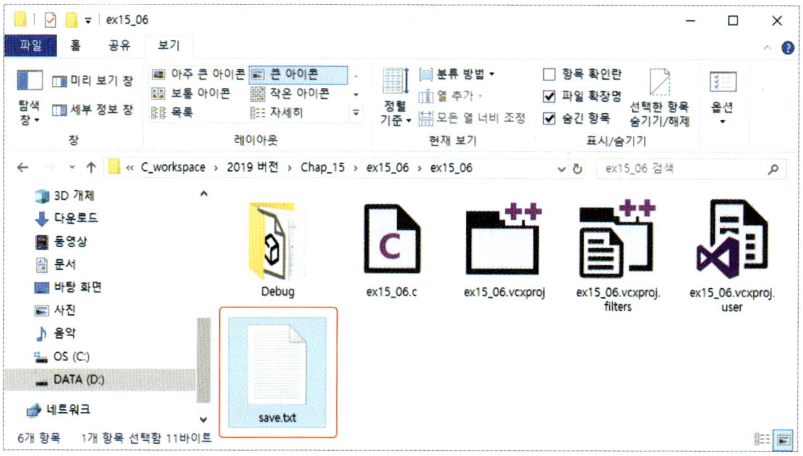

그림 15-7 새롭게 생성된 save.txt 파일 확인

save.txt 파일을 열어보면 키보드로 입력한 문자열인 '안녕하세요.'가 저장된 것을 확인할 수 있습니다.

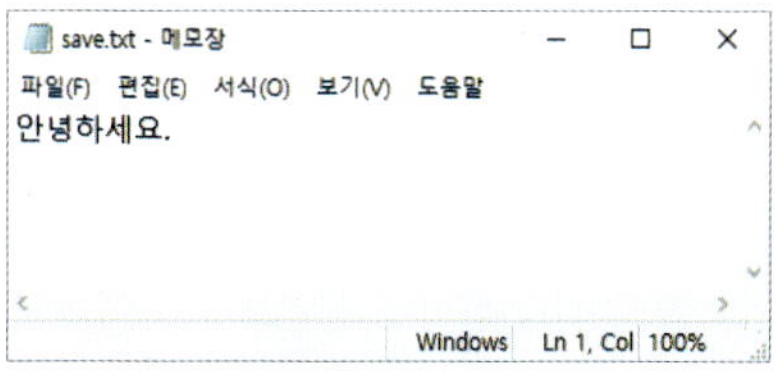

그림 15-8 insa.txt 파일의 내용

쓰기 모드인 w로 파일을 생성할 때 기존에 있던 파일 내용은 모두 삭제되므로 주의해야 합니다.

8 바이너리 파일 입출력

문자열 속성을 가진 파일은 문자열에 포함된 NULL 문자를 찾아서 데이터 크기를 체크하기 때문에 문자열 크기를 따로 지정해 주지 않아도 됩니다. 하지만 바이너리 속성을 가진 파일은 데이터를 단순히 숫자로만 판단하기 때문에 반드시 프로그래머가 데이터 크기를 직접 선언해 주어야 합니다.

바이너리 파일에 int형 데이터 출력

fwrite( ) 함수는 블록 단위로 데이터를 출력합니다. 이 함수를 사용할 경우 실제로 파일에 저장되는 데이터 크기는 '저장할 데이터 크기 × 반복 횟수'가 됩니다. 반복 횟수는 데이터를 배열로 선언할 경우 배열 요소만큼 선언합니다.

```
int su = 0x00000352;
FILE *fb;
    ...
fwrite(&su, sizeof(int), 1, fb);
// fwrite(저장할_데이터_시작_주소, 저장할_데이터_크기, 반복_횟수, 파일_포인터)
```

다음 예제는 fwrite( ) 함수로 바이너리 파일에 int형 변수값을 출력하는 프로그램입니다. 바이너리 파일은 텍스트 파일처럼 확인할 수 없으므로 binary.dat 파일이 생성된 것만 확인하기 바랍니다.

예제 15-7 fwrite( )로 바이너리 파일에 변수값 출력 ex15_07.c

```c
#include <stdio.h>

int main(void)
{
    int su = 0x00000352;
    FILE *fb;
    errno_t err;

    err = fopen_s(&fb, "binary.dat", "wb"); // 쓰기 모드로 바이너리 파일 열기

    if(NULL != fb)                          // 파일 열기에 성공한 경우
    {
        printf("바이너리 파일 열기 성공\n");

        fwrite(&su, sizeof(int), 1, fb);
        fclose(fb);
    }
    else                                    // 파일 열기에 실패한 경우
        printf("바이너리 파일 열기 실패\n");

    return 0;
}
```

```
바이너리 파일 열기 성공
```

예제 프로그램이 성공적으로 실행되면 binary.dat 파일이 ex15_07.c 파일과 동일한 경로에 생성된 것을 확인할 수 있습니다.

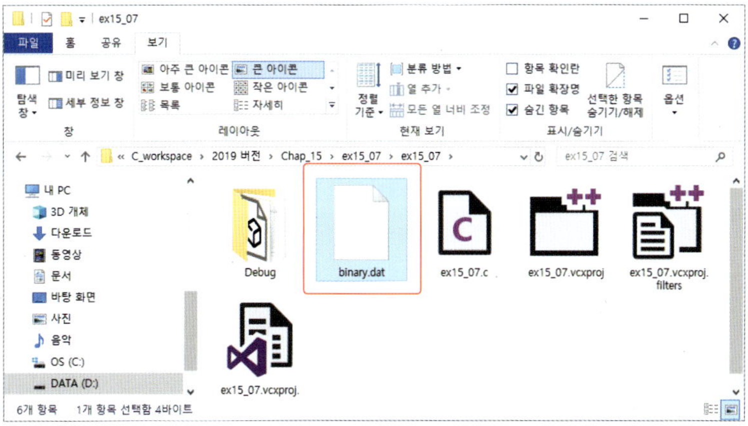

그림 15-9 **새롭게 생성된 binary.dat 파일 확인**

바이너리 파일에 int형 배열 데이터 출력

배열을 선언할 경우에 반복 횟수를 반드시 배열의 크기만큼 설정해야 하는 것은 아닙니다. 예를 들어, int su_list[3] = {1, 2, 3}과 같이 정수형 배열을 선언하고 sizeof(int)의 반복 횟수를 3으로 선언하면 su_list는 정수형 배열이므로 4 × 3 = 12 바이트 크기로 저장됩니다.

```
int su_list = {1, 2, 3};
FILE *fb;
    ...
fwrite(su_list, sizeof(int), 3, fb);
// fwrite(저장할_데이터_시작_주소, 저장할_데이터_크기, 반복_횟수, 파일_포인터)
```

다음 예제는 바이너리 파일에 int형 배열 요소의 데이터를 출력하는 프로그램입니다. 바이너리 파일은 텍스트 파일처럼 열어서 확인할 수 없으므로 프로그램을 실행한 후 파일이 존재하는지 여부만 확인할 수 있습니다.

예제 15-8 fwrite( )로 바이너리 파일에 배열값 출력 ex15_08.c

```
#include <stdio.h>

int main(void)
{
    int su = 10;
    int su_list[3] = {1, 2, 3};
    FILE *fb;
```

```
    errno_t err;

    err = fopen_s(&fb, "list.dat", "wb"); // 쓰기 모드로 바이너리 파일 열기

    if(NULL != fb)                        // 파일 열기에 성공한 경우
    {
        printf("바이너리 파일 열기 성공\n");

        fwrite(&su, sizeof(int), 1, fb);
        fwrite(su_list, sizeof(int), 3, fb);

        fclose(fb);
    }
    else                                  // 파일 열기에 실패한 경우
        printf("바이너리 파일 열기 실패\n");

    return 0;
}
```

```
바이너리 파일 열기 성공
```

바이너리 파일에서 데이터 읽기

fread( ) 함수는 바이너리 파일에서 데이터를 읽어올 때 사용합니다. 예를 들어, 포인터 변수가 가리키는 파일에서 4바이트 크기만큼 1회만 데이터를 읽어와서 지정된 변수에 저장하려면 다음과 같이 선언해야 합니다.

```
int data;
FILE *fb;
    ...
fread(&data, sizeof(int), 1, fb);
// fread(저장할_데이터_시작_주소, 저장할_데이터_크기, 반복_횟수, 파일_포인터)
```

fread( ) 함수를 사용하여 바이너리 파일에서 12바이트(4×3) 데이터를 읽어와서 int형 배열에 저장하려면 다음과 같이 선언해야 합니다. 데이터를 읽어오는 크기는 '읽어올 데이터 크기 × 반복 횟수'로 결정됩니다.

```
int data_list[3];
FILE *fb;
    ...
fread(data_list, sizeof(int), 3, fb);
// fread(저장할_데이터_시작_주소, 저장할_데이터_크기, 반복_횟수, 파일_포인터)
```

다음 예제는 fread( ) 함수를 사용하여 binary.dat 파일의 첫 4바이트 데이터를 읽어온 뒤 화면에 출력하는 프로그램입니다. 이 프로그램을 실행하려면 [예제 15-7]에서 생성했던 binary.dat 파일을 ex15_09.c 파일과 동일한 경로에 복사해 두어야 합니다.

예제 15-9 fread( )로 바이너리 파일의 데이터 가져오기 ex15_09.c

```c
#include <stdio.h>

int main(void)
{
    int data;
    FILE *fb;
    errno_t err;

    err = fopen_s(&fb, "binary.dat", "rb"); // 읽기 모드로 바이너리 파일 열기

    if(NULL != fb)                          // 파일 열기에 성공한 경우
    {
        printf("바이너리 파일 열기 성공\n");

        fread(&data, sizeof(int), 1, fb);
        fclose(fb);
        printf("읽어온 데이터 : %d(0x%04x)\n", data, data);
    }
    else                                    // 파일 열기에 실패한 경우
        printf("바이너리 파일 열기 실패\n");

    return 0;
}
```

```
바이너리 파일 열기 성공
읽어온 데이터 : 850(0x0352)
```

: QUIZ

바이너리 파일에서 데이터를 읽어올 때 사용하는 함수는 (   )입니다.

정답

fread( )

9 임의 접근 함수

지금까지 실습한 파일 입출력 함수는 순차 접근(sequential access) 방식으로 처리되었습니다. 순차 접근 방식은 데이터를 맨 앞에서부터 차례대로 하나씩 접근해 나가는 방식입니다. 그에 반해 임의 접근(random access) 방식은 임의의 값에 따라 그

위치에 존재하는 데이터에 접근하는 방식입니다.

파일 포인터를 원하는 위치로 직접 이동시킬 때 사용하는 fseek( ) 함수와 ftell( ) 함수를 살펴보겠습니다.

파일 포인터를 원하는 위치로 이동 – fseek( ) 함수

fseek( ) 함수는 출력은 수행하지 않고 파일을 읽거나 쓰기 모드로 열었을 경우 파일의 시작 위치로 파일 포인터를 이동하기 위해 사용합니다. fseek( ) 함수는 다음과 같이 선언해서 사용합니다.

```
FILE *fb;
    ...
fseek(fb, 0, SEEK_SET);          // 파일의 시작 위치로 이동
fseek(fb, 16, SEEK_CUR);         // 파일의 현재 위치에서 16바이트만큼 뒤로 이동
```

이때 파일의 데이터를 읽을 기준 위치로 사용하는 것은 다음과 같습니다.

- SEEK_SET: 파일의 시작
- SEEK_CUR: 현재 위치
- SEEK_END: 파일의 끝

Tip

SEEK_END는 파일의 마지막 데이터가 존재하는 위치가 아니라 EOF가 놓인 위치를 의미합니다.

파일의 데이터를 읽는 위치를 나타내는 이동 거리는 양수 또는 음수로 지정할 수 있습니다. 양수로 지정하면 기준 위치에서 뒤로 이동하고 음수로 지정하면 기준 위치에서 앞으로 이동합니다.

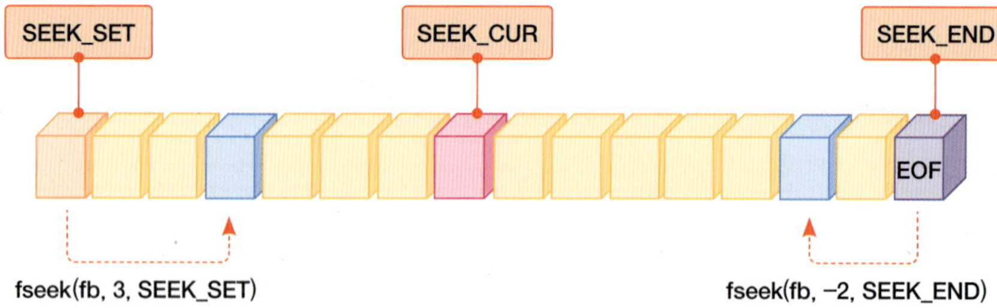

그림 15-10 fseek( ) 함수에서 데이터를 읽는 기준 위치

fseek( ) 함수 이외에도 라이브러리 함수인 rewind( )를 사용하여 파일의 시작 위치를 읽어올 수 있습니다. rewind( ) 함수를 호출하면 위치 표시자는 0으로 설정됩니다.

```
FILE *fb;
    ...
rewind(fb);      // 파일의 시작 위치로 이동
```

파일에서 이동한 위치값 반환하기 – ftell( ) 함수

ftell( ) 함수는 파일의 시작 위치부터 파일 포인터가 있는 현재 위치까지를 바이트 크기 값으로 반환합니다. 이 값은 파일의 시작 위치부터 현재 위치까지의 바이트 크기를 의미합니다. ftell( ) 함수는 파일의 현재 위치를 long형으로만 표시할 수 있으므로 오류가 발생하면 -1L을 값으로 반환합니다.

```
int f_size;
FILE *fb;
    ...
feek(fb, 0 SEEK_END);     // 파일의 끝으로 이동
f_size = ftell(fb);       // 현재 위치까지 파일의 크기를 구함
```

다음 예제는 fseek( ) 함수와 ftell( ) 함수를 사용하여 binary.dat 파일의 크기를 바이트 단위로 출력하는 프로그램입니다. 이 예제는 binary.dat 파일이 ex15_10.c 파일과 동일한 경로에 존재해야 제대로 실행됩니다.

예제 15-10 바이너리 파일 크기를 바이트 단위로 출력 ex15_10.c

```
#include <stdio.h>

int main(void)
{
    int f_size;
    FILE *fb;
    errno_t err;

    err = fopen_s(&fb, "binary.dat", "rb"); // 읽기 모드로 바이너리 파일 열기

    if(NULL != fb)                          // 파일 열기에 성공한 경우
    {
        printf("바이너리 파일 열기 성공\n");

        fseek(fb, 0, SEEK_END);             // 파일 끝으로 이동
        f_size = ftell(fb);         // 파일의 현재 위치까지 파일 크기 구함
        printf("파일 크기 : %d바이트\n", f_size);

        fclose(fb);
    }
```

```
    else                                    // 파일 열기에 실패한 경우
        printf("바이너리 파일 열기 실패\n");

    return 0;
}
```

```
바이너리 파일 열기 성공
파일 크기 : 4바이트
```

: QUIZ

fseek( ) 함수에서 파일의 데이터를 읽을 기준 위치로 사용하는 것 중에 SEEK_SET는 (   ), SEEK_CUR은 (   ), SEEK_END는 (   )을/를 나타냅니다.

정답

파일의 시작, 현재 위치, 파일의 끝

10 서식화 파일 입출력 함수

서식화 파일 입력 함수인 fscanf_s( )와 출력 함수인 fprintf( ) 함수를 사용하여 입출력할 스트림을 지정하는 방법을 살펴보겠습니다.

서식화 파일 입출력 함수에서 fscanf_s( ) 함수는 파일로부터 읽은 필드 개수를 반환하고 만약 오류 상태이면 EOF를 반환합니다. fprintf( ) 함수는 출력된 바이트 수를 반환하고 오류 상태이면 fscanf_s( ) 함수와 마찬가지로 EOF를 반환합니다. 서식화 파일 입출력 함수를 선언하는 방법은 다음과 같습니다.

```
fscanf_s(파일_포인터, "입력_형식_지정자", 변수명);
fprintf(파일_포인터, "출력_형식_지정자", 변수명);
```

Tip

input.dat 파일은 메모장 또는 에디터를 사용하여 생성하면 됩니다.

fscanf_s( ) 함수와 fprintf( ) 함수를 사용하기 위해 ex15_11.c 파일이 존재하는 동일한 경로에 다음과 같이 입력한 바이너리 파일인 input.dat 파일을 저장합니다.

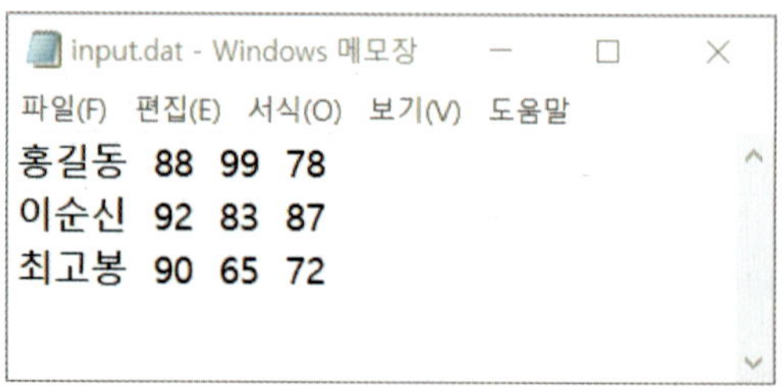

그림 15-11 input.dat 파일의 내용

다음 예제는 서식화 파일 입출력 함수인 fscanf_s( )와 fprintf( ) 함수를 사용하는 프로그램입니다. 예제를 실습하기 전에 ex15_11.c 파일과 동일한 경로에 input.dat 파일이 존재하는지 다시 한 번 확인하도록 합니다.

예제 15-11 fscanf_s( )와 fprintf( )로 입출력 스트림 지정 ex15_11.c

```c
#include <stdio.h>
#include <stdlib.h>

int main(void)
{
    int cnt, kuk, eng, mat, tot;
    char name[16];
    double avg;
    FILE *in, *out;
    errno_t err1, err2;

    err1 = fopen_s(&in, "input.dat", "r");    // 읽기 모드로 파일 열기
    err2 = fopen_s(&out, "output.dat", "w");  // 쓰기 모드로 파일 열기

    if((in == NULL) || (out == NULL))
    {
        puts("input.dat 파일이 존재하지 않음");
        exit(1);                                   // 프로그램 종료
    }

    puts("input.dat 파일을 찾았습니다.");

    /* output.dat 파일에서 출력될 내용 */
    fprintf(out, "================================================\n");
    fprintf(out, "성명 \t| 국어\t| 영어\t| 수학\t| 총점\t| 평균\n");
    fprintf(out, "------------------------------------------------\n");

    for(cnt = 0; cnt <= 2; cnt++)
    {
        fscanf_s(in, "%s %d %d %d", name, sizeof(name), &kuk, &eng, &mat);
        tot = kuk + eng + mat;
        avg = tot / 3.0;
        fprintf(out, "%s\t | %3d\t | %3d\t | %3d\t | %3d\t | %7.3f\n",
                     name, kuk, eng, mat, tot, avg);
    }
    fprintf(out, "------------------------------------------------\n");

    puts("총점과 평균 산출 완료");
    puts("output.dat 파일의 내용을 확인하세요.");

    fclose(in);
    fclose(out);
```

Tip

exit(1)은 프로그램이 비정상으로 수행되어 프로그램을 종료한다는 의미입니다.

```
    return 0;
}
```

```
input.dat 파일을 찾았습니다.
총점과 평균 산출 완료
output.dat 파일의 내용을 확인하세요.
```

프로그램을 실행하면 예제 파일인 ex15_11.c와 input.dat 파일이 존재하는 동일한 경로에 output.dat 파일이 생성됩니다. 생성된 output.dat 파일을 열어보면 3명의 3개 과목 총점과 평균이 산출되어 있는 것을 확인할 수 있습니다.

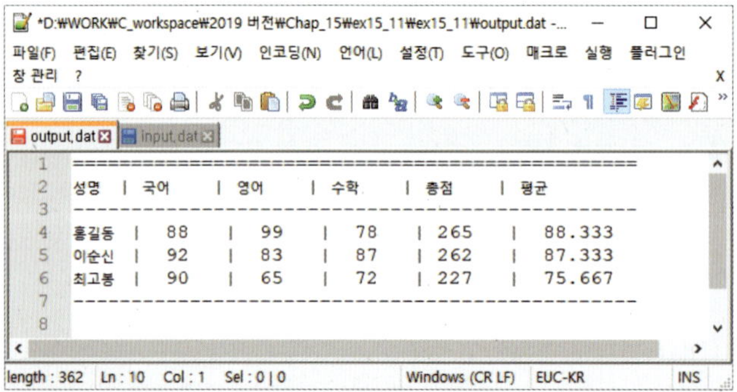

그림 15-12 **output.dat 파일에 산출된 총점과 평균**

도전문제 읽기 모드와 쓰기 모드로 파일 여는 방법 익히기

01 실행 결과에 맞게 소스 코드의 빈칸을 채워 완성하시오.

```
#include <stdio.h>

int main(void)
{
    int num;
    
    errno_t err;

    err = fopen_s(&fp, "data.txt", "rt"); // 읽기 모드로 텍스트 파일 열기

    if(NULL != fp)                         // 파일 열기에 성공한 경우
    {
        printf("파일 열기 성공\n");

```

```
파일 열기 성공
100 200 300 400 500
```

```c
        while(EOF                    )
        {
            printf("%d ", num);
        }
        fclose(fp);
    }
    else                                    // 파일 열기에 실패한 경우
        printf("파일 열기 실패\n");

    return 0;
}
```

Hint : FILE형 구조체 포인터를 선언하고 선언한 포인터 주소를 이용하여 텍스트 파일을 열 수 있습니다. 이때 텍스트 파일이 저장된 경로를 정확히 입력해야 합니다.

정답

```
FILE *fp;
!= fscanf_s(fp, "%d", &num)
```

02 실행 결과에 맞게 소스 코드의 빈칸을 채워 완성하시오.

```
새로운 smile.txt 파일 : 생성 완료
생성된 파일 위치 : 소스 코드와 동일한 디렉터리
smile.txt 파일 안 내용 확인
```

```c
#include <stdio.h>
int main(void)
{
    FILE *fp;
    errno_t err;
    err = fopen_s(&fp, "smile.txt", "wt");     // 쓰기 모드로 텍스트 파일 열기

    if                                         // 파일 열기에 성공한 경우
    {
        fprintf(fp, "안녕하세요.\n");
        fprintf(fp, "웃음은 언제나 행복을 선사합니다.\n");
        printf("새로운 smile.txt 파일 : 생성 완료\n");
        printf("생성된 파일 위치 : 소스 코드와 동일한 디렉터리\n");
        printf("smile.txt 파일 안 내용 확인\n");
        
    }
    else                                       // 파일 열기를 실패한 경우
        printf("파일 열기 실패!\n");
    return 0;
}
```

Hint : 쓰기 모드로 smile.txt 파일을 생성합니다. if 문으로 구조체 포인터와 NULL 값을 비교하여 같지 않으면 smile.txt 파일에 내용을 기록합니다. 파일을 연 다음에는 반드시 닫아야 합니다.

정답

```
(NULL != fp)
fclose(fp);
```

03 실행 결과에 맞게 소스 코드의 빈칸을 채워 완성하시오.

```
바이너리 파일 열기 성공
쓰기 모드로 binary.txt 파일 생성 완료
```

```
#include <stdio.h>
int main(void)
{
    int su = 0X000035;
    FILE *fb;
    errno_t err;

    err = fopen_s(                );   // 쓰기 모드로 바이너리 파일 열기

    if(NULL != fb)                     // 파일 열기에 성공한 경우
    {
        printf("바이너리 파일 열기 성공\n");
        printf("쓰기 모드로 binary.txt 파일 생성 완료\n");

        fwrite(                );
        fclose(fb);
    }
    else                               // 파일 열기에 실패한 경우
        printf("바이너리 파일 열기 실패!\n");
    return 0;
}
```

Hint : 쓰기 모드로 바이너리 파일을 열기 위해서는 wb 파일 모드를 사용해야 합니다. fwrite( ) 함수의 괄호 안에는 변수의 시작 주소, 크기, 반복 횟수, 파일 포인터가 들어갑니다.

정답

```
&fb, "binary.txt", "wb"
&su, sizeof(int), 1, fb
```

핵심점검

1 (   )은/는 순서가 있는 데이터를 입력받거나 출력할 때 해당 장치로부터 데이터가 한쪽으로 흘러가는 것을 의미합니다.

2 (   )을/를 사용하면 입출력 데이터를 일정량 모아두었다가 한꺼번에 처리하기 때문에 디스크 접근 시간과 프로그램 수행으로 인한 지연 시간을 줄일 수 있습니다.

3 (   )은/는 데이터에 다른 의미를 부여하지 않고 단순하게 숫자 그 자체로 취급하는 속성을 가지고 있습니다.

4 (   )와/과 (   ) 함수는 키보드가 아닌 파일로부터 문자 한 개를 읽어옵니다. 이 함수들은 프로그램을 실행하는 도중에 오류가 발생하거나 문자열의 끝에 도달하면 EOF를 반환합니다.

5 (   ) 함수는 블록 단위로 데이터를 출력합니다. 이 함수를 사용할 경우 실제로 파일에 저장되는 데이터 크기는 '저장할 데이터 크기 × 반복 횟수'가 됩니다. 반복 횟수는 데이터를 배열로 선언할 경우 배열 요소만큼 선언합니다.

6 (   ) 함수는 파일 포인터를 원하는 위치로 이동시켜 줍니다. 이때 파일의 데이터를 읽을 기준 위치로 사용하는 것에는 SEEK_SET(파일의 시작), SEEK_CUR(현재 위치), SEEK_END(파일의 끝)가 있습니다.

7 (   ) 함수는 파일의 시작 위치부터 파일 포인터가 있는 현재 위치까지를 바이트 크기 값으로 반환합니다. 이 값은 파일의 시작 위치부터 현재 위치까지의 바이트 크기를 의미합니다.

정답 **1** 스트림 **2** 버퍼 **3** 바이너리 데이터 **4** fgetc( ), getc( ) **5** fwrite( ) **6** seek( ) **7** ftell( )

연습문제

1 데이터를 입력받거나 출력할 때 입출력 장치로부터 데이터가 한쪽으로 흘러가는 것을 가리키는 것은?

① 배열　　② 포인터
③ 스트림　　④ 버퍼

2 표준 입출력에서 스트림이 생성되는 시기는?

① 변수를 선언할 때　　② 변수에 값을 대입할 때
③ 프로그램을 시작할 때　　④ 프로그램을 종료할 때

3 표준 입출력 스트림이 아닌 것은?

① stdin　　② studin
③ stdou　　④ stderr

4 데이터에 다른 의미를 부여하지 않고 단순하게 숫자 그 자체를 취급하는 속성을 가지고 있는 것은?

① 바이너리　　② 스트림
③ 버퍼　　④ 포인터

5 NULL 문자를 나타낸 것이 아닌 것은?

① 0　　② ‘ ’
③ “ ”　　④ /0

6 다음과 같이 배열을 선언하고 strlen( ) 함수를 사용한 경우 변수에 대입되는 값은?

```
char test[8] = {'A', 'B', 'C', 0,}
int d_size = strlen(test);
```

① 3　　② 4
③ 8　　④ NULL

7 실제 파일과 프로그램을 연결해 주는 통로로 사용되는 것은?

① 스트림
② 파일 포인터
③ 구조체
④ 중첩 포인터

8 fopen_s( ) 함수를 사용할 때 파일 열기의 성공과 실패를 판별하기 위한 반환값은?

① −1
② 0
③ 1
④ NULL

9 stm 스트림으로 a의 값을 출력하는 함수의 원형은?

① int fgetc(FILE, *stm)
② int fgetc(int a, FILE, *stm)
③ int fputc(FILE, *stm)
④ int fputc(int a, FILE, *stm)

10 바이너리 파일에서 데이터를 읽어올 때 사용하는 함수는?

① fread( )
② fgets( )
③ fseek( )
④ fclose( )

11 fopen_s( ) 함수에서 사용하는 파일 모드를 빈 칸에 적으시오.

파일 모드의 종류	설명
	파일을 처음부터 읽기 위해 open, 파일이 존재하지 않으면 오류 발생
	이미 존재하는 파일을 읽기와 쓰기로 open, 파일이 존재하지 않으면 오류 발생
	파일을 무조건 새로 생성하여 처음부터 쓰기 위해 open, 이미 존재하는 파일 내용은 삭제
	파일을 무조건 생성하여 읽기와 쓰기로 open, 이미 존재하는 파일 내용은 삭제
	파일의 끝에 새로운 내용을 추가하기 위해 open, 파일이 없으면 새로 생성
	파일의 끝에 새로운 내용을 추가하거나 읽기 위해 open, 파일이 없으면 새로 생성
	파일을 바이너리 모드로 open, Ctrl+Z로 파일 끝을 알리는 EOF(End Of File)로 변환
	파일을 텍스트 모드로 open, 데이터를 아스키코드로 인식

연습문제

12 소스 코드의 의미를 주석문으로 적으시오

```
FILE *fb;
...
fseek(fb, 0, SEEK_SET);          // [          ]
fseek(fb, 13, SEEK_CUR);         // [          ]
```

13 다음의 소스 코드에서 변수 d_size에 대입되는 값은?

①

```
char test[8] = {'A', 'B', 'C', 0}
int d_size = sizeof(test)
```

②

```
char test[8] = {'A', 'B', 'C', 0}
int d_size = strlen(test);
```

14 fseek( ) 함수에서 데이터를 읽는 기준 위치를 나타내는 그림이다. 빈칸을 채워 완성하시오.

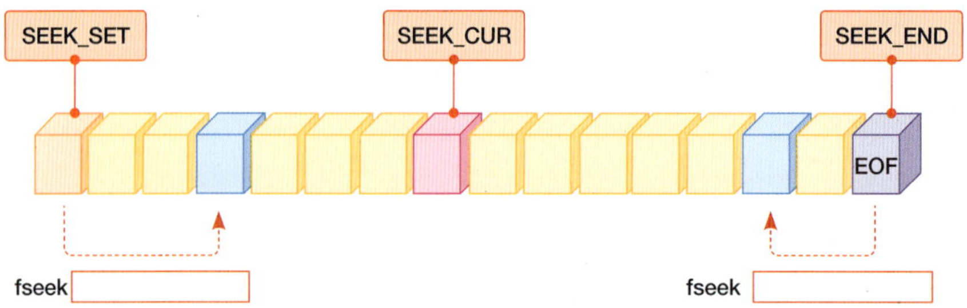

15 fwrite( ) 함수 안에 선언한 각각의 인수가 의미하는 것을 적으시오.

```
int su_list = {1, 2, 3};
FILE *fb;
...
fwrite(su_list, sizeof(int), 3, fb);
```

① su_list:　　② sizeof(int):　　③ 3:　　④ fb:

프로그래밍 문제

1 다음 내용에 맞는 프로그램을 작성하시오.

- 문자형 배열 선언 : 배열 크기는 30
- 문자열 카운터 변수 선언 : 정수형 변수
- FILE형 구조체 선언 : 1개 선언
- test05.txt 파일 생성 후 키보드로 문자열 저장 : Welecome.[공백]
- test05.txt 파일에 키보드로 문자열 추가 : Nice to meet you.
- test05.txt 파일 전체 내용 출력
- 기타 사항은 [출력 예시] 참조

[출력 예시]

```
■ 'test05.txt' 파일을 열고 닫는 프로그램
test05.txt 파일 생성 완료
1.문자열 입력 : Welecome.
2.파일에 입력한 문자열은 Welecome.
3.문자열 입력 : Nice to meet you.
4.파일에 추가한 문자열은 Nice to meet you.
5.test05.txt 파일의 전체 내용을 확인하세요.
```

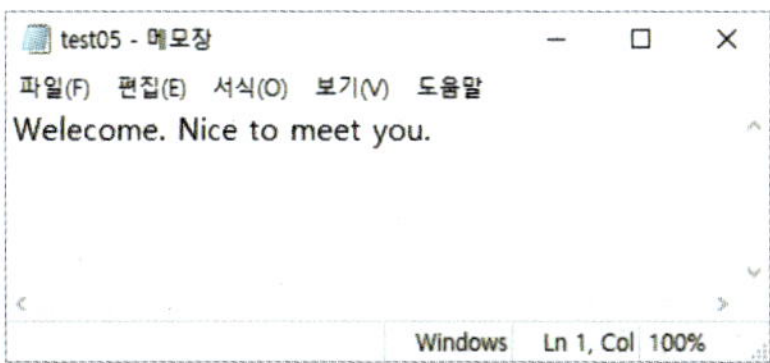

2 다음 내용에 맞는 프로그램을 작성하시오.

- FILE형 구조체 포인터 선언
- typedef로 생성한 자료형으로 정수값 저장: errno_t 사용
- 파일이 존재하지 않으면 파일 모드인 w 선언하여 텍스트 파일 생성: input.txt
- 문자열 입력은 gets_s( ) 함수 사용
- for 문으로 파일에 저장된 문자열을 1개씩 읽고 지정된 파일로 출력: fputc( ) 함수 사용
- if~else 문으로 "파일 생성 완료 또는 실패 메시지 출력: printf( ) 함수 사용
- 기타 사항은 [출력 예시] 참조

프로그래밍 문제

[출력 예시]

```
■ 키보드로 입력한 문자열을 파일에 저장
input.txt 파일 생성 완료!
1.문자열 입력 : Good Moring
2.파일에 쓴 내용 출력 : Good Moring
input.txt 파일 닫기 성공!
```

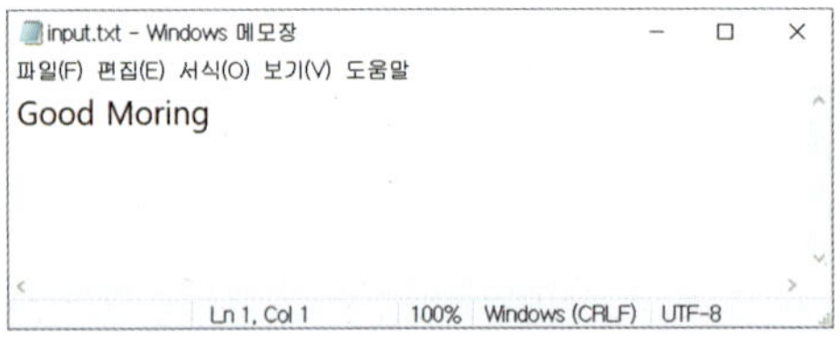

3 다음 내용에 맞는 프로그램을 작성하시오.

- 매개변수 없는 함수 2개 선언: open( ) 함수, data_p( ) 함수
- 전역 변수로 errno_t err와 FILE *fb 선언
- 사용자 정의 함수 1에서 int su = 0x0000035; 선언
- 사용자 정의 함수 2에서 int data 선언
- 사용자 정의 함수 1에서 바이너리 파일인 sample.dat 생성
- 사용자 정의 함수 2에서 sample.dat 파일의 데이터 읽어온 뒤 화면에 출력
- 메인 함수에서 함수 2개를 순차적으로 호출
- 기타 사항은 [출력 예시] 참조

[출력 예시]

```
■ 바이너리 파일 생성 후 데이터 읽어오기
[open( ) 함수 호출]
바이너리 파일 생성 : sample.dat

[data_p( ) 함수 호출]
sample.dat 파일 열기 성공!
읽어온 데이터 : 53(0x0035)
```

학 | 습 | 목 | 표

- 동적 메모리의 개념과 활용 방법을 알아봅니다.
- 연결 리스트의 개념과 활용 방법을 알아봅니다.

Chapter 16
동적 메모리와 연결 리스트

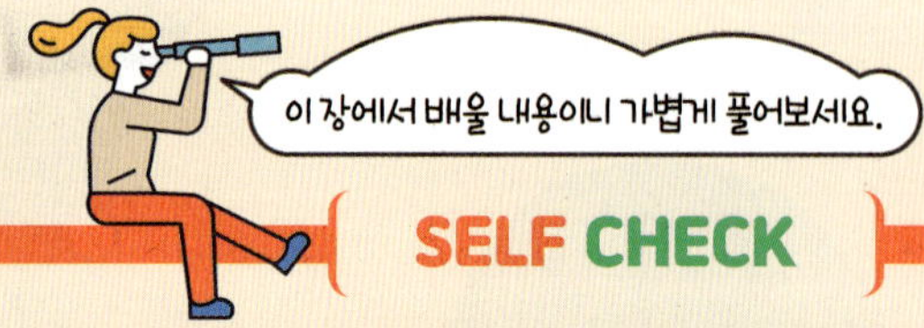

SELF CHECK

1 동적 메모리 할당은 프로그램을 실행하던 (도중, 끝)에 메모리가 필요하면 메모리를 동적으로 할당받아 사용하고 메모리 사용이 끝나면 반납하는 방식입니다.

2 free( ) 함수는 할당받은 동적 메모리를 (삭제, 반납)할 때 사용합니다.

3 연결 리스트란 각 데이터를 (라인, 포인터)(으)로 연결하여 관리하는 자료구조입니다.

4 연결 리스트의 각 (노드, 요소)은/는 데이터를 저장하는 영역을 의미하는 데이터 필드와 다음 데이터가 저장된 노드를 가리키는 포인터 영역으로 구성된 링크 필드로 구분되어 사용됩니다.

5 자기 참조 구조체는 구성 멤버 중에서 동일한 타입의 (변수, 구조체)을/를 가리키는 포인터가 존재하는 구조체입니다.

6 자기 참조 구조체를 사용하는 가장 보편적인 방법은 (extern, typedef)을/를 이용하여 새로운 자료형으로 정의해서 사용하는 것으로 struct 키워드를 매번 선언해야 하는 번거로움을 줄일 수 있습니다.

7 새로운 노드를 생성하기 위해서는 (사용자 함수, 라이브러리 함수)을/를 정의해 놓고 필요할 때마다 호출해야 합니다. 이렇게 하는 것이 일반적인 연결 리스트 생성 방법입니다.

정답

1 도중 **2** 반납 **3** 포인터 **4** 노드 **5** 구조체 **6** typedef **7** 사용자 함수

SECTION

01 동적 메모리

1 메모리 할당 방법

C 언어에서 메모리를 할당받는 방법은 정적 메모리 할당과 동적 메모리 할당이 있습니다. 정적 메모리 할당(static memory allocation)은 프로그램이 시작되기 전에 정해진 크기의 메모리를 배열과 같은 방법으로 미리 할당받는 방식이고, 동적 메모리 할당(dynamic memory allocation)은 프로그램을 실행하던 도중에 메모리가 필요하면 동적으로 할당받아서 사용한 후 반납하는 방식입니다.

정적 메모리 할당

정적 메모리 할당은 정해진 크기의 메모리를 미리 할당받는 방식으로 메모리를 모두 사용하지 않으면 남는 공간이 발생합니다. 예를 들어, 학생 10명의 성적을 처리하기 위해 정수형 데이터 10개의 정적 메모리를 선언하였는데 학생 7명의 성적 처리만 수행하였다면 10개 메모리 공간 중에서 7개를 사용하고 나머지 3개는 빈 공간으로 남겨두게 됩니다.

```
int score[10];          // 정수 10개를 저장할 수 있는 정적 메모리 할당
```

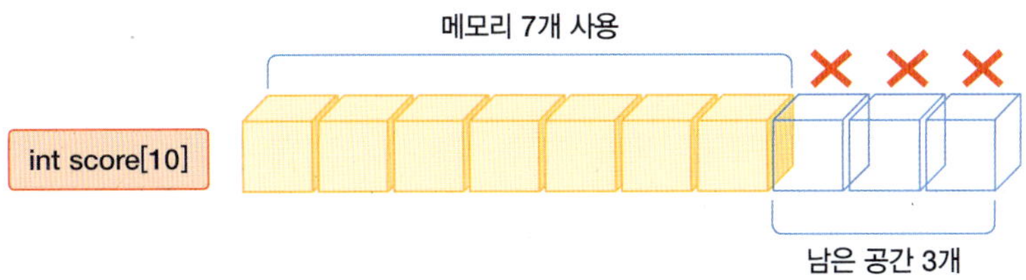

그림 16-1 정적 메모리 할당과 낭비 공간

동적 메모리 할당

동적 메모리 할당은 프로그램을 실행하던 도중에 필요에 따라 운영체제로부터 메모리를 할당받아 사용한 후 메모리 사용이 끝나면 반납하는 방식입니다. 정적 메모리 할당

보다 메모리를 효율적으로 관리할 수 있으므로 메모리 낭비를 예방할 수 있습니다. 예를 들어, 크기가 10인 동적 배열 score는 다음과 같이 선언할 수 있습니다.

```
#include <stdio.h>
#include <stdlib.h>                        // malloc( ) 함수를 사용하기 위해 선언
    ...
int *score;                                // 포인터 선언하여 동적 메모리 주소로 사용
score = (int *)malloc(10 * sizeof(int));  // 정수 10개 저장할 동적 메모리 할당
```

동적 메모리를 할당할 때 사용하는 함수인 malloc( )은 바이트 단위로 메모리를 할당해 줍니다. malloc( ) 함수의 원형은 〈stdlib.h〉 헤더 파일에 정의되어 있으며 메모리가 부족할 경우 NULL을 반환합니다. malloc( ) 함수를 사용할 때는 반환값이 NULL인지 항상 살펴봐야 합니다.

정답

운영체제

: QUIZ

동적 메모리 할당은 프로그램에서 필요할 때마다 (   )(으)로부터 요청하여 메모리 공간을 확보합니다.

2 동적 메모리 사용

malloc( ) 함수는 실행 시간을 조금이라도 단축하여 효율성을 제공하기 위해 메모리를 초기화하지 않습니다. 그러므로 필요에 따라서는 자신이 원하는 값으로 초기화할 수 있습니다. 동적 메모리 할당에는 포인터를 사용하며 다음 두 가지 방법 중에서 하나를 선택할 수 있습니다.

[포인터 연산자 *를 사용하는 방법]

```
*socre = 97;
*(score+1) = 88;
*(score+2) = 93;
    ...
```

[배열을 사용하는 방법]

```
socre[0] = 97;
score[1] = 88;
score[2] = 93;
    ...
```

두 가지 중에서 자신에게 편한 방법을 선택하면 됩니다.

: QUIZ

정답

malloc( ) 함수는 실행 시간을 조금이라도 단축시켜 효율성을 높이기 위해 메모리를 (   )하지 않습니다.

초기화

3 동적 메모리 반납

동적 메모리를 malloc(10*sizeof(int));와 같이 선언하면 시스템에서 동적으로 할당받는 메모리 크기가 40(10×4) 바이트로 제한되어 확보됩니다. 따라서 할당받은 동적 메모리 사용이 끝나면 다른 프로그램이 사용할 수 있도록 메모리를 반납해야 합니다. 동적 메모리를 반납할 때는 free( ) 함수를 사용합니다.

free( ) 함수는 할당된 메모리를 가리키는 포인터를 인수로 하여 'free(포인터);' 형식으로 호출합니다. free( ) 함수로 반납한 동적 메모리는 더 이상 사용할 수 없습니다.

```
int *score;
score = (int*)malloc(10 * sizeof(int));   //정수 10개 저장할 동적 메모리 할당
    ...
free(score);                              //score가 가리키는 동적 메모리 반납
```

만약 메모리를 반납하지 않으면 할당된 동적 메모리는 해제되지 않습니다. 운영체제는 힙(heap)을 사용하여 메모리의 일정 부분을 할당하기 때문에 동적 메모리를 반납하지 않으면 다른 프로그램에서 메모리 공간을 그만큼 사용할 수 없게 되어 전체 프로그램이 서서히 느려집니다. 이와 같은 현상을 '메모리 누수'라고 합니다. 동적 메모리를 할당하였다면 반납하는 과정을 반드시 수행해야 합니다.

동적 메모리 할당하기

다음 예제는 점수 3개를 저장할 동적 메모리를 할당하는 프로그램입니다. 동적 메모리 할당은 배열을 사용합니다.

예제 16-1 동적 메모리 할당 ex16_01.c

```c
#include <stdio.h>
#include <stdlib.h>          //malloc( )과 free( ) 함수 원형 선언

int main(void)
{
    int cnt;                 //반복문의 카운트 변수
    int *score;              //포인터를 선언하여 동적 메모리 주소로 사용
    score = (int *)malloc(3 * sizeof(int));  // 동적 메모리 할당

    if(score == NULL)
    {
        printf("동적 메모리 할당 오류 발생\n");
        exit(1);             // 프로그램 종료(괄호 안 1은 비정상 종료 의미)
    }

    /*-- 동적 메모리 사용 --*/
    score[0] = 97;
    score[1] = 88;
    score[2] = 93;

    for(cnt = 0; cnt < 3; cnt++)
        printf("%d번째 점수 : %d\n", cnt + 1, score[cnt]);

    free(score);             // 동적 메모리 반납
    return 0;
}
```

```
1번째 점수 : 97
2번째 점수 : 88
3번째 점수 : 93
```

입력한 수만큼 동적 메모리 할당

다음 예제는 키보드로 입력한 학생의 점수만큼 동적 메모리로 할당하여 성적을 처리하는 프로그램입니다. 입력한 점수의 총점과 평균을 구하고 평균은 소수 둘째 자리까지 출력합니다.

예제 16-2 입력한 수만큼 동적 메모리 할당 ex16_02.c

```c
#include <stdio.h>
#include <stdlib.h>          //malloc( ) 함수와 free( ) 함수 원형 선언

int main(void)
{
```

```
    int cnt, std, sum = 0;
    int *score;              //포인터 선언하여 동적 메모리 주소로 사용
    float avg = 0.0;

    printf("학생수 입력 : ");
    scanf_s("%d", &std);

    score = (int *)malloc(std * sizeof(int));// 동적 메모리 할당

    if(score == NULL)
    {
        printf("동적 메모리 할당 오류 발생\n");
        exit(1);             // 프로그램 종료(괄호 안 1은 비정상 종료 의미)
    }

    /*-- 동적 메모리 사용 --*/
    for(cnt = 0; cnt < std; cnt++)
    {
        printf("학생 # %d-%d 성적 입력 : ", std, cnt + 1);
        scanf_s("%d", &score[cnt]);
        sum += score[cnt];
    }

    printf("총점 : %d\n\n", sum);

    for(cnt = 0; cnt < std; cnt++)
    {
        printf("학생 # %d-%d 성적 출력 : %d\n", std, cnt + 1, score[cnt]);
    }

    avg = (float)sum / std;
    printf("평균 점수 : %.2f\n", avg);

    free(score);             // 동적 메모리 반납
    return 0;
}
```

Tip

scanf_s( ) 함수 안에서 동적 메모리를 사용하려면 동적 메모리를 할당받은 포인터 변수 앞에 주소 참조 연산자인 &를 반드시 선언해야 합니다.

```
학생수 입력 : 3
학생 # 3-1 성적 입력 : 97
학생 # 3-2 성적 입력 : 88
학생 # 3-3 성적 입력 : 93
총점 : 278

학생 # 3-1 성적 출력 : 97
학생 # 3-2 성적 출력 : 88
학생 # 3-3 성적 출력 : 93
평균 점수 : 92.67
```

구조체를 저장할 수 있는 동적 메모리 할당

다음 예제는 구조체를 저장할 수 있는 동적 메모리를 할당하는 프로그램입니다. 구조체 배열이 필요할 경우 구조체 크기에 필요한 개수를 곱하여 사용하면 됩니다.

예제 16-3 구조체를 저장할 동적 메모리 할당 ex16_03.c

```
#include <stdio.h>
#include <stdlib.h>
#include <string.h>         //strcpy_s( ) 함수 원형 선언

struct STD
{
          int sno;
          char name[12];
          char dept[30];
};

int main(void)
{
    int cnt;
    struct STD *p;

    p = (struct STD *)malloc(3 * sizeof(struct STD)); // 동적 메모리 할당

    if(p == NULL)
    {
         printf("동적 메모리 할당 오류 발생\n");
         exit(1);            // 프로그램 종료(괄호 안 1은 비정상 종료 의미)
    }

    /*-- 동적 메모리 사용 --*/
    p[0].sno = 20231235;
    strcpy_s(p[0].name, sizeof(p[0].name), "홍길동");
    strcpy_s(p[0].dept, sizeof(p[0].dept), "법학과");

    p[1].sno = 20250008;
    strcpy_s(p[1].name, sizeof(p[1].name), "이순신");
    strcpy_s(p[1].dept, sizeof(p[1].dept), "해양학과");

    for(cnt = 0; cnt < 2; cnt++)
    {
         printf("학번 : %d\n", p[cnt].sno);
         printf("성명 : %s\n", p[cnt].name);
         printf("학과 : %s\n\n", p[cnt].dept);
    }

    free(p);                 // 동적 메모리 반납
```

```
    return 0;
}
```

```
학번 : 20231235
성명 : 홍길동
학과 : 법학과

학번 : 20250008
성명 : 이순신
학과 : 해양학과
```

동적 구조체 사용

다음 예제는 동적 구조체를 사용하여 키보드로 입력한 양의 정수만큼 과목명과 학점을 입력받아 총 학점을 산출한 뒤 화면에 출력하는 프로그램입니다. 음의 정수를 입력하면 프로그램이 종료됩니다.

예제 16-4 동적 구조체 사용 ex16_04.c

```c
#include <stdio.h>
#include <stdlib.h>

typedef struct student {
        char title[30];     // 과목 이름
        int score;          // 신청 학점
} ST;

int main(void)
{
    ST *t_zone;                 // 동적 메모리 공간을 가리키는 포인터
    int max, cnt, sum = 0;

    printf("신청 과목수 입력 : ");
    scanf_s("%d", &max);

    if(max < 0)
    {
        printf("음의 정수는 허용하지 않습니다.\n");
        exit(1);
    }

    getchar();                  // 엔터키 제거
    t_zone = (ST *)malloc(sizeof(ST) * max); // 동적 메모리 할당

    if(t_zone == NULL)
    {
```

```
        printf("동적 메모리 할당 오류 발생");
        exit(1);            // 비정상 종료
  }

    for(cnt = 0; cnt < max; cnt++)
    {
        printf("신청 과목 : ");
        gets_s(t_zone[cnt].title, sizeof(t_zone[cnt].title));

        printf("신청 학점 : ");
        scanf_s("%d", &(t_zone[cnt].score));

        getchar();          // 엔터키 제거
        sum += t_zone[cnt].score;
    }
    printf("\n신청한 과목 \t\t 학점\n");

    for(cnt = 0; cnt < max; cnt++)
        printf("%s \t\t %3d\n", t_zone[cnt].title, t_zone[cnt].score);

    printf("신청한 총 학점은 %d\n", sum);

    free(t_zone);           // 할당된 동적 메모리 공간 반납
    return 0;
}
```

```
신청 과목수 입력 : 3
신청 과목 : 운영체제
신청 학점 : 3
신청 과목 : 데이터베이스
신청 학점 : 3
신청 과목 : 정보보안
신청 학점 : 2

신청한 과목          학점
운영체제              3
데이터베이스          3
정보보안              2
신청한 총 학점은 8
```

: QUIZ

시스템에서 동적으로 할당받은 메모리를 반납할 때는 (   ) 함수를 사용하여 운영체제에 메모리를 반납해야 합니다.

정답

free( )

4 동적 메모리 초기화와 블록 크기 변경

동적 메모리를 모두 0으로 초기화하는 방법과 할당된 동적 메모리의 블록 크기를 변경하는 방법을 살펴보겠습니다.

동적 메모리 초기화

calloc( ) 함수는 0으로 초기화된 동적 메모리를 할당할 때 사용합니다. 이 함수를 사용하면 0으로 초기화된 메모리 블록을 확보하기 때문에 사용하기 편리합니다. 다음과 같이 선언할 경우 메모리는 바이트 단위가 아니라 5개 항목 단위로 할당됩니다.

```
int *p;
p = (int *)calloc(5, sizeof(int));        // 5개 항목의 동적 메모리 할당
```

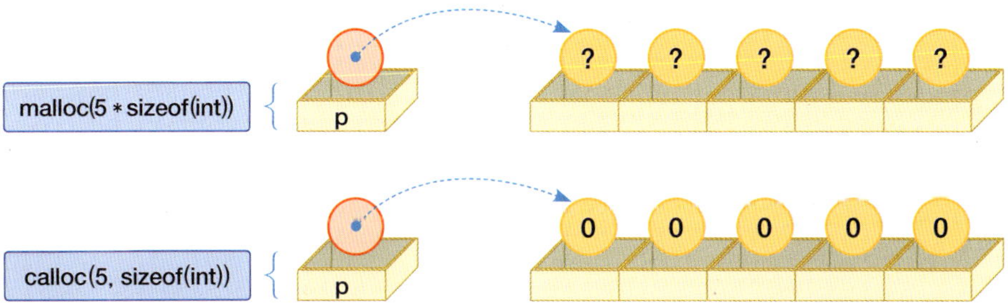

그림 16-2 **함수별 동적 메모리 초기화 형태**

동적 메모리 블록의 크기 변경

realloc( ) 함수는 기존에 할당된 메모리 블록의 크기를 변경할 때 사용합니다. 동적 메모리 블록의 크기를 처음에 5바이트로 선언했다가 8바이트로 변경하려면 다음과 같이 선언하면 됩니다.

```
int *p;
p = (int *)malloc(sizeof(int) * 5);      // 5바이트 단위로 동적 메모리 할당
p = (int *)realloc(p, sizeof(int) * 8); // 8바이트 단위로 동적 메모리 블록 크기 변경
```

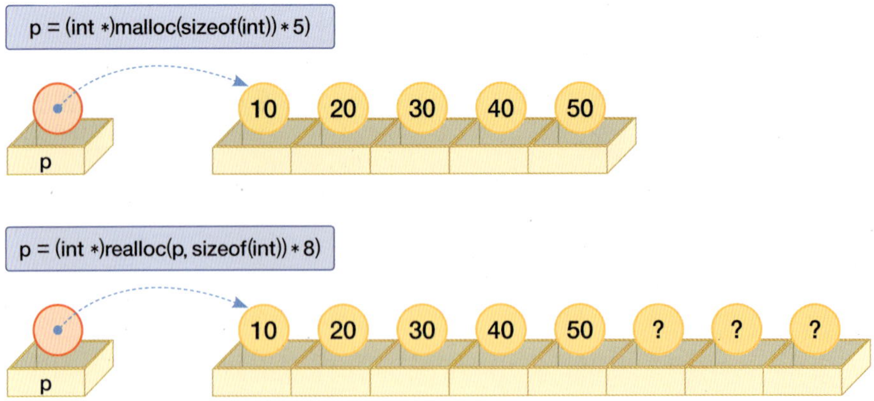

그림 16-3 동적 메모리 블록의 크기 변경

다음 예제는 realloc( ) 함수를 사용하여 기존에 할당된 동적 메모리 블록의 크기를 변경하는 프로그램입니다. 변경하기 전에 가지고 있던 기존 바이트는 그대로 보존되므로 따로 복사할 필요는 없습니다.

예제 16-5 realloc( )로 동적 메모리의 블록 크기 변경 ex16_05.c

```
#include <stdio.h>
#include <stdlib.h>

int main(void)
{
    int cnt;
    int *list;
    int *new_list;

    printf("정수 2개 저장 메모리 확보\n");
    list = (int *)malloc(sizeof(int) * 2);

    list[0] = 10;
    list[1] = 20;

    for(cnt = 0; cnt < 2; cnt++)
        printf("%d ", list[cnt]);
    printf("\n");

    printf("\n정수 3개 저장 메모리 공간으로 확장\n");
    new_list = (int *)realloc(list, sizeof(int) * 3);

    list[2] = 30;

    for(cnt = 0; cnt < 3; cnt++)
        printf("%d ", new_list[cnt]);
    printf("\n");

```

```c
    free(new_list);
    return 0;
}
```

```
정수 2개 저장 메모리 확보
10 20

정수 3개 저장 메모리 공간으로 확장
10 20 30
```

: QUIZ

① calloc( ) 함수는 (　　　)(으)로 초기화된 동적 메모리를 할당할 때 사용합니다.

② realloc( ) 함수는 기존에 할당된 (　　　)을/를 변경할 때 사용합니다.

정답

① 0

② 메모리 블록의 크기

SECTION

02 연결 리스트

1 연결 리스트의 개념

연결 리스트(linked list)란 각 데이터를 포인터로 연결하여 관리하는 자료구조를 의미합니다. 연결 리스트에서는 노드(node)라는 용어를 사용하는데, 각 노드는 데이터를 저장하는 영역을 의미하는 데이터 필드(data field)와 다음 데이터가 저장된 노드를 가리키는 포인터 영역으로 구성된 링크 필드(link field)로 구분됩니다.

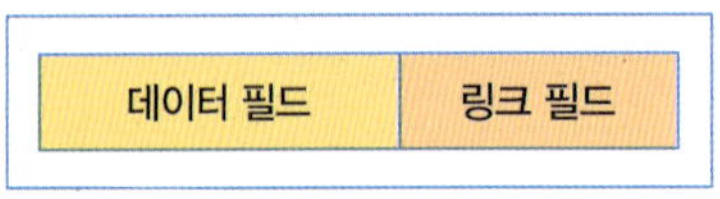

그림 16-4 노드의 구조

: QUIZ

연결 리스트에서 노드는 데이터를 저장하는 영역을 의미하는 (   )와/과 다음 데이터가 저장된 노드를 가리키는 포인터 영역으로 구성된 (   )(으)로 구성됩니다.

정답

데이터 필드, 링크 필드

2 연결 리스트의 구조

연결 리스트는 첫 번째 노드를 가리키는 헤드 포인터부터 node1 → node2 → node3의 순서로 리스트를 진행합니다. 연결 리스트는 포인터 영역에 NULL이 저장되어 있는 노드를 만나면 더 이상 연결된 노드가 없음을 의미하므로 연결 리스트 수행을 종료합니다. 각 노드는 주기억 장치의 어디에 저장되어 있는지는 상관없이 각 노드가 포인터에 연결되어 있기만 하면 됩니다.

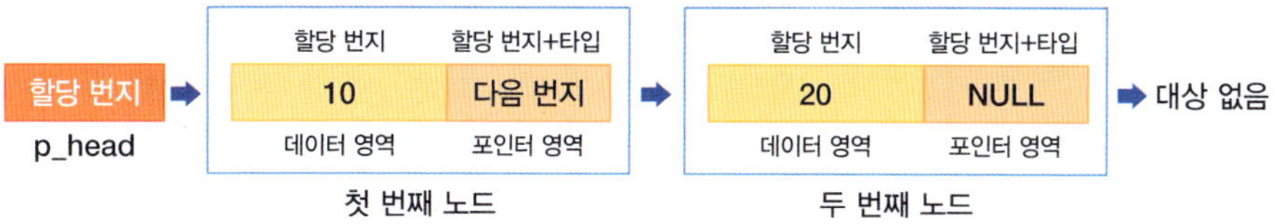

그림 16-5 **연결 리스트의 예**

노드의 데이터 영역에는 한 개의 데이터가 들어 있지만 필요에 따라 여러 개의 데이터를 저장할 수도 있습니다. 예를 들어, 데이터 영역에 성명과 나이 데이터를 저장하는 연결 리스트의 자료구조는 다음과 같이 나타낼 수 있습니다.

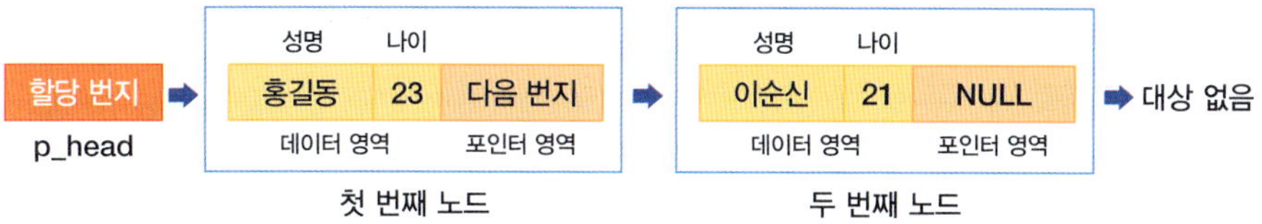

그림 16-6 **데이터 영역에 2개의 데이터 요소가 존재하는 연결 리스트 예**

연결 리스트의 노드는 메모리의 특정 위치에 저장해야 한다는 제약이 없으므로 메모리 공간 어디든지 위치할 수 있습니다. 연결 리스트의 노드는 리스트의 순서와 동일하게 수행하지 않으므로 메모리에 연속된 공간을 확보하지 않아도 됩니다. 메모리가 필요할 때마다 노드를 동적으로 생성하여 연결하기만 하면 연결 리스트를 손쉽게 사용할 수 있습니다.

: QUIZ

연결 리스트의 (   )은/는 메모리의 특정 위치에 저장해야 한다는 제약이 없으므로 메모리 공간 어디든지 위치할 수 있습니다.

정답

노드

3 자기 참조 구조체

연결 리스트를 다루려면 먼저 자기 참조 구조체를 이해해야 합니다. 자기 참조 구조체는 구성 멤버 중에서 동일한 타입의 구조체를 가리키는 포인터가 존재하는 구조체입니다. 이와 같은 특징을 이용하여 자기 참조 구조체는 다른 구조체와 쉽게 연결할 수 있습니다. 자기 참조 구조체는 다음과 같이 선언할 수 있습니다.

```
struct NODE {                    // NODE 구조체 선언
        int data;
        struct NODE *link;       // 자신과 동일한 구조체 포인터 멤버 변수 선언
};
```

프로그램을 구현할 때 항목의 개수를 예측하기 어려우면 자기 참조 구조체를 정의해 놓고 필요에 따라 동적으로 기억 장소를 할당받습니다. 그리고 노드를 포인터로 연결하는 자료구조를 구성해 놓습니다. 이렇게 하면 중간에 새로운 데이터를 삽입하기도 편리합니다.

정답

동일한

: QUIZ

자기 참조 구조체는 구성 멤버 중에서 (   ) 타입의 구조체를 가리키는 포인터가 존재하는 구조체입니다.

4 연결 리스트 생성

자기 참조 구조체를 사용하는 가장 보편적인 방법은 typedef를 이용하여 새로운 자료형으로 정의해서 사용하는 것입니다. typedef를 사용하면 struct 키워드를 매번 선언해야 하는 번거로움을 줄일 수 있습니다.

노드의 구조 정의

자기 참조 구조체를 사용하여 새로운 자료형 NODE를 생성하여 노드의 구조를 정의하려면 다음과 같이 선언하면 됩니다.

```
typedef struct NODE {            // 새로운 자료형 NODE 정의
        int data;
        struct NODE *link;       // 자신과 동일한 구조체 포인터 멤버 변수 선언
} NODE;
```

노드 생성

노드의 구조를 정의하였다면 노드를 사용할 수 있습니다. NODE 타입의 포인터 변수를 선언하고 malloc( ) 함수로 노드의 크기만큼 동적 메모리를 할당받아 사용하기 위해 다음과 같이 선언합니다.

```
NODE *p_head = NULL;
// 첫 노드를 나타내는 헤드 포인터를 선언하고 NULL 값으로 초기화
p_head = (NODE *)malloc(sizeof(NODE));
```

동적 메모리가 1000번지에 할당된다고 가정할 때 노드는 다음 그림과 같이 생성됩니다.

그림 16-7 **노드 생성**

노드의 데이터 필드와 링크 필드 설정

새롭게 생성된 노드의 데이터 필드에는 데이터 10을 저장하고 링크 필드에는 NULL 값을 설정합니다.

```
p_head -> data = 10;
p_head -> link = NULL;
```

노드의 데이터 필드와 링크 필드에 값을 대입하면 다음과 같이 설정됩니다.

그림 16-8 **노드에 데이터 필드와 링크 필드 설정**

연결 리스트 생성

여러 개의 노드로 연결된 리스트를 생성하기 위해 노드를 생성한 것과 동일한 방법으로 새로운 노드를 추가로 생성합니다. p_next 데이터 필드에는 20을 저장하고 링크 필드에는 NULL 값을 설정한 다음 p_head의 링크 필드에는 p_next를 대입합니다.

```
NODE *p_next = NULL;
p_next = (NODE *)malloc(sizeof(NODE));
p_next -> data = 20;
p_next -> link = NULL;
p_head -> link = p_next;
```

연결 리스트는 다음과 같이 생성됩니다.

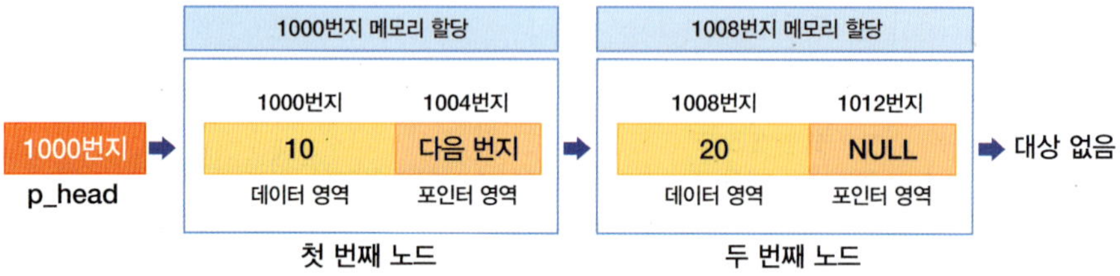

그림 16-9 **연결 리스트 생성**

할당된 동적 메모리 반납

연결 리스트에 노드를 추가하고 싶다면 연결 리스트 생성 과정을 필요한 수만큼 반복하면 됩니다. 노드를 생성하기 위해 사용한 동적 메모리는 사용이 끝나면 반드시 반납해야 합니다. 동적 메모리 사용 반납은 free( ) 함수를 사용하여 다음과 같이 선언하면 됩니다.

```
free(p_head);
free(p_next);
```

연결 리스트에 할당된 동적 메모리를 반납하면 연결 리스트는 다음과 같이 해제됩니다.

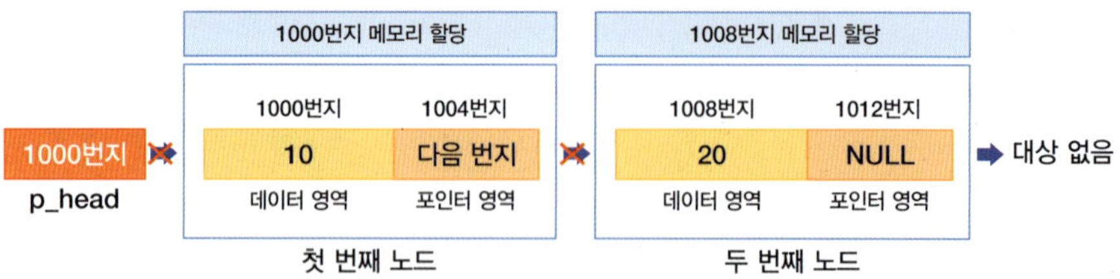

그림 16-10 **할당된 동적 메모리를 반납하면 연결 리스트 해제**

자기 참조 구조체로 연결 리스트 생성

다음 예제는 자기 참조 구조체를 사용하여 연결 리스트를 생성하는 프로그램입니다.

이 프로그램에서 노드에 저장할 데이터 항목은 성명, 나이, 그리고 2개의 데이터를 저장하는 연결 리스트입니다.

예제 16-6 자기 참조 구조체로 연결 리스트 생성 ex16_06.c

```
#include <stdio.h>
#include <stdlib.h>
#include <string.h>

#define SIZE 20

typedef struct NODE {              // NODE 자료형 정의
        char name[SIZE];
        int age;
        struct NODE *link;         // 자기 참조 구조체 선언
} NODE;

int main(void)
{
    NODE *list = NULL;             // list의 초깃값은 반드시 NULL 값으로 설정
    NODE *p_prev = NULL, *p, *p_next; //p_prev 초깃값을 반드시 NULL로 설정
    char buffer[SIZE];
    int age;

    /*- 연결 리스트 생성 -*/
    while(1)
    {
        printf("\n성명 입력(그냥 [Enter]를 치면 종료) : ");
        gets_s(buffer, SIZE);  // 줄 바꿈 문자를 NULL로 변환하여 반환
        if(buffer[0] == '\0')  // 성명을 입력하지 않고 Enter를 누를 경우
            break;             // 반복문을 빠져나가 프로그램 종료

        /*- 동적 메모리 할당 -*/
        p = (NODE *)malloc(sizeof(NODE));
        // 동적으로 생성된 구조체 주소를 반환하고 이 주소를 포인터 p에 저장

        strcpy_s(p -> name, sizeof(p -> name), buffer);// 문자열 복사 함수 사용
        printf("나이 입력 : ");
        gets_s(buffer, SIZE);
        age = atoi(buffer);    // atoi( ) 함수로 입력받은 문자열을 정수로 변환
        p -> age = age;

        if(list == NULL)       // 리스트가 빈 경우
            list = p;          // 새로운 노드를 첫 번째 노드로 생성
        else                   // 리스트가 비지 않은 경우
            p_prev -> link = p; // 새로운 노드를 이전 노드의 링크 필드에 연결

            p -> link = NULL;  // 새로운 노드의 링크 필드를 NULL로 설정
        p_prev = p;            // 현재 노드를 이전 노드로 대입
```

```
45     }
46
47     /*- 연결 리스트에 들어 있는 데이터 출력 -*/
48     p = list;
49     while(p != NULL)
50     {
51         printf("[%s, %d]", p -> name, p -> age);
52         p = p -> link;
53
54         if(p != NULL)
55             printf(" -> ");
56     }
57
58     /*- 할당된 동적 메모리 반납 -*/
59     p = list;
60     while(p != NULL)
61     {
62         p_next = p -> link;
63         free(p);
64         p = p_next;
65     }
66     return 0;
67 }
```

```
>> 성명 입력(그냥 [Enter]를 치면 종료) : 홍길동
>> 나이 입력 : 23

>> 성명 입력(그냥 [Enter]를 치면 종료) : 이순신
>> 나이 입력 : 21

>> 성명 입력(그냥 [Enter]를 치면 종료) :
[ 홍길동, 23 ] -> [ 이순신, 21 ]
```

예제에서 연결 리스트를 생성하는 과정과 연결 리스트 방문, 연결 리스트 노드를 삭제하는 과정을 자세하게 살펴보겠습니다.

① 연결 리스트 생성

소스 코드 21행부터 반복문 안에서 노드가 생성되어 연결 리스트에 추가됩니다. 24행에서 선언한 gets_s( ) 함수를 사용하여 성명을 입력받습니다. 만약 아무것도 입력하지 않은 상태에서 Enter를 누르면 25행에 해당되어 26행의 break 문으로 반복문을 빠져나가게 됩니다.

Tip
gets_s( ) 함수는 한 행 입력을 받고 행의 끝을 나타내는 줄 바꿈 문자를 NULL 문자로 변환하여 반환해 줍니다.

성명을 입력하면 29행에서 malloc( ) 함수를 사용하여 구조체를 저장할 수 있는 동적

메모리를 할당받습니다. malloc( ) 함수는 메모리에 동적으로 생성된 구조체 주소를 반환하고 반환된 주소를 포인터 p에 저장합니다.

소스 코드 32행의 strcpy_s( ) 함수를 사용하여 p를 통해 구조체에 사용자가 입력한 성명을 복사합니다. 34행에서는 나이를 입력받고 36행의 p를 통해 동적으로 생성된 구조체의 나이를 복사합니다.

이때 atoi( ) 함수는 gets_s( ) 함수로부터 입력받은 문자열(나이)을 정수로 변환해 줍니다. 즉 나이를 문자열로 입력받아 정수형으로 변환합니다.

소스 코드 38행에서 선언한 if 문은 리스트가 빌 경우에 39행에서 새로운 노드를 첫 번째 노드로 생성합니다. 리스트가 비지 않을 경우에는 40행에 해당하며 41행에서 새로운 노드를 이전 노드의 링크 필드에 연결합니다. list의 초깃값은 반드시 NULL이어야 하며 41행의 p_prev는 바로 앞에서 할당된 구조체를 가리킵니다.

43행은 현재 처리하는 구조체가 연결 리스트의 마지막 노드라는 것을 의미하기 위해 link를 NULL로 설정합니다. 44행에서는 현재의 구조체가 이전의 구조체로 반복 수행하도록 p를 p_prev에 대입합니다.

② 연결 리스트 노드 방문

소스 코드 48행에서는 연결 리스트의 첫 번째 노드를 찾기 위해 첫 번째 노드를 가리키는 헤드 포인터 list를 p에 대입합니다. 이는 연결 리스트의 첫 번째 노드를 가리키며 p를 통해 첫 번째 노드가 가지고 있는 정보를 화면에 출력하기 위해 49행의 while 문을 수행합니다. 이 반복문은 마지막 노드에 저장된 정보를 출력하면 p가 NULL이 되므로 반복 수행을 멈추게 됩니다.

51행에서는 성명과 나이를 출력합니다. 52행은 두 번째 노드를 출력하는 것으로 첫 번째 노드의 LINK에 두 번째 노드의 주소를 저장하기 위해 p->link를 p에 대입합니다. 이러한 작업을 반복하면 모든 노드의 정보가 화면에 출력됩니다. 54행의 if 문은 51행의 출력문을 수행한 후 p가 NULL이 아니면 "->" 문자열을 출력하기 위한 조건문입니다.

③ 연결 리스트 노드 삭제

연결 리스트의 노드를 생성하면 동적 메모리가 할당되므로 연결 리스트를 사용한 다음에는 반드시 노드가 차지하고 있는 동적 메모리 공간을 반납해야 합니다. 이 과정을 각 노드별로 수행하기 위해 포인터 p에 헤드 포인터 list의 값을 59행의 p = list와 같이 복사합니다. 60행에서 선언한 while 문은 포인터 p가 NULL이 아닐 경우, 즉 마지막 노드에 도달할 때까지 61~65행의 명령문을 수행하라는 반복문입니다.

63행에서는 free(p) 함수를 호출하여 메모리 공간을 반납합니다. 이와 같이 p가 가리키는 메모리 공간을 모두 반납하면 p->link를 더 이상 참조할 수 없으므로 64행에서 선언한 것과 같이 메모리를 반납하기 전에 p->link를 p_next라는 포인터에 저장합니다.

할당된 동적 메모리 공간을 반납하기 위해 63행에서 선언한 free(p) 함수의 호출이 종료되면 p_next를 p에 대입하여 다음 노드로 이동합니다. 이러한 과정을 60행에서 선언한 while 문으로 생성된 노드 수만큼 반복 수행하여 각 노드에 할당된 동적 메모리를 모두 반납합니다.

Tip

동적 메모리를 할당받아 사용한 뒤에는 반드시 free( ) 함수로 할당받은 메모리 공간을 반납해야 합니다. 반납하지 않으면 메모리 누수 현상이 발생하여 컴퓨터 시스템이 점점 느려지고 나중에는 시스템이 멈추는 현상까지 발생할 수 있습니다.

사용자 정의 함수로 연결 리스트를 생성하는 프로그램

새로운 노드를 생성하기 위해서는 사용자 함수를 정의해 놓고 필요할 때마다 호출하는 것이 일반적인 연결 리스트 생성 방법입니다. 이러한 필요성을 충족하기 위해 다음 예제에서는 사용자 정의 함수를 사용하여 연결 리스트를 생성하는 프로그램을 작성하겠습니다.

예제 16-7 사용자 정의 함수로 연결 리스트 생성 ex16_07.c

```c
#include <stdio.h>
#include <stdlib.h>

#define SIZE 20                          // 성명을 입력받을 크기 설정

typedef struct data {                    // 새로운 DATA 타입 정의
         char name[SIZE];
         int sno;
}DATA;

typedef struct node {                    // 새로운 NODE 타입 정의
         DATA data;
         struct NODE *link;
}NODE;

/*- 사용자 정의 함수 선언 -*/
NODE *insert_node(NODE *p_list, NODE *pprev, DATA item);
void display_menu();
int get_selectde_menu();
DATA get_input_students();
void print_list(NODE *p_list);
void destroy_nodes(NODE *p_list);
void end_display();

int main(void)
{
    NODE *p_list = NULL;
    int selected = 0;
    DATA d;
```

```c

    while(selected != 3)
    {
        display_menu();
        selected = get_selectde_menu(); // 키보드 입력값에 대한 함수 호출

        switch(selected)
        {
        case 1:
            d = get_input_students();
            p_list = insert_node(p_list, NULL, d);// 사용자 정의 함수 호출
            printf("학생 정보 입력 완료\n\n");
            break;
        case 2:
            print_list(p_list);         // 사용자 정의 함수 호출
            printf("학생 정보 출력 완료\n\n");
            break;
        case 3:
            destroy_nodes(p_list);      // 사용자 정의 함수 호출
            end_display();              // 사용자 정의 함수 호출
            break;
        }
    }
    return 0;
}

/*- 동적 메모리 할당과 노드 생성 사용자 함수 정의 -*/
NODE *insert_node(NODE *p_list, NODE *pprev, DATA item)
{
    NODE *pnew = NULL;
    if(!(pnew = (NODE *)malloc(sizeof(NODE))))
    {
        printf("메모리 동적 할당 오류 발생\n");
        exit(1);
    }

    pnew->data = item;
    if(pprev == NULL)
    {
        pnew->link = p_list;
        p_list = pnew;
    }
    else
    {
        pnew->link = pprev->link;
        pprev->link = pnew;
    }
    return p_list;
}

```

Tip

사용자 정의 함수를 여러 개 정의하여 사용할 때는 함수 관계도를 작성한 후에 소스 코드를 작성하는 것이 좋습니다.

```
/*- 화면에 보여주는 메뉴를 출력하는 사용자 정의 함수 -*/
void display_menu()
{
    printf("학생 정보 관리 메뉴\n");
    printf("1.학생 정보 추가\n");
    printf("2.학생 정보 출력\n");
    printf("3.종료\n");
}

/*- 선택한 번호를 전달해 주는 사용자 정의 함수 -*/
int get_selectde_menu()
{
    int selmenu = 0;
    printf("번호 선택 : ");
    scanf_s("%d", &selmenu);
    getchar();
    return selmenu;
}

/*- 학생의 정보를 입력받는 사용자 정의 함수 -*/
DATA get_input_students()
{
    DATA input;
    printf("\n학번 입력 : ");
    scanf_s("%d", &input.sno);
    getchar();
    printf("성명 입력 : ");
    gets_s(input.name, sizeof(input.name));
    return input;
}

/*- 입력한 학생의 정보를 출력하는 사용자 정의 함수 -*/
void print_list(NODE *p_list)
{
    NODE *ptr;
    for(ptr = p_list; ptr; ptr = ptr -> link)
    {
        printf("\n학번 : %d\n", ptr -> data.sno);
        printf("성명 : %s\n", ptr -> data.name);
    }
}

/*- 할당된 동적 메모리를 해제하는 사용자 정의 함수 -*/
void destroy_nodes(NODE *p_list)
{
    NODE *temp;
    while (p_list)
    {
        temp = p_list;
        p_list = p_list -> link;
```

```c
        free(temp);
    }
}

/*- 프로그램 종료 메시지 출력 사용자 정의 함수 -*/
void end_display()
{
    printf("프로그램 종료\n");
}
```

```
학생 정보 관리 메뉴
1.학생 정보 추가
2.학생 정보 출력
3.종료
번호 선택 : 1

학번 입력 : 202312345
성명 입력 : 홍길동
학생 정보 입력 완료

학생 정보 관리 메뉴
1.학생 정보 추가
2.학생 정보 출력
3.종료
번호 선택 : 2

학번 : 202312345
성명 : 홍길동
학생 정보 출력 완료

학생 정보 관리 메뉴
1.학생 정보 추가
2.학생 정보 출력
3.종료
번호 선택 : 1

학번 입력 : 203010005
성명 입력 : 이순신
학생 정보 입력 완료

학생 정보 관리 메뉴
1.학생 정보 추가
2.학생 정보 출력
3.종료
번호 선택 : 3
프로그램 종료
```

이 예제에서는 연결 리스트 생성과 할당된 동적 메모리 반납 모두 사용자 정의 함수를 사용하였습니다. 이 프로그램을 제대로 이해하려면 앞에서 다룬 연결 리스트 생성 과정과 노드를 방문하는 과정 그리고 연결 리스트의 노드를 삭제하는 과정을 다시 한 번 자세히 살펴보기 바랍니다.

: QUIZ

① 새롭게 생성된 노드의 데이터 필드에는 데이터를 저장하고 링크 필드에는 (   ) 값을 설정하면 연결 리스트의 노드가 더 이상 가리키는 대상이 없음을 의미합니다.

② 노드를 생성하기 위해 사용한 동적 메모리의 사용이 끝나면 (   ) 함수를 사용하여 반드시 반납해야 합니다.

③ 행의 끝을 나타내는 줄 바꿈 문자를 NULL 문자로 변환해 주는 함수는 (   )입니다.

④ gets_s( ) 함수로부터 입력받은 문자열을 정수로 변환해 주는 함수는 (   )입니다.

⑤ 노드의 링크 필드값이 (   )이면 더 이상 연결 리스트를 방문하지 않겠다는 의미입니다.

정답

① NULL
② free(포인터)
③ gets_s( )
④ atoi( )
⑤ NULL

도전문제 동적 메모리 할당 연습하기

01 실행 결과에 맞게 소스 코드의 빈칸을 채워 완성하시오.

```
1번째 점수 97
2번째 점수 88
```

```
#include <stdio.h>
#include <stdlib.h>          // malloc( ) 함수와 free( ) 함수 원형 선언

int main(void)
{
    int cnt;                   // 반복문의 카운트 변수
    int *score;                // 포인터를 선언하여 동적 메모리의 주소로 사용
    score = [                    ]          // 동적 메모리 할당

    if(score == NULL)
    {
        printf("동적 메모리 할당 오류 발생!\n");
        exit(1);               // 프로그램 종료. 괄호 안의 1은 비정상 종료 의미
    }
    /*-- 동적 메모리 사용 --*/
    score[0] = 97;
    score[1] = 88;

```

```
    for(cnt = 0; cnt < 2; cnt++)
        printf("%d번째 점수 : %d\n", cnt + 1, score[cnt]);

                                    // 동적 메모리 반납
    return 0;
}
```

Hint : malloc( ) 함수를 사용하여 포인터에 동적 메모리를 할당하면 됩니다. 동적 메모리를 사용한 후에는 반드시 메모리를 반납해야 합니다.

정답

```
(int *)malloc(2 * sizeof(int));
free(score);
```

02 실행 결과에 맞게 소스 코드의 빈칸을 채워 완성하시오.

```
선수 1 :  최고봉(19세)
선수 2 : 을지문덕(20세)
```

```
#include <stdio.h>
#include <stdlib.h>
#include                      //strcpy_s( ) 함수 원형 선언
struct STD {
    char name[12];
    int age;
};
int main(void)
{
    int cnt;
    struct STD* p;

    p = (struct STD *)malloc(2 * sizeof(struct STD)); // 동적 메모리 할당

    if(p == NULL)
    {
        printf("동적 메모리 할당 오류 발생!\n");
        exit(1);            // 프로그램 종료. 괄호 안의 1은 비정상 종료 의미
    }
    /*-- 동적 메모리 사용 --*/
    strcpy_s(p[0].name, sizeof(p[0].name), "최고봉");


    strcpy_s(p[1].name, sizeof(p[1].name), "을지문덕");


    for(cnt = 0; cnt < 2; cnt++)
```

```
    {
        printf("선수 %d : %8s ", cnt + 1, p[cnt].name);
        printf("(%d세)\n",                 );
    }

    free(p);                    // 동적 메모리 반납
    return 0;
}
```

Hint : strcpy_s( ) 함수를 사용하려면 <string.h> 헤더 파일을 불러와야 합니다. 나이는 동적 메모리인 p[0].age와 p[1].age에 대입하면 됩니다.

정답

```
<string.h>
p[0].age = 19;
p[1].age = 20;
p[cnt].age
```

03 실행 결과에 맞게 소스 코드의 빈칸을 채워 완성하시오.

```
신청 과목 : C 언어
신청 학점 : 3
C 언어 3학점을 신청하였습니다.
```

```
#include <stdio.h>
#include <stdlib.h>
typedef struct student {
    char title[20];           // 신청 과목 이름
    int score;                // 신청 학점
}           

int main(void)
{
    ST                        // 동적 메모리 공간을 가리키는 포인터
    int cnt, sum = 0;

    t_zone = (ST*)malloc(sizeof(ST) * 2);     // 동적 메모리 할당

    if(t_zone == NULL)
    {
        printf("동적 메모리 할당 오류 발생!");
        exit(1);              // 비정상 종료
    }

    printf("신청 과목 : ");
    gets_s(t_zone[0].title, sizeof(t_zone[0].title));
```

```
    printf("신청 학점 : ");
    scanf_s("%d", &(t_zone[1].score));
    printf("%s %d학점을 신청하였습니다.\n",            , t_zone[1].score);

    free(t_zone);           // 할당된 동적 메모리 공간 반납
    return 0;
}
```

Hint : 새로운 자료형을 선언할 때는 typedef struct 명령을 사용하고 동적 메모리를 가리키는 포인터를 선언하면 됩니다. printf( ) 문에서 출력할 때는 동적 메모리를 할당한 후 구조체 멤버 연산자 '.'를 사용합니다.

정답

```
ST;
*t_zone;
t_zone[0].title
```

핵심점검

1 (   ) 함수는 동적 메모리를 반납할 때 사용하는 것으로 할당받은 동적 메모리의 사용이 끝나면 다른 프로그램이 사용할 수 있도록 메모리를 반납하기 위함입니다.

2 (   ) 함수는 0으로 초기화된 동적 메모리를 할당할 때 사용합니다.

3 (   ) 함수는 처음에 선언한 동적 메모리 블록의 크기를 변경할 때 사용합니다.

4 연결 리스트에서 사용하는 노드는 (   )와/과 (   )(으)로 구성되어 있습니다.

5 (   )은/는 구성 멤버 중에서 동일한 타입의 구조체를 가리키는 포인터가 존재하는 구조체입니다.

6 자기 참조 구조체를 사용할 때 (   )을/를 사용하면 struct 키워드를 매번 선언해야 하는 번거로움을 줄일 수 있습니다.

정답 **1** free( ) **2** calloc( ) **3** realloc( ) **4** 데이터 필드, 링크 필드 **5** 자기 참조 구조체 **6** typedef

연습문제

1 프로그램 실행 도중에 메모리가 필요하면 메모리를 사용한 후 끝나면 반납하는 방식은?

① 정적 메모리 할당 ② 동적 메모리 할당

③ 포인터 배열 ④ 중첩 포인터

2 할당된 동적 메모리를 반납할 때 사용하는 함수는?

① fread( ) ② fgets( )

③ fseek( ) ④ free( )

3 동적 메모리 할당은 프로그램에서 필요할 때마다 어디에 요청하여 메모리 공간을 확보하는가?

① 컴파일러 ② 프로그래머

③ 운영체제 ④ 버퍼

4 정수 10개를 저장할 수 있는 동적 메모리 할당을 요청하는 소스 코드는?

① int score = (int)malloc(10 * sizeof(int))

② int score = (int *)malloc(10 * sizeof(int))

③ int *score = (int)malloc(10 * sizeof(int))

④ int *score = (int *)malloc(10 * sizeof(int))

5 실행 시간을 조금이라도 단축시켜 효율성을 높이기 위해 메모리를 초기화하지 않는 함수는?

① fread( ) ② malloc( )

③ fseek( ) ④ molloc( )

6 다음과 같이 소스 코드를 선언할 경우 확보되는 동적 메모리의 크기는?

```
int *score;
score = (int *) malloc(10 * sizeof(int));
```

① 4바이트 ② 10바이트

③ 20바이트 ④ 40바이트

연습문제

7 동적 메모리를 모두 0으로 초기화할 때 사용하는 함수는?

① realloc( )
② calloc( )
③ fseek( )
④ malloc( )

8 다음과 같이 할당된 메모리 블록의 크기를 8바이트 단위로 변경하려면?

```
int *p;
p = (int *)malloc(sizeof(int) * 5);
```

① p = (int *)malloc(p, sizeof(int)*8)
② p = (int *)malloc(sizeof(int)*8)
③ p = (int *)realloc(p, sizeof(int)*8)
④ p = (int *)calloc(p, sizeof(int)*8)

9 각 데이터를 포인터로 연결하여 관리하는 자료구조는?

① 배열
② 포인터
③ 구조체
④ 연결 리스트

10 연결 리스트에서 사용하는 노드의 앞과 뒤에 존재하는 구성 요소는?

① 데이터 영역과 배열 영역
② 데이터 영역과 포인터 영역
③ 포인터 영역과 배열 영역
④ 포인터 영역과 데이터 영역

11 구성 멤버 중에서 동일한 타입의 구조체를 가리키는 포인터가 존재하는 구조체는?

① 중첩 구조체
② 할당 구조체
③ 포인터 구조체
④ 자기 참조 구조체

12 다음과 같이 포인터를 선언했을 때 malloc( ) 함수를 사용하여 노드의 크기만큼 동적 메모리를 할당받기 위한 소스 코드는?

```
NODE *p_head = NULL;
```

① p_head = (int *)malloc(sizeof(int))
② p_head = (NODE)malloc(sizeof(NODE))
③ p_head = (NODE *)malloc(sizeof(NODE))
④ p_head = (NODE *)calloc(sizeof(NODE))

13 연결 리스트를 더 이상 방문하지 않겠다는 의미를 나타내는 노드의 링크 필드값은?

① −1
② 0
③ 1
④ NULL

14 동적 메모리를 할당받아 사용한 후 반납하지 않아 메모리가 낭비되는 경우를 뜻하는 것은?

① 메모리 누수 현상
② 메모리 알림 현상
③ 메모리 초기화 현상
④ 메모리 효율화 현상

15 다음 소스 코드가 의미하는 것을 주석문으로 적으시오.

```
#include <stdio.h>
#include <stdlib.h>                    // [          ]
    ...
int *score;                            // [          ]
score = (int *)malloc(10 * sizeof(int));  // [          ]
```

연습문제

16 다음 소스 코드의 의미를 주석문으로 적으시오.

①

```
int *p;
p = (int *)malloc(sizeof(int) * 5);       // 
p = (int *)realloc(p, sizeof(int) * 8);  // 
```

②

```
struct NODE {                              // 
    int data;                              // 
    struct NODE *link;                     // 
};
```

③

```
typedef struct SD {                        // 
    int data;                              // 
    struct SD *step;                       // 
};;
```

프로그래밍 문제

1 다음 내용에 맞는 프로그램을 작성하시오.

- 새로운 NODE 타입 정의 : typedef 사용
- 자기 참조 구조체를 선언하여 링크 노드로 사용
- 품목의 문자열 길이 20은 #define으로 선언
- 연결 리스트는 while 문으로 생성
- get_s( ) 함수를 사용하여 키보드로부터 값을 입력받음
- 알파벳 대소 문자 구별 없이 Q 또는 q를 입력하면 프로그램 종료
- 연결 리스트의 노드에 할당된 동적 메모리는 free( ) 함수를 사용하여 반납
- 입력받은 품목과 수량을 출력 결과로 화면에 출력
- 기타 사항은 [출력 예시] 참조

[출력 예시]

```
품목 입력(종료는 Q 또는 q) : 컴퓨터
수량 입력 : 5
품목 입력(종료는 Q 또는 q) : 모니터
수량 입력 : 3
품목 입력(종료는 Q 또는 q) : 키보드
수량 입력 : 7
품목 입력(종료는 Q 또는 q) : Q

프로그램을 종료합니다.
[컴퓨터, 5] -> [모니터, 3] -> [키보드, 7]
```

2 다음 내용에 맞는 프로그램을 작성하시오.

- typedef struct 명령으로 새로운 자료형 ST 선언: 과목과 점수 구조체 멤버 변수에 사용
- 동적 메모리 공간을 가리키는 포인터 선언: 새로 생성한 ST 자료형
- 과목수 입력: 양의 정수만 허용, 양의 정수가 아니면 프로그램 종료
- 입력한 과목수만큼 동적 메모리 공간 할당
- for 문으로 입력한 수만큼 과목과 점수 입력
- 총점과 평균 산출: 평균은 소수 둘째 자리까지 출력
- 할당된 동적 메모리 공간 반납
- 기타 사항은 [출력 예시] 참조

프로그래밍 문제

[출력 예시]

```
입력 과목수 설정 : -5
음의 정수는 허용하지 않습니다!
```

```
입력 과목수 설정 : 2
과목 : 운영체제
점수 : 96
과목 : 프로그래밍
점수 : 95

과목                        점수
-------------------------------------------
운영체제                     96
프로그래밍                   95

총점 : 191
평균 : 95.50
```

3 다음 내용에 맞는 프로그램을 작성하시오.

- 변수 3개 선언: 정수형 1개, 정수형 포인터 2개
- 정수형 동적 메모리 공간 할당의 크기: 3
- 정수형 배열 요소: 100, 200, 300
- for 문으로 3개의 정수형 배열 요소를 화면에 출력
- 정수형 배열 요소 추가 : 400, 500
- 정수형 동적 메모리 블록의 크기를 5로 변경
- for 문으로 5개의 정수형 배열 요소를 화면에 출력
- 기타 사항은 [출력 예시] 참조

[출력 예시]

```
정수 3개를 저장할 메모리 확보
100 200 300

정수 5개를 저장할 메모리 공간으로 확장
100 200 300 400 500
```

학 | 습 | 목 | 표

- 선행처리기의 개념과 활용 방법을 알아봅니다.
- 매크로 사용 방법을 알아봅니다.
- 조건 컴파일을 알아봅니다.
- 다중 소스 파일을 알아봅니다.

Chapter 17
선행처리기와 다중 소스 파일

SELF CHECK

1. 선행처리기란 컴파일러가 소스 프로그램을 (기계어 코드, 실행 파일)(으)로 번역하기 전에 일련의 작업을 수행하는 것입니다.

2. 선행처리기는 지정된 선행처리기 명령어를 해석하여 변환된 결과를 (완성 프로그램, 소스 프로그램)에 추가합니다.

3. 매크로란 키보드나 마우스 조작 등의 단순 반복 기능을 한 번 동작으로 (자동, 수동) 실행되도록 하는 기능입니다.

4. 매크로는 프로그램 내에서 반복해서 사용하는 단어 또는 수행할 문장을 특정 (변수, 심벌)을/를 사용해서 나타냅니다.

5. 조건 컴파일이란 (매크로, 선행처리기) 명령어를 사용하여 매크로 정의 유무에 따라 특정한 조건을 부여한 뒤 조건에 맞는 컴파일을 선택하여 수행하는 것입니다.

6. 조건 컴파일에서 사용하는 선행처리기 명령어는 #ifdef, #ifndef, #if, #elif, #else, #endif 등이 있으며 사용 방법은 (if~else 문, for 문)와/과 비슷합니다.

7. 다중 소스 파일은 하나의 프로젝트 안에 여러 개의 (실행 파일, 소스 파일)을/를 생성하는 것을 의미합니다.

8. 하나의 프로젝트에 여러 개의 소스 파일을 생성할 경우에 이러한 소스 파일을 (모듈, 픽셀)(이)라고 합니다.

정답

1 기계어 코드 2 소스 프로그램 3 자동 4 심벌 5 선행처리기 6 if~else 문 7 소스 파일 8 모듈

SECTION 01

선행처리기

1 선행처리기의 개념

선행처리기(preprocessor)란 컴파일러가 소스 프로그램을 기계어 코드로 번역하기 전에 일련의 작업을 수행하는 것입니다. 선행처리기를 사용하는 목적은 프로그램을 쉽게 수정하고 이식성을 높이기 위함입니다. 텍스트를 기계어 코드로 변환하는 컴파일러와 달리 선행처리기는 텍스트를 텍스트로 변환할 때 사용합니다.

선행처리기는 지정된 선행처리기 명령어를 해석하여 변환한 결과를 소스 프로그램에 추가합니다. 대표적인 선행처리기 명령에는 다른 파일을 포함하는 #include 문, 매크로 기능을 하는 #define 문이 있습니다.

Tip

이식성이란 원 프로그램을 다른 기기 등으로 옮기는 작업이 얼마나 쉬운가를 나타내는 정도를 말합니다. 별도의 수정 없이 컴파일만 해도 다른 기기에서 작동하는 프로그램은 이식성이 높다고 할 수 있습니다.

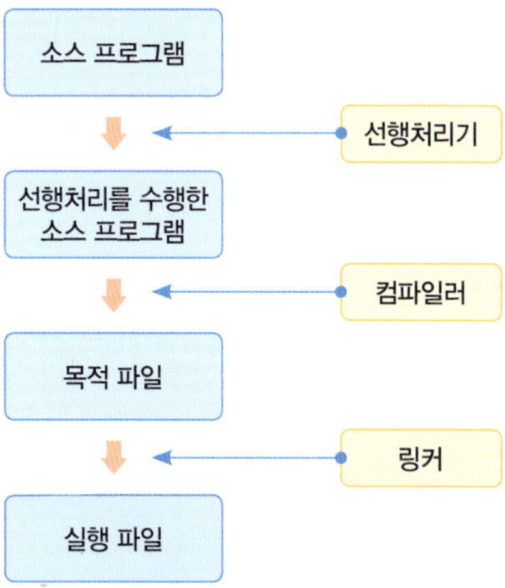

그림 17-1 선행처리기의 동작 원리

: QUIZ

선행처리기는 지정된 선행처리기 명령어를 해석하여 변환한 결과를 (   )에 추가합니다.

정답

소스 프로그램

2 선행처리기의 특징과 장점

선행처리기의 특징과 장점을 살펴보겠습니다.

선행처리기의 특징

선행처리는 소스 프로그램에 여러 가지 명령를 수행하여 컴파일하기 전에 가공하는 과정을 의미합니다. 선행처리기는 다음과 같은 특징이 있습니다.

- #으로 시작함
- 세미콜론(;)을 사용하지 않음
- C 언어 문법과 키워드에 영향을 받지 않음

선행처리기의 장점

선행처리기 명령을 사용하면 다음과 같은 장점이 있습니다.

- 프로그램을 이해하기 쉬움
- 프로그램을 수정하기 쉬움
- 프로그램을 간편하게 이식할 수 있음
- 프로그램을 작성하기 쉬움
- 프로그램을 깔끔하게 처리할 수 있음

정답

컴파일

: QUIZ

선행처리는 (　　　)을/를 하기 전에 소스 프로그램에 여러 가지 명령을 수행하여 가공하는 과정입니다.

3 선행처리기의 종류

선행처리기로 수행할 수 있는 기능으로는 문자열 치환, 외부 파일 포함, 조건부 컴파일 등이 있습니다. 모든 선행처리기 문장은 반드시 선행처리 지시자인 #으로 시작해야 하며 끝에는 세미콜론(;)을 붙이지 않습니다. 대표적인 선형처리기 종류는 다음과 같습니다.

표 17-1 선행처리기의 종류

종류	설명
#include	외부 파일 호출
#define, #undef	C 언어 문장으로 치환
#if, #ifdef, #ifndef, #else, #elif, #endif	조건부 컴파일
#error, #line, #pragma	컴파일에 기타 정보 제공

선행처리기 명령의 길이가 1줄을 초과하면 줄 끝에 \ 표시를 사용하여 다음 줄로 연속됨을 표시해야 합니다. 가장 많이 사용하는 선행처리기는 #include와 #define입니다.

#include

#include 명령은 외부 파일을 소스 프로그램에 포함시킬 때 사용하는 것으로 지금까지 실습을 통해 많이 사용하였습니다.

프로그램을 시작할 때 헤더 파일인 〈stdio.h〉를 가장 먼저 선언하는 것은 프로그램 내에서 scanf_s( )와 printf( ) 함수를 사용한다는 의미입니다. scanf_s( )와 printf( )는 〈stdio.h〉라는 헤더 파일에 들어 있는 함수이므로 프로그램을 수행하기에 앞서 가장 먼저 사용하겠다는 의미로 선행처리기 #include로 선언한 것입니다.

선행처리기를 사용할 때 헤더 파일 이름에 〈〉 대신 " "를 사용하여 "stdio.h"와 같이 선언할 수도 있습니다. 이는 사용자가 작성한 헤더 파일을 소스 프로그램에 포함시킬 때 사용하는 방법입니다. 현재 디렉터리에서 지정된 파일을 찾아 소스 프로그램에 포함시키면 됩니다. 만약 헤더 파일이 다른 디렉터리에 존재한다면 #include\work\stdio.h와 같이 헤더 파일의 경로명을 모두 지정해 주어야 합니다.

Tip

지금까지 실습한 예제 프로그램의 첫 문장에서 헤더 파일을 불러오는 #include 문을 사용하였습니다.

헤더 파일

C 언어에서는 여러 가지 종류의 표준 헤더 파일을 제공합니다. 헤더 파일에는 매크로와 상수, 라이브러리 함수의 원형 등이 다양하게 정의되어 있으며 표준 헤더 파일의 종류는 컴파일러마다 조금씩 차이가 있습니다. 다음 표는 C 언어에서 제공하는 헤더 파일 중에서 주요한 몇 가지를 정리한 것입니다.

표 17-2 헤더 파일의 종류

종류	설명
alloc.h	메모리의 동적 할당 함수 선언
conio.h	직접 입출력 함수 선언
ctype.h	문자 검사와 관련된 함수 선언
direct.h	디렉터리를 제어하는 함수 선언
dos.h	MS-DOS를 제어하는 데 필요한 함수 선언
errno.h	시스템의 오류 번호 지정
io.h	저수준의 파일 입출력 함수 선언
math.h	수학 함수 선언
process.h	프로세스를 제어하는 함수 선언
stdio.h	표준 입출력과 파일 입출력 함수 선언
strlib.h	수치 변환, 난수 관련 함수 선언
string.h	문자열 처리 함수 선언

다음 예제는 헤더 파일로 〈stdio.h〉와 〈ctype.h〉를 사용하여 입력한 알파벳을 대소문자로 변환하는 프로그램입니다.

예제 17-1 헤더 파일 선언 ex17_01.c

```c
#include <stdio.h>
#include <ctype.h>    // isupper( )함수와 tolower( ) 함수 사용을 위한 선언

int main(void)
{
    char op;                    // 알파벳 입력 변수
    int input;                  // 프로그램 실행 여부 변수

    do
    {
        printf("프로그램 시작(종료는 99) : ");
        scanf_s("%d", &input);

        if(input == 99)         // 99가 입력되면 반복문 탈출 후 프로그램 종료
            break;
        getchar();              // Enter 제거

        printf("알파벳 입력 : ");
        scanf_s("%c", &op, sizeof(op));

        if(isupper(op))         // 알파벳 대문자 판단 함수
            op = tolower(op); // 알파벳 대문자를 소문자로 변환 함수

```

```
24         else if(islower(op))     // 알파벳 소문자 판단 함수
25             op = toupper(op); // 알파벳 소문자를 대문자로 변환 함수
26 
27         printf("대소 문자 변환 : %c \n\n", op);
28         getchar();               // Enter 제거
29     } while(1);
30 
31     printf("프로그램을 종료합니다.\n");
32     return 0;
33 }
```

```
프로그램 시작(종료는 99) : 1
알파벳 입력 : K
대소 문자 변환 : k

프로그램 시작(종료는 99) : 2
알파벳 입력 : a
대소 문자 변환 : A

프로그램 시작(종료는 99) : 99
프로그램을 종료합니다.
```

소스 코드 21행부터 25행까지 선언한 if 문을 보면 키보드로 입력한 알파벳이 대문자인지는 21행의 isupper( ) 함수로 판단하고 소문자인지는 24행의 islower( ) 함수로 판단합니다. 22행의 tolower( )는 알파벳 대문자를 소문자로 변환해 주는 함수이고 25행의 toupper( )는 알파벳 소문자를 대문자로 변환해 주는 함수입니다.

알파벳 대소 문자를 구별하고 변환해 주는 isupper( ), islower( ), tolower( ), toupper( ) 함수는 〈ctype.h〉 헤더 파일에 존재하므로 선행처리기로 #include 〈ctype.h〉와 같이 선언합니다.

: QUIZ

① 모든 선행처리기 문장은 선행처리 지시자인 (   )(으)로 시작해야 하고 끝에는 (   )을/를 붙이지 않습니다.

② 프로그램을 수행하기 전에 가장 먼저 사용하겠다는 의미로 선행처리기를 (   )(으)로 선언합니다.

③ 헤더 파일 안에는 매크로와 상수, (   ) 등이 정의되어 있으며 표준 헤더 파일의 종류는 컴파일러마다 조금씩 차이가 있습니다.

④ 알파벳을 대문자로 변환할 때는 (   ) 함수, 알파벳을 소문자로 변환할 때는 (   ) 함수를 사용합니다.

정답

① #, 세미콜론(;)
② #include
③ 라이브러리 함수의 원형
④ toupper( ), tolower( )

4 사용자 정의 헤더 파일

C 언어 컴파일러에서 제공하는 것 외에도 사용자가 필요에 따라 헤더 파일을 직접 정의하여 사용할 수 있습니다. 이를 위해서는 먼저 사용자 정의 헤더 파일을 정의해야 합니다.

사용자 정의 헤더 파일 정의

사용자 정의 헤더 파일을 정의할 때는 선행처리기 #define 명령어를 사용합니다. 다음은 학번과 성명, 나이를 특정 이름과 기호 상수로 선언하는 사용자 정의 헤더 파일을 정의하는 예입니다.

```
#define SNO 20101234
#define NAME "홍길동"
#define AGE 23
```

사용자 정의 헤더 파일 생성

[예제 17-2]를 실습하면서 사용자 정의 헤더 파일을 생성하는 방법을 알아보겠습니다. 먼저 실습을 위해 ex17_02 프로젝트를 생성합니다. 그리고 사용자 정의 헤더 파일로 myst.h를 생성하고 main.c를 소스 파일로 생성합니다.

- 프로젝트 이름: ex17_02
- 헤더 파일 이름: myst.h
- 소스 파일 이름: main.c

헤더 파일은 소스 파일과 동일한 방법으로 비주얼 스튜디오에서 생성할 수 있습니다. 먼저 [솔루션 탐색기]의 [헤더 파일] 항목을 마우스 오른쪽 버튼으로 클릭하여 메뉴가 나타나면 [추가]-[새 항목]을 클릭합니다. 파일 이름이 myst.h인 헤더 파일을 생성합니다.

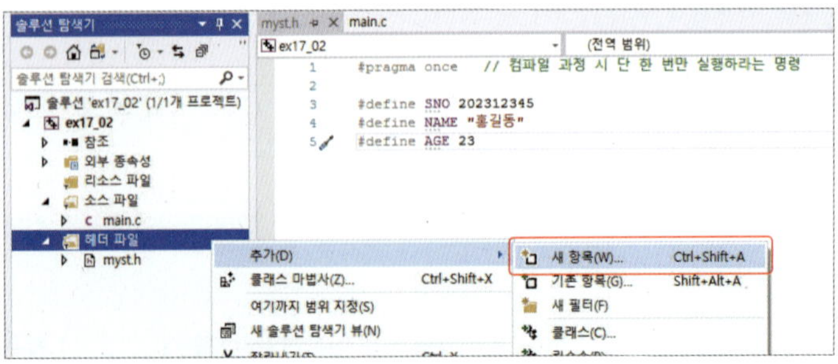

그림 17-2 **헤더 파일 생성**

먼저 헤더 파일을 다음과 같이 작성합니다.

예제 17-2 사용자 정의 헤더 파일 myst.h

```
01 #pragma once         // 컴파일 과정 시 단 한 번만 실행하라는 명령
02
03 #define SNO 202312345
04 #define NAME "홍길동"
05 #define AGE 23
```

소스 코드 01행의 #pragma once는 컴파일 시 아래의 내용을 단 한 번만 실행하겠다는 의미입니다. 03행의 #define 문은 기호 상수를 선언하는 것입니다. 이때 기호 상수라는 의미를 부여하기 위해 이름을 SNO와 같이 대문자로 선언했습니다. 소문자로 구성된 일반 변수와 확연하게 구분하기 위함입니다.

> **Tip** 소문자로 선언해도 문제가 되지 않습니다.

다음 예제는 앞에서 생성한 사용자 정의 헤더 파일인 myst.h를 불러와 출력하는 프로그램입니다. 소스 코드와 동일한 위치에 존재하는 헤더 파일을 불러올 때는 큰따옴표로 헤더 파일을 묶어 #include "myst.h"와 같이 해야 합니다.

사용자 정의 헤더 파일 사용 main.c

```
#include <stdio.h>
#include "myst.h"

int main(void)
{
    printf("학번 : %d\n", SNO);
    printf("성명 : %s\n", NAME);
    printf("나이 : %d\n", AGE);
    return 0;
}
```

```
학번 : 202312345
성명 : 홍길동
나이 : 23
```

사용자 정의 헤더 파일에서 '특정_이름'을 대문자로 정의했으니 소스 파일에서도 대문자로 사용해야 합니다. 그렇지 않으면 컴파일 오류가 발생합니다.

헤더 파일을 가져올 때 소스 파일과 헤더 파일이 같은 위치에 존재하면 큰따옴표 안에 파일명만 적으면 됩니다. 사용자가 정의한 헤더 파일인 myst.h가 c:\work\header 경로에 존재할 경우 다음과 같이 경로명을 모두 적어서 " "로 묶어주어야 합니다.

> **Tip** 헤더 파일을 불러올 때 〈 〉를 사용하면 표준 헤더 파일을, " "를 사용하면 사용자 지정 헤더 파일을 불러오라는 것입니다.

```
#include "c:\work\header\myst.h"
```

: QUIZ

① 사용자 정의 헤더 파일을 정의할 때는 선행처리기 (　　　) 명령어를 사용합니다.

② 헤더 파일을 불러올 때 〈 〉를 사용하는 것은 (　　　)에서 헤더 파일을 불러오라는 의미입니다.

정답

① #define

② 표준 디렉터리

SECTION

02 매크로

1 매크로의 개념

매크로(macros)란 키보드나 마우스 조작 등의 단순 반복 기능을 한 번의 동작으로 자동 실행되도록 하는 기능을 말합니다. 매크로는 자주 사용하는 여러 개의 명령어를 반복해서 사용할 때 유용합니다. 키보드의 실행 위치와 클릭 횟수 등을 사전에 설정하면 작업 시간을 단축할 수 있어 시스템을 효율적으로 관리할 수 있습니다.

매크로는 프로그램에서 반복해 사용하는 단어 또는 수행할 문장을 특정 심벌을 사용해서 나타냅니다. 즉 프로그램에서 자주 사용하는 상수나 명령을 약어로 정리하여 필요할 때마다 사용하는 것입니다. 상수를 정의할 때 사용한 #define은 매크로를 정의해서 치환 기능을 수행할 때도 유용합니다.

: QUIZ

매크로는 프로그램에서 (   )해서 사용하는 단어 또는 수행할 문장을 특정 심벌을 사용해 나타내는 것입니다.

정답

반복

2 #define

선행처리기 명령어인 #define은 단순히 상수를 치환하는 것부터 매크로 함수를 정의하는 것까지 다양한 기능을 수행합니다. #define으로 단순 치환과 매크로 정의를 하는 방법은 다음과 같습니다.

Tip

#define 명령어는 사용자 정의 헤더 파일을 정의할 때도 사용합니다.

[단순 치환]

```
#define 매크로_이름 치환_리스트
```

[매크로 정의]

```
#define 매크로_이름(매개변수) 매개변수_포함_문자열
```

#define 명령으로 정수형 상수와 문자형 상수, 실행문과 매크로에 대한 정의를 선언하여 사용할 수 있습니다.

```
#define SNO 202312345               // 정수형 상수 정의
#define NAME "홍길동"                // 문자형 상수 정의
#define PRINT printf("%c", op)      // 실행문 정의
#define GOB(a) (a) * (a)            // 매크로 정의
```

: QUIZ

선행처리기 명령어인 #define은 단순히 상수를 치환하는 것부터 (   ) 함수를 정의하는 것까지 다양한 기능을 수행합니다.

정답

매크로

3 매크로 확장

#define 명령으로 정의한 키워드를 다른 의미의 키워드로 정의하는 것을 매크로 확장이라고 합니다. 매크로 확장 기능을 사용하면 숫자, 문자, 문자열 등의 상수를 특정 단어로 정의해서 사용할 수 있습니다. 매크로 확장을 위한 사용 형식은 다음과 같습니다.

```
#define 매크로_이름 치환_리스트        // 세미콜론(;) 없음에 유의
```

매크로 문자는 영문자, 숫자, '_'(언더바)만 사용할 수 있습니다. 단순 치환은 매크로 상수를 정의하는 것을 의미하며 매크로 상수는 일반 변수와 구분하기 위해 알파벳 대문자를 사용하는 것이 관례입니다. 매크로는 단순히 치환만 수행할 뿐 연산을 수행하지는 않습니다. 다음은 매크로 확장에서 치환되는 문자열을 정의할 때 유의해야 할 사항입니다.

표 17-3 매크로 확장 시 유의 사항

종류	설명
매크로 이름	• 공백 문자가 나오기 전까지 문자열이며 나머지는 치환 리스트로 취급 • 영문자, 숫자, '_' 만 사용 가능 • 일반 변수와 구분하기 위해 대문자를 사용하는 게 관례
매크로 정의	• 프로그램 어디에서나 정의 가능 • 정의한 곳부터 프로그램 끝까지 유효 범위 • 매크로 정의문에는 세미콜론(;)을 붙이지 않음 • 가급적 한 줄로 정의 • 줄이 바뀌면 \을 사용하여 이어짐을 표시
연산 기능	• 단순한 치환만 수행 • 연산은 수행하지 않음
매크로 제재	• 문자 상수 또는 문자열 상수 내에서 매크로 전개는 허용하지 않음

다음 예제는 매크로 상수를 사용하여 1부터 100까지 홀수의 합을 구하는 프로그램입니다. 지금까지 실습해 왔던 입력 또는 변수의 값 대입과는 다른 부분이 있으니 잘 살펴보기 바랍니다.

예제 17-3 매크로 상수 사용하여 홀수 합 출력 ex17_03.c

```
01 #include <stdio.h>
02
03 #define S 1                        // 매크로 상수 정의
04 #define E 100                      // 매크로 상수 정의
05
06 int main(void)
07 {
08     int cnt, hap = 0;
09
10     for(cnt =S; cnt <= E; cnt += 2)
11         hap += cnt;
12
13     printf("%d부터 %d까지 홀수의 합 : %d\n", S, E, hap);
14     return 0;
15 }
```

```
1부터 100까지 홀수의 합 : 2500
```

소스 코드 03행과 04행에서 알파벳 대문자 S와 E로 매크로 상수를 정의한 다음 각각 1과 100으로 설정하였습니다. 소스 코드 10행에서는 매크로 상수 S와 E로 for 문을 선언하였으며 매크로 상수 S부터 E까지 for 문의 증감값을 이용한 반복 수행으로 홀수의 합을 산출합니다.

Tip

매크로 상수 S는 1, E는 100으로 치환하여 매크로의 실제 값이 치환되도록 수행하는 과정을 매크로 확장이라고 합니다.

for 문에서 홀수의 합을 구하기 위해 증감값을 2씩 늘어나게 cnt += 2로 선언하였으며 반복 수행되는 카운트 변수의 값을 누적합을 저장하는 변수 hap에 대입하였습니다. 매크로 상수를 사용하면 프로그램을 이해하기 쉬우며 매크로 상수의 정의만 바꿔주면 되므로 수정하기도 훨씬 수월해집니다.

다음 예제는 원의 넓이를 구하는 프로그램으로 매크로 상수로 파이(π) 값 3.141592와 원의 넓이 공식인 'π×반지름×반지름'을 매크로 상수로 정의하여 프로그램을 수행합니다.

예제 17-4 매크로 상수 사용하여 원의 넓이 출력 ex17_04.c

```
01 #include <stdio.h>
02
03 #define PI 3.141592          // 매크로 상수 정의
04 #define AREA PI * r * r      // 매크로 확장 두 번 발생
05
06 int main(void)
07 {
08     float r;                 // 반드시 변수 r을 사용해야 함(매크로 상수 정의)
09
10     printf("반지름 입력 : ");
11     scanf_s("%f", &r);
12
13     printf("원의 넓이 : %f\n", AREA);
14     return 0;
15 }
```

```
반지름 입력 : 5
원의 넓이 : 78.539800
```

소스 코드의 03행에서 파이(π) 값을, 04행에서 원의 넓이를 구하는 공식을 각각 매크로 상수 PI와 AREA로 정의하였습니다. 파이(π) 값과 원의 넓이 공식을 나타내는 매크로 상수를 사용하여 원의 넓이를 구할 수 있습니다.

정답

숫자

: QUIZ

매크로 문자는 영문자, (   ), '_'(언더바)만을 사용할 수 있으며 단순 치환은 매크로 상수를 정의하는 것을 의미합니다.

4 매크로 함수

매크로 함수는 매개변수를 사용해서 함수처럼 사용할 수 있습니다.

일반 함수와 매크로 함수

다음은 일반 함수와 매크로 함수의 차이점을 나타낸 것입니다.

표 17-4 일반 함수와 매크로 함수의 차이점

종류	일반 함수	매크로 함수
실행 속도	호출로 인해 속도 저하	컴파일 단계에서 확장되므로 속도 빠름
프로그램 크기 변화	여러 번 호출해도 프로그램 크기와 상관 없음	치환으로 프로그램 크기가 커짐

매크로 함수 정의 시 유의 사항

매크로 함수에서는 치환 문자열의 매개변수를 괄호로 처리하여 엉뚱한 값이 출력되지 않도록 수행해야 합니다. 그러므로 증감 연산자(++, --)는 될 수 있으면 사용하지 않는 것이 좋습니다. 매크로 함수를 정의할 때 유의 사항은 다음과 같습니다.

- 일반적으로 소문자 사용
- 단순히 치환만 할 뿐 연산은 수행하지 않음
- 매크로 함수의 매개변수는 특정 자료형에 제한받지 않음

매크로 함수 사용 형식

매크로 함수의 사용 형식은 다음과 같습니다.

```
#define swap(a) (a) * (a) * (a)
// swap(10)을 선언할 경우 세제곱 10*10*10으로 치환

#define ABS(b) ((b)>0 ? (b) : (-b)
// 삼항 연산자로 절대댓값을 구하는 치환
```

다음 예제는 매크로 함수를 사용하여 제곱을 구하는 프로그램입니다. 매크로 함수를 정의할 때 매개변수를 괄호로 처리하는 경우와 그렇지 않은 경우의 차이점을 비교하면서 실습하기 바랍니다.

예제 17-5 매크로 함수로 제곱 구하기 ex17_05.c

```
01 #include <stdio.h>
02
03 #define swap1(a)(a * a)          // 매크로 함수 정의
04 #define swap2(a)((a) * (a))      // 매개변수를 괄호로 처리
05
06 int main(void)
07 {
08     int num;
09
10     printf("정수 입력 : ");
11     scanf_s("%d", &num);
12
13     printf("\n괄호 없는 %d의 제곱은 %d\n", num, swap1(num));
14     printf("괄호 있는 %d의 제곱은 %d\n", num, swap2(num));
15     printf("\n괄호 없는 (%d + 5)의 제곱은 %d\n", num, swap1(num + 5));
16     printf("괄호 있는 (%d + 5)의 제곱은 %d\n", num, swap2(num + 5));
17     return 0;
18 }
```

```
정수 입력 : 2

괄호 없는 2의 제곱은 4
괄호 있는 2의 제곱은 4

괄호 없는 (2 + 5)의 제곱은 17
괄호 있는 (2 + 5)의 제곱은 49
```

소스 코드 03행에서는 매크로 함수를 정의할 때 매개변수를 ( )로 묶지 않고 04행에서는 묶었습니다. 이에 따라 13행~16행의 출력문에서 결과값이 달라집니다.

예를 들어, 키보드로 2의 값을 입력받으면 15행에서는 '2+5 * 2+5'로 계산되기 때문에 결과값으로 17이 출력되었고 16행에서는 '((2+5) * (2+5))'의 형태로 계산되어 결과값으로 49가 출력됩니다.

실행 결과에서 볼 수 있듯이 매크로 확장에서는 연산을 수행하지 않고 그대로 치환만 수행하므로 매크로 함수를 정의할 때 매개변수를 ( )로 묶어야 정확한 결과값을 산출할 수 있습니다.

: QUIZ

매크로 확장에서는 연산을 수행하지 않고 ( )만 수행하기 때문에 매크로 함수를 정의할 때는 매개변수를 ( )로 묶어서 처리해야 합니다.

정답

치환

5 매크로 취소

이미 정의된 매크로를 취소할 때는 #undef 명령을 사용합니다. #undef는 #define으로 정의한 매크로를 해제하는 선행처리기 명령입니다.

```
#define MAX 100        // 매크로 상수 정의
#undef MAX             // 매크로 상수 정의 취소
#define MAX 1000       // 매크로 상수 다시 정의
```

#define 명령으로 정의된 매크로 이름과 상수를 취소하지 않고 변경된 이름과 상수를 다시 정의하면 경고 메시지가 출력되지만 컴파일과 링크는 가능합니다. 하지만 프로그램을 좀 더 명확하게 만들기 위해서는 이미 정의한 매크로 상수 정의를 #undef 명령으로 취소하고 #define 명령으로 다시 정의하는 것이 더 효과적입니다.

다음 예제를 통해 이미 정의된 매크로를 해제하고 다시 정의하는 방법을 살펴보겠습니다.

예제 17-6 매크로 취소 후 다시 정의 ex17_06.c

```
#include <stdio.h>

#define MAX 50      // 매크로 상수 정의

int main(void)
{
    int cnt, hap = 0;

    for(cnt = 1; cnt <= MAX; cnt++)
        hap += cnt;

    printf("1부터 %d까지 합은 %d\n", MAX, hap);

#undef MAX          // 매크로 상수 정의 취소
#define MAX 100     // 매크로 상수 다시 정의

    printf("매크로 취소 후 재정의\n");

    hap = 0;
    for(cnt = 1; cnt <= MAX; cnt++)
        hap += cnt;

    printf("1부터 %d까지 합은 %d\n", MAX, hap);
    return 0;
}
```

```
1부터 50까지 합은 1275
매크로 취소 후 재정의
1부터 100까지 합은 5050
```

소스 코드 14행에서는 03행에서 정의한 MAX 50 매크로를 취소합니다. 15행에서는 취소된 매크로를 #define을 사용하여 MAX 100 매크로 상수로 재정의하였습니다.

#define 명령으로 이미 정의한 매크로를 #undef 명령으로 해제하지 않고 매크로를 재정의하면 경고 메시지가 출력됩니다.

: QUIZ

이미 정의된 매크로를 취소할 때는 (   ) 명령을 사용합니다.

정답

#undef

SECTION 03

조건 컴파일

1 조건 컴파일의 개념

조건 컴파일이란 선행처리기 명령어를 사용하여 매크로 정의 유무에 따라 특정한 조건을 부여한 뒤 조건에 맞는 컴파일을 선택하여 수행하는 것입니다. 조건 컴파일에서 사용하는 선행처리기 명령어는 #ifdef, #ifndef, #if, #elif, #else, #endif 등이 있으며 조건 컴파일의 사용 방법은 if~else 문과 비슷합니다.

: QUIZ

조건 컴파일은 선행처리기 명령어를 사용해서 (   ) 정의 유무에 따라 특정한 조건을 부여한 뒤 조건에 맞는 컴파일을 선택하여 수행하는 것입니다.

정답

매크로

2 #ifdef ~ #endif

#ifdef는 #define 선행처리기 명령으로 정의된 매크로가 있는지 판단한 뒤 조건 컴파일을 수행할 때 사용하는 명령입니다.

```
#ifdef 매크로_이름
  명령_실행_블록1;
#else
  명령_실행_블록2;
#endif
```

앞에서 #define 명령으로 매크로 이름이 정의되어 있으면 #ifdef의 '매크로_이름'과 비교하여 일치하면 '명령_실행_블록1'을 실행하고, 일치하지 않으면 #else에 해당하므로 '명령_실행_블록2'를 실행합니다.

다음 예제는 #ifdef 명령으로 조건 컴파일을 수행하는 프로그램입니다.

예제 17-7 #ifdef 명령으로 조건 컴파일 수행 ex17_07.c

```c
01 #include <stdio.h>
02
03 int main(void)
04 {
05     int cnt, hap = 0, num;
06
07 #ifdef MULTI                    // 매크로가 정의되어 있으면 참으로 판단
08     num = 3;
09 #else                           // 매크로가 정의되어 있지 않은 경우
10     num = 5;
11 #endif
12
13     for(cnt = 1; cnt <= 100; cnt++)
14         if(cnt % num == 0)      // 배수 구분
15             hap += cnt;
16
17     printf("1부터 100까지 %d의 배수 합은 %d\n", num, hap);
18     return 0;
19 }
```

```
1부터 100까지 5의 배수 합은 1050
```

소스 코드 07행에서 선언한 #ifdef MULTI는 선행처리기 #define 명령으로 매크로가 정의되어 있으면 참으로 판단합니다. 하지만 이 프로그램에서는 매크로가 정의되어 있지 않으므로 09행의 #else에 해당하여 10행의 num = 5가 수행됩니다.

소스 코드 14행에서 선언한 if(cnt % num == 0)은 10행에서 선언한 num = 5에 해당하는 배수의 합을 구하기 위해 카운트 변수를 배수의 숫자 5로 나누어 그 나머지가 0일 경우에만 합이 누적되도록 수행하는 명령입니다.

3 #ifndef~#endif

#ifndef는 #ifdef와 정반대 개념으로 매크로 이름이 정의되어 있지 않으면 참으로 판단하여 '명령_실행_블록1'을 실행하고 매크로가 정의되어 있으면 '명령_실행_블록2'를 실행합니다.

```
#ifndef 매크로_이름
  명령 실행 블록1;
#else
  명령_실행_블록2;
#endif
```

다음 예제는 #ifndef 명령을 사용하여 조건 컴파일을 수행하는 프로그램으로 매크로 상수를 정의하지 않았는지 판단하는 프로그램입니다. 처음부터 매크로 상수에 대한 정의가 없으므로 #define 명령으로 매크로를 정의하여 프로그램을 수행하는 예제입니다.

예제 17-8 #ifndef 명령으로 조건 컴파일 수행 ex17_08.c

```c
01 #include <stdio.h>
02
03 int main(void)
04 {
05     int cnt, hap = 0, num;
06
07     printf("정수 3개를 차례대로 입력하시오.\n");
08
09 #ifndef MAX          // 정의된 매크로가 없는 경우 참으로 판단
10 #define MAX 3        // 매크로 정의가 없으므로 매크로 상수 정의
11 #endif
12
13     for(cnt = 1; cnt <= MAX; cnt++)
14     {
15         printf("%d번째 정수 : ", cnt);
16         scanf_s("%d", &num);
17         hap += num;
18     }
19     printf("정수 3개의 합은 %d\n", hap);
20     return 0;
21 }
```

```
정수 3개를 차례대로 입력하시오.
1번째 정수 : 10
2번째 정수 : 20
3번째 정수 : 30
3개 정수의 합은 60
```

소스 코드에서 눈여겨볼 부분은 09행에서 선언한 #ifndef MAX 명령입니다. 이 명령은 매크로가 정의되어 있지 않은 상태를 참으로 판단하기 때문에 10행에서 #define MAX 3과 같이 매크로 상수를 정의해 줍니다.

13행부터 18행까지 선언한 for 문은 매크로 상수에서 정의한 정수 3개를 반복문을 통해 입력받은 뒤 합을 구하여 변수 hap에 저장합니다.

정답

참, 참

: QUIZ

#ifdef는 매크로가 정의되어 있으면 (   )(으)로 판단하고, #ifndef는 매크로가 정의되어 있지 않으면 (   )(으)로 판단합니다.

4 #if~#elif~#else~#endif

Tip

#elif는 else if의 줄임말입니다.

#if~#elif~#else~#endif는 매크로값에 따라 조건 컴파일을 수행하는 선행처리기 명령으로 if 문과 사용 방법이 거의 비슷합니다.

```
#if 조건식1
  명령_실행_블록1;
#elif 조건식2
  명령_실행_블록2;
      ...

#else
  명령_실행_블록n;
#endif
```

#if~#elif~#else~#endif를 사용하여 다중 조건으로 컴파일을 수행하는 과정을 살펴보겠습니다. 이 형식은 프로그램에서 정의된 매크로 상수가 어떤 조건에 해당하는지 판단한 뒤 그에 부합하는 명령을 수행합니다.

예제로 살펴볼 프로그램은 숫자 1, 2, 3 중에서 하나를 입력하면 매크로 상수와 입력한 값을 if~else 문으로 비교한 뒤 #if~#elif~#else~#endif 명령으로 다중 조건 컴파일을 수행합니다.

예제 17-9 #if와 #endif 명령으로 다중 조건 수행 ex17_09.c

```
#include <stdio.h>

#define INPUT 2                    // 다중 조건문에서 찾을 기호 상수 선언

int main(void)
{
```

```
07     int num;
08 
09     printf("숫자 1, 2, 3 중 하나를 입력하시오.\n");
10     printf("숫자 입력 : ");
11     scanf_s("%d", &num);
12 
13     if(num == INPUT)
14     {
15 #if INPUT == 1
16          printf("찾았습니다. 매크로 상수 : INPUT %d\n", num);
17 
18 #elif INPUT == 2
19          printf("찾았습니다. 매크로 상수 : INPUT %d\n", num);
20 
21 #elif INPUT == 3
22          printf("찾았습니다. 매크로 상수 : INPUT %d\n", num);
23 
24 #else
25          printf("프로그램을 종료합니다.\n");
26 #endif
27     }
28     else if(num > 3 || num <= 0)
29          printf("유효한 숫자가 아닙니다.\n");
30     else
31          printf("매크로 상수를 찾지 못했습니다.\n");
32     return 0;
33 }
```

```
숫자 1, 2, 3 중 하나를 입력하시오.
숫자 입력 : 1
매크로 상수를 찾지 못했습니다.
```

```
숫자 1, 2, 3 중 하나를 입력하시오.
숫자 입력 : 2
찾았습니다. 매크로 상수 : INPUT 2
```

소스 코드 11행에서 입력받은 정수를 13행의 if(num == INPUT) 명령으로 03행에서 선언한 매크로 상수 INPUT이 같은지 비교합니다. 그리고 14행부터 27행까지 명령을 통해 입력한 숫자와 매크로 상수가 같은 조건에 해당하는 문장을 수행합니다. 28행에서 1보다 작거나 3보다 큰 수가 입력되면 29행에서 유효한 숫자가 아니라는 메시지를 출력합니다.

SECTION

04 다중 소스 파일

1 다중 소스 파일의 개념

다중 소스 파일은 하나의 프로젝트 안에 여러 개의 소스 파일을 생성하는 것입니다. 하나의 소스 파일에서 작성하는 코드가 길면 프로그램이 복잡해져서 유지·보수하기가 쉽지 않습니다. 그리고 소프트웨어 공학적으로도 소스 파일을 하나로 만드는 것보다 여러 개로 나누어서 만드는 것이 프로그램 유지·보수 차원에서 더 효율적입니다.

다중 소스 파일 사용 시 주의 사항

하나의 프로젝트에 여러 개의 소스 파일을 생성할 경우에 이러한 소스 파일을 모듈(module)이라고 합니다. 각각의 모듈은 하나의 소스 파일과 함수의 원형이 정의되어 있는 헤더 파일을 가지고 있습니다. 헤더 파일의 첫 번째 명령으로 #pragma once를 선언하는데 이는 여러 개 파일에서 동일한 헤더 파일을 중복해서 사용하지 않도록 예방 차원에서 선언하는 것입니다.

2 다중 소스 파일 생성

다중 소스 파일 생성 프로그램을 작성하는 절차를 살펴보겠습니다. 하나의 프로젝트에 여러 개의 소스 파일을 생성하려면 각각의 모듈에 하나의 소스 파일과 함수 원형이 정의되어 있는 사용자 정의 헤더 파일을 불러와야 합니다. 사용자 정의 헤더 파일에는 사용자 함수의 원형을 선언하고 소스 파일에서 사용자 정의 헤더 파일을 불러와 사용합니다.

[예제 17-10]을 실습하기 위해 다음과 같이 프로젝트에 헤더 파일 1개와 소스 파일 2개를 생성하겠습니다. 이때 컴파일은 main.c에서만 수행합니다.

- 프로젝트 이름: ex17_10
- 헤더 파일 이름: sum.h
- 소스 파일 이름: main.c, sum.c

예제 17-10 다중 소스 파일 사용 main.c

```c
#include <stdio.h>
#include "sum.h"

int main(void)
{
    int su1, su2, result;
    printf("첫 번째 정수 입력 : ");
    scanf_s("%d", &su1);
    printf("두 번째 정수 입력 : ");
    scanf_s("%d", &su2);

    result = sum(su1, su2);
    printf("덧셈 결과 : %d + %d = %d\n", su1, su2, result);
    return 0;
}
```

함수 원형을 선언하는 사용자 정의 헤더 파일 sum.h

```c
#pragma once                    // 컴파일 시 단 한 번만 실행하는 명령

int sum(int a, int b);          // 함수 원형 선언
```

사용자 함수 정의 sum.c

```c
#include "sum.h"

int sum(int a, int b)
{
    int total = 0;
    total = a + b;
    return total;
}
```

```
첫 번째 정수 입력 : 10
두 번째 정수 입력 : 20
덧셈 결과 : 10 + 20 = 30
```

비주얼 스튜디오의 [솔루션 탐색기] 창에 2개의 소스 파일(main.c, sum.c)과 1개의 헤더 파일(sum.h)이 생성된 것을 확인할 수 있습니다.

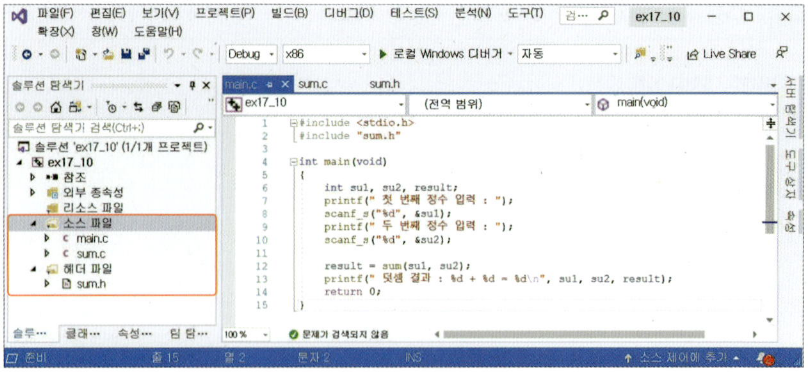

그림 17-3 [솔루션 탐색기] 창에 생성된 소스 파일과 헤더 파일

도전문제 매크로 사용 방법 익히기

01 실행 결과에 맞게 소스 코드의 빈칸을 채워 완성하시오.

```
1부터 50까지의 합 : 1275
[매크로 취소 후 재정의]
1부터 100까지의 합 : 5050
```

```c
#include <stdio.h>
__________ 50        // 매크로 상수 정의

int main(void)
{
    int cnt, hap = 0;
    for(cnt = 1; __________; cnt++)
        hap += cnt;
    printf("1부터 %d까지 합은 %d\n", MAX, hap);

__________                // 매크로 취소
#define MAX 100           // 매크로 상수 재정의

    printf("[매크로 취소 후 재정의]\n");
    hap = 0;

    for(cnt = 1; cnt <= MAX; cnt++)
        __________

    printf("1부터 %d까지 합은 %d\n", MAX, hap);
    return 0;
}
```

Hint : 매크로 상수 정의는 #define 명령을 사용하고, 이미 정의된 매크로 취소는 #undef 명령을 사용합니다.

정답

```
#define MAX
cnt <= MAX
#undef MAX
hap += cnt;
```

02 실행 결과에 맞게 소스 코드의 빈칸을 채워 완성하시오.

```
1부터 100까지 5의 배수의 합 : 1050
```

```
#include <stdio.h>

int main(void)
{
    int cnt, hap = 0, num;

                 MULTI     // 매크로가 정의되어 있으면 참으로 판단
    num = 3;
#else                      // 매크로가 정의되어 있지 않은 경우
    num = 5;
                 

    for(cnt = 1; cnt <= 100; cnt++)
        if(cnt % num == 0)         // 배수 구분
            hap += cnt;

    printf("1부터 100까지 %d의 배수의 합은 %d\n", num, hap);
    return 0;
}
```

Hint : #ifdef~#endif는 #define 선행처리기 명령으로 정의된 매크로가 존재하는지 판단하여 조건 컴파일을 수행합니다. 정의된 매크로가 있으면 참으로 판단하여 명령을 수행합니다.

정답

```
#ifdef
#endif
```

03 실행 결과에 맞게 소스 코드의 빈칸을 채워 완성하시오.

```
1번째 과목 점수 : 88
2번째 과목 점수 : 99
3번째 과목 점수 : 77
총점 : 264
평균 : 88.00
```

```c
#include <stdio.h>

int main(void)
{
    int cnt, hap = 0, num;
    float avg;

[          ] MAX         // 정의된 매크로가 없으면 참으로 판단
#define MAX 3            // 매크로 정의가 없으므로 매크로 정의
#endif

    for(cnt = 1; cnt <= MAX; cnt++)
    {
        printf("%d번째 과목 점수 : ", cnt);
        scanf_s("%d", &num);
        hap += num;
    }

    avg = [          ]

    printf("총점 : %d\n", hap);
    printf("평균 : %.2f\n", avg);
    return 0;
}
```

Hint : #ifndef~#endif는 #define 선행처리기 명령으로 정의된 매크로가 존재하는지 판단하여 조건 컴파일을 수행합니다. 정의된 매크로가 없으면 참으로 판단하여 명령을 수행합니다. 정수와 정수의 연산에서는 실수값이 산출될 수 없으므로 캐스트 연산자를 사용해야 합니다.

정답

```c
#ifndef
(float)hap / MAX;
```

핵심점검

1 (   )은/는 컴파일러가 소스 프로그램을 기계어 코드로 번역하기 전에 수행하는 일련의 작업 과정입니다.

2 모든 선행처리기 문장은 반드시 선행처리 지시자인 (   )(으)로 시작해야 하며 끝에는 세미콜론(;)을 붙이지 않습니다.

3 (   )에는 매크로와 상수, 라이브러리 함수의 원형 등이 다양하게 정의되어 있으며 표준 헤더 파일의 종류는 컴파일러마다 조금씩 차이가 있습니다.

4 사용자 정의 헤더 파일을 정의할 때는 선행처리기 (   ) 명령어를 사용합니다.

5 (   )은/는 프로그램에서 반복해서 사용하는 단어 또는 수행할 문장을 특정 심벌(symbol)을 사용해서 나타냅니다.

6 (   )(이)란 선행처리기 명령어를 사용하여 매크로 정의 유무에 따라 특정한 조건을 부여한 뒤 조건에 맞는 컴파일을 선택하여 수행하는 것입니다.

7 하나의 프로젝트에 여러 개의 소스 파일을 생성할 경우 이러한 소스 파일을 (   )(이)라고 합니다.

8 각각의 모듈은 하나의 소스 파일과 (   )이/가 정의되어 있는 헤더 파일을 가지고 있습니다.

정답 **1** 선행처리기 **2** # **3** 헤더 파일 **4** #define **5** 매크로 **6** 조건 컴파일 **7** 모듈 **8** 함수의 원형

연습문제

1 컴파일러가 소스 프로그램을 기계어 코드로 번역하기 전에 수행하는 일련의 작업은?

① 컴파일 ② 링크
③ 선행처리기 ④ 디버깅

2 선행처리기는 지정된 명령어를 해석하여 변환한 결과를 어디에 추가하는가?

① 레지스터 ② 소스 프로그램
③ 버퍼 ④ 스트림

3 소스 프로그램에 여러 가지 명령을 수행하는 선행처리는 어떤 작업을 하기 전에 이루어지는가?

① 컴파일 ② 분석
③ 순서도 작성 ④ 디버깅

4 선행처리기의 특징을 잘못 설명한 것은?

① #으로 시작
② 선행처리기 문장 끝에는 세미콜론(;) 사용
③ C 언어 문법의 영향을 받지 않음
④ C 언어 키워드의 영향을 받지 않음

5 헤더 파일 안에 정의되어 있지 않은 것은?

① 매크로 ② 지역 변수
③ 상수 ④ 라이브러리 함수의 원형

6 키보드나 마우스 조작 등의 단순 반복 기능을 한 번의 동작으로 자동 실행되도록 수행하는 기능은?

① 함수 ② 구조체
③ 배열 ④ 매크로

7 매크로 문자로 사용할 수 없는 것은?

① 영문자 ② 숫자

③ 콤마 ④ _

8 매크로 상수로 정의한 키워드를 다른 키워드로 정의하여 매크로의 실제 값이 치환되도록 수행하는 과정을 나타내는 것은?

① 매크로 선언 ② 매크로 호출

③ 매크로 확장 ④ 매크로 저장

9 이미 정의된 매크로를 취소할 때 사용하는 명령은?

① #include ② #define

③ #inndef ④ #undef

10 조건 컴파일에서 사용하지 않는 선행처리기 명령어는?

① #ifdef ② #define

③ #ifndef ④ #else

11 다음 빈칸에 들어갈 알맞은 말은?

> #ifdef는 매크로가 정의된 경우를 (　　　　)(으)로 판단하고, #ifndef는 매크로가 정의되지 않은 경우를 (　　　　)(으)로 판단합니다.

① 참, 거짓 ② 참, 참

③ 거짓, 참 ④ 거짓, 거짓

12 하나의 프로젝트에 여러 개의 소스 파일을 생성할 경우 이렇게 생성된 소스 파일을 뜻하는 용어는?

① 모듈 ② 코드 블록

③ 구조체 ④ 매크로

연습문제

13 선행처리기의 특징을 서술하시오.

14 매크로 이름을 정할 때 유의할 사항을 서술하시오.

15 일반 함수와 매크로 함수의 차이점을 적으시오.

종류	일반 함수	매크로 함수
실행 속도		
프로그램 크기 변화		

프로그래밍 문제

1 매크로 정의 유무에 따라 조건 컴파일을 수행하는 프로그램을 작성하시오.

- 변수의 선언과 초기화: a = 10, b = 20
- 조건 컴파일: #ifndef 사용
- 매크로 함수 정의: add(a, b) ((a) + (b))
- 기타 사항은 [출력 예시] 참조

[출력 예시]

```
초깃값 : a = 10, b = 20
[매크로 함수 정의]
[매크로 함수 실행]
실행 결과 : 10 + 20 = 30
```

2 다음 내용에 맞는 프로그램을 작성하시오.

- 프로젝트 이름 : TS17_02
- 헤더 파일 이름 : student.h
- 소스 파일 이름 : profile.c
- 헤더 파일에서 #define 명령으로 기호 상수 3개 선언 : 소프트웨어학과, 20331235, 강산애,
- 기타 사항은 [출력 예시] 참조

[출력 예시]

```
소속 : 소프트웨어학과
학번 : 20331235
성명 : 강산애
```

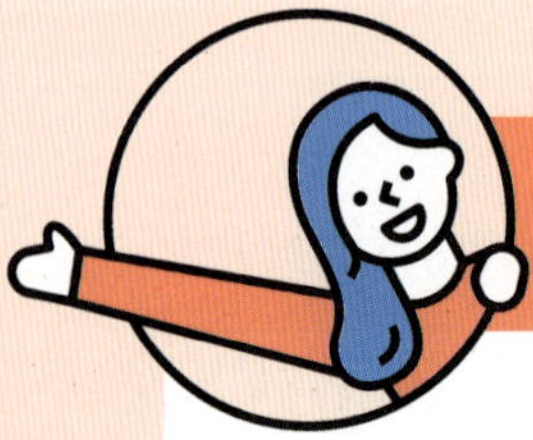

프로그래밍 문제

3 다음 내용에 맞는 프로그램을 작성하시오.

- 프로젝트 이름 : TS17_03
- 헤더 파일 이름 ab.h 선언
- float avg(int a, int b) 함수 원형 선언
- 평균을 산출하는 사용자 정의 함수를 정의한 소스 파일 : avg.c
- 중간고사와 기말고사의 점수를 입력받아 함수를 호출하는 소스 파일 : main.c
- 기타 사항은 [출력 예시] 참조

[출력 예시]

```
중간고사 : 88
기말고사 : 99
평균 ; 93.50
```

부록
시험 대비 워크북

01 중간고사 대비 워크북 1회

1. 컴퓨터보다 사람이 쉽게 이해할 수 있는 명령어로 구성된 프로그래밍 언어는?

① 고급 언어　② 포트란
③ 파이썬　④ 저급 언어

2. 비주얼 스튜디오와 같이 프로그램 소스 코드를 기계어로 변환하여 실행할 수 있게 만드는 프로그램을 가리키는 것은?

① 프로젝트　② 컴파일
③ 컴파일러　④ 고급 언어

3. 제어 문자 중에서 Enter 키를 의미하는 것은?

① \n　② \t
③ \r　④ \b

4. 변수의 자료형에 따라 확보된 메모리 공간의 크기보다 더 작은 값을 대입할 때 발생하는 증상은?

① 언더플로　② 오버플로
③ 문법 오류　④ 시스템 중지

5. 다음 연산자 중에서 우선순위가 가장 낮은 것은?

① <<　② ()
③ []　④ ++

6. 프로그램을 수행할 때 지정된 위치로 이동시키는 제어 명령문인 분기문에 해당하는 것은?

① for 문　② if 문
③ switch 문　④ return 문

7. 반복 횟수를 정확하게 알고 있을 때 사용하는 반복문은?

① while 문　② for 문
③ do~while 문　④ switch 문

8. 반복문에서 조건식을 생략면 나타나는 현상은?

① 반복을 1회만 실행　② 반복을 2회만 실행
③ 반복을 실행하지 않음　④ 무한 반복

9. 함수를 선언할 때 함수의 정보를 알려주기 위해 사용하는 것은?

① 함수의 원형　② 함수의 선언
③ 함수의 호출　④ 함수의 정의

10. 함수를 정의할 때 괄호 안에 넣는 값은?

① 매개변수　② 함수의 이름
③ 인수　④ 반환값

※ 다음 문제를 읽고 해당하는 답의 번호를 [보기]에서 고르시오(11~15).

[보기]

① 상수	② 변수
③ 코드 블록	④ 식별자
⑤ 저급 언어	⑥ 고급 언어
⑦ 프로젝트	⑧ 예약어

11. 컴퓨터가 쉽게 해석할 수 있는 명령어로 이루어진 프로그래밍 언어는?

12. 프로그램 라이브러리에서 제공하는 것 외에 프로그래머가 필요에 따라 선언하는 변수의 이름 또는 사용자 정의 함수 등을 의미하는 것은?

13. 프로그램에서 사용할 데이터를 임시로 보관하는 메모리 공간을 확보하기 위해 선언하는 것은?

14. 조건문에서 수행할 명령이 2개 이상일 경우에 반드시 설정해야 하는 것은?

15. 컴파일러가 특정 목적을 수행하기 위해 사전에 예약해 놓은 명령어는?

16. 다음 소스 코드를 실행한 결과값은?

```
int a = 85;
printf("%05d", a);
```

17. 다음 소스 코드를 실행한 결과값은?

```
char c;
c = 'K' + 5;
printf("c = %d", c);
```

18. 다음 소스 코드를 실행한 결과값은?

```
int a = 10, b = 9, result = 0;
result = a++ + b++;
printf("연산 결과 = %d", result);
```

19. 다음 프로그램의 실행 결과를 예측해서 적으시오.

```
int count = 10, sum = 0;
do
{
    sum += count;
    printf("%5d", sum);
    count -= 3;
} while(count > 0);
```

20. 소스 코드가 의미하는 것을 주석문으로 적으시오.

```
check = input % 3;
switch(check)   // [          ]
{
   case 0:      // [          ]
      printf("input = %d\n", input);
   break;
   default:     // [          ]
      printf("input = %d\n", input);
   break;
}
```

21. 빈칸을 채워 소스 코드를 완성하시오.

```
#include [          ]
int main(void)
{
   char input[10];

   printf("문자열 입력 : ");
   scanf_s([          ]);
   printf("입력한 문자열 : %s\n", [     ])
   printf("문자열 저장 주소 : %d\n", [     ])
   return 0;
}
```

22. 다음 프로그램에서 사용한 명령어의 역할을 간단히 적으시오.

```
#include <stdio.h>
int main(void)
{
   printf("오늘도 즐거운 하루!\n");
}
```

① # :

② include :

③ stdio.h :

④ main( ) :

⑤ void :

⑥ { 명령문 } :

⑦ printf(" ") :

⑧ \n :

⑨ 세미콜론(;) :

23. 선행처리기를 사용할 경우의 장점 4가지를 적으시오.

24. 다음 내용에 맞는 프로그램을 작성하시오.

- 문자열 배열 2개 : 학과와 성명을 처리하는 배열
- 키보드로 문자열 2개 각각 입력 : scanf_s( ) 함수
- 입력받은 학과와 성명 출력 : printf( ) 함수
- 기타 사항은 [출력 예시] 참조

[출력 예시]

```
학과 : 빅데이터분석학과
성명 : 홍길동

입력한 정보 출력
학과 : 빅데이터분석학과
성명 : 홍길동
```

25. 다음 내용에 맞는 프로그램을 작성하시오.

- do~while 문으로 프로그램을 무한 반복
- 콤마를 구분자로 정수 3개 입력
- 입력한 정수 3개 중에서 최소값 판별 : 조건 연산자(삼항 연산자) 사용
- 프로그램 다시 실행 : 대소 문자 구별 없이 알파벳 Y 또는 y
- 프로그램 종료 : 대소 문자 구별 없이 알파벳 N 또는 n
- 알파벳 Y 또는 N 이외 알파벳 입력하면 goto 문으로 강제 분기
- 기타 사항은 [출력 예시] 참조

[출력 예시]

```
정수 3개 입력(콤마를 구분자로 사용) : 235,89,126

입력한 정수 3개는 235, 89, 126이며
최소값은 89

프로그램을 다시 실행?(Y/N) : k
입력 문자 오류!

프로그램을 다시 실행?(Y/N) : y
정수 3개 입력(콤마를 구분자로 사용) : 958,305,999

입력한 정수 3개는 958, 305, 999이며
최소값은 305

프로그램을 다시 실행?(Y/N) : n
프로그램 종료
```

02 중간고사 대비 워크북 2회

1. 컴퓨터가 쉽게 해석할 수 있는 명령어로 구성된 프로그래밍 언어는?

① 포트란 ② C 언어
③ 파이썬 ④ 어셈블리어

2. 키보드나 모니터와 같은 표준 입출력 장치를 통틀어서 나타내는 말은?

① 콘솔 ② 디버거
③ 모듈 ④ 디바이스

3. printf( ) 함수에서 실수를 전체 자릿수 8자리, 소수 둘째 자리까지 출력할 때 사용하는 출력 형식 지정사는?

① %8.2e ② %8.2d
③ %8.2f ④ %8.2s

4. 모니터에 \ 또는 ₩가 출력되도록 올바르게 선언한 것은?

① #₩ ② %₩
③ /₩ ④ ₩₩

5. 화면에 80%3으로 출력하기 위해 printf( ) 함수 안에 선언하는 형식은?

① 80%3 ② 80%%3
③ 80/%3 ④ 80₩%3

6. 다중 if 문에서 조건문이 2개 이상일 때 어느 하나의 조건이라도 참이면 명령을 수행하게 만드는 연산자는?

① AND ② | |
③ && ④ !=

7. do~while 문에서 강제로 종료하기 전까지 무한 루프로 반복을 수행하기 위해 설정해야 하는 것은?

① 초기값을 1로 설정 ② 조건식을 1로 선언
③ 증감값을 0으로 설정 ④ 조건식을 0으로 선언

8. for 문을 수행할 때 반복문의 처음으로 무조건 이동시키는 제어문은?

① break 문 ② goto 문
③ continue 문 ④ return 문

9. 프로그램에서 호출하여 실행 중인 프로세스를 강제로 종료할 때 사용하는 함수는?

① system( ) 함수 ② sleep( ) 함수
③ exit( ) 함수 ④ sqrt( ) 함수

10. 실수의 제곱근을 구하는 함수는?

① floor( ) 함수 ② pow( ) 함수
③ fabs( ) 함수 ④ sqrt( ) 함수

※ 다음 문제를 읽고 해당하는 답을 [보기]에서 고르시오(11~15).

[보기]

① 조건문	② conio.h
③ 컴파일러	④ getchar( )
⑤ stdlib.h	⑥ 분기문
⑦ sizeof( )	⑧ 컴파일
⑨ else	⑩ break
⑪ default	⑫ continue

11. 소스 코드를 기계어로 번역하여 실행할 수 있도록 해주는 과정은?

12. 프로그램을 수행할 때 지정된 위치로 이동시키는 제어문은?

13. scanf_s( ) 함수를 연속해서 사용할 경우 발생하는 문제를 해결하기 위해 사용하는 함수는?

14. 난수 함수를 사용하기 위해 가져와야 하는 헤더 파일은?

15. switch 문에서 case 문을 빠져나가는 명령문은?

16. 다음 소스 코드를 실행한 결과값은?

```
float b = 12.345;
printf("%.2f", b);
```

17. 다음 소스 코드를 실행한 결과값은?

```
short a = 32769
printf("a = %d", a);
```

18. 다음 소스 코드를 실행한 결과값은?

```
int num = 13, result = 0;
result = --num << 2;
printf("연산 결과 = %d", result);
```

19. 다음 프로그램을 실행하면 문자열 "Good morning"이 몇 번 출력될지 적으시오.

```
int a = 0;
while(a < 10)
{
    if(a > 3)
        break;
    else
        printf("Good morning\n");
    a++;
}
```

20. 다음 소스 코드에서 잘못 작성한 부분을 찾아 수정 내용을 주석문으로 적으시오.

```
include <stdio.h>
int void(main)    // [          ]
{
    printf("안녕하세요. /n") // [          ]
    return 0;
}
```

21. 빈칸을 채워 소스 코드를 완성하시오.

```
#include <stdio.h>
int main(void)
{
    int input, *addr;

    printf("정수 입력 : ");
    scanf_s([          ]);
    addr = [          ]

    printf("입력 데이터 저장 주소 : %d\n", [   ]);
    return 0;
}
```

22. 각 제어 문자의 의미를 적으시오.

제어 문자	의미
\a	
\b	
\f	
\n	
\r	
\t	
\\	
\'	
\"	

23. C 언어의 장점을 5가지 이상 적으시오.

24. 다음 내용에 맞는 프로그램을 작성하시오.

- #define으로 기호 상수 선언 : 1m → 1.093613yd
- 거리를 미터(m) 단위로 입력
- 입력받은 미터를 거리로 환산한 yd 출력
- 기타 사항은 [출력 예시] 참조

[출력 예시]

```
거리(m) : 300
입력한 거리 : 300m
환산한 거리 : 328.083893yd
```

25. 다음 내용에 맞는 프로그램을 작성하시오.

- 정수형 포인터 1개를 가지는 사용자 정의 함수 선언
- 메인 함수에서 사용자 정의 함수 호출 : 주소값을 참조하는 방식
- 포인터를 사용하여 전달받은 값의 제곱 산출 : 사용자 정의 함수
- 사용자 정의 함수에서 메인 함수로 포인터 반환
- 기타 사항은 [출력 예시] 참조

[출력 예시]

```
정수 입력 : 8
함수 호출 전의 값 : 8
함수 호출 후의 값 : 64
```

03 중간고사 대비 워크북 3회

1. 다음 프로그래밍 언어 중에서 성격이 다른 하나는?

① 포트란 ② 파스칼
③ 베이직 ④ 어셈블리어

2. 컴파일러에서 기본으로 제공하는 헤더 파일을 불러올 때 사용하는 기호는?

① [ ] ② { }
③ ( ) ④ 〈 〉

3. a = 8.123456으로 선언하고 출력문에서 %06.3f로 설정할 경우의 출력값은?

① 8.1234 ② 8.123
③ 08.1235 ④ 08.123

4. 상수에 이름을 붙이기 위해 사용하는 방법은?

① 헤더 파일 ② 기호 상수
③ 정수 상수 ④ 실수 상수

5. a += b - c와 같은 연산식은?

① a + b - c = a ② a = a + b - c
③ a = (a + b) - c ④ a = a + (b - c)

6. switch 문의 case 문에서 사용할 수 있는 수식은?

① 실수형 상수 ② 문자열 상수
③ 포인터 상수 ④ 문자형 상수

7. 지정한 레이블로 강제 이동시키는 명령문은?

① break 문 ② goto 문
③ continue 문 ④ return 문

8. 사용자 정의 함수에서 수행 중인 명령을 종료하고 함수를 호출한 곳으로 돌아가게 하는 명령문은?

① break 문 ② goto 문
③ continue 문 ④ return 문

9. 소수점 이하의 값을 무조건 버리는 함수는?

① floor( ) 함수 ② ceil( ) 함수
③ srand( ) 함수 ④ sqrt( ) 함수

10. 프로그램에서 특정한 작업을 수행하도록 따로 정의해 놓은 독립적인 단위는?

① 구조체 ② 헤더 파일
③ 함수 ④ 포인터

※ 다음 문제를 읽고 해당하는 답을 [보기]에서 고르시오(11~15).

[보기]

① 고급 언어	② 프로젝트
③ exit( )	④ 포인터
⑤ 자료형	⑥ pow( )
⑦ 솔루션	⑧ 어셈블리어
⑨ stdio.h	⑩ conio.h
⑪ stdlib.h	⑫ windows.h

11. 사용하기 어렵고 오류가 자주 발생하는 기계어의 불편함을 개선하기 위해 개발된 프로그래밍 언어는?

12. 프로그램 개발에서 문제 해결을 위해 필요한 프로젝트로 이루어진 단위는?

13. 데이터를 저장하기 위한 공간의 이름을 의미하는 변수의 메모리 공간 크기를 지정하는 단위는?

14. 호출하여 실행 중인 프로세스를 강제로 종료할 때 사용하는 함수는?

15. 화면을 보여주는 시간을 설정하는 함수를 사용하기 위해 불러올 헤더 파일은?

16. 다음 소스 코드를 실행한 결과값은?

```
char c = 'C';
printf("%d", c);
```

17. 다음 소스 코드를 실행한 결과값은?

```
short a = -32769
printf("a = %d", a);
```

18. 다음 소스 코드를 실행한 결과값은?

```
int a = 21, b = 30, result = 0;
result = --a + b >> 2;
printf("연산 결과 = %d", result);
```

19. 다음 프로그램을 실행할 때 발생하는 문제점이 무엇인지 주석문으로 적으시오.

```
signed short int of, df;

of = 32767 + 10;    // [          ]
df = -32768 - 10;   // [          ]
```

20. 다음 프로그램을 실행하면 문자열 "Academy"가 몇 번 출력될지 적으시오.

```
for(int a = 0; a < 10; a++)
{
    if(a > 2)
        break;
    if(a > 5)
        continue;
    printf("Academy\n");
}
```

21. 빈칸을 채워 소스 코드를 완성하시오.

```
#include <stdio.h>
[          ] E 100

int main(void)
{
    int count = 1, hap = 0;

    do
    {
        if(hap > 2500)
            [          ]
        else
            [          ]

        [          ]
    } while(count <= E);
    printf("%d회 수행 누적 합계 : %d\n",
        count, hap);
    return 0;
}
```

22. 논리 연산자를 수행한 결과값을 빈칸에 채우시오.

A	B	A && B	A ‖ B	A ^ B	!(A ^ B)
0	0				
1	0				
0	1				
0	1				

23. switch 문을 사용할 때 주의할 사항을 적으시오.

24. 다음 내용에 맞는 프로그램을 작성하시오.

- 정수형 변수 3개 선언
- 중첩 for 문 사용 : for 문 안에 2개의 for 문 선언
- 바깥쪽 for 문은 3씩 증가하도록 증감값 설정
- 안쪽 for 문은 1씩 증가하도록 증감값 설정
- 기타 사항은 [출력 예시] 참조

[출력 예시]

```
      *
    ****
  *******
```

25. 다음 내용에 맞는 프로그램을 작성하시오.

- do~while 문으로 프로그램 무한 반복 수행
- 공백을 구분 문자로 사용해 문자와 출력 횟수 입력 : 메인 함수
- 반환값은 없고 문자형과 정수형을 매개변수로 가지는 사용자 정의 함수 선언
- 프로그램 다시 실행 : 대소 문자 구별 없이 Y 또는 y
- 프로그램 종료 : 대소 문자 구별 없이 N 또는 n
- 대소 문자 구별 없이 Y 또는 N 외의 알파벳 입력 : goto 문으로 강제 분기
- 기타 사항은 [출력 예시] 참조

[출력 예시]

```
입력 예시 : S 5(알파벳 [공백] 숫자 입력)
문자와 횟수(정수) 입력 : Q 3
Q Q Q : 3회 출력 완료

프로그램 다시 실행?(Y/N) : k
문자 입력 오류!

프로그램 다시 실행?(Y/N) : y

입력 예시 : S 5(알파벳 [공백] 숫자 입력)
문자와 횟수(정수) 입력 : T 5
T T T T T : 5회 출력 완료

프로그램 다시 실행?(Y/N) : n
프로그램 종료
```

04 기말고사 대비 워크북 1회

1. 함수 외부에서 선언한 변수는?

① 전역 변수　② 지역 변수
③ 매개변수　④ 인수

2. 하나의 프로젝트에 여러 개의 파일이 존재할 경우 변수를 외부와 연결하기 위해 사용하는 키워드는?

① extern　② auto
③ static　④ register

3. 배열에서 전체 그룹의 이름을 부여하고 데이터에 접근하기 위해 사용하는 키워드는?

① 배열 요소　② 첨자(인덱스)
③ 배열 이름　④ 배열 크기

4. char a[6]; a = "space";와 같이 선언할 경우 발생하는 현상은?

① 정상 수행
② 빈칸이 0으로 채워짐
③ 빈칸이 NULL 값으로 채워짐
④ 컴파일 오류 발생

5. 배열 int a[2][2] = {10, 20, 30, 40};에서 배열 요소 a[0][1]의 초깃값은?

① 10　② 20
③ 30　④ 40

6. 변수를 선언할 때 메모리 주소를 할당해 주는 것은?

① 컴파일러와 운영체제
② 컴파일러와 프로그래머
③ 운영체제와 프로그래머
④ 운영체제와 레지스터

7. 문자형 변수 a의 값이 상대 주소값으로 메모리에 저장되어 있을 때 이 위치를 포인터 *p에 대입하려면?

① char *p = (char *)300000
② char *p = a;
③ char *p = &a;
④ char *p = (char *)a

8. 문자형 배열로 문자열 상수를 처리할 때 문자열 끝에 자동으로 포함되는 것은?

① \\　② /0
③ \1　④ NULL

9. 문자열 s1과 s2의 크기를 비교하는 함수는?

① strcpy_s(s1, s2)　② strncpy_s(s1, s2, n)
③ strncmp(s1, s2, n)　④ strcmp(s1, s2)

10. 정수 8개를 저장할 동적 메모리 할당을 요청하는 소스 코드는?

① int score = (int)malloc(8*sizeof(int))
② int score = (int *)malloc(8*sizeof(int))
③ int *score = (int)malloc(8*sizeof(int))
④ int *score = (int *)malloc(8*sizeof(int))

※ 다음 문제를 읽고 해당하는 답을 [보기]에서 고르시오(11~15).

① 지역 변수	② 자료형
③ 인덱스	④ free( )
⑤ ->	⑥ 전역 변수
⑦ fseek( )	⑧ &
⑨ extern	⑩ auto
⑪ static	⑫ register

11. 선언을 하면 자동으로 0의 값으로 초기화를 해 주는 변수는?

12. 배열의 데이터에 접근할 때 사용하는 키워드는?

13. 변수를 선언하고 변수에 대입한 값이 저장된 메모리 주소를 반환해 주는 연산자는?

14. 할당된 동적 메모리를 반납할 때 사용하는 함수는?

15. 정적 변수를 선언할 때 변수명 앞에 선언하는 키워드는?

16. 다음과 같이 소스 코드를 선언할 경우 확보되는 동적 메모리의 크기는?

```
int *score;
score = (int *)malloc(sizeof(int)*8);
```

17. 다음 소스 코드를 실행한 결과값은?

```
int a[5] = {10, 20, 30, 40, 50};
int (*ap)[5];
printf("%d\n", (*ap)[2]);
```

18. 다음 프로그램에서 외부 연결이 불가능한 변수는?

```
#include <stdio.h>
int A;
static int B;
int main(void)
{
    static int C;
    int D;
    ...
    return 0;
}
```

19. 다음과 같이 배열을 선언할 때 발생할 수 있는 문제점은?

① int a[3] = {23, 33, 45, 55};

② int b[5] = {88, 23, 56};

20. 소스 코드의 의미를 주석문으로 적으시오.

```
#include <stdio.h>
static long s = 0;  // [    ①    ]
int main(void)
{
    static long a = 0;  // [    ②    ]
    int b = 1;  // [    ③    ]
    ...
    return 0;  // [    ④    ]
}
```

21. 빈칸을 채워 소스 코드를 완성하시오.

```
#include <stdio.h>
int main(void)
{
    int point[ ] = {38, 96, 14, 27, 55};
    [          ]
```

```
    count = sizeof(point) / [          ]

    printf("point[] = {38, 96, 14, 27,
                    55}\n");
    printf("배열 요소 개수 : %d개\n",
           [          ]);

    return 0;
}
```

22. 사용 범위를 보고 변수의 저장 타입 지정자에 대한 구분을 적으시오.

변수	저장 타입 지정자	사용 범위
auto		함수 또는 코드 블록 구간
static	*정적 전역 변수*	하나의 소스 파일 내
		함수 또는 코드 블록 구간
extern		모든 소스 파일에 연결하여 사용
register		함수 또는 코드 블록 구간
없음		모든 소스 파일

23. 배열을 사용할 때 주의할 사항을 3가지 이상 적으시오.

24. 다음 내용에 맞는 프로그램을 작성하시오.

- 배열의 요소 : A, B, C, D, E
- 입력한 배열의 요소 수만큼 배열 크기가 자동 설정
- 배열 요소의 수 = sizeof(배열명) / sizeof(배열명[0])
- 배열의 전체 요소와 배열의 수 출력
- 기타 사항은 [출력 예시] 참조

[출력 예시]

```
char alpha[] = {'A', 'B', 'C', 'D', 'E'}
배열의 요소 수 : 5개
```

25. 다음 내용에 맞는 프로그램을 작성하시오.

- #define 명령으로 기호 상수 선언 : 2개월, 3개 품목 수, 3개 품목 입력 수, 배열 요소 처리 수
- 3개 품목을 2차원 배열로 선언 : CPU, RAM, HDD
- 중첩 for 문(조건식은 기호 상수 이용) : 바깥쪽 for 문은 개월 수, 안쪽 for 문은 3개 품목 수량 입력
- 월별 수량 합계와 전체 판매 수량 출력
- 기타 사항은 [출력 예시] 참조

[출력 예시]

```
1월 품목별 수량 입력
CPU : 23
RAM : 33
HDD : 45
합계 : 101

2월 품목별 수량 입력
CPU : 55
RAM : 77
HDD : 99
합계 : 231

전체 판매 수량 : 332
```

05 기말고사 대비 워크북 2회

1. 변수가 생성되고 소멸되는 주기를 나타내는 것은?

① 변수의 상속 ② 변수의 의미
③ 변수의 속성 ④ 변수의 생존 시간

2. 정적 변수를 선언할 때 변수명 앞에 선언하는 키워드는?

① extern ② auto
③ static ④ register

3. 배열을 선언할 때 필요한 4대 요소에 해당하는 것은?

① 레지스터 ② 자료형
③ 메모리 상대 주소 ④ 메모리 절대 주소

4. 배열의 크기와 배열의 인덱스의 관계를 나타낸 것은?

① 배열의 크기 - 1 ② 배열의 크기 + 1
③ 배열의 크기 + 2 ④ 배열의 크기 + 3

5. 배열 char [2][2]의 전체 배열 요소의 개수는?

① 2 ② 3
③ 4 ④ 5

6. int *p = (int *)30000;과 같이 포인터를 선언할 경우에 대한 설명으로 <u>틀린</u> 것은?

① 포인터 p를 선언
② 정수형 변수 p의 초깃값을 30000으로 대입
③ 절대 주소값으로 30000번지를 사용
④ int *p; p = (int *)30000;과 같은 표현

7. 포인터 p가 가리키는 주소값을 먼저 증가시킨 뒤 변동된 주소에 저장된 데이터를 참조하는 포인터 연산은?

① ++*p ② *p++
③ (*p)++ ④ *++p

8. 문자형 배열로 문자열 상수를 처리할 때 실제 문자열의 길이보다 배열의 크기를 어떻게 설정해야 할까?

① 문자열 크기 - 1 ② 문자열 크기 + 0
③ 문자열 크기 + 1 ④ 문자열 크기 + 2

9. EOF 문자를 입력할 때 사용하는 단축키는?

① Ctrl + Z ② Ctrl + U
③ Shift + Z ④ Shift + U

10. 다음과 같이 배열을 선언할 때 변수에 대입되는 값은?

```
char test[7] = {'A', 'B', 'C', 0};
int d_size = sizeof(test);
```

① 3 ② 4
③ 7 ④ NULL

※ 다음 문제를 읽고 해당하는 답을 [보기]에서 고르시오(11~15).

[보기]

① /0	② 절대 주소값
③ extern	④ 상대 주소값
⑤ auto	⑥ typedef
⑦ NULL	⑧ struct
⑨ &	⑩ *
⑪ #	⑫ ->

11. 동적 변수를 선언할 때 변수명 앞에 선언하는 키워드는?

12. 문자열을 배열로 표현할 때 문자열의 끝을 알리는 문자는?

13. 포인터를 초기화할 때 메모리 주소의 비어 있는 공간을 찾아서 할당해 주는 주소는?

14. 구조체를 선언할 때 사용하는 키워드는?

15. 포인터에서 사용하는 간접 참조 연산자는?

16. 다음과 같이 할당된 메모리의 크기를 10바이트 단위로 변경하려면 소스 코드를 어떻게 수정해야 할지 주석문으로 적으시오.

```
int *p;
p = (int *)malloc(sizeof(int) * 5);
// [          ]
```

17. 다음 소스 코드를 실행한 결과값은?

```
char *season[ ] = {"Summer", "Fall",
                   "Winter", "Spring"};
char **choice;
choice = season;
printf("%s \n", *choice);
```

18. 다음 프로그램에서 외부 연결이 가능한 변수는?

```
#include <stdio.h>
int A;
extern int B;
int main(void)
{
    auto int C;
    register int D;
    ...
    return 0;
}
```

19. 다음과 같이 배열을 선언할 경우 발생할 수 있는 문제점은?

① char c[3] = "korea";

② char d[5] = {'s', 'k', 'y', '\0'};

20. 소스 코드의 의미를 주석문으로 적으시오.

```
int hap(int num1, int num2); // [      ]
int main(void)
{
    int a = 10, b = 20, result;
    int (*fp)(int a, int b); // [      ]
    ...
    fp = hap; // [      ]
    result = (*fp)(100, 200); // [      ]
```

21. 빈칸을 채워 소스 코드를 완성하시오.

```
#include <stdio.h>
int main(void)
{
    int *a;
    char *c;
    double* d;

    a = [          ]
    // 10000번지를 절대 주소값으로 정수형
      포인터 a 선언

    c = [          ]
```

```
    // 20000번지를 절대 주소값으로 문자형
       포인터 c 선언

    d = [          ]
    // 30000번지를 절대 주소값으로 실수형
       포인터 d 선언

    printf("절대 주소값 출력\n");
    printf("num=%d, c=%d, d=%d\n", num, c, d);
    return 0;
}
```

22. 함수의 기능을 간략히 적으시오.

① isalnum( )
② isalpha( )
③ isupper( )
④ islower( )
⑤ isdigit( )
⑥ isxdigit( )
⑦ isblank( )
⑧ iscntrl( )
⑨ isprint( )
⑩ ispunct( )
⑪ isascii( )

23. 일반 연산과 포인터 연산은 연산 규칙에서 어떤 차이점이 있는지 비교해서 설명하시오.

24. 다음 내용에 맞는 프로그램을 작성하시오.

- 정수형 변수 1개와 문자형 포인터 배열 1개 선언
- 배열 요소 : 컴퓨터, 노트북, 마우스, 키보드, 모니터
- 배열 선언 : 문자형 포인터 배열 사용
- 구입 희망 순위 : 알파벳 출력은 아스키코드값 사용
- 기타 사항은 [출력 예시] 참조

[출력 예시]

```
구입 희망 순위
A순위 : 컴퓨터
B순위 : 노트북
C순위 : 마우스
D순위 : 키보드
E순위 : 모니터
```

25. 다음 내용에 맞는 프로그램을 작성하시오.

- #define 명령으로 기호 상수 선언 : 3개 과목의 수
- 포인터를 선언하여 동적 메모리 주소로 사용
- 동적 메모리 할당 : 기호 상수의 크기만큼 선언
- 동적 메모리 사용 : do~while 문으로 무한 반복 수행
- 3개 과목의 점수를 키보드로 입력 : for 문 사용
- 프로그램 다시 실행 여부 : 대소 문자 구별 없이 Y 또는 N(이외 알파벳은 goto 문으로 강제 분기)
- 기타 사항은 [출력 예시] 참조

[출력 예시]

```
과목1 점수 : 85
과목2 점수 : 97
과목3 점수 : 88
총점 : 270
평균 : 90.00

프로그램 다시 실행?(Y/N) : k
문자 입력 오류!

프로그램 다시 실행?(Y/N) : y
과목1 점수 : 88
과목2 점수 : 99
과목3 점수 : 76
총점 : 263
평균 : 87.67

프로그램 다시 실행?(Y/N) : n
프로그램을 종료합니다.
```

06 기말고사 대비 워크북 3회

1. 지역 변수를 사용할 때 오류가 발생하는 경우는?

① 함수 안에서 선언

② 코드 블록 밖에서 선언

③ 코드 블록 안에서 선언

④ 코드 블록 중간에서 선언

2. 동적 변수를 선언할 때 변수명 앞에 선언하는 키워드는?

① extern ② auto

③ static ④ register

3. 배열 요소의 개수를 구하는 공식은?

① sizeof(배열명) / sizeof(배열명[배열의 크기])

② sizeof(배열의 크기) / sizeof(배열 요소 수)

③ sizeof(배열명) / sizeof(배열명[0])

④ sizeof(배열의 크기) / sizeof(배열명[0])

4. 배열 int a[10] = {7};에서 a[8] 배열 요소의 초깃값은?

① 0 ② 3

③ 9 ④ 오류 발생

5. int a = 23; int *p; p = &a;에 대한 설명 중 틀린 것은?

① 포인터 p에 일반 변수 a의 주소값 대입

② 정수형 변수 a의 초기값을 포인터에 대입

③ 정수형 변수 a를 선언하고 23으로 초기화

④ 정수형 포인터 *p를 선언

6. 포인터 배열을 사용할 경우 배열 요소는 문자열의 무엇을 저장하는 포인터로 구성되는가?

① 절대 주소 ② 상대 주소

③ 시작 주소 ④ NULL

7. 포인터 연산 규칙에 대한 설명 중 틀린 것은?

① 포인터에는 ++ 또는 --를 사용해 정수를 증감하는 연산 수행 가능

② 포인터와 실수는 연산을 수행할 수 없음

③ 포인터와 포인터는 덧셈과 뺄셈 연산을 수행할 수 없음

④ 포인터와 포인터는 덧셈과 뺄셈 연산을 수행할 수 있음

8. 텍스트 파일의 끝을 알리는 문자는?

① \0 ② /0

③ EOF ④ NULL

9. 구조체 변수 a의 멤버인 포인터 sd에 구조체 d의 주소를 대입하는 형식은?

① sd.a = &d ② a.sd = &d

③ a.sd = d ④ sd.a = d

10. 다음과 같이 선언한 포인터와 malloc( ) 함수를 사용하여 노드의 크기만큼 동적 메모리를 할당받기 위한 올바른 소스 코드는?

```
NODE *p = NULL;
```

① p = (int *)malloc(sizeof(int))

② p = (NODE)malloc(sizeof(NODE))

③ p = (NODE *)malloc(sizeof(NODE))

④ p = (NODE *)calloc(sizeof(NODE))

※ 다음 문제를 읽고 해당하는 답을 [보기]에서 고르시오(11~15).

[보기]

① static	② 배열
③ 주소값	④ 버퍼
⑤ 함수	⑥ 포인터
⑦ Register	⑧ extern
⑨ 스트림	⑩ 바이너리

11. 하나의 프로젝트에 여러 개의 파일이 존재할 경우 변수를 외부와 연결하기 위해 사용하는 키워드는?

12. 같은 종류의 자료형을 선언하기 위해 구성된 데이터의 집합은?

13. 포인터 배열을 선언할 때 배열 요소에 해당하는 것은?

14. 컴퓨터 CPU와 주변 장치 사이에 발생하는 전송 속도 차이를 극복하기 위한 임시 기억 장치는?

15. 데이터에 다른 의미를 부여하지 않고 단순하게 숫자 그 자체를 취급하는 속성은?

16. 다음 소스 코드를 실행한 결과값은?

```
int a[2][4] = {
        {10, 20, 30, 0},
        {40, 50, 60, 0}
        };
int (*four)[4] = a;
printf("%d\n", four[0][2]);
```

17. 다음 소스 코드를 실행한 결과값은?

```
char *ps = "Academy";
printf("%c", *(ps + 5));
```

18. 다음 소스 코드를 실행한 결과값은?

```
#include <stdio.h>
void foun(void);

int a;
int main(void)
{
    for(a = 0; a < 5; a+=3)
    {
        foun();
        printf("\n");
    }
    return 0;
}

void foun(void)
{
    for(a = 0; a < 9; a += 3)
        printf("♡");
    printf("\n");
}
```

19. 다음 순서로 제시된 알파벳을 오름차순으로 정렬하기 위해 버블 정렬과 선택 정력을 수행하는 과정을 적으시오.

F – D – A – C – B

① 버블 정렬

② 선택 정렬

20. 소스 코드의 의미를 주석문으로 적으시오.

```
char *str = "spacezone"; // [          ]
char data[20] = ""; // [          ]
strcpy_s(data, sizeof(data), str);
// [          ]
printf("%s", data); // [          ]
strncpy_s(data, sizeof(data), str, 3);
// [          ]
printf("%s", data); // [          ]
```

21. 빈칸을 채워 소스 코드를 완성하시오.

```
#include <stdio.h>

int main(void)
{
    FILE *fp;
    errno_t [          ] ;

    err = fopen_s( [          ],
                  "smile.txt", "wt");
    // 쓰기 모드로 텍스트 파일 열기

    if([          ]) // 파일 열기 성공한 경우
    {
        fprintf(fp, "안녕하세요.\n");
        fprintf(fp, "웃음은 언제나 행복을
                 선사합니다.\n");
        printf("새로운 smile.txt 파일 생성
                 완료\n");
        printf("소스 코드와 같은 디렉터리에
                 생성\n");
        printf("smile.txt 파일 안에 내용
                 확인\n");

        fclose(fp);
    }
    else        // 파일 열기 실패한 경우
        printf("파일 열기 실패!\n");

    return 0;
}
```

22. 헤더 파일의 기능을 간략히 적으시오.

① alloc.h

② conio.h

③ ctype.h

④ strlib.h

⑤ string.h

23. 이중 포인터를 사용하는 목적을 간략히 적으시오.

24. 다음 내용에 맞는 프로그램을 작성하시오.

- struct 명령으로 구조체 선언 : 성명, 성별, 나이에 대한 구조체 멤버 변수 선언
- 구조체 변수에 2명의 데이터 입력 : 최고봉, M, 19 / 이겨레, F, 21
- 구조체 멤버는 멤버 연산자인 '.'을 사용
- 문자열은 왼쪽 정렬 : 표준 출력 형식 지정자에서 - 부호 사용
- 기타 사항은 [출력 예시] 참조

[출력 예시]

```
성명        성별    나이
최고봉      M       19
이겨레      F       21
```

25. 다음 내용에 맞는 프로그램을 작성하시오.

- #define 명령으로 기호 상수 선언 : 입력할 문자열의 최대 길이는 80
- 사용자 정의 함수 선언 : 매개변수는 포인터와 정수형, 문자형
- do~while 문으로 무한 반복 수행 : 대소 문자 구별 없이 Y 또는 N(이외의 문자는 goto 문으로 강제 분기)
- 문자열 입력 : gets_s( ) 함수
- 찾으려는 문자 : 알파벳 대문자 Q
- 사용자 정의 함수 호출 : 인수 3개 전달(입력한 문자열, 문자열의 길이, 찾으려는 문자)
- 기타 사항은 [출력 예시] 참조

[출력 예시]

```
문자열 입력 : Speed

[순차 탐색 함수 영역]

입력한 문자열에는 알파벳 대문자 "Q"가 없습니다.

프로그램 다시 시작?(Y/N) : s
문자 입력 오류!

프로그램 다시 시작?(Y/N) : y
문자열 입력 : Queen

[순차 탐색 함수 영역]

알파벳 대문자 "Q"를 찾았습니다.
문자열의 1번째에 있습니다.

프로그램 다시 시작?(Y/N) : n
프로그램을 종료합니다.
```

07 정답

01 중간고사 대비 워크북 1회 정답

1. ① 고급 언어

2. ③ 컴파일러

3. ① \n

4. ① 언더플로

5. ① <<

6. ④ return 문

7. ② for 문

8. ④ 무한루프

9. ① 함수의 원형

10. ① 매개변수

11. ⑤ 저급 언어

12. ④ 식별자

13. ② 변수

14. ③ 코드 블록

15. ⑧ 예약어

16. 00085

17. 80

18. 19

19. 10 17 21 22

20.

- 연산 결과인 나머지값이 저장된 변수를 조건문으로 선언
- 입력한 정수를 3으로 나누어 나머지가 0인 경우
- 입력한 정수를 3으로 나누어 나머지가 0이 아닌 경우

21.

- <stdio.h>
- "%s", input, sizeof(input)
- input
- &input

22.

① # : 선행처리 지시자

② include : 선행처리 명령어

③ stdio.h : 표준 입출력 함수를 사용하기 위한 헤더 파일

④ main( ) : 매개변수 생략함

⑤ void : 프로그램을 시작하는 함수로 반드시 1개만 존재

⑥ { 명령문 } : 명령을 수행할 범위 설정

⑦ printf(" ") : 큰따옴표 안에 있는 문자열을 출력해 주는 표준 출력 함수

⑧ \n : 줄 바꿈을 수행하는 제어 문자(강제 개행 문자)

⑨ 세미콜론(;) : 명령문의 끝을 의미(생략하면 컴파일 오류)

23.

- 프로그램 소스 코드를 이해하기 쉬움
- 프로그램 소스 코드를 수정하기 쉬움
- 프로그램을 간편하게 이식할 수 있음
- 프로그램을 작성하기 쉬움

24.

```
#include <stdio.h>
int main(void)
{
    char dept[20];
    char name[10];

    printf("학과 : ");
    scanf_s("%s", dept, sizeof(dept));

    printf("성명 : ");
    scanf_s("%s", name, sizeof(name));

    printf("\n입력한 정보 출력\n");
    printf("학과 : %s\n", dept);
    printf("성명 : %s\n", name);

    return 0;
}
```

25.

```
#include <stdio.h>
int main(void)
{
    int a, b, c, min;
    char choice;

    do{
        printf("정수 3개 입력(콤마를 구분자
              로 사용) : ");
        scanf_s("%d,%d,%d", &a, &b, &c);

        min = (a < b) ? a : b;
        min = (min < c) ? min : c;

        printf("\n입력한 정수 3개는 %d, %d,
               %d이며\n", a, b, c);
        printf("최솟값은 %d\n", min);
        getchar();

    re:
        printf("\n프로그램 다시 실행?(Y/N) : ");
        scanf_s("%c", &choice);

        if(choice == 'Y' || choice == 'y')
          continue;
        else if(choice == 'N' || choice ==
                'n')
              break;
        else
        {
              getchar();
              printf("입력 문자 오류!\n");
              goto re;
        }
    } while(1);
    printf("\n프로그램 종료\n");
    return 0;
}
```

02 중간고사 대비 워크북 2회 정답

1. ④ 어셈블리어
2. ① 콘솔
3. ③ %8.2f
4. ④ ₩₩
5. ② 80%%3
6. ② ||
7. ② 조건식을 1로 선언
8. ③ continue 문
9. ③ exit( ) 함수
10. ④ sqrt( ) 함수
11. ⑧ 컴파일
12. ⑥ 분기문
13. ④ getchar( )
14. ⑤ stdlib.h
15. ⑩ break
16. 12.35
17. −32767
18. 48
19. 4회

20.

- void(main)이 아니라 main(void)로 선언해야 함
- 세미콜론(;) 누락, 제어 문자 /n을 \n으로 수정

21.

- "%d", &input
- &input;
- addr

22.

- \a : 삑~ 소리를 냄
- \b : 왼쪽으로 한 칸 이동
- \f : 프린터에서 한 페이지 이동
- \n : 줄을 바꾸는 개행 문자
- \r : 커서를 1열로 이동하여 덮어씌움
- \t : Tab 키와 동일한 기능
- \\ : 역슬래시를 영문 모드(\) 또는 한글 모드(₩)로 출력
- \' : 작은따옴표(') 출력
- \" : 큰따옴표(") 출력

23.

- 범용 프로그래밍 언어의 기능 수행
- 기계 지향적인 저급 언어와 문제 지향적인 고급 언어의 장점만 반영
- 다양한 자료형과 연산자로 간결한 표현 가능
- 프로그램을 함수의 집합으로 구성할 수 있어 모듈화 용이
- 이식성이 좋음
- 모든 함수가 순환 구조 허용
- 자료의 주소를 자유롭게 조작할 수 있는 포인터 제공
- 자체 입출력 기능 없이 라이브러리 함수로 입출력 명령 수행
- 하드웨어와 관련된 장치를 제어하기 쉬움
- 구문이 간결하여 배우기 쉬움

24.

```
#include <stdio.h>
#define YD 1.093613

int main(void)
{
    int input;
    float swap;

    printf("거리(m) : ");
    scanf_s("%d", &input);

    swap = input * YD;

    printf("입력한 거리 : %dm\n", input);
    printf("환산한 거리 : %fyd\n", swap);

    return 0;
}
```

25.

```
#include <stdio.h>
int Call_ref(int *su);

int main(void)
{
    int num, result;

    printf("정수 입력 : ");
    scanf_s("%d", &num);

    printf("함수 호출 전의 값 : %d\n", num);
    result = Call_ref(&num);

    printf("함수 호출 후의 값 : %d\n",
           result);
    return 0;
}

int Call_ref(int *su)
{
    *su = *su * *su;
    return *su;
}
```

03 중간고사 대비 워크북 3회 정답

1. ④ 어셈블리어 **2.** ④ 〈〉
3. ④ 08.123 **4.** ② 기호 상수
5. ④ a = a + (b - c) **6.** 문자형 상수
7. ② goto 문 **8.** ④ return 문
9. ① floor( ) 함수 **10.** ③ 함수
11. ⑧ 어셈블리어 **12.** ⑦ 솔루션
13. ⑤ 자료형 **14.** ③ exit( )
15. ⑫ windows.h **16.** 67

17. 32767 **18.** 12

19.

- 연산의 결과값으로 32777이 출력되어야 하는데 오버플로 발생
- 연산의 결과값으로 -32778이 출력되어야 하는데 언더플로 발생

20. 3회

21.

- #define
- break;
- hap += count;
- count++;

22.

A	B	A && B	A || B	A ^ B	!(A ^ B)
0	0	0	0	0	1
1	0	0	1	1	0
0	1	0	1	1	0
0	1	1	1	0	1

23.

- switch(조건문 또는 수식) : 조건문 또는 수식에는 문자형 상수나 정수형 상수만 가능
- case 상수 : 상수는 반드시 1개의 정수값만 가능(논리형값은 사용할 수 없음), 상수 다음에는 콜론(:) 선언
- case 문 : 명령문이 2개 이상이라도 중괄호를 사용하지 않음
- break 문 : 생략하면 다음 case 문까지 계속 수행
- default 문 : 모든 case 문에 해당되지 않을 때 수행할 명령문 제시

24.

```
#include <stdio.h>

int main(void)
{
    int cnt, space, star;

    for(cnt = 0; cnt < 10; cnt+=3) {
        for(space = 1; space <= 8 - cnt;
                space++) {
            printf(" ");
        }
        for(star = 1; star <= cnt; star++) {
            printf("*");
        }
        printf("\n");
    }
    return 0;
}
```

25.

```
#include <stdio.h>
void Pr_ch(char ch, int num);

int main(void)
{
    char input, choice;
    int n;

    do{
        printf("\n입력 예시 : S 5(알파벳
                [공백] 숫자 입력)\n");
        printf("문자와 횟수(정수) 입력 : ");

        scanf_s("%c %d", &input,
                sizeof(input), &n);
        Pr_ch(input, n);
```

```
        getchar();

    re:
        printf("\n프로그램 다시 실행?(Y/N) : ");
        scanf_s("%c", &choice);
        getchar();

        if(choice == 'Y' || choice == 'y')
            continue;
        else if(choice == 'N' || choice
                == 'n') {
            printf("프로그램 종료\n");
            return 0;
        } else {
            printf("문자 입력 오류!\n");
            goto re;
            getchar();
        }
    } while (1);
}

void Pr_ch(char ch, int num)
{
    int cnt;

    for(cnt = 1; cnt <= num; cnt++)
        printf(" %c ", ch);
    printf(" : %d회 출력 완료\n", cnt - 1);
}
```

04 기말고사 대비 워크북 1회 정답

1. ① 전역 변수
2. ① extern
3. ② 첨자(인덱스)
4. ④ 컴파일 오류 발생
5. ② 20
6. ① 컴파일러와 운영체제
7. ③ char *p = &a;
8. ④ NULL
9. ④ strcmp(s1, s2)
10. ④ int *score = (int *)malloc(8*sizeof(int))
11. ⑥ 전역 변수
12. ③ 인덱스
13. ⑧ &
14. ④ free( )
15. ⑪ static
16. 32
17. 30
18. C와 D

19.

① 배열 크기 3보다 배열 요소 개수를 1개 더 크게 선언하여 오류 발생

② 배열 요소는 3개인데 배열 크기를 5로 선언하여 8바이트의 메모리 공간 낭비

20.

① 정적 전역 변수
② 정적 지역 변수
③ 동적 지역 변수
④ 메인 함수 반환값

21.

- int count;
- sizeof(point[0]);
- count

22.

종류	저장 타입 지정자	사용 범위
auto	자동 변수	함수 또는 코드 블록 구간
static	정적 전역 변수	하나의 소스 파일 내
	정적 지역 변수	함수 또는 코드 블록 구간
extern	외부 연결 변수	모든 소스 파일에 연결하여 사용
register	레지스터 공간 사용	함수 또는 코드 블록 구간
없음	전역 변수	모든 소스 파일

23.

- 배열의 첨자는 1이 아닌 0부터 시작
- 배열의 이름은 그 자체가 배열의 시작 주소

- 배열을 선언과 함께 초기화하면 배열 크기 생략 가능
- 문자열을 표현할 경우
  - NULL 문자('\0')를 포함해서 배열의 크기 선언
  - scanf_s( ) 함수에서 앰퍼샌드(&)를 선언하지 않음
- 배열의 크기와 초깃값의 관계
  - '초깃값 〉 배열의 크기'일 경우 오류 발생
  - '초깃값 〈 배열의 크기'일 경우 나머지 인덱스는 0으로 자동 초기화

24.

```
#include <stdio.h>

int main(void)
{
    char alpha[ ] = {'A', 'B', 'C', 'D', 'E'};
    int count;

    count = sizeof(alpha) /
          sizeof(alpha[0]);

    printf("char alpha[ ] = {\'A\', \'B\',
          \'C\', \'D\', \'E\'}\n");
    printf("배열의 요소 수 : %d개\n", count);

    return 0;
}
```

25.

```
#include <stdio.h>
#include <stdlib.h>

#define SR 2
#define SC 3
#define DR 3
#define DC 9

int main(void)
{
    system("title 기말고사 문제");

    int score[SR][SC];
    char det[DR][DC] = {"CPU", "RAM", "HDD"};
    int row, col, sum = 0, total = 0;

    for(row = 0; row < SR; row++)
    {
        printf("\n%d월 품목별 수량 입력\n",
              row + 1);

        for(col = 0; col < DR; col++)
        {
          printf(" >> %s : ", det[col]);
          scanf_s("%d", &score[row][col]);
          sum += score[row][col];
        }
        printf("합계 : %d\n", sum);
        total += sum;
        sum = 0;
    }
    printf("전체 판매 수량 : %d\n", total);
    return 0;
}
```

05 기말고사 대비 워크북 2회 정답

1. ④ 변수의 생존 시간 **2.** ③ static
3. ② 자료형 **4.** ① 배열의 크기 - 1
5. ③ 4
6. ② 정수형 변수 p의 초기값을 30000으로 대입
7. ④ *++p **8.** ③ 문자열 크기 + 1
9. ① Ctrl+Z **10.** ③ 7
11. ⑤ auto **12.** ⑦ NULL

13. ④ 상대 주소값　　14. ⑧ struct

15. ⑩ *

16. p = (int *)malloc(sizeof(int)*8);

17. Summer　　18. A와 B

19.

① 배열 크기 3보다 큰 문자열을 대입하였으므로 메모리 공간이 부족한 글자는 깨져서 출력됨

② 배열 크기는 5로 선언하였지만 배열 요소 개수는 null을 포함하여 4개만 선언했으므로 1바이트 크기의 메모리 낭비 발생

20.

- hap 사용자 정의 함수 선언
- *fp는 함수를 가리키는 포인터, (int a, int b)는 포인터가 가리키는 매개변수
- 함수 포인터에 함수 이름을 대입
- 함수 포인터를 사용하여 함수를 호출

21.

- (int *)10000;
- (char *)20000;
- (double *)30000;

22.

① isalnum( ) : 알파벳이나 숫자이면 참, 아니면 거짓을 반환

② isalpha( ) : 알파벳 대소 문자(A~Z, a~z)이면 참, 아니면 거짓을 반환

③ isupper( ) : 알파벳 대문자이면 참, 아니면 거짓을 반환

④ islower( ) : 알파벳 소문자이면 참, 아니면 거짓을 반환

⑤ isdigit( ) : 10진 숫자(0~9)이면 참, 아니면 거짓을 반환

⑥ isxdigit( ) : 16진수 숫자(0~9, A~F)이면 참, 아니면 거짓을 반환

⑦ isblank( ) : 공백이 존재하면 참, 아니면 거짓을 반환

⑧ iscntrl( ) : 제어 문자(\n, \t, \b, \r 등)가 존재하면 참, 아니면 거짓을 반환

⑨ isprint( ) : 빈칸을 포함하여 인쇄할 수 있으면 참, 아니면 거짓을 반환

⑩ ispunct( ) : 구두점 문자(콤마, 점, 느낌표 등)를 포함하면 참, 아니면 거짓을 반환

⑪ isascii( ) : 아스키코드이면 참, 아니면 거짓을 반환

23.

- 포인터끼리는 덧셈과 뺄셈 연산 불가능
- 포인터에 정수 증감 연산(++ 또는 --) 가능
- 포인터와 정수 연산은 가능, 포인터와 실수 연산은 불가능
- 자료형이 동일한 포인터끼리 대입 가능, 자료형이 다르면 대입 불가능
- 포인터끼리 비교 연산 가능, 포인터의 유효성 검사를 위해 NULL과 비교 가능

24.

```
#include <stdio.h>

int main(void)
{
    int cnt;
    char *dept[] = {"컴퓨터", "노트북",
        "마우스", "키보드", "모니터"};
    printf("구입 희망 순위\n");
    for(cnt = 0; cnt < 5; cnt++)
```

```
        printf("%c 순위 : %s\n", 65 + cnt,
          dept[cnt]);
        printf("%c 순위 : %s\n", 65 + cnt,
          dept[cnt]);     return 0;
}
```

25.

```
#include <stdio.h>
#include <stdlib.h>
#define MAX 3

int main(void)
{
    int cnt, sum = 0;
    char yn;
    float avg;
    int *score;

    score = (int*)malloc(sizeof(int)*MAX);

    if(score == NULL) {
        printf("동적 메모리 할당 오류 발생!\n");
        exit(1);
    }
/* 동적 메모리 사용 */
    do{
        for(cnt = 0; cnt < MAX; cnt++) {
            printf("과목%d 점수 : ", cnt + 1);
            scanf_s("%d", &score[cnt]);
            sum += score[cnt];
        }
        avg = (float)sum / MAX;

        getchar();
        printf("총점 : %d\n", sum);
        printf("평균 : %.2f\n", avg);
    re:
        printf("\n프로그램 다시 실행?(Y/N) : ");
        scanf_s("%c", &yn);
        getchar();

        if(yn == 'Y' || yn == 'y') {
            sum = 0;
            continue;
        } else if(yn == 'N' || yn == 'n') {
            printf("프로그램을 종료합니다.\n");
            free(score);
            return 0;
        } else {
            printf("문자 입력 오류!\n");
            goto re;
        }
    } while(1);
}
```

06 기말고사 대비 워크북 3회 정답

1. ② 코드 블록 밖에서 선언

2. ② auto

3. ③ sizeof(배열명) / sizeof(배열명[0])

4. ① 0

5. ② 정수형 변수 a의 초깃값을 포인터에 대입

6. ③ 시작 주소

7. ④ 포인터끼리는 덧셈과 뺄셈 연산을 수행할 수 있음

8. ③ EOF

9. ② a.sd = &d

10. ③ p = (NODE *)malloc(sizeof(NODE))

11. ⑧ extern

12. ② 배열

13. ⑥ 포인터

14. ④ 버퍼

15. ⑩ 바이너리

16. 30

17. m

18. ♡♡♡

19.

① 버블 정렬

F − D − A − C − B

D − A − C − B − F

A − C − B − D − F

A − B − C − D − F

② 선택 정렬

F − D − A − C − B

A − D − F − C − B

A − B − F − C − D

A − B − C − F − D

A − B − C − D − F

20.

- 포인터로 문자열 선언
- 문자열을 복사하여 저장할 배열 초기화
- 문자열 전체 복사
- 복사된 문자열 출력
- 5개 문자열만 복사
- 복사된 문자열 출력

21.

- err
- &fp
- NULL != fp

22.

① alloc.h : 메모리의 동적 할당 함수 선언

② conio.h : 직접 입출력 함수 선언

③ ctype.h : 문자 검사와 관련된 함수 선언

④ strlib.h : 수치 변환, 난수 관련 함수 선언

⑤ string.h : 문자열 처리 함수 선언

23. 이중 포인터는 포인터 변수를 저장하기 위한 용도로 사용

24.

```
#include <stdio.h>

        struct person {
        char name[10];
        char gender;
        int age;
};

int main(void)
{
    struct person p1 = {"최고봉", 'M', 19};
    struct person p2 = {"이겨레", 'F', 21};

    printf("%-10s\t%s\t%8s \n", "성명",
           "성별", "나이");
    printf("%-12s\t %c\t %5d \n",
           p1.name, p1.gender, p1.age);
    printf("%-12s\t %c\t %5d \n",
           p2.name, p2.gender, p2.age);

    return 0;
}
```

25.

```
#include <stdio.h>
#include <string.h>
#define MAX 80
int sequential(char*, int, char);

int main(void)
{
    char str[MAX];
    char key = 'Q';
```

```
    char yn;
    int check;

    do {
        printf("문자열 입력 : ");
        gets_s(str, sizeof(str));

        check = sequential(str,
                strlen(str), key);

        if(check < 0)
            printf("입력한 문자열에는 알파벳
                대문자 \"Q\"가 없습니다.\n");
        else
        {
            printf("알파벳 대문자 \"Q\"를
                찾았습니다.\n");
            printf("문자열의 %d번째에 있습니
                다.\n", check + 1);
        }

    re:
        printf("\n프로그램 다시 시작?(Y/N) : );
        scanf_s("%c", &yn);
        getchar();

        if(yn == 'Y' || yn == 'y')
            continue;
        else if(yn == 'N' || yn == 'n')
        {
            printf("프로그램을 종료합니다.\n");
            return 0;
        }
        else
        {
            printf("문자 입력 오류!\n");
            goto re;
        }
    } while(1);
}

int sequential(char* item, int count,
        char key)
{
    int i;

    printf("\n[순차 탐색 함수 영역]\n\n");

    for(i = 0; i < count; ++i)
        if(key == item[i])
            return i;
    return -1;
}
```